企业电子文件归档和电子档案管理试点案例集

qiye dianzi wenjian Gui dang

qiye dianzi wenjian
guidang he dianzi dangan
guanli shidian anliji

管理系统卷

国家档案局经科司◎编

中国文史出版社

图书在版编目（CIP）数据

企业电子文件归档和电子档案管理试点案例集 / 国家档案局经科司编. —北京 ：中国文史出版社，2020.12

ISBN 978-7-5205-3068-2

Ⅰ. ①企… Ⅱ. ①国… Ⅲ. ①企业档案-电子档案-档案管理-案例-中国 Ⅳ. ①G275.7

中国版本图书馆 CIP 数据核字（2021）第 128924 号

责任编辑：詹红旗 戴小璇

出版发行：**中国文史出版社**
社　　址：北京市海淀区西八里庄路 69 号　　邮编：100412
电　　话：010-81136606　81136602　81136603（发行部）
传　　真：010-81136655
印　　装：廊坊市海涛印刷有限公司
经　　销：全国新华书店
开　　本：710 毫米×1000 毫米　1/16
印　　张：43
字　　数：700 千字
版　　次：2021 年 7 月北京第 1 版
印　　次：2025 年 3 月第 3 次印刷
定　　价：98.00 元（全 2 册）

《企业电子文件归档和电子档案管理试点案例集（管理系统卷）》

编写委员会

编写说明

从 2016 开始，国家档案局分两批选定了 60 家企业开展电子文件归档和电子档案管理试点。试点的目的是通过推进企业业务系统电子文件归档，更好地发挥电子档案在企业优化业务流程、建立电子凭证、实施可信交易等方面的作用，从而加快培育电子商务成为经济新动力，配合国家大数据、“互联网+”行动计划实施，进一步健全电子商务发展支撑体系、促进国家经济发展。国家档案局经科司不断加强业务指导与进度检查，按计划推进工作。经过努力，试点企业已基本完成了试点工作，形成了很好的经验。

为了继续满足各单位在管理系统、业务系统电子文件归档和电子档案管理等方面的迫切需求，我们将已完成试点并通过验收的试点单位的做法形成案例，编辑成书。此次出版的《企业电子文件归档和电子档案管理试点案例集（管理系统卷）》收集了交通银行股份有限公司、中国太平财产保险有限公司、中国石油化工集团有限公司、本钢集团有限公司、国泰君安证券股份有限公司、马钢集团有限公司的案例；《企业电子文件归档和电子档案管理试点案例集（技术系统卷）》收集了福清核电有限公司、中国船舶集团有限公司第 701 研究所、航空工业成都飞机工业（集团）有限责任公司、国家电网公司、中南电力设计院有限公司、华建集团有限公司的案例。这些企业在试点工作中，与业务部门大力协作，大胆创新，其做法具有典型性，也取得了较好的效益，具有较高的推广应用价值。

案例集编写采用技术报告形式，力求展示技术细节，并将电子文件归档和电子档案管理中的关键点进行详细叙述，以方便大家参考借鉴。在内容上，对章节进行统一的同时，保留了各试点单位在具体内容和技术细节上的特色及个性做法。本案例集由国家档案局经科司组织编写，案例形成单位有关人员参与。在编写过程中得到了有关试点企业的领导及档案部门、信息技术部门、业务部门等的大力支持，在此表示感谢！

由于时间仓促，加上水平所限，书中错漏之处在所难免，恳请提出宝贵的意见和建议。

目　　录

交通银行股份有限公司电子文件归档和电子档案管理试点案例……………… 1
一、背景…………………………………………………………………… 1
（一）推进银行数字化转型的需要 ……………………………………… 1
（二）落实档案管理降本增效的关键所在 ……………………………… 1
（三）确保业务系统电子文件、数据安全的重要保障 ………………… 1
二、目标…………………………………………………………………… 2
（一）总体目标 …………………………………………………………… 2
（二）具体目标 …………………………………………………………… 2
三、系统介绍……………………………………………………………… 2
（一）系统功能 …………………………………………………………… 2
（二）数据量 ……………………………………………………………… 2
（三）文件类型 …………………………………………………………… 3
四、工作步骤……………………………………………………………… 3
（一）项目准备阶段 ……………………………………………………… 3
（二）需求调研与方案设计阶段 ………………………………………… 3
（三）系统开发阶段 ……………………………………………………… 4
（四）系统测试阶段 ……………………………………………………… 4
（五）试运行阶段 ………………………………………………………… 5
（六）项目验收阶段 ……………………………………………………… 5
（七）项目后续开发阶段 ………………………………………………… 5
（八）项目推广阶段 ……………………………………………………… 6

五、解决方案…… 6
（一）管理流程方案 …… 6
（二）归档范围及存储格式 …… 9
（三）系统接口 …… 22
（四）元数据项及捕捉节点 …… 26
（五）整理方案 …… 27
（六）电子档案保管方案 …… 29
（七）利用方案 …… 30
（八）四性检测方案 …… 44
（九）系统建设 …… 56
（十）其他关键技术解决方案 …… 57
六、存在的问题及解决方法 …… 63
（一）如何确保四性检测有效性问题 …… 63
（二）如何确保文件的长期保存问题 …… 63
（三）档案迁移备份问题 …… 63
七、取得的效益 …… 64
（一）优化管理，显著提升档案管理水平 …… 64
（二）降本增效，实现档案管理转型升级 …… 64
八、后续打算 …… 65
（一）从手工管档向智能管档转变，推进档案管理的转型升级…… 65
（二）从简单利用向知识管理转变，推进信息开发的转型升级…… 65
（三）从现场利用向联网共享转变，推进档案利用的转型升级…… 66

中国太平财产保险有限公司电子文件归档和电子档案管理试点案例 …… 67
一、背景 …… 67
（一）企业战略发展需要 …… 67
（二）企业降本增效的必然需要 …… 67
（三）财务档案工作本身的发展需要 …… 67
二、目标 …… 68
（一）建设符合国家法律法规及公司制度要求的财务电子档案管理系统 …… 68

（二）利用新的理念、新的技术、新的方法实践会计电子档案管理机制 …… 69
三、系统介绍 …… 69
四、工作步骤 …… 70
（一）项目立项 …… 70
（二）需求调研阶段 …… 71
（三）方案设计阶段 …… 72
（四）上线试运行 …… 74
（五）系统推广 …… 77
五、解决方案 …… 78
（一）管理流程方案 …… 78
（二）归档范围及存储格式 …… 80
（三）接口 …… 81
（四）元数据项及捕获节点 …… 83
（五）整理方案 …… 85
（六）电子档案保管方案 …… 87
（七）利用方案 …… 90
（八）四性检测方案 …… 91
（九）系统建设 …… 101
（十）其他关键技术解决方案 …… 107
六、取得的效益 …… 109
（一）综合成本降低 …… 109
（二）整理流程简化 …… 109
（三）利用效率提高 …… 109
七、后续打算 …… 109

中国石油化工集团有限公司电子文件归档和电子档案管理试点案例 …… 110
一、背景 …… 110
二、目标 …… 111
三、系统介绍 …… 111
（一）功能 …… 111

（二）数据量 …… 112
（三）文件类型 …… 112
四、方案及工作步骤 …… 113
（一）试点方案 …… 113
（二）试点步骤 …… 113
五、解决方案 …… 119
（一）管理流程方案 …… 120
（二）归档范围和存储格式 …… 120
（三）接口 …… 124
（四）元数据及捕获节点 …… 128
（五）整理方案 …… 133
（六）电子档案保管方案 …… 136
（七）利用方案 …… 138
（八）“四性”检测方案 …… 139
（九）系统建设 …… 163
（十）其他关键技术解决方案 …… 176
六、存在的问题及解决方法 …… 177
（一）招投标电子签名、签章有效性验证问题 …… 177
（二）长期保存签名、签章过期处理问题 …… 178
七、取得的效益 …… 178
（一）经济效益 …… 178
（二）管理效益 …… 178
八、后续打算 …… 180
（一）深化电子档案法律凭证价值保障体系建设 …… 180
（二）推广试点工作经验 …… 181

本钢集团电子文件归档和电子档案管理试点案例 …… 182
一、背景 …… 182
（一）企业战略发展需要 …… 182
（二）企业业务发展需要 …… 182
（三）档案工作发展需要 …… 183

（四）解决现实问题需要 ………………………………………… 183
二、目标………………………………………………………… 183
三、系统介绍…………………………………………………… 184
（一）基本情况 ………………………………………………… 184
（二）数据量 …………………………………………………… 185
（三）文件类型 ………………………………………………… 185
四、工作步骤…………………………………………………… 185
（一）需求研讨及归档范围确定 ……………………………… 187
（二）项目实施 ………………………………………………… 187
（三）项目验收 ………………………………………………… 189
五、解决方案…………………………………………………… 189
（一）管理流程方案 …………………………………………… 189
（二）归档范围及存储格式；双套制、单套制确定 ………… 190
（三）接口 ……………………………………………………… 205
（四）元数据项及捕获节点 …………………………………… 207
（五）整理方案 ………………………………………………… 214
（六）电子档案保管方案 ……………………………………… 215
（七）利用方案 ………………………………………………… 215
（八）四性检测方案 …………………………………………… 219
（九）系统建设 ………………………………………………… 221
（十）其他关键技术解决方案 ………………………………… 227
六、存在的问题及解决方法…………………………………… 228
（一）ERP 模板化生成电子文件和元数据推送归档 ………… 228
（二）保证数据读取效率，减少对 ERP 系统的影响 ………… 228
（三）ERP 个别报表导出上传 ………………………………… 228
（四）电子文件的“四性”检测 ………………………………… 229
七、取得的效益………………………………………………… 229
（一）经济效益 ………………………………………………… 229
（二）管理效益 ………………………………………………… 230
（三）社会效益 ………………………………………………… 230
八、后续打算…………………………………………………… 231

国泰君安证券股份有限公司电子文件归档和电子档案管理试点案例…… 232
一、背景…… 232
二、目标…… 232
三、系统介绍…… 232
四、工作步骤…… 233
（一）前期调研 …… 234
（二）架构搭建 …… 234
（三）系统设计开发 …… 234
（四）系统功能实现和调试 …… 234
（五）系统试运行及完善 …… 234
（六）归纳推广 …… 235
五、解决方案…… 235
（一）管理流程方案 …… 235
（二）归档范围及存储格式 …… 238
（三）接口 …… 239
（四）元数据项与捕获节点 …… 240
（五）整理方案 …… 249
（六）电子档案保管方案 …… 250
（七）利用方案 …… 252
（八）四性检测方案 …… 252
（九）系统建设 …… 252
（十）“三员”管理 …… 254
六、存在的问题及解决方法…… 254
（一）归档业务系统（上游系统）升级变化的问题 …… 254
（二）证券业务电子档案“四性”检测问题 …… 255
七、取得的效益…… 255
（一）跨平台档案融合构建完整“证据链” …… 255
（二）助力疫情期间非现场业务平稳运行 …… 256
（三）进一步提升了公司档案工作影响力 …… 256
八、后续工作…… 257
（一）推进数字档案室向智慧档案室延伸 …… 257

（二）推进室藏资源以传统载体档案为主向以电子档案为主转变 … 257
（三）推进工作成果向行业内外延伸 …… 258
附件：电子档案“四性”检测及保障方案 …… 259

马钢集团电子文件归档和电子档案管理试点案例…… 280
一、背景…… 280
（一）企业战略发展需要 …… 280
（二）企业业务发展需要 …… 280
（三）档案工作本身的发展需要 …… 281
二、目标…… 281
（一）总体目标 …… 281
（二）具体目标 …… 281
三、系统介绍…… 282
（一）功能 …… 282
（二）数据量 …… 284
（三）文件类型 …… 284
四、工作步骤…… 284
（一）项目准备阶段 …… 284
（二）项目调研阶段 …… 285
（三）项目实施阶段 …… 286
（四）项目验收阶段 …… 287
五、解决方案…… 288
（一）管理流程方案 …… 288
（二）归档范围及存储格式 …… 289
（三）系统接口 …… 292
（四）元数据项及捕获节点 …… 293
（五）整理方案 …… 295
（六）电子档案保管方案 …… 300
（七）利用方案 …… 300
（八）四性检测方案 …… 301
（九）系统建设 …… 306
六、存在的问题及解决办法…… 307

（一）业务层 …………………………………………………………… 307
（二）技术层 …………………………………………………………… 308
七、取得的效益 …………………………………………………………… 309
（一）生成了一套归档接口，形成了一套标准规范 ……………… 309
（二）推进了档案业务标准化、规范化建设 ……………………… 309
（三）提高了档案信息传输利用效率 ……………………………… 310
（四）保护了重要的数据资产 ……………………………………… 310
（五）取得了丰硕的学术成果 ……………………………………… 310
（六）获得了良好的经济利益和社会效益 ………………………… 310
八、后续打算 …………………………………………………………… 311
（一）持续推进新增业务系统归档接口建设 ……………………… 311
（二）逐步推进电子档案的单套制归档 …………………………… 311
（三）继续开展档案数字化工作 …………………………………… 312
（四）继续完善档案系统功能 ……………………………………… 312

交通银行股份有限公司
电子文件归档和电子档案管理试点案例

一、背景

（一）推进银行数字化转型的需要

在数字化迅猛发展的时代，交通银行党委和高管层认识到，银行要获得高质快速发展，就必须把握数字化这个先机，将数字化成果转化为实实在在的综合竞争力。由于授信业务是银行业务的核心，因此，交通银行率先推进授信业务电子化，希望通过授信业务的电子化引导和带动其他业务的电子化。

（二）落实档案管理降本增效的关键所在

试点前，交通银行授信业务审批主要通过纸质材料运转方式进行，造成大量纸张、设备、人力、库房的消耗。据保守估算，交通银行全集团授信审批资料打印所带来的耗费每年超过 500 万元。交通银行希望通过试点，提升全集团授信审批业务资料电子归档率，进而大幅降低运营成本。

（三）确保业务系统电子文件、数据安全的重要保障

通过试点，使交通银行授信业务系统电子文件、数据的存储格式、数据接口、数据移交等按国家档案局标准进行设置与管理，进一步确保授信业务电子文件、数据的存储安全；将授信业务系统电子数据转入档案管理系统后，实现授信业务系统电子文件、数据向档案系统的“换手管理”，使授信业务系统电子文件、数据的保管更加安全、可靠；再次是利用安全，集团档

案管理系统对员工查阅利用档案有严格的权限设置和规范的借阅流程，实现电子化后，可以保证查阅利用的安全。

二、目标

（一）总体目标

争取利用5年时间，按照“存量数字化、增量电子化”的原则，对全集团对公授信审批系统产生的各类文件、电子数据（除监管部门、政法系统特殊需要外）进行电子文件单套归档和电子档案单套管理，建设“符合规范、门类齐全、功能完善、利用安全”的电子档案管理系统，实现“档案资源跨系统、跨机构共享，员工可线上利用”的目标。

（二）具体目标

1. 建立对公授信业务系统与数字档案馆系统的数据接口，将对公授信申报审批系统内产生的电子数据导入数字档案馆系统；
2. 对数字档案馆系统内数据进行预处理，对涉及核心商密、重要商密的档案信息进行屏蔽，确保档案信息的安全；
3. 向本行员工开放数字档案馆查询利用权限，员工可在权限范围内查询利用档案，并可通过线上申请查询超权限档案。

三、系统介绍

（一）系统功能

对公授信业务审批系统是交通银行授信业务操作及管理的电子平台，系统主要功能包括：授信业务的申报、审查和审批、授信业务发放、贷后监控、授信业务收回、风险资产管理等。

（二）数据量

对公授信业务审批业务自投产上线（2018年8月11日）到数字档案馆

试点前，有 42394 条签批通过的授信流程待归档，涉及电子附件约 380738 个。

（三）文件类型

交通银行授信业务审批系统文件类型主要包括：申报审查材料、客户基础资料、财务及项目资料、担保资料、其他业务资料 5 大类，文件格式有 txt、doc、excel、pdf、mp3、rar、zip 等。

四、工作步骤

（一）项目准备阶段

2018 年 3 月 4 日，交通银行现任董事长任德奇同志在办公室提交的《关于启动国家档案局赋予交通银行的试点项目——“数字档案馆（室）建设项目”的请示》批示，本次试点应“优先考虑授信业务档案管理问题”。

2018 年 4 月，总行成立了“数字档案馆（室）试点工作项目组”。办公室主任沈明智任组长，办公室副主任钱莹任副组长，成员由总行办公室、授信管理部、信息技术管理部、软件开发中心（上海）、软件开发中心（深圳）、数据中心、测试中心相关高级经理和业务骨干组成。

2018 年 5—9 月，项目正式立项后，项目组立即着手制定项目需求。为做好项目顶层设计，项目组组织大家逐条学习国家档案局《企业数字档案馆（室）建设指南》《数字档案室建设评价办法》。

（二）需求调研与方案设计阶段

2018 年 9 月—2019 年 1 月，完成了文书、授信数字档案馆需求设计说明书。

2018 年 8—12 月，优化系统资源配置，完成了归档数据从 db2 迁移到 cbase 数据库。

原因：现有集团电子文件管理系统于 2017 年上线时，受制于时间与技术原因选择了 DB2 数据库作为存储系统。随着近一年的数据积累，DB2 已无法支撑上亿条记录的小文件访问，在技术专家指导下，拟将数据库更新为

CBase，并继续扩展硬件资源，优化整体系统架构，为后续不断增长的数据提供有力支持。

2019 年 1—4 月，公司针对搜索引擎多次与微软 PAST 平台、百度公司进行交流，由于开发成本过高，金科部与软件中心最终评估引入开源搜索引擎 elasticsearch 进行自主研发。

2019 年 4 月，数字档案馆电子档案管理系统立项通过财审会。

（三）系统开发阶段

2019 年 5—9 月，完成了数字档案馆电子档案管理系统项目研发。

（四）系统测试阶段

1. 档案整理：文件状态查询、关联关系建立

（1）文件状态查询：用户进入文件状态查询页面，可查询系统已收集到的档案文件的状态。

（2）关联关系建立：用户进入关联关系建立页面，可对文件的参见号进行设置，用于后期查询关联档案数据。

2. 档案鉴定与销毁：受控设置、档案销毁

（1）受控设置：可查询当前档案受控设置情况，也可重新将档案设置为受控或者开放。

（2）档案销毁：用户可在档案销毁模块查询待销毁的档案信息，也可勾选相应的档案，进行彻底销毁。

3. 档案统计

电子档案统计（档案数量统计、档案借阅统计、档案到期数量统计、利用效果统计）。

4. 档案利用

检索（全文检索、分类检索、关联检索）、电子借阅（电子借阅申请查询、电子借阅审核查询）、编研（专题设置）。

（1）检索：通过对所有门类下的档案进行检索，完成借阅申请后可对档案相关索引，元数据及影像文件进行查看。

（2）电子借阅：用户进入“档案借阅查询”页面，可以查询到自己发起的历史档案借阅申请记录。通过该页面可以发起借阅申请，修改待审核或驳回的借阅申请，删除待审核或驳回的借阅申请，对借阅时间已到期的申请

发起续借。

（3）编研：通过新增相关档案专题，可对专题进行查询及添加相关文件名称的档案文件

5. 系统管理

日志查询、四性检测、全宗信息查询、系统设置（二维码维护、参数维护、元数据设置、保管期限设置、档号生成规则设置、立卷规则设置、自动立卷设置、数据字典管理）、后台管理（文章查询、文章管理）。

（1）日志查询：可查看登陆用户的档案查看历史

（2）四性检测：归档前需要进行四性检测，可查询异常情况统计报表的查询、导出以及对具体异常数据的查看功能。

（3）全宗信息查询：可查看我行所有全宗信息

（4）系统设置：可设置对档案生成的二维码、档案元数据信息栏位展示、档案保管期限，档案元数据中档号、卷号展示规则以及相关数据字典维护。

（5）文章管理及查询：用户可以通过此页面查询自己保存、发布过的文章信息，也可以对文章内容进行查看、新增、修改、发布和删除、退回操作。

（五）试运行阶段

系统上线试运行。（2019 年 10 月 18 日）

（六）项目验收阶段

1. 初步验收

总行组织人员对数字档案馆系统进行初步验收，相关部门对验收中发现的问题进行整改。（2019 年 10 月 31 日）

2. 正式验收

请国家档案局组成专家组对数字档案馆系统进行正式验收。（2019 年 12 月底）

（七）项目后续开发阶段

根据国家档案局验收中发现的问题进行整改和后续开发。（2019 年 12

月底）

（八）项目推广阶段

从2020年起建立对私授信审批系统与数字档案馆系统的数据接口。（自2020年1月起）

五、解决方案

（一）管理流程方案

1. 归档管理流程

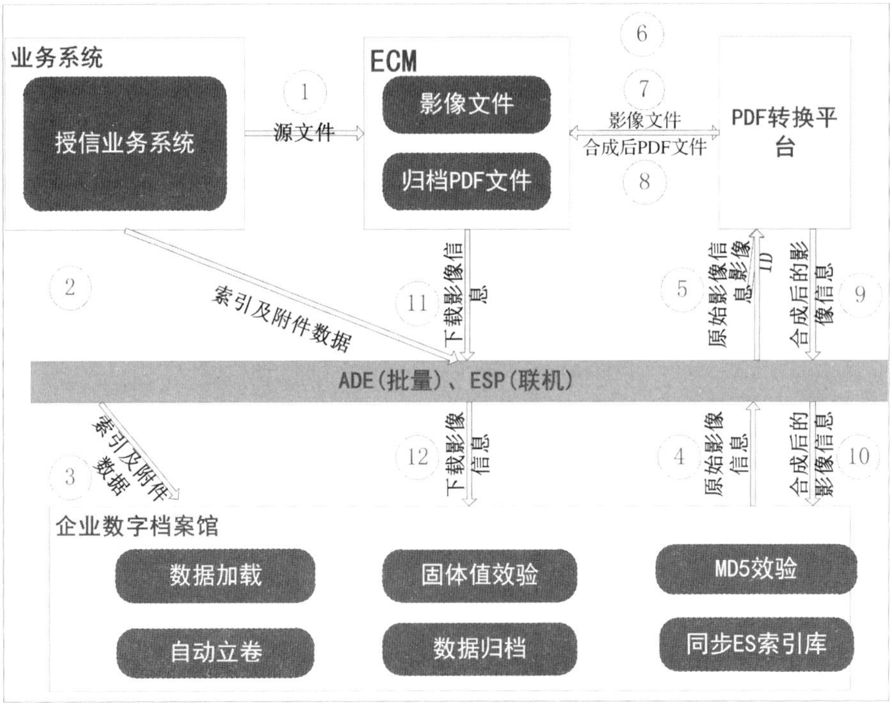

图1　授信业务系统数据归档流程图

①源系统将电子文件直接存入ECM平台。

②③源系统将电子文件的索引信息和电子文件的附件信息上送ADE，由ADE将数据主动推送给数字档案馆。

④⑤集团电子文件提供影像 ID 以批量或联机的方式（批量 ADE、联机 GSP）提供给 PDF 平台。

⑥⑦⑧PDF 接收到影像 ID 去 ECM 获取影像文件，进行 MD5 效验，效验成功的数据会进行合成 PDF 文件，合成后的 PDF 入 ECM，由 ECM 反馈影像 ID 给 PDF 平台。

⑨⑩PDF 平台接收影像 ID 以批量或联机的方式（批量 ADE、联机 GSP）把归档的影像 ID 提供给集团电子文件系统。

⑪⑫企业数字档案馆提供合成后的影像 ID 下载文件，进行 MD5 效验。

2. 到期鉴定管理流程

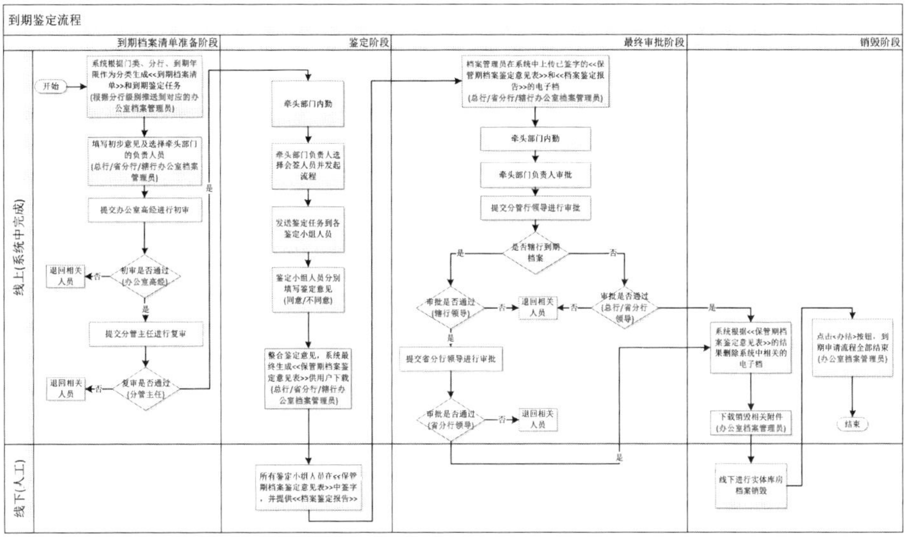

图 2　授信档案到期处理流程图

审批流程描述

（1）系统自动生成到期鉴定档案清单和任务

a）系统根据到期年限、归属分行、门类等作为分类条件生成不同的到期鉴定档案清单和任务。

b）系统会根据每个任务对应的所属分行推送给对应的总行、省分行、辖行办公室档案管理员。

c）生成任务例子：

表 1　到期任务案例表

任务名称	到期年限	归属分行	门类	任务处理人员
授信档案到期鉴定任务	2019 年	总行	授信	总行办公室档案管理员
授信档案到期鉴定任务	2019 年	江苏省分行	授信	江苏省分行办公室档案管理员

（2）办公室档案管理员

a）填写初步鉴定意见。

b）提交［办公室高经］进行初审。

（3）办公室高经

a）对办公室档案管理员提交的申请进行初审：

（i）初审通过的申请填写初审意见后提交给［分管主任］进行复审。

（ii）初审不通过的申请填写初审意见后退回给［办公室档案管理员］重新处理。

（4）分管主任

a）对办公室档案管理员提交的申请进行复审：

（i）复审通过的申请填写复审意见后流转到［档案鉴定人员］填写鉴定意见。

（ii）复审不通过的申请填写复审意见后退回给前流程中某一个处理人员重新处理。

（5）牵头部门内勤

a）选择牵头部门负责人（单选）。

（6）牵头部门负责人

a）选择部门会签人员，并提交给会签人员进行会签。

（7）档案鉴定人员

a）根据要求对每份档案填写档案鉴定意见（同意/不同意）。

b）当所有档案鉴定人员都填写好鉴定意见后，流程转回到办公室档案管理员进行整合。

（8）办公室档案管理员

a）整合鉴定意见，生成《保管期档案鉴定意见表》。

b）下载《保管期档案鉴定意见表》以便线下找到对应档案鉴定人员签字。

c）上传已签字的《保管期档案鉴定意见表》和《档案鉴定报告》的电子稿本提交。

（9）牵头部门内勤

a）选择牵头部门负责人（单选）。

（10）牵头部门负责人

a）牵头部门审批，再提交给分管行领导进行审批。

（注：根据档案归属分行确定对应的审批行领导。总行 à 总行领导、省直/省分行 à 省直/省分行领导、辖行 à 辖行领导）

（11）分管行领导

a）对档案进行审批

（i）通过则发送给办公室档案管理员进行实体档案销毁处理。

（ii）不通过则发送给办公室档案管理员重新处理。

b）如档案是归属于辖行，辖行领导审批通过后，需要再由省分行领导审批。

（12）办公室档案管理员

对已通过分管行领导审批通过的申请，下载相关附件并线下完成实体档销毁工作。

完成销毁工作后把申请销毁的最终状态改为“办结”。

（二）归档范围及存储格式

1. 归档范围

授信无纸化主要是指授信申报、审查、审批资料的无纸化，归档范围涉及以下授信流程中上传或保存的电子文件。

主要流程包括：

表2　授信审批系统流程种类表

序号	流程种类
1	一般客户授信申请流程
2	一般授信完全现金流程
3	一般客户银票贴现额度申请流程
4	一般授信安排调整流程
5	联合贷款（授信）参与额度申请流程
6	监控模式集团成员授信申请流程
7	监控模式成员完全现金额度申请流程
8	监控模式成员银票贴现额度申请流程
9	监控模式成员授信安排调整流程
10	集团授信申请主办行流程
11	集团授信申请主办行审批中心分段流程
12	集团授信申请主办行总行审查分段流程
13	集团授信申请主办行省辖行审查分段流程
14	集团授信申请主办行省分行审查分段流程
15	集团授信申请协办行流程
16	集团客户完全现金额度流程
17	集团客户银票贴现额度流程
18	集团同一客户授信安排调整流程
19	集团不同客户授信安排调整流程
20	授信业务展期流程
21	同业客户一般授信流程

续表

序号	流程种类
22	同业定期监控流程
23	公司债券投资流程
24	同业低风险额度申请流程
25	同业授信信贷备忘录流程
26	债投定期监控流程
27	类信贷额度申请流程
28	一站式联合贷款（授信）参与额度申请流程
29	一站式集团授信申请协办行流程
30	集团总额预授信申请流程
31	预授信模式集团成员授信申请流程
32	预授信模式集团成员授信安排调整流程
33	预授信模式集团成员完全现金额度申请流程
34	预授信模式集团成员银票贴现额度申请流程
35	新定期监控流程
36	新信贷备忘录流程

后续如有新增流程，将再增加归档范围。如果对于已完成授信流程各层级完成归档任务后，相关电子文件按照规范移入数字档案管理系统。

2019 年 1 月份以前原有授信业务都是双套制管理，为推行授信业务处理无纸化，交通银行开发了授信业务审批系统，基本实现授信业务流程无纸化。因此，交通银行对授信审批系统产生的数据只做电子单套制归档。

2. 保管期限

按照《交通银行公司客户授信档案管理办法》（交银办〔2005〕207 号）中的规定，“授信申报、审查、审批资料”的保管期限为本卷最后一笔业务结清日起15年。

按照《交通银行档案管理办法》（交银发〔2016〕50号）规定，现在的档案保管期限是分10年、30年和永久三种类型。

鉴于目前部分授信业务期限较长，电子档案建议暂按永久期限保存。

依据国家档案局要求及《电子文件归档与电子档案管理规范》（GB/T 18894—2016）相关规定，结合交通银行实际，确定交通银行档案电子化项目使用的通用存储格式为PDF，即对于支持转换为PDF格式的各类电子文件均应在归档前进行转换，无法支持转换的格式将以原格式进行归档，并应同步归档其对应的应用软件。

表3　交行授信审批系统电子文件归档存储格式

序号	文件名称	载体类型	存储格式	源格式	载体存储格式
1	授信申请书/授信业务安排调整申请书/授信业务展期申请书等	电子	PDF、TXT、XLS、DOC、JPG、JPEG、PNG	PDF	磁盘
2	尽职确认书	电子	PDF、TXT、XLS、DOC、JPG、JPEG、PNG	PDF	磁盘
3	授信分析报告/定期监控报告/信贷备忘录报告	电子	PDF、TXT、XLS、DOC、JPG、JPEG、PNG	PDF	磁盘
4	审查报告	电子	PDF、TXT、XLS、DOC、JPG、JPEG、PNG	PDF	磁盘
5	复审报告	电子	PDF、TXT、XLS、DOC、JPG、JPEG、PNG	PDF	磁盘
6	预警信号勾选	电子	PDF、TXT、XLS、DOC、JPG、JPEG、PNG	PDF	磁盘
7	贷审会记录	电子	PDF、TXT、XLS、DOC、JPG、JPEG、PNG	PDF	磁盘

续表

序号	文件名称	载体类型	存储格式	源格式	载体存储格式
8	贷审会表决情况	电子	PDF、TXT、XLS、DOC、JPG、JPEG、PNG	PDF	磁盘
9	补充资料	电子	PDF、TXT、XLS、DOC、JPG、JPEG、PNG	PDF	磁盘
10	相关部门意见	电子	PDF、TXT、XLS、DOC、JPG、JPEG、PNG	PDF	磁盘
11	申报项目评分	电子	PDF、TXT、XLS、DOC、JPG、JPEG、PNG	PDF	磁盘
12	贷审会录音/录像	电子	PDF、TXT、XLS、DOC、JPG、JPEG、PNG	PDF	磁盘
13	平行调查报告	电子	PDF、TXT、XLS、DOC、JPG、JPEG、PNG	PDF	磁盘
14	其他申报审查材料	电子	PDF、TXT、XLS、DOC、JPG、JPEG、PNG	PDF	磁盘
15	审批通知书	电子	PDF、TXT、XLS、DOC、JPG、JPEG、PNG	PDF	磁盘
16	贷审会会议记录	电子	PDF、TXT、XLS、DOC、JPG、JPEG、PNG	PDF	磁盘
17	结束意见	电子	PDF、TXT、XLS、DOC、JPG、JPEG、PNG	PDF	磁盘

续表

序号	文件名称	载体类型	存储格式	源格式	载体存储格式
18	类信贷业务确认方案	电子	PDF、TXT、XLS、DOC、JPG、JPEG、PNG	PDF	磁盘
19	客户环境和社会表现及风险管控情况动态	电子	PDF、TXT、XLS、DOC、JPG、JPEG、PNG	PDF	磁盘
20	融资客户经审计财务报告（近3年及最近1期合并及本部报表）	电子	PDF、TXT、XLS、DOC、JPG、JPEG、PNG	PDF	磁盘
21	担保/回购方经审计财务报告（近3年及最近1期合并及本部报表）	电子	PDF、TXT、XLS、DOC、JPG、JPEG、PNG	PDF	磁盘
22	固定资产贷款项目、房地产开发项目的合规性文件	电子	PDF、TXT、XLS、DOC、JPG、JPEG、PNG	PDF	磁盘
23	项目评估报告及可行性研究报告	电子	PDF、TXT、XLS、DOC、JPG、JPEG、PNG	PDF	磁盘
24	其他财务或项目资料	电子	PDF、TXT、XLS、DOC、JPG、JPEG、PNG	PDF	磁盘
25	营业执照（副本及影印件）和年检证明	电子	PDF、TXT、XLS、DOC、JPG、JPEG、PNG	PDF	磁盘
26	组织机构代码证书（副本及影印件）	电子	PDF、TXT、XLS、DOC、JPG、JPEG、PNG	PDF	磁盘
27	税务部门年检合格的税务登记证明	电子	PDF、TXT、XLS、DOC、JPG、JPEG、PNG	PDF	磁盘

续表

序号	文件名称	载体类型	存储格式	源格式	载体存储格式
28	标注统一社会信用代码的营业执照或事业单位法人证书	电子	PDF、TXT、XLS、DOC、JPG、JPEG、PNG	PDF	磁盘
29	企业信用信息查询授权书及报告	电子	PDF、TXT、XLS、DOC、JPG、JPEG、PNG	PDF	磁盘
30	法定代表人身份证明	电子	PDF、TXT、XLS、DOC、JPG、JPEG、PNG	PDF	磁盘
31	法定代表人必要的个人信息	电子	PDF、TXT、XLS、DOC、JPG、JPEG、PNG	PDF	磁盘
32	公司章程	电子	PDF、TXT、XLS、DOC、JPG、JPEG、PNG	PDF	磁盘
33	近三年及近期会计(审计)师事务所审计报告和财务报表	电子	PDF、TXT、XLS、DOC、JPG、JPEG、PNG	PDF	磁盘
34	验资报告	电子	PDF、TXT、XLS、DOC、JPG、JPEG、PNG	PDF	磁盘
35	董事会成员和主要负责人、财务负责人名单和签字样本等	电子	PDF、TXT、XLS、DOC、JPG、JPEG、PNG	PDF	磁盘
36	董事会或股东会同意申请授信业务的决议、文件或具有同等法律效力的文件或证明	电子	PDF、TXT、XLS、DOC、JPG、JPEG、PNG	PDF	磁盘
37	股东大会关于利润分配的决议	电子	PDF、TXT、XLS、DOC、JPG、JPEG、PNG	PDF	磁盘

续表

序号	文件名称	载体类型	存储格式	源格式	载体存储格式
38	现金流量预测及营运计划	电子	PDF、TXT、XLS、DOC、JPG、JPEG、PNG	PDF	磁盘
39	近两年税务部门纳税证明资料	电子	PDF、TXT、XLS、DOC、JPG、JPEG、PNG	PDF	磁盘
40	本年度及最近月份存借款及对外担保情况	电子	PDF、TXT、XLS、DOC、JPG、JPEG、PNG	PDF	磁盘
41	客户法定代表人授权委托书	电子	PDF、TXT、XLS、DOC、JPG、JPEG、PNG	PDF	磁盘
42	特殊行业生产许可证(如食品、医疗卫生、采掘等行业)	电子	PDF、TXT、XLS、DOC、JPG、JPEG、PNG	PDF	磁盘
43	环评材料(如环境影响评估报告、排污许可证等)	电子	PDF、TXT、XLS、DOC、JPG、JPEG、PNG	PDF	磁盘
44	资质等级证书	电子	PDF、TXT、XLS、DOC、JPG、JPEG、PNG	PDF	磁盘
45	其他客户资料	电子	PDF、TXT、XLS、DOC、JPG、JPEG、PNG	PDF	磁盘
46	注册或成立的证件(批文)	电子	PDF、TXT、XLS、DOC、JPG、JPEG、PNG	PDF	磁盘
47	近期国家/地区国际评级报告	电子	PDF、TXT、XLS、DOC、JPG、JPEG、PNG	PDF	磁盘

续表

序号	文件名称	载体类型	存储格式	源格式	载体存储格式
48	近期同业机构国际评级报告	电子	PDF、TXT、XLS、DOC、JPG、JPEG、PNG	PDF	磁盘
49	近二年国家/地区财政/央行报告	电子	PDF、TXT、XLS、DOC、JPG、JPEG、PNG	PDF	磁盘
50	当年近期国家/地区财政、经济运行资料	电子	PDF、TXT、XLS、DOC、JPG、JPEG、PNG	PDF	磁盘
51	近三年及当年近期财报	电子	PDF、TXT、XLS、DOC、JPG、JPEG、PNG	PDF	磁盘
52	近三年及当年近期监管指标/核心运行指标资料	电子	PDF、TXT、XLS、DOC、JPG、JPEG、PNG	PDF	磁盘
53	上年末及近期机构所在国家/地区所属行业运行资料	电子	PDF、TXT、XLS、DOC、JPG、JPEG、PNG	PDF	磁盘
54	客户经营相关资料	电子	PDF、TXT、XLS、DOC、JPG、JPEG、PNG	PDF	磁盘
55	所属集团相关资料	电子	PDF、TXT、XLS、DOC、JPG、JPEG、PNG	PDF	磁盘
56	组织机构代码证	电子	PDF、TXT、XLS、DOC、JPG、JPEG、PNG	PDF	磁盘
57	营业执照	电子	PDF、TXT、XLS、DOC、JPG、JPEG、PNG	PDF	磁盘

续表

序号	文件名称	载体类型	存储格式	源格式	载体存储格式
58	税务登记证	电子	PDF、TXT、XLS、DOC、JPG、JPEG、PNG	PDF	磁盘
59	标注统一社会信用代码的营业执照	电子	PDF、TXT、XLS、DOC、JPG、JPEG、PNG	PDF	磁盘
60	业务开办资质文件	电子	PDF、TXT、XLS、DOC、JPG、JPEG、PNG	PDF	磁盘
61	金融许可证/经营保险业务许可证/经营证券业务许可证	电子	PDF、TXT、XLS、DOC、JPG、JPEG、PNG	PDF	磁盘
62	金融行业其他特许经营许可证	电子	PDF、TXT、XLS、DOC、JPG、JPEG、PNG	PDF	磁盘
63	法定代表人信息	电子	PDF、TXT、XLS、DOC、JPG、JPEG、PNG	PDF	磁盘
64	全国银行间同业拆借市场成员批复	电子	PDF、TXT、XLS、DOC、JPG、JPEG、PNG	PDF	磁盘
65	全国银行间外汇市场会员批复	电子	PDF、TXT、XLS、DOC、JPG、JPEG、PNG	PDF	磁盘
66	其他客户资料	电子	PDF、TXT、XLS、DOC、JPG、JPEG、PNG	PDF	磁盘
67	配偶有效身份证明	电子	PDF、TXT、XLS、DOC、JPG、JPEG、PNG	PDF	磁盘

续表

序号	文件名称	载体类型	存储格式	源格式	载体存储格式
68	持有其他资产的证明文件	电子	PDF、TXT、XLS、DOC、JPG、JPEG、PNG	PDF	磁盘
69	婚姻状况	电子	PDF、TXT、XLS、DOC、JPG、JPEG、PNG	PDF	磁盘
70	其他	电子	PDF、TXT、XLS、DOC、JPG、JPEG、PNG	PDF	磁盘
71	个人有效身份证明	电子	PDF、TXT、XLS、DOC、JPG、JPEG、PNG	PDF	磁盘
72	个人收入证明或足以证明其收入水平的证明(包括银行认可的工资单、税单、纳税证明等)/工作证明	电子	PDF、TXT、XLS、DOC、JPG、JPEG、PNG	PDF	磁盘
73	个人及配偶的信用证明(个人征信系统查询授权书、个人征信报告)	电子	PDF、TXT、XLS、DOC、JPG、JPEG、PNG	PDF	磁盘
74	保证人担保事项授权书	电子	PDF、TXT、XLS、DOC、JPG、JPEG、PNG	PDF	磁盘
75	本年度及最近月份对外担保情况	电子	PDF、TXT、XLS、DOC、JPG、JPEG、PNG	PDF	磁盘
76	抵押物清单	电子	PDF、TXT、XLS、DOC、JPG、JPEG、PNG	PDF	磁盘
77	抵押物权属证明	电子	PDF、TXT、XLS、DOC、JPG、JPEG、PNG	PDF	磁盘

续表

序号	文件名称	载体类型	存储格式	源格式	载体存储格式
78	抵押物价值评估书或预评估	电子	PDF、TXT、XLS、DOC、JPG、JPEG、PNG	PDF	磁盘
79	质押物清单	电子	PDF、TXT、XLS、DOC、JPG、JPEG、PNG	PDF	磁盘
80	质押物权属证明	电子	PDF、TXT、XLS、DOC、JPG、JPEG、PNG	PDF	磁盘
81	质押物价值评估书或预评估书	电子	PDF、TXT、XLS、DOC、JPG、JPEG、PNG	PDF	磁盘
82	其他担保资料	电子	PDF、TXT、XLS、DOC、JPG、JPEG、PNG	PDF	磁盘
83	银团贷款邀请函	电子	PDF、TXT、XLS、DOC、JPG、JPEG、PNG	PDF	磁盘
84	银团贷款备忘录	电子	PDF、TXT、XLS、DOC、JPG、JPEG、PNG	PDF	磁盘
85	银团贷款财务模型/可行性报告	电子	PDF、TXT、XLS、DOC、JPG、JPEG、PNG	PDF	磁盘
86	银团贷款银团协议	电子	PDF、TXT、XLS、DOC、JPG、JPEG、PNG	PDF	磁盘
87	银团贷款外部律所意见	电子	PDF、TXT、XLS、DOC、JPG、JPEG、PNG	PDF	磁盘

续表

序号	文件名称	载体类型	存储格式	源格式	载体存储格式
88	其他银团贷款资料	电子	PDF、TXT、XLS、DOC、JPG、JPEG、PNG	PDF	磁盘
89	债券投资债券募集说明书	电子	PDF、TXT、XLS、DOC、JPG、JPEG、PNG	PDF	磁盘
90	债券投资其他	电子	PDF、TXT、XLS、DOC、JPG、JPEG、PNG	PDF	磁盘
91	集团客户股权架构	电子	PDF、TXT、XLS、DOC、JPG、JPEG、PNG	PDF	磁盘
92	其他集团客户资料	电子	PDF、TXT、XLS、DOC、JPG、JPEG、PNG	PDF	磁盘
93	异地客户属地行回复意见	电子	PDF、TXT、XLS、DOC、JPG、JPEG、PNG	PDF	磁盘
94	并购贷款合规要件	电子	PDF、TXT、XLS、DOC、JPG、JPEG、PNG	PDF	磁盘
95	并购贷款财务模型/可行性报告	电子	PDF、TXT、XLS、DOC、JPG、JPEG、PNG	PDF	磁盘
96	其他并购贷款资料	电子	PDF、TXT、XLS、DOC、JPG、JPEG、PNG	PDF	磁盘
97	联合贷款公司部批复意见	电子	PDF、TXT、XLS、DOC、JPG、JPEG、PNG	PDF	磁盘

续表

序号	文件名称	载体类型	存储格式	源格式	载体存储格式
98	交通银行同业授信业务审批表(总行)	电子	PDF、TXT、XLS、DOC、JPG、JPEG、PNG	PDF	磁盘
99	交通银行授信业务审批表(总行)	电子	PDF、TXT、XLS、DOC、JPG、JPEG、PNG	PDF	磁盘
100	交通银行类信贷业务评审表(总行)	电子	PDF、TXT、XLS、DOC、JPG、JPEG、PNG	PDF	磁盘
101	审批通知书签字件(总行)	电子	PDF、TXT、XLS、DOC、JPG、JPEG、PNG	PDF	磁盘

(三)系统接口

交通银行电子文件管理系统与其他应用系统间交互接口有数百个,按交互方式分类可分为批量接口和实时接口。批量接口主要用于系统间海量数据传输。交通银行对公授信业务审批系统采用批量接口方式。

表4　交通银行授信审批系统电子数据元数据组成

授信档案	
业务大类	授信
大类编号	4
归档类型	授信申报审查材料/财务及项目资料等
归档编号	040001/……
文件名称	授信申请书/授信业务安排调整申请书/授信业务展期申请书等
文件编码	0400010001/……
保管期限	永久
元数据来源系统	CWAP
系统联系人	×××

续表

业务元数据			
字段名称	英文名称	类型	备注
主键	ID	VARCHAR(50)	主键,唯一标识
业务品种编号	BIZ_VARIETY_CODE	VARCHAR(20)	业务品种编号(以"文件种类及元数据信息汇总表"中为准)
业务品种	BIZ_VARIETY_NAME	varchar(512)	业务品种(以"文件种类及元数据信息汇总表"中为准)
文件编码	ARCHIVE_DATUM_CODE	VARCHAR(20)	文件编码(以"文件种类及元数据信息汇总表"中为准)
文件名称	ARCHIVE_DATUM_NAME	varchar(512)	文件名称(以"文件种类及元数据信息汇总表"中为准)
系统简称	APP_CODE	varchar(10)	系统简称:CWAP
到期日期	EXPIRY_DATE	DATE	默认'9999-99-99',即永久,格式:yyyy-MM-dd
docId	DOC_ID	varchar(50)	影像 id
流程号	PROCESS_ID	varchar(50)	CWAP 系统归档流程编号
客户号	CUST_ID	varchar(19)	CWAP 系统归档流程客户号
流程种类	PROCESS_BIZ_TYPE	VARCHAR(100)	CWAP 系统业务流程类型
发起人	START_OPER_ID	CHAR(10)	CWAP 系统业务流程发起人

续表

字段名称	英文名称	类型	备注
发起机构	START_ORG_ID	DECIMAL(10)	CWAP 系统业务流程发起机构
发起日期	START_DATE_TIME	TIMESTAMP	CWAP 系统业务流程发起日期
审批机构	APPROVE_ORG_ID	DECIMAL(10)	CWAP 系统业务流程审批机构
结束日期	DONE_DATE_TIME	TIMESTAMP	CWAP 系统业务流程结束日期
经办人	ARCHIVED_OPER_ID	VARCHAR(500)	CWAP 系统业务流程经办人
密级	SECRET_LEVEL	VARCHAR(2)	1:开放,2:受控
归档完成日期	ARCHIVED_DONE_DATE	TIMESTAMP	CWAP 系统业务流程归档完成日期
分行号	START_BANCH_ID	DECIMAL(10)	发起柜员对应分行号
MD5 值	MD5	VARCHAR(50)	档案加密 MD5 值
归档日期	ARCHIVED_DONE_DATE	VARCHAR(20)	数字档案馆系统自动生成,格式:yyyy-MM-dd
会计日期	AC_DATE	VARCHAR(8)	数字档案馆系统根据批量文件的会计日期取值
档号	FILE_NO	VARCHAR(300)	数字档案馆系统生成,初始化生成规则为:全宗号_源系统代号_区域_归档完成日期_机构编号_文件种类_保管期限_件号

续表

字段名称	英文名称	类型	备注
案卷号	ROLL_ID	VARCHAR(5000)	根据数字档案馆系统维护立卷规则生成,初始化规则:流程号_机构号_B会计日期
参见号	SEE_NO	VARCHAR(150)	数字档案馆系统自动生成随机不重复字符串
公共元数据			
字段名称	英文名称	类型	备注
聚合层次(笔)	AGGREG_HIERARCHY	VARCHAR(12)	固定值“笔”
立档单位名称	CREFILE_UNIT	VARCHAR(512)	由源系统送(发起机构名称)
电子文件号	ELE_DOC_NO	VARCHAR(50)	业务系统流程唯一标识
年度	ARCHIVE_YEAR	CHAR(4)	数据生成日期,格式:yyyy
保管期限	RETENTION_PERIOD	VARCHAR(20)	永久为Y,否则为“保管年限”
类别号	CLASS_NO	VARCHAR(6)	归档编号
题名	TOPIC	VARCHAR(512)	文件名称
日期	DATE	VARCHAR(8)	会计日期,格式:yyyyMMdd
密级	SECRET	VARCHAR(4)	“公开或限制”
形式特征	FEATURE	VARCHAR(20)	固定值“PDF”
存储位置	STORAGE_LOCAT	VARCHAR(20)	固定值
脱机载体编号	OFFLINE_CODE	VARCHAR(515)	机构号-DK-docid

续表

字段名称	英文名称	类型	备注
权限管理	PRIV_MNG	VARCHAR(11)	取决于业务系统权限控制规则如分行上送分行号，如机构上送发起机构
业务状态	BUSI_STATUS	VARCHAR(198)	固定值“历史行为”
业务行为	BUSI_BEHAVIOR	VARCHAR(198)	固定值“归档”
行为时间	BEHAVIOR_TIME	VARCHAR(20)	电子文件系统生成，格式 yyyyMMdd HH:mm:ss
实体标识符	ENTIYT_FLAG	VARCHAR(500)	docid
机构人员名称	ORG_NAME	VARCHAR(1000)	发起机构人员名称
全宗号	UNIT_CODE	VARCHAR(100)	电子文件系统生成
源系统代号	SOURCE_SYS	VARCHAR(10)	系统简称：CWAP
区域	REGION	VARCHAR(10)	“CHN、HK、HB”
归档日期	ARCDATE	VARCHAR(10)	电子文件系统生成，格式 yyyyMMdd
机构	ORGANIZATION	VARCHAR(11)	发起机构
数据类型	DATA_TYPE	VARCHAR(20)	文件编码
件号	PARTSNUM	VARCHAR(10)	4 位序列号
档号	FILE_NO	VARCHAR(300)	电子文件系统生成

（四）元数据项及捕捉节点

在参考《文书类电子文件元数据方案》（DA/T 46—2009）的基础上，结合目前交通银行电子文件管理实际，形成了《交通银行电子文件归档元数据规范》，将元数据从概念层次上依据具体业务相关性分为公共元数据和业务元数据两个域。公共元数据为业务无关性信息，是电子文件进入数字档案馆（室）的必要条件。业务元数据是业务相关性信息，依据各条线各业务的实际需要，进行专门定义。

表 5　交通银行授信审批系统业务元数据

编号	元数据	说　明	捕获节点
M1	业务品种	授信业务材料类别	业务系统
M2	文件名称	材料细类	业务系统
M3	流程号	授信业务系统流程 ID	业务系统
M4	客户号	交行客户号	业务系统
M5	流程种类	授信业务流程类别	业务系统
M6	发起人	授信流程操作发起人	业务系统
M7	发起机构	授信流程操作发起人归属机构	业务系统
M8	发起日期	授信流程操作发起操作时间	业务系统
M9	审批机构	授信流程审批人归属机构	业务系统
M10	结束日期	授信流程最后一个节点审批时间	业务系统
M11	经办人	授信流程最后一个节点审批人	业务系统
M12	密级	开放；受控	业务系统
M13	归档完成日期	归档单位完成 CWAP 系统上对应归档任务的时间	业务系统
M14	分行号	授信业务流程发起机构归属的分行	业务系统

（五）整理方案

交通银行授信档案按照“件”为单位，并对件内文档按照一定顺序进行排序，整理后的文档放到卷内，按先组卷后放件的顺序对授信档案进行整理，整理方案分为系统自动整理、档案管理员手工整理两种方式。自动整理通过系统夜间批量根据文件名称的卷号规则自动整理生成卷号、件号；手工采集由档案管理员手动选择文档进行案卷建立、组卷、立卷、审批、归档，件号由数字档案系统自动生成。

1. 分类

表 6 交通银行授信审批系统档案分类

业务大类	业务品种
授信	授信申报审查材料
	财务及项目资料
	客户基础资料（公司客户）
	客户基础资料（同业客户）
	客户基础资料（个人客户）
	担保资料
	其他业务资料

2. 组件

授信类文件的类型种类较多，各类流程较为复杂，一般来说，以流程中的一个任务和文件类型为一件。

3. 排序

电子文件应按照一定的逻辑顺序编号进行排序。

4. 组卷规则

数字档案系统会根据用户设定的动态条件进行自动组卷，也可以选择手工组卷。

自动组卷规则：动态设置条件 + ′B′ +会计日期；凡是在立卷规则中设置展示的字段全都拼接到卷号中，每个字段之间以下划线进行间隔，其中业务品种和文件名称以编码形式展示。默认动态设置条件规则按照业务品种、文件编码、流程号、流程种类、立档单位名称。例如：业务品种_ 文件编码_ 流程号_ 流程种类_ 立档单位名称_ B_ 会计日期。

手工组卷规则：动态设置条件 + A +会计日期；凡是在立卷规则中设置展示的字段全都拼接到卷号中，每个字段之间以下划线进行间隔，其中业务品种和文件名称以编码形式展示。默认动态设置条件规则按照业务品种、文件编码、流程号、流程种类、立档单位名称。例如：业务品种_ 文件编码_ 流程号_ 流程种类_ 立档单位名称_ A_ 会计日期。

（六）电子档案保管方案

1. 电子文件长期保存

交通银行档案部门每年对电子档案的可读性进行评估，并形成评估报告。如存在因软、硬件或其他技术升级、变动出现电子档案不可读取的风险，则对电子档案进行迁移。电子档案迁移前进行迁移可行性评估（包括目标载体、系统、格式的可持续评估、保管成本评估等），并保证迁移过程电子文件的真实性，过程可控，防止迁移过程中电子文件信息丢失、非法篡改。

2. 离线存储

电子档案进行以单份文件（含元数据）为存储单元做离线存储，存储不采用运维备份的文件组织方式，也不采用系统备份文件代替存储。

交通银行对重要电子档案做一式三套离线存储，存储载体为一次性写入磁带、可擦写光盘、硬磁盘等。三套载体分开保存。

交通银行对存储电子档案的磁性载体每满二年、磁带每满四年进行一次抽样机读检验，抽样率不低于10%，如发现问题则及时采取相应恢复措施。对磁性载体上的电子档案，每四年转存一次，原载体同时保留时间不少于四年。

3. 电子文件保管期限

表8　授信审批系统电子文件保管期限

序号	电子文件名称	电子档案保管期限	责任者	密级	保管期限	载体类型	存储格式	载体存储格式
1	授信申请书 授信业务安排调整申请书 授信业务展期申请书	永久	授信部	秘密	永久	电子	PDF	磁盘
2	尽职确认书	永久	授信部	秘密	永久	电子	PDF	磁盘
3	授信分析报告 定期监控报告 授信备忘录报告	永久	授信部	秘密	永久	电子	PDF	磁盘

续表

序号	电子文件名称	电子档案保管期限	责任者	密级	保管期限	载体类型	存储格式	载体存储格式
4	审查报告	永久	授信部	秘密	永久	电子	PDF	磁盘
5	复审报告	永久	授信部	秘密	永久	电子	PDF	磁盘

（七）利用方案

1. 全部开放

无开放。

2. 全部不开放

由于授信档案涉及到集团客户授信信息，所有授信档案目前均为受控档案，用户在查看授信档案需发起借阅流程，由档案管理员与分管二级部高经审批通过后方可进行查看。

表9　授信审批系统电子文件权限情况表

电子文件名称	受控状态
授信申请书/授信业务安排调整申请书/授信业务展期申请书等	受控
尽职确认书	受控
授信分析报告/定期监控报告/信贷备忘录报告	受控
审查报告	受控
复审报告	受控
预警信号勾选	受控
贷审会记录	受控
贷审会表决情况	受控
补充资料	受控
相关部门意见	受控
申报项目评分	受控

续表

电子文件名称	受控状态
贷审会录音/录像	受控
平行调查报告	受控
其他申报审查材料	受控
审批通知书	受控
贷审会会议记录	受控
结束意见	受控
类信贷业务确认方案	受控
客户环境和社会表现及风险管控情况动态	受控
融资客户经审计财务报告(近3年及最近1期合并及本部报表)	受控
担保/回购方经审计财务报告(近3年及最近1期合并及本部报表)	受控
固定资产贷款项目、房地产开发项目的合规性文件	受控
项目评估报告及可行性研究报告	受控
其他财务或项目资料	受控
营业执照(副本及影印件)和年检证明	受控
组织机构代码证书(副本及影印件)	受控
税务部门年检合格的税务登记证明	受控
标注统一社会信用代码的营业执照或事业单位法人证书	受控
企业信用信息查询授权书及报告	受控
法定代表人身份证明	受控
法定代表人必要的个人信息	受控
公司章程	受控
近三年及近期会计(审计)师事务所审计报告和财务报表	受控
验资报告	受控
董事会成员和主要负责人、财务负责人名单和签字样本等。	受控

续表

电子文件名称	受控状态
董事会或股东会同意申请授信业务的决议、文件或具有同等法律效力的文件或证明	受控
股东大会关于利润分配的决议	受控
现金流量预测及营运计划	受控
近两年税务部门纳税证明资料	受控
本年度及最近月份存借款及对外担保情况	受控
客户法定代表人授权委托书	受控
特殊行业生产许可证(如食品、医疗卫生、采掘等行业)	受控
环评材料(如环境影响评估报告、排污许可证等)	受控
资质等级证书	受控
其他客户资料	受控
注册或成立的证件(批文)	受控
近期国家/地区国际评级报告	受控
近期同业机构国际评级报告	受控
近二年国家/地区财政/央行报告	受控
当年近期国家/地区财政、经济运行资料	受控
近三年及当年近期财报	受控
近三年及当年近期监管指标/核心运行指标资料	受控
上年末及近期机构所在国家/地区所属行业运行资料	受控
客户经营相关资料	受控
所属集团相关资料	受控
组织机构代码证	受控
营业执照	受控
税务登记证	受控

续表

电子文件名称	受控状态
标注统一社会信用代码的营业执照	受控
业务开办资质文件	受控
金融许可证/经营保险业务许可证/经营证券业务许可证	受控
金融行业其他特许经营许可证	受控
法定代表人信息	受控
全国银行间同业拆借市场成员批复	受控
全国银行间外汇市场会员批复	受控
其他客户资料	受控
配偶有效身份证明	受控
持有其它资产的证明文件	受控
婚姻状况	受控
其他	受控
个人有效身份证明	受控
个人收入证明或足以证明其收入水平的证明(包括银行认可的工资单、税单、纳税证明等)/工作证明	受控
个人及配偶的信用证明(个人征信系统查询授权书、个人征信报告)	受控
保证人担保事项授权书	受控
本年度及最近月份对外担保情况	受控
抵押物清单	受控
抵押物权属证明	受控
抵押物价值评估书或预评估	受控
质押物清单	受控
质押物权属证明	受控

续表

电子文件名称	受控状态
质押物价值评估书或预评估书	受控
其他担保资料	受控
银团贷款邀请函	受控
银团贷款备忘录	受控
银团贷款财务模型/可行性报告	受控
银团贷款银团协议	受控
银团贷款外部律所意见	受控
其他银团贷款资料	受控
债券投资债券募集说明书	受控
债券投资其他	受控
集团客户股权架构	受控
其他集团客户资料	受控
异地客户属地行回复意见	受控
并购贷款合规要件	受控
并购贷款财务模型/可行性报告	受控
其他并购贷款资料	受控
联合贷款公司部批复意见	受控
交通银行同业授信业务审批表(总行)	受控
交通银行授信业务审批表(总行)	受控
交通银行类信贷业务评审表(总行)	受控
审批通知书签字件(总行)	受控

3. 部分开放

无开放。

4. 知识库

交通银行对归档范围的电子文件，已进行知识管理功能，针对档案信息深层次加工、基于用户历史行为进行分析，进行档案信息主动推送，目前正探索基于交通银行授信录音档案，结合自然语言技术，进行语义分析，为未来智慧化授信提供有力数据支撑。

5. 超权利用

授信业务对受控档案超权利用时，需进行借阅审批，在利用过程中会对客户端档案缓存文件进行加密保存，用来保证档案的安全。

对于授信业务，根据分行融资授权情况，借阅流程分为分行内完成、上报上级行省行或总行、上报主办行、跨境申报；

电子档案借阅，对于本分行的档案资料，由分行授信部档案管理员和授信部高级经理审批后可以借阅；对于上级行的档案资料，由上级行档案管理员和授信部高级经理审批后可以借阅。如上级行需借阅下级行立档资料，由上级行档案管理员和授信部高级经理审批后可以借阅。

6. 利用范围

（1）交通银行对属于归档范围内的电子文件，均按照相关规定纳入提供利用的范围，并包含相应的支持软件和数据。

（2）属于国家秘密、商业秘密、企业知识产权、客户隐私的档案信息，均严格控制提供利用范围，确保国家、银行及客户权益。

（3）对于涉密档案，交通银行严格按照“上网不涉密、涉密不上网”原则，严禁将涉密文件的电子信息上传档案系统，确保涉密信息的绝对安全。

（4）涉及客户隐私的电子档案，按照相关法规规定，严格审核利用者身份，不得随意扩大利用、接触范围。

（5）保密期限已满或者属于国家信息公开范围内的电子档案，按照相关规定向社会开放。

7. 赋权原则

（1）资源权限

档案资源分三类，第一类为集团总部；第二类为省分行、直属分行、海外分（子）行、子公司；第三类为省辖分行、分公司。

（2）数据查阅权限设置

①集团总部：集团总部高管层可以查阅全集团所有档案信息，集团总部

部门总经理（副总经理）可以查阅全集团本条线档案信息，集团总部员工只能查阅集团总部本部门档案信息。

②省分行：省分行高管层可以查阅省分行、省辖分行所有档案信息，省分行部门总经理（副总经理）可以查阅省分行、省辖分行本条线档案信息，省分行员工只能查阅省分行本部门档案信息。

③直属分行：直属分行高管层可以查阅本行所有档案信息，分行部门总经理（副总经理）、员工只能查阅分行本部门档案信息。

④海外分（子）行：分行高管层可以查阅本分行、子行档案信息，分行部门总经理（副总经理）可以查阅本分行、子行本条线档案信息，分行员工只能查阅分行本部门档案信息。

⑤子公司：公司高管层可以查阅本公司、分公司所有档案信息，公司部门总经理（副总经理）可以查阅本公司、分公司本条线档案信息，公司员工只能查阅公司本部门档案信息。

⑥省辖分行（分公司）：分行（分公司）高管层可以查阅本行所有档案信息，分行（分公司）部门总经理（副总经理）、员工只能查阅分行（分公司）本部门档案信息。

8. 检索查询

（1）检索界面。利用检索设置简单检索、高级检索 2 种。检索界面提供所有检索项和检索词的输入口，并为用户提供检索方法说明。

（2）动态检索。允许用户反复修改检索条件，并可在上一次检索结果的基础上追加检索条件、缩小检索范围。

（3）检索结果显示。检索结果支持详细显示、浏览显示、排序、全文显示，并可以实现互相切换。

（4）检索效率。电子档案利用过程注重查全率、查准率以及检索速度等关键指标，提高用户体验。

9. 在线利用

用户可以查询交通银行所有的授信档案条目，所有用户查阅都需要发起借阅流程，审批通过后可阅览档案。

（1）在线阅览

用户访问档案可在线发起借阅流程，完成审批后，可在线查看档案影像在线预览、业务元数据、公共元数据、归档元数据信息查询。

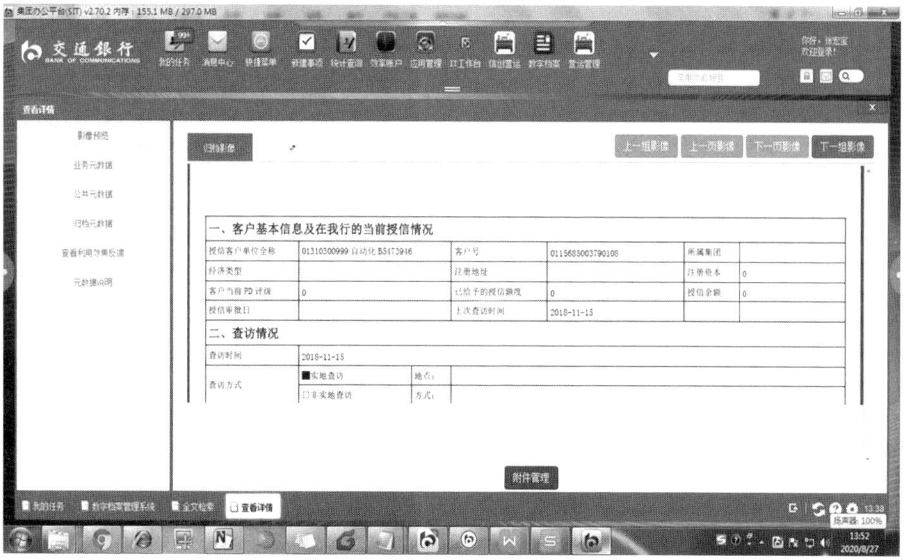

图 3　档案详情信息-影像信息

图 4　档案详情信息-业务元数据

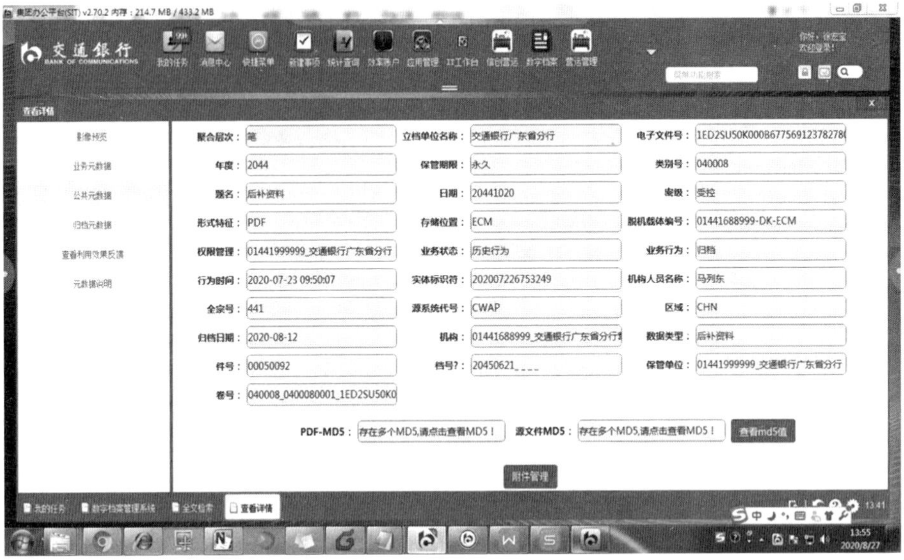

图 5　档案详情信息–公共元数据

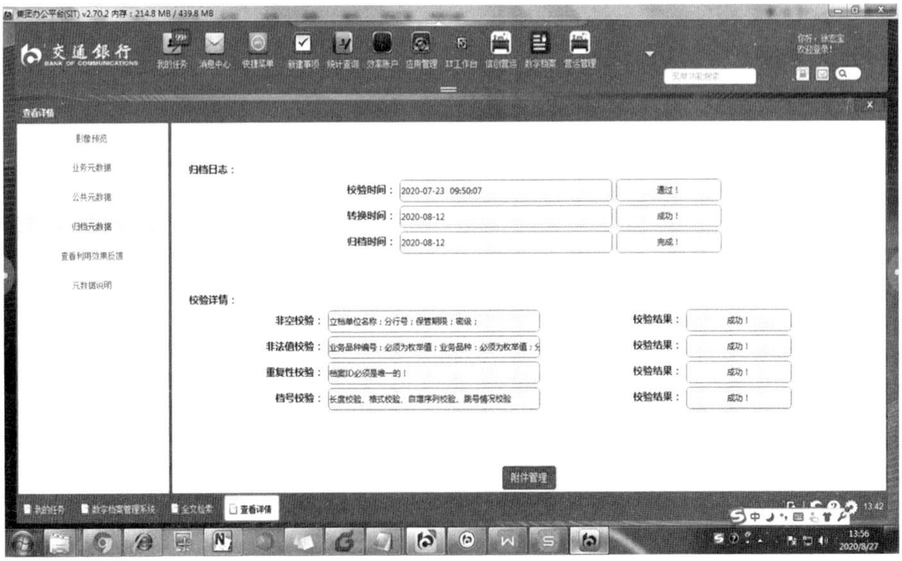

图 6　档案详情信息–归档元数据

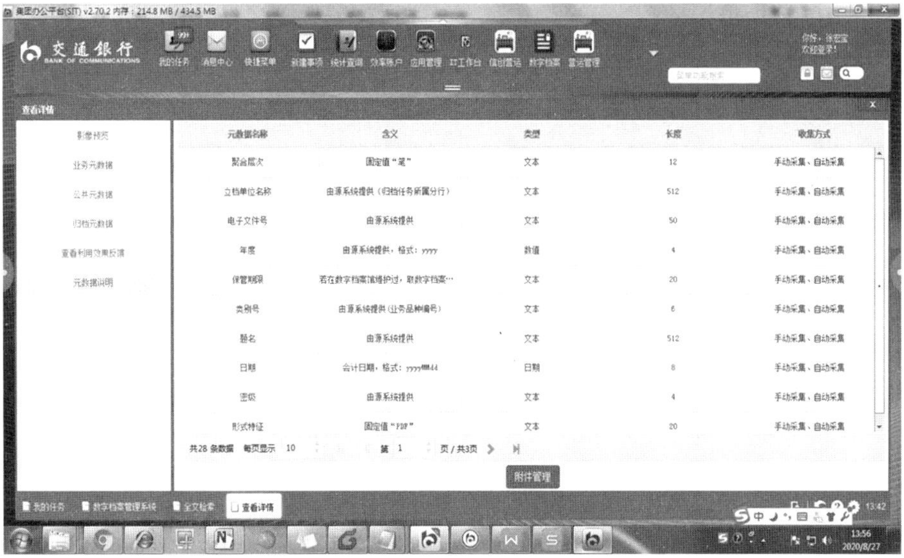

图7　档案详情信息-元数据信息

（2）在线下载

如果需要下载原文，可在线发起借阅流程，完成审批后，可选择下载到本地。

图8　档案在线下载

10. 利用审批流程

行内员工查阅授信审批业务电子档案的权限，根据归档部门及用户岗位设置，员工需要发起借阅流程，流程设置规则为：

（1）查阅本分行的档案资料，由分行授信部档案管理员和授信部高级经理审批后可以借阅；

（2）查访上级行的档案资料，由上级行档案管理员和授信部高级经理审批后可以借阅；

（3）如是上级行需借阅下级行档案资料，由上级行档案管理员和授信部高级经理审批后可以借阅；

（4）借阅的档案在同一省分行下，申请借阅人为普通员工，需要由授信部档案管理员及授信部高级经理审批；

（5）借阅的档案在同一省分行下，申请借阅人为授信部档案管理员，需要由授信部高级经理审批；

（6）借阅的档案在同一省分行下，申请借阅人为授信部高级经理，则无需再审批，申请状态直接为“审批通过”；

（7）借阅的档案在不同省分行下，则需要由对方分行的授信部档案管理员及授信部高级经理审批。

11. 利用方式

（1）拷贝；（2）通信传输；（3）在线利用；（4）在指定地点阅读；（5）档案公布。

12. 安全控制

（1）系统具有完善的安全控制措施，确保电子档案在利用过程中的保密性和完整性。

（2）系统以拷贝形式提供电子档案利用时，可视情采用适当的技术手段控制拷贝的扩散，可设置限制电子档案复制、拷贝、粘贴等功能，限制电子档案的打开次数或使用时间等。

（3）档案部门通过内部网提供在线利用时，宜通过访问控制、终端管控等方式来确保电子档案的安全利用。

（4）采取严格的权限设置，确保档案利用者查询利用权限内的档案，控制利用者下载、打印档案。

（5）电子档案利用系统具有审计、统计等功能，对在线电子档案利用情况进行跟踪统计。

普通用户借阅流程图如下：

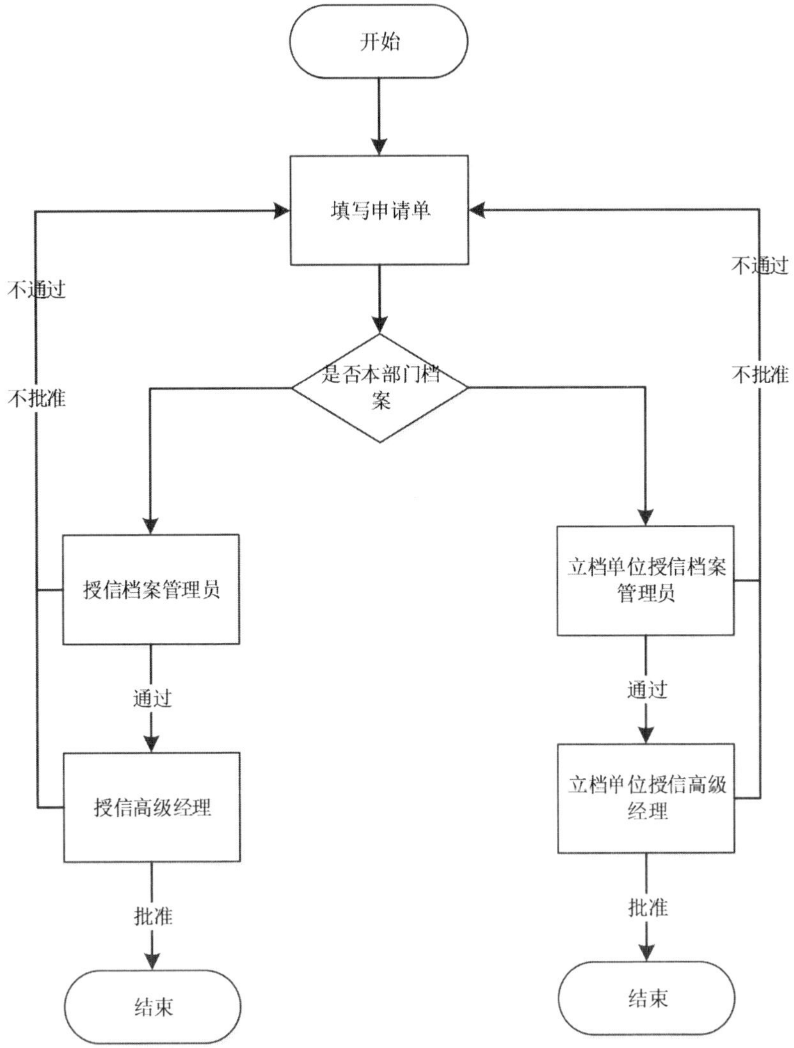

图 9　普通用户借阅流程图

档案管理员借阅流程如下：

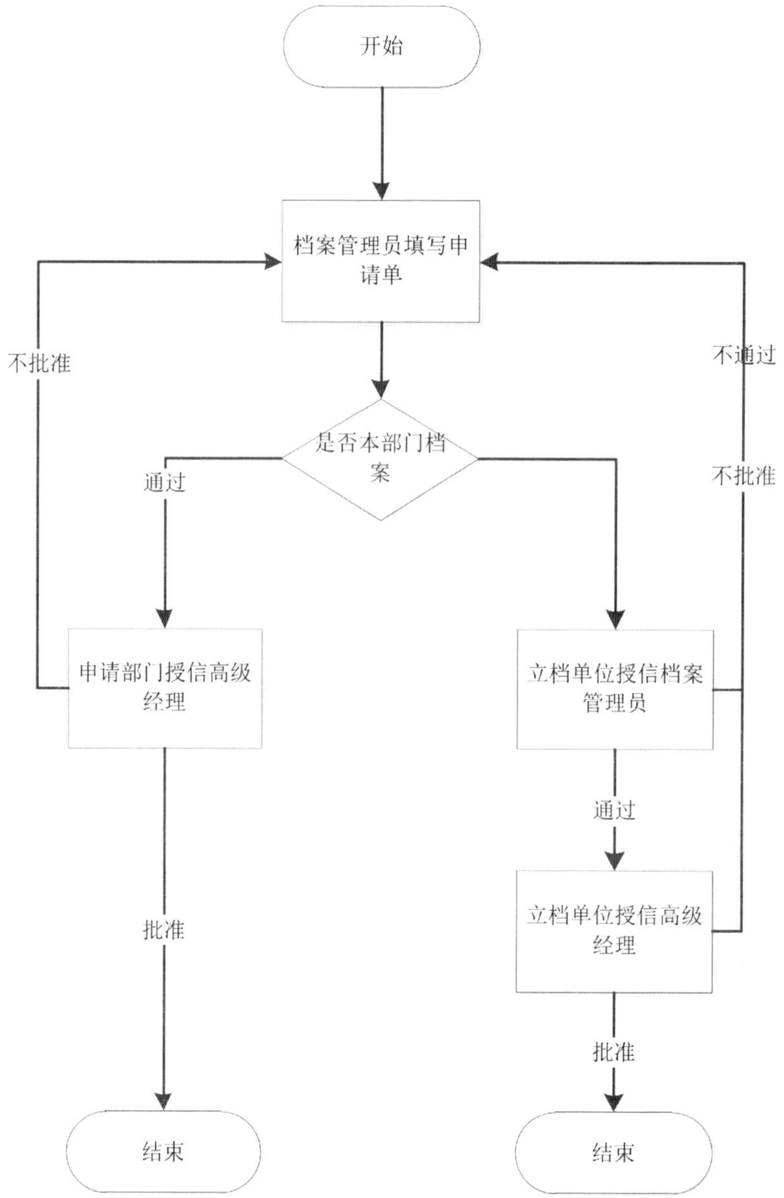

图 10　档案管理员借阅流程

高级经理借阅流程如下：

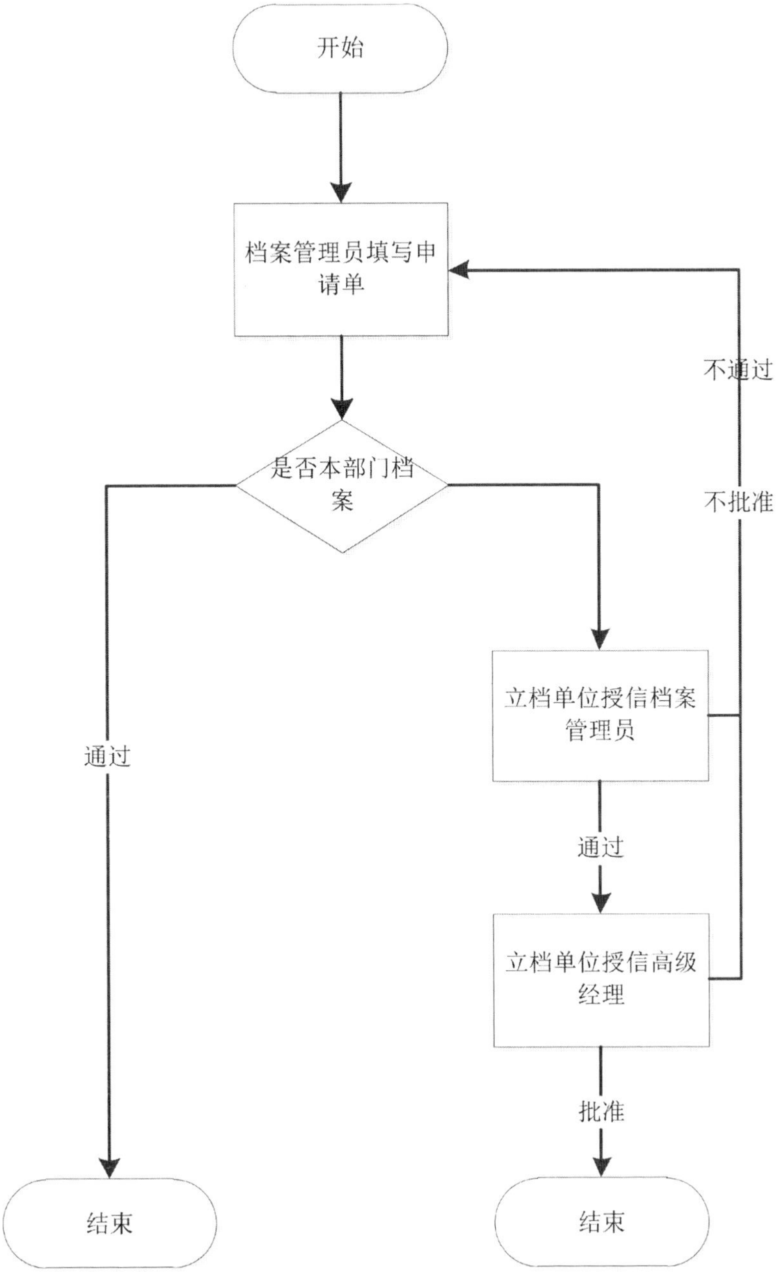

图 11　高级经理借阅流程

（八）四性检测方案

1. 交通银行电子文件四性检测保障优势

交通银行“境内外一体化全业务系统重构工程”暨“531工程”荣获2016年度银行科技发展奖一等奖。交通银行电子文件系统的建设正是基于“531工程”体系架构，此架构本身以现阶段业界领先的技术为支撑，在基础框架层完成了对数据“四性”的保障。

（1）网络安全

交通银行将网络划分为不同的安全区域，安全区域之间的互访流量经由防火墙进行控制，目前依据网络安全技术规范要求，针对各类不同安全域的访问，制定安全访问矩阵以明确详细的访问策略；同时根据需要，在某些安全区域内部不同网段之间的互访流量通过核心交换机的VLAN接口下ACL进行黑名单控制，禁用病毒及远程访问控制等敏感端口。对于各区域内的网络设备，交通银行也建立了网络设备安全配置基线标准，明确了网络设备本身的安全要求。

在内部网络中，交通银行生产环境与开发测试环境、办公环境实现了严格的隔离，生产环境、开发测试环境和办公环境均部署在独立的安全区域内，通过防火墙进行严格访问控制。为控制风险，在防火墙上设置大网段的DENY策略，严格限制不同环境之间的互通。

在外部网络边界（如外联区、网银出口、互联网出口等），交通银行部署了多种安全防护措施，以防范外部网络入侵，主要包括部署双层异构防火墙、上网行为管理设备，串接IPS入侵防御设备，与运营商签订网络流量清洗协议，防范DDoS攻击等措施，同时，在外部边界采取实施数据流量双向地址翻译，禁用CDP邻居发现协议等手段防止信息外泄和恶意入侵。

目前交通银行已在总行完成内外网物理隔离，37家省直分行均已采用物理隔离方式接入互联网，同时交通银行已完成信息防泄漏客户端的推广，实现了终端接入的网络准入控制，即必须安装信息防泄漏客户端才能接入内部网络，实现了网络准入与信息防泄漏的一体化管理。

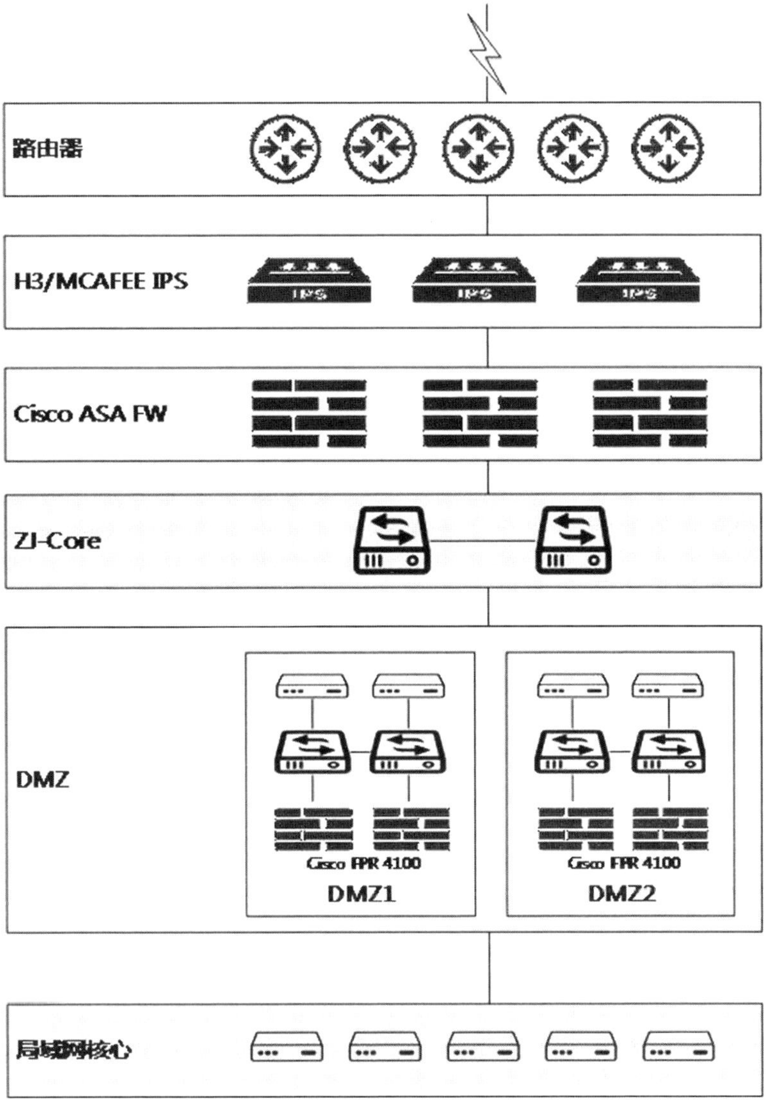

图 12　网络架构图

（2）高可用保障

①数据库增量及周期全量备份。电子文件系统数据库每天进行增量备份，一周进行全量备份。当系统出现数据误操作、丢失或外置盘存储损坏等情况时，可以利用备份数据进行还原恢复，一定程度上保障系统正常运行，数据库采用 HA 机制，当主数据库宕机后，可实时切换到备机，保证了数据的高可用性。

②应用服务器采用集群模式。电子文件系统采用集群模式部署，使用 F5 负载均衡进行请求分发，在增强其横向扩展能力的同时，也避免了单点故障。在集群模式下，任意单台服务器宕机不会影响业务人员对系统的使用，可极大的提升系统的可用性。同时，交通银行已全面部署应用 Vmware 虚拟化平台，实现了硬件故障与应用运行的隔离，底层硬件的物理故障不会影响应用层系统的运行，进一步保障了系统的高可用性。

③张江漕河泾数据库双活机制。电子文件系统可采用同城异地双活机制，数据中心在张江、漕河泾实施数据库及存储的同城异地实时同步与备份，当张江园区存储或数据库出现故障时，可实时切换至漕河泾容灾中心，保障系统数据库的高可用性。

（3）过程管理体系

交通银行已通过 CMMI3 级认证，依据 CMMI-DEV 模型为理论指导，自主研发了 BSSP（BANKCOMM Standard Software Process，交通银行标准软件过程）过程管理体系，通过需求管理平台、CQ 及 QC 工具的配合，对需求开发及系统功能变更进行全流程跟踪。BSSP 涵盖了项目管理、工程过程、过程管理和支持过程等四大过程组，针对各过程组指定了相应的过程规范、过程指南、模板和检查表。

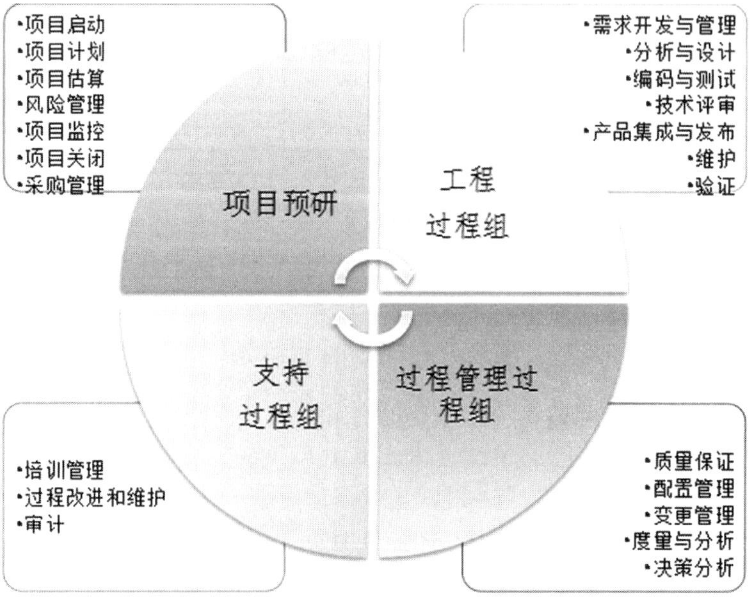

图 13　项目管理过程图

（4）数据治理

交通银行在基于 JUMP（J2EE Unified Multi-purpose Platform，开放应用开发平台）架构体系建设了数据总线 ADE（Enterpise Application Data Exchange，企业级应用数据交换平台）和 GSP（Enterpise General Service Platform，企业级综合服务平台）。其中，ADE 定位于系统间批量数据的交互，为应用系统提供标准化的文件分发服务；GSP 定位于系统间实时请求交互，为应用系统提供高效稳定的结构化通讯服务。

ADE 与各应用服务器之间交互采用基于光纤局域网的 TCP/IP 协议，传输工具主要采用 CD（IBM Sterling Connect：Direct），这是一个点对点文件传输中间件。CD 工具提供断点续传、加密、完整性校验等全方位的管理功能。

GSP 与各应用服务器间交互基于 SOAP（Simple Object Access Protocal，简单对象访问协议）协议，采用 Web Service 方式完成信息交互，主要使用 IBM WAS（IBM WebService Application Server）和 IBM MQ（IBM WebService Message Queue）作为中间件。

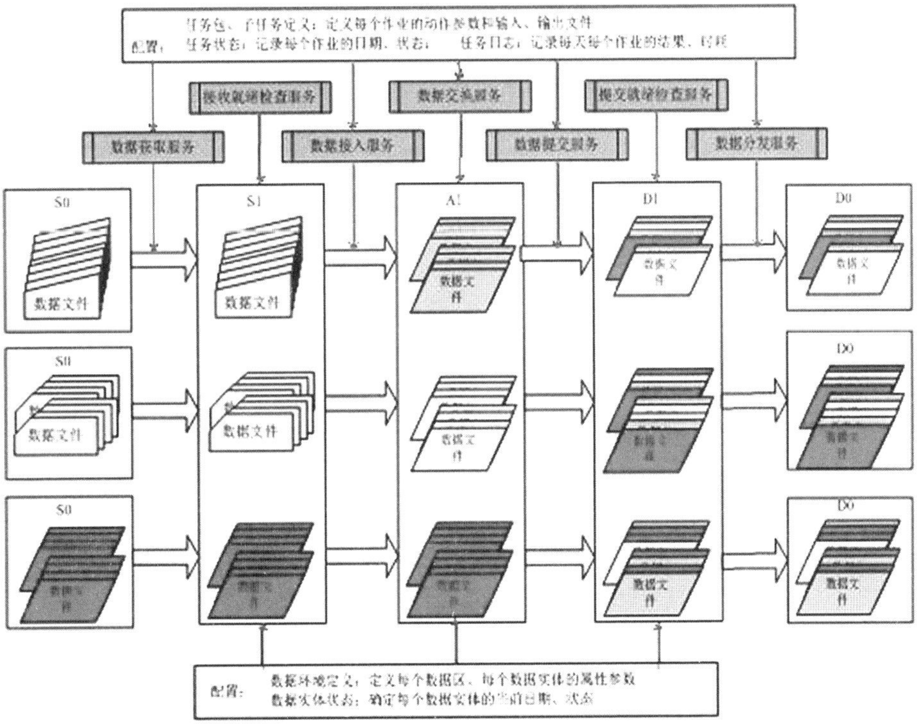

图 14　文件交换作业图

两个平台均采用SOA（Service-Oriented Architecture，面向服务的架构）治理架构，通过数据信息标准化提供了严格的准入与信息分发机制。首先，需要通过正式公文流程进行应用系统的申请与注册；其次，需要业务部门提出需求申请单实现服务的发布与申请；最后，通过需求分析、需求开发、测试验收等环节后，基于CQ（Rational ClearQuest，IBM变更管理工具）平台完成基线及投产部署。

2. 四性检测环节

（1）电子文件归档环节

电子文件从业务系统移交到数字档案馆属于档案保管权属交接，也是从电子文件到电子档案的转变，因此在此环节需要通过四性检测手段对交接归档的电子文件质量进行严格把关，将符合归档要求的电子文件归档进行统一管理、统一谋划，将不符合归档要求的档案由业务部门进行确认整理。

图15　四性检测异常页面展示

（2）电子档案长期保存环节

电子文件存在格式多样化的问题，尽管电子文件在归档的过程中我们进行统一格式处理，但是还存在一部分档案无法进行格式统一，电子文件在档案库长期保存过程中，需要定期对其“四性”进行检测，严防不符合要求的电子档案长期保存。在电子档案长期保存的过程中，由于技术更新换代或存储介质损坏等原因，可能导致电子档案损毁或无法读取，因此需要设置检测策略，对长期保存的电子档案进行定期或不定期的检测，确保电子档案长期可用。

3. 四性检测方案

(1) 真实性和可靠性检测

①检测内容。

电子文件和电子档案来源可靠，内容是否被非法更改或非法调换，以及是否完全和正确的表达其所反映的事务、活动和事实。

②检测方法。

首先，系统间数据交互采用 SOA 治理架构。基于 BSSP 管理体系和 SOA 治理平台的支持，在基础服务层即可确保电子文件系统获取到的数据真实可靠。

其次，系统间数据交互使用数据总线。系统间数据交互主要通过批量形式处理，数据总线 ADE 基于 IBM CD 工具实现系统间高效稳定的文件传输。文件传输采用 Connect：Direct 协议，此协议支持断点续传、并发传输、完整性验证、传输状态监控等，确保传输过程安全稳定。CD 工具支持 CRC（Cyclic Redundancy Check，循环冗余校验码）校验，确保数据传输过程的可靠性。

第三，系统间数据交互采用 CTM 调度。交通银行采用了 Control-M 自动化调度工具，能够提供批量作业调度、作业流管理、作业监控等功能，确保数据调度过程自动化、智能化，可以实时追踪传输状态、支持异常自动恢复、错误告警等。同时，系统会对传输及操作信息进行全程留痕，留痕信息需多岗授权才可访问。

(2) 完整性检测

①检测内容。

电子文件和电子档案的信息构成完整，元数据完整，以及特殊的软硬件完整性。

②检测方法。

首先，入库前的完整性校验。电子文件系统对原始数据做入库操作前会进行 MD5 校验，基于 MD5 优秀的防修改性和强抗碰撞性，确保数据不被第三方恶意篡改。原始文件在进行 PDF 转换前会做 MD5 校验，避免损坏或缺失文件生成错误的 PDF 文件。PDF 文件生成后也会记录新的 MD5 信息，确保在后续使用时的完整性。

其次，入库后的完整性校验。电子文件系统会对入库后的数据进行非空验证、非法值验证、重复信息验证、字段组装规则校验等完整性校验，对于通过校验的数据纳入待归档清单处理，未通过数据则会通过异常告警方式通知对应权限人员进行人工确认。

第三，系统中对于数据的一切操作均会留痕，包括数据的查阅、借阅、异常情况。特殊情况下，若需对原始文件进行修订，只会在文件后方补充，不会覆盖现有信息，同时会对修订的过程进行授权和记录。以上描述的各类行为信息记录均不可被删除和修改，并只开放给相应权限用户查阅。

（3）可用性检测

①检测内容。

指电子文件和电子档案的可理解性和可被利用性，包括信息的可识别性、存储系统的可靠性、载体的完好性和兼容性。

②检测方法。

首先，以 PDF 作为存储格式。电子文件系统接入的电子文件会全部转化为 PDF 格式存储，对于不能转化的电子文件将会以源格式存储，并将其对应的软件工具一同归档。

其次，软件工具归档。电子文件系统对于各类电子资料的软件工具也会做归档处理，记录这些软件工具的软件版本、可支持的文件格式、适用系统版本等信息，确保归档数据持续可用。

（4）安全性检测

电子档案保存在档案系统后，会定期抽查档案是否可用，以及存放档案的存储介质或服务器有无病毒入侵的迹象，为存放电子档案的物理存储介质制定备份计划，如定期备份，备份文件存放多份，并异地存放，符合国家档案局对电子文件保存的相关规定。

（5）长期保存检测

通过系统定期检测和人工抽检的方式，对电子档案进行检测，在电子档案长期保存过程中，针对电子档案所做的任何操作都应记录，进行档案全生命周期管理。在检测时优先检测这部分变化的元数据信息。

（6）检测方案配置

①新增方案

将需要检测的具体检测项以及每个检测项的具体要求定义，将检测项目配置到数据库中。

②修改方案

对已经配置好的检测项目，如果需要进行调整可以进行实时修改和保存。

③删除方案

从系统配置中删除掉已经陈旧或者配置错误的检测方案。

④导出方案

已经配置好的检测方案可以导出供其他项目或者用户进行复用，减少配置工作量，提高实施工作效率。

⑤导入方案

其他项目或者用户已经配置好的或者经过长期使用比较合适的检测方案可以导入到检测系统。通过借鉴其他用户好的配置方案，更好对归档包、长期保存包进行检测。

4. 四性检测规范

参考档案行业标准《文书类电子档案检测一般要求》（DA/T 70—2018）中列明的检测项目及要求，汇总整理四性相关检测内容及方法如下。

表 10　四性相关检测内容

序号	检测项目	检测对象	检测目的	检测方法
1	固化信息有效性检测	归档电子文件	真实性	电子文件在业务系统会生成 MD5 值,通过元数据形式传输至档案系统,档案系统接收到电子文件后会重新计算电子文件的 MD5 值,并将两者进行校验,确保来源真实。
2	元数据项数据长度检测	元数据	准确性	一是通过 SOA 治理平台发布和审核接口变动,确保业务系统与档案系统间接口字段长度一致;二是在获取到元数据后会进行数据项字段长度检测,出现长度不一致的情况将会有异常警告。
3	元数据项数据类型、格式检测	元数据	准确性	一是通过 SOA 治理平台发布和审核接口变动,确保业务系统与档案系统间接口字段的数据类型、格式一致;二是在获取到元数据后会进行数据项类型、格式检测,出现类型不一致等非法值时将会有异常警告。

续表

序号	检测项目	检测对象	检测目的	检测方法
4	设定值域的元数据项的数据是否符合值域要求	元数据	准确性	一是通过SOA治理平台发布和审核接口变动，确保业务系统与档案系统间接口字段的数据枚举值类型和值一致；二是在获取到元数据后会进行数据项内容值域要求校验，出现空值、非枚举值等情况时将会有异常警告。
5	元数据项数据值合理性检测	元数据	准确性	一是通过SOA治理平台发布和审核接口变动，确保业务系统与档案系统间接口字段的数据枚举值类型和值一致；二是在获取到元数据后会进行数据项内容合理性校验，出现非合理性数据时将会有异常警告。
6	元数据项数据包含特殊字符检测	元数据	准确性	一是通过SOA治理平台发布和审核接口变动，确保业务系统与档案系统间接口字段的数据枚举值类型和值一致；二是在获取到元数据后会进行数据项内容特殊字符校验，比如在机构、人员信息列中出现“#*%?”等非法值时将会有异常警告。
7	档号规范性检测	档号	准确性	归档系统具备自定义档号管理功能，可允许业务人员依据实际需要对档号进行自定义组装和使用。同时，还会定期对档号格式、长度、顺序号等进行自动检测，出现自增序列不足、跳号等异常情况时会有异常警告。
8	元数据项数据重复性检测	元数据	准确性	在获取到元数据后会对关键字段进行重复值校验，如文件编号、业务受理号等字段重复时会有异常警告。

续表

序号	检测项目	检测对象	检测目的	检测方法
9	内容数据的电子属性一致性检测	归档电子文件	真实性	电子文件在业务系统会生成 MD5 值，通过元数据形式传输至档案系统，档案系统接收到电子文件后会重新计算电子文件的 MD5 值，并将两者进行校验，确保来源真实。
10	元数据是否关联内容数据检测	归档电子文件	准确性	元数据信息中会包含 32 位的 DOCID 属性信息，我们会基于 DOCID 属性信息唯一定位到具体的电子文件，确保元数据关联电子文件存在且路径一致。
11	说明文件和目录文件规范性检测	说明文件目录文件	真实性	目前试点范围内尚未有此场景，未来有实际需要时将按要求实施。
12	信息包目录结构规范性检测	目录文件	真实性	目前试点范围内尚未有此场景，未来有实际需要时将按要求实施。
13	信息包一致性检测	归档信息包	真实性	目前试点范围内尚未有此场景，未来有实际需要时将按要求实施。
14	总件数相符性检测	电子文件	完整性	档案系统在接受到电子文件后会记录对应 DOCID 包含的页数，并在整理阶段核对电子文件总件数是否一致。
15	总字节数相符性检测	电子文件	完整性	档案系统在整理阶段会通过 MD5 值及文件大小的字节数进行校验，确保文件不会发生篡改和遗失。
16	元数据项完整性检测	元数据	完整性	元数据接口均通过 SOA 治理平台进行管理，确保业务系统与档案系统理解一致，缺失元数据字段会导致接口异常告警。

续表

序号	检测项目	检测对象	检测目的	检测方法
17	元数据项必填著录项目检测	元数据	完整性	元数据接口均通过 SOA 治理平台进行管理，确保业务系统与档案系统理解一致，SOA 治理平台中会约定字段的必填属性，档案系统会针对必填字段进行非空值校验。
18	过程信息完整性检测	过程信息	完整性	档案系统会记录完整的归档过程数据，记录从业务系统发出到最终归档的完整信息。
19	连续性元数据项检测	元数据	完整性	对于具有连续编号性质的元数据（如件号）会有起始号和跳号检测，如出现跳号的情况，会有异常告警。
20	内容数据完整性检测	电子文件	完整性	可通过打开电子文件进行查阅的方式进行人工检测。
21	附件数据完整性检测	电子文件	完整性	可通过打开电子文件进行查阅的方式进行人工检测。
22	归档范围检测	归档信息包	完整性	目前试点范围尚未有归档信息包的场景，但对于逐份归档的场景，档案系统会依据单位归档范围和保管期限表对归档内容进行检测，如出现遗漏将会有异常告警。
23	信息包内容数据完整性检测	归档信息包	完整性	目前试点范围尚未有归档信息包的场景，但对于逐份归档的场景，档案系统会依据元数据及 ECM 的记录对比，确保实际电子文件数量一致，如出现遗漏将会有异常告警。
24	信息包中元数据的可读性检测	元数据	可用性	元数据以 json 报文格式存储在数据库中，可以被正常读取和解析。

续表

序号	检测项目	检测对象	检测目的	检测方法
25	目标数据库中的元数据可访问性检测	元数据	可用性	可通过查询交易连接数据库访问元数据表中记录。
26	内容数据格式检测	电子文件	可用性	归档系统支持部分格式文件在线阅览和使用,对于不可转换和打开的格式,我们将其对应的使用软件一同归档。
27	内容数据的可读性检测	电子文件	可用性	可通过打开电子文件进行查阅的方式进行人工检测。
28	软硬件环境合规性检测	电子文件	可用性	交通银行数据中心运行部具备监控告警机制,确保归档系统正常稳定运行。
29	信息包中包含的内容数据格式合规性检测	电子文件	可用性	档案系统会对附件中存在压缩、加密情况进行判断,对于压缩格式会进行解压,对于加密附件则会通过人工认定环节进行脱密,确保归档数据不存在压缩和加密情况。
30	系统环境是否安装杀毒软件检测	系统环境	安全性	系统终端安装了 Symentec 终端安全防护软件,并使用 EDLP 防泄漏程序保障数据安全。
31	病毒感染检测	系统环境	安全性	系统终端安装了 Symentec 终端安全防护软件,并使用 EDLP 防泄漏程序保障数据安全。
32	载体中多余文件检测	归档载体	安全性	归档载体为备份专用存储,通过备份工具进行归档文件的写入和读取操作,确保载体内不含有非归档文件。

续表

序号	检测项目	检测对象	检测目的	检测方法
33	载体读取速度检测	归档载体	安全性	载体读取速度通过备份工具进行实时监控，确保读取速度正常、载体安全可靠。
34	载体外观检测	归档载体	安全性	每周会对存储设备进行巡检，通过控制台检查存储设备的运行状态。机房配有全时段监控设备，一般不会进入机房去检查存储设备外观，只有在状态异常时才会进入机房进行检查。
35	光盘合格性检测	归档光盘	安全性	目前试点范围尚未包含此场景。
36	操作过程安全性检测	系统环境	安全性	系统操作环境通过独立的网络隔离策略保护，进入运维操作会通过专项审批、硬件 KEY 授权、全程操作监控、事后审计等措施确保一切操作过程安全可控。

（九）系统建设

目前，交通银行授信审批系统产生的文件以电子流转为主，归档存量电子文件约 40 万余份。

自 2019 年开始，授信系统档案以电子单套制归档，每年电子文件都以 16 万份左右的速度增长。归档电子文件范围主要涵盖授信系统全流程阶段的各类文件资料。覆盖了授信申报审查材料、客户基础资料、财务及项目资料、担保资料、其他业务资料这 5 大类，包含了授信申请书、尽职确认书、审查报告等 99 种材料，其中，文件类型有 txt、doc、excel、pdf、mp3、rar、zip 等。

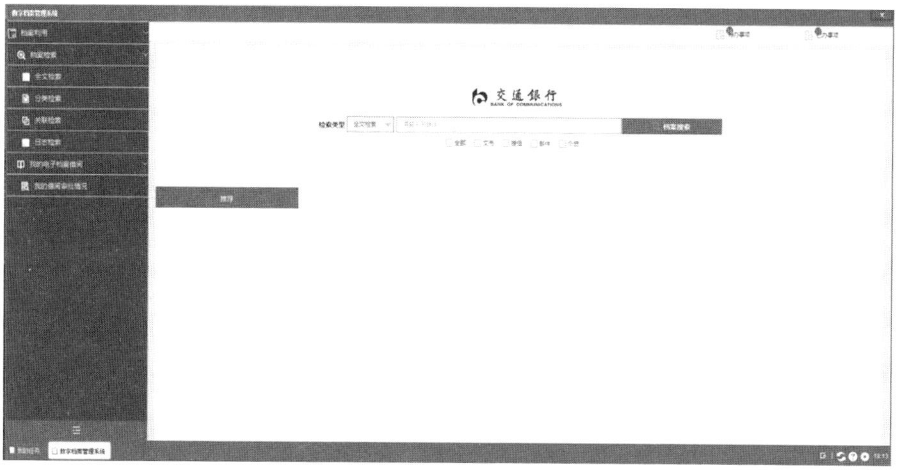

图 16　数字档案系统门户

（十）其他关键技术解决方案

1. 全文检索引擎

数字档案馆作为全集团的数字资产管理中心，所管理的档案数量是非常巨大的，如何支持业务人员从巨量的档案海洋中搜索到需要的资料将是系统中的一个重大挑战。为此交通银行在数字档案馆的整体架构中，基于档案术语规则和 Elastic Search 技术，打造了符合档案资料快速检索的全文搜索引擎，其特色如下：

分布式架构（Master-Slave 模式），保证系统的可用性

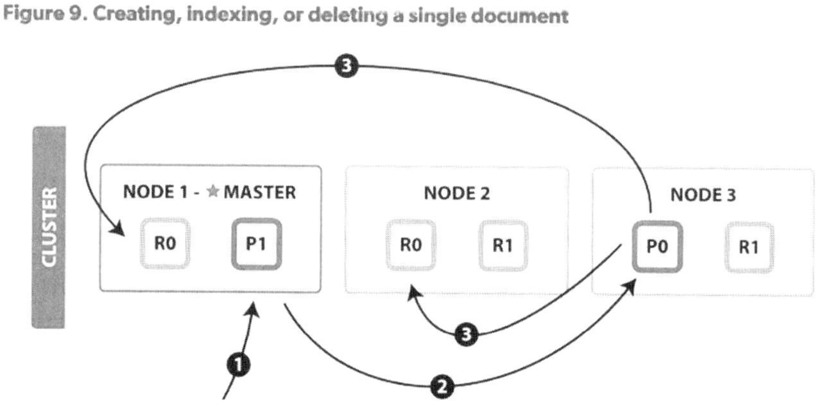

图 17　全文检索工作流程

步骤：

客户端向 Node1 发送索引文档请求

Node1 根据文档 ID（_ id 字段）计算出该文档应该属于 shard0，然后请求路由到 Node3 的 P0 分片上

Node3 在 P0 上执行了请求。如果请求成功，则将请求并行的路由至 Node1，Node2 的 R0 上。当所有的 Replicas 报告成功后，Node3 向请求的 Node（Node1）发送成功报告，Node1 再报告至 Client。

当客户端收到执行成功后，操作已经在 Primary shard 和所有的 replica shards 上执行成功。

使用 TF/IDF 评分算法，通过测量术语在文档中的次数，提高搜索的命中率。以下是 TF/IDF 的算法公式：

$$score(q,d) = coord(q,d) * queryNorm(q) * \sum_{t\ in\ q} (tf(t\ in\ d) * idf(t)^2 * boost(t) * norm(t,d))$$

各参数含义：

score（q，d）是针对 document 进行的一次评分查询，q—query，d—document；

Term frequency：匹配词个数/文档中总词个数，文档中匹配的单词个数越多，评分越高

Inverse document frequency：文档总个数/匹配文档个数

Coord：协调因素，根据文档中包含 term 数量而定

Field boost：升压值

Length norm：查询 term 越长，协调因子越小

Query norm：一种基于查询的规范化因子，计算为每个查询项的平方权重之和。

Lucene 倒挂索引技术

引用了 Lucene 的倒挂索引技术，以分词的形式将文档分解成单词+文章号【频率】+位置的形式进行保存；同时通过字典树（又叫单词查找树，是一种树形结构，是一种哈希树的变种），利用字符串的公共前缀（Term Index）来减少查询时间，最大限度的减少无谓的字符串比较，查询效率比哈希树还要高。

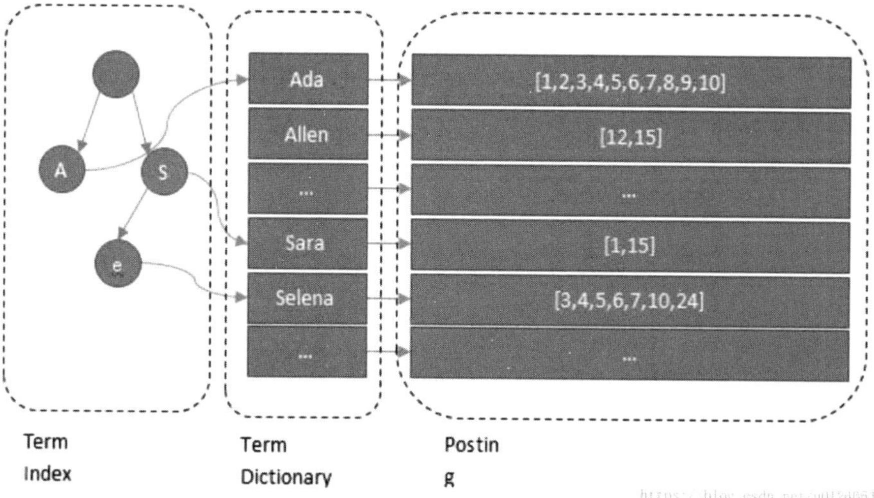

图 18　Lucene 的倒挂索引技术

2. PDF 转换技术

数字档案馆需要针对不同的文件进行统一的格式转换，以符合国家档案局对归档文件的格式要求，为了满足每天海量文件的格式转换，我们采取分布式技术，建立了文件格式转换服务器群，通过自动判断服务器当前的运行压力情况，自动分发需要处理的转换任务到空闲的服务器，保证转换的效率。同时分布式的处理方式能大大降低单服务器故障导致系统无法使用的问题。

在未来文件转换压力增加时，系统能方便的通过增加服务器线性提升文件的转换效率，满足归档流程的时效性要求。

3. 分布式非结构化文件存储

交通银行在电子数据存储管理上采用多点部署架构提高系统的可用性，其优点如下：

（1）标准化管理，高效准确的检索降低管理了成本。通过总分行的分层部署设计，能有效保证系统的可用性（单分行故障不会影响其他分行的使用）。报文转换、影像切割、影像加密等过程由分行端进行处理，大大减缓了总行端的处理压力。传输组件支持多点传输、断点传输、数据验证等功能，保证了分行在不同的网络环境下也能顺利的对不同的文件进行存储。分布式的总行存储层设计支持存储容量的无限扩展，并保证在高压力场景下的档案查询效率。

（2）集中存储和备份机制，避免丢失的隐患。

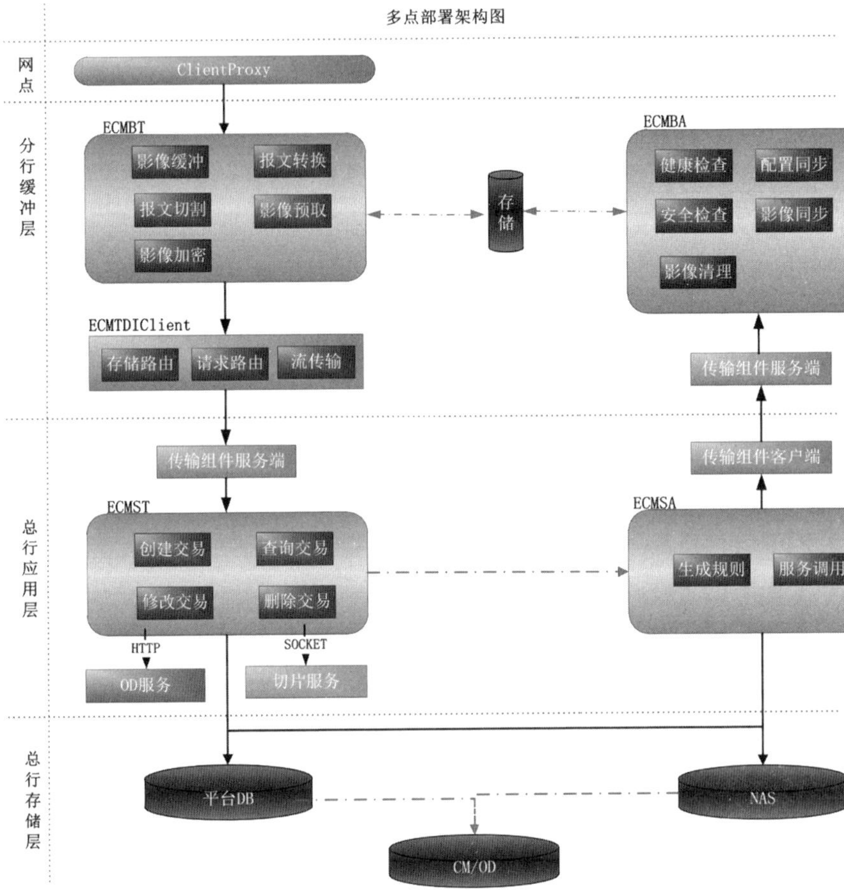

图 19　ECM 应用架构图

【说明】

BT 组件主要处理缓冲区读写操作以及报文格式转换功能；

ST 组件主要处理具体交易逻辑；

BA 组件主要处理缓冲层管理任务；

SA 组件主要用于生成管理任务；

BT、ST 搭配使用，完成对交易逻辑的处理；

B1、SA 搭配使用，完成对系统的管理工作；

传输组件用来屏蔽具体的传输协议以及保障传输质量。

（3）动态均衡存储。

系统中引入了分布式数据库来存储文档的索引信息，系统会根据文档的系统号（Biz_ type）来决定了文档索引的存储位置，在分行缓存端发送交易到总行端时，路由请求将按系统号将交易转发到总行不同的IHS端，以正确存储或查询索引数据库。

同时所有文件的最终物理的存储路径均由系统产生并管理（即按/app/share/系统号/分行号/日期/影像名组织文件存储目录，存储文件）。

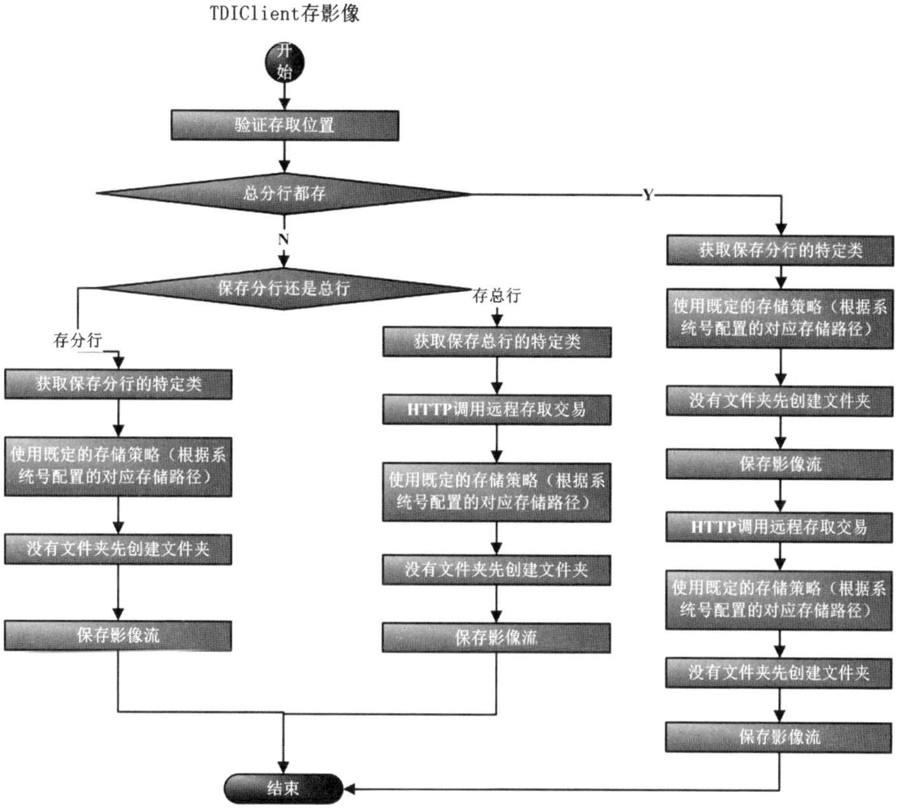

图20　动态均衡存储

这种设计的优势在于：

支持存贮服务器或存贮介质的无限扩展；

系统路径与存贮路径无关，突破操作系统的路径层级数量限制；

系统移动、重命名等操作勿需操作实体文件；

因采用了均衡技术，当有多台存贮服务器时，可分散各服务器的I/O压力。

4. 分布式数据库

Cbase是基于OceanBase技术自主研发的关系型数据库，其支持动态的添加存储以实现存储容量的线性扩展；能够及时响应大规模用户的读/写请求；提供容错机制，实现了数据的冗余备份，保证数据和服务的高度可靠性。

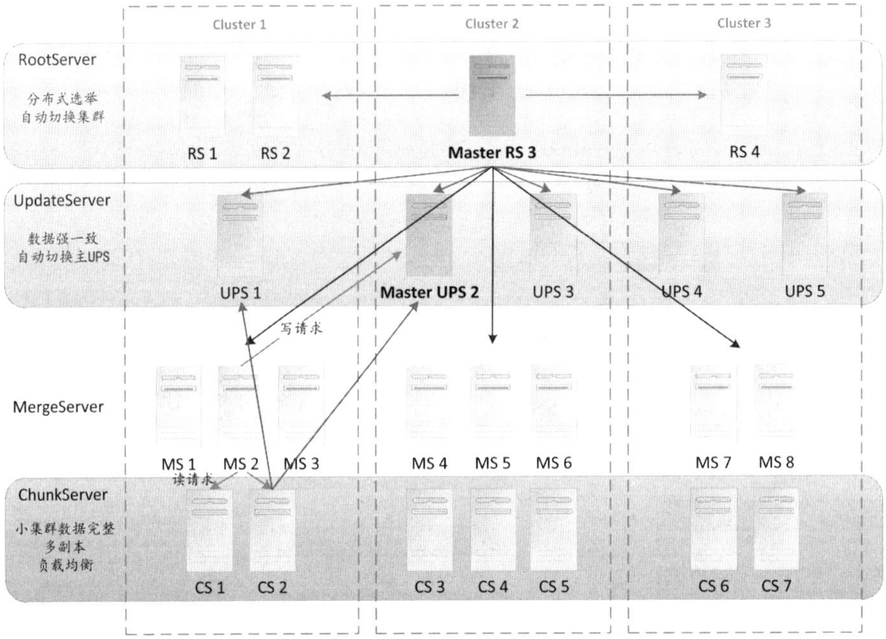

注：
1. 每个小集群可部署0个或多个RS，在分布式选举过程中，若没有指定优先级，所有RS地位平等；
2. 每个小集群可部署0个或多个UPS，部署时尽量保证主UPS和主RS属于同一小集群。
1）若新主RS与旧主RS不属于同一小集群，如果发生UPS选主，那么在操作日志相同的情况下，优先选择新主RS所在小群集里的UPS为Master；
2）若新主RS与旧主RS属于同一小集群，如果主UPS运行正常，那么主UPS不变；
3. MS优先访问本集群内CS上的基线数据；

图 21　基于 Paxos 的分布式架构

在技术创新上，我们通过整合了 Paxos 一致性协议，解决了原技术架构中存在的高可用和数据丢失问题，具体实现如下：

系统能够不依赖第三方工具，自动检测主 RS/主 UPS 故障，并自动进行主节点选举，完成主备切换。保证主节点唯一性，并维持系统稳定运行，尽可能降低主节点故障对上层应用的影响。

实现主备 UPS 日志强同步机制，保证系统主节点故障时，已经提交事务所涉及的数据不会发生丢失。

解决现有版本主备集群切换的无法自动切换、人工操作复杂等问题，更好的支持系统异地容灾备份。

六、存在的问题及解决方法

（一）如何确保四性检测有效性问题

1. 问题的产生

业务系统产生的档案到数字档案馆后如何保证电子文件信息以及电子档案文件的真实性、完整性、可用性、安全性。

2. 解决方案

业务系统的电子文件信息通过企业交互平台 ADE 进行传输保障数据传输的安全性，电子文件归档过程对电子文件信息进行固体值校验（如非空、长度、非法值等校验），电子文件使用加密认证时，采用了 MD5（Message Digest Algorithm MD5，消息摘要算法第五版）加密方法进行校验，确保电子文件在传输移交过程中的完整。

（二）如何确保文件的长期保存问题

1. 问题的产生

业务系统产生的档案格式多，不便于统一管理。

2. 解决方案

统一格式，将档案统一转换成 PDF 进行存储查阅，不能转成 PDF 格式的文件按源格式存储，解决大部分档案查阅管理问题。

（三）档案迁移备份问题

1. 问题的产生

电子文件在线归档后，按照国家要求，需要进行异地异质备份，定期检测光盘载体的可靠性。一方面，电子文件的迁移需要制定迁移方案，在电子文件沉淀后，批量导出电子档案后刻盘保存，另一方面，还需定期对这些备份的光盘进行定期的检测。

2. 解决方案

根据国家档案迁移要求和标准格式输出档案信息，拷贝迁移至光盘载体、U 盘、硬盘进行存储转移。

七、取得的效益

（一）优化管理，显著提升档案管理水平

1. 提高档案数字化率，建设名副其实的数字档案馆。库存档案数字化率是衡量数字档案馆建设的质量标准。为提高档案数字化率，交通银行按照“存量档案数字化，增量文件电子化”的原则，对存量档案进行扫描，再将扫描文件上传至档案管理系统；对增量文件，直接从业务系统在线导入档案管理系统。截止 2019 年 12 月底，交通银行授信审批业务档案数字化率为 90%以上。

2. 突出功能建设，搭建功能齐全的档案管理平台。系统功能是否齐全是衡量数字档案馆建设的基本标准。交通银行将建设“功能齐全、性能优越”的数字档案馆系统作为数字档案馆建设的主要目标。为此，交通银行严格按照国家档案局《企业数字档案馆（室）建设指南》的要求，规划、建设数字档案馆系统。经过近 2 年的建设，交通银行数字档案馆系统已经具备数据采集、档案交接、档案整理、档案鉴定销毁、档案统计、档案线上查阅借阅、档案库房管理等功能，基本实现线上全生命周期管理档案的目标。

3. 树立利用优先的建设导向，构建利用便捷的信息共享平台。可否实现线上查阅与借阅档案是衡量数字档案馆建设的能力标准，也是数字档案馆建设的价值体现和根本动力。在数字档案馆建设规划阶段，交通银行就明确提出，“数字档案馆必须实现普通员工线上查阅与借阅档案目标”。为实现这一目标，交通银行精心设计档案的查询与借阅权限、流程，确保员工在规定的权限内线上查阅授信审批业务档案。为方便员工查档，交通银行还设置了标题检索、全文检索、分类检索、关联检索等多种检索方式。

（二）降本增效，实现档案管理转型升级

1. 用电子材料代替纸质材料，降低管理成本。降本增效是百年交行一直追求的经营理念。授信审批系统上线后，总分行审查审批部门以系统上传的电子材料作为审查审批依据，现只需归档的纸质材料仅 5 页，其余材料均以电子文件单套归档，仅复印纸张这项就能每年为交通银行节省约 500 万

元，另外还能大量节省邮寄、保管场地、人员管理费用。

2. 用电子流代替纸质流，提高营运效率。当前银行业务要高质量发展，就要借助信息化技术，实现线上“秒批秒办”。用电子流逐步代替纸质流后，不仅促进了档案工作的发展，更缩短了银行业务办理的时间。2019 年 6 月 30 日，交通银行在推广无纸化授信审批项目，项目推广前后分行上报总行的授信审批用时差异较大。授信项目审批用时，在项目推广前、后分别为 32.36 天、19.52 天，用时减少了 39.68%。

3. 用数据库代替档案库房，加快档案存储的升级换代。电子文件逐步取代纸质文件的直接结果，就是档案实体库房需求量逐步减少，存储电子文件的数据库库容需求则逐步增加。这种变化就是档案保管从传统向现代的转变，是信息化时代档案工作发展的必然趋势。基于纸质文件大量减少、实体档案库容压力逐步减轻的实际，2020 年 3 月，交通银行调整了全系统档案库房建设思路，暂停在省分行建设档案中心的计划，将原来用于建设库房的基建投资拿出部分用于购置电子数据存储设备。准备将已建成的 12 个规模较大的档案中心转变成跨省市的区域档案中心，每个区域档案中心保管 2—3 个省直分行档案。

八、后续打算

（一）从手工管档向智能管档转变，推进档案管理的转型升级

一是档案接收自动化。档案管理系统自动定期接收其他业务系统导入的电子文件或电子数据，无需人工干预。二是档案数据统计与档案监督检查自动化。集团档案数据的大集中，使交通银行可通过档案管理系统统计全系统档案事业基础数据，并通过基础数据查看、分析各支分机构年度档案工作开展情况，既快捷又精准。三是办理保管到期档案鉴定、销毁手续自动化。档案管理系统自动将保管到期档案清单推送至办公室档案管理员，由办公室牵头组织业务部门通过档案管理系统办理到期档案鉴定、销毁手续。

（二）从简单利用向知识管理转变，推进信息开发的转型升级

充分利用数字档案带来的“红利”，运用知识管理、大数据等理念和技术，创新档案利用方式和方法，对档案信息进行深层次加工和知识化组织，

以档案利用需求为导向，主动为银行提供全方位、多层次的档案信息服务。

（三）从现场利用向联网共享转变，推进档案利用的转型升级

交通银行利用内部网，向交通银行员工开放档案查询权限。为确保员工随时随地查档，交通银行将为员工提供多种终端查档方式。员工除了在办公室个人终端查档外，还可在笔记本电脑查档，解决员工在家庭、外地出差等多种场景中的查档需求。下一步交通银行拟在手机 APP“交银 e 点通”上开辟档案查询功能，为员工拓展更多的档案查询渠道。

（交通银行：杨国柱、张相、周大伟）

中国太平财产保险有限公司
电子文件归档和电子档案管理试点案例

一、背景

（一）企业战略发展需要

中国太平财产保险有限公司（以下简称“太平财险”）坚持共享太平发展理念，全面落实国家战略和集团党委决策部署，既要融入党和国家工作大局，服务国家重大战略，服务“三大攻坚战”，服务实体经济；又要通过深化市场化改革、推进国际化布局、加快信息化建设，打造具有全球竞争力的世界一流金融保险企业，从而为我国日益走向现代化强国提供强有力的风险保障。

信息化是金融深化改革、对标国际的关键点。信息化重大工程是支撑信息经济发展的决定性项目。对顺应居民消费升级趋势和产业升级方向，对未来优化结构、提高供给质量，将发挥重要作用。复业以来，太平财险非常重视信息化建设。

（二）企业降本增效的必然需要

承接太平集团要求，围绕公司战略，从优化成本结构、提高管理效益入手，切实抓好降本增效，提升盈利水平，实现规模效益同步提升的工作方针必然需要。

（三）财务档案工作本身的发展需要

目前太平财险没有财务电子档案管理系统，财务部门对所有纸质文件都进行了归档和管理，电子文件未进行统一归档及管理，目前在各生成系统中自行进行保留。目前我公司财务电子文件数量如下表：

信息系统	电子文件种类	电子文件格式	电子文件数量
财务总账系统	描述会计、资金、投资、资产、账目等活动的电子文件和数据	文本类文件、图像文件	408 万余件
费控系统	描述费用申请、费用报销、借款等活动的电子文件和数据	文本类文件、图像文件	756 万余件
核心业务系统	描述保单、收付、理赔等活动的电子文件和数据	文本类文件、图像文件	259 万余件
资金系统	描述资金结算、银行对账、银企对接、收付费等活动的电子文件和数据	文本类文件、图像文件	6 万余件
税控系统	描述纳税申报、发票管理等活动的电子文件和数据	文本类文件、图像文件	1188 余件
电子影像系统	描述原始影像、手工账、其他报告等活动的电子文件和数据	文本类文件、图像文件	130 万件

随着公司业务的发展，财务需要一个统一的财务电子档案管理系统进行电子文件的统一归档及管理。

二、目标

（一）建设符合国家法律法规及公司制度要求的财务电子档案管理系统

通过与总账、核心业务、资金系统、费用管控系统、影像系统、电子签章（签名）等系统的无缝集成，全面实现太平财险会计档案全生命周期的电子化、规范化管理，减少纸质凭证打印量，实现降本增效与节能环保。

（二）利用新的理念、新的技术、新的方法实践会计电子档案管理机制

逐步改变传统的档案管理模式，向档案的电子化、集约化、多用户、超远程、综合性全方位集中式的现代管理模式发展。通过科学管理和使用新技术，充分挖掘电子档案资源的价值，由此提升档案部门整体的业务价值和协同工作能力。

三、系统介绍

实现共享太平的宏伟蓝图，离不开强大的信息自动化系统，离不开金融科技提供的技术服务保障。

太平财险自2001年国内复业经营，公司着力搭建财务系统，财务系统以总账为核心，以财务管控系统为桥梁，各财务系统之间相互联动，实现数据无缝对接。太平财险财务系统一共包含19个系统（核心财务系统（Oracle）1个、财务管控系统12个，财务数据系统6个，51个功能模块，另外对接10个财务外围系统，11个银行及7个第三方支付公司（约1815个账户）系统架构如下：

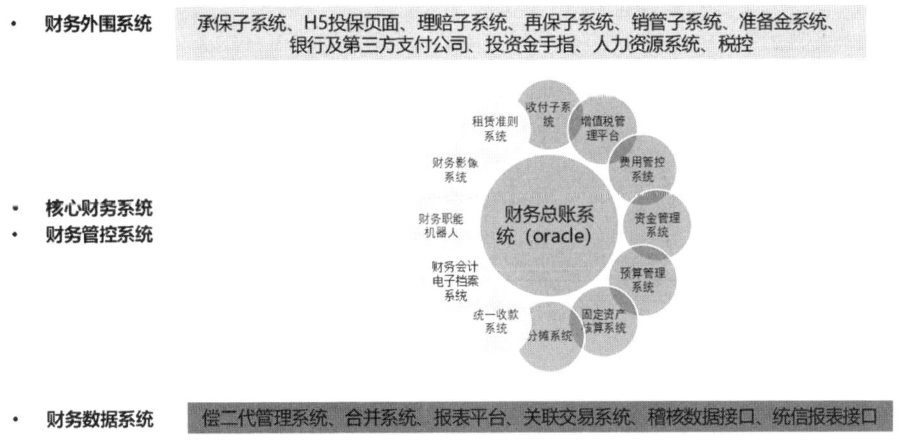

通过规范业务流程，完善财务系统功能，保证财务凭证快速线上化、电子化，推动财务档案系统落地，其中，各业务系统主要功能及归档内容如下表所示：

系统名称	主要功能	归档电子文件内容
财务总账系统	提供总账、固定资产管理、应付管理、应收管理等功能。	记账凭证、科目汇总表、科目明细表、资产负债表、现金流量表、利润表、所有者权益变动表
资金系统	提供资金结算管理、凭证管理、银企接口、收付费接口、银行对账等功能。	银行余额调节表、银行回单
费控系统	提供费用申请、费用报销、借款报表等功能。	费用报销单、借款(付款)申请单、付款单
核心业务系统	提供财险核心业务支持,包括出单、理赔、收付等功能。	收付登记单、实收费用说明、银行回单、再保类电子附件、再保类发票、手续费支付发票、共保保费支付发票
电子影像系统	提供影像获取、影像处理、OCR运用等功能。	原始发票影像、手工账影像、偿付能力报告、审计报告、稽核报告、银行对账单、其他财务报告、各地税务、外部监管文件、各类发票存根、抵扣联、财务印鉴使用、移交登记清册
税控系统	提供增值税发票打印、发票管理、纳税申报等具体功能。	纳税申报表

四、工作步骤

（一）项目立项

太平财险于2018年12月成功申请国家档案局“企业电子文件归档和电子档案管理”第二批试点，开始着手准备相关人员、技术和资金的支持，同时组建项目组，如下图：

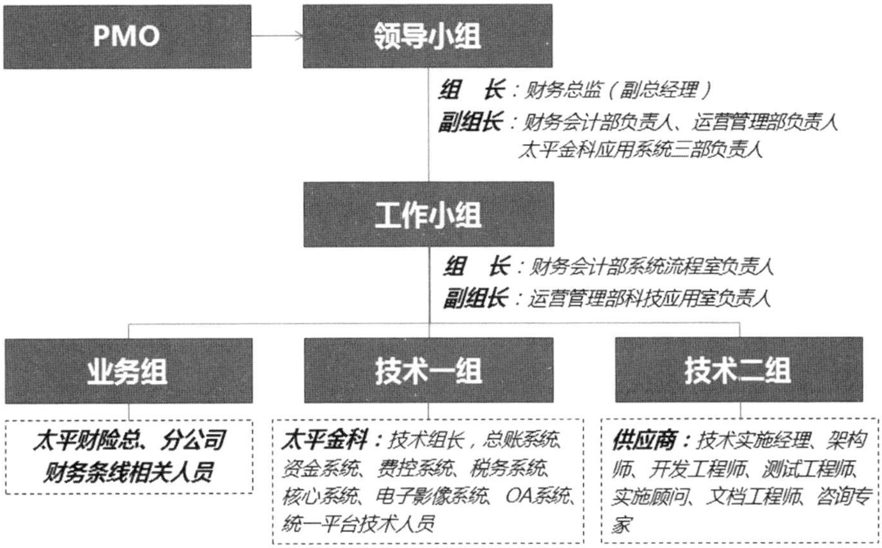

（二）需求调研阶段

2019年6月中旬财务会计档案管理系统项目组正式启动，并邀请太平集团档案主管部门参与项目建设，对未来集团推广可行性进行把控。由太平财险总部财务会计部牵头分别对总部及试点分公司进行的需求调研，根据试点申请的实施方案进行业务、IT基础软硬件、业务管理信息系统、制度与规范的梳理，并制定详细的实施计划如下表：

序号	阶段名称	目标与交付物	计划开始日期	计划完成日期
1	需求分析	需求规格说明书，完成需求评审	2019/06/25	2019/08/30
2	规范制度建设	完成制度与规范编制	2019/07/01	2019/11/04
3	系统设计	系统设计说明书	2019/07/15	2019/08/16
4	集成开发	系统源代码	2019/07/15	2019/09/16
5	集成测试	系统测试报告	2019/09/16	2019/09/20
6	UAT测试	UAT测试报告	2019/09/23	2019/09/30
7	试点机构系统上线	完成北分上线	2019/10/08	2019/10/14

续表

序号	阶段名称	目标与交付物	计划开始日期	计划完成日期
8	国家试点验收	验收报告	2019/10/08	2019/12/31
9	系统培训	用户培训记录	2019/10/08	2020/06/30
10	知识转移(第一阶段)	项目文档	2019/10/08	2019/12/31
11	系统推广及个性化开发	验收报告	2020/01/01	2020/06/30
12	项目总结	项目总结报告	2020/03/30	2020/06/30
13	项目验收	验收报告	2020/03/30	2020/06/30
14	知识转移(验收后)	项目文档	2020/07/01	2020/09/01

（三）方案设计阶段

完成现有的会计档案管理工作调研，对现状进行分析，形成调研分析报告；制定档案管理工作发展规划和实施方案。

1. 形成档案管理制度、规范和标准体系

根据太平财险档案管理工作体制和要求，形成档案管理工作制度体系；依据国际、国内行业相关标准和规范，结合太平财险现状和业务板块实际情况，形成和逐步完善档案管理标准规范体系。

随着档案管理制度、规范和标准体系的形成，可实现太平财险各部室、下属各单位档案管理工作的规范化，可实现上下级业务管控和指导，可从上到下形成良好的管理机制，解决目前档案工作中存在的问题，全面提升管理水平；同时可以为信息化建设提供依据，为档案信息化建设提供制度、标准和规范的保障。

制定和修订的相关标准规范如下：

序号	名　　称	备注
1	会计档案管理办法	修订与完善
2	会计档案分类规范	修订与完善
3	会计档案归档范围及保管期限表	重新梳理
4	会计档案管理机构工作细则	新编

续表

序号	名　　称	备注
5	会计档案数字化规范	新编
6	电子会计档案元数据规范	新编
7	电子会计档案存储规范	新编
8	电子会计档案四性检测方案	新编
9	电子会计档案管理系统运行维护管理制度	新编
10	电子会计档案备份与恢复管理制度	新编
11	电子会计档案管理应急预案	新编
12	档案工作人员 KPI 考评机制	新编
13	财务会计档案管理系统“三员”管理办法	新编

2. 形成档案信息化建设需求和方案

形成档案信息化建设需求规范，为信息系统设计和开发提供依据。从规划和需求出发，结合太平财险实际和信息化发展规划，形成从档案管理系统建设的需求、设计、开发、测试，到试点、完善、推广，最后是深化应用，分期进行建设的方案，制定《财务会计档案管理系统实施方案》。

3. 系统设计与开发

根据太平财险财务系统“以总账为核心，以财务管控系统为桥梁，各财务系统之间相互联动，数据无缝对接”规划，本次试点项目财务电子档案管理系统建设主要包含如下内容：

（1）财务电子档案管理系统平台

实现财务电子文件及电子会计档案的“收、管、存、用”业务管理和系统管理功能；

（2）财务电子档案管理系统接口平台

实现与总账、资金、费用管控系统、核心业务、影像等系统的无缝集成，实现会计电子文件的在线收集；电子档案长期保存系统：根据档案长期保存的要求将电子档案元数据和全文生成长期保存包，并对长期保存包进行管理，流程如下：

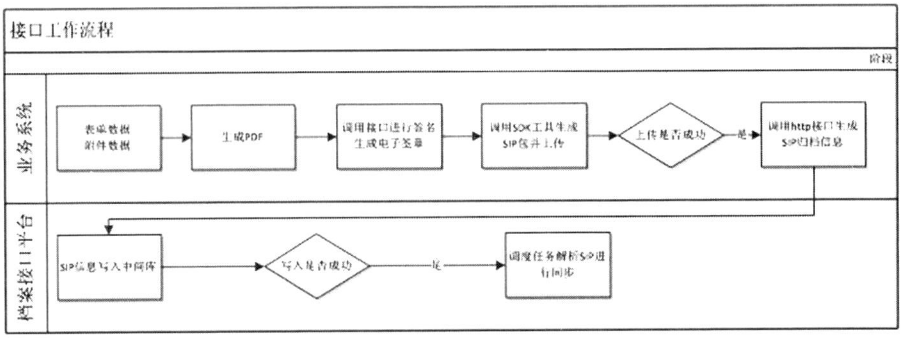

（3）电子文件“四性”检测服务

实现会计电子文件归档、长期保存环节的真实性、完整性、可用性和安全性检测；

（4）OCR 识别服务

对原始凭证扫描文件进行识别换转，进而将识别后的成果用于全文检索或信息资源建设中；

（5）数字签名及验签子系统

集成符合国家标准具备法律效力的数字签名服务，包括相应软硬件设备并与系统集成，通过电子印章对各业务环节进行管控。

（四）上线试运行

1. 系统部署

太平集团在上海和武汉已建设了互为备份的两个数据中心，通过双运营商互为备份网络中继互联。本系统部署在武汉数据中心私有云，上海数据中心提供异地灾备服务，深圳数据中心提供开发与测试服务。部署方式采用本地化部署加私有云服务，其中服务器采用私有云 IaaS 层提供的虚拟云主机、对象存储；数据库、缓存、队列等服务采用私有云 PaaS 层服务，在应用层通过 F5 负载均衡实现高可用和高并发。系统上线时根据公司《TP-ISP-07 信息系统开发安全管理规定》提交了上线申请，并且与太平金科、财务会计部、相关核算系统厂家进行了评审，根据安全检查要求进行了信息安全检查，针对系统漏洞和源代码漏洞进行了修复。

2. 数据同步及交互

历史数据归档计划：

时间	归档内容	归档方式
2019.10.31	完成2019年9月份数据归档	采用双轨制归档
2019.11.15	完成2019年1月—2019年5月数据归档	采用双轨制归档
2019.11.22	2019年6月—2019年8月数据归档	采用双轨制归档
2019.11.30	2019年10月数据归档	除必须需要纸质归档的原始凭证,其他仅电子归档

增量数据归档计划:

费控系统每天早上7点传输数据到会计档案系统接口平台;

类　　型	存储格式
费用报销单	PDF
借款（付款）申请单	PDF
付款单	PDF
电子发票	PDF
纸质发票及其他附件	JPG

核心业务系统每天晚上22点-24点传输数据到会计档案系统接口平台;

类　　型	存储格式
收付登记单	PDF
支付发票	JPG
共保保费	JPG
手续费支付发票	JPG
再保类发票	JPG
银行回单	JPG
实收费用说明	JPG
再保类电子附件	JPG
电子发票	PDF
其他附件	JPG

财务总账系统每月封账后，传输科目汇总表、凭证明细表、资产负债表、利润表、现金流量表、所有者权益变动表等报告；

类　　型	存储格式
记账凭证	PDF
科目汇总表	PDF
科目明细表	PDF
资产负债表	PDF
现金流量表	PDF
利润表	PDF
所有者权益变动表	PDF
纸质附件	JPG

资金系统每月 6 日上午 8 点传输余额调节表、银行回单；

类　　型	存储格式
银行余额调节表	PDF
银行回单	JPG

税控系统每月 11 日传输上月的纳税申报表；

类　　型	存储格式
纳税申报表	PDF

电子影像系统扫描完成后实时推送到档案系统；

类　　型	存储格式
原始发票影像	PDF
原始发票影像	JPG
手工账影像	JPG
偿付能力报告	JPG
审计报告	JPG
稽核报告	JPG

续表

类　型	存储格式
银行对账单	JPG
其他财务报告	JPG
各地税务	JPG
外部监管文件	JPG
各类发票存根	JPG
抵扣联	JPG
移交登记清册	JPG
财务印鉴使用	JPG

3. 用户培训

2019 年 10 月 29 日在北京分公司组织了系统培训，通过 2019 年 9 月待归档文件进行实际操作了解系统的整体流程，完成档案收集、组卷、装盒、入库等步骤。

4. 系统运维

系统运维由太平金科提供软硬件支持，按照三员管理要求设定系统管理员、安全保密管理员、安全审计员。

安全管理培训：对软件的相关流程、维护方式、软件日常管理方式、接口交互方式、故障应急处理等进行培训；

安全监控：对软件应用层面已经相关基础设施层面进行监控，包括操作日志、系统日志、访问控制、中间件、数据库、网络环境等，达到预警值时及时通知系统管理员；

系统维护开发：对系统试运行过程中的问题和需求的变更，按照系统更新发布流程提交申请，并进行关键功能点测试，测试通过后才可以发布。

安全运行管理：对用户的权限、账号、口令等按照《TP-ISD-015 账号和口令管理实施细则》执行，每年开展信息资产风险评估工作，包括软件的管理流程、管理方式、软件运行日志等。

（五）系统推广

2020 年 2 月，力争实现新增档案类型的线上管理。

2020年6月，完成会计档案管理系统二阶段的升级改造及全国范围内的分公司推广工作。

五、解决方案

（一）管理流程方案

1. 管理机构、人员与职责

总公司财务会计部/投资管理部是会计档案工作的主管部门，各分公司财务会计部门是本公司会计档案工作的主管部门，应按照《太平财产保险有限公司财务会计档案管理办法（试行）》履行职责。

总公司及各分公司办公室负责会计档案保管、利用以及鉴定与销毁等工作，与其他门类的档案管理统筹安排，保证会计档案的有效利用和绝对安全。

总公司运营管理部门为电子会计资料归档和电子会计档案管理工作提供日常信息技术支撑，为电子会计档案数据采集、存储、备份、迁移等工作提供保障。

2. 归档与移交

重新梳理会计凭证及报告归档流程，从线下流程全部转换为线上流程，优化提升归档流程40%左右时效。如下图：

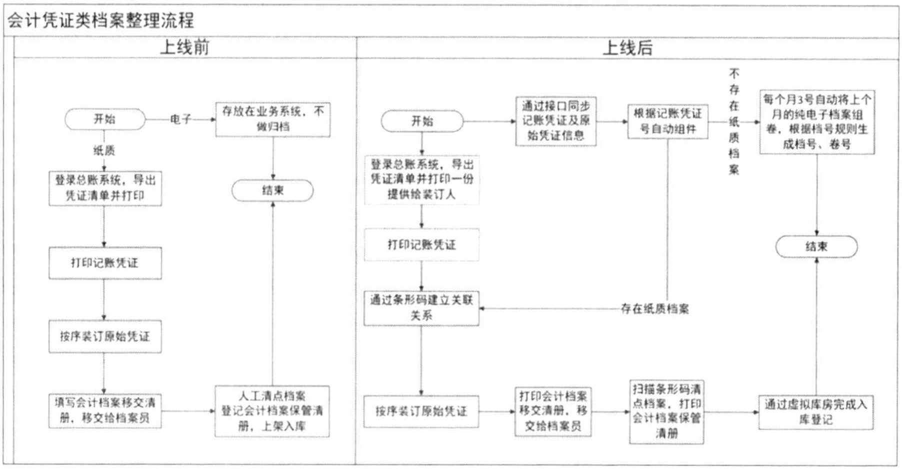

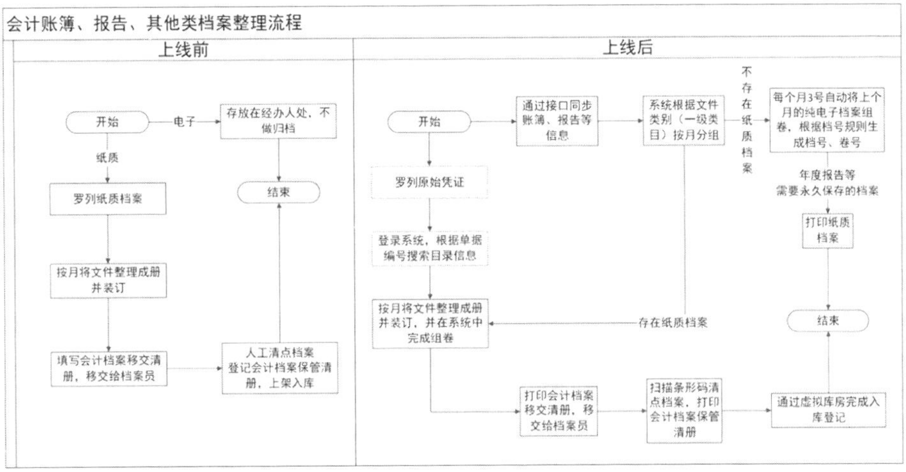

3. 保管与利用

建立纸质会计档案定期检查制度，定期进行库房纸质会计档案的清理、核对，做到账、物相符，发现问题，及时妥善处理。

在电子会计档案保管期间应当采取但不限于下列措施以保证其有效性：

每年应当对电子会计档案的读取、处理设备的更新情况进行一次检查。设备环境更新时应当确认库存载体与新设备的兼容性；如不兼容，应当进行电子会计档案的载体转换工作，原载体保留时间不少于 3 年。保留期满后对可擦写载体清除后重复使用，不可清除内容的载体应当按保密要求进行处置。

磁性载体上的电子档案，每年要抽检一次，抽检率不低于 10%，光盘每满 4 年进行一次抽样机读检验，抽样率不低于 40%，如发现问题应当及时采取恢复措施。

对磁性载体上的电子会计档案，应当每 4 年转存一次。原载体同时保留时间不少于 4 年。

随着系统设备更新或系统扩充，应当及时对电子会计档案进行迁移操作和备份。上述各项操作均应当留下书面详细记录，包括但不限于操作人员、时间、内容、过程、结果、审批人等信息，操作人、审批人应当在记录上签名。操作记录随同档案一起保管。

总公司及各分公司内部利用纸质与电子会计档案，进行查阅、复制时，应当经公司财务会计部门负责人批准，并履行登记手续。纸质会计档案借出后，严禁篡改和损坏，并要限期归还。

外部单位利用纸质和电子会计档案时，须持正式信函或相关公文以及证件，说明利用的目的和范围，经公司财务会计部门负责人、公司财务总监批准后方可办理。信函、公文或其复制件应当做附件保管，与信函或公务无关的内容不得提供。

查阅时严禁将纸质会计档案带离档案室，且查阅及复印应当由会计档案管理员现场陪同，严禁删改、涂画、拆封或抽换。对于通过网络查询和利用电子会计档案的，应当有安全保密防范措施和可靠的监管保障。

总公司建立会计档案利用统计数据库，从多个维度分析利用统计数据，总结会计档案利用的社会效益和经济效益。

4. 鉴定与销毁

公司保管会计档案的各级机构应当定期对已到保管期限的会计档案进行鉴定，并形成会计档案鉴定意见书。会计档案鉴定工作应当由公司办公室牵头，组织公司财务会计部门及风险管理及合规部门共同进行，必要时邀请稽核中心派员参加。

经鉴定仍需继续保存的纸质会计档案，应当重新划定保管期限；对保管期满，确无保存价值的会计档案，可以销毁。

经鉴定可以销毁的纸质会计档案，应当按照《太平财产保险有限公司财务会计档案管理办法（试行）》严格执行。

保管期满但未结清的债权债务原始凭证、记账凭证和涉及到其他未了事项的原始凭证、记账凭证，不得销毁，纸质会计档案应当单独抽出立卷，电子会计档案单独转存，保管到未了事项完结时为止。单独抽出立卷或转存的会计档案，应当在会计档案鉴定意见书、会计档案销毁清册和会计档案保管清册中列明。

（二）归档范围及存储格式

依据国家财政部、国家档案局《会计档案管理办法》（令第 79 号）和太平财发〔2015〕244 号太平财产保险有限公司《电子会计档案管理办法》的制度规范要求，重新梳理太平财险各业务系统产生的会计凭证、会计账簿、会计报告等，划定如下归档范围和各会计档案的保管期限。

对于由计算机等电子设备形成和传输，或者从外部接收的附有符合《中华人民共和国电子签名法》规定的电子签名的电子会计资料，仅以电子形式归档保存，采取单套制、纯线上管理，大大减少了公司纸质打印和实体档案保管的需求，降低成本，同时提高利用效率。

对于原始纸质或者具有永久保存价值或者对外以纸质形式报出的各种财务报表及报告等会计资料，以纸质和电子两种形式归档保存，同时采取线上和线下双套制管理，并在电子会计档案管理系统中通过条形码建立电子与实体档案的关联，便于检索和利用。

序号	分类编码	分类名称	保管期限	归档形式	存储格式	
					元数据	电子文件
1	CW0101	记账凭证	30年	电子	XML	PDF
2	CW0102	原始凭证				
3	CW010201	费用报销类、计提类凭证	30年	电子+纸质	XML	PDF
4	CW010202	税金规费计提凭证	30年	电子+纸质	XML	PDF
5	CW010203	保险业务收、支类凭证	30年	电子+纸质	XML	PDF
6	CW010204	借款预付款类凭证	30年	电子+纸质	XML	PDF
7	CW010205	管理、销售人事费用计提、发放凭证	30年	电子+纸质	XML	PDF
8	CW010206	会计差错调整类凭证	30年	电子	XML	PDF
9	CW010207	手工往来凭证	30年	电子+纸质	XML	JPG
10	CW010208	其他业务类凭证	30年	电子+纸质	XML	JPG
11	CW0201	科目汇总表	30年	电子	XML	PDF
12	CW0202	科目明细表	30年	电子	XML	PDF
13	CW0203	日记账	30年	电子	XML	PDF
14	CW0205	其他辅助性账簿	30年	电子	XML	PDF
15	CW0301	法定财务报告				
16	CW030101	资产负债表	10年	电子	XML	PDF
17	CW030102	利润表	10年	电子	XML	PDF
18	CW030103	现金流量表	10年	电子	XML	PDF
19	CW030104	所有者权益变动表	10年	电子	XML	PDF
20	CW0302	内部管理报表				
21	CW030201	财务分析报告	永久	电子	XML	JPG
22	CW030202	年度预算报表	永久	电子	XML	JPG
23	CW030203	其他内部管理报告	10年	电子	XML	JPG
24	CW0303	外部监管报表				

序号	分类编码	分类名称	保管期限	归档形式	存储格式	
					元数据	电子文件
25	CW030301	偿付能力报告	永久	电子+纸质	XML	JPG
26	CW030302	审计报告	10年	电子+纸质	XML	JPG
27	CW030303	稽核报告	10年	电子+纸质	XML	JPG
28	CW0304	其他财务报告	10年	电子+纸质	XML	JPG
29	CW0401	各地税务、外部监管文件	10年	电子+纸质	XML	JPG
30	CW0402	与银行签订的开销户等协议	10年	电子+纸质	XML	JPG
31	CW0403	纳税申报表	10年	电子	XML	PDF
33	CW0404	银行余额调节表	10年	电子	XML	PDF
34	CW0405	银行对账单	10年	电子	XML	PDF
35	CW0406	各种票据存根（收款收据）	10年	电子+纸质	XML	JPG
36	CW0408	会计档案移交、借阅清册	30年	电子+纸质	XML	PDF
37	CW0409	会计档案保管、销毁清册、鉴定意见书	永久	电子+纸质	XML	PDF
38	CW0410	财务印鉴使用、移交登记清册	永久	电子+纸质	XML	JPG
39	CW0411	其他应当保存的会计核算资料	10年	电子+纸质	XML	JPG

（三）接口

1. 接口方案

财务会计档案管理系统与上游业务系统采用中间库形式的接口实现电子文件在线归档。

具体方案如下图：

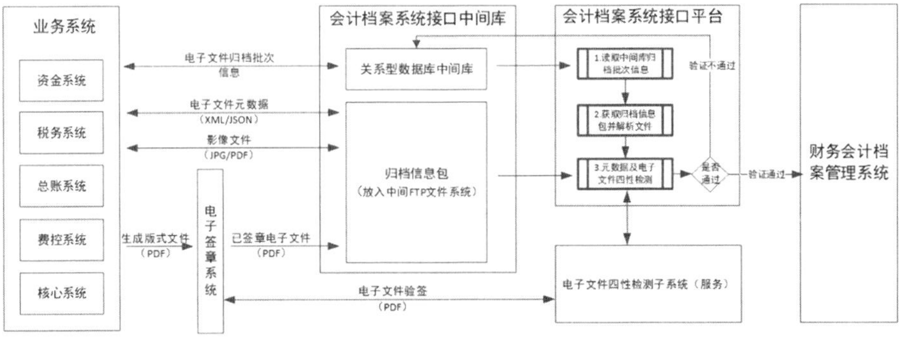

业务系统将表单固化成 PDF 格式的电子文件并调用电子签章系统进行签名、签章，将表单附件及元数据信息封装成归档信息包提交到财务会计档案管理系统接口平台中间库。财务会计档案管理系统接口周期性读取归档信息包，进行四性检测，通过后归档到系统。检测不通过的通过中间库告知业务系统，业务系统根据错误码及时处理，并重新提交。

2. 归档信息包的结构

财务会计电子文件主要来源总账、核心、费控等业务系统，各业务系统数据结构和环境各不相同，为保证电子文件归档的真实、完整、可用和安全性，统一财务会计电子文件归档信息包结构如下：

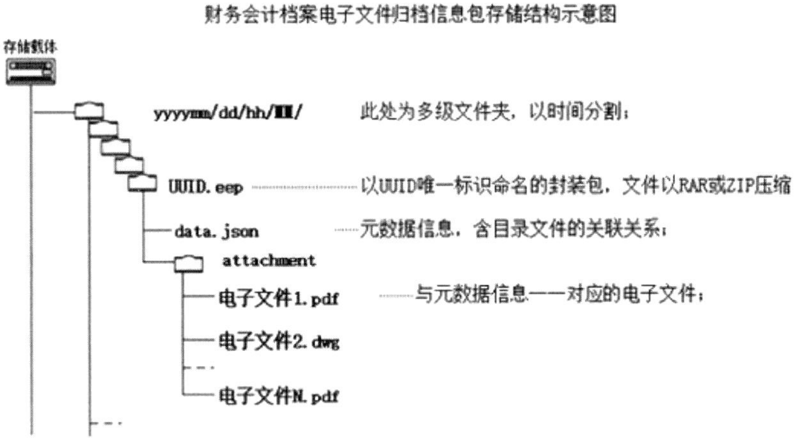

本结构适用财务会计电子文件归档环节，对归档电子文件进行封装和存储，以此结构进行电子文件归档环节的“四性”检测。

Data. json 文件主要有唯一标识（ID）、文件类型（Type）、元数据（Main）、详细数据（Details）、附件（Attachments）五个域组成，参考如下：

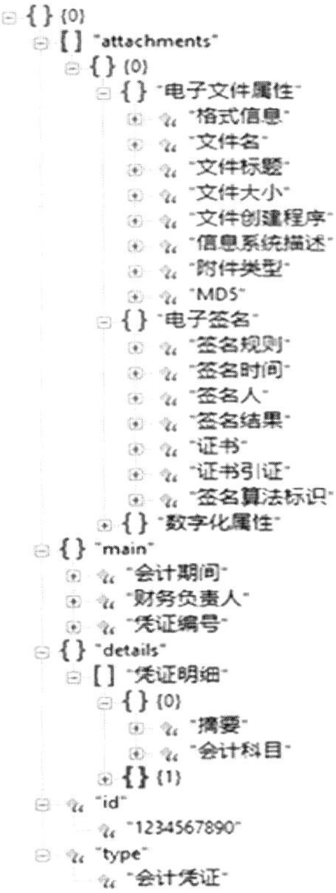

（四）元数据项及捕获节点

1. 元数据项

会计电子文件元数据划分为文件实体元数据、业务实体元数据、实体关系元数据、机构人员实体元数据四个域，如下图：

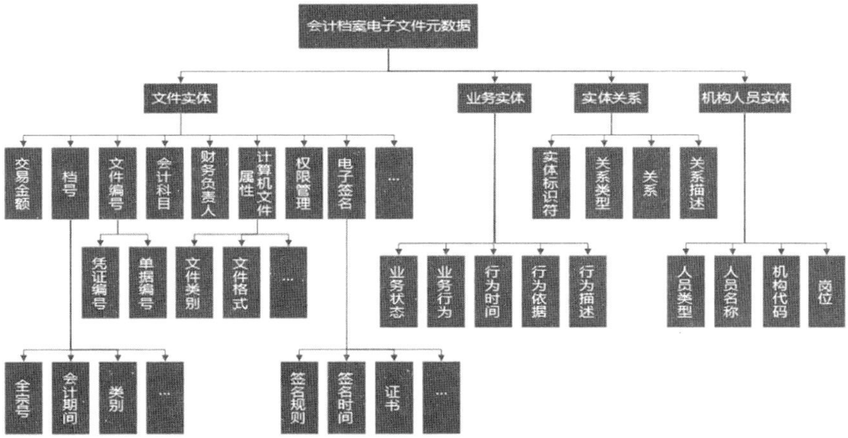

文件实体主要包含元数据如下表：

编号	元数据	编号	元数据	编号	元数据	编号	元数据
M1	集合层次	M23	凭证类型	M45	纳税人识别号	M67	文件创建程序
M2	来源	M24	财务主管	M46	单据类型	M68	信息系统描述
M3	核算单位	M25	审核人	M47	发票类型	M69	附件类型
M4	档号	M26	复核人	M48	费用类型	M70	MD5
M5	公司代码	M27	制单人	M49	报销项目	M71	数字化属性
M6	年度	M28	过账日期	M50	报销人	M72	数字化对象形态
M7	类别	M29	盒号	M51	收款人	M73	扫描分辨率
M8	保管期限	M30	密级	M52	事由说明	M74	扫描色彩模式
M9	案卷号	M31	凭证来源	M53	发票号码	M75	图像压缩方案
M10	序号	M32	凭证日期	M54	发票代码	M76	电子签名
M11	题名	M33	来源名称	M55	税额	M77	签名规则
M12	会计期间	M34	附件张数	M56	不含税金额	M78	签名时间
M13	起凭证号	M35	借方交易金额	M57	合计金额	M79	签名人
M14	止凭证号	M36	借方本位金额	M58	购买方名称	M80	签名结果
M15	卷内件数	M37	贷方交易金额	M59	购买方纳税人识别号	M81	证书
M16	立卷人	M38	贷方本位金额	M60	销售方名称	M82	证书引证
M17	立卷时间	M39	凭证说明	M61	销售方纳税人识别号	M83	签名算法标识
M18	备注	M40	日记账名	M62	货物或应税劳务、服务名称	M84	权限管理
M19	载体类型	M41	摘要	M63	电子文件属性	M85	授权对象
M20	库位码	M42	会计科目	M64	格式信息	M86	授权行为
M21	凭证号	M43	账户	M65	文件大小	M87	控制标识
M22	单据号	M44	开户行	M66	文件标题		

2. 元数据捕获节点

电子文件的元数据主要通过系统自动捕获和手工著录，元数据的捕获节点如下：

（1）电子文件归档整理环节

总账、核心业务系统财务电子文件推送至电子文件接收平台时，由业务系统将元数据和电子文件实体封装成归档信息包，接收平台接收和解析元数据保存到财务会计档案管理系统。

财务会计电子文件录入会计档案管理系统时，由档案形成部门专（兼）职档案员手工著录。

（2）档案整理环节

财务会计电子文件进入会计档案管理系统后，由档案管理人员进行整理、补充著录。

（3）业务处置环节

业务处置操作时，会计档案管理系统自动捕获元数据并记录。

（4）利用环节

财务会计电子档案利用时，会计档案管理系统自动捕获利用元数据并记录。

（5）数字化环节

数字化工作完成后，由数字化工作人员或影像系统采集原始凭证的元数据。

（五）整理方案

1. 电子文件整理方案

会计档案管理系统自动捕获业务系统推送的归档信息包，通过电子文件"四性"检测后，将数据写入档案系统中。同时，系统根据凭证、单据和发票的关联关系，系统每月 10 号自动完成电子凭证的组件工作。

对于系统中的账簿及各类报告自动从业务系统捕获推送的归档信息包，在通过电子文件"四性"检测及电子印章加盖后，将数据写入档案系统中。同时，系统根据期间核算机构及文件类型，每月 10 日自动完成电子账簿及各类报告的组件工作。

凭证、单据、发票三者的关联关系：

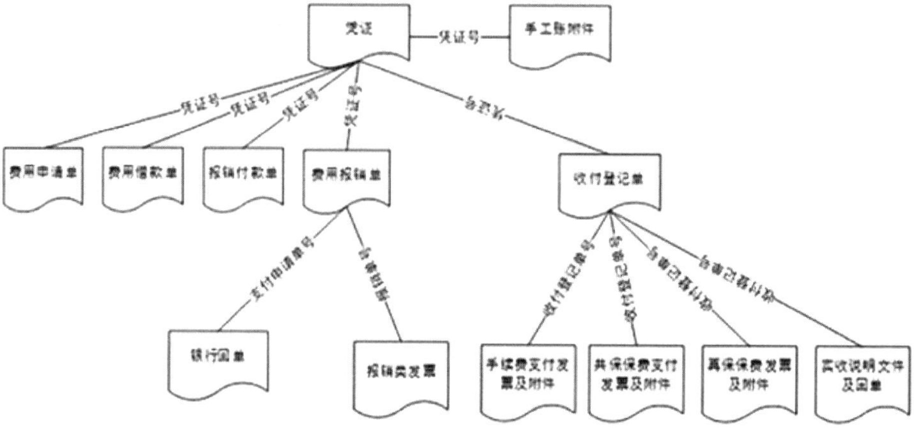

2. 纸质文件整理

业务系统在生成单据的同时，会生成条形码并打印在单据上。档案工作人员通过扫码枪扫描实体凭证上的条形码或手动输入凭证号，实现实体档案与电子档案的关联，同时根据业务规则进行组卷操作。

参考下图：

对于2个月以上未进行组卷的文件（电子文件），档案系统后台自动对电子文件进行组卷。线上组卷完成的会计档案会自动生成案卷和卷内文件信息，并打印带有案卷条形码的记账凭证封面，建立电子和实体档案的关联关系。

纸质档案整理后由档案管理员整理装盒，会计档案管理系统提供打印盒封面、盒背脊和盒内备考表功能，盒封面上有对应盒号的条形码。系统中利用虚拟库房功能，实现电子和纸质实体的关联与管理。

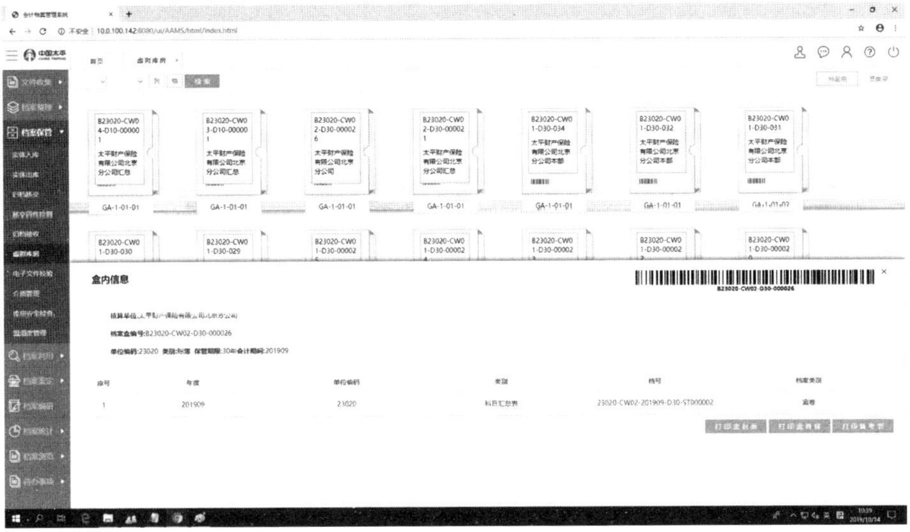

（六）电子档案保管方案

1. 电子档案在线存储方案

根据财务会计档案电子文件元数据和内容的特点，在线存储分两个部分。第一、财务会计电子文件元数据存储采用大型关系型数据库管理软件来存储，分为收集管理库、利用库和长期保存库。第二、电子文件采用对象存储和文件系统来存储，分为收集管理区、利用区、长期保存区。

详细见下图所示：

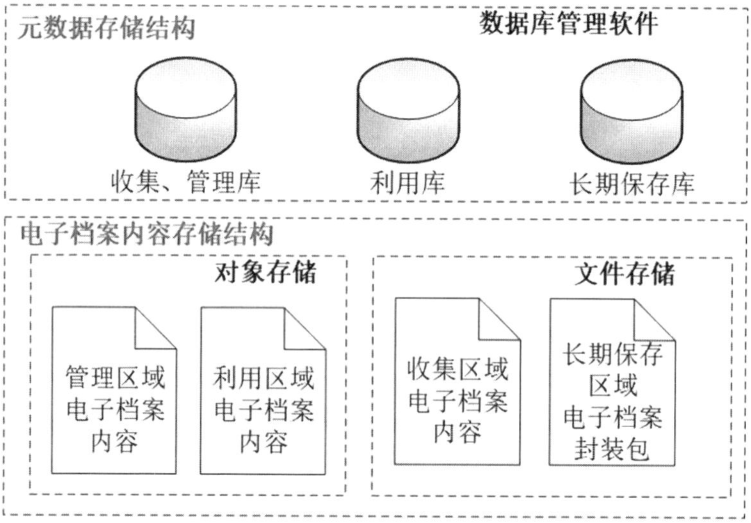

2. 电子档案长期保存方案

电子文件长期保存系统作为会计档案管理系统的子系统，为档案提供长期保存服务。会计档案系统将需要长期保存的档案封装成长期保存封装包，并推送至电子文件长期保存系统，长期保存系统对信息包中的元数据和电子文件进行四性检测，检测通过后写入长期保存系统中。

电子档案长期保存区域的文件存储路径，按电子档案档号规则分别生成各级文件夹，文件夹内是以档号命名的电子档案长期保存封装包。本结构适用财务会计电子档案长期保存环节，对电子档案进行封装和存储；以此结构进行电子文件长期保存环节的“四性”检测；财务会计档案的离线备份与存储。

3. 电子档案长期保存的检查方案

电子档案长期保存系统属于独立运行的子系统，对会计档案系统打包的电子档案进行备份保存并对保存数据进行四性检测和定期巡检。

中国太平 CHINA TAIPING 电子档案长期保存系统
欢迎您，管理员
首页
应用管理
存储管理
数据管理
巡检任务
消息通知
档案导入
四性检测
系统管理
用户管理
操作日志
角色管理
定时任务
巡检设置
存储管理 数据管理 巡检任务 档案导入 四性检测
页签操作
检索
档号 卷内顺序号 年度 密级 保管期限 文件添加时间 操作
23020-CW01-201901-D30-DZ005- 2019 普通商密 30年 2019-10-12 10:59:55 查看详情 导出
23020-CW01-201901-D30-DZ004-1 1 2019 普通商密 30年 2019-10-12 10:59:33 查看详情 导出
23020-CW01-201901-D30-DZ002- 2019 普通商密 30年 2019-10-12 10:59:24 查看详情 导出
23020-CW01-201901-D30-DZ002-1 1 2019 普通商密 30年 2019-10-12 10:59:12 查看详情 导出
23020-CW01-201901-D30-DZ001- 2019 普通商密 30年 2019-10-12 10:58:30 查看详情 导出
23020-CW01-201901-D30-DZ001-0 0 2019 普通商密 30年 2019-10-12 10:05:00 查看详情 导出
23020-CW01-201901-D30-DZ001-1 1 2019 普通商密 30年 2019-10-12 10:04:49 查看详情 导出
23-CW03-201901-D10-DZ000001- 2019 普通商密 30年 2019-10-12 10:04:43 查看详情 导出
23-CW03-201901-D10-DZ000003- 2019 普通商密 30年 2019-10-12 10:04:41 查看详情 导出
23-CW03-201901-D10-DZ000002- 2019 普通商密 30年 2019-10-12 10:04:39 查看详情 导出

（数据管理）

四性检测 巡检设置 操作日志 角色管理 定时任务 消息通知
页签操作 刷新
新增 删除 详细
搜索
任务名称 任务组名 方法名称 方法参数 执行表达式 状态 创建时间 操作
ryTask 数据导入 runImportArchives */30 * * * * ? 正常 2018-06-06 00:00:00 暂停 编辑 删除
ryTask 巡检任务 runInspection 0/5 * * * * ? 正常 2018-06-06 00:00:00 暂停 编辑 删除
ryTask 四性检测 runFormfCheck 0 0 17 * * ? 正常 2019-07-15 15:00:41 暂停 编辑 删除
ryTask 拷贝长期保存包 runCopyAutoFilesToImport */30 * * * * ? 正常 2019-08-14 17:12:41 暂停 编辑 删除
第 1 到 4 条，共 4 条记录。

（定时任务）

档案导入 四性检测 巡检设置 操作日志 角色管理 定时任务 消息通知
页签操作
系统检测结果 通过
搜索
序号 编号 标题 全宗号 系统检测时间 系统检测结果 操作
1 201909301043495953901204370173 银行存款余额调节表 23020 2019-09-30 10:42:29 通过 查看 导出
2 201909301043354986960857522699 银行存款余额调节表 23020 2019-09-30 10:42:18 通过 查看 导出
3 201909301043300318098725735662 银行存款余额调节表 23020 2019-09-30 10:42:10 通过 查看 导出
4 201909291711541244001982622100 银行存款余额调节表 23020 2019-09-29 17:10:36 通过 查看 导出
5 201909291711499178534184297151 银行存款余额调节表 23020 2019-09-29 17:10:32 通过 查看 导出
6 201909291711386224991903817496 银行存款余额调节表 23020 2019-09-29 17:10:20 通过 查看 导出
7 201909291710346943475906223884 银行存款余额调节表 23020 2019-09-29 17:09:17 通过 查看 导出

4. 电子档案备份与离线保管

（1）在线数据备份

财务会计电子档案系统在武汉数据中心存储会计档案在线数据，存储元数据的数据库文件采用每天增量、每月全备方式，备份数据保存一年。电子文件内容采用对象存储，由云平台自动备份。

（2）数据灾备

系统在上海数据中心实现会计档案异地灾备，异常情况下可启动备用系统以及恢复离线备份数据使用。

（3）离线保管

财务会计电子档案离线保管采取一式 3 套 2 种介质的备份策略，本项目采用光盘和磁盘作为离线介质对长期保存状态的数据进行备份。光盘每两年进行一次数据检测，每四年转存一次，原光盘同时保存至少 4 年。磁盘每年进行一次数据检测、每 4 年进行一次转存，转存到质量高、新的电子存储介质中，同时原磁盘保存至少 4 年，以确保数据可以永久保存。

（七）利用方案

会计档案管理系统的检索功能为会计档案的利用提供了极大的方便。用户可根据检索条件，快速查找到所需查阅的会计凭证、账簿、报告、单据等档案，并能够进行原文和元数据的快速查看。如下图：

会计档案系统与 OA 系统的对接，能够方便借阅人在 OA 系统中发起借阅申请，并在 OA 系统中流转审批。审批通过后的申请会自动推送至档案管理员的待办消息中，档案管理员根据借阅期限及范围配置借阅权限并通知借阅人，借阅人即可借阅所需电子会计档案。借阅完毕后或者借阅期限到期，借阅人的借阅权限自动失效，不可继续借阅会计档案，需要再次发起申请才可以重新赋权。这个过程将借阅申请和审批从线下转移到线上，不仅极大地方便了会计档案的借阅申请，减少了申请时间，提高了工作效率，而且借阅权限和期限的配置，借阅档案的数字水印等技术保障了档案在借阅过程中的安全。

下图为系统内授权页面：

（八）四性检测方案

系统通过形成办理阶段、收集归档阶段、档案管理阶段、长期保存阶段实现对电子文件的四性检测方案，检测内容分为：真实性、完整性、可用性、安全性。

1. 收集归档环节

（1）真实性检测

①电子文件来源真实性检测

检测对象：归档电子文件。

检测节点：总账、核心等上游业务系统将电子文件推送归档时，电子文件接收平台需要对归档电子文件来源进行真实性检测；

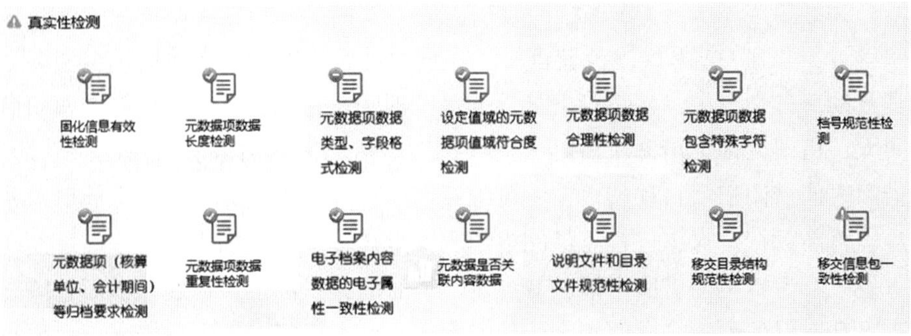

依据标准和检测内容：根据 CFCA 提供的接口推送电子文件和验证参数进行电子签章验证；根据 MD5 算法校验电子文件数字摘要值。

②电子文件元数据真实性检测

检测对象：归档电子文件元数据。

检测节点：总账、核心等上游业务系统将电子文件推送归档时，电子文件接收平台需要对归档电子文件元数据进行真实性检测；

依据标准和检测内容：根据会计档案元数据规范，检测包括数据类型、长度、格式、值域是否真实。

③电子文件元数据与内容关联真实性检测

检测对象：归档电子文件元数据、内容数据。

检测节点：总账、核心等上游业务系统将电子文件推送归档时，电子文件接收平台需要对归档电子文件元数据和内容关联进行真实性检测；

依据标准和检测内容：检测元数据中记录的文件存储位置与电子档案内容数据的实际存储位置是否一致。

④电子文件内容属性真实性检测

检测对象：归档电子文件内容数据。

检测节点：总账、核心等上游业务系统将电子文件推送归档时，电子文件接收平台需要对归档电子文件内容数据进行真实性检测；

依据标准和检测内容：根据 CFCA 提供的接口推送电子文件和验证参数进行电子签章验证。捕获电子文件内容数据的电子属性信息（计算机文件名、文件大小、文件格式和创建时间），与电子属性信息中记录的数据进行比对。

⑤电子文件归档信息包真实性检测

检测对象：电子文件归档信息包。

检测节点：总账、核心等上游业务系统将电子文件推送归档时，电子文件接收平台需要对归档电子文件归档信息包进行真实性检测；

依据标准和检测内容：采用 MD5 算法计算归档信息包的数字摘要值。

（2）完整性检测

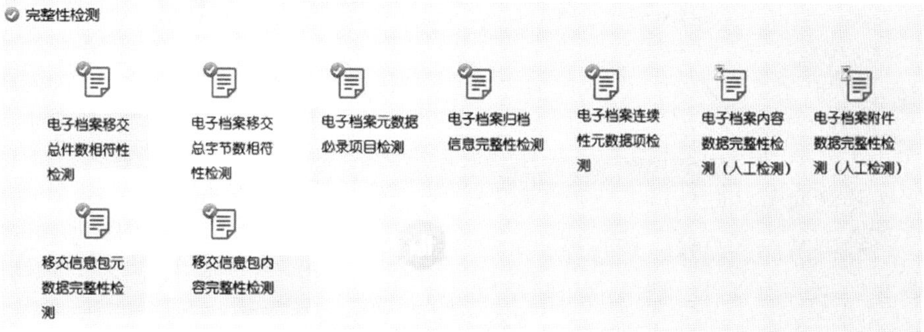

①电子文件数据总量检测

检测对象：归档信息包、归档电子文件。

检测节点：总账、核心等上游业务系统将电子文件推送归档时，电子文件接收平台需要对归档电子文件进行数据总量检测；

依据标准和检测内容：采用 MD5 算法计算归档信息包的数字摘要值。根据 JSON 报文中的附件个数检测数量、每个附件的文件名、文件大小等属性信息；

②电子文件元数据完整性检测

检测对象：归档电子文件元数据。

检测节点：总账、核心等上游业务系统将电子文件推送归档时，电子文件接收平台需要对归档电子文件元数据进行完整性检测；

依据标准和检测内容：依照会计档案元数据规范，检测电子文件元数据项是否填写齐全，具有连续编号的目录数据（凭证号、表单号）是否有漏号现象。

③电子文件内容完整性检测

检测对象：归档电子文件内容。

检测节点：总账、核心等上游业务系统将电子文件推送归档时，电子文件接收平台需要对归档电子文件内容进行完整性检测；

依据标准和检测内容：以人工检测的方式检查电子文件内容的完整性。如是否都含有：正文、附件（单据、审批记录、发票）信息。

（3）可用性检测

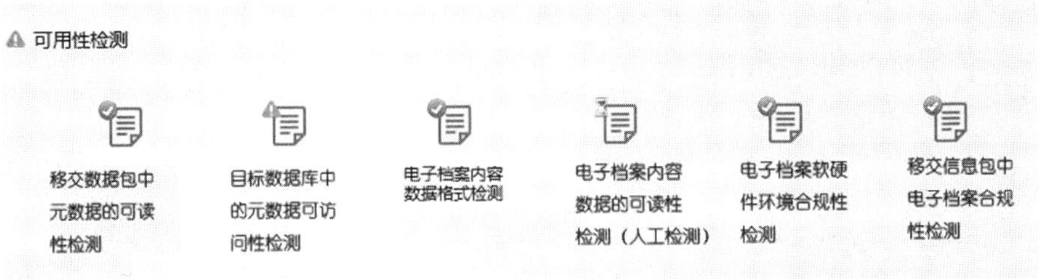

①元数据可用性检测

检测对象：归档电子文件元数据。

检测节点：总账、核心等上游业务系统将电子文件推送归档时，电子文件接收平台需要对归档电子文件元数据进行可用性检测。

依据标准和检测内容：检测电子文件归档信息包中存放元数据的 JSON 文件是否可以正常解析、读取数据。

②电子文件内容可用性检测

检测对象：归档电子文件内容数据。

检测节点：总账、核心等上游业务系统将电子文件推送归档时，电子文件接收平台需要对归档电子文件内容进行可用性检测。

依据标准和检测内容：依据电子文件归档要求对电子文件内容数据格式进行检测，判断其是否符合《电子文件归档与电子档案管理规范标准要求》（GB/T 18894—2016）和电子会计档案存储规范的要求。

通过计算机文件头信息与文件格式来确认电子文件内容格式是否真实。详细文件格式和文件头信息如下表：

序号	文件格式	文件头信息
1	JPEG（jpg）	FFD8FF
2	TIFF（tif）	49492A00
3	CAD（dwg）	41433130
4	XML（xml）	3C3F786D6C
5	HTML（html）	68746D6C3E
6	MS Word/Excel（xls.or.doc）	D0CF11E0

续表

序号	文件格式	文件头信息
7	MS Access（mdb）	5374616E64617264204A
8	Adobe Acrobat（pdf）	255044462D312E
9	Wave（wav）	57415645
10	AVI（avi）	41564920
11	MPEG（mpg）	000001BA
12	MP3	494433
13	MP4	66747970

③电子文件归档信息包可用性检测

检测对象：电子文件归档信息包。

检测节点：总账、核心等上游业务系统将电子文件推送归档时，电子文件接收平台需要对电子文件归档信息包进行可用性检测。

依据标准和检测内容：对电子文件归档信息包是否包含非公开压缩算法、是否加密、是否包含不符合归档要求的文件格式进行检测。

（4）安全性检测

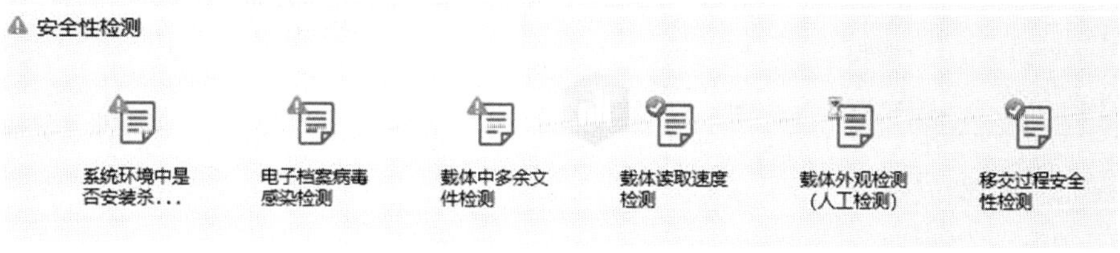

①电子文件归档信息包安全性检测

检测对象：电子文件归档信息包。

检测节点：总账、核心等上游业务系统将电子文件推送归档时，电子文件接收平台需要对电子文件归档信息包进行安全性检测。

依据标准和检测内容：操作系统是否安装国内通用的杀毒软件并升级成最新版本病毒特征库；系统或人工调用杀毒软件对电子文件归档信息包及包含文件进行检测，检查是否感染木马或病毒。

②归档过程安全性检测

检测对象：系统环境。

检测节点：总账、核心等上游业务系统将电子文件推送归档时，电子文件接收平台需要对电子文件归档过程进行安全性检测。

依据标准和检测内容：检测归档信息包在归档和保存过程中是否安全、可控。

（5）检测结果的记录和保存：检测结果登记在数据库表中。并形成相关报告，如下图：

归档四性检测×

导出pdf 返[

四性检测报告

编号	201451	标题	2302001180200066	单位编码	2302001
载体编号	201451	载体数字摘要	6067a62277ebbe1c 180a60ef0c72ecab	分类	会计凭证
提交部门	2302001	提交时间	2019-10-18	提交人	EBS
检测类型	归档	系统检测时间	2019-10-18	检测结果	通过

系统检测内容

序号	检测项目	载体	封装包	元数据	电子文件	说明
1	真实性	通过	通过	通过	通过	
2	完整性	通过	通过	通过	通过	
3	可用性	通过	通过	通过	通过	
4	安全性	通过	通过	通过	通过	

2. 长期保存环节

（1）检测策略

①检测策略设置

电子档案在长期保存过程中，需要定期和不定期对其进行检测，检测策略设置主要包括以下方面：

对电子档案的封装格式以及电子档案元数据与内容数据的关联方式进行设置；

对电子档案的存储路径、存储方式进行设置；

对电子档案各项检测指标进行设置；

对各门类电子档案的检测周期进行设置。

②检测策略执行

电子档案长期保存封装包检测时，依据预先设定的检测策略执行：

在未发生系统更新、数据迁移、格式转换等影响电子档案元数据和内容数据行为的情况下，只需要对电子档案的电子签名（签章）和数字摘要值进行检测；

在发生系统更新、数据迁移、格式转换等影响电子档案元数据和内容数据行为情况下，需要进行全面检测，检测内容包含长期保存封装包、电子档案元数据和电子档案内容；

每季度对长期保存电子档案进行抽检，抽检比例不低于5%；

每两年对长期保存电子档案进行一次全面检测；

在电子档案长期保存过程中，针对电子档案所做的检测、迁移、格式转换、备份恢复、提取出库应记录在档案管理系统的长期保存库中，并补充到电子档案的元数据中去。

（2）真实性检测

①电子档案固化信息检测

检测对象：电子档案。

检测节点：电子档案长期保存封装时、长期保存过程中对电子档案的电子签名（签章）真实性进行检测。

依据标准和检测内容：对长期保存电子档案中包含的电子签名（签章）、数字摘要固化信息的有效性进行验证；数字摘要算法为MD5。

②电子档案元数据真实性检测

检测对象：电子档案元数据。

检测节点：电子档案长期保存封装时、长期保存过程中对电子档案的元数据真实性进行检测。

依据标准和检测内容：根据电子会计档案元数据规范，检测包括数据类型、长度、格式、值域是否真实合理。

③电子档案内容真实性检测

检测对象：电子档案内容。

检测节点：电子档案长期保存封装时、长期保存过程中对电子档案的内容真实性进行检测。

依据标准和检测内容：捕获电子文件内容数据的电子属性信息（计算

机文件名、文件大小、文件格式和创建时间）与电子属性信息中记录的数据进行比对。

④电子档案元数据与内容关联真实性检测

检测对象：电子档案元数据、内容数据。

检测节点：电子档案长期保存封装时、长期保存过程中对电子档案的内容真实性进行检测。

依据标准和检测内容：检测元数据中记录的文件存储位置与电子档案内容数据的实际存储位置是否存在。

⑤电子档案长期保存封装包真实性检测

检测对象：电子档案长期保存封装包。

检测节点：长期保存过程中对电子档案长期保存封装包的真实性进行检测。

依据标准和检测内容：采用数字摘要比对的方式对保存信息包的一致性进行检测。入库时计算并记录保存信息包的数字摘要（MD5 值），检测时重新计算数字摘要并和入库时生成的数字摘要进行比对；

（3）完整性检测

①电子档案数据总量检测

检测对象：电子档案。

检测节点：电子档案长期保存封装时、长期保存过程中对电子档案数据总量进行检测。

依据标准和检测内容：统计某一批次电子档案总件数，并和元数据中记录的数据量进行对比；电子档案总字节数，并和元数据中记录的字节数比对。

②电子档案元数据完整性检测

检测对象：电子档案元数据。

检测节点：电子档案长期保存封装时、长期保存过程中对电子档案元数据完整性进行检测。

依据标准和检测内容：依照电子会计档案元数据规范，检测电子文件元数据项是否填写齐全，具有连续编号的目录数据（案卷号、件号、文号）是否有漏号现象。

③电子档案内容完整性检测

检测对象：电子档案内容数据。

检测节点：电子档案长期保存封装时、长期保存过程中对电子档案内容完整性进行检测。

依据标准和检测内容：以人工检测的方式检查电子文件内容的完整性。

④电子档案长期保存封装包完整性检测

检测对象：电子档案长期保存封装包。

检测节点：长期保存过程中对电子档案长期保存封装包的完整性进行检测。

依据标准和检测内容：依照电子会计档案元数据规范，检测电子文件元数据项是否缺项；依据电子档案长期保存封装包元数据中记录的文件数量检测归档信息包中实际包含的电子文件数量比对两者是否相符。

（4）可用性检测

①电子档案元数据可用性检测

检测对象：电子档案长期保存封装包-元数据。

检测节点：长期保存过程中对电子档案长期保存封装包的存放元数据的XML文件进行可用性检测。

依据标准和检测内容：检测电子档案长期保存封装包存放元数据的XML文件是否可以正常解析、读取数据。

②电子档案内容可用性检测

检测对象：电子档案长期保存封装包-档案内容。

检测节点：长期保存过程中对电子档案长期保存封装包内的电子档案内容数据进行可用性检测。

依据标准和检测内容：依据电子文件归档要求对电子文件内容数据格式进行检测，判断其是否符合长期保存格式的要求；

③电子档案软硬件环境检测

检测对象：保存环境。

检测节点：长期保存过程中对电子档案长期保存的环境进行检测。

依据标准和检测内容：依照电子档案电子属性信息中记录的软硬件环境信息进行检测，判断长期保存环境是否符合要求。

④备份数据可恢复性检测

检测对象：备份数据。

检测节点：档案管理系统运行维护期间，备份的数据要进行可恢复性检测。

依据标准和检测内容：采用专业的备份数据恢复工具检测备份数据是否完好，是否可恢复，并进行恢复性测试。

（5）安全性检测

①电子档案长期保存封装包安全性检测

检测对象：病毒软件、电子档案长期保存封装包。

检测节点：检测操作系统是否安装杀毒软件以及对电子档案长期保存封装包进行木马、病毒查杀。

依据标准和检测内容：系统自动调用杀毒软件接口，检测电子档案是否感染病毒。

②电子档案软件管理系统安全性检测

检测对象：系统环境。

检测节点：对操作系统及档案管理软件进行安全性检测。

依据标准和检测内容：采用专业的漏洞扫描工具检测参与电子档案长期保存的计算机系统和档案管理软件是否存在安全漏洞。

③电子档案长期保存载体安全性检测

检测对象：长期保存载体。

检测节点：对在线、离线存储的载体读取速度进行检测；对载体外观进行检测。

依据标准和检测内容：使用磁盘阵列的管理软件对在线存储进行专业性测试，判断是否安全可靠；对载体进行读取操作，和常规的读取速度进行比对判断载体是否安全可靠；由人工判断载体外观是否正常。

④载体保管环境安全性检测

检测对象：离线载体保存环境。

检测节点：对离线载体保存环境进行安全性检测。

依据标准和检测内容：人工对照《电子文件归档光盘技术要求和应用规范》（DA/T 38—2008）的有关要求判断光盘等各类载体的保管环境是否符合要求；对照《磁性载体档案管理与保护规范》（DA/T 15—1995），判断磁性载体的保管环境是否符合要求。

（6）检测结果的记录和保存

检测结果登记在电子档案管理系统长期保存库中，并形成相关报告，如下图：

查看报告

四性检测报告

编号	20191014145818599828000696 1269	标题	银行存款余额调节表	全宗号	23020
提交部门	23020	提交时间	2019-10-14	提交人	CMS
检测类型	长期保存	系统检测时间	2019-10-14	系统检测结果	通过

系统检测内容

序号	检测项目	元数据	电子文件	说明
1	真实性	通过	通过	
2	完整性	通过	通过	
3	可用性	通过	通过	
4	安全性	通过	通过	

（九）系统建设

1. 整体架构设计

（1）基础实施与服务层

本项目整体采用本地化部署、全私有云基础设施服务。其中服务器采用私有云 IaaS 层提供的虚拟云主机、对象存储；数据库、缓存、队列等服务采用私有云 PaaS 层服务；

（2）数据层

接收库和长期保存库采用 NAS 存储，管理库与利用库电子文件存储采用的是私有云上对象存储；

（3）接口服务层

提供外围业务系统电子文件在线归档，以及电子文件存储管理服务。

（4）应用层

会计档案管理系统和长期保存系统。

2. 技术架构设计

（1）展示层

负责产品界面前端展示。使用 JQuer+EASYUI 技术，界面交互性强，用户体验较好。

（2）业务逻辑层

负责数据源层和展现层的交互，提供高级消息传输、数据持久性、高效管理、高可用性、集群和多平台开发支持。

（3）数据层

采用对象存储，NAS 存储非结构化数据。MySQL 用于存储所有与系统相关的结构化数据。

（4）服务组件层

会计数据版式文件封装，主要执行版式文件封装和保存。条码组件主要用于建立电子实体关联关系，定位实体档案。数字签名组件控制和验证电子档案的有效性。

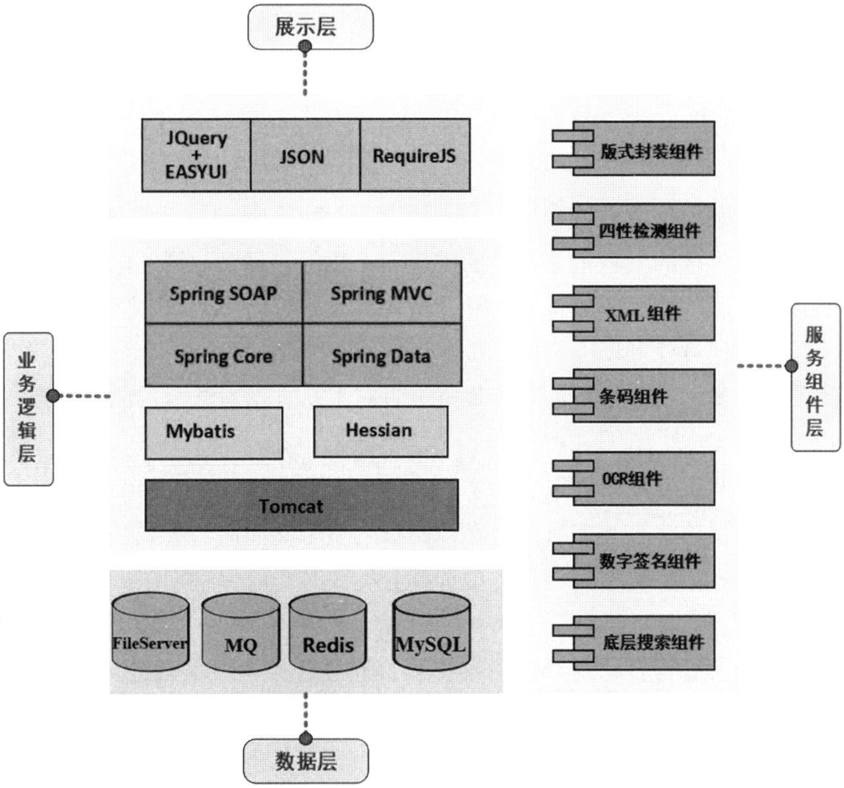

3. 系统功能

（1）收集功能

系统支持手工录入实体及电子档案，接口数据在线接收、离线接收以及对录入、接收文件进行四性检测。

（2）手工登记

手工录入功能主要对账簿文件、报告文件、会计其他文件进行操作。录入条目信息后，可根据需要在本地上传原文或通过影像系统扫描添加原文信息。

（3）在线收集

在线收集主要依托接口系统进行，系统在线接收总账系统、税务系统、资金系统、费控系统、核心系统、影像系统等外围系统推送数据，并定期进行自动组卷归档。

（4）离线收集

离线收集主要依托接口系统进行，通过 SDK 工具生成归档信息包从接口平台导入，完成归档工作。

（5）整理功能

系统支持电子档案自动组件、分类、划定保管期限、组成保管单位、编号、编目、建立关联关系等功能。

①组件

电子档案组件由系统自动进行，实体档案采取人工+系统的方式进行。由外围系统推送的具备电子文件的内容和元数据、目录数据、电子文件各组件的自动关联功能，完成自动组件。组件完成后，电子档案进行自动组卷，在系统后台通过任务调度实现，按照全宗号、二级分类号、会计期间、保管期限、载体类型、流水号的顺序规则，每月 1 日自动对 2 个月前的归档文件进行组卷。

②分类与保管期限划定

系统依据档案分类表自动对在线归档的电子文件进行分类和划定保管期限。手工录入信息可根据档案类型选择分类及其对应保管期限。

③组卷

电子档案进行自动组卷，在系统后台通过任务调度实现，按照全宗号、二级分类号、保管期限、载体类型、流水号的顺序规则，自动对 2 个月前的归档文件进行组卷。

（6）编号、编目

支持档号配置功能，可按编号规则自动生成电子档案档号；依据自动组卷编号规则，按照全宗在系统后台自动调度执行。

系统支持编制目录，具备目录打印预览和批量打印功能，电子档案由系统依据编号规则，在系统后台自动进行组卷编目工作；实体档案可在人工组卷完成后通过系统进行自动编目。

（7）整理装盒

对已组卷案卷进行整理装盒，装盒完成后，支持对装盒档案进行打印盒封面、打印盒脊背、打印备考表等功能。

（8）保管功能

系统满足档案整理、电子档案长期保存、存储格式转换与信息组织、备份、定期鉴定、销毁管理、移交、介质管理等功能。

①电子档案长期保存

电子档案长期保存系统属于独立运行的子系统，对会计档案系统打包的电子档案进行备份保存并对保存数据进行四性检测和定期巡检。

②档案鉴定、销毁管理功能

系统根据文件到期时间对到期文件进行鉴定销毁提醒，档案员通过OA系统发起申请，审批完成后，单据流转至档案管理系统，执行销毁操作。

③介质管理

系统提供离线存储介质管理功能。

（9）统计功能

财务会计档案管理系统统计功能主要分为室藏统计、借阅统计、到期统计、登录统计。

室藏统计：室藏统计按照保管期限、年度、分类、载体类型等进行统计。

借阅统计：借阅统计按照借阅目的、档案类型进行统计。

到期统计：到期统计主要统计保管期限到期的档案文件。

登录统计：统计登录用户机构及次数信息，可按年、月、日分别统计。

（10）利用功能

系统支持档案检索、浏览、借阅、编研、利用效果展示等功能，在档案利用界面对需要检索的档案信息进行检索，根据归档类型分为会计凭证、会计账簿、会计报告、会计其他、单据检索、发票检索及档案信息检索，其中档案信息检索为综合检索功能。

档案借阅

档案借阅分实体文件借阅及电子文件借阅，由OA系统发起，审批完成后在档案系统进行出库或者授权。

实体档案发起借阅后，会发出档案出库申请，系统根据出库情况会自动生成出库单，用户领取档案后，由档案管理员填写档案去向完成出库。

电子档案借阅：档案管理人员对借阅用户进行临时授权，每次授权时将重置用户密码信息，借阅到期后自动取消授权。

（11）系统管理功能

财务会计档案管理系统管理功能包括日志管理、用户管理、权限管理、多全宗管理、工作过程记录管理等。

（12）系统日志管理功能

支持系统日志查看、日志归档、历史日志下载等操作。

①用户管理功能

用户管理细化为用户信息注册修改及用户赋权功能，两项功能由系统管理员及安全保密管理员分别进行管理。新用户需要通过统一平台信息系统进行注册。注册完成后，在会计档案系统进行相关权限添加、修改工作。

用户权限管理可设置用户岗位和所属角色，岗位管理中可设置该岗位管理的核算单位和档案类型。角色管理中可设置该角色所拥有的系统功能权限和数据权限。

②权限管理

系统管理员负责核算单位管理、组织机构管理、用户注册、会计分类管理、数据字典管理、四性检测规则设置、编号规则设置、元数据管理、库房设置、系统公告、系统参数等功能管理。

安全保密管理员负责用户赋权、岗位管理、角色管理、业务日志等功能管理。

安全审计员负责系统日志管理。

角色名称	一级功能	二级功能名称
系统管理员	接口平台	
	系统管理	核算单位管理
		组织机构管理
		全文库管理
		用户注册管理
		会计分类管理
		数据词典管理
		四性检测设置
		编号规则设置
		元数据管理
		库房设置
		系统公告
		系统参数
安全保密管理员	系统管理	用户赋权
		岗位管理
		角色管理
		业务日志
安全审计员	系统管理	安全审计日志（系统日志）

③多全宗管理

系统通过核算单位设置档案全宗，实现多全宗管理的设置与管理。

（13）电子文件四性检测

电子文件四性检测功能是财务会计档案管理系统的后台服务模块，主要提供电子文件归档和电子档案长期保存环节的电子文件四性检测。该模块可根据元数据规范、存储规范进行检测规则设置，检测对象包括电子文件元数据、归档信息包、电子文件内容和长期保存封装包。

（14）电子档案长期保存功能

电子档案长期保存功能是财务会计档案管理系统的子系统，可独立部署运行，主要对接归档完成的需长期保存的电子档案元数据和电子文件。财务会计档案管理系统将电子档案元数据和电子文件内容按长期保存封装包的结构进行封装，推送到长期保存子系统。长期保存子系统可根据预设管理策略对数据进行巡检、数据迁移和备份等管理。

（十）其他关键技术解决方案

1. 基于电子文件全生命周期的“四性”保障

在形成办理阶段，通过对业务系统进行流程改造，并与电子签章系统无缝集成，进而使元数据采集和电子文件形成办理更加规范。

在收集归档阶段，严格按标准规范对电子文件进行封装和“四性”检测。

在档案管理阶段，基于角色进行系统权限与数据权限划分，使业务处置过程更加规范，保障了档案的真实性、完整性、可用性和安全性。

在档案长期保存阶段，系统按照行业标准 DA/T48 进行 XML 封装，同时进行“四性”检测，并做好迁移与备份管理。

2. 业务创新

（1）实现发票的线上全流程管理

从发票开具、收取发票，到归档，电子票实现全流程无纸化。纸质发票实现实物档与电子档双轨归档。

（2）新增 44 项具有会计档案特色的元数据著录项。

编号	元数据	编号	元数据
M3	核算单位	M40	日记账名
M5	公司代码	M42	会计科目
M12	会计期间	M43	账户
M13	起凭证号	M44	开户行
M14	止凭证号	M45	纳税人识别号
M21	凭证号	M46	单据类型
M22	单据号	M47	发票类型
M23	凭证类型	M48	费用类型
M24	财务主管	M49	报销项目
M25	审核人	M50	报销人
M26	复核人	M51	收款人
M27	制单人	M52	事由说明
M28	过账日期	M53	发票号码
M31	凭证来源	M54	发票代码
M32	凭证日期	M55	税额
M33	来源名称	M56	不含税金额
M34	附件张数	M57	合计金额
M35	借方交易金额	M58	购买方名称
M36	借方本位金额	M59	购买方纳税人识别号
M37	贷方交易金额	M60	销售方名称
M38	贷方本位金额	M61	销售方纳税人识别号
M39	凭证说明	M62	货物或应税劳务、服务名称

3. 技术创新

基于机器学习的 OCR 技术应用，对于发票、票据、印刷体文件的影像文件 OCR 识别采取基于机器学习的最新技术，并利用 GPU 服务器，极大提高了识别的效率与准确率，大大减少了前端用户数据采集与整理时间，提高录入时效。

六、取得的效益

太平财险财务会计档案管理系统的建设，实现了会计档案的全生命周期线上化、智能化、规范化管理，利用先进技术实现了数字化档案管理，我司财务数字化转型迈出了重要的一步。

（一）综合成本降低

太平财险试点机构9月份组卷34盒，会计档案管理系统10月上线后组卷12盒，减少22盒，以每盒约装400张计算，每月节省纸张约8800张，一年约10万张，以太平财险试点机构业务体量在全公司占比约0.0076（系数约130）来估算，太平财险全公司每年可以减少纸质会计档案约1300万张，按每张纸保存30年成本1.63元估算，可节省两千余万元。节约纸张60吨，相当于少砍1012棵树，每年减少碳排放量约5吨，产生了巨大的经济效益和社会效益。

（二）整理流程简化

简化会计档案整理流程，省去到总账系统导出清单、打印凭证等手续，简化了40%左右的线下整理流程。

（三）利用效率提高

超期保管的档案可在线移交综合档案室；档案查找、借阅申请从线下转为线上操作，节省申请和审批时间，提高工作效率。

七、后续打算

建立长效机制保证财务电子档案系统可以及时根据国家相关法律法规进行系统改造落地，不断利用新技术完善系统功能，为财务管理工作提供真实可靠的可利用信息。

中国石油化工集团有限公司
电子文件归档和电子档案管理试点案例

一、背景

为了规范电子招标投标活动，促进电子招标投标健康发展，国家发展改革委、工业和信息化部、监察部、住房城乡建设部、交通运输部、铁道部、水利部和商务部联合制定了《电子招标投标办法》及相关文件，自2013年5月1日起施行，并在后续陆续发布了《电子招标投标系统交易平台认证技术规范》。为了进一步加强对中国石化集团公司工程建设招标投标的集中统一监管，促使招投标活动更加的公开、透明，有效解决招投标活动中出现的应招未招、招投标程序不规范等问题，迫切需要对电子招标过程使用电子交易平台这一新兴的手段进行监管。

2014年6月25日，中国石化工程电子招标投标交易平台及管理系统项目正式启动，并于2016年12月22日通过总部组织验收评审，实现了对国有资产采购和交易的在线办理和全过程在线监管。

2016年12月，国家档案局办公室、国家发展和改革委员会办公厅印发了《关于确定企业电子文件归档和电子档案管理第一批试点单位的通知》（档办〔2016〕5号），批复中国石油化工集团有限公司（以下简称“中国石化”）为会计核算系统、OA形成的电子文件归档和电子档案管理试点单位，后申请建设工程电子招标投标交易平台（以下简称“电子招投标系统”）电子文件归档也加入该试点项目。

结合企业自身业务需要，根据批复要求，中国石化积极组织开展企业电子文件归档和电子档案管理试点工作，推动电子招投标系统电子文件归档及管理建设。

二、目标

总体目标是：

（一）依托于中国石化电子档案管理系统，满足工程招投标的电子文件归档；

（二）确定电子招投标系统电子文件归档范围；

（三）确定电子招投标系统电子文件无纸化归档内容；

（四）形成电子招投标系统电子文件归档接口技术方案和规范；

（五）实现电子招投标系统电子文件预归档、在线交接；

（六）建立电子招投标管理分类体系；

（七）实现电子档案安全保证体系和管理标准规范；

（八）实现电子招投标系统电子文件单套制管理（即仅以电子方式保存，不再打印纸质档案）并为其他业务电子文件归档管理奠定基础。

三、系统介绍

（一）功能

电子招投标系统从工程招标采购业务的“策划管理、在线交易、统一监控、结果跟踪”等全过程、全方位进行管理，满足了中国石化建设工程招标采购业务的全程在线交易和监督管理等需求，并通过与国家招标投标公共服务平台的互联互通，落实了政府对电子交易活动的实时监督。

中国石化工程电子招标投标交易平台及管理系统进行了提升完善，按照国家电子招标投标法律法规及中国石化招标投标管理制度的规定，在原有系统基础上完善了建设工程招标、非招标采购及分包发包等业务流程，优化了全景全流程、远程评标等业务功能，打通了与合同管理、档案管理等系统的业务关系，进一步满足了工程招标及非招标采购业务需要。

平台应用覆盖了中国石化工程部、监察局、审计局、油品销售事业部等总部相关业务部门，中国石化135家企业及其下属二级单位。

中国石化建设工程电子交易系统包含综合管理、策划管理、招标管理、非招标管理、结果管理、应用管理、招标交易、非招标交易、基础库管理和系统管理等一级模块，系统由两大子系统构成：

一是监管子系统，包含53个二级功能和174个三级功能模块，用于中国石化建设工程采购全流程在线业务监督、管理、考核及评价，涵盖公开招标、邀请招标、竞标、竞价、独家谈判采购业务形式。实现工程采购业务“策划管理、交易监控、结果跟踪”的全周期管理，满足中国石化建设工程电子招标采购业务流程全过程在线监督及管理的需求；与合同管理系统、标准化信息管理系统等中石化内部集成，完成招标采购合法合规性管控和工程采购从严管理的要求。

二是交易子系统，包含18个二级功能和70个三级功能模块，用于中国石化及其他石油化工行业建设工程电子招标投标全流程电子化、无纸化、规范化在线交易。实现中国石化及其他石油化工行业建设工程电子招标投标在线交易，满足工程招标采购电子化、无纸化、规范化需求，有效规避围标串标行为，进一步保障招投标活动的合法合规；集成电子档案系统和归档招投标过程文档；与国家招标投标公共服务平台等系统互联互通，落实政府监管电子交易活动的要求。

（二）数据量

本次试点选取金陵石化为试点单位，从电子招投标系统上线以来，金陵石化平均每年约90个标段在系统中进行线上开展招投标工作，按照每个标段平均5家投标单位计算。每年需要归档的电子文件约为15000多份。按照中石化140家直属单位估算，每年归档电子文件约为200万份左右。

（三）文件类型

电子文件归档包括工程项目信息、采购策划方案、采购项目信息、资格预审公告信息等56类文件。在招投标过程中所有投标方提供的电子文件都要求采用PDF格式文档作为规定格式文件上传到电子招投标系统，同时，所有招投标过程中生成的过程文档和结果文档都以PDF格式文档进行保存和披露。

在电子文件归档时，电子招投标系统将归档标段的所有规定要求直接采用PDF格式单套制归档，元数据采用XML方式进行归档。

四、方案及工作步骤

（一）试点方案

开展项目建设前，根据国家“四性”检测标准和电子文件管理的相关制度规范，项目组结合现有档案系统及相关制度流程的现状进行评估。根据评估结果制定了归档计划、系统改造方案、制度流程完善方案等。

1. 电子招投标系统

项目组通过调研电子招投标系统，梳理出系统功能改进清单及制度流程完善清单，由工程部门负责电子招投标系统的改进和制度流程完善。

2. 电子档案管理系统

传统的档案管理系统以纸质文件为核心，以实体库房为存储载体，实施纸质和电子“双套制”归档模式。中国石化试点项目的目标是实现电子文件“单套制”归档，并要求电子档案具备法律凭证价值，能被税务、监察等外部机构直接作为电子证据，不再打印纸质档案。通过研究电子文件本身“易修改”的特性，中国石化新建了一套以电子为核心的档案管理系统，在传统档案管理系统功能基础上，新增了满足电子档案管理要求的相关功能，实现了与各业务系统的归档集成。将现有档案系统中的数据逐步迁移到新的档案系统中。同时，制定一系列的制度流程配合新系统的实施。

（二）试点步骤

1. 准备阶段

在试点项目的准备阶段主要工作是协调总部综合管理部（档案管理部门）、工程部、信息化管理部以及试点企业工程部门、试点企业档案部门共同对试点项目开展的相关工作达成一致，成立工作组，制定工作计划，并及时启动项目的建设工作。

（1）将工程招投标相关单位纳入工作组

由于工程招投标是在会计核算系统、OA 形成的电子文件归档试点项目的基础上后期纳入试点范围，为了更好地推进项目工作，将工程招投标相关人员纳入项目领导组、管理组和工作组。

项目领导组：股份公司工程部负责招投标业务的部门领导承担领导责任

负责工程招投标业务试点决策工作。

项目管理组：股份公司工程部招投标管理处领导承担项目推进管理职责，负责招投标电子文件归档各阶段进度及质量管控。

项目工作组：金陵石化工程招标管理处室相关工作人员进入项目工作组，负责具体试点系统工作确认等工作。

（2）制定工作计划

根据具体试点项目建设情况编写细化试点项目开发、测试计划，实施计划，经过充分的沟通和确认后，上报项目管理组，并下发给每个项目成员。

为了保证实施计划能够切实可行，在编制之前，应先进行以下工作：

①建立沟通机制

确定项目组的汇报机制和例会制度，项目任务的下达方式和反馈方式，项目组成员之间以及与企业相关部门和关键用户的联系方式等。

②分析和识别项目风险

组织召开项目风险分析会，充分论述已识别出的项目风险，并划分风险等级，探讨这些风险的规避和应对方法。

③建立质量审核机制

确定每个实施阶段审核内容、审核方式、审核人员以及结果确认方式。

（3）制定保障措施

项目组将采用目前成熟技术进行设计开发，并建立强大的技术支持团队保障项目的顺利实施与推广、运行。

①项目人员保障

项目组人员由设计组、技术研发组、技术开发组、安全组、云及网络组、测试组等组成。

②项目技术保障

项目组将采用目前档案领域和其他关键技术领域的成熟技术进行设计开发，并建立技术研发和技术支持团队保障项目的顺利实施与推广、运行。

③项目质量保障

制定分阶段的项目质量保证计划，指定有资质的 QA 责任人，参与整个项目的计划设计与开发部署过程，在专家评审、QA、测试等三个层面对整个项目进行全程质量保障。

（4）加强进度管理

项目组定期组织召开项目例会（周例会、月例会），各小组必须按时参加项目例会。制定详细的项目计划，讨论并确定好下一步开发计划后，由质量控制组统一将项目计划发布到项目管理平台，以便进行项目进度的跟踪和管理：

①依据项目计划，对项目进度、质量、风险及问题进行跟踪和监控，并及时与各方联系人沟通。

②项目计划基线与项目实际跟踪数据比较，得出任务进度、质量、风险偏差，分析偏差严重程度。

③分析偏差造成的原因，制订相应的纠正措施，及时消除偏差及隐患。

④管理和跟踪纠正行动，反映措施实施结果，直到问题关闭。

一般我们在进行项目进度安排时，基于以下一些原则：

①任务划分：项目必须被划分成若干个可以较准确定义和估算的活动或任务。

②相互依赖性：各个被划分的活动或任务之间的相互关系必须是确定的。

③时间分配：必须指定它的开始日期和结束日期。

④工作量确认：必须为每个任务分配一定的工作单位（人日、人周等）。

⑤定义责任：每个任务都有指定的负责人。

⑥定义结果：每个任务都有一个定义好的结果。

制定进度安排监督机制，确保项目能够按计划进行。项目经理以及各小组负责人根据项目特点、用户需求、识别的风险、可能存在的限制等因素安排项目进度；在项目执行过程中定期对所属范围内的项目进展情况进行监控，识别与分析实际进展与计划的偏离原因，采取纠正措施进行调整，必要时进行正式的计划变更。

（5）制定沟通机制

项目沟通管理的目的是能够及时、适当地产生、收集、发布、存储项目信息。沟通管理是人、意见和信息之间的关键纽带，是成功所必须的。参与项目的每一个人都必须做好以项目“语言”方式传达和接收信息的准备，同时还必须明白他们以个人身份涉及的信息将如何影响整个项目。

根据沟通内容的不同，以报告、会议等方式，建立有项目领导组、项目工作组共同参与的有效沟通机制。

（6）制定文档管理规范

文档管理除作为配置项在配置管理中进行评审、版本控制等管理过程外，还有其特有的要求。项目组非常重视文档管理。

文档资料包括项目往来文件，项目执行过程产生的技术文件、图纸和相关资料等。

（7）制定问题管理规范

项目组使用成熟问题管理方法来尽可能减小冲突，并定期有组织地解决问题。项目的最后期限是不能改变的，因此不同小组间的沟通是避免冲突的关键。

当问题出现时，它们被归档在问题数据库。在此对问题的定义是在项目进行中出现的无法得到高效或有效解决的形式。如果悬而不决，问题会阻碍或阻止项目的进行。问题可能包括未决定的设计点、范围改变或者在软件系统与业务模型之间功能性的差距。

每一个记录下来的问题都要分配给一个人负责，他将对其范围、影响及程度进行归档，并且要推动对其的解决过程。问题负责人要和所有需要的人员共同工作（即：该项目组成员，其他项目组成员，项目相关人员，公司高层管理人员等），来对问题进行分析，确定可能解决方案。此记录将实现对跨功能问题的准确跟踪，并便于采取进一步措施。

2. 业务分析

（1）业务对接

中国石化在电子招投标业务管理方面实现了全流程电子化，从工程项目立项、形成采购方案，到公开招标、评标、中标结果公告全部通过系统线上进行管理，文件盖章生效全部实现电子化，电子招投标系统所形成的电子文件格式单一。所有过程文档和结果文档都是 PDF 格式文件。招投标项目分为招标项目、非招标项目和其他项目进行管理，业务管理过程中按照业务规范生成工程项目信息、采购策划方案、采购项目信息、资格预审公告信息、招标通知书等 56 大类文件。

（2）业务分析

针对试点电子文件归档系统对接情况，分析业务系统归档内容、归档时间范围、归档数据格式、归档元数据、归档频度等。并根据归档内容分析试点归档系统电子归档建设内容和归档方案。

（3）流程梳理

在电子招投标系统中通过严格的身份认证体系和管控机制，保证在招投标过程中数据的安全性与完整性，所有招标、投标过程和文档公开透明，接受所有参与方的在线监督，保障数据的真实可靠。

按照业务规范对中标通知书发出或招标终止30日内的招投标项目由兼职档案员在预归档子系统中对归档文件进行整编，加盖系统签章以及归档前检查等。兼职档案员对完成整编、通过检查的电子文件进行归档操作，电子文件与按批次生成的电子交接单通过接口传输到档案管理系统。

档案管理系统自动对接收到的电子文件进行收集阶段的“四性检查”，档案管理员对照电子交接单及“四性检查”结果，同时对归档数据进行人工抽检，核查无误后，整批电子文件归入正式档案库。

3. 设计阶段

在系统的设计阶段经过研究与分析，项目组对项目建设的架构、功能、集成方案以及流程进行了设计，同时为了更好的保证试点工作能够高效有序的进行，并为指导未来项目的推广工作制定了相关的管理制度。

（1）架构设计

按照中国石化信息化建设“六统一”原则，结合系统的可扩展性、可靠性、开放性、适用性、先进性等设计原则对系统的物理部署架构、技术架构、数据架构、安全架构进行设计，保证系统的性能、功能、数据存储、数据安全等都满足电子文档收集、存储、管理和利用的要求。

（2）功能设计

按照档案管理收、存、管、用四个层面对业务系统电子档案数据如何归档、如何收集、如何整编、如何入库、如何检查、如何存储、如何备份等功能进行相关功能设计。

（3）集成设计

通过梳理电子文件归档业务系统归档内容，对归档元数据、归档数据文件格式、归档元数据集成接口、归档电子文件集成接口等进行集成设计，同时为了保证数据集成真实性和安全性业务系统数据传输需要进行电子签名和数据验签。

（4）流程设计

项目组根据管理规定和业务需求对12类业务进行流程设计，保证系统数据流和业务流都满足相关管理规定和业务部门工作要求。

（5）制定制度

在制度规范层面，结合五个业务系统从电子文件生成、流转、归档到利用的全过程电子化的实践，形成了一套完整的管理制度体系，为业务系统与档案管理系统在线归档集成提供指导。

4. 开发测试

（1）功能开发，根据系统功能设计，项目组开发相应的系统功能。

（2）功能测试，根据系统功能设计制定测试大纲和测试用例，对系统功能进行黑盒测试和白盒测试，保证功能的完备性。

（3）集成开发，对电子文件归档的 5 个业务系统进行功能改造和相关功能开发，保证归档功能的正常运行，同时对归档接口进行开发，保证数据的正常归档并能够通过数据验签。

（4）集成测试，对集成功能和数据集成进行测试，保证归档数据能够正常推送到预归档系统，同时能够保证在归档过程中出现数据问题，能够及时记录并进行重新归档。

（5）压力测试，针对业务系统大数据量并发归档、与归档系统大数据量接收存储、档案系统的大数据量存储以及档案利用的检索等功能进行压力测试，保证系统在大数据量并发情况下的稳定性和正确性。

（6）性能测试，针对业务系统大数据量并发归档、与归档系统大数据量接收存储、档案系统的大数据量存储以及档案利用的检索等功能模块制定性能指标，并进行性能测试，保证系统满足性能指标。

5. 实施阶段

（1）基础环境准备，包括网络、服务器、数据库、备份设备、安全防护措施等。

按实施进度安装配置软件产品，填写《软件产品安装验收单》、《产品安装和升级维护记录单》。

（2）系统部署，按照系统设计部署相关业务组件和业务功能模块。

（3）初始化，按照系统建设范围和建设内容对系统中的组织、用户、角色、流程、权限进行初始化。

（4）数据传输，从电子文件归档试点系统进行数据传输，技术人员后台对数据进行检查，通过比对生产数据与测试数据形成数据传输最终方案。

（5）数据验证，通过预归档系统功能及“四性”检查情况对生产数据进行数据验证，保证生产数据的真实可靠。

（6）用户培训，制定用户培训计划，采用集中培训的方式对归档整编人员、企业档案接收人员、档案管理人员进行数据归档以及系统使用的相关培训。

6. 运行保障

（1）系统上线，系统采用试点企业上线运行以及推广企业上线运行的方式逐步完成上线目标，即，在完成系统部署与初始化工作之后，首先在金陵石化试点上线，并试运行 6 个月时间，根据试运行情况对系统进行进一步完善与提升，自此基础上完成 20 家企业的上线实施工作。

（2）运维支持，在系统上线后，项目组成立运维支持团队，解决系统运行过程中的问题，并记录用户提出的系统完善和提升需求，为系统的持续改进提供依据。

（3）运行保障，利用中国石化网络、硬件、软件、系统、安全等运维体系，建立电子档案管理运行保障方案，保证系统的安全、稳定。

（4）持续改进，利用运维支持记录以及技术的提升与改进对系统功能和系统性能进行持续优化和改进，并结合实际情况逐步将电子招投标归档推广到石化所有企业。

五、解决方案

电子文件和电子档案的“单套制”管理是相对于传统的纸质、电子“双套制”归档而言的，是“无纸化”办公条件下的电子文件在线归档和电子档案管理的创新模式。它颠覆性地改变了传统的文件收集、整理和归档方式，将电子文件管理嵌入到文件形成、运转、管理、利用的源头和全生命周期，从而实现电子档案的全程化、专业化管理。

• 归档介质的改变

由于业务信息化的完善等因素，档案归档材料逐渐由实体纸质材料归档向电子文件归档形式转变。

• 归档周期的改变

传统的纸质文件归档周期，由于考虑到人员工作量程度，因此大部分文件都是以“年”为单位进行归档，即使如此，在每年归档期时，无论是业务人员或档案人员都会面临较为繁重的工作。而电子文件的归档则无需较长的周期，可以按照工程项目进度随时归档，不仅减轻了人员的工作压力，更保证了归档的完整性、准确性。

• 归档流程的改变

传统文件归档后，需人员手工确认相关归档材料并打印交接单据，人员签字、盖章等较为繁琐的交接流程。而电子文件的归档确认只需人员在系统中进行确认，系统自动对电子文件进行封装以保证其真实完整性。

• 保存模式的改变

原有传统档案库房管理模式，管理的主体为纸质档案，因此对于库房管理更侧重于硬件设施的保障，如：库房温湿度的监控、库房巡检、门禁检查、“十防”等相关措施。而由于管理介质的不同，电子文件库房的管理更加注重系统本身的稳定性，如：服务器的监控、机房巡检等，从长久保存的角度，电子文件应借助档案级光盘、防磁柜等硬件设备来进行保障。

• 管理模式改变

在档案管理中，传统档案管理模式以卷为单位进行目录管理，在对档案鉴定时，需组织专家鉴定会，需销毁的档案也需人工进行操作。而在电子档案管理模式下不仅简化了这些业务流程，且对管理的准确性、正确性及追溯性上也有显著提高。

• 利用方式改变

在实际档案利用方面，由于纸质档案借阅流程繁琐、借阅不便利等原因，利用率并未体现出档案的价值。而电子档案利用的灵活性、穿透性及便捷性，可大大提高档案的利用率，充分发挥档案的价值，为企业发展提供有力支撑。

（一）管理流程方案

电子招投标系统归档到电子档案管理系统的归档流程图如下图 1。

（二）归档范围和存储格式

电子招投标系统电子文件的归档范围包含标段电子文件元数据（电子招投标文件业务元数据、电子招投标文件归档元数据、电子招投标文件对应纸质文件元数据等）、招投标结束的各类电子文件（包括工程项目信息、采购策划方案、采购项目信息、资格预审公告信息等 56 类文件）、以及对应的标段归档清单。

归档时间为标段封标后 30 日内推送到档案管理系统，由负责标段的相应业务人员进行在线整编，电子招投标系统将电子文件推送到档案管理系统。

为保证电子档案的真实性、长久保存和利用，电子招投标系统将保存在系统数据库内的信息按系统页面相同的版式生成 pdf 文件。

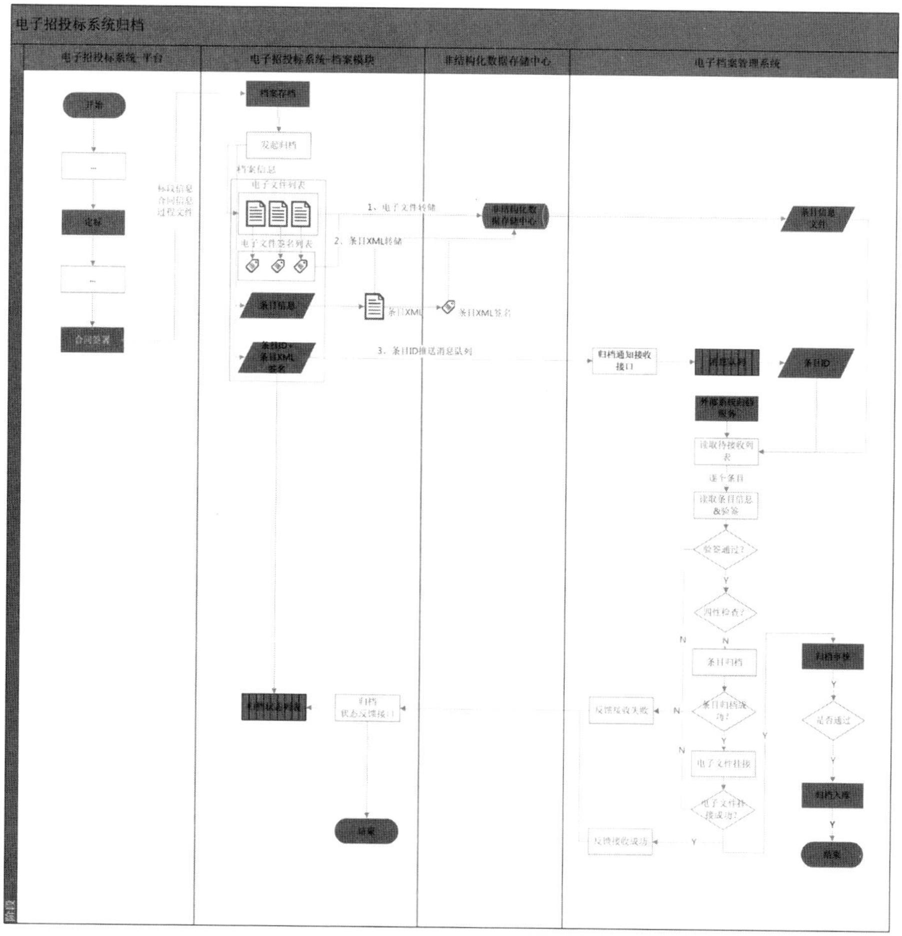

图 1　归档流程

表 1　归档范围

序号	文件名称	交易	监管	备注	
1	工程项目信息		●	PDF	策划管理
2	采购策划方案		●		
3	采购项目信息(含标段)		●		
4	资格预审公告		●	PDF	过程文件
5	资格预审修改及澄清文件管理		●		
6	资格预审评审专家表(需招标人提供)		●		

续表

<table>
<tr><th>序号</th><th>文件名称</th><th>交易</th><th>监管</th><th colspan="2">备注</th></tr>
<tr><td>7</td><td>资格预审申请文件递交记录表</td><td>●</td><td></td><td rowspan="19">PDF</td><td rowspan="19">过程文件</td></tr>
<tr><td>8</td><td>招标投标工作纪律</td><td>●</td><td></td></tr>
<tr><td>9</td><td>审查委员会成员签到表</td><td>●</td><td></td></tr>
<tr><td>10</td><td>审查委员会声明书</td><td>●</td><td></td></tr>
<tr><td>11</td><td>初步审查标准及记录表(资格预审)</td><td>●</td><td></td></tr>
<tr><td>12</td><td>未通过资格审查等情况汇总表</td><td></td><td></td></tr>
<tr><td>13</td><td>详细审查标准及记录表(资格部分)</td><td>●</td><td></td></tr>
<tr><td>14</td><td>详细审查标准及记录表(其他情形)</td><td>●</td><td></td></tr>
<tr><td>15</td><td>评分标准及记录表</td><td>●</td><td></td></tr>
<tr><td>16</td><td>评分汇总及平均分记录表</td><td>●</td><td></td></tr>
<tr><td>17</td><td>申请人排序表</td><td>●</td><td></td></tr>
<tr><td>18</td><td>通过资格预审申请人名单</td><td>●</td><td></td></tr>
<tr><td>19</td><td>审查报告</td><td>●</td><td></td></tr>
<tr><td>20</td><td>资格预审结果通知书</td><td></td><td>●</td></tr>
<tr><td>21</td><td>投标邀请书</td><td></td><td>●</td></tr>
<tr><td>22</td><td>投标邀请确认函管理</td><td></td><td>●</td></tr>
<tr><td>23</td><td>招标公告</td><td></td><td>●</td></tr>
<tr><td>24</td><td>招标文件管理</td><td></td><td>●</td></tr>
<tr><td>25</td><td>招标文件修改及澄清文件管理</td><td></td><td>●</td></tr>
<tr><td>26</td><td>评标专家抽取表(需要招标人提供)</td><td></td><td>●</td><td rowspan="7">PDF</td><td rowspan="7">过程文件</td></tr>
<tr><td>27</td><td>投标文件递交记录表</td><td>●</td><td></td></tr>
<tr><td>28</td><td>招投标工作纪律</td><td>●</td><td></td></tr>
<tr><td rowspan="3">29</td><td>开标纪录表(EPC)</td><td>●</td><td></td></tr>
<tr><td>开标纪录表(服务)</td><td>●</td><td></td></tr>
<tr><td>开标纪录表(施工)</td><td>●</td><td></td></tr>
<tr><td>30</td><td>评标委员会成员签到表</td><td>●</td><td></td></tr>
</table>

续表

序号	文件名称	交易	监管	备注	
31	评标委员会声明书	●		PDF	过程文件
32	初步评审标准及记录表	●			
33	初步评审标准及记录表(其他情形)	●			
34	未通过初步评审等情况汇总表	●			
35	详细评审标准及计分表	●			
36	投标报价评分记录表	●			
37	评分汇总及得分记录表	●			
38	投标人排序表	●			
39	问题澄清通知	●			
40	问题的澄清	●			
41	评标报告	●			
42	中标候选人公示		●		
43	中标通知书		●		
44	中标结果通知书		●		
45	投标文件信息		●		
46	异常情况信息表		●		
47	资格预审申请文件接收记录表		●		
48	资格预审申请文件汇总表		●		
49	审查工作纪律		●		
50	审查委员会申明书		●		
51	复印件核对情况表(资格预审)		●		
52	投标文件接收记录		●		
53	开标会签到表		●		
54	评标工作纪律		●		
55	评标委员会申明书		●		
56	其它资料		●		

（三）接口

1. 接口方式

业务系统和电子档案管理系统使用 https 协议，通过 SSL 加密通信通道进行归档数据的传输。采用 Web Service 的方式实现。

（1）接口集成机制

采用 Web Service 服务机制实现电子档案管理系统与业务系统的集成。电子档案管理系统提供标准接口，由业务系统调用后，以 XML 文件格式传递归档电子文件元数据及电子文件流信息；电子档案管理系统读取 XML 文件验证签名，解析 XML 元数据，并逐一读取电子文件验证签名，并做数据检查后，调用业务系统提供的接口反馈归档信息。

（2）接口调用流程

业务系统触发归档，组织电子文件并对该批次归档的电子文件进行格式检查，将专用格式的电子文件转换为通用电子格式，将加密文件解密。

对该批次提交的电子文件添加数字签名，上传电子文件，并将元数据项及电子文件的数字签名写入 XML 文件，对 XML 文件添加数字签名，并上传 XML 文件。

调用电子档案消息队列接口，发起归档请求，记录归档日志。

电子档案管理系统从消息队列读取归档请求，读取 XML 元数据文件，验证数字签名，验证不通过记录日志，反馈业务系统。

解析 XML 元数据文件，根据 XML 元数据文件中的电子文件信息，逐一读取电子文件，并验证电子文件的数字签名，验证不通过记录日志，反馈业务系统。

对归档元数据做数据检查，检查不通过记录日志，反馈业务系统。

（3）XML 元数据文件内容格式

XML 元数据文件内容需满足接口规定的数据格式，具体格式如下。

```
<? xml version="1.0" encoding="utf-8"? >
    <Data>
        <! --通用元数据-->
        <CommonInfo>
            <! --归档信息系统标识,由档案系统统一分配-->
            <Metadata Name ="SystemID" value=""></Metadata>
```

```
    <! --唯一信息包标识,每次传输生成新 GUID-->
    <Metadata Name ="PackageID" value=""></Metadata>
    <! --唯一业务标识,如公司代码+年度+凭证编号、-->
    <Metadata Name ="BusinessID" value=""></Metadata>
    <! --档案类型,招投标没有细分就只写招投标-->
    <Metadata Name ="Type" value=""></Metadata>
    <! --发起人名称-->
    <Metadata Name ="SubmitUserName" value=""></Metadata>
    <! --发起归档的时间戳,Datetime 格式,到毫秒-->
    <Metadata Name ="SubmitTime" value=""></Metadata>
    <! --电子文件个数-->
    <Metadata Name ="FileCount" value=""></Metadata>
    <! --操作类型,0:新增,1:更新-->
    <Metadata Name ="Flag" value=""></Metadata>
  </CommonInfo>
  <! --业务系统过程信息,没有的可以不填-->
  <ProcessInfos>
    <! --档案形成过程信息,内容可自行扩充-->
    <Information Operation="操作名称" Operator="操作人" OperatTime="操作时间">...</Information >
    <Information Operation="操作名称" Operator="操作人" OperatTime="操作时间">...</Information >
  </ProcessInfos>
  <! --业务系统自定义元数据,需要和业务系统具体对接-->
  <BusinessMetas>
    <BusinessMeta Name ="VKORG" value="公司代码" type="" must="Y"></BusinessMeta>
    <BusinessMeta Name ="Title" value="一标段" type="" must="Y"></BusinessMeta>
    <BusinessMeta Name ="Year" value="2007" type="" must="Y"> </BusinessMeta>
    <BusinessMeta Name ="ArchiveUser" value="归档人" type="" must="Y"> </BusinessMeta>
    <BusinessMeta Name =" ArchiveDate" value="归档时间" type="" must="Y"> </BusinessMeta>
    <BusinessMeta Name ="SecurtyLevel" value="密级" type="" must="Y"> </BusinessMeta>
    <BusinessMeta Name ="RetentionPeriod" value="保管期限" type="" must="Y"> </BusinessMeta>
    <BusinessMeta Name ="CreateTime" value="文件生成时间" type="" must="Y"> </BusinessMeta>
    <! --工程项目信息-->
```

```xml
    <BusinessMeta Name="ApprovalNoClass" value="批复文号类别" type="文本" Must=""></BusinessMeta>
    <BusinessMeta Name="ApprovalNoName" value="批复文号名称" type="文本" Must=""></BusinessMeta>
    <BusinessMeta Name="ApprovalNo" value="批复文件号" type="文本" Must=""></BusinessMeta>
    <BusinessMeta Name="ApprovalDate" value="批复日期" type="日期型(2017-12-12)" Must=""></BusinessMeta>
    <BusinessMeta Name="ConstructionUnit" value="建设单位名称/项目法人名称" type="文本" Must=""></BusinessMeta>
    <BusinessMeta Name="ExecutionUnit" value="工程项目执行单位" type="文本" Must=""></BusinessMeta>
    <BusinessMeta Name="IsMustTender" value="是否依规必须招标" type="文本" Must=""></BusinessMeta>
    <BusinessMeta Name="BlockNum" value="标段数" type="整数型" Must=""></BusinessMeta>
    <BusinessMeta Name="CreateTime" value="创建时间" type="日期型" Must=""></BusinessMeta>
    <BusinessMeta Name="ProjectName" value="天津分公司汽油质量升级项目" type="文本" Must=""></BusinessMeta>
    <BusinessMeta Name="ProjectNo" value="工程项目编号" type="文本" Must=""></BusinessMeta>
    <BusinessMeta Name="TenderName" value="招标项目名称" type="文本" Must=""></BusinessMeta>
    <BusinessMeta Name="TenderNo" value="招标项目编号" type="文本" Must=""></BusinessMeta>
    <BusinessMeta Name="BlockName" value="一标段" type="文本" Must=""></BusinessMeta>
    <BusinessMeta Name="BlockNo" value="标段编号" type="文本" Must=""></BusinessMeta>
    <BusinessMeta Name="TenderClass" value="招标项目类别" type="文本" Must=""></BusinessMeta>
    <BusinessMeta Name="OpeningBidTime" value="开标时间" type="日期型" Must=""></BusinessMeta>
    <BusinessMeta Name="OpeningBidPlace" value="开标地点" type="文本" Must=""></BusinessMeta>
    <BusinessMeta Name="Tenderer" value="招标人(招标代理机构)" type="文本" Must=""></BusinessMeta>
    <BusinessMeta Name="Bidder" value="投标人" type="文本" Must=""></BusinessMeta>
```

```
        <BusinessMeta Name="WinningBidder" value="中标人名称" type="文本" Must=""></BusinessMeta>
        <! --合同信息-->
        <BusinessMeta Name="ContractName" value="合同名称" type="文本" Must="N"></BusinessMeta>
        <BusinessMeta Name="ContractNo" value="合同编号" type="文本" Must="N"></BusinessMeta>
        <BusinessMeta Name="Signing time" value="签约时间" type="日期型" Must="N"></BusinessMeta>
        <BusinessMeta Name="PartyAUnit" value="甲方单位名称" type="文本" Must="N"></BusinessMeta>
        <BusinessMeta Name="PartyBUnit" value="乙方单位名称" type="文本" Must="N"></BusinessMeta>
        <! --纸质文件对应元数据-->
        <BusinessMeta Name="BoxNo" value="盒号" type="文本" Must="N"></BusinessMeta>
        <BusinessMeta Name="FlowNumber" value="纸质文件流水号" type="文本" Must="N"></BusinessMeta>
        <BusinessMeta Name="PageNum" value="页数" type="整数型" Must="N"></BusinessMeta>
    </BusinessMetas>
        <! --电子原文,证书信息需要和安全组具体对接-->
        <Files>
          <File Sign="Sign" SignTime="电子原文签名时间" Certificate="Certificate" BucketName="BucketName"
                key="FileName" FileNo="文件编号" FileName="文件名称" FileType="文件类型" FileSizc-"文件大小"
                path="存放位置" FormTheTime="形成时间" FileFormationMode="文件形成方式" Directory="分类" IsAuditInfo="是否有审批信息" PaperNum="纸质文件份数"></File>
          <File Sign="Sign" SignTime="电子原文签名时间" Certificate="Certificate" BucketName="BucketName"
                key="FileName" FileNo="文件编号" FileName="文件名称" FileType="文件类型" FileSize="文件大小"
                path="存放位置" FormTheTime="形成时间" FileFormationMode="文件形成方式" Directory="分类"
    IsAuditInfo="是否有审批信息" PaperNum="纸质文件份数"></File>
        </Files>
    </Data>
```

(4）异常处理

如果检验的任何一部分没通过，则不能完成检验工作，在电子档案管理系统中记录检验失败信息，包括检验结果及失败原因，同时反馈给业务系统。

2. 数据检查

将系统架构“四性检查”方案固化到归档流程中，通过对招投标过程56类文件和元数据检查，采用自动和手动方式检查归档数据的完整性。利用元数据中的文件长度与实际归档文件的长度比较以及后台判断文件是否能够打开，判断归档文件的有效性，同时归档人员需要在预归档系统对归档文件进行人工检查。电子文件移交到档案部门后，档案部门也要对文件进行“四性检测”。

（四）元数据及捕获节点

1. 文件元数据说明

文件元数据是有关单份文件或文件集合自身的元数据，包含文件内容、权限、密级、存储地址及技术结构等。文件元数据包含档案通用元数据、业务描述元数据和电子原文元数据。

档案通用元数据是电子档案在档案收集、管理过程中形成的元数据，是对所有档案类的通用性描述信息，如：全宗号、档案题名、档号、密级、保管期限等。

业务描述元数据是电子文件在业务办理过程中形成的元数据，是对业务描述信息，比如：公司代码、项目名称、项目编号、标段编号、投标批复名称、批复文号、批复日期、建设单位名称等。业务系统在开发时应建立元数据库，尽可能利用本标准已有元数据，并上报档案管理系统开发组备案。

电子原文元数据是档案条目所附带电子原文的基础信息，是针对每个不同电子原文的基本描述信息，如：文件名称、文件格式、文件大小等。

2. 机构人员元数据说明

机构人员元数据是描述档案相关部门和相关人员的元数据，是机构人员实体的集合层次，包含机构描述元数据和人员描述元数据。

机构描述元数据是电子文件在形成过程、归档过程和利用过程中形成的元数据，是对档案生命周期的不同阶段有关机构的描述信息，如：档案形成部门、档案归属部门、归档部门、利用人所在部门等。

人员描述元数据是在电子文件归档过程、管理过程和利用过程中形成的元数据，归档业务人员、离线保管业务人员和档案操作人员的描述。如：形成人、归档人、离线刻录人员、离线保管人员、利用操作人员等。

3. 业务元数据说明

业务元数据是电子文件形成、处理和管理等业务行为阶段形成的元数据，包含保护描述元数据和活动描述元数据。

保护描述元数据是电子文件在归档过程中由业务系统所附加的保护性元数据，如：数字签名、摘要值算法、数字签名证书、有效期等，以证明档案在收集、存储、管理过程中数据的真实性。

活动描述元数据是电子档案在形成过程、管理过程和利用过程中形成的元数据，是对形成信息、管理信息和利用信息的描述。如：形成活动名称、形成活动描述、管理活动名称、利用活动名称、利用活动描述等。

业务系统归档元数据如下：

表 2　电子文件归档元数据表

元数据名称	类型	值域	是否必填	数据来源	著录说明	备注
1. 档案管理信息						
档号	文本型	件	是	电子档案系统		自动生成
全宗号	文本型	件	是	电子档案系统		
题名	文本型	件	是	电子招投标系统		题名规则为标段名称
年度	文本型	件	是	电子招投标系统		归档时间年度
密级	文本型	件	是	档案系统	0：公开、1：内部、2：秘密	只有内部类，档案系统配置成1，不传。
保管期限	文本型	件	是	档案系统	永久、30年、10年	默认30年
档案所属单位	文本型	件	是	电子招投标系统	标准代码网单位编码	
档案所属部门	文本型	件	是	电子招投标系统	标准代码网部门编码	招投标系统无部门层级
归档人	文本型	件	是	电子招投标系统	编号、姓名、单位	档案的责任主体属于建设单位，归档人应该是建设部门的责任人

续表

元数据名称	类型	值域	是否必填	数据来源	著录说明	备注
归档时间	日期型	件	是	电子招投标系统		
电子文件个数	整数型	件	是	电子招投标系统		
2. 工程项目信息						
批复文号类别	文本型	件		电子招投标系统		
批复文号名称	文本型	件		电子招投标系统		
批复文件号	文本型	件		电子招投标系统		文号手写可能有误，建议与公文组对接规则后，增加正则过滤，暂时不做强关联
批复日期	日期型	件		电子招投标系统		
工程项目名称	文本型	件		电子招投标系统		
工程项目编号	文本型	件		电子招投标系统		
建设单位名称/项目法人名称	文本型	件		电子招投标系统		(是否为招标单位)否，可能是子母公司的关系
工程项目执行单位	文本型	件		电子招投标系统		
3. 采购项目信息						
招标项目名称	文本型	件		电子招投标系统		
招标项目类别	文本型	件		电子招投标系统		
招标项目编号	文本型	件		电子招投标系统		
招标方式	文本型	件		电子招投标系统		
是否依规必须招标	文本型	件		电子招投标系统		
标段数	整数型	件		电子招投标系统		
创建时间	日期型	件		电子招投标系统		
采购项目名称	文本型	件		电子招投标系统		

续表

元数据名称	类型	值域	是否必填	数据来源	著录说明	备注
采购项目编号	文本型	件		电子招投标系统		
标段名称	文本型	件		电子招投标系统		
标段编号	文本型	件		电子招投标系统		
招标项目类别	文本型	件		电子招投标系统		(和采购项目信息中的“招标项目类别”是否为同一字段)
招标时间	日期型	件		电子招投标系统		
开标时间	日期型	件		电子招投标系统		
开标地点	文本型	件		电子招投标系统		
招标人(招标代理机构)	文本型	件		电子招投标系统		两个字段,招标代理不一定有(非必填)
投标人	文本型	件		电子招投标系统	单位A;单位B;单位C;……	
中标人名称	文本型	件		电子招投标系统		
4.合同信息						
合同名称	文本型	件		电子招投标系统		
合同编号	文本型	件		电子招投标系统		用于与合同档案关联集成
签约时间	日期型	件		电子招投标系统		
甲方单位名称	文本型	件		电子招投标系统		
乙方单位名称	文本型	件		电子招投标系统		若乙方多个,则用分号分开,如招标人;若是非石化的单位,提供了下载和打印的环节,不需要归档到档案系统中

续表

元数据名称	类型	值域	是否必填	数据来源	著录说明	备注
5. 电子文件						(同一类型电子文件，同一标段下是否重复)无
文件名称	文本型	电子文件		电子招投标系统		
文件编号	文本型	电子文件		电子招投标系统		
文件大小(KB)	浮点型	电子文件		电子招投标系统		
存放位置	文本型	电子文件		电子招投标系统		相对路径
形成时间	日期型	电子文件		电子招投标系统		
审批/阅办记录	文本型	电子文件		电子招投标系统	节点、审批人、审批部门、审批时间、审批状态、审批意见	
文件形成方式	文本型	电子文件		电子招投标系统	电子生成、数字化扫描	
电子签名	文本型	电子文件		电子招投标系统	(签名标识符、签名日期等)	在招投标系统中也有电子签章的使用

4. 关系元数据说明

关系元数据是描述档案实体之间关系的元数据。关联描述元数据是描述电子文件之间、电子文件不同实体之间以及电子文件实体内部对象之间的关系的元数据。在工程电子招投标电子档案中档案之间的关联通过项目编号进行关联，可以根据项目编号关联查询所有该项目的标段档案信息。

5. 元数据的来源与捕获

依照电子文件运动理论，电子档案生命周期的不同阶段，按归档环节不同元数据的捕获可分为业务系统捕获的元数据、归档环节捕获的元数据和档案系统捕获的元数据。不同元数据在电子档案生命周期中的捕获节点见图 2。

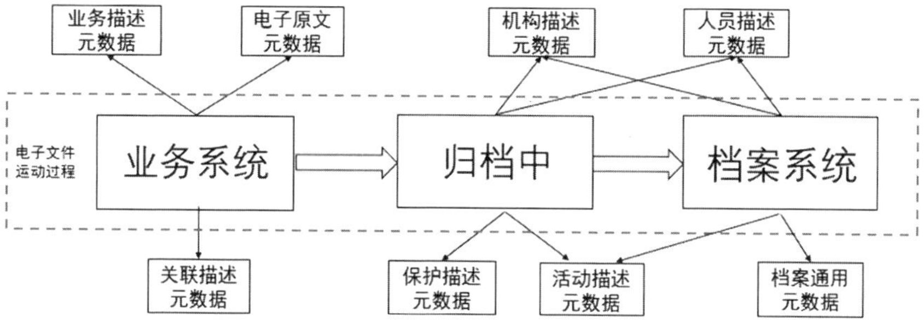

图 2　不同元数据捕获节点示意图

在业务系统捕获的元数据类别有：业务描述元数据、电子原文元数据、关联描述元数据。

在归档环节捕获的元数据类别有：机构描述元数据、人员描述元数据、保护描述元数据，活动描述元数据。

在档案系统捕获的元数据类别有：档案通用元数据、机构描述元数据、人员描述元数据、活动描述元数据。

（五）整理方案

电子招投标系统开发部署归档模块，企业招投标部门设立电子归档岗位，负责建设工程招投标电子归档。

招投标电子文件组成方式见表 3 电子招投标电子文件组成方式表。

表 3　电子招投标电子文件组成方式表

序号	文件名称	组成方式	备注
1	工程项目信息	附件	策划管理
2	采购策划方案	附件	
3	采购项目信息（含标段）	主件	
4	资格预审公告	附件	过程文件
5	资格预审修改及澄清文件管理	附件	
6	资格预审评审专家表（需招标人提供）	附件	
7	资格预审申请文件递交记录表	附件	

续表

序号	文件名称	组成方式	备注
8	招标投标工作纪律	附件	过程文件
9	审查委员会成员签到表	附件	
10	审查委员会声明书	附件	
11	初步审查标准及记录表（资格预审）	附件	
12	未通过资格审查等情况汇总表	附件	
13	详细审查标准及记录表（资格部分）	附件	
14	详细审查标准及记录表（其他情形）	附件	
15	评分标准及记录表	附件	
16	评分汇总及平均分记录表	附件	
17	申请人排序表	附件	
18	通过资格预审申请人名单	附件	
19	审查报告	附件	
20	资格预审结果通知书	附件	
21	投标邀请书	附件	
22	投标邀请确认函管理	附件	
23	招标公告	附件	
24	招标文件管理	附件	
25	招标文件修改及澄清文件管理	附件	
26	评标专家抽取表（需要招标人提供）	附件	过程文件
27	投标文件递交记录表	附件	
28	招投标工作纪律	附件	
29	开标纪录表（EPC）	附件	
	开标纪录表（服务）	附件	
	开标纪录表（施工）	附件	
30	评标委员会成员签到表	附件	
31	评标委员会声明书	附件	

续表

序号	文件名称	组成方式	备注
32	初步评审标准及记录表	附件	过程文件
33	初步评审标准及记录表（其他情形）	附件	
34	未通过初步评审等情况汇总表	附件	
35	详细评审标准及计分表	附件	
36	投标报价评分记录表	附件	
37	评分汇总及得分记录表	附件	
38	投标人排序表	附件	
39	问题澄清通知	附件	
40	问题的澄清	附件	
41	评标报告	附件	
42	中标候选人公示	附件	
43	中标通知书	附件	
44	中标结果通知书	附件	
45	投标文件信息	附件	
46	异常情况信息表	附件	
47	资格预审申请文件接收记录表	附件	
48	资格预审申请文件汇总表	附件	
49	审查工作纪律	附件	
50	审查委员会申明书	附件	
51	复印件核对情况表（资格预审）	附件	
52	投标文件接收记录	附件	
53	开标会签到表	附件	
54	评标工作纪律	附件	
55	评标委员会申明书	附件	
56	其他资料	附件	

电子招投标系统归档的电子文件按件进行归档，一个标段整体按照一件进行归档，以采购项目标段信息为主键，招投标的项目文档、过程文档、结

果文档作为附件进行归档，档号按照标段编号自动产生，规则为：JLSH-G10-YYYY-NNNNNNNNN（全宗号-类目代字-年度-标段编号）。对于同一项目下的不同标段按照项目编号进行关联，方便按照项目进行档案查询。业务系统归档操作功能页面见图3：

图3　业务系统归档界面

（六）电子档案保管方案

电子档案要求具备原始性、真实性、完整性和可读性，如何保证计算机系统中的电子档案不被篡改，以及计算机物理损坏导致档案丢失，是档案保管的基本要求。系统利用数字签名保障文档在保管过程中不被篡改；利用定期“四性”巡检保证数据的安全可靠；利用异质异地保存的方式保证数据不会因为硬件的损坏导致数据的丢失。

1. 档案数据监控

在档案数据保管过程中，对任何操作进行留痕并生成相关日志，如：借阅、查询、导入、导出等。并且对于电子档案的管理区别于传统管理模式对硬件的一些要求，而是遵照对机房的安全、服务器监控、系统安全等相关的管理规范；除此之外，档案管理人员还需定期对档案数据进行“四性”扫描检查，保证数据真实性、完整性、可用性及安全性。

2. 电子档案在线备份

为了满足档案长久保存的需要，系统建立完善的数据备份恢复机制。保证系统的平稳运行和数据安全。

在数据库存储方面：基于 Always-On 功能实现主备数据同步，数据滞后时间约为 1—3 秒；OSD 存储：基于 RBD mirroring 功能实现主备数据备份，数据滞后时间约为 1 分钟。数据库主备架构见图 4。

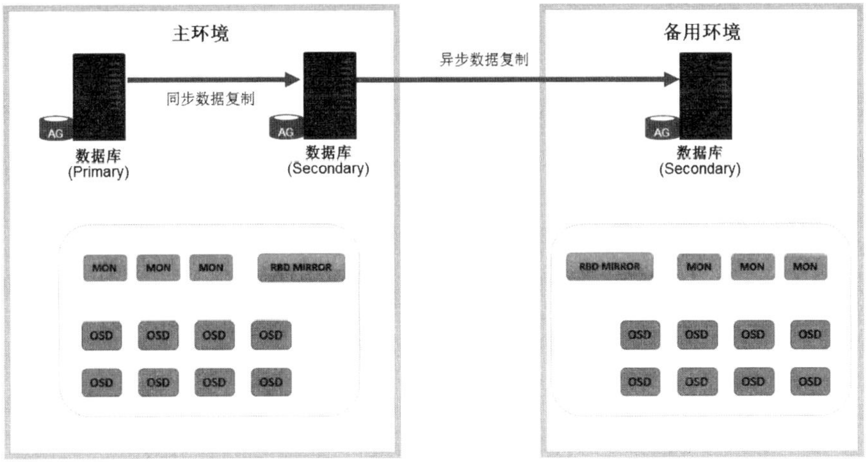

图 4　数据库主备架构

3. 电子档案离线备份

使用公共、公开的格式进行数据的导出，不依赖任何系统和特殊软件，并对离线数据定期检查，确保数据可用。根据国家规定，对离线数据进行多份保存。

通过蓝光光盘对档案数据异质备份，每次备份形成三套光盘，两套光盘在本地存储，一套光盘投递到异地存储。

当系统内数据由于突发原因损坏、丢失、篡改时，确保电子档案安全、可用。异质异地备份流程见图 5。

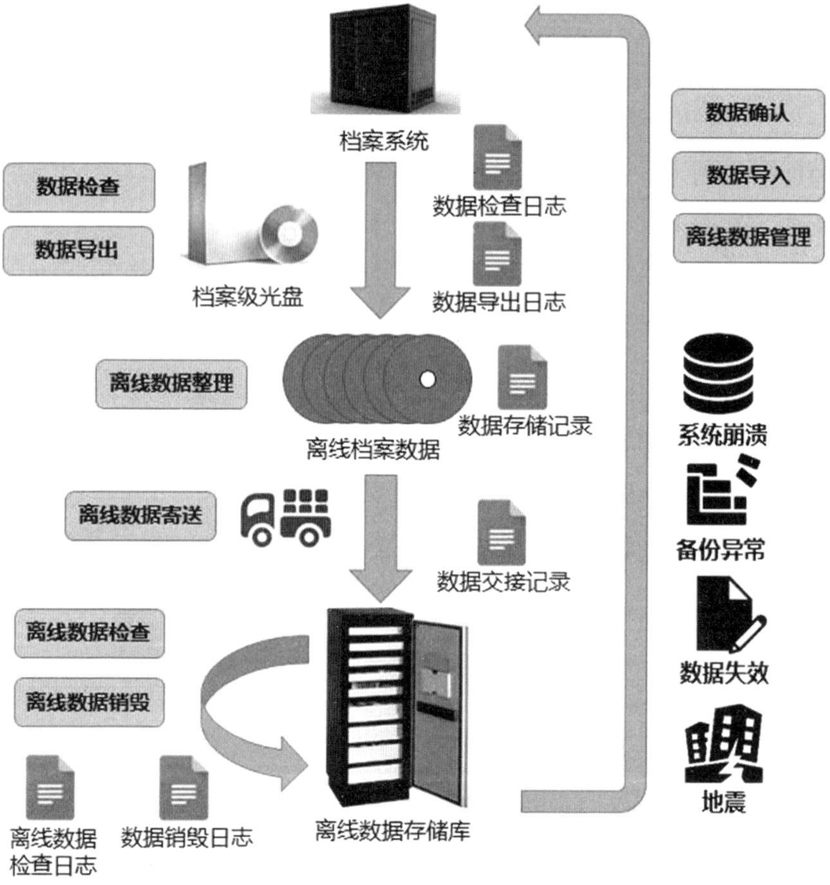

图 5　异质异地备份流程

（七）利用方案

电子档案的利用重点考虑便捷性和安全性两个方面，其中便捷性主要是利用电子文件特点实现随时、随地借阅，同时利用档案之间的数据关联实现不同档案的关联利用；安全性主要是利用数字水印、文档安全、离线审计、档案校验等防护手段防止借阅档案的随意扩散。

1. 档案在线借阅

用户申请在线借阅文件，需要经过审批，审批人员的操作基于 USBKey 进行强身份认证。

由于电子档案借阅安全管理的特殊性，当前系统不具备外部单位在线借阅条件（当前只能提供离线借阅，需要内部用户在线借阅后给外部单位提供打印稿），内部用户借阅首先要进行用户授权，拥有权限的用户在线借阅档案文件时，所有在线浏览文件都进行日志记录，并显示当前用户信息，浏览时间，添加数字水印，可以防截屏、防拍照、防录屏。如遇到档案泄露，可以通过系统日志和显示的用户信息追溯到责任人。

电子档案借阅到个人电脑的电子文件，集成文档安全管理系统的水印模块添加数字水印，同时结合文档安全客户端，控制文档复制、打印以及到期失效等安全功能。用户在线借阅档案文件的行为，进行详细日志记录。在线借阅及在线借阅审批流程见图 6。

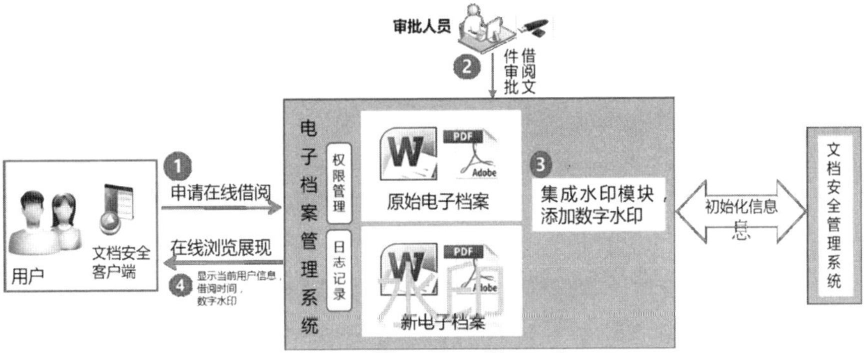

图 6　在线借阅流程

2. 离线借阅文件的权限控制

电子档案管理系统需要集成文档安全管理系统的安全文档接口，同时结合文档安全客户端，实现借阅文件的离线使用权限控制，包括防打印、防截屏、限制阅读期限等。

3. 电子档案校验

档案系统通过验证借阅文件的电子签章，可以对借出的电子档案的真实性、完整性进行校验。

（八）“四性”检测方案

作为以电子文件为核心的电子档案管理系统来说，电子文件“四性”

管理是重中之重。本次系统建设涉及“四性”管理的相关内容如下：

“四性”检查项的确定。项目组依据国家档案局发布的《文书类电子档案检测一般要求》中关于真实性、完整性、可用性和安全性的相关要求，分析了归档环节、移交与接收环节、长期保存环节中需要检测的项目、检测对象、检测依据和方法，细化形成了归档信息包校验、数据校验、业务校验、库藏档案巡检、系统巡检五个“四性”检测检查环节。这些检查环节包括人工检查点和自动检查点，自动检查点又分为一次性检查点和周期性检查点。系统依据这些“四性”检查点开展了后续的巡检工作。其中人工巡检为目前无法通过技术手段自动完成的检查点，待未来技术成熟时，可以转化为自动检查点。由于各业务系统所形成的数据不同、归档形式不同、归档内容不同，所以需要执行不同的“四性”检查功能。

“四性”检查实现。所有识别出来的自动检查点，我们均通过依赖注入的方式对其进行了相应的技术实现，每个检查点均有对应的检查方法。后续可以随时根据技术与业务的发展，对这些检查点的执行过程进行优化、扩展与调整。这些“四性”检查点的实现方法不但可在档案系统内使用，还可供归档业务系统使用。

巡检计划制定。以上实现的“四性”检查点的执行时间是需要进行统一调度的。由于档案系统内的数据量庞大，每份电子文件都需要执行几十项“四性”检查点方法，且执行的时机各不相同，有的检查点要在数据进入档案系统时开始执行，有些可以延后执行，有些需要在档案入库的时刻执行，还有的需要每月、每年进行执行。因此系统中建立了巡检计划机制，各单位用户或系统管理员可灵活的制定巡检计划的执行时机、内容、方式、频率等。

巡检任务执行。以上巡检计划制定完成后，对于可自动执行的巡检项，系统会在指定的时间自动进行后台调度，完成巡检计划的执行；对于需要人工执行的巡检任务，系统提供了巡检结果录入界面；

“四性”检查结果查看。巡检任务的执行结果会体现为系统内电子文件的“四性”检查项更新日志中，系统提供了可视化的“四性”管理查看功能，包括针对不同环节的库藏档案查看总体“四性”检查结果；然后可以通过逐级钻取，查看每条档案、每个检查项的执行情况，可查看所有检查项的历史巡检记录。

表 4　数据归档“四性”检查方案表

“四性”检测	检测大项	检测项目	检测目的	检测依据和方法	检测标准	系统实现	检测对象	检测级别	触发方式	触发环节	范围频率	执行方式	报告方式
真实性检测	电子文件来源真实性检测	固化信息有效性检测	保证电子文件的来源真实	系统对归档电子文件中包含的数字摘要、数字签名、电子印章、时间戳等技术措施的固化信息的有效性进行验证，如发现固化信息失效，则电子文件被篡改	归档电子文件的数字签名信息与从CA认证服务器中获取的签名信息一致	A	归档电子文件	条目	自动	数据校验	逐个	自动	自动
	电子文件元数据真实性检测	元数据项数据长度检测	检测元数据项数据长度是否符合要求	系统依据DA/T 46—2009中的元数据项和自定义的元数据项进行自动检测（检测规则来自标准规定或用户自定义）： a）对数据库中电子文件元数据项进行数据项长度检测； b）对归档信息包中元数据项进行长度检测。	归档信息包中各元数据数据长度符合规范中的长度要求	A、B	归档电子文件元数据	条目	自动	数据校验	逐个	自动	自动
		元数据项数据类型、字段格式检测	检测元数据项数据类型、字段格式是否符合要求	系统依据DA/T 46—2009中的元数据项和自定义的元数据项进行自动检测： a）对数据库中电子文件元数据项进行数据类型和字段格式的检测； b）对归档信息包中元数据项进行数据类型和字段格式的检测。	归档信息包中各元数据数据类型与规范要求一致；日期等有特殊字段格式要求的元数据项字段格式符合规范要求	A、B		条目	自动	数据校验	逐个	自动	自动

续表

“四性”检测	检测大项	检测项目	检测目的	检测依据和方法	检测标准	系统实现	检测对象	检测级别	触发方式	触发环节	范围频率	执行方式	报告方式
真实性检测	电子文件元数据真实性检测	设定值域的元数据项值域符合度检测	检测设定值域的元数据项的数据是否符合值域要求	系统依据 DA/T 46−2009 中的元数据项和自定义的元数据项进行自动检测： a)对数据库中电子文件元数据项进行值域范围的检测； b)对归档信息包中元数据项进行值域范围的检测。	归档信息包中元数据项的数值不超过所对应数据类型的有效值域范围；取值属于字典数据类型的，数值符合规范范围要求	A、B	归档电子文件元数据	条目	自动	数据校验	逐个	自动	自动
		元数据项数据合理性检测，元数据项数据范围检测	检测元数据项数据值是否在合理范围内	系统依据 DA/T 18—1999 中的著录项目、DA/T 46—2009 中的元数据项和自定义的元数据项进行自动检测： a)对数据库中电子文件元数据项进行数据值是否在合理范围内的检测； b)对归档信息包中元数据项进行数据值是否在合理范围内的检测。	根据元数据清单讨论确定	A、B		条目	自动	数据校验	逐个	自动	自动
		元数据项数据包含特殊字符检测	检测元数据项数据中是否包含特殊字符	系统依据 GB 18030—2005 和自定义的元数据项进行自动检测： a)对数据库中电子文件元数据项进行数据值是否包含特殊字符的检测； b)对归档信息包中元数据项进行数据值是否包含特殊字符的检测。	对归档元数据中字符型元数据进行数据校验，采用字符类型白名单机制，只允许简体中文、字母、数字、下划线、中横线，其他字符类型皆为非法字符	A、B		条目	自动	数据校验	逐个	自动	自动

续表

“四性”检测	检测大项	检测项目	检测目的	检测依据和方法	检测标准	系统实现	检测对象	检测级别	触发方式	触发环节	范围频率	执行方式	报告方式
真实性检测	电子文件元数据真实性检测	档号规范性检测	检测归档电子文件编制的档号是否符合规范	系统依据 DA/T 13—1994 和用户自定义的归档号/档号编制规则进行自动检测： a）对数据库中的归档号/档号进行检测； b）对归档信息包中的归档号/档号进行检测。		A	归档号/档号	条目	自动	数据校验	逐个	自动	自动
		元数据项数据真实性检测	避免业务部门重复归档电子文件	系统依据用户自定义的元数据项（如：档号、文号、题名）进行数据库记录和归档信息包的数据重复性检测	根据数据重复性规则对拟或待归档数据与已归档数据进行比对校验，重复数据反馈重复信息	A	用户自定义重复性检测元数据项，比如档号、文号、题名等	条目	自动	数据校验	逐个	自动	自动
	电子文件内容真实性检测	文件内容数据的电子属性一致性检测	保证电子文件内容数据电子属性的一致性	系统自动捕获电子文件内容数据的电子属性信息（计算机文件名、文件大小、文件格式、创建时间等），与电子属性信息中记录的数据进行比对	系统捕获的电子文件属性信息与对应元数据记录的数据一致	A、B	归档电子文件内容数据	条目	自动	数据校验	逐个	自动	自动

续表

“四性”检测	检测大项	检测项目	检测目的	检测依据和方法	检测标准	系统实现	检测对象	检测级别	触发方式	触发环节	范围频率	执行方式	报告方式
真实性检测	元数据与内容关联真实性检测	元数据是否关联内容数据	保证电子文件元数据与内容数据的关联	系统依据元数据中记录的文件存储路径自动检测电子文件内容数据，如果没有找到对应的电子文件，则进行错误提示	根据存储位置元数据项可以获取到与元数据一致的电子文件	A、B	元数据关联的电子文件内容数据	条目	自动	数据校验	逐个	自动	自动
	归档信息包真实性检测	说明文件和目录文件规范性检测	保证归档信息包信息组织结构和内容符合归档要求	依据国家有关规定，系统自动检测说明文件和目录文件信息组织是否符合规范		A	说明文件目录文件	条目	自动	数据校验	逐个	自动	自动
		归档信息包目录结构规范性检测	保证信息包在归档前后完全一致 保证信息包在归档前后完全一致	依据国家有关规定，系统自动检测归档信息包内的文件夹结构是否符合规范		A	电子文件文件夹名称归档信息包目录结构	条目	自动	入库前	逐个	自动	自动

续表

“四性”检测	检测大项	检测项目	检测目的	检测依据和方法	检测标准	系统实现	检测对象	检测级别	触发方式	触发环节	范围频率	执行方式	报告方式
真实性检测	归档信息包真实性检测	归档信息包一致性检测	保证信息包在归档前后完全一致 保证信息包在归档前后完全一致	系统采用数字摘要比对等方式对归档信息包的一致性进行检测。归档前计算归档信息包的数字摘要，接收时重新计算数字摘要并和归档前的数字摘要进行比对，如果不一致，则归档信息包不符合要求			归档信息包	条目	自动	数据校验	逐个	自动	自动
完整性检测	电子文件数据总量检测	电子文件归档总件数相符性检测	保证归档电子文件数量和实际接收数量相符	系统自动统计电子文件总件数，并和GB/T 18894—2016表A.1《电子文件归档登记表》中登记的归档电子文件数量比对		A	电子文件总件数	条目	自动	数据校验	逐个	自动	自动
		电子文件归档总字节数相符性检测	保证归档电子文件字节数和实际接收字节数相符	系统自动统计电子文件总字节数，并和GB/T 18894—2016表A.1《电子文件归档登记表》中登记的归档电子文件总字节数比对		A	电子文件总字节数	条目	自动	数据校验	逐个	自动	自动

续表

“四性”检测	检测大项	检测项目	检测目的	检测依据和方法	检测标准	系统实现	检测对象	检测级别	触发方式	触发环节	范围频率	执行方式	报告方式
完整性检测	电子文件元数据完整性检测	电子文件元数据必填著录项目检测	保证电子文件元数据必填项的完整性	系统依据 DA/T 46—2009 中的元数据项和自定义的元数据项进行必填项的自动检测（检测规则来自标准规定或用户自定义）	必填元数据项有数值	A、B	电子文件元数据	条目	自动	数据校验	逐个	自动	自动
		电子文件过程信息完整性检测	保证电子文件过程信息的完整性	系统逐一检查归档电子文件元数据中包含的处理过程信息，如果没有处理过程信息，系统自动提示	电子文件办理、生成、电子招投标系统“四性检测”记录，这些过程文件齐全	A、B	电子文件元数据中的处理过程信息	条目	自动	数据校验	逐个	自动	自动
		电子文件连续性元数据项检测	保证电子文件元数据的连续性	系统依据 DA/T 22—2015 以及用户自定义的具有连续编号性质的元数据项（档号、件内顺序号等）和起始号规则进行检测。具有连续编号性质的元数据项是否按顺序编号，是否从指定的起始号开始编号	对电子文件连续性编号字段数据进行检查，空号、跳号和重号的电子文件有记录、有说明信息	A、B	具有连续编号性质的元数据项	条目	自动	业务校验	逐个	自动	自动

续表

“四性”检测	检测大项	检测项目	检测目的	检测依据和方法	检测标准	系统实现	检测对象	检测级别	触发方式	触发环节	范围频率	执行方式	报告方式
完整性检测	电子文件内容完整性检测	电子文件内容数据完整性检测	保证电子文件内容数据完整	1. 格式转换后，文件内容完整性的保障：目前的问题，转换不稳定，通过对一个文件分时段多次转换，多个结果文件做文件大小比对，有差异必须人工检查 2. 用户在系统中打开电子文件内容数据进行人工检测	档案管理员人工抽检一个归档批次10%的电子文件，判断文件内容是否有明显异常、格式错乱	A	电子文件内容数据	条目	人工	业务校验	抽样	线上完成	系统自动记录
		电子文件附件数据完整性检测	保证电子文件内容数据中附件内容不丢失、不遗漏	1. 格式转换后，文件内容完整性的保障：目前的问题，转换不稳定，通过对一个文件分时段多次转换，多个结果文件做文件大小比对，有差异必须人工检查 2. 用户在系统中打开电子文件内容数据进行人工检测	档案管理员人工抽检一个归档批次10%的电子文件附件，判断文件内容是否有明显异常、格式错乱	A	电子文件内容数据中的附件部分	条目	人工	业务校验	抽样	线上完成	系统自动记录
	归档信息包完整性检测	归档信息包中元数据完整性检测	保证归档信息包中元数据必填项的完整性	系统依据DA/T 46—2009中的元数据项和自定义的元数据项进行必填项的自动检测	对归档XML文件进行完整性校验，必填字段必须先有数值	A、B	归档信息包中的元数据	条目	自动	数据校验	逐个	自动	自动

续表

“四性”检测	检测大项	检测项目	检测目的	检测依据和方法	检测标准	系统实现	检测对象	检测级别	触发方式	触发环节	范围频率	执行方式	报告方式
完整性检测	归档信息包完整性检测	归档信息包内容数据完整性检测	保证归档信息包中内容数据齐全、完整	系统依据归档信息包元数据中记录的文件数量检测归档信息包中实际包含的电子文件数量，比对两者是否相符	根据XML文件中记录的文件数量信息，与实际接收到的电子文件数量进行比对，数量必须一致。多或者少都报错误异常，并反馈多的或少的电子文件信息	A、B	归档信息包	条目	自动	业务校验	逐个	自动	自动
可用性检测	电子文件元数据可用性检测	归档范围检测	保证归档信息包符合归档范围的要求	系统依据单位归档范围和保管期限表对归档信息包中的元数据和内容数据进行检测，判断其是否存在遗漏或错误情况	根据归档规范，检查46类电子文件必有文件是否存在	A、B		条目	自动	数据校验	逐个	自动	自动
		归档信息包中元数据的可读性检测	保证电子文件元数据可正常读取	系统自动检测归档信息包中存放元数据的XML文件是否可以正常解析、读取数据	XML文件是否可以正常解析、读取数据	A、B	归档信息包中的元数据	条目	自动	数据校验	逐个	自动	自动

续表

“四性”检测	检测大项	检测项目	检测目的	检测依据和方法	检测标准	系统实现	检测对象	检测级别	触发方式	触发环节	范围频率	执行方式	报告方式
可用性检测	电子文件内容可用性检测	目标数据库中的元数据可访问性检测	保证电子文件元数据可正常访问	系统自动检测是否可以正常连接数据库，是否可以正常访问元数据表中的记录	未采用从电子招投标系统数据库或中间库读取元数据进行归档的设计，此项不检查		数据库中的元数据电子文件内容数据	基础设施条目	自动	系统巡检	逐个	自动	自动
		电子文件内容数据格式检测	保证电子文件内容数据格式符合归档要求	系统依据电子文件归档要求对电子文件内容数据格式进行检测，判断其是否符合 GB/T 18894—2016、GB/T 33190—2016 等标准要求		A			自动	数据校验	逐个	自动	自动
	电子文件软硬件环境检测	电子文件内容数据的可读性检测	保证特定格式的电子文件内容数据可读	人工打开文件进行检测	档案管理员人工打开文件进行抽检，抽检比例为批次电子文件总量的 10%	A、B	档案员	条目	人工	业务校验	抽样	线上完成	系统自动记录

续表

“四性”检测	检测大项	检测项目	检测目的	检测依据和方法	检测标准	系统实现	检测对象	检测级别	触发方式	触发环节	范围频率	执行方式	报告方式
可用性检测	电子文件软硬件环境检测	电子文件软硬件环境合规性检测	保证电子文件环境信息符合归档要求	系统对电子属性信息中记录的软硬件环境信息进行检测，判断其是否符合归档要求	对电子文件格式进行检查，标准格式为pdf、doc、docx、xls、xlsx、图片格式、gw，非标准格式文件的打开软件安装文件及版本信息必须一同归档	A、B	电子文件元数据中的电子属性信息	条目	自动	数据校验	逐个	自动	自动
安全性检测	归档信息包可用性检测	归档信息包中电子文件合规性检测	确保归档信息包中的电子文件可读、可用	系统对归档信息包是否包含特殊压缩算法、是否加密、是否包含不符合归档要求的文件格式等进行检测	不允许出现压缩文件、标准密码（需要输入其他密码才能打开的）以外的gw加密文件	A、B	归档信息包中的电子文件内容数据	条目	自动	数据校验	逐个	自动	自动
	归档信息包病毒检测	系统环境中是否安装杀毒软件检测	检测系统环境是否安装杀毒软件	系统自动检测操作系统是否安装国内通用杀毒软件，如果没有安装进行提示	检查系统服务器杀毒软件是否安装	A、B	系统环境	基础设施	人工	系统巡检	定期	线下完成	线上录入

续表

"四性"检测	检测大项	检测项目	检测目的	检测依据和方法	检测标准	系统实现	检测对象	检测级别	触发方式	触发环节	范围频率	执行方式	报告方式
安全性检测	归档载体安全性检测	电子文件病毒感染检测	保证归档信息包没有感染病毒	系统调用国内通用杀毒软件接口，自动检测归档信息包是否感染病毒			归档信息包	条目	自动	数据校验	逐个	自动	自动
		载体中多余文件检测	检测载体中是否包含多余文件	系统对载体进行读取操作，判断载体内是否含有非归档文件	同2.9	A、B	归档载体	基础设施	自动	系统巡检	定期	自动	自动
		载体读取速度检测	检测载体读取速度是否正常	系统对载体进行读取操作，和常规的读取速度进行比对判断载体是否安全可靠	对准备好的标准电子文件，上线时进行写入和读取并将写入和读取时间记录，以后定期在载体上写入和读取此标准电子文件，写入和读取时间与上线时时间记录比对，判断偏差，偏差超过标准值时告警	A		基础设施	自动	系统巡检	定期	自动	自动

续表

“四性”检测	检测大项	检测项目	检测目的	检测依据和方法	检测标准	系统实现	检测对象	检测级别	触发方式	触发环节	范围频率	执行方式	报告方式
安全性检测	归档载体安全性检测	载体外观检测	判断载体外观是否正常	人工判断载体外观是否正常	此项是对外置存储，如光盘的人工检查	A		基础设施	人工	系统巡检	定期	线下完成	线上录入
	归档过程安全性检测	光盘合格性检测	检测归档光盘是否合格	系统根据 DA/T 38—2008 的要求对光盘的 PIE、POF、BLER 等指标进行检测，判断光盘是否合格	参照标准	A	归档光盘	基础设施	人工	系统巡检	定期	线下完成	线上录入

备注：A 代表电子档案管理系统，B 代表电子招投标系统

表 5　长期保存环节“四性”检查方案表

“四性”检测	检测大项	检测项目	检测目的	检测依据和方法	系统实现	检测对象	检测级别	触发方式	触发环节	范围频率	执行方式	报告方式
真实性检测	电子档案固化信息检测	固化信息有效性检测	保证电子档案长期保存过程中的真实性	系统对长期保存电子档案中包含的数字摘要、数字签名、电子印章、时间戳等技术措施的固化信息的有效性进行验证，如发现固化信息失效，则电子档案被篡改	对长久保存数据中数字签名的证书有效性进行验证，若不符合规范，则进行错误提示。	电子档案	电子原文	自动	库藏档案巡检	关键档案必检+抽样	自动	自动

续表

“四性”检测	检测大项	检测项目	检测目的	检测依据和方法	系统实现	检测对象	检测级别	触发方式	触发环节	范围频率	执行方式	报告方式
真实性检测	电子档案元数据真实性检测	元数据项数据长度检测	检测元数据项数据长度是否符合要求	系统依据DA/T 46—2009中的元数据项和自定义的元数据项进行自动检测（检测规则来自标准规定或用户自定义）： a）对数据库中电子档案元数据项进行数据项长度检测； b）对保存信息包中元数据项进行长度检测。	对长久保存数据中元数据项预先进行数据质量校验，确认字段长度符合预定义规则，若不符合规范，则进行错误提示。	电子档案元数据	条目	自动	库藏档案巡检	关键档案必检+抽样	自动	自动
		元数据项数据类型、字段格式检测	检测元数据项数据类型、字段格式是否符合要求	系统依据DA/T 46—2009中的元数据项和自定义的元数据项进行自动检测： a）对数据库中电子档案元数据项进行数据类型和字段格式的检测； b）对保存信息包中元数据项进行数据类型和字段格式的检测。	对长久保存数据中元数据项预先进行数据质量校验，确认字段格式、字段类型符合预定义规则，若不符合规范，则进行错误提示。		条目	自动	库藏档案巡检	关键档案必检+抽样	自动	自动
		设定值域的元数据项值域符合度检测	检测设定值域的元数据项的数据是否符合值域要求	系统依据DA/T 46—2009中的元数据项和自定义的元数据项进行自动检测： a）对数据库中电子档案元数据项进行值域范围的检测； b）对保存信息包中数据项进行值域范围的检测。	对长久保存数据中元数据项预先进行数据质量校验，确认字段取值在预定义范围内，若不符合规范，则进行错误提示。		条目	自动	库藏档案巡检	关键档案必检+抽样	自动	自动

续表

“四性”检测	检测大项	检测项目	检测目的	检测依据和方法	系统实现	检测对象	检测级别	触发方式	触发环节	范围频率	执行方式	报告方式
真实性检测	电子档案元数据真实性检测	元数据项数据合理性检测，元数据项数据范围检测	检测元数据项数据值是否在合理范围内	系统依据DA/T 18—1999中的著录项目、DA/T 46—2009中的元数据项和自定义的元数据项进行自动检测： a）对数据库中电子档案元数据项进行数据值是否在合理范围内的检测； b）对保存信息包中元数据项进行值是否在合理范围内的检测。	对长久保存数据中元数据项预先进行数据质量校验，确认字段取值在预定义范围内，若不符合规范，则进行错误提示。	电子档案元数据	条目	自动	库藏档案巡检	关键档案必检+抽样	自动	自动
		元数据项数据包含特殊字符检测	检测元数据项数据中是否包含特殊字符	系统依据GB 18030—2005和自定义的元数据项进行自动检测： a）对数据库中电子档案元数据项进行数据值是否包含特殊字符的检测； b）对保存信息包中元数据项进行值是否包含特殊字符的检测。	对长久保存数据中元数据项的特殊字符集进行数据质量校验，确认字段值没有在特殊字符集内，若不符合规范，则进行错误提示。		条目	自动	库藏档案巡检	关键档案必检+抽样	自动	自动
		档号规范性检测	检测电子档案编制的档号是否符合规范	系统依据DA/T 13—1994和用户自定义的档号编制规则进行自动检测： a）对数据库中的档号进行检测； b）对保存信息包中的档号进行检测。	对长久保存档案的档号组成规则进行检查，若出现档案不符合规范，则进行错误提示。	档号	条目	自动	库藏档案巡检	关键档案必检+抽样	自动	自动

续表

“四性”检测	检测大项	检测项目	检测目的	检测依据和方法	系统实现	检测对象	检测级别	触发方式	触发环节	范围频率	执行方式	报告方式
真实性检测	电子档案内容真实性检测	电子档案内容数据的电子属性一致性检测	保证电子档案内容数据电子属性的一致性	系统自动捕获电子档案内容数据的电子属性信息（计算机文件名、文件大小、文件格式、创建时间等），与电子属性信息中记录的数据进行比对	对长久保存档案的电子文件的属性信息（计算机文件名、文件大小、文件格式、创建时间等）进行读取，与XML的描述信息进行比对，确认属性信息一致，若不符合规范，则进行错误提示。	电子档案内容数据	电子原文	自动	库藏档案巡检	关键档案必检+抽样	自动	自动
	元数据与内容关联真实性检测	元数据是否关联电子档案内容	保证电子档案元数据与内容数据的关联	系统依据元数据中记录的文件存储路径自动检测电子档案内容数据，如果没有找到对应的电子档案，则进行错误提示	对XML中记录的电子原文在OSS中进行查找，若没有找到对应的电子文件，则进行错误提示。	元数据关联的电子档案内容数据	条目	自动	库藏档案巡检	关键档案必检+抽样	自动	自动
	保存信息包真实性检测	保存信息包一致性检测	保证信息包在两次检测期间完全一致	系统采用数字摘要比对的方式对保存信息包的一致性进行检测。入库时系统自动计算并记录保存信息包的数字摘要，检测时重新计算数字摘要并和入库时生成的数字摘要进行比对，如果不一致，则保存信息包已被修改	对长久保存档案的信息包重新计算数字摘要并和入库时生成的数字摘要进行比对，若验证不通过，则进行错误提示。	保存信息包	电子原文	自动	库藏档案巡检	关键档案必检+抽样	自动	自动

续表

“四性”检测	检测大项	检测项目	检测目的	检测依据和方法	系统实现	检测对象	检测级别	触发方式	触发环节	范围频率	执行方式	报告方式
真实性检测	保存信息包真实性检测	电子档案封装包规范性检测	保证电子档案封装包符合DA/T 48—2009要求	系统依据DA/T 48—2009附录B《电子文件封装包的Schema》进行检测	对长久保存档案的XML文件进行数字签名验证，若验证不通过，则进行错误提示。	电子档案封装包的结构	条目	自动	库藏档案巡检	关键档案必检+抽样	自动	自动
		电子档案封装包数字签名有效性检测	保证电子档案封装包符合DA/T 48—2009要求	系统读取封装包中的数字签名信息验证其有效性	通过数字签名校验，确保数据包在长久保存过程中一致，若不符合规范，则进行错误提示。	电子档案封装包的数字签名信息	电子原文	自动	库藏档案巡检	关键档案必检+抽样	自动	自动
完整性检测	电子档案数据总量检测	电子档案保存总件数相符性检测	保证电子档案元数据中记录的数量和实际保存数量一致	系统自动统计某一批次的电子档案总件数，并和元数据中记录的数量比对	不存在批次信息，不做批次包检验。	电子档案总件数	归档批次					

续表

"四性"检测	检测大项	检测项目	检测目的	检测依据和方法	系统实现	检测对象	检测级别	触发方式	触发环节	范围频率	执行方式	报告方式
完整性检测	电子档案数据总量检测	电子档案保存总字节数相符性检测	保证电子档案元数据中记录的字节数和实际保存字节数一致	系统自动统计某一批次的电子档案总字节数，并和元数据中记录的字节数比对	不存在批次信息，不做批次包检验。	电子档案总字节数	归档批次					
	电子档案元数据完整性检测	电子档案元数据必填著录项目检测	保证电子档案元数据必填项的完整性	系统依据 DA/T 46—2009 中的元数据项和自定义的元数据项进行必填项的自动检测（检测规则来自标准规定或用户自定义）	对长久保存档案的条目字段进行检查，确认必填项是否有值，若验证不通过，则进行错误提示。	电子档案元数据	条目	自动	库藏档案巡检	关键档案必检+抽样	自动	自动
		电子档案连续性元数据项检测	保证电子档案元数据的连续性	系统依据 DA/T 22—2015 以及用户自定义的具有连续编号性质的元数据项（档号、件内顺序号等）和起始号规则进行检测。具有连续编号性质的元数据项是否按顺序编号，是否从指定的起始号开始编号	对长久保存档案的连续性字段（序号、业务编号、档号）进行检查，确认其有值且连续，若验证不通过，则进行错误提示。	具有连续编号性质的元数据项	条目	自动	库藏档案巡检	全部	自动	自动

续表

“四性”检测	检测大项	检测项目	检测目的	检测依据和方法	系统实现	检测对象	检测级别	触发方式	触发环节	范围频率	执行方式	报告方式
完整性检测	电子档案内容完整性检测	电子档案内容数据完整性检测	保证电子档案内容数据完整	用户在系统中打开电子档案内容数据进行人工检测	档案管理员通过系统功能对长久保存数据进行抽查，并记录抽查结果。	电子档案内容数据	条目	人工	日常巡检	关键档案必检+抽样	线上完成	自动
		电子档案附件数据完整性检测	保证电子档案内容数据中附件内容不丢失、不遗漏	用户在系统中打开电子档案附件数据进行人工检测	档案管理员通过系统功能对长久保存数据进行抽查，并记录抽查结果。	电子档案内容数据中的附件部分	电子原文	人工	日常巡检	关键档案必检+抽样	线上完成	自动
	保存信息包完整性检测	保存信息包元数据完整性检测	保证保存信息包中元数据必填项的完整性	a）对于普通格式的信息包，系统依据DA/T 46—2009中的元数据项和自定义的元数据项进行必填项的自动检测； b）对于EEP封装包，还需依据DA/T 48—2009附录C《封装元数据表》对封装元数据中的必填项进行检测。	对长久保存档案的条目字段进行检查，确认必填项是否有值，若验证不通过，则进行错误提示。	保存信息包中的元数据	条目	自动	库藏档案巡检	关键档案必检+抽样	自动	自动

续表

“四性”检测	检测大项	检测项目	检测目的	检测依据和方法	系统实现	检测对象	检测级别	触发方式	触发环节	范围频率	执行方式	报告方式
完整性检测	保存信息包完整性检测	保存信息包内容数据完整性检测	保证保存信息包中内容数据齐全、完整	系统依据保存信息包元数据中记录的文件数量检测保存信息包中实际包含的电子文件数量，比对两者是否相符	对条目下的电子原文数量进行检查，若数量不符，则进行错误提示。	保存信息包	电子原文	自动	库藏档案巡检	全部	自动	自动
可用性检测	电子档案元数据可用性检测	保存信息包中元数据的可读性检测	保证电子档案元数据可正常读取	系统自动检测保存信息包中存放元数据的 XML 文件是否可以正常解析、读取数据	定期对 XML 进行解析，若无法进行解析读取，则进行错误提示。	保存信息包中的元数据	条目	自动	库藏档案巡检	关键档案必检+抽样	自动	自动
		目标数据库中的元数据可访问性检测	保证电子档案元数据可正常访问	系统自动检测是否可以正常连接数据库，是否可以正常访问元数据表中的记录	数据库连接检测，若无法连接，则进行错误提示。	数据库中的元数据	基础设施	自动	系统巡检	定期	自动	自动

续表

"四性"检测	检测大项	检测项目	检测目的	检测依据和方法	系统实现	检测对象	检测级别	触发方式	触发环节	范围频率	执行方式	报告方式
可用性检测	电子档案内容可用性检测	电子档案内容数据格式长期可用性检测	保证电子档案内容格式符合长期保存要求	a）依据 GB/T 18894—2016、GB/T 33190—2016、DA/T 47—2009的要求进行自动检测； b）根据用户定义的长期保存格式策略进行自动检测。	对归档数据的格式进行定期检测，若无法进行读取，则进行错误提示。	电子档案内容数据（包括原始格式和转换格式）	电子原文	自动	库藏档案巡检	关键档案必检+抽样	自动	自动
可用性检测	电子档案内容可用性检测	电子档案内容数据的可读性检测	保证特定格式的电子档案内容数据可读	人工打开文件进行检测	档案管理员通过系统功能对归档数据进行抽查，并记录抽查结果。	电子档案内容数据（包括原始格式和转换格式）	电子原文	人工	日常巡检	关键档案必检+抽样	线上完成	自动
可用性检测	电子档案软硬件环境检测	电子档案保存环境变化情况检测	跟踪电子档案长期保存环境变化情况	系统根据电子档案属性信息中记录的系统环境信息对长期保存的软硬件环境信息进行自动检测，判断长期保存环境的变化情况	厂商不再对特定硬件支持时进行记录。	电子档案长期保存环境	基础设施	人工	系统巡检	定期	线下完成	线上录入

续表

“四性”检测	检测大项	检测项目	检测目的	检测依据和方法	系统实现	检测对象	检测级别	触发方式	触发环节	范围频率	执行方式	报告方式
可用性检测	备份数据可恢复性检测	备份数据可恢复性检测	保证备份数据可以恢复	采用专业的备份数据恢复工具检测备份数据是否完好，是否可恢复	形成数据备份方案和离线保存方案，并定期进行数据恢复测试，并记录测试结果。	备份数据	基础设施	人工	系统巡检	定期	线下完成	线上录入
安全性检测	保存信息包病毒检测	系统环境中是否安装杀毒软件检测	检测系统环境是否安装杀毒软件	系统自动检测操作系统是否安装国内通用杀毒软件，如果没有安装进行提示	制定系统病毒检测方案，并由安全组提供检测工具，定期进行病毒检测。制定病毒检测任务，并定期提醒。	系统环境	基础设施	自动	系统巡检	定期	自动	自动
		电子档案病毒感染检测	保证保存信息包电子档案数据没有感染病毒	系统调用国内通用杀毒软件接口，自动检测电子档案是否感染病毒	制定系统病毒检测方案，并由安全组提供检测工具，定期进行病毒检测。发布病毒检测任务，并定期提醒。	电子档案保存信息包	电子原文	自动	库藏档案巡检	关键档案必检+抽样	自动	自动
	软件系统安全性检测	软件系统安全漏洞检测	检测软件系统是否存在安全漏洞，杜绝安全隐患	采用专业的漏洞扫描工具检测参与电子档案长期保存的计算机系统是否存在安全漏洞	制定系统安全漏洞检测方案，并由安全组提供检测工具，定期进行漏洞检测。发布安全漏洞检测任务，并定期提醒。	系统环境	基础设施	人工	系统巡检	定期	线下完成	线上录入

续表

“四性”检测	检测大项	检测项目	检测目的	检测依据和方法	系统实现	检测对象	检测级别	触发方式	触发环节	范围频率	执行方式	报告方式
安全性检测	保存载体安全性检测	载体读取速度检测	检测载体读取速度是否正常	系统对载体进行读取操作，和常规的读取速度进行比对判断载体是否安全可靠	在载体数据读取过程中，对归档数据进行显示，判断读取速度是否正常。	保存载体	基础设施	自动	系统巡检	定期	自动	自动
		载体外观检测	判断载体外观是否正常	人工判断载体外观是否正常	人工对归档载体或离线载体的外观进行检测。	保存载体	基础设施	人工	系统巡检	定期	线下完成	线上录入
	载体保管环境安全性检测	载体保管环境安全性检测	判断载体保管环境是否符合长期保存要求	人工对照国家有关规定，判断磁盘、磁带、光盘等各类载体的保管环境是否符合要求	定期对电子档案保管环境进行检测，形成检测报告。	保管环境	基础设施	人工	系统巡检	定期	线下完成	线上录入

（九）系统建设

1. 建设内容

随着信息化发展和新的法规制度的制定，为应对业务流程、岗位职责、档案载体等的变化，需要完成的招投标系统建设。

2. 系统功能

电子档案管理系统是基于“平台+应用”的建设模式进行建设。系统充分利用了石化平台云应用支撑服务，包括结构化存储、非结构化存储、文档格式转换、图片处理、电子签名、电子签章、区块链、加解密、离线存储、时间戳、水印、工作流、搜索、统一权限等服务组件。

在工程招投标系统归档时，通过文档转换服务按所经过的招投标流程，在办理完毕后，自动生成版式 pdf 文件和移交清单并收集整理归档范围内的电子文件到工程招投标的档案管理模块中。

电子档案管理系统主要包括：预归档、档案收集、档案管理、档案保存、档案利用五大模块。根据档案管理业务特点，将系统功能切分为通用功能和专用功能，通用功能为多个档案类业务线条可以复用的功能，专用功能是各类档案对电子档案管理的特有业务需求。在通用功能的基础上定制开发专用功能，快速接入新的业务线条的电子档案管理。

新增电子档案管理功能

（1）预归档功能，在工程招投标系统新增预归档功能，业务人员在中标通知书发出或招标终止 30 日内将招投标项目所涉及的所有交易或过程文档打包推送到预归档模块，然后由档案整编人员对电子文件进行整编、检查，档案整编后，在线发起电子文件移交归档申请。在预归档模块档案整编人员不仅能够对档案部门驳回的归档申请进行重新整编工作，而且能够在线驳回业务系统的归档数据，要求业务系统对驳回数据进行重新归档。

（2）“四性检查”功能，按照国家“四性”检测标准，在电子文件的收、存、管、用各个环节都通过统一的“四性”检查功能对电子文件进行检查。根据业务系统归档数据定义对归档元数据、归档文件进行“四性”检查，主要包括元数据完整性、归档数据文件完整性、归档数据文件可用性等。如果归档包数据校验失败，则及时反馈归档业务系统，要求业务系统重新归档，如果元数据或数据文件校验异常，则系统对归档数据做异常显示，需要人工检查验证是否需要重新归档。同时系统设立抽检功能，在归档交接前，兼职档案人员须对所有归档数据进行人工抽检，抽检合格后方可进行归档交接。

（3）数据巡检功能，通过数据巡检功能能够及时发现存储的电子文件是否异常，保证数据在存储过程中的安全。

（4）文档安全功能，通过水印、控制打印、定时销毁等安全防护措施对脱离档案系统的文件进行安全防护。

（5）异质备份功能，利用蓝光光盘存储介质，通过定期备份、定期邮寄的方式实现档案数据的异质异地备份。

（6）业务系统背景信息归档功能，保证数据来源真实有效。通过“四性检测”、区块链、数字签名等技术手段对归档电子文件在预归档、收集整编、档案利用、长久保存等全生命周期各流程环节进行防护，为保证电子文件凭证价值提供了基础保障。系统功能架构见图7。

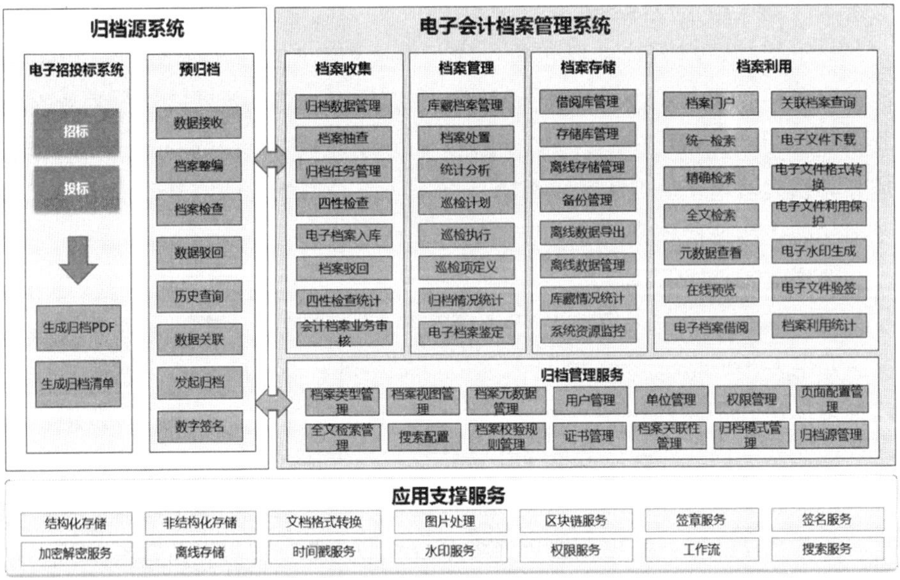

图7　电子档案管理系统功能构架图

3. 技术架构

电子档案管理模块技术架构见图8。本子系统技术上分为以下几部分：

（1）表现层

本子系统采用B/S结构，使用通用浏览器实现用户界面，使用HTML5、JQuery、CSS、Ajax等Web技术保证用户界面的通用性、高效性、便捷性和安全性。表现层通过对用户的业务请求进行封装，调用业务逻辑层，将业务逻辑层的反馈展示给用户。

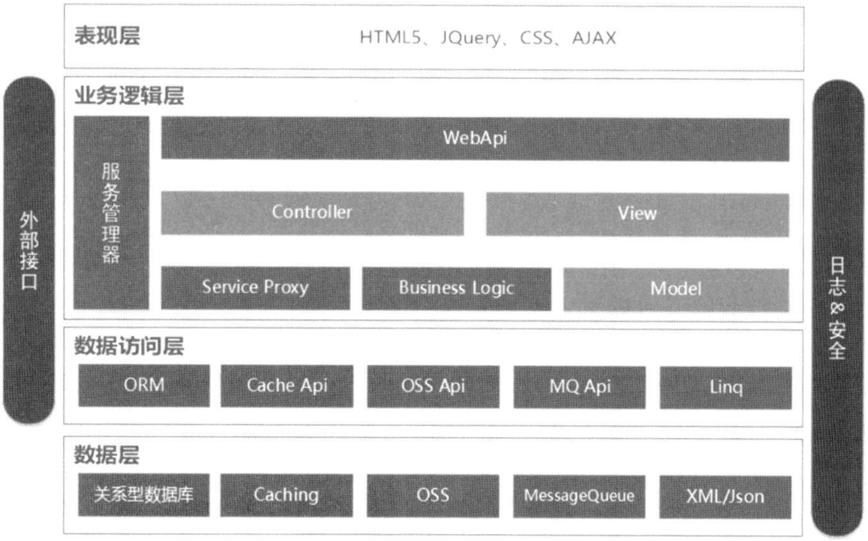

图 8　电子档案管理模块架构图

（2）业务逻辑层

业务逻辑层是本子系统的核心部分，用来处理用户请求的权限验证、数据验证、完成数据添加、修改、删除和查询等。业务逻辑层向上通过 Web Api 实现了和表示层的数据交互，向下通过调用数据访问层完成业务数据的验证、添加、修改、删除和查询等操作。

（3）数据访问层

数据访问层对业务逻辑层的数据操作提供了封装，对业务数据的验证、添加、修改、删除和查询等通用操作提供了统一实现。

（4）数据层

数据层通过关系数据库、缓存、消息队列、XML/Json 文件等多种方式数据层实现了业务数据存储管理，为数据访问层提供了存储基础。

非结构化数据存储技术架构见图 9。

非结构化数据存储系统共分为三层：

（1）数据存储层

数据存储层提供系统的各类数据的存储，并对外提供数据访问接口：

Ceph 集群是存储数据文件，以 Ceph RGW REST 方式对外提供 REST 接口；

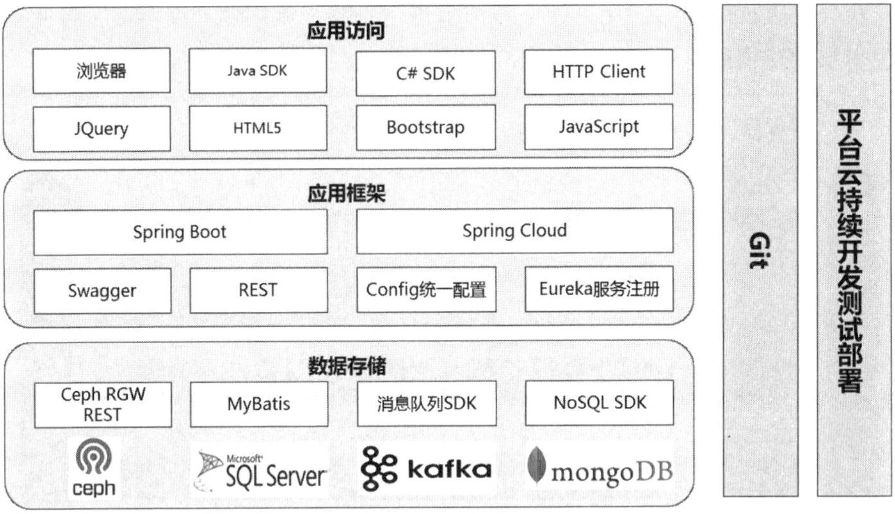

图9　非结构化数据存储中心技术架构

SQL Server 数据库存储了系统的参数、集群、租户等基础数据，应用系统以 MyBatis 的方式访问该数据库；

Kafka 是分布式消息队列，存储文档格式转换、图片处理、电子档案系统与非结构化数据存储交互等消息；

MongoDB 存储了系统监控指标数据。

（2）应用框架层

以微服务的设计思路，应用框架层将非结构化存储系统划分为多个微服务子系统，各微服务子系统以 REST 方式对外提供服务接口。

系统为各微服务建立统一的 Config 配置中心及微服务注册 Eureka。各个微服务子系统皆使用 Spring Boot + Spring Cloud 技术进行开发，并通过 Swagger 实现微服务的连接测试。

（3）应用访问层

在应用访问层，集群管理员可以通过浏览器对集群、租户进行管理和监控。存储访问管理员可以使用浏览器访问其应用系统创建的存储空间及上传的文件，监控其租户的使用情况。

浏览器访问的 Web 界面通过 jQuery、Bootstrap、FreeMarker 等技术构建。各个存储访问应用系统通过 SDK 或者 REST 方式访问系统，实现文件的存储、转换等服务。

非结构化数据存储中心的开发过程统一通过 Git 进行版本管理，并通过平台云实现持续的开发、测试、部署。

4. 数据架构

本系统数据架构图见图10。

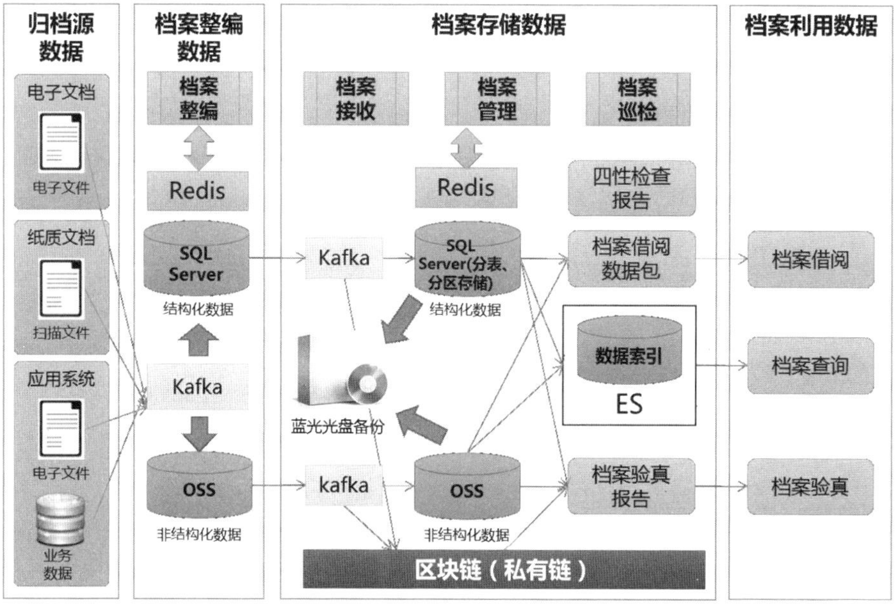

图10 数据架构

电子档案核心数据模型基于以下原则构建：

（1）档案数据模型、操作数据模型、利用数据模型、权限数据模型、长久保存数据模型。

（2）利用Json字段实现对未来业务变化（归档数据格式变化）的兼容。

（3）建立基于关系数据库的SQL查询和基于搜索引擎的索引查询两种机制，实现对性能与灵活性的支持。

核心数据模型见图11。

如图所示，本系统数据主要使用关系型数据库存储，同时采用非结构存储、搜索引擎、云平台作为辅助。

（1）关系型数据库

采用关系型数据库存储结构化数据，主要包括电子档案管理相关的业务信息、档案元数据信息、电子原文元数据信息、数字签名信息、权限信息、配置信息、日志信息等。

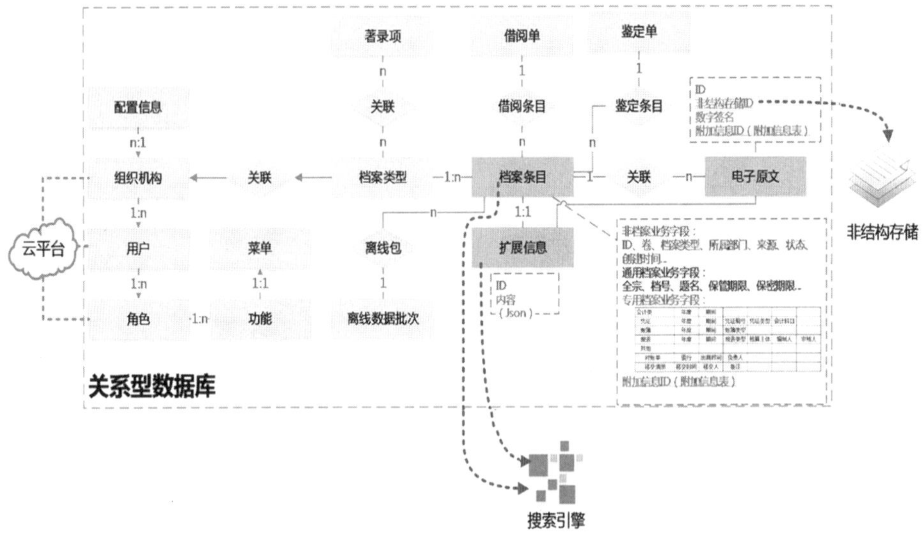

图 11　核心数据模型架构

（2）非结构存储

采用非结构化数据存储中心子系统存储非结构化数据，主要包括电子原文、归档原始报文等信息。

（3）搜索引擎

采用搜索引擎存储档案全文检索索引，使用异构方式对档案元数据和电子原文内容进行存储，提高全文检索响应效率。

（4）云平台

采用云平台提供的通用服务存储用户组织权限信息、统一身份认证信息、工作流等信息。

（5）基于 OAIS 模型进行数据包管理

业务系统负责对产生的数据进行签名，档案系统原样保存，不对接收到的数据进行修改，不破坏签名。

档案系统按照 SIP、AIP、DIP 三种形式对数据包进行打包处理。

档案系统附加的信息由档案系统进行签名，确保证据链的连续，每一个档案数据都有数字签名。

OAIS 模型数据包见图 12.

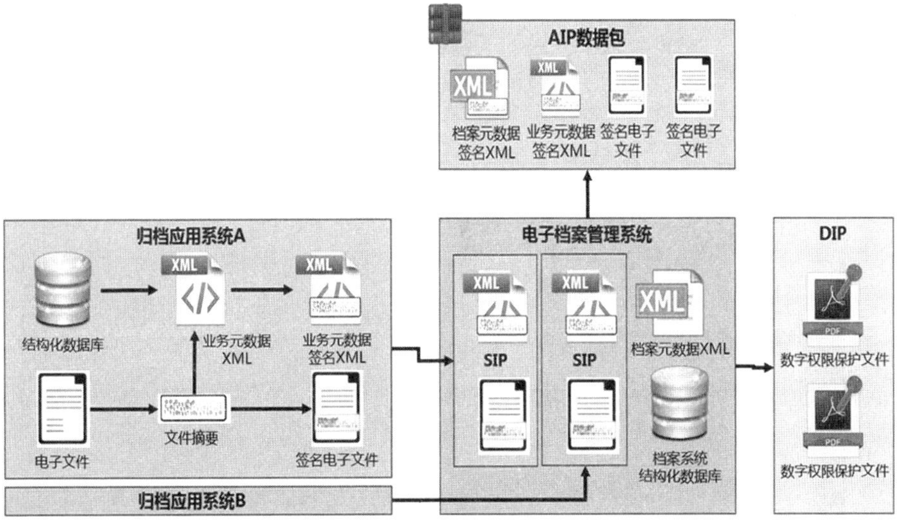

图 12 OAIS 模型数据包

5. 系统集成

本系统的集成方式主要包括服务集成、组件集成和数据集成三种，主要集成对象包括以下四部分：

（1）归档系统集成

通过服务集成方式向电子招投标系统与电子档案系统归档，电子招投标系统将归档请求发送给电子档案归档接收子系统，将整编后的归档文件发送给非结构化数据库。

归档接口方案见图 13。

（2）外部服务集成

本系统使用了多个云平台服务组件，包括全文检索、工作流、用户组织权限、统一身份认证等，这些服务都通过 Web 服务集成。

（3）外部组件集成

本系统还集成使用了电子文件保护、数字签名/验签等组件，这些组件通过直接安装在本系统服务器上实现集成。

（4）档案系统集成

涉及到集成的档案系统包括综合档案管理系统，综合档案管理系统进行数据同步和单点登录集成。

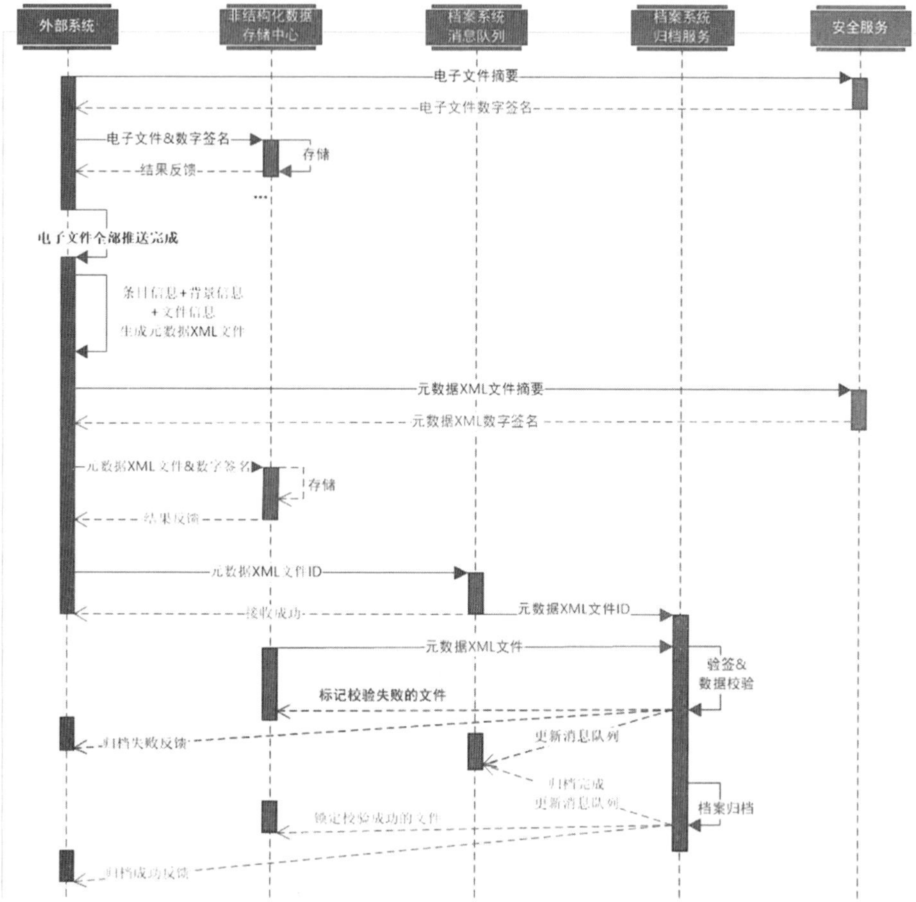

图 13　归档接口方案

6. 物理架构

系统物理部署架构按照高可靠性原则设计，所有服务都是用负载均衡设备进行负载，所有应用和数据库都按照集群方式部署，避免单点故障，档案数据定期使用蓝光光盘进行异质异地备份。

系统物理架构见图 14。

7. 系统权限

根据用户的角色岗位不同，设计不同的使用权限。

具体前线分配可见下表 6。

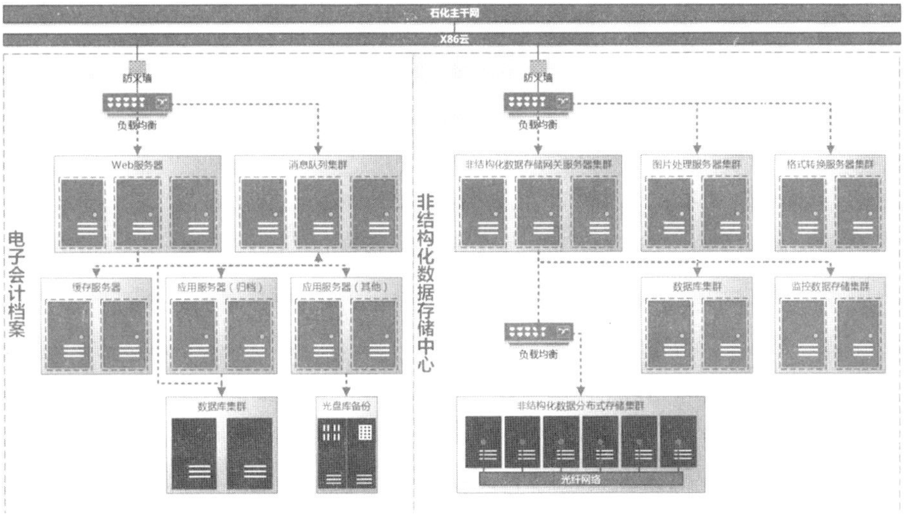

图 14　物理架构

表 6　系统权限分配表

序号	角　色	部　门	职　责	涉及的档案业务环节
1	企业兼职档案管理员	企业工程部门	负责招投标数据整理及数据归档	档案数据归档
2	企业专职档案管理员	企业档案部门	负责接收电子招投标档案	档案数据接收 档案数据检查 档案日常业务办理 档案业务管理
3	赋权管理员（虚拟岗）	企业档案部门领导	负责角色、用户的权限管理与维护	系统权限管理
4	系统管理员	企业信息部门	负责组织机构、用户的管理与维护	组织机构管理 用户管理
5	总部档案管理员	总部档案部门	负责对档案系统内数据进行巡检	档案数据巡检
6	离线数据管理员	总部档案部门	负责对离线数据进行管理与巡检	档案数据长久保存
7	档案利用人员	企业各部门人员	对档案进行检索及利用	档案利用

续表

序号	角　色	部　门	职　责	涉及的档案业务环节
8	部门领导	档案部门、业务部门	负责对档案业务申请进行审批	业务审批环节
9	系统资源管理人员	总部档案部门	负责对档案系统的资源进行管理	系统资源维护
10	系统运维人员	企业信息部门	负责对档案系统的稳定运行	系统运维支持

从组织层面进行权限管理：1）可管理本人负责的数据；2）可以管理本单位的数据；3）可管理本单位及下级单位的数据 4）可管理系统全部数据。

从角色岗位进行权限管理：1）档案管理员负责档案数据操作；2）权限管理员负责用户授权；3）系统管理员负责用户的建立与维护。通过岗位划分实现“三权分立”。

8. 系统实现效果

（1）业务归档

在电子招投标系统建立归档模块，将所有符合归档条件的标段信息统一展示的归档功能页面，由企业兼职档案管理员在线进行业务归档。

图 15　业务系统发起归档

（2）归档整编

在归档整编界面，企业兼职档案管理员在线对归档数据进行整编著录工作，并在线对将要归档的数据进行检查，保证归档数据没有问题后，在线发起归档申请。

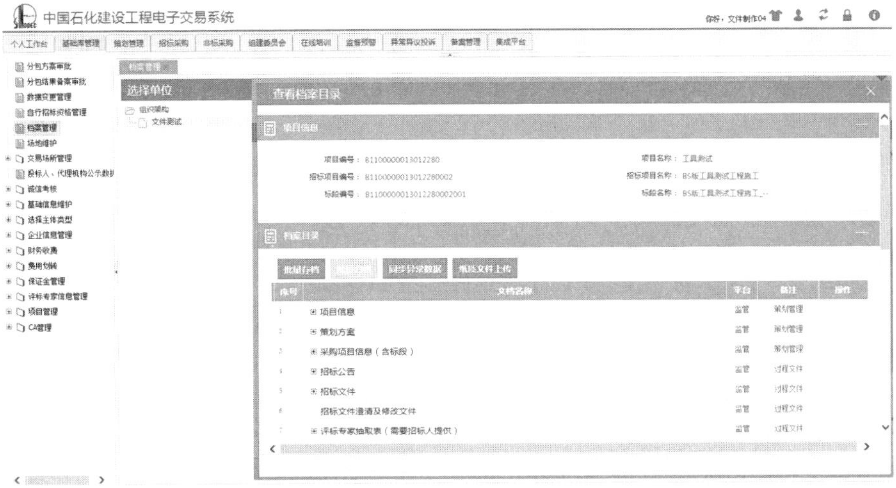

图 16　归档整编

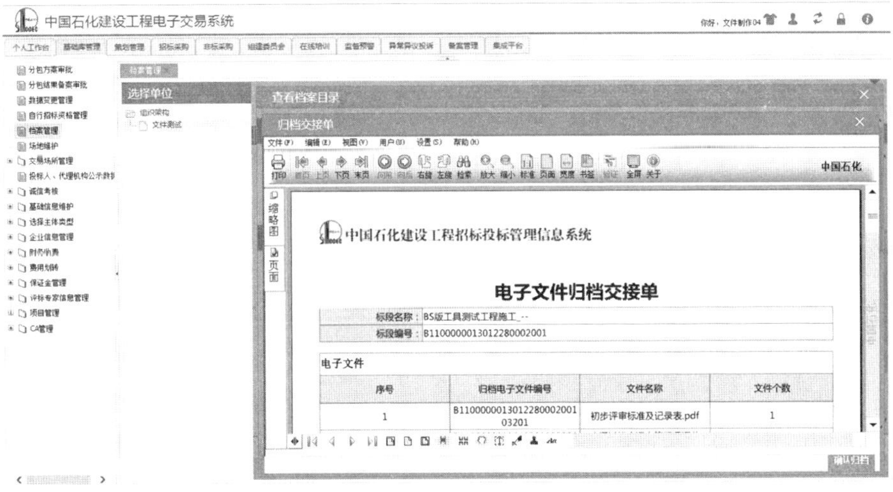

图 17　归档数据检查

（3）“四性”检查

在“四性”检查统计页面，展示了各类各批次档案的“四性”检查情况，并能逐条点击查看档案的“四性”检查详细信息，包括检查项目、检查时间、是否通过、异常信息、检测历史等信息。

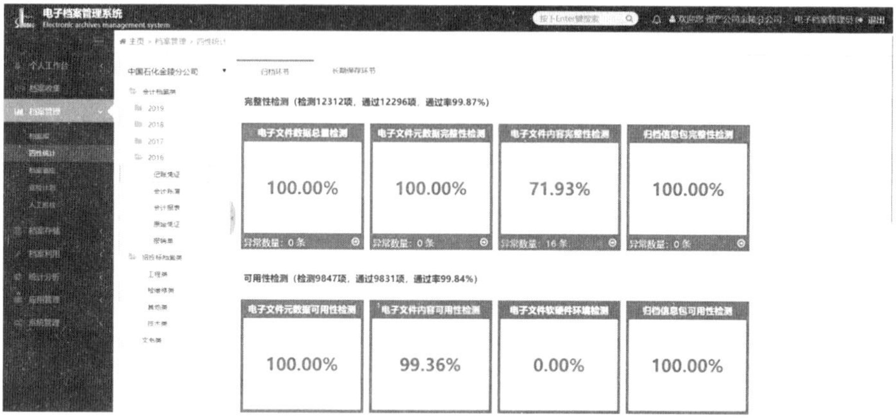

图 18　批次档案“四性”检查情况

（4）电子档案巡检

在电子档案巡检页面，显示了逐条档案的“四性”检查详细信息，包括检查项目、检查时间、是否通过、异常信息、检测历史等信息，并能重新执行巡检任务。

图 19　单条档案“四性”检查情况

（5）电子档案利用

用户可以通过搜索引擎检索已公开借阅的电子档案，系统会根据用户申请的借阅天数和权限进行借阅申请，审批通过后用户可下载加密保护的电子原文副本。

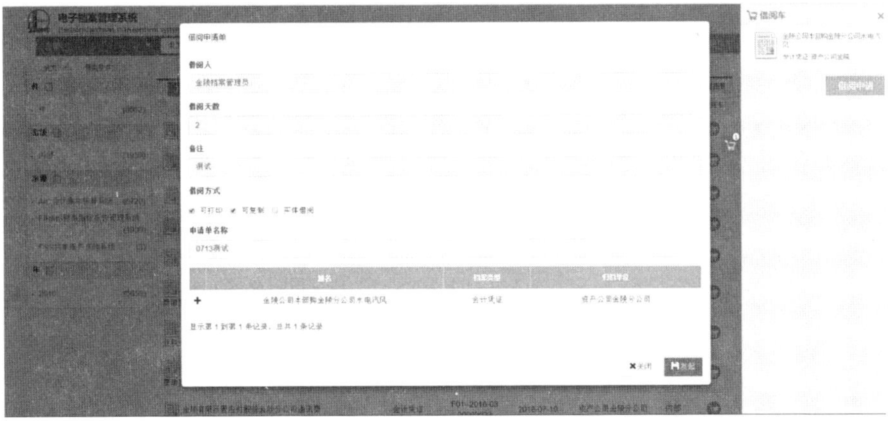

图 20　电子档案借阅单

图 21　电子档案利用情况统计

（6）电子档案验证

电子档案验证用于对借阅下载的电子原文进行数字签名验签，用户可以填写借阅单号并上传下载的电子文件验证该电子文件的有效性。

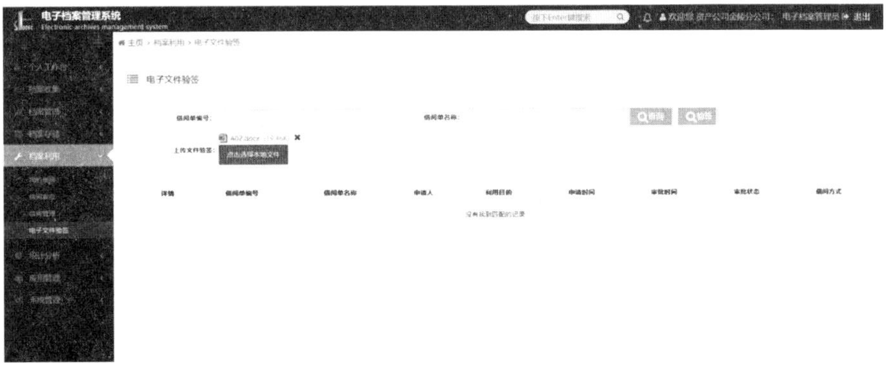

图 22　电子文件验签

（十）其他关键技术解决方案

2018年9月6日颁布的《最高人民法院关于互联网法院审理案件若干问题的规定》指出："当事人提交的电子数据，通过电子签名、可信时间戳、哈希值校验、区块链等证据收集、固定和防篡改的技术手段或者通过电子取证存证平台认证，能够证明其真实性的，互联网法院应当确认。"中国石化在其内部建立5个节点的区块链私有链，通过区块链对电子文件真实性进行保护，同时为了保证企业电子档案的数据安全避免泄密，在使用区块链技术时，仅在区块链上保存电子档案文件的哈希值及检索必要的档案属性元数据，有效地避免企业文件泄密。一旦需要对电子档案进行验证时仅需对现有文件计算哈希值并与区块链中对应值进行对比。业务系统及档案系统数据上链示意见图23。

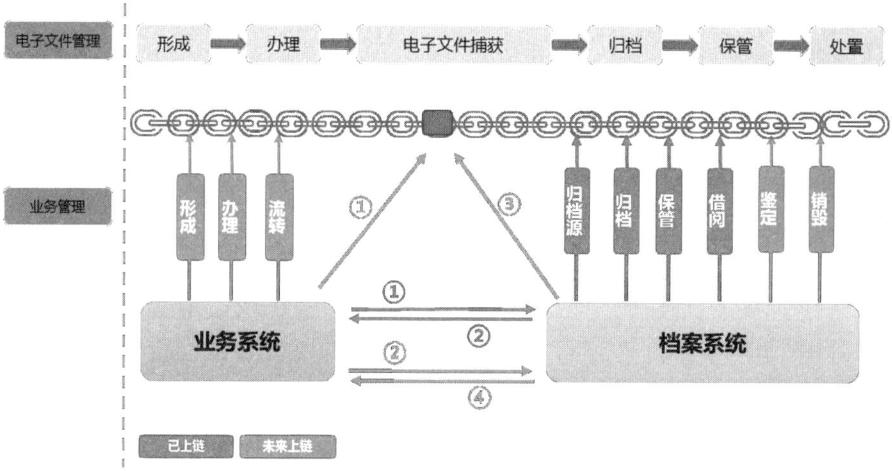

图23　业务系统及档案系统数据上链示意图

区块链作为一个标准服务为各类电子文件进行存证保护，并向各相关业务系统提供API接口，供业务系统调用。通过对档案系统不同阶段数据上链保护电子档案的真实性，并可以在电子档案借阅后进行真实性验证。

通过档案系统与区块链平台的集成，可以在档案系统中对借阅的电子档案进行文件上传并进行校验，如通过校验，则可展示该文件在档案系统中的各类元数据信息，例如题名、归档人、归档时间以及文件"四性"检查日志等相关信息。档案系统区块链验证界面见图24。

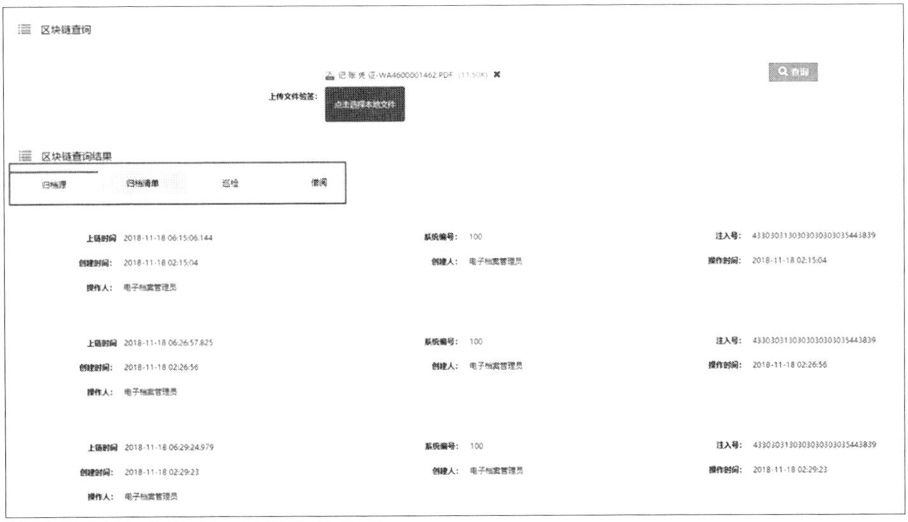

图 24　档案系统区块链验证界面

通过区块链与档案系统集成，可以有效对电子文件真实性进行保护的同时实现跨企业电子文件交换及验证。

六、存在的问题及解决方法

（一）招投标电子签名、签章有效性验证问题

工程招投标过程中在以下 17 个环节需要对相关招标文件进行电子签章（资格预审公告、资格预审修改及澄清记录、资格预审申请文件问题澄清通知、资格预审申请文件问题的澄清、资格预审结果通知书、招标通知书、招标通知书确认函、投标邀请书、投标邀请确认函、招标公告、招标文件修改及澄清记录、开标记录表、问题澄清通知、问题的澄清、中标候选人公示、中标通知书、中标结果公告），在电子文件归档过程中带电子签章的文件如何归档、档案系统接收后如何验证签章成为了一个需要解决的问题。

经过与相关专家研究讨论，最终解决方案如下：

招投标过程中形成的电子签名、电子签章在归档和长期保存的过程中，不进行系统自动验签检查，保持系统归档文件的原始性，验签工作由归档人员人工检查。

（二）长期保存签名、签章过期处理问题

电子签名、签章都存在一个有效期的问题，长期保存的电子档案上面的签名、签章超过有效期，签名和签章将无法进行验签，为电子存证带来一定的风险。

经过分析讨论，最终解决方案如下：

电子签名、签章都存在一个有效期的问题，永久保存的电子文件是无法解决签名、签章失效的问题，经过与业务部门沟通，电子招投标档案保管期限为 30 年，为此，要求业务系统将电子签章有效期设置为 30 年，保证在档案保管期限内，电子签章都可以进行人工验签。

七、取得的效益

（一）经济效益

1. 节约纸张及耗材

按照本次试点企业金陵石化 2018 年共完成招投标项目 90 个标段，每个标段平均 5 家投标单位计算，预计每年节约纸张费用约 2 万元，节约投递及其他费用约 5 万元，每年节约 7 万余元。

结合石化中国石化共有 141 家企事业单位在电子招投标系统开展工程采购，按照每年约 10000 个标段计算，每年节约费用约 700 多万元。

2. 节约库房面积

按照全石化范围，根据每年产生的 1 万箱纸质档案进行推算，预计每年减少库房新增面积 350 平方米，折合纸质档案保管成本 70 万元。

以纸质档案 30 年的保管期限进行估算，共计节约库房面积 18 万平方米，节约管理成本约 3 亿元。

（二）管理效益

1. 转变管理模式、优化归档流程

电子化归档对招标投标管理模式的转变有以下四点：

（1）为实现电子化归档，平台建设“预归档管理”模块，根据招标进

度及时生成相应阶段需归档资料，为招标人提供了及时、方便、高效查看招标数据的条件。

(2) 招标工作结束后，不必再安排专人整理资料，只需负责招标工作的业务人员检查后一键归档，保证了招标数据信息格式统一，及时归档。

(3) 由于平台提供了归档数据的统一格式，也避免了人工归档时可能产生的文件错漏。

(4) 相对于纸质归档节约了大量的存储空间。

电子化归档过程中，对全流程电子化招标的工作程序、需获取的信息内容、内容格式等进行了统一规定，形成整套电子化招标格式文件。

2. 保障电子档案的交互可信

电子文件本身“易修改”的特性使得跨组织、跨系统使用电子文件很难被信任，往往需要将电子文件打印输出，加盖形成机构的行政章后使用，社会成本浪费巨大。不同组织、不同系统之间的电子档案的可信性认证是实施电子档案“单套制”管理的核心问题，必须通过技术手段保障电子文件从生成到销毁的全过程都未被修改过，保证电子档案具有法律凭证价值。

“区块链”技术目前已经被验证可以保证跨组织、跨系统数据交互的可信性。试点项目通过使用“区块链”技术，在归档源管理、档案入库、档案巡检和档案借阅 4 个环节，实现档案数据特征信息入链，利用区块链防篡改、抗抵赖的特性实现电子档案的电子证物价值。

3. 保障电子档案的证据价值

将管理手段和技术手段相结合，保障电子文件的真实性、完整性、可用性及安全性。

通过对背景信息的归档保存，保证业务系统电子文件在生成时的真实性。归档保存业务系统的相关背景信息，如可研报告、系统建设方案、归档接口集成内容等。如果业务系统调整，其调整方案、归档内容、接口程序等变更资料也要及时补充归档。

通过“四性”检查保障归档数据的完整性。梳理国家颁布的《文书类电子档案检测一般要求》，结合电子招投标业务特点，设计开发了不同业务线条所特有的“四性”检查功能，依照接口设计及业务规范，对归档数据的具体内容进行检查。

通过数据巡检，保障电子档案在利用时的可用性。由于档案管理的核心由纸质档案转变为电子档案，档案库房也由传统实体库房变为“电子库房”，物理服务器、云资源、信息系统成为了数据保存的仓库。数据巡检就是对长久保存的电子档案进行定期巡视检查，通过系统自动或人工参与的方式，确保电子档案在档案系统中的可用性。

通过使用数字签名、电子签章、数字水印等成熟的安全技术手段，保障电子档案全生命周期的安全性。在归档发起阶段，向归档业务系统统一颁发数字证书，并对归档数据进行数字签名，确保档案的归档安全；在档案保存与利用阶段，使用数字水印、文档安全客户端，确保档案的利用安全；在档案保存阶段，使用中国石化信息化安全体系对档案数据进行防护，确保档案的存储安全。

4. 保障电子档案的长久保存

任何档案系统都是有生命周期的，一旦现有的档案系统被废止或者升级，系统里保存的档案及元数据必须能被完整导出，并保证导出的电子档案能不依赖于任何信息系统被长久利用。试点项目新建的档案管理系统的核心功能之一就是电子档案的长久保存。通过与业务系统的在线归档集成，业务系统的数据可以通过档案管理系统进行完整且长久有效的存储。通过建立非结构化数据存储中心，对电子档案中的非结构化数据进行专项管理与存储，提高档案数据的存储和利用效率。

基于档案蓝光光盘的存储技术，设计档案数据“异地异质”存储方案，使档案数据可以脱离档案系统长久保存，提高数据抗风险能力。

中国石化作为一个大型央企，通过试点项目提升了企业电子档案的管理水平，顺应了国家加强电子文件管理的发展战略，在国内具有积极的示范意义。

八、后续打算

（一）深化电子档案法律凭证价值保障体系建设

通过试点项目，中国石化在电子文件归档和电子档案管理方面迈出了重要的一步。但档案凭证价值、归档数据“四性”保障等电子文件管理核心问题仍需深入研究，不断完善。需要在档案可互信方面加强安全保障，进一步确保电子文件的法律凭证价值。

（二）推广试点工作经验

总结试点项目积累的建设经验，形成了一套业务系统电子文件在线归档和电子档案管理的实施模式。电子招投标线条的无纸化归档工作将在集团内部推广完毕，不断提升企业电子档案的管理水平。

本钢集团电子文件归档和电子档案管理试点案例集

一、背景

（一）企业战略发展需要

党的十六大以来，党和国家大力提倡和推进两化融合，以信息化带动工业化，以工业化促进信息化，走新型工业化道路。本钢集团围绕企业发展战略，制定了贴近本钢生产实际、满足本钢管理需求的信息化发展战略。经过5年的不懈努力，2006年至2010年，本钢集团信息化建设取得良好进展，ERP系统相关专业子系统、OA系统先后上线运行，本钢集团的信息化程度日益提高，形成了覆盖采购储运、生产、质量、销售、设备、工程、人资、财务等各个业务环节，面向整个企业集团服务的信息管控平台。但由于没有同步建设功能完备的数字档案管理系统，ERP系统中产生的电子文件及重要数据没有实现在线归档，影响了企业电子档案、数字档案信息资源的安全管理与高效利用。

（二）企业业务发展需要

随着ERP系统成为企业经营管理和业务运行管理的重要平台，为适应企业文件材料流转出现的电子化、数字化、网络化趋势，要求档案信息的归档、存储、管理与服务手段必须同步跟进，开发集成本钢集团电子文件归档管理系统已成当务之急。如果没有高效、安全的电子文件归档管理系统作为保障，两化融合的宝贵信息成果将在原有业务系统中成为信息孤岛，一方面将严重影响企业重要信息资源的增值利用，另一方面随着原有业务系统承载能力的趋于饱和，也势必大大降低这些系统的运行效率。

（三）档案工作发展需要

2010年左右，国内各大型企业集团的档案管理已基本实现了计算机全过程管理，从原有的手工传统的纸质管理转到了以档案信息管理为主的现代化的数字化管理，有的单位实现了文档一体化的工作管理模式。为推进档案信息化建设，国家档案局先后印发了《关于加强企业档案信息化建设的意见》、《数字化档案馆建设指南》、《企业档案工作规范》等行业标准及行政指导文件。本钢集团作为辽宁省省属骨干企业，必须根据自身的实际需求，逐步建设电子文件及数字档案资源归档管理系统，以实现企业档案管理现代化、档案信息数字化、档案利用网络化等目标要求，实现档案管理系统与企业各信息系统的有效衔接，从而充分发挥出档案信息对企业生产经营的服务保障作用。

（四）解决现实问题需要

自2017年10月以来，本钢集团招投标系统、客服协同系统、电子质量证明书系统建设先后启动，ERP系统也根据业务发展需要对部分已归档单据报表进行了调整。为适应前端业务系统不断变化的实际，巩固前端业务系统改进的成果，档案系统也面临着对既有接口程序和归档数据的调整改进任务。面对即将试点期满却不断出现的新状况，档案部门与信息部门经过多次沟通交流，一致认为客观情况的变化已经超出了原有预期，需要借助档案管理信息系统三期工程建设达成更理想的试点验收条件。

二、目标

本次试点工作以“实现ERP系统产生的电子文件的全过程管理”为目标，主要内容包括：

（1）应用本钢数字档案管理系统，实现ERP系统数据资源的在线移交、归档、管理与利用。

（2）开展ERP系统电子文件在采集、管理、利用等环节的研究，形成ERP系统与数字档案管理系统集成的接口规范。

（3）此外，本钢主动拓展试点工作内容，积极推进其它业务信息系统（招投标、客服协同、电子质量证明书）电子文件归档与管理工作。

三、系统介绍

（一）基本情况

本钢集团 ERP 系统在结合本钢生产与管理实绩、融合国际先进管理思想的基础上建设，是本钢信息化五级架构的核心系统，主要包括生产系统、销售系统、质量系统、财务系统、购运储系统、设备系统、工程系统、人力资源系统等，整体架构以“销售为龙头、质量为桥梁、财务为核心、产销一体化”。

本钢 ERP 系统平台主要由主机系统平台、网络平台、应用系统平台 3 部分构成，其中主机系统平台是本钢整体信息化发展的基石，承载着全部信息化软件的运行。

主机系统平台拓扑图如图 1 所示。

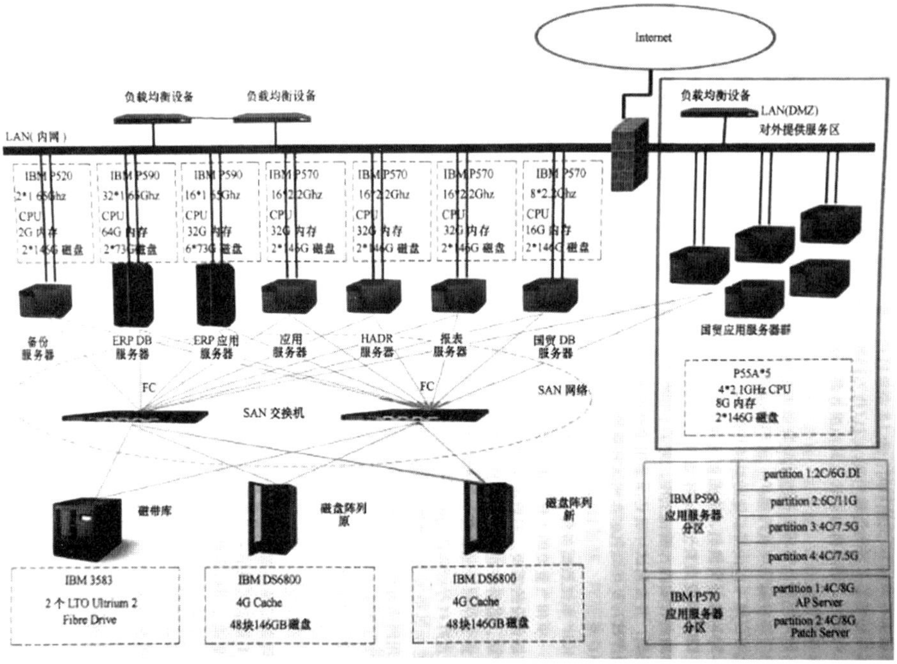

图 1　ERP 主机系统平台拓扑图

（二）数据量

本钢 ERP 数据来源于广泛、数量庞大。截至 2020 年 9 月，ERP 系统中数据容量达 2.5TB。

（三）文件类型

ERP 系统中产生的几乎都是关系型数据库文件，按类型分主要有业务单据、业务单据目录数据、主数据、台账、报表、关联关系数据、基础字典数据等。

四、工作步骤

试点前，本钢已经完成了两期档案信息化建设任务：一期工程即实现了 ERP 系统八个专业子系统的电子文件归档，二期工程则对 ERP 系统归档范围进行了少量扩展。

2016 年 12 月，根据《国家档案局办公室国家发展和改革委员会办公厅关于确定企业电子文件归档和电子档案管理第一批试点单位的通知》（档办发〔2016〕5 号）精神，本钢被确定为第一批全国试点单位，主要任务是完成 OA、ERP 系统形成的电子文件归档和电子档案管理研究和实践，进一步完善企业电子文件归档和电子档案管理规章制度、标准规范，解决当前企业在电子文件归档和电子档案管理中的技术和管理难题。

但自 2017 年 10 月以来，本钢已完成归档的 OA、ERP 系统先后升级改造，招投标、电子质量证明书、客服协同等系统也相继建设，为更好地达到试点验收条件，本钢集团决定启动档案管理信息系统三期工程建设。

本钢集团档案管理信息系统三期工程于 2019 年 7 月启动，下设试点工作组，成员分别由档案馆、信息化中心、研发单位有关负责人及专业技术负责人组成。

主要负责拟定试点工作方案、研发相关课题、具体实施试点工作任务，按季度向国家档案局汇报工作进展情况。

本钢档案管理信息系统三期工程-信息化中心项目组织架构

总负责人：邵剑超
集团公司总经理助理、CIO

项目总协调：高秀敏
信息化中心副经理

项目沟通协调	项目协调落实	中间件	架构	主机	网络	应用
张铭（应用组组长）	符艳贺（项目经理）	张帅（首席工程师）	杨旭（首席工程师）	**史旭天（首席工程师）** **田磊（系统组副组长）**	俞静（系统组组长）	**生产领域：**李国鹏 **销售领域：**孙璐琳 **质量领域：**姜伟 **财务领域：**王健 **工程设备：**王昭华 **采购领域：**程研 **OA系统：**宋玉群、商景波

本钢档案管理信息系统三期工程-档案馆组织架构

总负责人：于胜连

联络员：赵伟

本钢档案管理信息系统三期工程–元果公司组织架构

总负责人：王立新
青岛元果数码科技公司总经理

↓ ↓

联 络 员：卜凡山
青岛元果数码科技公司副总经理

↓ ↓ ↓ ↓ ↓ ↓

项目协调落实：	研发协调控制：	需求分析师：	研发人员：	数据分析、实施集成：	技术支持：
赵峰（实施经理）	张疏琦（研发经理）	卜凡山 赵峰	王晓飞（研发组长）	吕广磊 高越	刘成凯 刘启航

三期工程项目主要任务：开发通用归档接口程序，并利用通用接口实现招投标、客服协同、电子质量证明书系统数据集成归档；对新 OA 系统数据接口按照系统调整情况做出配置调整和功能完善；完善 ERP 历史归档数据；优化完善档案管理系统功能细节；配合完成统一认证平台统一登录接口配置；协助本钢集团健全和完善档案信息系统电子档案管理规范标准，做好国家档案局企业电子文件归档和电子档案管理试点验收相关准备工作。

（一）需求研讨及归档范围确定

本钢 ERP 系统电子文件归档的需求研讨和归档范围确定在一二期工程中完成。档案馆、业务部门、信息化部（信息化中心）、实施公司经过多次会议交流和分析总结，最终共同明确 ERP 系统归档范围涵盖生产、销售、质量、财务、购运储、设备、工程、人力资源等 8 个业务子系统，共 300 多种重要业务单据、管理报表和目录数据。

（二）项目实施

系统实施主要通过五个过程组进行管理与控制：

• **启动阶段：**成立项目组，制定项目整体工作计划。结合双方签订的合同及技术协议内容，本钢档案馆及信息化中心组织相关人员配合实施公司进行现场需求调研，双方根据调研报告及需求分析报告最终确认系统实施工作范围。

- **规划阶段：**完成需求调研后，实施方对项目范围做出合理规划，将工作任务细化分解到最小的工作任务包，并定义出具体活动，制定详细进度计划。计划执行过程中实行滚动式规划，将各阶段的任务逐步分解，逐步细化。

表 1　项目实施表

实施步骤	主要工作内容	目标及成果	总体完成时间安排
项目准备阶段	应用系统和集成调研 相关文档形成	实施计划 应用系统和集成调研报告、实施方案	2019 年 8 月
系统调研与需求分析、业务流程设计	用户需求调查 资源清单调查 业务流程设计	1. 数据收集模版 2. 界定实施范围 3. 概要设计 4. 规范业务流程	2019 年 9 月
详细设计、编码实现	1. 详细设计 2. 程序编码 3. 业务逻辑分析	1. 详细设计	2019 年 9 月—2019 年 10 月
系统测试	1. 系统单元测试 2. 系统模块测试 3. 系统集成测试 4. 问题整改 5. 整改测试	1. 测试方案 2. 测试计划 3. 测试记录 4. 测试报告 5. 问题清单 6. 整改记录	2019 年 11 月中旬
用户培训	编写用户手册 最终用户培训	用户手册	2019 年 11 月上旬
试运行	1. 问题整改		2020 年 3 月
系统验收	系统验收申请 验收测试 验收文档提交 系统验收	1. 验收申请报告 2. 用户报告 3. 技术报告 4. 测试大纲 5. 测试记录 6. 测试报告 7. 验收报告	2020 年 10 月

● **执行阶段**：根据制定的工作计划逐一落实完成情况，每周召开周例会，每个阶段结束后进行阶段总结及下一步规划。并对各阶段完成的可交付成果进行双方确认。

● **监督与控制**：本钢档案馆及信息化中心项目组长对项目实施的整个过程进行监控，各环节严格把好质量关，双方项目组人员同时针对需求偏差、变更请求、计划调整、项目人员变更、资源关系协调等方面做好记录与监控。

● **收尾阶段**：系统上线后，本钢档案馆及信息化中心及时组织用户分批、分角色进行培训，并在培训结束后进行全面大规模测试。在项目验收前，提前通知实施方做好项目验收文档材料准备。

项目实施期间，项目组与 ERP 系统技术人员、招标公司、国贸公司等业务部门多次召开交流会议，逐一解决项目实施过程中产生的分歧及遇到的问题，围绕“企业 ERP 系统电子文件归档接口方式”及“归档电子文件“四性”检测等技术难题，进行深入研究和持续改进。最后，形成了一套企业业务系统电子文件归档方案，并形成规范《ERP 电子文件归档和电子档案管理标准规范、管理制度、产品化采集处理软件的制定与设计说明书》。本钢集团 ERP 电子文件归档和电子档案管理试点项目以 2020 年 6 月完成试点验收材料编写为时间节点，基本完成了试点任务。

（三）项目验收

按照本钢集团档案管理信息系统三期工程建设工期要求，计划在 2020 年完成项目验收工作。2020 年 9 月，本钢集团向辽宁省档案局提交验收申请并通过国家档案局预验收审核；2020 年 10 月 10 日，试点项目通过国家档案局正式验收。

五、解决方案

（一）管理流程方案

ERP 业务系统中待归档的数据大多没有固定的电子文件，在前端系统中数据主要以二维表方式存储，实现数据归档时，需要前端开发批量生成电子文件客户端程序，由客户端程序批量生成归档目录和电子文件，实现数据推送归档。

接口程序与前端各业务信息系统建立连接，以只读方式完成归档范围内的底表数据读取至中间服务器平台，在中间服务器平台完成元数据生成、电子文件合成或下载，归档后的数据直接进入档案系统归档检验平台，在归档检验平台上通过四性检测完成数据的交叉检验，最终归档至档案管理平台。

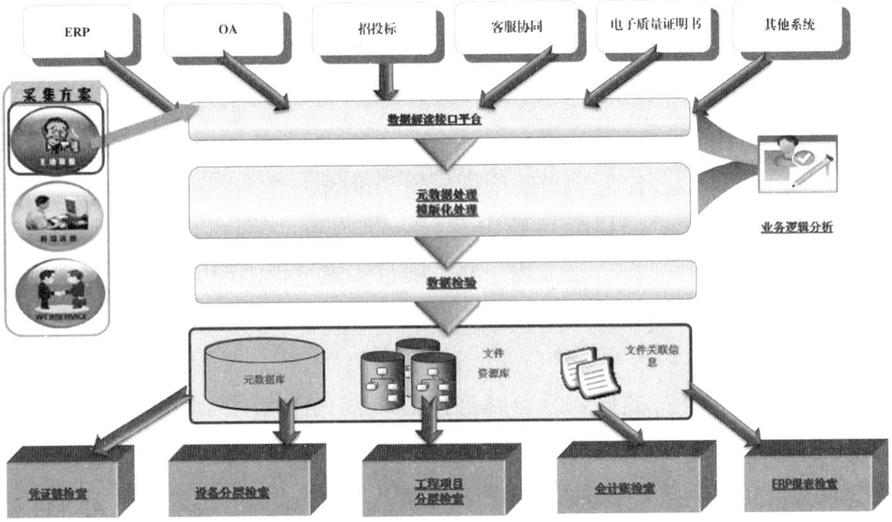

图 2　业务系统电子文件归档管理流程

在档案管理平台实现电子档案归档保护的同时，可以实现业务链检索、资源归集检索等各种符合业务流程特色的服务利用模式。

（二）归档范围及存储格式；双套制、单套制确定

通过前期调研分析及与各业务部门人员多次沟通交流，本钢档案管理信息系统 ERP 系统数据归档部分，最终确认归档范围涉及本钢二十个帐套及采购、生产、质量、销售、设备、财务、人资、工程管理等八个业务子系统模块。确定的 ERP 系统数据归档和管理方式如下：

- 有集成固化的单据凭证和报表展现样式的，通过接口程序实现推送归档；无固化展现样式但内容有长期保存利用价值的，通过接口程序归档相关的目录信息以供查询；自动归档难度较大但具有重要保存利用价值的报表，采取业务部门定期上传方式归档。
- 按照 ERP 业务流程特点，将 ERP 系统中产生的业务单据建立业务链

式检索、知识库检索，实现整个业务过程产生的业务单据的完整追溯。

本钢档案管理信息系统建成初期，对于 ERP 系统电子文件，除合同、质保书、会计凭证等实行双套制归档外，其他皆实行电子文件单套制归档；随着系统功能的不断完善、应用级灾备系统备份接管功能的多次验证，以及国家对电子签名、电子印章、电子证照、电子档案的法律效力的确认，本钢集团对于采用电子签名签章的招投标系统、客服协同系统、电子质量证明书系统电子文件已实行电子档案单套制归档。

- ERP 系统归档范围：

表 2　本钢档案管理信息系统 ERP 数据归档范围明细表

业务部门	业务系统	归档数据	归档方式/存储格式
采购中心	采购系统	计划申报表	电子归档/PDF 格式
		材料采购合同	双套制/PDF 格式
		设备采购合同	双套制/PDF 格式
		备件采购合同	双套制/PDF 格式
		原燃料买卖合同	双套制/PDF 格式
		原燃料补充协议	双套制/PDF 格式
		小原料采购合同	双套制/PDF 格式
		废钢采购合同	双套制/PDF 格式
		零库存合同(内部生产)	双套制/PDF 格式
		零库存合同(销售领料)	双套制/PDF 格式
		评标报告	电子归档/PDF 格式
		报价单	电子归档/PDF 格式
		采购案审核作业审批流程	电子归档/PDF 格式
		选厂审批流程	电子归档/PDF 格式
本钢储运中心	采购管理系统	验收抵库单(材料)	电子归档/PDF 格式
		验收抵库单(原料)	电子归档/PDF 格式
		验收抵库单(废钢)	电子归档/PDF 格式
		工程设备抵库单(设备采购)	电子归档/PDF 格式
		工程设备抵库单(备件采购)	电子归档/PDF 格式
		零库存抵库单(内部生产)	电子归档/PDF 格式
		零库存抵库单(销售领料)	电子归档/PDF 格式

续表

业务部门	业务系统	归档数据	归档方式/存储格式
本钢储运中心	原料存货管理系统	小原料入库单	电子归档/PDF 格式
		小原料移库单	电子归档/PDF 格式
		自产入库单	电子归档/PDF 格式
		板材股份有限公司出库单	电子归档/PDF 格式
		(板材)销售出库单	电子归档/PDF 格式
		托管出库单	电子归档/PDF 格式
		退料单	电子归档/PDF 格式
		物料收发存报表	电子归档/PDF 格式
		工程设备备件支出单	电子归档/PDF 格式
国贸公司	合同管理	进口材料订购合同	双套制/PDF 格式
		进口设备订购合同	双套制/PDF 格式
		进口备件订购合同	双套制/PDF 格式
		进口原料订购合同	双套制/PDF 格式
		长材产品买卖合同	双套制/PDF 格式
		热轧产品买卖合同	双套制/PDF 格式
		冷轧产品买卖合同	双套制/PDF 格式
		特钢产品买卖合同	双套制/PDF 格式
		铸管产品买卖合同	双套制/PDF 格式
		副产品买卖合同	双套制/PDF 格式
		长材产品代理合同	双套制/PDF 格式
		热轧产品代理合同	双套制/PDF 格式
		冷轧产品代理合同	双套制/PDF 格式
		特钢产品代理合同	双套制/PDF 格式
		铸管产品代理合同	双套制/PDF 格式
		副产品代理合同	双套制/PDF 格式
		国内特钢铁路装车作业单	电子归档/PDF 格式
		国内一般铁路装车作业单	电子归档/PDF 格式
		国内特钢公路装车作业单	电子归档/PDF 格式
		国内一般公路装车作业单	电子归档/PDF 格式

续表

业务部门	业务系统	归档数据	归档方式/存储格式
国贸公司	合同管理	国内整车装船作业单	电子归档/PDF 格式
		国内明细装船作业单	电子归档/PDF 格式
		出口一般铁路装车作业单	电子归档/PDF 格式
		出口特钢公路装车作业单	电子归档/PDF 格式
		出口一般公路装车作业单	电子归档/PDF 格式
		出口特钢铁路装车作业单	电子归档/PDF 格式
		出口整车装船作业单	电子归档/PDF 格式
		出口明细装船作业单	电子归档/PDF 格式
		储运部出货状况查询报表	电子归档/数据库文件
		订单发货/出货状态查询	电子归档/数据库文件
	质量系统	国内销售技术鉴定报告	电子归档/PDF 格式
		国内销售异议处理通知单	电子归档/PDF 格式
		国内销售产品异议协议书	电子归档/PDF 格式
		销售出口技术鉴定报告	电子归档/PDF 格式
		销售出口异议处理通知单	电子归档/PDF 格式
		销售出口产品异议协议书	电子归档/PDF 格式
	财务系统	铸管每月收款明细表	电子归档/PDF 格式
		国内销售铸管结算单	电子归档/PDF 格式
		销售出口铸管结算单	电子归档/PDF 格式
		铸管客商资料	电子归档/数据库文件
质管中心	质量系统	冷轧质保书(国内销售)	电子归档/PDF 格式
		热轧质保书(国内销售)	电子归档/PDF 格式
		特钢质保书(国内销售)	电子归档/PDF 格式
		冷轧质保书(销售出口)	电子归档/PDF 格式
		热轧质保书(销售出口)	电子归档/PDF 格式
		特钢质保书(销售出口)	电子归档/PDF 格式
		钢卷资料查询	电子归档/数据库文件
		冷轧放行报表	电子归档/PDF 格式
		热轧生产质量报表	电子归档/PDF 格式

续表

业务部门	业务系统	归档数据	归档方式/存储格式
质管中心	质量系统	特钢生产质量报表	电子归档/数据库文件
		废钢外购料统计报表	电子归档/PDF格式
		国内块矿外购料统计表	电子归档/PDF格式
		生铁与铁水外购料统计表	电子归档/PDF格式
		动力煤外购料统计表	电子归档/PDF格式
		国内粉精矿外购料统计表	电子归档/PDF格式
		焦炭外购料统计表	电子归档/PDF格式
		炼焦煤外购料统计表	电子归档/PDF格式
		燃料煤外购料统计表	电子归档/PDF格式
		轧后退费用订正通知单	电子归档/PDF格式
设备部（设备）	设备系统	部件维修基准清单	电子归档/PDF格式
		部件点检基准清单	电子归档/PDF格式
		加油记录	电子归档/PDF格式
	油品管理	油品检验排程报表	电子归档/PDF格式
		停机统计表_依厂矿及停机原因	电子归档/PDF格式
		事故故障停机统计报表_依厂矿及责任方	电子归档/PDF格式
	工单管理	工作任务单	电子归档/PDF格式
	特种设备	特种设备年度检验计划表	电子归档/PDF格式
设备部（工程）	工程管理系统	工程资源请购	电子归档/PDF格式
		材料代用	电子归档/数据库文件
		设计变更	电子归档/数据库文件
		预算本	电子归档/数据库文件
原料厂	原料系统	库存资料下载（明细）	电子归档/PDF格式
		汽运资料下载	电子归档/PDF格式
		交易明细下载	电子归档/PDF格式
		铁运入储	电子归档/数据库文件
		矿山欲结算资料报表	电子归档/PDF格式

续表

业务部门	业务系统	归档数据	归档方式/存储格式
制造部	生产系统	集团生产日报一	电子归档/PDF 格式
		集团生产日报二	电子归档/PDF 格式
		集团经济技术指标一	电子归档/PDF 格式
		集团经济技术指标二	电子归档/PDF 格式
		生产订单汇总报表(普钢)	电子归档/数据库文件
		生产订单汇总报表(特钢)	电子归档/PDF 格式
本钢人资部	机构管理	部门维护清单	电子归档/数据库文件
	岗位管理	定员台帐明细表	电子归档/PDF 格式
	技术津贴管理	津贴统计表	电子归档/PDF 格式
		津贴明细表	电子归档/PDF 格式
		推荐统计人数(级别)表	电子归档/PDF 格式
		审批统计人数(级别)表	电子归档/PDF 格式
		推荐审批统计表(按部门)	电子归档/PDF 格式
		有突出贡献技术津贴年度调整汇总表	电子归档/PDF 格式
	异动管理	职工离职情况统计表	电子归档/数据库文件
		职工异动情况统计表	电子归档/PDF 格式
	招募管理	招募分配作业	电子归档/PDF 格式
	绩效管理	干部任免审批表	电子归档/PDF 格式
	薪资管理	个人月薪资审批报表	电子归档/数据库文件
		薪资审批明细表	电子归档/数据库文件
	综合报表管理	动态管理报表	电子归档/PDF 格式
		人员结构情况汇总	电子归档/PDF 格式
		工资总额构成情况汇总表	电子归档/PDF 格式
		增减变动情况汇总表	电子归档/PDF 格式
	岗位管理	定员台帐汇总表	电子归档/PDF 格式
		关键岗汇总表	电子归档/PDF 格式
		关键岗明细表	电子归档/PDF 格式
	保险管理	个人缴费基数信息	电子归档/数据库文件
	伤残人员管理	伤残人员基本资料	电子归档/数据库文件

续表

业务部门	业务系统	归档数据	归档方式/存储格式
本钢财务部（老）	普会系统	记帐凭证	双套制/PDF 格式
		所有者权益变动表	电子归档/PDF 格式
		固定资产增减变动表	电子归档/PDF 格式
		资产减值准备明细表	电子归档/PDF 格式
		人工成本情况表	电子归档/PDF 格式
		资产负债表	电子归档/PDF 格式
		利润表	电子归档/PDF 格式
		现金流量表	电子归档/PDF 格式
		应交款项情况表	电子归档/PDF 格式
		主营业务毛利表	电子归档/PDF 格式
		其他业务毛利表	电子归档/PDF 格式
		营业外收支明细表	电子归档/PDF 格式
		管理费用明细表	电子归档/PDF 格式
		财务费用明细表	电子归档/PDF 格式
		销售费用明细表	电子归档/PDF 格式
		工资总额构成及分配报表	电子归档/PDF 格式
		福利费、教育经费收支明细表	电子归档/PDF 格式
		存货明细表	电子归档/PDF 格式
		在建工程成本明细表	电子归档/PDF 格式
		管理费用明细表（部门）	电子归档/PDF 格式
		会计科目总帐报表（金额式）	电子归档/PDF 格式
		一级科目总帐报表（金额式）	电子归档/PDF 格式
		会计科目总帐报表（数量金额式）	电子归档/PDF 格式
		综合明细账报表	电子归档/PDF 格式
	资金管理系统	短期借款明细表	电子归档/PDF 格式
		长期贷款明细表	电子归档/PDF 格式
		贷款余额表	电子归档/PDF 格式
	税务	国地税申报表	电子归档/PDF 格式

续表

业务部门	业务系统	归档数据	归档方式/存储格式
本钢财务部(新)	普会系统	记账凭证	双套制/PDF 格式
		主要经济效益指标情况表	电子归档/PDF 格式
		销售费用明细表	电子归档/PDF 格式
		在建工程成本明细表	电子归档/PDF 格式
		短期借款明细表	电子归档/PDF 格式
		长期贷款明细表	电子归档/PDF 格式
		贷款余额表	电子归档/PDF 格式
		资产负债表	电子归档/PDF 格式
		利润表	电子归档/PDF 格式
		现金流量表	电子归档/PDF 格式
		所有者权益变动表	电子归档/PDF 格式
		应交款项情况表	电子归档/PDF 格式
		主营业务毛利表	电子归档/PDF 格式
		其他业务毛利表	电子归档/PDF 格式
		营业外收支明细表	电子归档/PDF 格式
		(部门)管理费用明细表	电子归档/PDF 格式
		财务费用明细表	电子归档/PDF 格式
		工资总额构成及分配报表	电子归档/PDF 格式
		福利费、教育经费收支明细表	电子归档/PDF 格式
		存货明细表	电子归档/PDF 格式
		资产减值准备明细表	电子归档/PDF 格式
		固定资产增减变动表	电子归档/PDF 格式
		人工成本情况表	电子归档/PDF 格式
		合并报表内部抵消事项辅助表	电子归档/PDF 格式
		长短期贷款明细表	电子归档/PDF 格式
		会计科目总帐报表(金额式)	电子归档/PDF 格式
		一级科目总帐报表(金额式)	电子归档/PDF 格式
		会计科目总帐报表(数量金额式)	电子归档/PDF 格式
		综合明细账报表	电子归档/PDF 格式

续表

业务部门	业务系统	归档数据	归档方式/存储格式
板材财务部	应付	报支清单	电子归档/PDF 格式
		付款清单	电子归档/PDF 格式
	普会系统	记帐凭证	双套制/PDF 格式
		所有者权益变动表	电子归档/PDF 格式
		资产减值准备明细表	电子归档/PDF 格式
		人工成本情况表	电子归档/PDF 格式
		合并报表内部抵消事项辅助表	电子归档/PDF 格式
		长短期贷款明细表	电子归档/PDF 格式
		主要经济效益指标情况表	电子归档/PDF 格式
		资产负债表	电子归档/PDF 格式
		利润表	电子归档/PDF 格式
		现金流量表	电子归档/PDF 格式
		应交款项情况表	电子归档/PDF 格式
		主营业务毛利表	电子归档/PDF 格式
		其他业务毛利表	电子归档/PDF 格式
		营业外收支明细表	电子归档/PDF 格式
		管理费用明细表	电子归档/PDF 格式
		财务费用明细表	电子归档/PDF 格式
		销售费用明细表	电子归档/PDF 格式
		工资总额构成及分配报表	电子归档/PDF 格式
		福利费、教育经费收支明细表	电子归档/PDF 格式
		存货明细表	电子归档/PDF 格式
		固定资产增减变动表	电子归档/PDF 格式
		在建工程成本明细表	电子归档/PDF 格式
		会计科目总帐报表(金额式)	电子归档/PDF 格式
		参号总帐报表(金额式)	电子归档/PDF 格式
		一级科目总帐报表(数量金额式)	电子归档/PDF 格式
		会计科目总帐报表(数量金额式)	电子归档/PDF 格式

续表

业务部门	业务系统	归档数据	归档方式/存储格式
板材财务部	普会系统	参号总帐报表(数量金额式)	电子归档/PDF格式
		科目+户号总账报表(数量金额式)	电子归档/PDF格式
		科目+户号+参号总账报表(数量金额式)	电子归档/PDF格式
		明细帐-户、参号明细分类帐报表	电子归档/PDF格式
		明细帐-户、参号明细分类帐报表(数量金额)	电子归档/PDF格式
	资金管理系统	短期借款明细表	电子归档/PDF格式
		长期贷款明细表	电子归档/PDF格式
		贷款余额表	电子归档/PDF格式
	成本系统	(板材)全焦联产品成本表	电子归档/PDF格式
		炼钢钢种成本表	电子归档/PDF格式
		连轧钢种成本表	电子归档/PDF格式
		特钢钢坯成本表	电子归档/PDF格式
		特钢钢材成本表	电子归档/PDF格式
		冷轧钢种成本表	电子归档/PDF格式
		(各厂)成本明细表(各产品)	电子归档/PDF格式
		各厂制造费用表(实际)	电子归档/PDF格式
		(各厂)管理费用表	电子归档/PDF格式
	采购	税金统计表	电子归档/PDF格式
		应付账款挂账统计表	电子归档/PDF格式
		采购在途或应付帐款帐务表	电子归档/PDF格式
		账龄分析表	电子归档/PDF格式
		采购中心余额表	电子归档/PDF格式
		非营业性资料明细表	电子归档/PDF格式
		付款情况表	电子归档/PDF格式
		管理费用明细表	电子归档/PDF格式
		应付帐款付款统计表、承兑汇票付款反贴息资料查询)	电子归档/PDF格式

续表

业务部门	业务系统	归档数据	归档方式/存储格式
板材财务部	原料系统	每月交易记录汇总	电子归档/PDF格式
		每月交易记录明细	电子归档/PDF格式
		供应处交易记录下载	电子归档/PDF格式
		小原料结算明细表	电子归档/PDF格式
	物料系统	交易资料	电子归档/数据库文件
		料号月关帐收发存(品级)	电子归档/数据库文件
	应收系统	承兑票据收款明细表	电子归档/PDF格式
		收款单明细表	电子归档/PDF格式
		收款明细表	电子归档/PDF格式
		销售明细表	电子归档/数据库文件
	发票系统	本钢板材股份有限公司结算清单(应收凭单查询单)	电子归档/PDF格式
	销售系统	结算详细资料查询	电子归档/数据库文件
		销售结算明细表	电子归档/PDF格式
		销售结算汇总表	电子归档/PDF格式
	客商	客商资料	电子归档/数据库文件
北营办公室	采购系统	材料采购合同	双套制/PDF格式
		设备采购合同	双套制/PDF格式
北营机动部	采购系统	材料采购合同	双套制/PDF格式
		设备采购合同	双套制/PDF格式
	财务系统	固定资产调拨单	电子归档/PDF格式
北营储运中心	购运储系统	入库单	电子归档/PDF格式
		北营钢铁销售入库单	电子归档/PDF格式
		出库单或领料单	电子归档/PDF格式
		北营钢铁销售出库单	电子归档/PDF格式
		北营钢铁仓库内移库单	电子归档/PDF格式
		辅料检斤验收作业	电子归档/PDF格式
		工程物资领料作业	电子归档/PDF格式
		工程设备抵库单	电子归档/PDF格式
		退料单	电子归档/PDF格式

续表

业务部门	业务系统	归档数据	归档方式/存储格式
北营原料厂	原料存货管理系统	北台铁运入储作业下载	电子归档/数据库文件
		库存资料下载	电子归档/PDF格式
		交易纪录下载	电子归档/PDF格式
		汽运资料下载	电子归档/PDF格式
北台铸管厂	合同管理	发货通知单(铸管国内销售)	电子归档/PDF格式
		异储通知单(铸管销售出口)	电子归档/PDF格式
		公路装车明细单(铸管)	电子归档/PDF格式
		铸管发货装车记录报表	电子归档/PDF格式
北营质管中心	质量系统	线材、棒线材质保书(国内、国外)	电子归档/PDF格式
		卷钢、钢坯质保书(国内、国外)	电子归档/PDF格式
		板材(出口)产品质量证明书	电子归档/PDF格式
		板材(利库)产品质量证明书	电子归档/PDF格式
		板材(协议材)产品质量说明书	电子归档/PDF格式
		线材(出口)产品整理证明书	电子归档/PDF格式
		线材(利库)产品质量说明书	电子归档/PDF格式
		棒材(出口)产品质量说明书	电子归档/PDF格式
		棒材(利库)产品质量证明书	电子归档/PDF格式
北营生产部	生产系统	北营生产日报二	电子归档/PDF格式
		北营主要经济技术指标二	电子归档/PDF格式
		生产订单汇总报表(板材)	电子归档/数据库文件
		生产订单汇总报表(建材)	电子归档/PDF格式
北营人资部	人事薪资	北营公司( )月份在岗人数统计表	电子归档/PDF格式
		北营公司( )月份工资汇总表	电子归档/PDF格式
		北营公司( )月份工资发放名册	电子归档/PDF格式
		月份工资发放名册	电子归档/PDF格式
		月份工资支付汇总表	电子归档/PDF格式
		北营公司( )月份保险帐户明细表	电子归档/PDF格式

续表

业务部门	业务系统	归档数据	归档方式/存储格式
北营人资部	岗位管理	定员台帐明细表	电子归档/PDF 格式
	异动管理	职工离职情况统计表	电子归档/数据库文件
		职工异动情况统计表	电子归档/PDF 格式
	伤残人员管理	伤残人员基本资料	电子归档/PDF 格式
北营财务部	成本会计系统	(北营)制造费用明细表(实际)	电子归档/PDF 格式
		(北营)(各厂)成本明细表(各产品)	电子归档/PDF 格式
		(北营)(各厂)产品成本表	电子归档/PDF 格式
		(北营)炼钢厂产品成本表:1-当月消耗量	电子归档/PDF 格式
		(北营)炼钢厂产品成本表:3-当月实际成本	电子归档/PDF 格式
		(北营)炼钢厂产品成本表:4-累计消耗量	电子归档/PDF 格式
		(北营)炼钢厂产品成本表:6-累计实际成本	电子归档/PDF 格式
		(北营)轧钢厂产品成本表:1-当月产品成本表	电子归档/PDF 格式
		(北营)轧钢厂产品成本表:2-累计产品成本表	电子归档/PDF 格式
		(北营)轧钢厂产品成本表:1-当月消耗量	电子归档/PDF 格式
		(北营)轧钢厂产品成本表:3-当月实际成本	电子归档/PDF 格式
		(北营)轧钢厂产品成本表:4-累计消耗量	电子归档/PDF 格式
		(北营)轧钢厂产品成本表:6-累计实际成本	电子归档/PDF 格式
	资金管理系统	短期借款明细表	电子归档/PDF 格式
		长期贷款明细表	电子归档/PDF 格式
		贷款余额表	电子归档/PDF 格式

续表

业务部门	业务系统	归档数据	归档方式/存储格式
北营人资部	应付	付款清单(代支出传票)	电子归档/PDF格式
	普会系统	记账凭证	双套制/PDF格式
		(北营)主要经济效益指标情况表	电子归档/PDF格式
		(北营)资产负债表	电子归档/PDF格式
		(北营)利润表	电子归档/PDF格式
		(北营)现金流量表	电子归档/PDF格式
		(北营)所有者权益变动表	电子归档/PDF格式
		(北营)固定资产增减变动表	电子归档/PDF格式
		(北营)在建工程成本明细表	电子归档/PDF格式
		(北营)长短期贷款明细表	电子归档/PDF格式
		(北营)合并报表内部抵消事项辅助表	电子归档/PDF格式
		(北营)应交款项情况表	电子归档/PDF格式
		(北营)主营业务毛利表	电子归档/PDF格式
		(北营)其他业务毛利表	电子归档/PDF格式
		(北营)营业外收支明细表	电子归档/PDF格式
		(北营)管理费用明细表	电子归档/PDF格式
		(北营)财务费用明细表	电子归档/PDF格式
		(北营)销售费用明细表	电子归档/PDF格式
		(北营)工资总额构成及分配报表	电子归档/PDF格式
		(北营)福利费、教育经费收支明细表	电子归档/PDF格式
		(北营)存货明细表	电子归档/PDF格式
		(北营)资产减值准备明细表	电子归档/PDF格式
		(北营)人工成本情况表	电子归档/PDF格式
		(北营)会计科目总账报表(金额式)	电子归档/PDF格式
		(北营)会计科目总账报表(数量金额式)	电子归档/PDF格式

续表

业务部门	业务系统	归档数据	归档方式/存储格式
北营人资部	普会系统	(北营)新版明细账(会计科目、辅助项1、辅助项2、部门、人员、客商)明细分类帐报表	电子归档/PDF格式
		(北营)新版明细账(会计科目、辅助项1、辅助项2、部门、人员、客商)明细分类帐报表(数量金额式)	电子归档/PDF格式
	销售系统	(北营)铸管厂销售结算资料详细查询	电子归档/数据库文件
		(北营)结算详细资料查询	电子归档/数据库文件
		(北营)销售结算明细表	电子归档/PDF格式
	应收系统	(北营)销售结算汇总表	电子归档/PDF格式
		(北营)承兑票据收款明细表	电子归档/PDF格式
		(北营)收款单明细表	电子归档/PDF格式
		(北营)收款明细表	电子归档/PDF格式
		(北营)销售明细表	电子归档/数据库文件
		(北营)铸管厂承兑票据收款明细表	电子归档/PDF格式
		(北营)铸管厂收款单明细表	电子归档/PDF格式
		(北营)铸管厂收款明细表	电子归档/PDF格式
		(北营)铸管厂销售明细表	电子归档/PDF格式
	原料系统	每月交易记录汇总	电子归档/PDF格式
		每月交易记录明细	电子归档/PDF格式
	物料系统	交易资料下载	电子归档/数据库文件
		料号月关帐收发存(品级)下载	电子归档/数据库文件
		财务交易明细资料下载作业	电子归档/PDF格式
		工程物资收发存表(财务)	电子归档/PDF格式

（三）接口

本钢 ERP 系统电子文件归档接口采用的是基于中间数据库的接口方式。

ERP 系统数据归档接口需要接口程序以只读方式连接 ERP 系统的 DB2 数据库抽取数据库底层表，针对 ERP 底层数据库表结构进行数据分析和业务梳理，给出各个模块的归档内容和归档范围后，利用中间配置平台，将各类报表、账簿、凭证进行电子文件版式化合成、元数据合成以及数据检验。

ERP 系统归档接口由系统管理员操作，每月运行一次，ERP 系统月结之后，可以设置为凌晨业务量少的时间运行，ERP 系统数据归档只有第一步操作即底表数据读取需要连接 ERP 服务器数据库，读取完成自动断开与 ERP 系统数据库的连接，不影响 ERP 系统工作。后面所有处理操作全部在中间服务器上完成，不再需要连接 ERP 服务器。

（1）数据采集软件包

以只读方式采集上月月结后业务完结状态的数据。程序运行过程有进度跟踪监控信息，运行结束后自动与业务系统服务器断开连接，减少对 ERP 服务器端影响。

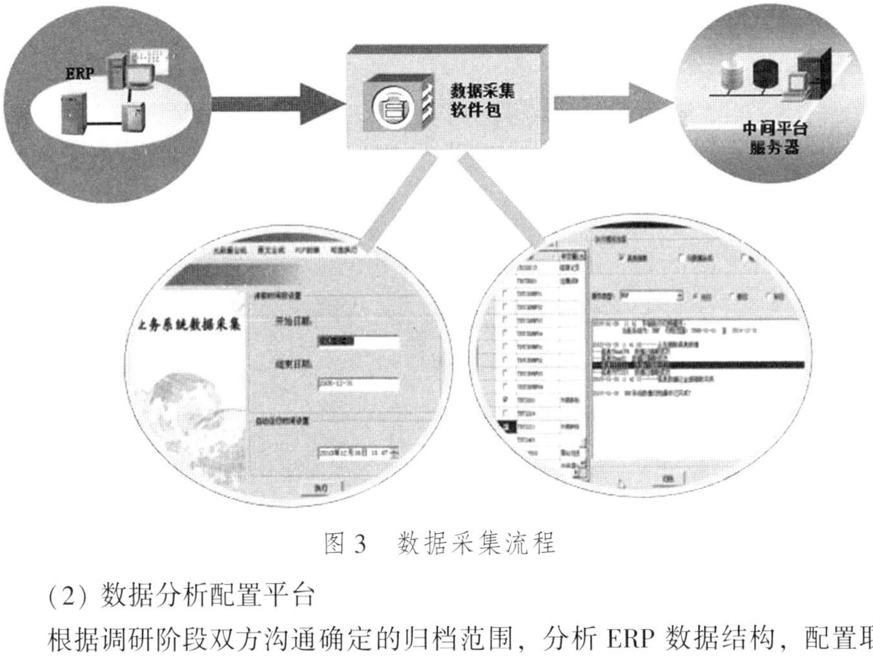

图 3　数据采集流程

（2）数据分析配置平台

根据调研阶段双方沟通确定的归档范围，分析 ERP 数据结构，配置取数逻辑，集成配置时考虑到业务单据之间的关联追溯与资源归集特点，自动形成业务链及资源归集检索模式。程序运行过程有进度跟踪监控信息。

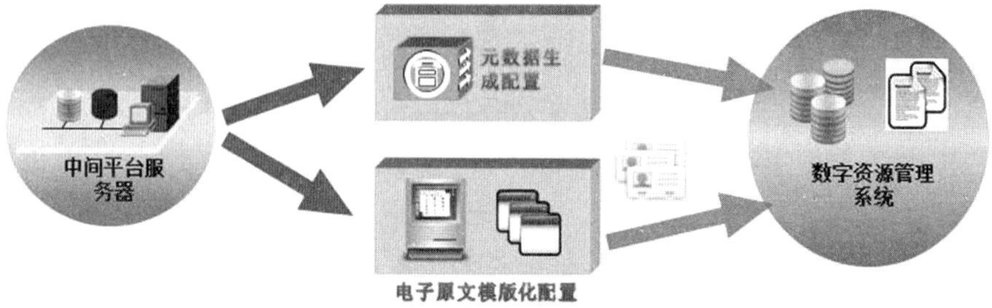

图 4　中间平台处理流程

从业务角度梳理归集范围内的业务单据在不同业务子系统中的追溯关系。

从技术角度分析归集范围内的业务单据在数据库后台涉及到的表及关联关系，编写形成数据逻辑。

（3）数据整合软件包

对分析配置完成的业务及数据逻辑，完成元数据生成处理、电子原文模版化合成，并通过读取的关联信息建立目录与电子原文之间的对应关系。形成元数据库及实体文件资源库。

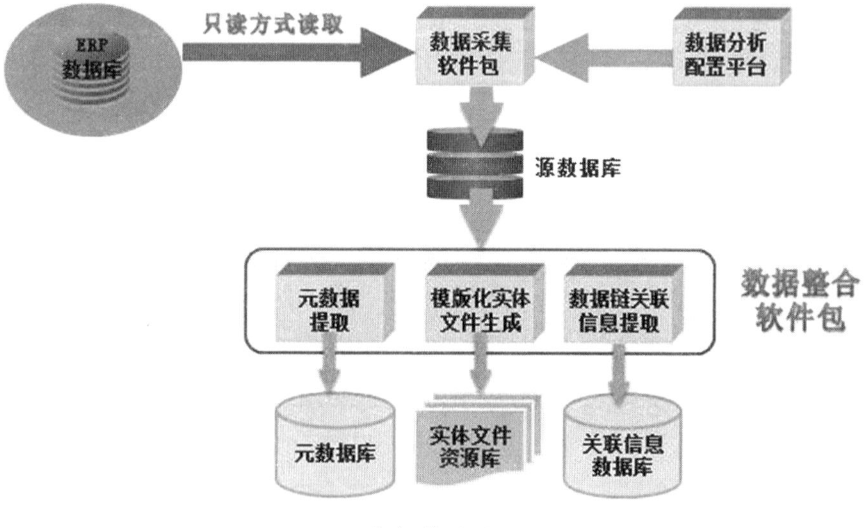

图 5　数据整合处理流程

ERP 系统产生的报表中，有部分报表每年产生数量较少，如月报、年报等，对此部分报表，即使未纳入接口归档范围，业务人员也可以利用“文件上传”功能自行上传至档案系统【归档检验】模块。

（四）元数据项及捕获节点

1. 元数据的描述

ERP 系统采集的元数据是描述各重要业务单据及报表中的行项目数据的数据，属性也可理解为二维数据库表的列项目（字段）。在数字档案管理中包括描述档案实体的内容、权限、存储信息和其他有关特征的背景信息。主要包括业务实体元数据属性集（每类归档业务单据单独定义元数据属性集）、档案实体元数据属性集、电子文件实体元数据属性集、过程实体元数据属性集。大部分属性集在档案数据库后台记录，系统管理员管理界面可展现，处理程序中使用，前台只显示部分字段。下面列出业务系统电子文件除业务实体元数据属性集外通用的档案实体元数据属性集、电子文件实体元数据属性集、过程实体元数据属性集。

表 3　档案实体元数据

编号	元数据中文名称	元数据英文名称	约束性	可重复性	元数据类型	数据类型	捕获方式/捕获节点
M1	档案馆代码	archives identifier	条件选	不可重复	简单型	字符型	自动/档案系统捕获
M2	档案门类代码	archival category code	可选	不可重复	简单型	字符型	自动/档案系统捕获
M3	聚合层次	aggregation level	必选	不可重复	简单型	字符型	自动/档案系统捕获
M4	唯一标识符	unique identifier	条件选	不可重复	简单型	字符型	自动/档案系统捕获
M5	档号	archival code	必选	不可重复	容器型	字符型	自动/档案系统捕获
M6	题名	Title	必选	不可重复	复合型	字符型	自动/档案系统捕获
M7	责任者	Author	条件选	不可重复	容器型	字符型	自动/档案系统捕获
M8	文件形成时间	File Formation Time	可选	不可重复	简单型	字符型	自动/档案系统捕获
M9	保管期限	retention period	可选	不可重复	简单型	字符型	自动/档案系统捕获
M10	密级	security classification	可选	不可重复	简单型	字符型	自动/档案系统捕获
M11	页数	number of pages	可选	不可重复	简单型	字符型	自动/档案系统捕获
M12	移交人	Handover	可选	不可重复	简单型	字符型	自动/档案系统捕获

续表

编号	元数据中文名称	元数据英文名称	约束性	可重复性	元数据类型	数据类型	捕获方式/捕获节点
M13	移交时间	Transfer time	可选	不可重复	简单型	字符型	自动/档案系统捕获
M14	检查人	rummager	可选	不可重复	简单型	字符型	自动/档案系统捕获
M15	检查时间	check time	可选	不可重复	简单型	字符型	自动/档案系统捕获
M16	归档人	filing Person	可选	不可重复	简单型	字符型	自动/档案系统捕获
M17	归档时间	filing time	可选	不可重复	简单型	字符型	自动/档案系统捕获

表 4　电子文件实体元数据

编号	元数据中文名称	元数据英文名称	约束性	可重复性	元数据类型	数据类型	捕获方式/捕获节点
M18	来源	Provenance	可选	不可重复	容器型	字符型	自动/档案系统捕获
M19	来源模块	Source module	可选	不可重复	容器型	字符型	自动/档案系统捕获
M20	获取方式	acquisition approaches	条件选	不可重复	简单型	字符型	自动/档案系统捕获
M21	服务器地址	server address	可选	不可重复	简单型	字符型	自动/档案系统捕获
M22	计算机文件名	computer file name	必选	不可重复	简单型	字符型	自动/档案系统捕获
M23	计算机文件大小	computer file size	必选	可重复	简单型	数值型	自动/档案系统捕获
M24	格式名称	format name	必选	不可重复	简单型	字符型	自动/档案系统捕获

表 5　过程实体元数据

编号	元数据中文名称	元数据英文名称	约束性	可重复性	元数据类型	数据类型	捕获方式/捕获节点
M25	操作行为	Operant behaviour	必选	不可重复	容器型	字符型	自动/档案系统捕获
M26	操作人员	Operator name	必选	不可重复	简单型	字符型	自动/档案系统捕获
M27	操作人员所在机构	Operator seat mechanism	条件选	不可重复	简单型	字符型	自动/档案系统捕获
M28	操作机器 IP	Operating Machine IP	必选	不可重复	简单型	字符型	自动/档案系统捕获
M29	操作时间	Operant time	必选	不可重复	简单型	字符型	自动/档案系统捕获
M30	操作描述	Operating Description	可选	不可重复	简单型	字符型	自动/档案系统捕获

2. 元数据捕获要求

应按照接口协议组织待归档电子文件及其元数据，能够建立并保持元数据与电子文件之间的关联关系，以数据表形式或 XML 格式向数字档案管理系统移交。本钢采取的是以数据表形式进行移交。

3. 元数据的存储

元数据在数据库中以数据表的形式存储，并能够按 XML 格式封装后导出进行长期存储。

元数据管理功能在本钢档案管理信息系统中的体现：在【采集整编】-【目录整编】、【采集整编】-【图纸整编】和【归档检验】-【数据检验】模块中，增加了元数据管理功能按钮，设置了元数据导出 XML 功能。其中，元数据管理只针对单条目录进行，元数据导出 XML 可以同时对多个目录的文件进行。

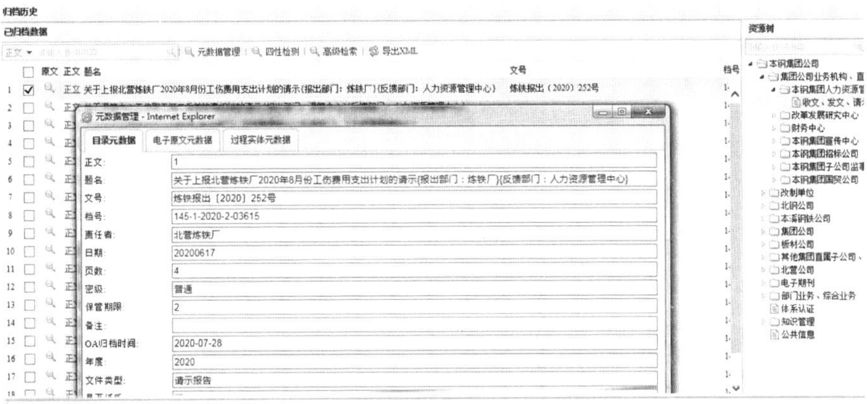

```
<?xml version="1.0" encoding="UTF-8"?>
<元数据属性集>
    <目录元数据>
        <题名>关于LX82A钢种改判的请示（2020-2112）{报出部门，炼钢厂}{反馈部门，制造部}</题名>
        <文号/>
        <档号>101-1-2020-2-224</档号>
        <责任者>北营炼钢厂</责任者>
        <日期>20200608</日期>
        <页数>4</页数>
        <密级>普通</密级>
        <保管期限>2</保管期限>
        <备注/>
        <OA归档时间>2020-06-24</OA归档时间>
        <年度>2020</年度>
        <文件类型>请示报告</文件类型>
        <是否纸质>是</是否纸质>
    </目录元数据>
    <电子原文元数据>
        <电子原文信息>
            <计算机文件名>LC_173328323_2020624.mht</计算机文件名>
            <原始电子文件名>LC_173328323_2020624.mht</原始电子文件名>
            <显示名称>LC_173328323_2020624.mht</显示名称>
            <计算机文件大小>796569</计算机文件大小>
            <页数/>
            <原始格式>mht</原始格式>
            <存放位置>/oa_ftp/oaupload/customform/202007/</存放位置>
```


图6　元数据管理

4. ERP系统归档电子档案部分业务实体元数据定义

表6　会计总账

类别	编号	元数据中文名称	元数据英文名称	约束性	可重复性	元数据类型	数据类型	捕获方式/捕获节点
业务实体	M31	公司名称	company code	必选	不可重复	简单型	字符型	自动/业务系统捕获
	M32	公司代码	corporate name	必选	不可重复	简单型	字符型	自动//业务系统捕获
	M33	部门名称	department name	必选	不可重复	简单型	字符型	自动/业务系统捕获
	M34	部门代码	department code	必选	不可重复	简单型	字符型	自动/业务系统捕获
	M35	会计年度	accounting year	必选	不可重复	简单型	字符型	自动/业务系统捕获
	M36	会计期间	accounting period	必选	不可重复	简单型	字符型	自动/业务系统捕获
	M37	业务范围	business scop	必选	不可重复	简单型	字符型	自动/业务系统捕获
	M38	科目代码	account Code	必选	可重复	简单型	字符型	自动/业务系统捕获
	M39	科目名称	account name	必选	不可重复	简单型	字符型	自动/业务系统捕获
	M40	摘要	abstract	可选	可重复	简单型	字符型	自动/业务系统捕获
	M41	借方金额	Debits	可选	可重复	简单型	数值型	自动/业务系统捕获
	M42	贷方金额	Credits	可选	可重复	简单型	数值型	自动/业务系统捕获
	M43	记账日期	Posting Date	必选	不可重复	简单型	字符型	自动/业务系统捕获

表 7 会计明细账

类别	编号	元数据中文名称	元数据英文名称	约束性	可重复性	元数据类型	数据类型	捕获方式/捕获节点
业务实体	M31	公司名称	company code	必选	不可重复	简单型	字符型	自动/业务系统捕获
	M32	公司代码	corporate name	必选	不可重复	简单型	字符型	自动/业务系统捕获
	M33	部门名称	department name	必选	不可重复	简单型	字符型	自动/业务系统捕获
	M34	部门代码	department code	必选	不可重复	简单型	字符型	自动/业务系统捕获
	M35	会计年度	accounting year	必选	不可重复	简单型	字符型	自动/业务系统捕获
	M36	会计期间	accounting period	必选	不可重复	简单型	字符型	自动/业务系统捕获
	M37	业务范围	business scop	必选	不可重复	简单型	字符型	自动/业务系统捕获
	M38	科目代码	account code	必选	不可重复	简单型	字符型	自动/业务系统捕获
	M39	科目名称	account name	必选	不可重复	简单型	字符型	自动/业务系统捕获
	M40	客户/供应商名称	customer / supplier Name	必选	不可重复	简单型	字符型	自动/业务系统捕获
	M41	客户/供应商代码	customer / supplier code	必选	不可重复	简单型	字符型	自动/业务系统捕获
	M42	凭证类型	Voucher Type	必选	不可重复	简单型	字符型	自动/业务系统捕获
	M43	凭证编号	Voucher Number	必选	不可重复	简单型	字符型	自动/业务系统捕获
	M44	摘要	abstract	可选	不可重复	简单型	字符型	自动/业务系统捕获
	M45	借方金额	Debits	可选	可重复	简单型	数值型	自动/业务系统捕获
	M46	贷方金额	Credits	可选	可重复	简单型	数值型	自动/业务系统捕获
	M47	记账日期	Posting Date	必选	不可重复	简单型	字符型	自动/业务系统捕获

表 8 记账凭证

类别	编号	元数据中文名称	元数据英文名称	约束性	可重复性	元数据类型	数据类型	捕获方式/捕获节点
业务实体	M31	公司名称	company code	必选	不可重复	简单型	字符型	自动/业务系统捕获
	M32	公司代码	corporate name	必选	不可重复	简单型	字符型	自动/业务系统捕获
	M33	部门名称	department name	必选	不可重复	简单型	字符型	自动/业务系统捕获
	M34	部门代码	department code	必选	不可重复	简单型	字符型	自动/业务系统捕获
	M35	会计年度	accounting year	必选	不可重复	简单型	字符型	自动/业务系统捕获

续表

类别	编号	元数据中文名称	元数据英文名称	约束性	可重复性	元数据类型	数据类型	捕获方式/捕获节点
业务实体	M36	业务范围	business scop	必选	不可重复	简单型	字符型	自动/业务系统捕获
	M37	科目代码	account code	必选	不可重复	简单型	字符型	自动/业务系统捕获
	M38	科目名称	account name	必选	不可重复	简单型	字符型	自动/业务系统捕获
	M39	凭证类型	Voucher Type	必选	不可重复	简单型	字符型	自动/业务系统捕获
	M40	凭证编号	Voucher Number	必选	不可重复	简单型	字符型	自动/业务系统捕获
	M41	摘要	abstract	可选	不可重复	简单型	字符型	自动/业务系统捕获
	M42	借方金额	Debits	可选	可重复	简单型	数值型	自动/业务系统捕获
	M43	贷方金额	Credits	可选	可重复	简单型	数值型	自动/业务系统捕获
	M44	记账日期	Posting Date	必选	不可重复	简单型	字符型	自动/业务系统捕获
	M45	制单人	Documnetary	必选	不可重复	简单型	字符型	自动/业务系统捕获
	M46	审核人	Auditor	必选	不可重复	简单型	字符型	自动/业务系统捕获
	M47	出纳	Cashier	必选	不可重复	简单型	字符型	自动/业务系统捕获
	M48	记账人	Accounting Clerk	必选	不可重复	简单型	字符型	自动/业务系统捕获
	M49	会计主管	Accounting Manager	必选	不可重复	简单型	字符型	自动/业务系统捕获

表 9　营业外收支明细

类别	编号	元数据中文名称	元数据英文名称	约束性	可重复性	元数据类型	数据类型	捕获方式/捕获节点
业务实体	M31	公司名称	company code	必选	不可重复	简单型	字符型	自动/业务系统捕获
	M32	公司代码	corporate name	必选	不可重复	简单型	字符型	自动/业务系统捕获
	M33	会计年度	accounting year	必选	不可重复	简单型	字符型	自动/业务系统捕获
	M34	会计月份	accounting Month	必选	不可重复	简单型	字符型	自动/业务系统捕获
	M35	项目名称	Entry name	必选	不可重复	简单型	字符型	自动/业务系统捕获
	M36	本月数	Currnet Month Number	可选	可重复	简单型	数值型	自动/业务系统捕获
	M37	本年累计数	Accumulated for the year	可选	可重复	简单型	数值型	自动/业务系统捕获
	M38	记账日期	Posting Date	必选	不可重复	简单型	字符型	自动/业务系统捕获

表 10 采购/销售合同

类别	编号	元数据中文名称	元数据英文名称	约束性	可重复性	元数据类型	数据类型	捕获方式/捕获节点
业务实体	M31	公司名称	company code	必选	不可重复	简单型	字符型	自动/业务系统捕获
	M32	公司代码	corporate name	必选	不可重复	简单型	字符型	自动/业务系统捕获
	M33	会计年度	accounting year	必选	不可重复	简单型	字符型	自动/业务系统捕获
	M34	采购/销售订单号	contract number	必选	不可重复	简单型	字符型	自动/业务系统捕获
	M35	采购/销售组织(部门)	Purchasing sales/organization	可选	可重复	简单型	字符型	自动/业务系统捕获
	M36	甲方	first party	必选	不可重复	简单型	字符型	自动/业务系统捕获
	M37	乙方	second party	必选	不可重复	简单型	字符型	自动/业务系统捕获
	M38	合同金额	Contract account	必选	不可重复	简单型	数值型	自动/业务系统捕获
	M39	签订日期	Signing date	必选	不可重复	简单型	字符型	自动/业务系统捕获
	M40	签订地点	Signing locale	必选	不可重复	简单型	字符型	自动/业务系统捕获

表 11 结算单

类别	编号	元数据中文名称	元数据英文名称	约束性	可重复性	元数据类型	数据类型	捕获方式/捕获节点
业务实体	M31	公司名称	company code	必选	不可重复	简单型	字符型	自动/业务系统捕获
	M32	公司代码	corporate name	必选	不可重复	简单型	字符型	自动/业务系统捕获
	M33	采购订单(合同)号	contract number	必选	不可重复	简单型	字符型	自动/业务系统捕获
	M34	结算通知单号	Settlement Notice No	可选	不可重复	简单型	字符型	自动/业务系统捕获
	M35	结算通知单日期	Settlement Notice date	可选	不可重复	简单型	字符型	自动/业务系统捕获
	M36	供应商编码	supplier code	必选	不可重复	简单型	字符型	自动/业务系统捕获
	M37	供应商名称	supplier name	必选	不可重复	简单型	字符型	自动/业务系统捕获
	M38	结算单号	Settlement No	必选	不可重复	简单型	字符型	自动/业务系统捕获
	M39	结算单日期	Settlement date	必选	不可重复	简单型	字符型	自动/业务系统捕获
	M40	结算金额	SETTLEMENT AMOUNT	必选	不可重复	简单型	字符型	自动/业务系统捕获

续表

类别	编号	元数据中文名称	元数据英文名称	约束性	可重复性	元数据类型	数据类型	捕获方式/捕获节点
业务实体	M41	物料编码	material code	必选	不可重复	简单型	字符型	自动/业务系统捕获
	M42	附件张数	Attachments Number	可选	可重复	简单型	字符型	半自动/业务系统捕获
	M43	批准人	Approver	可选	可重复	简单型	字符型	半自动/业务系统捕获
	M44	批准日期	Approval Date	可选	可重复	简单型	字符型	半自动/业务系统捕获

（五）整理方案

ERP电子档案的整理思路是在需求分析过程中经档案、业务、信息等部门共同探讨梳理而逐渐形成。总的整理方案以档案部门设计为主，兼顾业务应用需求。根据本钢ERP系统归档的电子档案多为单套制归档的实际，结合通过电子档案信息较易定位到纸质档案的优势，本钢ERP系统归档的电子档案不拘泥于传统档案的分类管理思路，采取的是"简化整理、深化检索"的管理理念，归档的ERP系统电子档案与纸质档案分别管理，各成体系，即考虑数据来源及不同的业务特点分别形成业务链管理结构、报表树管理结构、设备树管理结构、工程项目树管理结构等，对每层结构下的数据不设人工著录项目，而是由系统尽可能多地获取关键信息供检索使用。不同管理结构下的电子档案根据归档周期按照"年度-月份-流水号"排序。

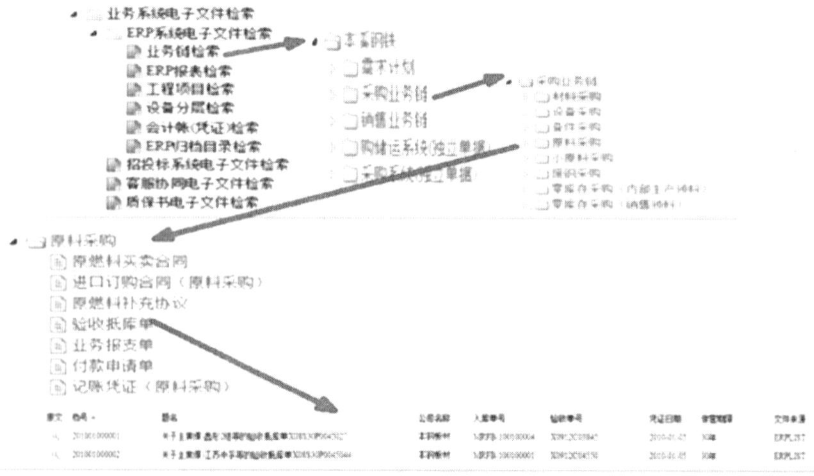

图9　ERP电子档案管理结构示例

（六）电子档案保管方案

电子文件存储：

归档后的电子文件封装为 PDF 格式，服务器端电子文件以实体形式存储；电子文件和电子档案采集到档案系统后，数据由档案应用服务器进行存储。档案系统三台服务器（数据库/应用服务器、备份服务器、灾备服务器）分别存放于集团公司总部和能管中心机房，由信息化中心专责管理。信息化中心制定了《本钢集团有限公司信息化机房管理规定》《本钢集团有限公司信息化系统业务数据管理规定》《本钢集团有限公司信息化系统安全管理规定》《本钢集团有限公司信息化系统备份管理规定》等一系列规章制度并层层落实到位，为电子档案的存储安全提供了保证。

资源导出：

归档的电子档案能够批量进行目录导出和原文下载，以元数据为单位进行组织，元数据信息可写入 XML 文件。

数据备份：

（1）对数据库备份：使用数据库自身的备份恢复功能实现数据的备份和恢复。如使用数据库的计划策略实现数据的自动备份，如果没有提供计划策略，则使用操作系统的计划策略实现自动备份。

（2）对电子文件备份：利用双机热备软件/应用级灾备软件，实现同步增量备份到异地备份服务器。双机热备确保一台服务器出现问题后另一台备份服务器能立刻接管；应用级灾备由 ROSE 专业备份软件对系统数据进行备份，实现完整的数据属性复制、智能的数据传输，确保备份数据同步且不丢失。

（3）系统提供回收站恢复误删文件、文件操作日志、文件历史版本等功能。

（4）系统管理员定期进行数据库、程序、电子文件离线备份。

电子文件安全格式巡检：

系统设计了电子文件安全格式巡检功能，可按照年度分类对电子文件进行格式巡检，根据巡检结果对非安全格式电子文件进行处理。

（七）利用方案

（1）归档资源服务利用方式

在分类检索、普通检索、高级检索、全文检索等检索功能下设置符合企业业务特点的检索方式。

● **业务链检索：**

根据国家档案局《关于加强企业档案信息化建设的意见》第六项第十四条的要求，与企业改革和流程再造相结合，与企业档案管理模式创新相结合，开展对企业档案信息化的研究。参照业务系统所创建的管理模式、业务流程，按照业务系统业务环节环环相扣的关联特点，将业务系统中产生的业务单据建立业务链式追溯检索，实现整个业务过程产生的业务单据的完整追溯，例如采购业务链、销售业务链。

图 10

采购业务链：订购合同 →验收抵库单 →业务报支单 →付款申请单 →记账凭证（应付）。

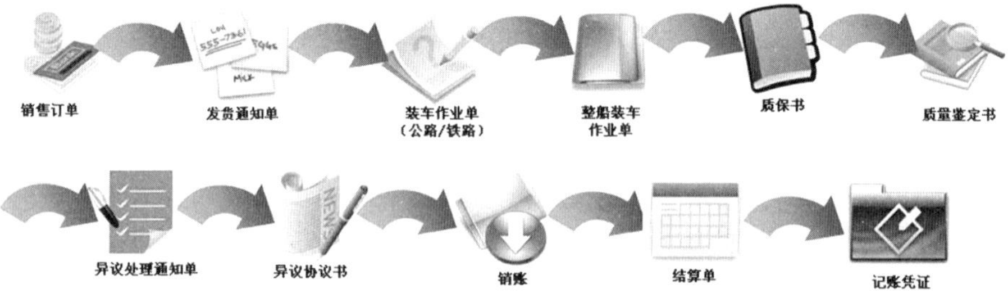

图 11

销售业务链：销售订单 →发货通知单 →装车作业单 →质保书 →质量鉴定书→异议处理通知单→异议协议书→销账→结算单→记账凭证（应收）。

考虑到不同来源渠道业务数据可以虚拟聚类的特点，针对 ERP 系统中采集的设备数据、工程项目数据分别实现资源归集检索。

● **设备分层检索：**

结合本钢设备编码规则，以本钢设备主数据为基础，建立本钢设备树结构。本钢设备树层次结构为：本钢—厂矿—生产线—区域—设备—设备部件的层次结构。设备层及以下层次都可以虚拟归集档案资源。

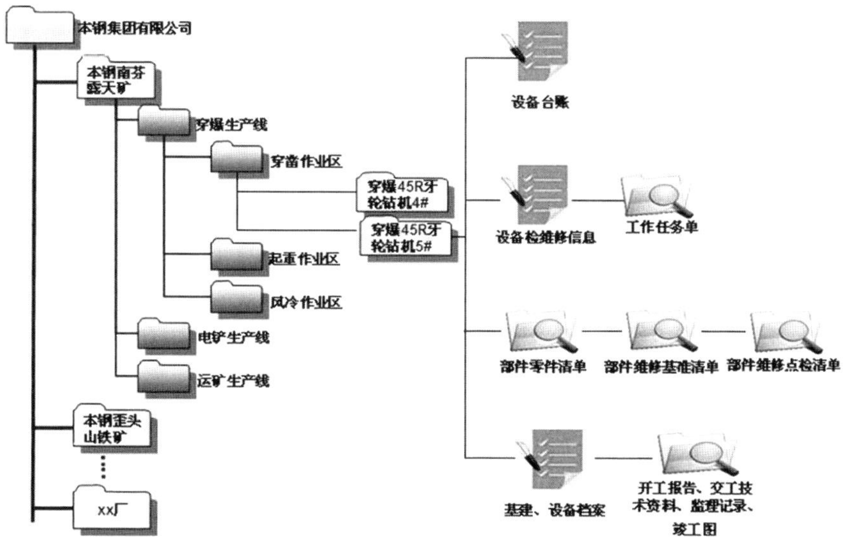

图 12　本钢设备树层次结构

- **工程项目检索：**

结合本钢工程项目编码规则，以工程项目数据为基础，建立本钢工程项目树结构。为：公司名称—立项年度—项目类型—项目—项目投资控制分解结构的层次结构。根据工程项目号实现资源的归集。

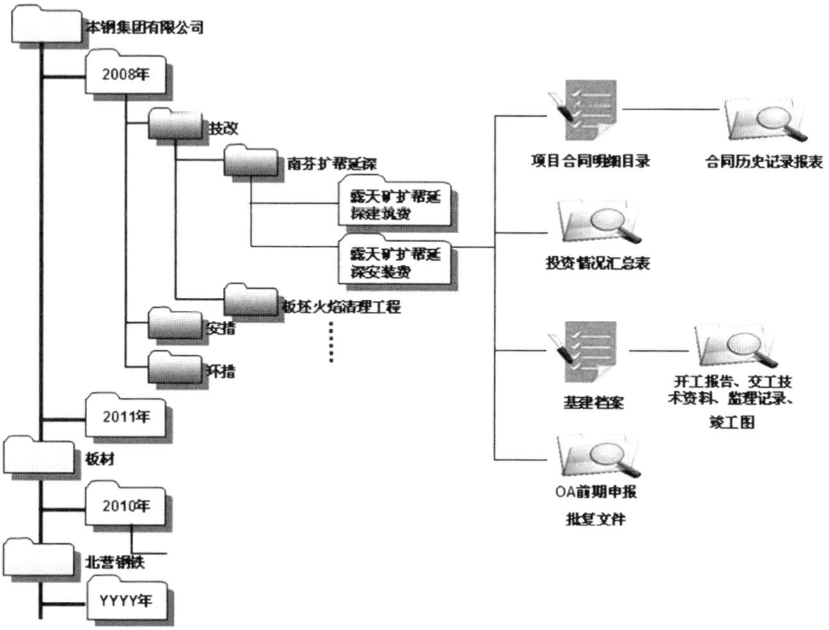

图 13　本钢工程项目树层次结构

• **报表检索：**

对本钢归档的 ERP 报表，按照不同的业务模块进行划分，分别实现查询检索。

• **目录检索：**

ERP 系统归档接口中除归档业务单据、报表外，还有一部分归档范围内的数据无固定表单样式，对这部分数据通过【ERP 归档目录检索】功能模块进行查询检索。

（2）归档电子文件的权限分配及利用流程

归档后的数据在提供服务利用时，必须进行严格的权限控制。原则上该部分数据针对形成用户可直接在线查询利用，其他用户查询利用该部分资源时，需提出利用申请，通过系统设定的审批流程审核通过后方可在线查看。具体流程如下：

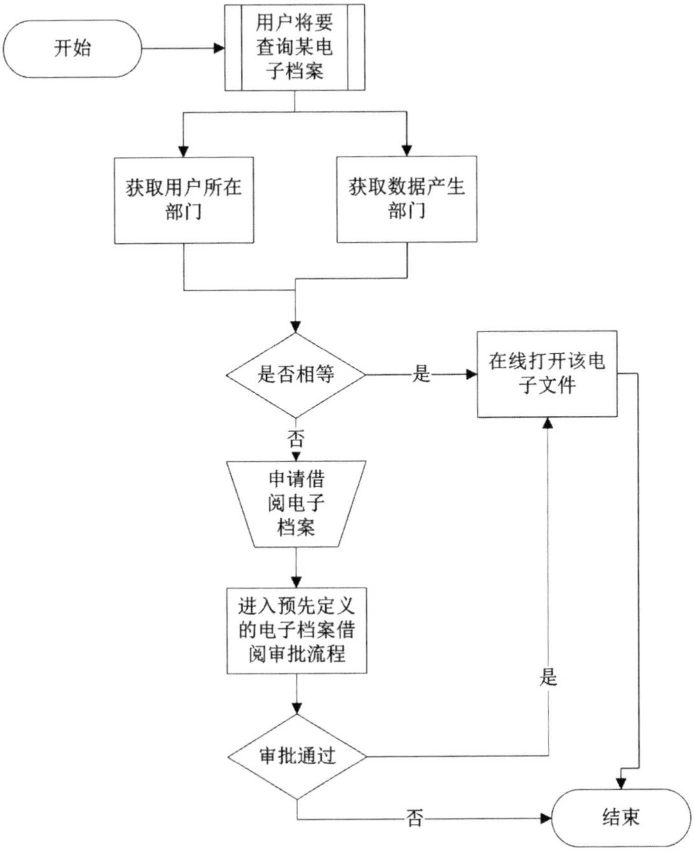

图 14　系统设定的审批流程

（八）四性检测方案

按照《电子档案移交与接收办法》《企业数字档案馆（室）建设指南》等规章和标准要求，从电子档案真实性、完整性、可用性和安全性等角度，提出电子档案检测过程中的检测对象、检测项目和实现方案，确保电子档案在移交接收与长期保存过程中的准确可靠、齐全完整和安全可用。

四性检测功能实现在本钢档案管理信息系统中的体现包括在【采集整编】-【目录整编】、【采集整编】-【图纸整编】和【归档检验】-【数据检验】模块中增加功能按钮：四性检测。四性检测可以同时对多个目录的文件进行，如图1；各功能点的实现见如下表格中的“检测方法”列。对于检测未通过的数据可以导出报表以便于查找问题时参考。

真实性检测：电子档案的真实性是指电子档案内容数据、目录数据和元数据在电子文件归档和电子档案管理过程的一致性。

表12　真实性检测

检测类型	检测项	检测内容	错误原因	检测方法
真实性	目录信息数据长度检测	检测目录信息数据长度是否在定义的范围内	目录信息长度不符合定义的范围	—
	目录信息数据格式检测	检测目录信息数据格式是否为定义的类型	数据类型不符合定义的类型	—
	目录信息包含特殊字符检测	检测目录信息中是否包含特殊字符	目录数据中包含特殊字符	检测中文全角符号
	电子档案内容大小一致性检测	检测元数据中记录的电子档案大小是否与实际电子档案大小一致	电子档案大小与元数据记录不符	电子原文信息表的文件大小和磁盘文件大小比对
	电子档案格式一致性检测	检测元数据中记录的电子档案格式是否与实际电子档案格式一致	元数据中记录的电子档案格式与实际电子档案格式不符	电子原文信息表的文件格式和磁盘文件格式比对

完整性检测：电子档案的完整性是指电子档案内容数据、目录数据和元数据内容、项目是否齐全完整，包括数据总量的完整性、目录信息的完整性和电子档案内容的完整性等。

表 13　完整性检测

检测类型	检测项	检测内容	错误原因	检测方法
完整性	目录信息必填项是否完整检测	检测目录信息必填项是否有值	目录信息中某必填项内容缺失	—
	目录信息连续性检测	检测档号中的案卷（文件）序号是否有间断	档号中的案卷（文件）序号不连续	检测当前数据档号中的最后一节流水号前后是否有相邻流水号
	电子档案内容完整性检测	检测档案目录中标注为有原文的记录是否有相应的电子档案	电子档案无对应的内容数据	检测档案目录中原文标记有的记录磁盘是否有文件

可用性检测：电子档案的可用性是指电子档案内容数据、目录数据和元数据能够长期保存，并被有效使用。

表 14　可用性检测

检测类型	检测项	错误原因	检测方法
可用性	目录数据可用性检测	检测电子档案目录数据是否可以被正常访问	—
	电子档案可用性检测	检测电子文件是否可以被正常打开	—
	电子档案长期保存可用型检测	检测电子文件格式是否为长期可读的格式（PDF）	除音视频、图片类型的文件，是否是 pdf 格式

安全性检测：电子档案的安全性是指电子档案具有安全保管和长期可用的环境。

表 15 安全性检测

检测类型	检测项	错误原因	检测方法
安全性	目录数据安全性检测	检测著录项目中的密级和控制标识是否规范	—
	电子档案病毒检测	检测电子档案 MD5 值是否一致	电子原文表中增加 MD5 字段，上传文件时记录 MD5 值，检测获取 md5 值与表中 md5 值比较是否一致

文件题名	文件档号
2020年集团公司技改工程春季质量大检查总结	24-1-2020-2-341

	文件题名	文件档号	电子原文名称	检测类型	检测项	检测方法	检测结果	错误原因
20	2020年集团公司技改工程春季	24-1-2020-2-341	GW_59812035_202065.mht	可用性	电子档案长期	检测电子文件格式是否为长	未通过	检测电子文件格式不是为长
21	2020年集团公司技改工程春季	24-1-2020-2-341	2020年集团公司技改工程春季	可用性	电子档案可开	检测电子文件是否能读取文	通过	
22	2020年集团公司技改工程春季	24-1-2020-2-341	2020年集团公司技改工程春季	可用性	电子档案长期	检测电子文件格式是否为长	未通过	检测电子文件格式不是为长
23	2020年集团公司技改工程春季	24-1-2020-2-341	2020年本钢技改春季工程质量	可用性	电子档案可开	检测电子文件是否能读取文	通过	
24	2020年集团公司技改工程春季	24-1-2020-2-341	2020年本钢技改春季工程质量	可用性	电子档案长期	检测电子文件格式是否为长	未通过	检测电子文件格式不是为长
25	2020年集团公司技改工程春季	24-1-2020-2-341	2020年春季质量大检查建设单	可用性	电子档案可开	检测电子文件是否能读取文	通过	
26	2020年集团公司技改工程春季	24-1-2020-2-341	2020年春季质量大检查建设单	可用性	电子档案长期	检测电子文件格式是否为长	未通过	检测电子文件格式不是为长
	完整性 - 5 项							
27	2020年集团公司技改工程春季	24-1-2020-2-341		完整性	总字节数相符	统计某一批次的电子档案总	通过	
28	2020年集团公司技改工程春季	24-1-2020-2-341		完整性	电子档案数量	检测档案元数据中记录对应	通过	
29	2020年集团公司技改工程春季	24-1-2020-2-341		完整性	总件数相符性	统计某一批次的电子档案总	通过	
30	2020年集团公司技改工程春季	24-1-2020-2-341		完整性	元数据必填著	检测目录信息必填项是否有	通过	
31	2020年集团公司技改工程春季	24-1-2020-2-341		完整性	连续性元数据	检测文件档号中的最后一节	通过	
	安全性 - 2 项							
32	2020年集团公司技改工程春季	24-1-2020-2-341		安全性	电子档案病毒	检测电子文件是否感染病毒	通过	
33	2020年集团公司技改工程春季	24-1-2020-2-341		安全性	电子档案病毒	系统环境中是否安装杀毒软	通过	

图 15 业务系统电子文件四性检测实例

（九）系统建设

本钢集团档案管理信息系统的三期工程全部采用面向对象的开发方法，经过前期准备、调研分析、系统集成、系统测试、系统试运行、系统验收等阶段完成项目建设。在系统建设过程中一直秉承“业务主导、技术支持”的总基调，周例会、周报、专项问题研讨会等制度贯穿于工程建设的始终。

项目三期建设时间点及建设内容如下图所示：

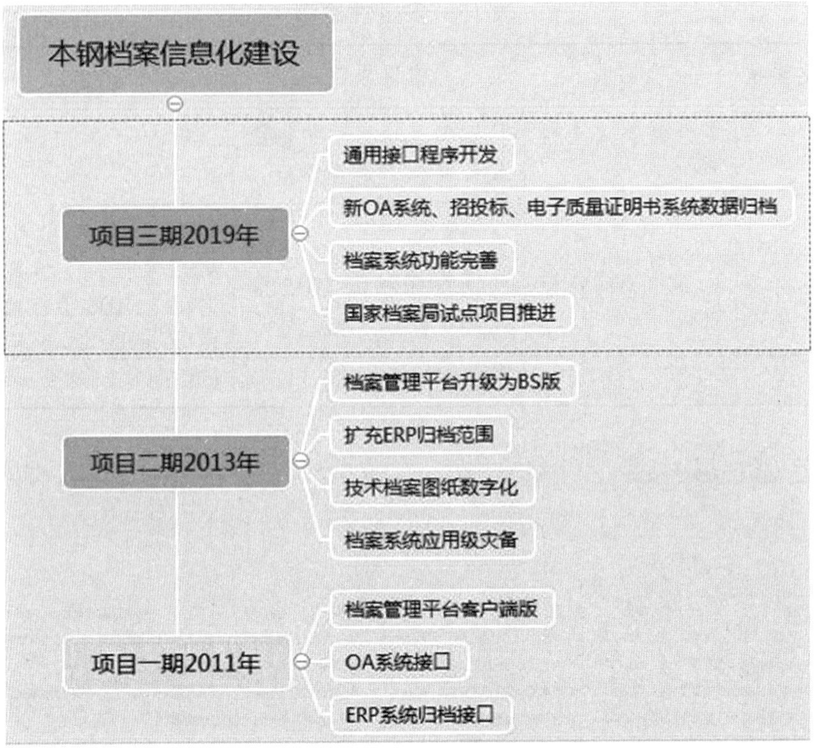

图 16

1. 电子档案管理系统主要功能

表 16

功能项		功能简述	备注
收集功能	手工登记	对元数据项可根据需要增减，具有元数据手工登记校验功能；可对电子文件元数据根据权限进行更改、删除、挂接电子文件等操作。	
	在线接收	具备标准归档接口，可实现OA、ERP、招投标、客服协同、电子质量证明书等多个业务系统数据归档。	
	离线接收	具备电子文件、电子档案和其他数字资源离线批量导入、上传功能。	
	接收检测	具备四性检测功能。	

续表

功能项		功能简述	备注
整理功能	组件	具备对来自不同系统的归档电子文件按照组件规则组成卷或者件功能。	
	分类	可灵活设置档案门类，并可对各档案门类进一步灵活配置。	
	划定保管期限	对保管期限可设置不同固定值，并可在数据维护界面进行下拉选择或者实现批量维护。	
	组成保管单位	可将同一保管单位中文件按照设定规则进行自动或人工干预排列。	
	编号	可按照档号规则自动或半自动形成档号并具有查重功能。	
	编目	能够根据需要编制各种目录，并进行下载打印。	
	关联关系建立	目录可根据规则与电子文件自动建立关联；不同来源数据可虚拟聚类建立关联。	
保管功能	档案整理	能根据整理规则完成各类档案自动或半自动整理。	
	电子档案长期保存	可脱离数据库独立存储；有独立资源库管理；具备 pdf 格式封装、四性检测、元数据导出 XML、电子档案安全格式巡检等功能。	
	存储格式转换与信息组织	对电子文件统一进行 PDF 格式封装；具备元数据导出 XML 功能。	
	备份	利用专业备份软件对数据库、应用、电子文件实时同步备份；利用硬盘、移动硬盘、光盘定期对数据库、程序、电子文件进行离线备份。	

续表

功能项		功能简述	备注
保管功能	定期鉴定	筛选保管到期档案，在鉴定模块完成保管期限或密级变更，对鉴定信息进行自动记录。	
	销毁管理	销毁流程与OA集成，对无保存价值档案经过OA审批后进行销毁处理，可自动记录销毁信息并导出销毁清册。	
	移交	业务人员、档案管理人员在归档检验平台对电子文件进行交叉检验及审核著录后提交归档。	
	介质管理	相同内容的数据采用移动硬盘、光盘两种介质进行离线备份；用于备份的移动硬盘、光盘由专人管理，按照规范编制光盘和移动硬盘存储结构。	
统计功能		具有年报汇总、档案利用统计、档案分类统计、业务系统数据统计、用户注册情况统计等功能。	
利用功能	检索	可实现档案分类检索、业务系统电子文件检索、全文检索；具有简单检索、高级检索（组合条件）功能。	
	浏览	可实现目录浏览、权限范围内电子档案浏览。	
	借阅	可实现无权限的电子档案借阅；可进行纸质档案借阅登记。	
	编研	具有专题编研、编研审批、编研成果首页展示等功能。	
	开放利用设置	对通过借阅审批的电子档案可开通电子原文查看权限；对开放档案实行注册用户无限制查询。	

续表

功能项		功能简述	备注
利用功能	复制管理	利用权限管理控制电子文件的下载、打印。	
	利用效果反馈	用户可在借阅管理模块登记利用效果。	
系统管理功能	日志管理	具有日志审计模块，记录了用户登录及各类详细操作的日志。	
	系统设置	具有系统配置模块，可对系统运行的各类字典数据进行设置。	
	用户管理	具有用户管理模块，可对用户、角色进行管理。	
	组织机构设置管理	具有组织机构配置模块，可对机构进行管理。	
	权限管理	具有系统权限配置模块，可实现角色赋权，可控制功能模块、菜单、档案类及数据权限。	
	多全宗管理	通过档案分类树维护来实现多全宗管理。	
	工作过程记录管理	具有数据检验、审核、借阅、鉴定、销毁等全过程管理记录；具有日志审计模块，记录了各个模块和用户的详细操作行为。	
传统载体档案辅助管理功能	传统载体文件信息采集	利用采集整编模块实现传统载体文件信息采集。	
	传统载体文件归档整理	利用采集整编模块实现传统载体文件信息整理。	
	传统载体档案信息采集	利用采集整编模块实现传统载体档案信息采集。	

续表

功能项		功能简述	备注
传统载体档案辅助管理功能	档案存放位置管理	具有虚拟库房管理模块，通过档案存址字段实现档案存放位置管理。	
	*智能库房管理	可对库房管理结构进行视图化展示。	
功能模块划分		从收、管、存、用等角度设置功能模块，具有“文件检索、采集整编、归档检验、借阅管理、鉴定销毁、统计与报表、专题编研、库房管理、系统监控、系统配置、网站管理”等模块。	
界面及输入输出设计	界面设计	采用菜单界面驱动方式，操作简单，易于管理维护。 系统工作平台主界面提供皮肤设置功能。	
	输入设计	包含用户自行维护界面、接口导入界面、批量导入界面等。	
	输出设计	对各种操作有良好的信息提示；有直观的统计图表；可离线导出目录和数据；可与其他接口做集成数据输出。	
其他	元数据	设置了档号、题名、公司名称、凭证日期、合同号、保管期限、计算机文件名、显示名称、原始格式、存放位置、电子文件来源、移交单号、移交人、移交人部门、移交时间、审核人、审核人部门、审核时间等元数据（以订购合同为例），并具有元数据导出 XML 功能。	

2. 电子档案管理系统技术架构

系统采用 B/S 模式，将整个业务应用划分为：系统支撑层、系统服务层、平台应用层、服务利用层。

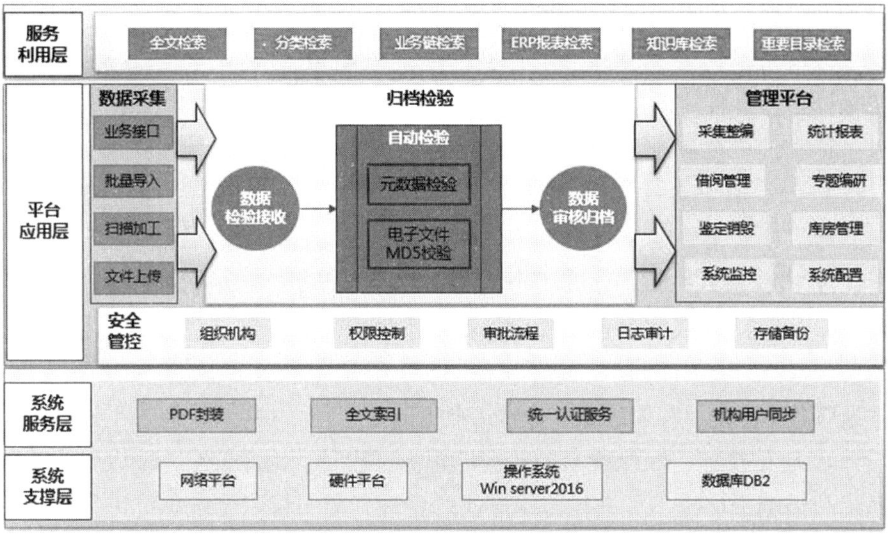

图 17

系统支撑层：借助本钢内部的高速局域网络，搭建应用数据库服务器、热备服务器、中间服务器、灾备服务器，开发环境利用原来的老服务器做为测试服务器。在这几台服务器上安装 Windows server2016 操作系统，安装 DB2 V11.1。

系统服务层：该层次主要完成一些数据的后台服务处理，包括 PDF 封装、全文索引、统一认证服务、机构用户同步等。

平台应用层：包括数据采集、归档检验、平台管理等。数据采集主要通过业务系统归档接口完成 OA、ERP、招投标、客服协同、电子质量证明书等系统的数据采集；其次通过批量导入、扫描加工、文件上传等实现不同来源渠道的数据采集。采集完成后的数据在归档检验平台完成数据的交叉检验及审核，归档至档案管理平台，在档案管理平台实现档案资源的长期安全保存，并辅助完成档案业务管理各项功能。

服务利用层：从利用者的使用需求出发，检索利用方式最大限度地符合企业业务流程和管理结构。根据不同归档数据的特点分别实现档案分类检索、业务链检索、设备分层检索、工程项目检索、ERP 报表检索、会计账检索、ERP 归档目录检索、全文检索等不同的查询检索模式。

（十）其他关键技术解决方案

1. 标准数据推送接口设计：按照定义的业务系统归档数据包标准，由前端业务系统把需要归档的电子文件打包推送到档案系统中间平台，归档数据表以目录（JSON 格式）+电子文件（非压缩包、exe 等）形式通过 SFTP 传输推送，文件对应的描述目录信息、电子文件属性信息均以 JSON 格式推送。标准接口在各业务系统调用时设置限制规则（包含安全性限制）。

2. 归档电子文件 MD5 校验、封装及水印添加：在接口程序创建文件时，通过比对文件唯一的 MD5 值验证归档文件的原始性；通过把归档文件封装成 PDF 格式并添加水印的方式进一步保障电子文件的可用性和安全性。

3. 异地应用级灾备系统建设：实现本地应用服务器、备份服务器、异地灾备服务器的数据库同步、电子文件同步，异地备份服务器能够在网络中断、本地服务器停机、存储故障等异常情况下于 15 分钟内顺利实现应用接管。

4. 简化整理、深化检索的数据展现方式设计：对于 OA 系统以外的业务系统归档电子文件不再进行传统方式的整理，也不再以传统思维进行档案类别和按卷或按件管理的划分，而是采取更为灵活、更便于用户权限控制的虚拟卷管理方式，可分可合、多个入口、链式检索。

六、存在的问题及解决方法

（一）ERP 模板化生成电子文件和元数据推送归档

问题产生原因：ERP 系统大多数单据、报表以结构化形式存储，无实体电子文件；各类业务单据通过程序展现，由业务人员导出归档效率低。

技术实现方式：由 ERP 系统批量模板化生成电子文件和元数据信息，按批次推送归档；归档数据在档案服务器端转换为 PDF 格式。

（二）保证数据读取效率，减少对 ERP 系统的影响

问题产生原因：ERP 数据量庞大，采用常规方法读取工作效率低，而且长时间读取影响 ERP 系统运行效率。

技术实现方式：通过程序连接 ERP 服务器读取底表信息，数据采集过程无需人为干预；程序运行有日志记录和跟踪监控界面。

（三）ERP 个别报表导出上传

问题产生原因：部分报表业务逻辑复杂，模板化生成难度大。

技术实现方式：针对部分数量较少的报表，利用 ERP 系统报表导出方式生成电子文件；档案系统提供上传工具，由业务人员上传归档，自动生成元数据。

（四）电子文件的“四性”检测

问题产生原因：ERP 系统归档数据量大，归档电子文件的真实性、完整性、可用性、安全性不易保证。

技术实现方式：每类业务单据模板采用 ERP 系统中打印样式；用于模板化生成的数据逻辑在原程序基础上实现，并经过 ERP 系统技术人员梳理和确认，对归档后的数据组织关键用户开展多轮测试；归档接口程序自动运行，保障数据安全传输；每个电子文件生成唯一 MD5 码，档案系统可随时读取并校验，确保电子文件不被篡改；电子文件生成、转换、检验、访问全部过程记入日志。

七、取得的效益

（一）经济效益

截止 2020 年 9 月底，本钢集团档案管理信息系统共归档 ERP 报表、招投标、客服协同、电子质量证明书电子文件 139.7 万件，归档短期保管 OA 电子文件 35.9 万余件，按一件文档平均一元打印成本计算，可节省打印存档费用 175.6 万元；此外，档案信息系统归档 ERP 目录表信息 3788.7 万余条，按 15 条折合一页计算计 252.6 万页，按每页 0.5 元打印成本计算（均为检索项目较多的宽幅表单），可节省打印归档费用 126.3 万元。上述两项合并计算，共节省 301.9 万元（175.6+126.3=301.9）文档打印费用。

上述文档如归档纸质文件装盒入柜，按一件文档平均 10 页计算，共归档纸质文件材料约 2008.6 万页（175.6×10+252.6=2008.6），按装入 3.5cm 档案盒计算，共需档案盒 57388 个、侧拉式密集柜 63 组，按每个档案盒 4.5 元、每组档案柜 7000 元、每组档案柜占地面积 7.5 平米（含过道）测算，共节省装具费用 69.9 万元（4.5×57388+7000×63=699246）、节省库房空间 472.5 平方米。

随着 OA 系统、ERP 系统、招投标系统、客服协同系统、电子质量证明书系统数据量的不断增多和OA系统电子文件单套制归档的实现，上述经济效益将会呈现稳步增长趋势。

（二）管理效益

1. 提高了档案信息传输利用效率

本钢ERP系统是以经济核算为中心的集产、供、销一体化的资源管理系统，数据存储更多考虑业务需要，未来系统为保证有足够的空间支撑业务运行和运行效率，势必会考虑以先进先出原则导出历史数据进入备份服务器或备份磁带库。在此情况下用户如果要查看以前的数据，原系统中已经没有完整信息，如果想要查看全部数据，则需要专业人员对数据进行恢复，周期很难确定。而实现了ERP数据归档后，用户可在数字档案系统中进行查询，快速、便捷，大大提高了档案的利用效率；在OA、ERP系统电子文件归档基础上，招投标、客服协同、电子质量证明书等系统电子文件也接续归档，这些关键业务系统数据为中高级管理人员及风险管控、专项审计等工作提供了比较完备的集成信息，档案查全率、查准率及查询响应速度都大大提高。

2. 推进了档案业务标准化、规范化建设

通过试点工作，不仅极大增强了本钢集团对档案信息资源的集中管控，而且为本钢集团其它业务系统归档的技术实现、接口规范建设提供了指导，推动了档案系统业务建设进一步向标准化、规范化目标迈进。

3. 打造了示范性工程，树立了业务部门归档意识

本钢OA、ERP系统数据实现在线归档，为后续其它业务系统在线归档积累了大量经验，成为业务系统归档的标杆。在体验到数据归档的好处后，许多部门（例如财务部、国贸公司）积极与档案馆对接，要求对其主要业务系统数据通过接口进行在线归档，进一步增强了业务部门的电子文件归档意识。

（三）社会效益

本钢集团档案管理信息系统归档的电子文件包括了目前本钢集团OA系统、ERP系统、招投标系统、客服协同系统、电子质量证明书系统经业务部门审查确认的所有应归档电子文件。其中对ERP系统八个专业子系统全部纳入归档范围，归档ERP电子文件表单达364种。

2014年10月13日，国家档案局经济科技档案司司长李晓明到本钢集

团进行档案信息化建设调研观摩，全面查看了本钢集团档案信息系统网站的功能设置及其电子文件归档管理利用的运行情况。李晓明对本钢集团重视数字档案资源建设给予了充分肯定，认为本钢集团采取档案馆、信息化部（信息化中心）联合进行规范的项目开发管理，先集中精力进行在线运行的信息化各业务系统数据归档，再做馆室藏存量纸质档案数字化，以及业务链式集成 ERP 归档数据的做法值得推广，并对下一步做好电子档案离线备份等工作提出了建议；2014 年 11 月 25 日，国家档案局在广东电信公司召开全国企业档案信息化建设现场会，特邀本钢集团作为地方国企的唯一代表做大会案例发言，并将本钢集团发言课件向各中央企业及各省（市）档案局推广，受到各界档案同行的好评；2016 年 12 月，本钢集团档案管理信息系统被国家档案局列为“企业电子文件归档和电子档案管理”试点项目。

2015 年 1 月，辽宁省档案局决定将本钢集团档案信息化项目列为全省的示范推广案例；2018 年 3 月，本钢集团档案管理信息系统被辽宁省档案局列为“企业数字档案馆（室）建设试点”项目。

2015 年 8 月，本钢集团档案管理信息系统被辽宁省经济和信息化委员会评为“2015 年辽宁省企业管理进步成果二等奖”。

2017 年 1 月、2018 年 8 月，本钢集团档案管理信息系统建设案例分别被写入中国人民大学和国家档案局电子文件管理相关专著。

2018 年 11 月，本钢集团档案管理信息系统建设案例荣获“2018 年度全国企业档案工作管理创新优秀案例三等奖”。

八、后续打算

在十四五期间，争取启动本钢集团档案管理信息系统四期工程建设。

四期工程拟实施内容包括：离线备份系统建设；档案馆馆藏档案数字化扫描；合同管理系统、财务共享系统等业务系统电子文件归档（根据业务系统建设及需求情况）；服务器部署方式改进；系统功能优化完善。

国泰君安证券股份有限公司
电子文件归档和电子档案管理试点案例

一、背景

近些年，随着互联网技术、金融科技的普遍运用，公司非现场（网上）等创新业务不断拓展，电子文件（档案）大量产生，档案工作面临创新转型的重要挑战。为紧跟公司信息化快速发展的步伐，紧贴业务实际发展需要，2016 年，公司正式启动电子档案管理系统建设，加强综合理财管理平台（非现场开户）电子文件归档和电子档案管理，探索档案信息资源智能化开发技术运用，为公司主营业务发展提供有效的服务支持。

二、目标

根据《企业数字档案馆（室）建设指南》《数字档案室建设评价办法》等标准规范，不断优化电子档案管理系统"收集、管理、存储、利用"等功能，在接收公司各类传统档案数字化成果的基础上，加强电子文件归档管理，实现 OA 系统、综合理财管理平台（非现场开户）等电子文件归档和电子档案管理，基本实现"存量数字化、增量电子化"的建设目标。同时，引入人脸识别、签名比对等主流技术在档案信息利用中的运用，切实做好档案工作助力公司主营业务，为公司打造行业领先的综合金融服务商及实现"数字化国泰君安"的战略发展提供坚实基础。

三、系统介绍

由于 OA 系统发展较为成熟，档案界对办公系统电子文件归档也已早形成了一套较为成熟的管理经验，因此本案例仅围绕公司业务系统——综合理财管理平台（非现场开户）证券业务电子文件归档和管理进行介绍，对于OA 系统电子文件的归档管理的具体内容不再赘述。

综合理财管理平台（非现场开户）是落实公司金融科技战略的重要业务系统，服务公司经纪业务，承担客户网上开户、见证、后续业务办理等功能，主要产生客户本人身份证照片、客户本人公安系统证照照片、客户本人视频文件、开户协议、后续办理的业务协议等电子文件，文件格式为 JPG、MP4、TXT 等几种常用格式。业务部门根据监管要求，将电子档案的保管期限划定为永久。

除以上电子文件外，综合理财管理平台（非现场开户）也会产生很多有关客户个人信息的元数据，包括客户姓名、客户号、资金账户、一码通号、工作单位、职务、身份证号、身份证时效期限、联系地址等基本信息，也包括账户资金来源、实际控制投资者的自然人、交易的实际受益人、个人税收居民身份说明、不良诚信记录内容等重要监管（如反洗钱）信息。这些元数据信息也属于归档范围，与客户本人身份证照片、客户本人公安系统证照照片、客户本人视频文件、开户协议材料、业务协议等电子文件一同归档至电子档案管理系统。

需要说明的是，为维护客户隐私，保障客户信息安全，客户通过私钥才能登录综合理财管理平台（非现场开户）办理业务。在整个办理过程中，私钥将对客户身份信息进行识别，并记录客户的业务办理行为，如签署协议的版本号等，因此客户签署的协议最终是以密文形式存放。在归档至电子档案管理系统时，基于对档案可读性考虑，业务部门会通过公司 CA 认证中心对密文进行解析，形成明文，而密文、明文两套都会推送归档至电子档案管理系统，从而满足档案真实性和可用性的规范要求。

试点前，综合理财管理平台（非现场开户）产生约 35T 容量的电子文件。当前，综合理财管理平台（非现场开户）已归档电子文件 300 多万卷（户），容量约 17TB。

四、工作步骤

电子档案管理系统的总体规划方案采取“统一领导、分工负责、协作配合、逐步实施”的方针，分“前期调研——架构搭建——系统设计开发——系统功能实现和调试——系统试运行及完善——归纳推广”六步落实，具体如下：

（一）前期调研

项目前期，对综合理财管理平台（非现场开户）有两个系统的负责部门——网络金融部、营运中心进行了全面细致的调研，明确了电子档案管理系统建设内容以及电子档案管理系统与两个系统之间的数据接口规范。

（二）架构搭建

在对项目业务需求和技术架构层面进行充分调研的基础上，根据行业监管要求及公司业务文件等特点，完成了项目平台总体框架搭建及软硬件采购等工作，并落实了试点项目领导小组及实施工作小组，相应制度规范逐步完善，平台建设从制度及组织架构上得到保障。

（三）系统设计开发

根据调研结果，形成了全面、详细的需求说明书，完成了电子档案管理系统架构设计，强化系统分析和设计工作。在系统架构明确的前提下，部分功能模块分批进行开发及编码。

（四）系统功能实现和调试

通过进一步调研、论证，明确了各功能模块的具体方案，并协同信息技术部规范公司系统总体架构、建立归档统一接口等，完成存量和新增归档接口开发，各项系统功能基本实现，并且系统功能开发符合归档统一接口规范，公司内部试运行基本无碍。

（五）系统试运行及完善

对归档接口进行调试，完成系统开发并推进 UAT 测试，存量数据转换为生产数据；大数据分析、人脸识别、签名比对和自然语义分析等创新点开始进行测试，完成系统上线试运行。通过实践不断完善电子档案管理系统的精细化设计，电子档案管理平台日趋成熟。

（六）归纳推广

通过对前期制度规范、平台搭建、系统架构、功能设计开发、系统测试等工作的归纳总结，形成可推广、具有借鉴价值的实施方案和技术文档，并逐步推广至公司其他业务系统，尽可能多的将公司各门类归档电子文件纳入电子档案管理平台集中统一管理。

五、解决方案

（一）管理流程方案

为了满足业务系统电子文件在线收集，及时方便的将产生的有价值数据进行归档，电子档案管理系统与业务系统数据接口采用中间库的方式进行数据交互（如图 1 所示）。

综合理财管理平台（非现场开户）将每日的网上开户和见证开户数据元数据条目、电子附件（包括 JPG、MP4、TXT 等）、按照电子文件归档信息包的格式要求打包成归档信息包（包含 XML 说明文件 、文件夹、XML 归档文件元数据），将电子文件归档信息包推送到中间关系型数据库表 ETL_ SXJY_ FXCKH 中。电子档案管理系统厂商根据中间表中电子文件归档信息包信息表及中间 FTP 上电子文件归档信息包进行电子文件的四性检测，并将通过四性检测的归档批次，进行归档文件信息及原文解析，然后推送至电子档案管埋系统中。对于归档电子文件的四性检测不通过的归档批次，在中间库将电子文件归档信息包信息表中的四性检测值置换新值，并标注失败原因。

综合理财管理平台（非现场开户）获取该值后，重新将该批次电子文件信息及原文打包为归档信息包以新批次封装包进行推送，并将校验失败的值更改。新批次信息插入中间库要将旧（失败）批次的 ID 插入到该批次的 old id 中，提供关联备查。其与电子档案管理系统元数据对应关系如表 1 展示。

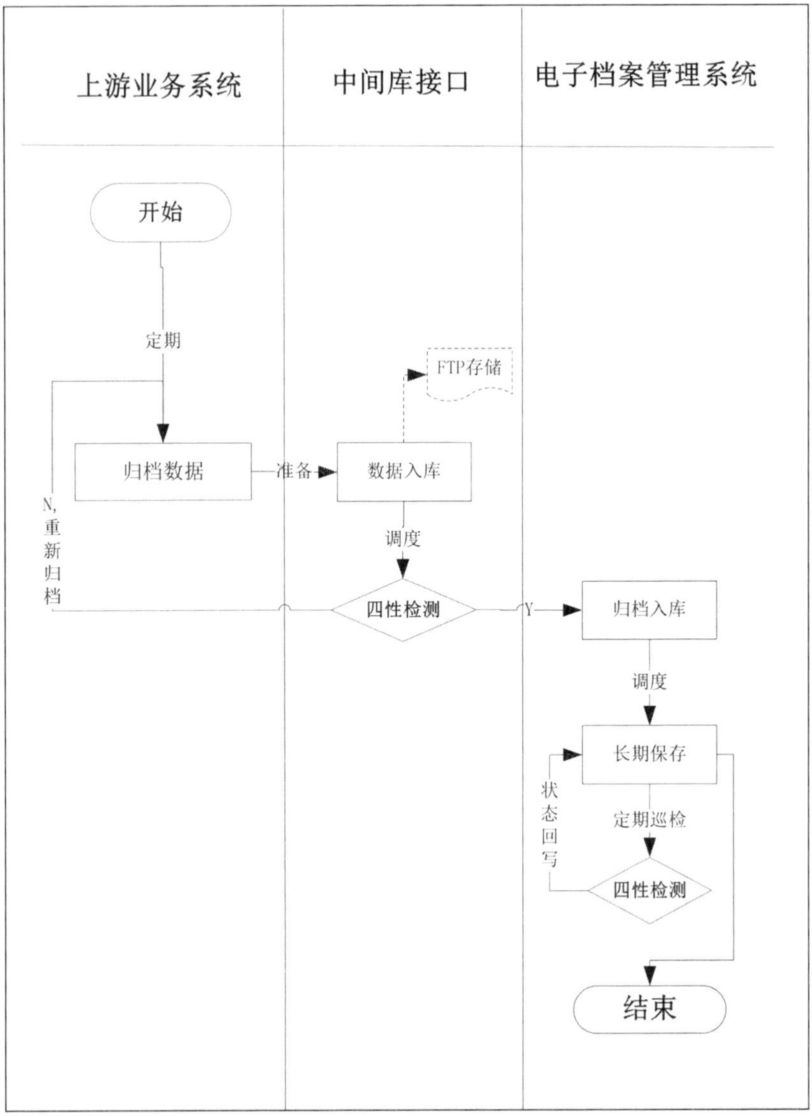
上游业务系统
中间库接口
电子档案管理系统
开始
定期
FTP存储
归档数据
准备
数据入库
N,重新归档
调度
四性检测
Y
归档入库
调度
长期保存
状态回写
定期巡检
四性检测
结束

图1 归档流程图

表 1 综合理财管理平台(非现场开户)与电子档案管理系统元数据对应关系

综合理财管理平台		档案系统	备　注
案卷级	机构编码	全宗号	
	年度	年度	当前年度
	保管期限	保管期限	默认：永久保管
	类别号	类别号	默认：2
	分类号	分类号	默认：W
	案卷题名	案卷题名	
	客户号	客户号	客户代码
	客户姓名	客户姓名	客户代码对应的中文名称
	身份证号	身份证号	客户的身份证号
	机构编码	档案形成部门	
	资金账号	资金账号	
	总件数	总件数	自动统计卷内文件总数
	总页数	总页数	同总件数
	密级	密级	默认：公司秘密
	归档日期	归档日期	归档时间：yyyymmdd
文件级	题名	题名	
	序号	序号	
	分类号	分类号	默认：W
	客户号	客户号	同案卷级客户号
	责任者	责任者	案卷机构编码中文名称
	归档部门	归档部门	
	文件形成日期	文件形成日期	yyyymmdd
	总页数	总页数	默认为 1
	密级	密级	默认：公司秘密

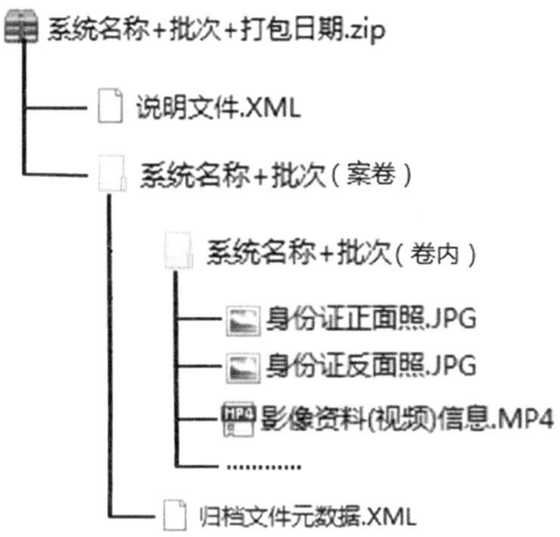

图2　综合理财管理平台(非现场开户)电子文件归档信息包结构

（二）归档范围及存储格式

综合理财管理平台（非现场开户）的归档范围如上文所讲，主要有客户身份证明文件（客户本人身份证照片、客户本人公安系统证照照片）、客户本人视频文件、开户协议、业务协议等，归档范围见表2。电子文件源生格式主要是JPG、MP4、TXT这几种常用格式，电子档案管理系统通过格式批量转换功能，将电子档案转换成PDF、MP4两种格式长期保存。

综合理财管理平台（非现场开户）电子文件单轨制运行，只产生电子文件，无纸质文件。电子档案管理系统根据公司为每位客户配置的唯一客户代码对电子档案进行按户立卷。

表2　综合理财管理平台（非现场开户）电子文件归档范围及档案保管期限表

序号	归档文件	保管期限	载体	格式
1	客户身份证明文件			
1.1	客户本人身份证照片	永久	电子	JPG
1.2	客户本人公安系统证照照片	永久	电子	JPG
2	客户本人视频文件	永久	电子	MP4

续表

序号	归档文件	保管期限	载体	格式
3	自然人客户证券交易开户及综合理财服务协议书	永久	电子	TXT
4	股东开户协议	永久	电子	TXT
5	股票交易特别风险警示函	永久	电子	TXT
6	客户交易结算资金第三方存管协议	永久	电子	TXT
7	风险揭示及确认书	永久	电子	TXT
8	买者自负承诺函	永久	电子	TXT
9	证券交易委托代理协议	永久	电子	TXT
10	网上交易服务协议书	永久	电子	TXT
11	自助委托及自助开通新业务协议书	永久	电子	TXT
12	“君行天下”业务客户告知书	永久	电子	TXT
13	互联网自助增设开放式基金账户协议书	永久	电子	TXT
14	开放式基金风险揭示书	永久	电子	TXT
15	资产管理电子签名约定书	永久	电子	TXT

注：综合理财管理平台（非现场开户）电子文件源生为TXT格式。在线归档时，电子档案管理系统将自动把文件格式批量转换为PDF格式。

（三）接口

电子档案管理系统通过建立统一接口平台，直接对接业务系统，全程获取不落地，实现电子文件在线归档。为保障电子文件真实性、完整性、安全性、可用性，公司根据《文书类电子档案检测一般要求》（DA/T 70—2018）制定了《电子档案“四性”检测及保障方案》，将电子文件“四性”检测工具嵌入在接口平台中。

为保障电子文件真实性、完整性、安全性、可用性，电子档案管理系统采取MD5码加密算法和XML封装等技术手段确保源文件无篡改，实现归档电子文件真实性；通过建立中间库方式和元数据管理，检测中间库数据和电子文件归档信息包数据是否完整，并约束数据交互双方校验中间库归档状态，确保电子文件（含元数据）采集和归档的完整性；通过监测电子文件归档信息包是否感染木马或病毒，检测载体内是否含有非归档文件等来确保归档电子文件的安全性；采用16进制文件头检测技术，确保电子文件（含元数据）可读，并在不改变源文件的情况下自动批量转换成PDF、MP3、MP4等长期保存格式。同时降低了源文件因为版权、软件升级等原因造成数据无法利用风险，确保了归档电子文件的可用性。

（四）元数据项与捕获节点

1. 综合理财管理平台（非现场开户）电子档案元数据结构-案卷级

表3　综合理财管理平台(非现场开户)电子档案元数据结构-案卷级

序号	流程	元数据项	类型	值属性	大小	值域	著录说明	备注
1	案卷整理	全宗号	字符型	非空	30	各分支机构编码		××××(各分支机构编码)
2		年度	字符型	非空	10	1999—至今	4位编码	按年度分类后标记的形成处理年度
3		保管期限	字符型	非空	10	1、2、3、4	分别代表永久、定期30年、定期10年、临时保管。	划定的存留年限
4		类别号	字符型	非空	50	2	2大类之内	根据分类方案赋予电子文件的类别代码
5		分类号	字符型	非空	50	ZJ、W		文件分门别类后形成的类目编码

续表

序号	流程	元数据项	类型	值属性	大小	值域	著录说明	备注
6	案卷整理	业务属类	字符型	非空	4	W	二级分类	文件分门别类后形成的类目编码
7		案卷题名	字符型	非空	500			案卷题名
8		归档部门	字符型	非空	50	各分支机构		档案归档部门
9		档案形成部门	字符型	非空	50			档案形成部门
10		客户号	字符型	非空	50			客户代码
11		客户姓名	字符型	非空	100			客户代码对应的姓名
12		身份证号	字符型		50			客户的身份证号
13		一户通账号	字符型		100			客户的一户通账号
14		资金账号	字符型		300			资金账号
15		姓名	字符型	非空	100			客户的姓名
16		证件地址	字符型		200			客户证件地址
17		身份证签发日期	日期型		20		8 位编码	客户身份证签发日期
18		身份证时效期限	日期型		20		8 位编码	客户身份证时效期限

续表

序号	流程	元数据项	类型	值属性	大小	值域	著录说明	备注
19	案卷整理	联系邮箱	字符型		200			客户联系邮箱
20		职业	字符型		64			客户职业
21		工作单位	字符型		255			客户工作单位
22		职务	字符型		100			客户职务
23		是否有不良诚信记录	字符型		10			客户是否有不良诚信记录
24		不良诚信记录内容	字符型		400			客户的不良诚信记录内容
25		账户资金来源	字符型		255			客户账户资金来源
26		实际控制投资者的自然人	字符型		50			账号实际控制投资者的自然人
27		交易的实际受益人	字符型		50			账号交易的实际受益人
28		个人税收居民身份说明	字符型		20			个人税收居民身份说明
29		联系地址	字符型		122			客户的联系地址
30		联系电话	字符型		100			客户的联系电话
31		邮政编码	字符型		200			客户的邮政编码

续表

序号	流程	元数据项	类型	值属性	大小	值域	著录说明	备注
32	案卷整理	学历	字符型		10			客户的学历
33		籍贯	字符型		100			客户的籍贯
34		证券账号	字符型		300			
35		起始日期	字符型		8		8位编码	本卷文件开始日期
36		结束日期	字符型		8		8位编码	本卷文件截止的日期
37		密级	字符型	非空	10	0、4、5、6、7	0为无密级、4为公司绝密、5为公司机密、6为公司秘密、7为内部资料；结合卷内条目的密级验证	本案卷保密程度的等级
38		总件数	数值型	非空	10	0-999	结合卷内条目数量验证	本卷内的电子档案件数总和
39		总页数	数值型	非空	10	0-9999	结合卷内条目的页数验证	本卷内的电子档案页数总和
40		备注	字符型		300			备注

续表

序号	流程	元数据项	类型	值属性	大小	值域	著录说明	备注
41	案卷整理	立卷日期	字符型		10	前四符合年度、月份(00—12)日期(00—31)	8位编码	整理日期8位编码，不足00补齐
42		归档日期	字符型		10		8位编码	检查日期8位编码，不足00补齐
43		整理人	字符型	非空	20			档案整理人姓名
44		整理日期	字符型		20	前四符合年度、月份(00—12)日期(00—31)	8位编码	整理日期8位编码，不足00补齐
45		封装包编号	字符型		50			接口传输封装包编号
46		封装包名称	字符型		100			接口封装包名称
47		封装包创建日期	字符型		20			接口封装包创建日期
48		来源系统简称	字符型		50			接口封装包来源系统简称
49		载体类型	字符型		20			接口封装包载体类型
50		封装包电子文件数	字符型		20			接口封装包电子文件数

续表

序号	流程	元数据项	类型	值属性	大小	值域	著录说明	备注
51	案卷整理	真实性检测	字符型		20			接口封装包真实性检测
52		完整性检测	字符型		20			接口封装包完整性检测
53		可用性检测	字符型		20			接口封装包可用性检测
54		安全性检测	字符型		20			接口封装包安全性检测
55		归档人	字符型		50			归档人
56		封装包状态检测	字符型		20			接口封装包状态检测
57		封装包信息检测	字符型		100			封装包信息检测
58	档案整理	档号	字符型	非空	30			参照《国泰君安档案分类方案及档号编制规则》
59		案卷号	字符型	非空	20			
60		检查人	字符型		20			档案检查人员姓名
61		检查日期	字符型		20		8位编码	检查日期8位编码，不足00补齐
62		实物档案存放位置	字符型	非空	50			档案（对应纸质文件）存放位置

续表

序号	流程	元数据项	类型	值属性	大小	值域	著录说明	备注
63	档案整理	实体份数	数值型	非空	5	1-99	大于零	实体份数—对应纸质
64		箱号	字符型		30			案卷存放箱号

2. 综合理财管理平台（非现场开户）电子档案元数据结构-文件级

表4　综合理财管理平台(非现场开户)电子档案元数据结构-文件级

序号	流程	元数据项	类型	值属性	大小	值域	著录说明	备注
1	文件整理	全宗号	字符型	非空	10	各分支机构编码		××××(各分支机构编码)
2		年度	字符型	非空	10	1999－至今	4位编码	电子文件按年度分类后标记的形成处理年度
3		保管期限	字符型	非空	10	1、2、3、4	1为永久保管;2定期30年;3定期10年;4为临时保管	对电子文件划定的存留年限
4		分类号	字符型	非空	50	ZJ、W、L、R、Z	结合案卷条目的分类号验证	文件分门别类后形成的类目编码
5		业务属类	字符型	非空	50	G、J、W、L GR、JR Z	二级分类；结合案卷条目的业务属类验证	文件分门别类后形成的类目编码

续表

序号	流程	元数据项	类型	值属性	大小	值域	著录说明	备注
6	文件整理	卷内顺序号	数值型	非空	4	0000-9999	连续4位编码	电子文件在卷内中的排列顺序号
7		题名	字符型	非空	300			又称标题、题目,是表达电子文件中心内容和形式特征的名称
8		客户号	字符型	非空	50			客户代码
9		文号	字符型		50			文件制发过程中由制发机关、团体或个人赋予文件的顺序号,也称文号
10		责任者	字符型	非空	50			电子文件内容进行创建、负有责任的团体或个人
11		归档部门	字符型	非空	50		结合案卷条目的上收机构验证	
12		文件形成日期	日期型	非空	8	8位编码,前四符合年度、月份(00—12),日期(00—31)	8位编码	文件形成日期8位编码,不足00补齐

续表

序号	流程	元数据项	类型	值属性	大小	值域	著录说明	备注
13	文件整理	密级	字符型	非空	10	0、4、5、6、7	0为无密级、4为公司绝密、5为公司机密、6为公司秘密、7为内部资料；结合案卷条目的密级验证	电子文件保密程度的等级
14		起始页	字符型		50			
15		终止页	字符型		50			
16		页数	字符型	非空	5		结合文件实体页数校验	电子文件对应的纸质文件/档案的页数
17		页次	字符型	非空	10			与电子文件对应的纸质档案在案卷内的页面顺序号
18		整理人	字符型		20		结合案卷条目的整理人验证	档案整理人姓名
19		整理日期	字符型		20	前四符合年度、月份（00—12），日期（00—31）	8位编码，结合案卷条目的整理日期验证	整理日期8位编码，不足00补齐
20		备注	字符型		300		字符型	备注

续表

序号	流程	元数据项	类型	值属性	大小	值域	著录说明	备注
21	档案整理	归档号	字符型	非空	50			参照其案卷级档号
22		检查人	字符型		20			档案检查人员姓名
23		检查日期	字符型		8			检查日期8位编码,不足00补齐
24		实物档案存放位置	字符型	非空	50			档案(对应纸质文件)存放位置
25		实体份数	字符型	非空	5	1-99		实体份数-对应纸质
26		库存份数	字符型	非空	5			实体当前份数

（五）整理方案

1. 立卷

同纸质客户档案的整理方式一样，综合理财管理平台（非现场开户）电子档案也根据公司为每位客户配置的唯一客户代码进行" 按户立卷"，即" 一户一卷一档"。另外，每卷档案的元数据也将在电子档案管理系统中列项展示。

2. 编目

每卷电子档案的案卷题名以“客户姓名+非现场开户的档案资料”的形式命名，每条卷内文件目录以原文件题名命名。

3. 排列

综合理财管理平台（非现场开户）电子档案按照每位客户的业务办理时间的先后顺序进行排列。

4. 档号

综合理财管理平台（非现场开户）电子档案属公司档案五大门类中的第

二类：证券业务类（客户档案），保管期限为永久，档号编制规则采用公司统一标准“全宗号-档案类别号+保管期限+年度-问题-案卷流水号”（为了与纸质客户档案数字化影像进行区分，电子档案案卷流水号前增加“W”标识）。

（六）电子档案保管方案

电子档案管理系统具备电子文件格式批量转换功能，可将电子文件批量转换生成符合标准的长期保存格式。另外，保存两套电子档案，并按规则排序定位和展现。同时，可将电子档案转存至离线存储载体进行离线保存。

1. 存储介质

在线存储介质采用SAN架构的磁盘阵列（RAID10）设备。离线存储介质选用一次性写入专用移动磁盘、磁盘阵列（DAS）。

2. 存储内容

（1）在线存储内容

系统中存储的相关数据主要包括电子文件元数据和电子档案目录数据，以及系统中的其他相关结构化数据信息如用户信息、档 案管理业务过程信息等，主要采用大型关系型数据库进行存储和管理。数据库管理软件选用ORACLE 11G。电子档案的实体对象按“三库分离”原则，在系统中实施分别管理。长期保存库独立于档案管理系统，用于存放电子档案长期保存封装包；管理库用于支持档案管理员开展档案的检测、鉴定、销毁、统计、查阅、检索和编研等业务工作；利用库是根据档案的开放利用属性、档案利用者的要求生成多元化的利用库。全文索引信息需要在利用库单独存储，以方便维护和备份。

（2）离线存储内容

离线存储的内容主要有两大类，一类是备份的档案数据库，一类是备份的档案系统数据文件（移动硬盘方式保存）。备份的档案数据库主要包括档案元数据、目录数据和内容数据。

3. 存储结构

电子文件的存储内容主要为元数据和内容。根据存储介质、功能范围以及存储的内容，规划电子文件元数据和内容的存储结构。

（1）在线存储结构

在线存储根据电子文件元数据和内容的特点，分两个部分。第一、电子文件元数据存储采用大型关系型数据库管理软件（ORACLE11G）来存储，分为收集、管理库，利用库。第二、电子档案内容采用文件系统来存储，分为收集、管理区，利用区，长期保存区。

详细见图 3。

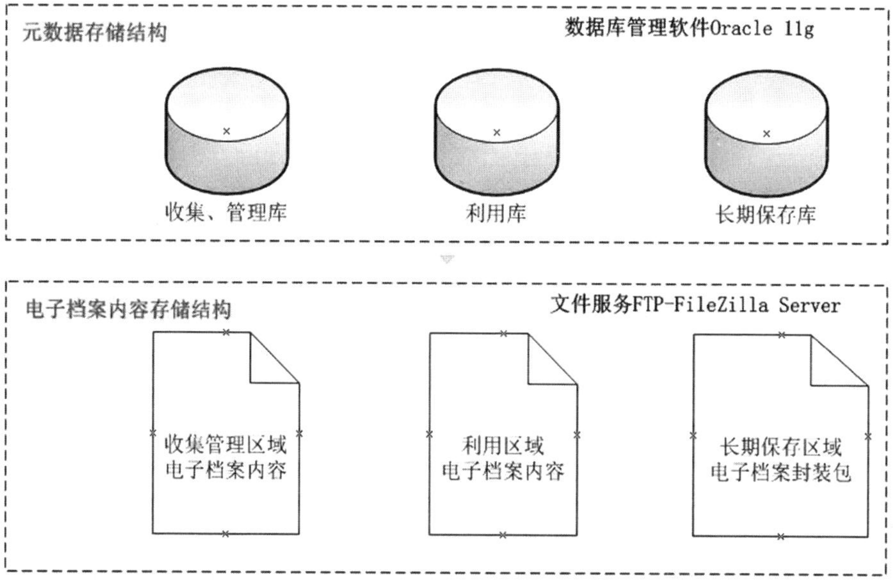

图 3 在线存储结构

（2）离线存储结构

电子档案离线备份采用档案管理系统的数据打包功能进行数据备份。如采用移动存储，在打包时要注意整体文件的大小在移动存储最大容量之内。如图 4，具体文件如下：

PdeSearch. exe 绿色软件，可供查询电子文件元数据和内容。Db. mdb 文件：存储电子文件元数据信息。

File 文件夹：存储电子文件内容。

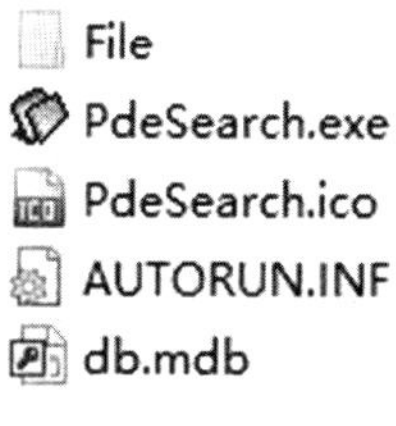

图 4 离线存储结构

（七）利用方案

电子档案管理系统按照岗位设置档案查阅、借阅权限。原则上，本机构的员工只能查阅、借阅本机构档案，如利用其他机构档案，须经档案所属机构审批通过才可。电子档案管理系统具备在线利用审批功能，员工可在档案系统内按审批流程申请利用。

原则上电子档案管理系统只对公司正式员工开放，如监管机构需利用电子档案系统抽查公司大量客户档案，经主接待部门负责人、办公室（档案中心的上级部门）负责人审批通过后，电子档案管理系统管理员可为监管机构开设临时账户。监管机构查询结束后，系统管理员立即取消账户。

电子档案管理系统可对档案的条目与原文进行查看限制，本机构的员工可查看本机构档案条目与原文，非本机构员工仅能查看条目，通过条目与原文两重控制保障档案信息安全。档案查阅、利用审批要求在电子档案管理系统中的查看权限如下：

表 5　电子档案利用审批要求

利用部门	查看权限	利用审批要求	备注
本机构	条目、原文	本机构负责人审批	
跨机构	条目	本机构及档案所属机构负责人审批	
外单位	无	主接待部门及办公室负责人审批	临时账户或原文

（八）四性检测方案

公司根据《文书类电子档案检测一般要求》（DA/T 70—2018）制定了《电子档案“四性”检测及保障方案》（附件 1），规定电子文件、电子档案内容与元数据的检测内容和检测方案，以及系统中电子文件归档信息包的数量、质量、存储载体和系统环境的检测内容、检测方案。

（九）系统建设

1. 收集采集功能

具备在线和离线两种收集采集方式。目前实现综合理财管理（非现场开户）系统、OA 系统、财务管理系统业务电子文件在线归档，三个系统目前也支持离线打包导出归档电子文件，并支持照片、录音、录像类电子文件的接收。具备在线收集、自动采集电子文件元数据功能。具备通过离线客户端离线批量收集、自动采集电子文件元数据功能。具备“四性”检测功能，即电子档案的真实性、完整性、可用性、安全性，检测通过后方可入库。具备辅助收集、采集传统载体归档文件电子目录功能。具备传统载体档案数字副本的批量上传挂接功能。能够通过封装技术按标准生成电子文件及其元数据归档数据包，并向归档接口推送归档数据。具备电子文件的内容和元数据、目录数据、电子文件各组件的自动关联功能。

2. 分类整理功能

具备内嵌电子文件归档范围与保管期限表功能与电子文件分类方案功能。具备预归档功能。能够对归档文件按年度、保管期限、机构（问题）等多种分类方案归类与排序，自动或手动组成保管单位。能够按内置规则自动命名、存储电子文件及其组件。能够按内置规则自动赋予电子档案档号。能够确保电子文件与元数据唯一关联，维护文件内在有机联系。具备档案著录功能。具备目录模板定制、打印预览和批量打印功能，归档文件目录、卷内目录、案卷目录符合国家标准要求。具备电子文件格式批量转换功能，能够生成标准的长期保存格式。通过权限管理、留痕等方式实现档案数据的合规删除功能。

3. 保管利用功能

具备数字档案资源长期保管检测、迁移功能。由于系统剩余存储容量预警由公司统一运维管理，数字档案室系统不再另行设置存储介质管理功能。离线存储数据包结构符合国家档案局《电子档案移交与接收办法》等要求。具备“四性”检测功能，检测完成后生成巡检报告。具备档案目录检索和档案全文检索功能。能够支持对规范保存格式的数字档案资源进行浏览、多媒体格式文件播放。公司正式员工均可自助查询档案。具备借阅流程管理和利用审批功能且流程清晰。能够对档案目录及全文设置控制利用标识，对档案全文进行授权查看、下载与打印。具备辅助编研功能。

4. 鉴定统计功能

具备按照工作流程开展档案到期鉴定处置功能，支持不同类别档案鉴定。各项流程具备元数据自动记录功能，能够记录档案鉴定处置过程。具备实体档案统计和数字档案资源存储容量统计。具备档案查阅、借阅等利用情况统计功能。支持按年度、保管期限统计，并能够按照规定格式输出导出统计功能。

5. 系统管理功能

系统能够建立并管理电子文件归档范围与档案保管期限表。能够建立、管理（增删改）电子文件分类方案、电子文件元数据方案。目前已将综合理财管理平台（非现场开户）、OA 系统、财务管理系统三个系统的电子文件归档范围、保管期限及归档部门内嵌到系统中。能够实现区分全宗的多门类档案管理功能，目前已建立原国泰、原君安、国泰君安 3 个全宗以及 300 余个分支机构子全宗。具备档号配置功能，能够跟踪记录系统增减用户、权限配置等各类管理操作行为。支持组织机构设置与用户多级管理。支持按照功能和数据进行授权。具备“三员”分立的安全控制功能，“三员”权力制衡。能够设置备份与恢复策略，可实现在线和离线两种方式制作备份数据。具备目录数据、元数据和全文数据导出功能。具备目录数据和全文数据导入功能。

（十）“三员”管理

电子档案管理系统配置系统管理员、安全保密管理员和安全审计员三个角色，明确“三员”职责，实行“三员”分立的安全控制权限，保障信息安全与系统安全。具体而言，系统管理员主要负责系统的日常运行维护，安全保密管理员主要负责系统的日常安全保密管理，安全审计员主要负责对系统管理员和安全保密管理员的操作行为进行审计跟踪、分析和监督检查等。“三员”权限完全不同，互相独立，互不干涉。

六、存在的问题及解决方法

（一）归档业务系统（上游系统）升级变化的问题

上游业务系统升级改造一直是业务电子文件归档和电子档案管理的难点和痛点，当上游系统升级改造时，作为下游的电子档案管理系统也应及时地进行升级改造；上游系统元数据发生变化时，电子档案管理系统也应及时调整、补充新的元数据，否则接口无法使用，或电子档案的“四性”无法保障。主要问题是上游业务系统升级后，电子档案管理系统有时未必能及时跟进，造成接口停滞、数据滞后等问题。为此，公司在项目启动时便建立了由各个系统的部门负责人、信息技术部门负责人、系统厂商负责人等组成的接口联络小组，通过上游业务系统及时沟通和需求部门不定期询问联系两种方式，加强系统之间的沟通联系。同时，建立接口自动反馈机制，电子档案管理系统取数接口支持通过邮件或短信方式将完成批次信息发送到系统管理员处，进行动态实时跟踪接口取数情况，对于信息提醒异常或出现长期取数失败等情况，可及时获知预警，便于电子档案管理系统及时跟进处理。

（二）证券业务电子档案“四性”检测问题

电子档案“四性”检测是电子档案管理中的关键环节，也是电子档案具备可信性及凭证性的决定要素，在制定电子档案“四性”检测方案时，我们严格参照国家标准落实推进。公司在2017年即积极探索解决证券业务电子文件归档的“四性检测”问题，由于《文书类电子档案检测一般要求》（DA/T 70—2018）于2018年才正式发布，且证券业务电子文件和一般文书电子文件存在着一定的差异性，虽对检测方案进行细节调整但调整后的检测方案仍可能与标准存在着略微差异，随着项目的推进，结合证券业务实际情况，今后将不断优化和完善。

七、取得的效益

（一）跨平台档案融合构建完整“证据链”

电子档案管理系统与业务系统的对接，打破了系统与系统之间的“信息孤岛”状态，深化了不同业务系统档案信息资源的融合，从而建立起庞大的档案信息资源库。在此基础上，人工智能技术的应用又进一步强化了档案之间的内在联系，使同一业务事实在不同业务系统中形成的档案能够实现关联，为业务事实搭建了完整的“证据链”。以客户档案为例，电子档案管理系统保存了客户开户时填写的个人信息材料，签订的合同协议以及录音录像等，各个档案相互印证并形成了客户业务办理过程的“证据链”，有力协助公司合规风控管理。

此外，电子档案管理系统引用签名比对技术应用深入赋能了公司合规管理。2019 年上半年，档案中心运用该项技术协助合规部完成了北京方庄路、石家庄裕华东路等 5 家营业部的合规现场检查。按照合规部要求，将每家营业部客户历次办理业务留存的手写签名进行自动识别比对，获取比对分值。针对分值过低的客户，合规部在现场检查过程中将予以重点关注，判断是否存在账户冒用或借用等违规情况。整个工作中，签名比对功能运行稳定、高效，有力推动了分支机构签名比对核查工作顺利按时完成，得到了合规部门的高度认可。

（二）助力疫情期间非现场业务平稳运行

疫情蔓延时期，非现场开户数量增长较大，非现场业务办理也增加较多。据券商中国报道，A 股开市一周以来，股票总成交金额达到 4.14 万亿。而据不完全统计，自开市以来 8 个交易日内，公司非现场开户量共计约 2,5560笔，非现场后续办理业务约 5,6000 笔，每日归档量约 1 万卷。在未推行业务电子档案单套制之前，遇到像疫情这种特殊时期，为了避免客户流失，经营效益下降，面对客户业务办理需求时，公司一般都会采取先让客户以非现场方式办理业务、后续再让客户补签相关业务文件的临时应对措施。但是，这种做法存在很大的弊端，一方面存在业务办理过程不合规的风险；另一方面，后期补签也会在一定时期内给公司带来很大的工作量。而在推行非现场业务档案单套制管理后，不但业务办理实现了闭环，保障了合规要求。而且，也不再需要对这么大数量的文件进行补签，显著缩短了总的业务办理时间，提升了工作效率。另外，为满足档案查阅需求，使远程办公更加简单、方便，公司通过及时配置 VPN 实现了电子档案管理系统的远程访问。非现场业务电子档案单套制管理模式也经受住了当下特殊时期的考验。当前，电子档案管理系统已实现在线归档综合理财管理平台（非现场开户）电子文件 300 多万卷。

（三）进一步提升了公司档案工作影响力

公司在开展电子文件归档和电子档案管理试点工作过程中，特别是档案管理体系建设过程中探索了一些可操作且符合金融行业特点的档案管理方式及管理经验，得到行业内外的广泛关注与认可。在国家档案局及市档案局的大力支持下，公司将取得管理经验进一步归纳总结，并充分听取金融行业及档案领域同仁的建议和意见。与国家档案局经科司共同起草编制了《证券业务档案管理规范》（行业标准），目前已正式发布，为金融（证券）行业业务档案工作提供具有一定操作性的参考规范。此外，2019 年，公司建成全国金融行业首家企业数字档案室，并连续三届荣获“上海市档案系统先进集体”（唯一一家连续“三届”获此殊荣的金融企业单位）。

八、后续工作

（一）推进数字档案室向智慧档案室延伸

首先，在电子文件归档和电子档案管理试点工作的基础上，以档案行业标准规范为前提，兼顾用户操作习惯，深入优化电子档案管理系统功能，升级产品框架，并对岗位权限、统计分析以及档案创新利用技术等节点作进一步优化，着力提升电子档案管理系统的管理效能和使用体验。其次，引入人工智能技术，逐步实现系统的智能化和自动化，充分发挥档案工作对公司主营业务的服务支持作用，为主营业务赋能，如引入识别引擎，对客户档案中的一代身份证明材料进行智能识别、筛选和推送，满足公司合规检查需求。另外，优化数据结构，进一步提升系统响应速度以满足海量存储数据高并发利用，为金融行业数字档案室智慧化建设奠定基础。

（二）推进室藏资源以传统载体档案为主向以电子档案为主转变

积极响应电子时代发展大趋势，在公司全系统内全面推行业务电子文件归档和电子档案管理，推进室藏资源以传统载体档案为主向以电子档案为主转变，逐步拓展电子档案管理范围，不断扩大室藏档案资源总库体量，切实强化档案信息资源建设。首先，持续推进会计档案电子化进程，实现电子凭证、账簿、单据等收、管、存、用规范化，节约会计档案管理成本，提升管理效益。其次，实现电子档案管理系统与集中营运平台对接，对公司网上营业厅和柜面业务无纸化后的电子影像及相关音视频、电子合同等电子文件进行电子化归档。最后，结合各业务部门实际需求，逐步扩大电子档案管理系统对接范围，如投行项目电子化管理平台、工作底稿电子化平台、资产托管项目平台等，将更多门类和类型的电子文件纳入电子档案管理系统收集归档范围，为实现“数字国泰君安”战略定位夯实基础。

（三）推进工作成果向行业内外延伸

积极贯彻国家档案局要求，对试点工作进行归纳总结，形成引领行业的电子文件归档和电子档案管理以及数字档案室建设经验和成果，并将其推广到金融（证券）行业，为相关企业电子文件归档和电子档案管理以及数字档案室建设提供参考和借鉴。同时，根据国家档案局关于试点工作的部署，将试点成果在全国范围内进行推广，在提高公司档案管理水平的同时，推动金融行业乃至全国档案领域的信息化发展。

附件：

电子档案“四性”检测及保障方案

1. 概述

本方案规定了国泰君安电子文件、电子档案内容及其元数据在收集归档环节、长期保存环节的真实性、完整性、可用性和安全性检测内容以及检测方案。涵盖管理类和证券业务类（综合理财系统-非现场开户）的电子文件和电子档案。

本方案适用于以下相关工作：

——开发和定制电子档案“四性”检测的系统功能；

——电子文件和电子档案内容、元数据的质量检测；

——电子文件归档信息包、载体以及系统环境质量检测。

2. 引用标准和文件

GB/T 18894—2016 电子文件归档与电子档案管理规范标准要求

DA/T 70—2018 文书类电子档案检测一般要求

DA/T 15—1995 磁性载体档案管理与保护规范

DA/T 38—2008 电子文件归档光盘技术要求和应用规范

DA/T 47—2009 版式电子文件长期保存格式需求

DA/T 48—2009 基于 XML 的电子文件封装规范

国泰君安证券业务类文件归档范围和档案保管期限表

国泰君安证券电子文件归档元数据方案

国泰君安电子文件归档存档格式规范及存储方案

国泰君安电子档案管理实施细则（暂行）

国泰君安电子文件归档与电子档案管理通用要求

国泰君安电子档案安全管理要求

3. 本文编制规则与说明

本文按国泰君安管理类和证券业务类（综合理财系统–非现场开户）电子文件、电子档案内容和元数据分开描述电子档案的真实性、完整性、可用性和安全性检测方案。

本文参考的文件如下：

《国泰君安电子档案管理实施细则（暂行）》；

《国泰君安电子文件归档与电子档案管理通用要求》。

4. 电子档案“四性”检测的内容

4.1 收集归档环节

4.1.1 真实性检测

电子文件真实性检测主要包括以下内容：

（1）电子文件来源真实性检测：检测归档电子文件的固化信息和数字摘要值是否有效，确认电子文件来源的真实性。

（2）电子文件元数据准确性检测：检测归档电子文件元数据是否符合《国泰君安证券电子文件归档元数据方案》要求，包括数据类型、长度、格式、值域等是否准确合理。

（3）电子文件内容电子属性真实性检测：检测电子文件内容数据中包含的电子属性信息与电子文件元数据中记录的信息是否一致，主要有文件名、扩展名、版本、大小。

（4）电子文件元数据与内容关联真实性检测：检测电子文件元数据与内容数据是否关联，检测元数据中记录的文件存储位置与电子档案内容数据的实际存储位置是否一致。

（5）电子文件归档信息包真实性检测：检测电子文件归档信息包的文件名、文件大小和原始记录进行比对；后采用MD5算法计算归档信息包的数字摘要值，与电子文件接收信息登记表中的值进行比对，判断是否被篡改。

4.1.2 完整性检测

电子文件完整性检测主要包括以下内容：

（1）电子文件数据总量检测：检测电子文件数量和字节数与《国泰君安业务系统电子文件归档接口方案》中的文件数量、大小是否一致。

（2）元数据项著录完整性检测：按照《国泰君安证券电子文件归档元

数据方案》中著录规则检测档案目录项目是否填写齐全，反映重要问题的归档电子文件是否包括主要修改过程和办理情况记录，具有连续编号的目录数据（案卷号、件号、文号）是否有漏号现象。

（3）电子文件内容完整性检测：检测归档电子文件对应的内容数据是否齐全完整。

（4）电子文件归档信息包完整性检测：根据《国泰君安电子文件归档存档格式规范及存储方案》检测归档信息包元数据记录的文件数量，电子文件内容是否齐全完整；元数据和内容数据是否符合《国泰君安证券电子文件归档元数据方案》的要求。

4.1.3 可用性检测

电子文件可用性检测主要包括以下内容：

（1）元数据可用性检测：检测电子文件元数据是否可以被正常访问。

（2）电子文件内容可用性检测：检测电子文件内容数据是否符合归档要求，是否可以被正常打开和浏览。

（3）电子文件归档信息包可用性检测：根据《国泰君安电子文件归档存档格式规范及存储方案》检测电子文件归档信息包是否包含影响其可用性的因素，如使用非公开压缩算法、加密等。

（4）电子文件内容软硬件环境监测：检测电子文件元数据中记录的软硬件环境是否符合《国泰君安电子文件归档存档格式规范及存储方案》的要求。

4.1.4 安全性检测

电子文件安全性检测主要包括以下内容：

（1）电子文件归档信息包病毒检测：监测电子文件归档信息包是否感染木马或病毒。

（2）归档载体安全性检测：检测载体内是否含有非归档文件；可通过外观、读取情况等判定载体是否安全、可靠；针对光盘，检测其是否符合《电子文件归档光盘技术要求和应用规范》（DA/T 38—2008）的有关要求。

（3）归档过程安全性检测：检测归档信息包在归档和保存过程中是否安全、可控。

4.2 移交与接收环节

4.2.1 真实性检测

电子档案真实性检测主要包括以下内容：

(1) 电子档案来源真实性检测：检测归档电子档案的固化信息和数字摘要值是否有效，确认电子档案来源的真实性。

(2) 电子档案元数据准确性检测：检测归档电子档案元数据是否符合《国泰君安证券电子文件归档元数据方案》要求，包括数据类型、长度、格式、值域等是否准确合理。

(3) 电子档案内容真实性检测：检测电子档案内容数据中包含的电子属性信息与电子档案元数据中记录的信息是否一致，主要有文件名、扩展名、版本、大小。

(4) 电子档案元数据与内容关联真实性检测：检测电子档案元数据与内容数据是否关联，检测元数据中记录的文件存储位置与电子档案内容数据的实际存储位置是否一致。

(5) 电子档案移交信息包真实性检测：检测电子档案移交信息包的信息组织结构和内容是否符合《电子档案移交和接收办法》附件 2 的要求；检测接收的信息包与移交的信息包是否一致。

4.2.2 完整性检测

电子档案完整性检测主要包括以下内容：

(1) 电子档案数据总量检测：检测电子档案数量和字节数与《电子档案移交和接收办法》附件 3 中电子档案数量和字节数是否相符。

(2) 元数据项著录完整性检测：按照档案著录规则检测档案目录项目是否填写齐全，具有连续编号的目录数据（案卷号、件号、文号）是否有漏号现象。

(3) 电子档案内容完整性检测：检测电子档案对应的内容数据是否齐全完整。

(4) 电子档案移交信息包完整性检测：根据《国泰君安电子文件归档存档格式规范及存储方案》检测电子档案移交信息包元数据记录的档案数量检测内容数据是否齐全完整，元数据和内容数据是否符合《国泰君安证券电子文件归档元数据方案》的要求。

4.2.3 可用性检测

电子档案可用性检测主要包括以下内容：

(1) 元数据、目录数据可用性检测：检测电子档案元数据及目录数据是否可以被正常访问。

(2) 电子档案内容可用性检测：检测电子档案内容数据是否符合移交

要求，是否可以被正常打开和浏览。

(3) 电子档案移交信息包可用性检测：根据《国泰君安电子文件归档存档格式规范及存储方案》检测电子档案移交信息包是否包含影响其可用性的因素，如使用非公开压缩算法、加密等。

(4) 电子档案内容软硬件环境监测：检测电子档案元数据中记录的软硬件环境是否符合《国泰君安电子文件归档存档格式规范及存储方案》的要求。

4.2.4 安全性检测

电子档案安全性检测主要包括以下内容：

(1) 电子档案移交信息包病毒检测：监测电子档案移交信息包是否感染木马或病毒。

(2) 移交载体安全性检测：检测载体内是否含有非移交文件；通过外观、读取情况等判定载体是否安全、可靠。

(3) 移交过程安全性检测：检测移交信息包在归档和保存过程中是否安全、可控。

4.3 长期保存环节

4.3.1 检测策略

4.3.1.1 检测策略设置

鉴于在长期保存过程中需要对电子档案进行定期和不定期的多次检测，有必要制定检测策略。检测策略设置包括但不限于以下方面：

a) 能够对电子档案的封装格式以及电子档案元数据与内容数据的关联方式进行设置；

b) 能够对电子档案的存储路径、存储方式、备份策略进行设置，

c) 能够对电子档案各项检测指标进行设置；

d) 能够对各类电子档案的检测周期进行设置；

e) 能够对各类电子档案的长期保存格式进行设置；

f) 能够对电子档案的访问授权策略和操作流程进行设置。

4.3.1.2 检测策略执行

检测时，依据预先设定的检测策略执行：

a) 在未发生系统更新、数据迁移、格式转换等影响电子档案元数据和内容数据行为的情况下，只需要对电子档案的固化信息进行检测；在发生系统更新、数据迁移、格式转换等影响电子档案元数据和内容数据行为的情况

下，需要进行全面检测；

b）原则上每两年对长期保存的电子档案进行一次全面检测；每季度对长期保存的电子档案进行抽检，抽检比例不低于5%；

c）在电子档案长期保存过程中，针对电子档案所做的任何操作（检测、迁移、格式转换、备份恢复、提取出库等）都应记录，并补充到电子档案的元数据中去。在检测时优先检测这部分变化的元数据信息。

4.3.2 真实性检测

电子档案真实性检测主要包括以下内容：

（1）电子档案固化信息检测：通过检测长期保存电子档案中的固化信息是否有效确认电子档案在长期保存期间的真实性。

（2）电子档案元数据真实性检测：检测电子档案元数据是否符合《国泰君安证券电子文件归档元数据方案》中定义元数据方案要求，包括数据长度、类型、格式、值域以及元数据项赋值是否合理等。

（3）电子档案内容真实性检测：检测电子档案内容数据中包含的电子文件属性信息与电子档案元数据中记录的信息是否一致。

（4）元数据与内容关联真实性检测：检测电子档案元数据中记录的文件存储位置与电子档案内容数据的实际存储位置是否一致。

（5）电子档案长期保存封装包真实性检测：检测电子档案长期保存EEP封装包和入库时是否一致；检测EEP封装包是否符合《基于XML的电子文件封装规范》（DA/T 48—2009）要求。

4.3.3 完整性检测

电子档案完整性检测主要包括以下内容：

（1）电子档案数据总量检测：按批次检测电子档案元数据中记录的电子档案数量和字节数与实际的电子档案数量和字节数是否相符。

（2）电子档案元数据完整性检测：对照《国泰君安证券电子文件归档元数据方案》，检测元数据项是否齐全完整；具有连续编号的元数据项（比如档号、件内顺序号等）是否有漏号现象。

（3）电子档案内容完整性检测：检测电子档案的内容数据是否齐全完整。

（4）电子档案长期保存封装包完整性检测：检测电子档案长期保存EEP封装包的元数据和内容数据是否齐全完整；按照《国泰君安证券电子文件归档元数据方案》和《基于XML的电子文件封装规范》（DA/T 48—

2009）要求检测 EEP 封装包的元数据项目是否完整。

4.3.4 可用性检测

电子档案可用性检测主要包括以下内容：

（1）电子档案元数据可用性检测：检测电子档案元数据是否可以被正常访问。

（2）电子档案内容可用性检测：检测电子档案内容数据是否有利于长期保存，是否可以被正常打开和浏览。

（3）电子档案软硬件环境检测：检测电子档案软硬件环境是否适合继续长期保存。

（4）备份数据可恢复性检测：检测备份数据是否可以完整恢复。

4.3.5 安全性检测

电子档案安全性检测主要包括以下内容：

（1）保存信息包病毒检测：检测系统环境中是否安装杀毒软件；检测电子档案长期保存 EEP 封装包是否包含计算机病毒。

（2）软件系统安全性检测：检测系统是否存在隐含的安全漏洞。

（3）保存载体安全性检测：通过外观、读取情况等判定载体是否安全、可靠。

（4）载体保管环境安全性检测：对照《电子文件归档光盘技术要求和应用规范》（DA/T 38—2008），判断光盘载体的保管环境是否符合要求。对照《磁性载体档案管理与保护规范》（DA/T15—1995），判断磁性载体的保管环境是否符合要求。

5 电子档案“四性”检测的方案

5.1 收集归档环节

5.1.1 真实性检测

5.1.1.1 电子文件来源真实性检测

（1）检测对象：归档电子文件。

（2）检测节点：

☆综合理财系统-非现场开户等上游业务系统将电子文件推送归档时，电子文件接收中心需要对归档电子文件来源进行真实性检测；

☆总部及各分支机构向档案室归档电子文件时，电子文件接收中心需要对归档电子文件来源进行真实性检测。

（3）依据标准和检测内容

电子文件数字摘要算法：MD5。

对归档电子文件中的数字摘要信息进行验证。

（4）检测结果的记录和保存

检测结果登记在电子文件接收中心和电子文件归档移交清单中，并固化输出。

5.1.1.2 电子文件元数据真实性检测

（1）检测对象：归档电子文件元数据

（2）检测节点：

☆综合理财系统-非现场开户等上游业务系统将电子文件推送归档时，电子文件接收中心需要对归档电子文件元数据进行真实性检测；

☆总部及各分支机构向档案室归档电子文件时，电子文件接收中心需要对归档电子文件元数据进行真实性检测。

（3）依据标准和检测内容

《国泰君安证券电子文件归档元数据方案》要求，包括数据类型、长度、格式、值域等是否真实合理；元数据项数据中是否包含特殊字符。

（4）检测结果的记录和保存

检测结果登记在电子文件接收中心和电子文件归档移交清单中，并固化输出。

5.1.1.3 电子文件内容属性真实性检测

（1）检测对象：归档电子文件内容数据

（2）检测节点：

☆综合理财系统-非现场开户等上游业务系统将电子文件推送归档时，电子文件接收中心需要对归档电子文件内容数据进行真实性检测；

☆总部及各分支机构向档案室归档电子文件时，电子文件接收中心需要对归档电子文件内容数据进行真实性检测。

（3）依据标准和检测内容：

捕获电子文件内容数据的电子属性信息（计算机文件名、文件大小、文件格式和创建时间），与电子属性信息中记录的数据进行比对；

（4）检测结果的记录和保存

检测结果登记在电子文件接收中心和电子文件归档移交清单中，并固化输出。

5.1.1.4　电子文件元数据与内容关联真实性检测

（1）检测对象：归档电子文件元数据、内容数据

（2）检测节点：

☆综合理财系统-非现场开户等上游业务系统将电子文件推送归档时，电子文件接收中心需要对归档电子文件元数据和内容关联进行真实性检测；

☆总部及各分支机构向档案室归档电子文件时，电子文件接收中心需要对归档电子文件元数据和内容关联进行真实性检测。

（3）依据标准和检测内容：

检测元数据中记录的文件存储位置与电子档案内容数据的实际存储位置是否一致。

（4）检测结果的记录和保存

检测结果登记在电子文件接收中心和电子文件归档移交清单中，并固化输出。

5.1.1.5　电子文件归档信息包真实性检测

（1）检测对象：电子文件归档信息包、

（2）检测节点：

☆综合理财系统-非现场开户等上游业务系统将电子文件推送归档时，电子文件接收中心需要对电子文件归档信息包进行真实性检测；

☆总部及各分支机构向档案室归档电子文件时，电子文件接收中心需要对电子文件归档信息包进行真实性检测。

（3）依据标准和检测内容：

根据《国泰君安电子文件归档存档格式规范及存储方案》中描述的归档信息包结构（XML格式的文件与归档信息包并存在移交载体中），对归档案信息包进行真实性检测。

采用MD5算法计算归档信息包的数字摘要值，与电子档案归档接收信息登记表中的值进行比对。

（4）检测结果的记录和保存

检测结果登记在电子文件接收中心和电子文件归档移交清单中，并固化输出。

5.1.2　完整性检测

5.1.2.1　电子文件数据总量检测

（1）检测对象：归档电子文件

（2）检测节点：

☆综合理财系统-非现场开户等上游业务系统将电子文件推送归档时，电子文件接收中心需要对归档电子文件进行完整性检测；

☆总部及各分支机构向档案室归档电子文件时，电子文件接收中心需要对归档电子文件进行完整性检测。

（3）依据标准和检测内容：

依据电子档案归档接收信息登记表中文件数量和大小，检测归档电子文件的总数量、总字节数。

（4）检测结果的记录和保存

检测结果登记在电子文件接收中心和电子文件归档移交清单中，并固化输出。

5.1.2.2　电子文件元数据完整性检测

（1）检测对象：归档电子文件元数据

（2）检测节点：

☆综合理财系统-非现场开户等上游业务系统将电子文件推送归档时，电子文件接收中心需要对归档电子文件元数据进行完整性检测；

☆总部及各分支机构向档案室归档电子文件时，电子文件接收中心需要对归档电子文件元数据进行完整性检测。

（3）依据标准和检测内容：

依照《国泰君安证券电子文件归档元数据方案》要求，检测电子文件元数据项是否填写齐全，具有连续编号的目录数据（案卷号、件号、文号）是否有漏号现象。

（4）检测结果的记录和保存

检测结果登记在电子文件接收中心和电子文件归档移交清单中，并固化输出。

5.1.2.3　电子文件内容完整性检测

（1）检测对象：归档电子文件内容

（2）检测节点：

☆综合理财系统-非现场开户等上游业务系统将电子文件推送归档时，电子文件接收中心需要对归档电子文件内容进行完整性检测；

☆总部及各分支机构向档案室归档电子文件时，电子文件接收中心需要对归档电子文件内容进行完整性检测。

(3) 依据标准和检测内容:

依据《国泰君安证券股份有限公司归档文件整理细则》和《国泰君安证券股份有限公司电子文件归档与电子档案管理通用要求》,以人工检测的方式检查电子文件内容的完整性。如是否都含有:正文、附件、过程稿、审批表单信息。

(4) 检测结果的记录和保存

检测结果登记在电子文件接收中心和电子文件归档移交清单中,并固化输出。

5.1.2.4 电子文件归档信息包完整性检测

(1) 检测对象:电子文件归档信息包

(2) 检测节点:

☆综合理财系统–非现场开户等上游业务系统将电子文件推送归档时,电子文件接收中心需要对电子文件归档信息包进行完整性检测;

☆总部及各分支机构向档案室归档电子文件时,电子文件接收中心需要对电子文件归档信息包进行完整性检测。

(3) 依据标准和检测内容:

系统自动检测:依据归档信息包元数据中记录的文件数量检测归档信息包中实际包含的电子文件数量,比对两者是否相符;

人工检测:依据《国泰君安证券业务类文件归档范围和档案保管期限表》对归档信息包中的元数据和内容数据进行检测,判断其是否存在遗漏或错误情况

(4) 检测结果的记录和保存

检测结果登记在电子文件接收中心和电子文件归档移交清单中,并固化输出。

5.1.3 可用性检测

5.1.3.1 元数据、目录数据可用性检测

(1) 检测对象:归档电子文件元数据、目录数据

(2) 检测节点:

☆综合理财系统–非现场开户等上游业务系统将电子文件推送归档时,电子文件接收中心需要对归档电子文件元数据、目录数据进行可用性检测;

☆总部及各分支机构向档案室归档电子文件时,电子文件接收中心需要对归档电子文件元数据、目录数据进行可用性检测。

（3）依据标准和检测内容：

检测电子文件归档信息包中存放元数据的XML文件或目录数据存放的EXCEL文件是否可以正常解析、读取数据。

（4）检测结果的记录和保存

检测结果登记在电子文件接收中心和电子文件归档移交清单中，并固化输出。

5.1.3.2　电子文件内容可用性检测

（1）检测对象：归档电子文件内容数据

（2）检测节点：

☆综合理财系统-非现场开户等上游业务系统将电子文件推送归档时，电子文件接收中心需要对归档电子文件内容进行可用性检测；

☆总部及各分支机构向档案室归档电子文件时，电子文件接收中心需要对归档电子文件内容进行可用性检测。

（3）依据标准和检测内容：

系统自动检测：依据电子文件归档要求对电子文件内容数据格式进行检测，判断其是否符合《电子文件归档与电子档案管理规范标准要求》（GB/T 18894—2016）和《国泰君安电子文件归档存档格式规范及存储方案》的要求。

通过计算机文件头信息与文件格式来确认电子文件内容格式是否真实；

详细文件格式和文件头信息如下表：

序号	文件格式	文件头信息
1	JPEG（jpg）	FFD8FF
2	TIFF（tif）	49492A00
3	CAD（dwg）	41433130
4	XML（xml）	3C3F786D6C
5	HTML（html）	68746D6C3E
6	MS Word/Excel（xls.or.doc）	D0CF11E0
7	MS Access（mdb）	5374616E64617264204A
8	Adobe Acrobat（pdf）	255044462D312E

续表

序号	文件格式	文件头信息
9	Wave（wav）	57415645
10	AVI（avi）	41564920
11	MPEG（mpg）	000001BA
12	MP3	494433
13	MP4	66747970

人工检测：人工打开文件进行内容是否可读检测。

（4）检测结果的记录和保存

检测结果登记在电子文件接收中心和电子文件归档移交清单中，并固化输出。

5.1.3.3 电子文件归档信息包可用性检测

（1）检测对象：电子文件归档信息包

（2）检测节点：

☆综合理财系统–非现场开户等上游业务系统将电子文件推送归档时，电子文件接收中心需要对电子文件归档信息包进行可用性检测；

☆总部及各分支机构向档案室归档电子文件时，电子文件接收中心需要对电子文件归档信息包进行可用性检测。

（3）依据标准和检测内容：

对电子文件归档信息包是否包含非公开压缩算法、是否加密、是否包含不符合归档要求的文件格式进行检测。

（4）检测结果的记录和保存

检测结果登记在电子文件接收中心和电子文件归档移交清单中，并固化输出。

5.1.3.4 电子文件软硬件环境检测

（1）检测对象：归档电子文件

（2）检测节点：

☆综合理财系统–非现场开户等上游业务系统将电子文件推送归档时，电子文件接收中心需要对电子属性信息记录的软硬件环境进行可用性检测；

☆总部及各分支机构向档案室归档电子文件时，电子文件接收中心需要对电子属性信息记录的软硬件环境进行可用性检测。

（3）依据标准和检测内容：

依照《国泰君安电子文件归档存档格式规范及存储方案》的要求，对电子属性信息中记录的软硬件环境信息进行检测，判断其是否符合归档要求。

（4）检测结果的记录和保存

检测结果登记在电子文件接收中心和电子文件归档移交清单中，并固化输出。

5.1.4 安全性检测

5.1.4.1 电子文件归档信息包安全性检测

（1）检测对象：电子文件归档信息包

（2）检测节点：

☆综合理财系统-非现场开户等上游业务系统将电子文件推送归档时，电子文件接收中心需要对电子文件归档信息包进行安全性检测；

☆总部及各分支机构向档案室归档电子文件时，电子文件接收中心需要对电子文件归档信息包进行安全性检测。

（3）依据标准和检测内容：

人工检测：操作系统是否安装国内通用的杀毒软件并升级成最新版本病毒特征库；

系统或人工调用杀毒软件检测电子文件归档信息包及包含文件是否感染木马或病毒；

（4）检测结果的记录和保存

检测结果登记在电子文件接收中心和电子文件归档移交清单中，并固化输出。

5.1.4.2 归档载体安全性检测

（1）检测对象：归档载体

（2）检测节点：

总部及各分支机构向档案室归档电子文件时，档案室档案员需要对电子文件归档载体（光盘）进行安全性检测。

（3）依据标准和检测内容：

按《电子文件归档光盘技术要求和应用规范》（DA/T 38—2008）的有关要求，对外观、读取情况等判定载体是否安全、可靠；

系统自动和人工结合的方式：检测载体内是否含有非归档文件；载体读

写速度、载体外观、光盘质量。

(4) 检测结果的记录和保存

检测结果登记在电子文件接收中心和电子文件归档移交清单中，并固化输出。

5.1.4.3 归档过程安全性检测

(1) 检测对象：系统环境

(2) 检测节点：

☆综合理财系统-非现场开户等上游业务系统将电子文件推送归档时，电子文件接收中心需要对电子文件归档过程进行安全性检测；

☆总部及各分支机构向档案室归档电子文件时，电子文件接收中心需要对电子文件归档过程进行安全性检测。

(3) 依据标准和检测内容：

人工检测：依据《国泰君安电子文件归档与电子档案管理通用要求》和《国泰君安电子档案安全管理要求》。检测归档信息包在归档和保存过程中是否安全、可控。

(4) 检测结果的记录和保存

检测结果登记在电子文件接收中心和电子文件归档移交清单中，并固化输出。长期保存库中。

5.2 长期保存环节

5.2.1 检测策略

5.2.1.1 检测策略设置

电子档案在长期保存过程中，需要定期和不定期对其进行检测，检测策略设置主要包括以下方面：

(1) 对电子档案的封装格式以及电子档案元数据与内容数据的关联方式进行设置；

(2) 对电子档案的存储路径、存储方式进行设置；

(3) 对电子档案各项检测指标进行设置；

(4) 对各门类电子档案的检测周期进行设置。

5.2.1.2 检测策略执行

电子档案长期保存封装包检测时，依据预先设定的检测策略执行：

(1) 在未发生系统更新、数据迁移、格式转换等影响电子档案元数据和内容数据的行为的情况下，只需要对电子档案的固化信息进行检测，本方案中固化信息为MD5计算的数字摘要值；

(2) 在发生系统更新、数据迁移、格式转换等影响电子档案元数据和内容数据的行为的情况下，需要进行全面检测，检测内容包含长期保存封装包、电子档案元数据和电子档案内容；

(3) 每季度对长期保存电子档案进行抽检，抽检比例不低于5%；

(4) 每两年对长期保存电子档案进行一次全面检测；

(5) 在电子档案长期保存过程中，针对电子档案所做的检测、迁移、格式转换、备份恢复、提取出库应记录在档案管理系统的长期保存库中，并补充到电子档案的元数据中去。

5.2.2 真实性检测

5.2.2.1 电子档案固化信息检测

(1) 检测对象：电子档案

(2) 检测节点：

电子档案长期保存封装时、长期保存过程中对电子档案的固化信息真实性进行检测。

(3) 依据标准和检测内容：

对长期保存电子档案中包含的数字摘要固化信息的有效性进行验证；数字摘要算法为MD5。

(4) 检测结果的记录和保存

检测结果自动记录在电子档案管理系统长期保存库中。

5.2.2.2 电子档案元数据真实性检测

(1) 检测对象：电子档案元数据

(2) 检测节点：

电子档案长期保存封装时、长期保存过程中对电子档案的元数据真实性进行检测。

(3) 依据标准和检测内容：

《国泰君安证券电子文件归档元数据方案》要求，包括数据类型、长度、格式、值域等是否真实合理合理。

(4) 检测结果的记录和保存

检测结果自动记录在电子档案管理系统长期保存库中。

5.2.2.3 电子档案内容真实性检测

(1) 检测对象：电子档案内容

(2) 检测节点：

电子档案长期保存封装时、长期保存过程中对电子档案的内容真实性进行检测。

(3) 依据标准和检测内容：

捕获电子文件内容数据的电子属性信息（计算机文件名、文件大小、文件格式和创建时间）与电子属性信息中记录的数据进行比对。

(4) 检测结果的记录和保存

检测结果自动记录在电子档案管理系统长期保存库中。

5.2.2.4 电子档案元数据与内容关联真实性检测

(1) 检测对象：电子档案元数据、内容数据

(2) 检测节点：

电子档案长期保存封装时、长期保存过程中对电子档案的内容真实性进行检测。

(3) 依据标准和检测内容：

检测元数据中记录的文件存储位置与电子档案内容数据的实际存储位置是否存在。

(4) 检测结果的记录和保存

检测结果自动记录在电子档案管理系统长期保存库中。

5.2.2.5 电子档案长期保存封装包真实性检测

(1) 检测对象：电子档案长期保存封装包

(2) 检测节点：

长期保存过程中对电子档案长期保存封装包的真实性进行检测。

(3) 依据标准和检测内容：

采用数字摘要比对的方式对保存信息包的一致性进行检测。入库时计算并记录保存信息包的数字摘要（MD5 值），检测时重新计算数字摘要并和入库时生成的数字摘要进行比对；

依据《基于 XML 的电子文件封装规范》（DA/T 48—2009）中“电子文件封装包的 Schema”对电子档案长期保存封装包的规范检测。

(4) 检测结果的记录和保存

检测结果自动记录在电子档案管理系统长期保存库中。

5.2.3 完整性检测

5.2.3.1 电子档案数据总量检测

（1）检测对象：电子档案

（2）检测节点：

电子档案长期保存封装时、长期保存过程中对电子档案数据总量进行检测。

（3）依据标准和检测内容：

统计某一批次电子档案总件数，并和元数据中记录的数据量进行对比；电子档案总字节数，并和元数据中记录的字节数比对。

（4）检测结果的记录和保存

检测结果自动记录在电子档案管理系统长期保存库中。

5.2.3.2　电子档案元数据完整性检测

（1）检测对象：电子档案元数据

（2）检测节点：

电子档案长期保存封装时、长期保存过程中对电子档案元数据完整性进行检测。

（3）依据标准和检测内容：

依照《国泰君安证券电子文件归档元数据方案》要求，检测电子文件元数据项是否填写齐全，具有连续编号的目录数据（案卷号、件号、文号）是否有漏号现象。

（4）检测结果的记录和保存

检测结果自动记录在电子档案管理系统长期保存库中。

5.2.3.3　电子档案内容完整性检测

（1）检测对象：电子档案内容数据

（2）检测节点：

电子档案长期保存封装时、长期保存过程中对电子档案内容完整性进行检测。

（3）依据标准和检测内容：

依据《国泰君安电子档案管理实施细则（暂行）》和《国泰君安电子文件归档与电子档案管理通用要求》，以人工检测的方式检查电子文件内容的完整性。

（4）检测结果的记录和保存

检测结果记录在电子档案管理系统长期保存库中。

5.2.3.4　电子档案长期保存封装包完整性检测

（1）检测对象：电子档案长期保存封装包

(2) 检测节点:

对电子档案长期保存封装包的完整性进行检测。

(3) 依据标准和检测内容:

依据《国泰君安证券电子文件归档元数据方案》要求，检测电子文件元数据项是否缺项;

依据《基于 XML 的电子文件封装规范》(DA/T 48—2009) 中附录 C《封装元数据表》对封装元数据项进行检测。

依据电子档案长期保存封装包元数据中记录的文件数量检测归档信息包中实际包含的电子文件数量，比对两者是否相符。

(4) 检测结果的记录和保存

检测结果自动记录在电子档案管理系统长期保存库中。

5.2.4 可用性检测

5.2.4.1 电子档案元数据可用性检测

(1) 检测对象:电子档案长期保存封装包-元数据

(2) 检测节点:

对电子档案长期保存封装包存放元数据的 XML 文件进行可用性检测。

(3) 依据标准和检测内容:

检测电子档案长期保存封装包存放元数据的 XML 文件是否可以正常解析、读取数据。

(4) 检测结果的记录和保存

检测结果自动记录在电子档案管理系统长期保存库中。

5.2.4.2 电子档案内容可用性检测

(1) 检测对象:电子档案长期保存封装包-档案内容

(2) 检测节点:

对电子档案长期保存封装包内的电子档案内容数据进行可用性检测。

(3) 依据标准和检测内容:

系统自动检测:依据电子文件归档要求对电子文件内容数据格式进行检测，判断其是否符合《国泰君安电子文件归档存档格式规范及存储方案》中长期保存格式的要求。

人工检测:人工打开文件进行内容是否可读检测。

(4) 检测结果的记录和保存

检测结果自动记录在电子档案管理系统长期保存库中。

5.2.4.3 电子档案软硬件环境检测

(1) 检测对象：保存环境

(2) 检测节点：

对电子档案长期保存的环境进行检测；

(3) 依据标准和检测内容：

依据电子档案属性信息中记录的软硬件环境信息进行检测，判断长期保存环境是否符合要求。

(4) 检测结果的记录和保存

检测结果自动记录在电子档案管理系统长期保存库中。

5.2.4.4 备份数据可恢复性检测

(1) 检测对象：备份数据

(2) 检测节点：

对档案管理系统运行维护期间备份的数据进行可恢复性检测。

(3) 依据标准和检测内容：

采用专业的备份数据恢复工具检测备份数据是否完好，是否可恢复，并进行恢复性测试。

(4) 检测结果的记录和保存

检测结果自动记录在电子档案管理系统长期保存库中。

5.2.5 安全性检测

5.2.5.1 电子档案长期保存封装包安全性检测

(1) 检测对象：病毒软件、电子档案长期保存封装包

(2) 检测节点：

检测操作系统是否安装杀毒软件以及对电子档案长期保存封装包进行木马、病毒查杀。

(3) 依据标准和检测内容：

系统自动调用杀毒软件接口，检测电子档案是否感染病毒。

(4) 检测结果的记录和保存

检测结果自动记录在电子档案管理系统长期保存库中。

5.2.5.2 电子档案软件管理系统安全性检测

(1) 检测对象：系统环境

(2) 检测节点：

对操作系统及档案管理软件进行安全性检测。

(3) 依据标准和检测内容:

采用专业的漏洞扫描工具检测电子档案长期保存的计算机系统和档案管理软件是否存在安全漏洞。

(4) 检测结果的记录和保存

检测结果保存在电子档案管理系统长期保存库中。

5.2.5.3　电子档案长期保存载体安全性检测

(1) 检测对象: 长期保存载体

(2) 检测节点:

对在线、离线存储的载体读取速度进行检测; 对载体外观进行检测。

(3) 依据标准和检测内容:

在线载体检测: 使用磁盘阵列的管理软件对在线存储进行专业性测试, 判断是否安全可靠。

离线载体检测: 对载体进行读取操作, 和常规的读取速度进行比对判断载体是否安全可靠; 由人工判断载体外观是否正常。

(4) 检测结果的记录和保存

检测结果保存在电子档案管理系统长期保存库中。

5.2.5.4　载体保管环境安全性检测

(1) 检测对象: 离线载体保存环境

(2) 检测节点:

对离线载体保存环境进行安全性检测。

(3) 依据标准和检测内容:

人工对照《电子文件归档光盘技术要求和应用规范》(DA/T 38—2008) 的有关要求判断光盘等各类载体的保管环境是否符合要求; 对照《磁性载体档案管理与保护规范》(DA/T15—1995), 判断磁性载体的保管环境是否符合要求。

(4) 检测结果的记录和保存

检测结果保存在电子档案管理系统长期保存库中。

马 钢 集 团
电子文件归档和电子档案管理试点案例

一、背景

（一）企业战略发展需要

为推动企业适应新常态，加快转型升级，健康持续发展，马钢编制了《马钢“十三五”发展规划》，“加快信息化建设”是其中重要内容之一。马钢以满足集团业务监管、提升集团资源调配效率为目标，建设集团管控体系与业务协同信息化系统，构建全集团跨工厂、跨板块业务协同平台，支撑集团信息沟通与决策管理，规范业务流程管控，加强内部风险控制，以发展绿色制造、智能制造为目标，深度推进两化融合，建设覆盖钢铁产业向外部产业链延伸的供应链协同信息化系统，逐步实现制造流程和产品全生命周期的数字化、网格化、智能化。从马钢集团战略发展来看，需要档案工作适应新的形势。

（二）企业业务发展需要

马钢信息化的发展首先是要构建集团统一管理类应用系统，用信息化手段统一业务管理模式和数据标准化管理。伴随管理类应用系统的实施，企业开始推行无纸化办公，业务系统生成大量的电子文件，具有存档价值的电子文件需要进行归档，这对传统档案工作模式产生了巨大的冲击。从企业业务发展情况来看，也需要档案工作适应新的形势。

（三）档案工作本身的发展需要

马钢“十三五”发展规划为马钢档案工作发展带来了良好机遇，也对档案工作提出了新的、更高的要求。档案工作必须适应新常态，谋求新发展，适应企业多元产业发展，适应企业转型升级，优化档案服务，适应企业智能制造，强化电子档案管理，适应企业信息化需要。

马钢档案信息化与企业信息化发展不同步，现有业务系统运行过程中产生大量具有存档价值的在线数据没有实现归档；新增业务系统未考虑在线归档接口，增量档案没有完全实现电子化；业务系统数据必须归档的理念未形成，这些都将是本次试点工作需要解决的难题。

二、目标

（一）总体目标

试点工作以“重点研究 ERP 业务系统形成的电子文件归档范围、归档过程、归档存储格式、电子文件四性检测、元数据管理、基于大数据的电子档案服务利用”为目标，即实现 ERP 业务系统电子文件归档的全过程管理。

（二）具体目标

（1）应用马钢数字档案馆系统的建设成果，实施 ERP（SAP）系统与数字档案馆系统的集成，实现 ERP（SAP）系统数据资源的在线移交、归档、管理与利用。

（2）开展 ERP（SAP）系统电子文件在采集、管理、利用等环节归档与管理的全过程研究，形成 ERP（SAP）系统与数字档案馆系统集成的接口规范。

（3）主动拓展试点工作内容，积极推进其它业务系统电子文件归档与管理工作。

三、系统介绍

（一）功能

1. 马钢信息化系统总体情况

钢铁企业是连续的流程型企业，钢铁生产是连续（铁前）和离散（钢后）混合、物理变化和化学变化混合的过程，工艺复杂，生产条件严格，并且是多工厂联合生产，生产设备多，自动化程度比较高，有大量的自动化设备、数据采集系统和检化验系统。钢铁行业的这些特点决定了钢铁企业的信息化具有其自身的特点，即不仅要进行业务层的系统建设，还要考虑底层与设备相关的控制和生产管理。

根据马钢自身的特点，公司建立了一套完整的信息化系统体系结构（如图 1）。

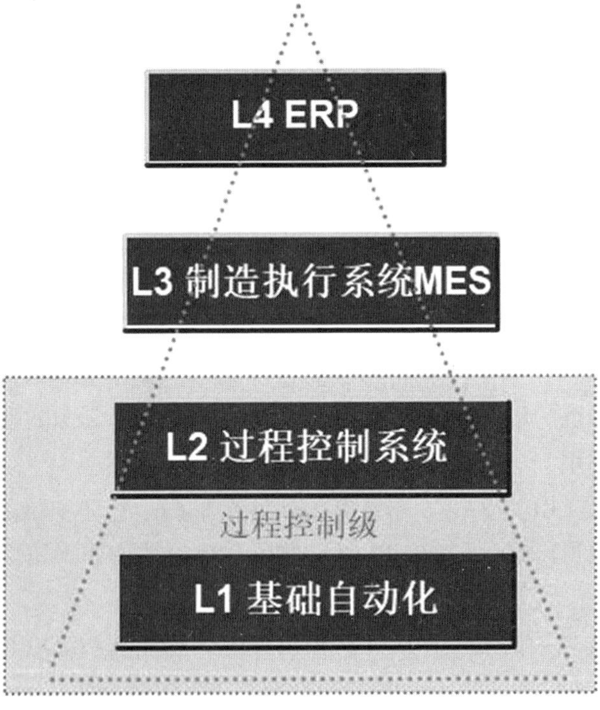

图 1　马钢信息化系统体系结构层级

L4：企业资源计划系统（ERP），进行企业整体的产供销管理、成本核算、资源优化、经营决策等。ERP 系统引进 SAP AG 公司的商业集成化 ERP 套装软件 SAP R/3 系统，采用了钢铁行业解决方案，实施模块涉及销售管理（SD）、生产管理（PP）、质量管理（QM）、物料管理（MM）、财务管理（FI）、成本控制（CO）。

L3：制造执行系统（MES），进行生产制造标准、生产计划编制下达，进行生产物流调度、生产管理信息收集等。

L2：生产过程控制系统，进行过程模型计算、生产实绩收集、生产过程优化控制等。

L1：基础自动化控制系统，由 DCS、PLC 等构成，直接控制生产设备系统动作。

L1、L2、L3、L4 通过计算机网络连接，进行数据通信，实现生产全程控制，系统总体结构见图 2。

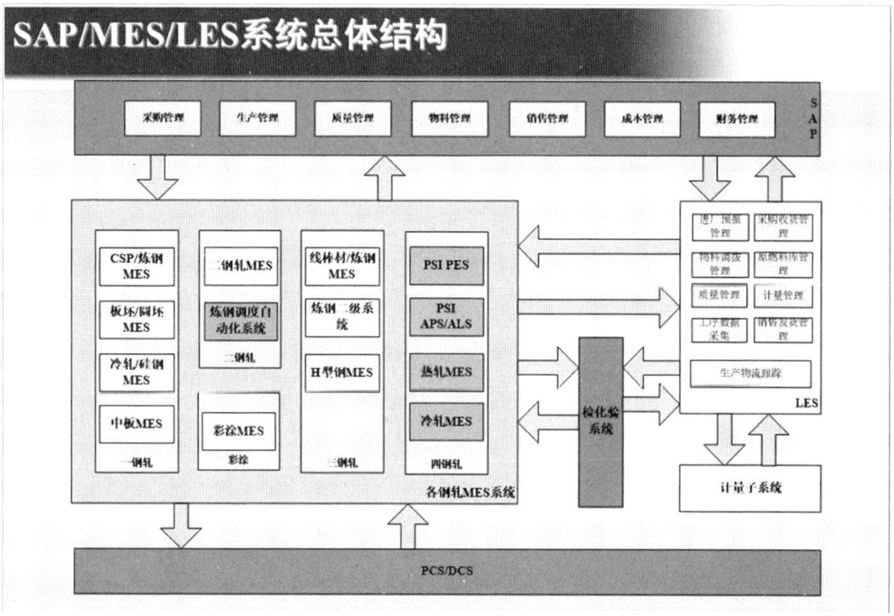

图 2　系统总体结构图

2. ERP 系统主要功能模块

FI 财务会计：集中公司有关会计的所有资料，提供完整的文献和全面的资讯，同时作为企业实行控制和规划的最新基础。

CO 管理会计：公司管理系统中规划与控制工具的完整体系，具有统一的报表系统，协调公司内部处理业务的内容和过程。

PP 生产计划：提供各种制造类型的全面处理：从重复性生产、订制生产、订装生产，加工制造、批量及订存生产直至过程生产，具有扩展 MPR Ⅱ的功能。

MM 物料管理：以工作流程为导向的处理功能对所有采购处理最佳化，可自动评估供应商，透过精确的库存和仓储管理降低采购和仓储成本，并与发票核查相整合。

QM 质量管理：监控、输入和管理整个供应链与品质保证相关的各类处理、协调检查处理、启动校正措施。

（二）数据量

据统计，2007 年 SAP 系统上线以来，截至 2020 年 8 月 24 日系统内仅财务凭证就有近 96049818 条。因前端系统不便于统计，此处仅对以归档至马钢档案管理系统中的会计总分类账、供应商往来明细账客户往来明细账、其他科目明细账、记账凭证（集成）、记账凭证（手工）、科目余额、营业外收支明细、客户供应商往来余额表等 24 种表单进行统计，固定样式的有效数据达到 500 多万条。

（三）文件类型

SAP 系统中产生的文件按类型分主要有业务单据、业务单据目录数据、主数据、台账、报表、关联关系数据、基础字典数据等。

四、工作步骤

（一）项目准备阶段

马钢档案馆接受试点工作任务后，公司十分重视，在公司档案工作领导小组会中，项目通过立项，成立项目工作组，确定了职责分工。

成立项目工作领导小组，成员由公司档案工作领导小组成员组成。主要负责试点工作组织领导、试点工作方案审定和试点工作过程中人、财、物审批与协调事项。

成立试点工作组，成员分别由管理创新部（原企管部）、档案馆（原档案处）、飞马智科公司（原自动化公司）、研发单位有关负责人以及专业技术负责人组成。主要负责拟定试点工作方案、研发相关课题、具体实施试点工作任务，按季度向国家档案局上报工作进展情况汇报。

（二）项目调研阶段

2016 年 3 月 3 日，马钢集团档案处组织座谈会，主要包括企管部、计财部、档案馆、自动化公司、青岛元果公司，就 ERP 电子资源归档展开了深入讨论。

2016 年 3 月 10 日，马钢集团档案处又组织召开了“数字档案馆辅助审计研讨会”，并就有关问题进行了交流。

会议认为，马钢是个信息化建设比较成功的企业，ERP 等先进业务系统已应用了十几年，企业生产与管理信息网络化程度很高。目前已有 3.5T 数据，为保证系统正常工作，每 3 年作一次数据库瘦身备份导出到备份机，系统中正在运行的数据不超过 3 年，ERP 在线利用只能是 3 年内的，不支持长周期的查询工作。这是数字档案馆建设要解决的问题之一。

会议指出，数字档案馆应该是一个企业内网上的云档案馆，而不只是靠馆藏档案扫描而形成的档案馆，马钢已经做了十几年的档案信息网络化管理，公司的各个部门都有原始的电子资料分散保存在各自的业务系统中，本项目就是要将这些原始的电子资料理顺，拿出清单，然后按国家有关法律法规确定是否归档、保存期限，需归档的整体保存到档案数字资源中心，一部分馆藏资源数字化后也保存到这个中心，然后针对这个中心开发一套管理系统，包括有序保存、长期可读、保密防护、云服务、知识化主动服务等。

数字档案馆建成后，将是近 10 年乃至今后的主要查询服务利用平台，这是企业档案工作发展的必经之路。

借助马钢数字档案馆项目建设，对马钢 ERP（SAP）系统涵盖的所有业务模块逐一调研，根据马钢的实际情况，由档案馆和各业务部门共同明确各业务模块需要归档的对象，并对各归档对象涉及到的资源进行归集整理。马钢 ERP（SAP）系统主要有六大模块，即：FI（财务会计）、CO（成本管理）、MM（采购管理）、PP（生产计划）、QM（质量管理）、SD（销售管理）。项目分两期建设，一期完成 FI、CO 两个会计模块的电子文件归档，二期完成剩余四个业务模块电子文件数据归档。

（三）项目实施阶段

主要通过五个实施阶段进行管理与控制：

启动阶段：成立项目组，制定项目整体工作计划。结合双方签订的合同及技术协议内容，马钢档案馆及自动化公司组织合适人员配合实施公司进行现场需求调研，并在完成调研报告及需求分析报告后，经过双方确认后确定系统实施工作范围。

规划阶段：完成需求调研后，实施方对项目范围做出合理规划，将工作任务细化分解到最小的工作任务包，并定义出具体活动，完成详细进度计划的制定。在计划执行过程中进行滚动式规划，将各阶段的任务逐步分解，逐步细化。

表1　马钢数字档案馆试点实施计划

实施步骤	主要工作内容	目标及成果	总体完成时间安排
项目准备阶段	应用系统和集成调研相关文档形成	实施计划 应用系统和集成调研报告、实施方案	2018年3月
系统调研与需求分析、业务流程设计	用户需求调查 资源清单调查 业务流程设计	1. 数据收集模版 2. 界定实施范围 3. 概要设计 4. 规范业务流程	2018年3月
详细设计、编码实现	1. 详细设计 2. 程序编码 3. 业务逻辑分析	1. 详细设计	2018年3月—2018年5月
系统测试	1. 系统单元测试 2. 系统模块测试 3. 系统集成测试 4. 问题整改 5. 整改测试	1. 测试方案 2. 测试计划 3. 测试记录 4. 测试报告 5. 问题清单 6. 整改记录	2018年6月中旬

续表

实施步骤	主要工作内容	目标及成果	总体完成时间安排
试点项目验收	试点文档编写		2018 年 6 月中旬
用户培训	编写用户手册 最终用户培训	用户手册	2018 年 7 月上旬
试运行	1. 问题整改		2018 年 8 月
系统验收	系统验收申请 验收测试 验收文档提交 系统验收	1. 验收申请报告 2. 用户报告 3. 技术报告 4. 测试大纲 5. 测试记录 6. 测试报告 7. 验收报告	2018 年 10 月

执行阶段：根据制定的工作计划逐一落实完成情况，每周召开周例会，每个阶段结束后进行阶段总结及下步规划。并对各阶段完成的可交付成果进行双方确认。

监督与控制：马钢档案馆及自动化公司项目组长对项目实施的整个过程进行监控，各环节严格把好质量关，双方项目组人员同时针对需求偏差、变更请求、计划调整、项目人员变更、资源关系协调等方面做好记录与监控。

收尾阶段：系统上线后，马钢档案馆及自动化公司及时组织用户分批分角色进行培训，并在培训结束后进行全面大规模测试。在项目验收前，提前通知实施方做好项目验收文档材料准备。

（四）项目验收阶段

1. 项目预验收

2019 年 11 月 28 日至 29 日，安徽省档案局组织专家，对马钢（集团）控股有限公司承担的 ERP 形成的电子文件归档和电子档案管理试点项目进行预验收，专家组依据《企业电子文件归档和电子档案管理试点验收方案》的要求，听取了项目试点工作总结报告和技术报告，观看了系统演示，进行了现场测试，审阅了文档资料，经讨论质询，专家一致认定该项目通过预验收。专家在预验收过程中提出了一些改进意见，项目组人员对相关问题进行了梳理，并以问题为导向，分工协作，责任到人，进一步优化了系统功能。

2. 项目正式验收

2019 年 12 月 15 日至 16 日，国家档案局组织专家验收组来马钢开展企业电子文件归档和电子档案管理国家试点项目验收工作。专家组听取了项目试点工作总结报告和技术报告，观看了系统演示，审阅了文档资料，并对照国家有关标准规范，进行了现场测试、质询、抽检，经综合评审，一致同意该试点项目正式通过验收。

五、解决方案

（一）管理流程方案

在 ERP（SAP）系统中建立电子文件归档模块，组织需归档的电子文件（ERP（SAP）系统中业务办结的电子文件）、元数据信息并生成归档清单，一同提交至数字档案馆系统的数据检验平台。ERP（SAP）系统中业务办结电子文件统一转换为 PDF 格式，ERP（SAP）系统中通过设置文件状态标识字段区分未归档和已归档的电子文件。

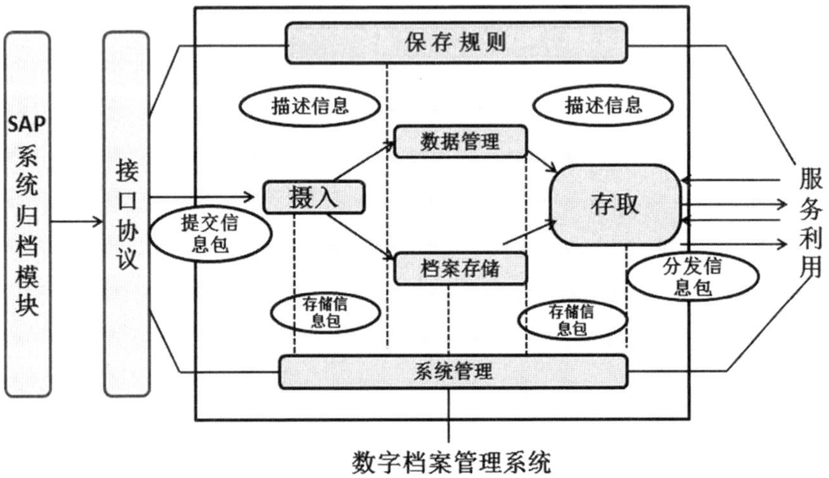

图 3　ERP（SAP）系统电子文件归档及管理模型

数字档案馆系统对接收的电子文件进行“四性”检查，检查不通过的归档数据将按照批次驳回，待信息完善齐全后再提交归档；检查通过的归档数据将在完善电子文件目录相关信息后完成归档。归档的电子文件在数字档案馆系统中进行存储、业务管理和网络利用。

（二）归档范围及存储格式

ERP（SAP）系统财务模块数据归档范围参照 2016 年 1 月 1 日由财政部、国家档案局共同修订通过的《会计档案管理办法》以及企业实际的管理需求。

会计档案管理办法第六条中提出如下会计资料应纳入归档范围：

1. 会计凭证

包括：原始凭证、记账凭证。

2. 会计账簿

包括：总账、明细账、日记账、固定资产卡片及其他辅助性账簿。

3. 财务会计报告

包括：月度、季度、半年度、年度财务会计报告。

4. 其他会计资料

包括：银行存款余额调节表、银行对账单、纳税申报表、会计档案移交清册、会计档案保管清册、会计档案销毁清册、会计档案鉴定意见书及其他具有保存价值的会计资料。

其他业务模块的归档范围确定首先参照国家档案管理规范要求，并结合企业自身管理实际，首先由企业的 ERP（SAP）系统关键用户提供系统中产生资源范围清单，在此基础上与档案管理职能部门共同讨论沟通形成应归档明细，主要包括各业务模块产生的有长期保存利用价值的业务单据、管理报表，重要数据库表。通过梳理后最终确认的归档范围及保管期限如表 2 所示。

表2　马钢 ERP(SAP)系统电子文件归档范围、存储格式及保管期限

序号	业务模块	数据名称	原始存储格式	归档后存储格式	保管期限	归档档案类	归档形式
1	SD（销售模块）	销售合同(钢材销售合同、轮轴销售合同)	数据库	PDF	永久	电子档案	电子
2		销售合同(钢材销售合同、轮轴销售合同)	数据库	PDF	永久	文书档案	纸质
3		产品提货单(分板材、长材、特钢、轮轴、气体、煤焦化等)	数据库	PDF	30年	电子档案	电子
4		应收发票会计凭证	数据库	PDF	30年	电子档案	电子
5		应收发票会计凭证	数据库	PDF	30年	会计档案	纸质
6	MM（物料管理）模块	原燃料买卖合同	数据库	PDF	30年	电子档案	电子
7		原燃料买卖合同	数据库	PDF	30年	文书档案	纸质
8		原燃料变更合同	数据库	PDF	30年	电子档案	电子
9		原燃料变更合同	数据库	PDF	30年	文书档案	纸质
10		采购结算通知单(原燃料买卖)	数据库	PDF	30年	电子档案	电子
11		材料工业品买卖合同	数据库	PDF	30年	电子档案	电子
12		材料工业品买卖合同	数据库	PDF	30年	文书档案	纸质
13		采购结算单(原燃料买卖)	数据库	PDF	30年	电子档案	电子
14		采购交货单(材料工业品买卖)	数据库	PDF	30年	电子档案	电子
15		采购结算清单(材料工业品买卖)	数据库	PDF	30年	电子档案	电子

续表

序号	业务模块	数据名称	原始存储格式	归档后存储格式	保管期限	归档档案类	归档形式
16	MM(物料管理)模块	发票校验凭证	数据库	PDF	30年	电子档案	电子
17		发票校验凭证	数据库	PDF	30年	文书档案	纸质
18	FICO(财务管理)	外购原燃料质量验证单	数据库	PDF	30年	电子档案	电子
19		应付付款会计凭证	数据库	PDF	30年	电子档案	电子
20		应付付款会计凭证	数据库	PDF	30年	会计档案	纸质
21		应收商业收据会计凭证	数据库	PDF	30年	电子档案	电子
22		应收商业收据会计凭证	数据库	PDF	30年	会计档案	纸质
23		应收发票调整会计凭证	数据库	PDF	30年	电子档案	电子
24		应收发票调整会计凭证	数据库	PDF	30年	会计档案	纸质
25		会计总分类账	数据库	PDF	30年	电子档案	电子
26		会计总分类账	数据库	PDF	30年	会计档案	纸质
27		供应商往来明细账	数据库	PDF	30年	电子档案	电子
28		供应商往来明细账	数据库	PDF	30年	会计档案	纸质
29		客户往来明细账	数据库	PDF	30年	电子档案	电子
30		客户往来明细账	数据库	PDF	30年	会计档案	纸质
31		其他科目明细账	数据库	PDF	30年	电子档案	电子
32		其他科目明细账	数据库	PDF	30年	会计档案	纸质
33		记账凭证(集成)	数据库	PDF	30年	电子档案	电子
34		记账凭证(手工)	数据库	PDF	30年	电子档案	电子
35		记账凭证(手工)	数据库	PDF	30年	会计档案	纸质

续表

序号	业务模块	数据名称	原始存储格式	归档后存储格式	保管期限	归档档案类	归档形式
36	FICO（财务管理）	科目余额表	数据库	数据库	30年	电子档案	电子
37		营业外收支明细表	数据库	PDF	30年	电子档案	电子
38		客户供应商往来余额表	数据库	数据库	30年	电子档案	电子
39		月度财务报表	EXCEL	PDF	30年	电子档案	电子
40		月度财务报表	EXCEL	PDF	30年	会计档案	纸质
41		年度财务报表	PDF	PDF	30年	电子档案	电子
42		年度财务报表	PDF	PDF	30年	会计档案	纸质
43	基础字典数据	基础代码信息数据库	数据库	数据库			

（三）系统接口

ERP（SAP）系统归档接口采用主动推送接口方式：ERP（SAP）系统通过归档模块将生成的元数据和电子文件将推送档案系统接收平台，在接收平台经过检验、检查，核查档号和保管期限后归档至档案库。ERP（SAP）系统归档接口的实现方式还可以采用Web Service接口方式，通过Web Service程序实现ERP（SAP）系统归档数据移交至数字档案馆管理系统。马钢ERP（SAP）系统电子文件归档接口的实现采用的是前端系统主动推送，档案系统接收的方式。

1. 基于主动推送接口方式

（1）集成机制

ERP（SAP）系统与数字档案馆系统通过数据接收平台实现两个系统之间数据的同步。在ERP（SAP）系统中开发归档模块程序，按照集成的数据逻辑，将SAP部分重要基础数据信息、归档电子文件模板化后及其元数据推送到档案系统接收平台。数字档案馆系统按照约定接口协议，从接收平台抓取ERP（SAP）系统提交的电子文件元数据及其元数据信息、电子文件，并按照与ERP（SAP）系统一致的管理结构组织归档数据。

（2）接口协议描述

ERP（SAP）系统与数字档案馆系统之间的数据传输接口协议，通过关键数据表进行描述和技术实现。内容包括：配置信息表，基础数据信息表，批次信息表，标准元数据表，标准电子原文表。具体数据约束信息见《ERP（SAP）系统电子文件归档接口规范》。

2. 基于 Webservice 的接口方式

为进一步扩大接口规范的适用性，对基于 WebService 服务机制的接口方式进行描述，后续业务系统归档接口建设，可根据实际情况采用该方式。

（四）元数据项及捕获节点

1. 元数据捕获原则

（1）ERP（SAP）系统电子档案的元数据采集应贯穿电子文件产生、归档、管理的全部过程。

（2）电子文件在 ERP（SAP）系统中应采集的元数据项包括：文件来源、业务单号、业务完成时间、文件题名、密级、保管期限、电子文件名称、电子文件大小等。

（3）电子文件在数字档案馆系统中应采集的元数据项包括：接收检验人、接收检验时间、“四性”检验结果、归档鉴定人、归档鉴定时间、归档鉴定结果、归档人、归档时间等。

（4）数字档案馆系统应对电子档案元数据的操作自动形成日志记录。

2. 元数据的描述

ERP（SAP）系统采集的元数据是描述各重要业务单据及报表中的行项目数据的数据，属性也可理解为二维数据库表的列项目（字段）。在数字档案管理中包括描述档案实体的内容、利用权限、存储信息和其他有关特征的背景信息。主要包括业务实体元数据属性集（每类归档业务单据单独定义元数据属性集）、档案实体元数据属性集、电子文件实体元数据属性集、过程实体元数据属性集。大部分属性集在档案数据库后台记录，管理员管理界面可展现，处理程序中使用，前台只显示部分字段。下面列出 ERP（SAP）系统电子文件除业务实体元数据属性集外的通用的档案实体元数据属性集、电子文件实体元数据属性集、过程实体元数据属性集。

表 3　档案实体元数据

编号	元数据中文名称	元数据英文名称	约束性	可重复性	元数据类型	数据类型	捕获方式
M1	档案馆代码	archives identifier	条件选	不可重复	简单型	字符型	自动
M2	档案门类代码	archival category code	可选	不可重复	简单型	字符型	自动
M3	聚合层次	aggregation level	必选	不可重复	简单型	字符型	自动
M4	唯一标识符	unique identifier	条件选	不可重复	简单型	字符型	自动
M5	档号	archival code	必选	不可重复	容器型	字符型	自动
M6	题名	Title	必选	不可重复	复合型	字符型	自动
M7	责任者	Author	条件选	不可重复	容器型	字符型	自动
M8	文件形成时间	File Formation Time	可选	不可重复	简单型	字符型	自动
M9	保管期限	retention period	可选	不可重复	简单型	字符型	自动
M10	密级	security classification	可选	不可重复	简单型	字符型	自动
M11	页数	number of pages	可选	不可重复	简单型	字符型	自动
M12	移交人	Handover	可选	不可重复	简单型	字符型	自动
M13	移交时间	Transfer time	可选	不可重复	简单型	字符型	自动
M14	检查人	rummager	可选	不可重复	简单型	字符型	自动
M15	检查时间	check time	可选	不可重复	简单型	字符型	自动
M16	归档人	filing Person	可选	不可重复	简单型	字符型	自动
M17	归档时间	filing time	可选	不可重复	简单型	字符型	自动

表 4　电子文件实体元数据

编号	元数据中文名称	元数据英文名称	约束性	可重复性	元数据类型	数据类型	捕获方式
M18	来源	Provenance	可选	不可重复	容器型	字符型	自动
M19	来源模块	Source module	可选	不可重复	容器型	字符型	自动
M20	获取方式	acquisition approaches	条件选	不可重复	简单型	字符型	自动
M21	服务器地址	server address	可选	不可重复	简单型	字符型	自动
M22	计算机文件名	computer file name	必选	不可重复	简单型	字符型	自动
M23	计算机文件大小	computer file size	必选	可重复	简单型	数值型	自动
M24	格式名称	format name	必选	不可重复	简单型	字符型	自动

表5 过程实体元数据

编号	元数据中文名称	元数据英文名称	约束性	可重复性	元数据类型	数据类型	捕获方式
M25	操作行为	Operant behaviour	必选	不可重复	容器型	字符型	自动
M26	操作人员	Operator name	必选	不可重复	简单型	字符型	自动
M27	操作人员所在机构	Operator seat mechanism	条件选	不可重复	简单型	字符型	自动
M28	操作机器 IP	Operating Machine IP	必选	不可重复	简单型	字符型	自动
M29	操作时间	Operant time	必选	不可重复	简单型	字符型	自动
M30	操作描述	Operating Description	可选	不可重复	简单型	字符型	自动

3. 元数据捕获要求

应按照接口协议组织待归档电子文件及其元数据，能够建立并保持元数据与电子文件之间的关联关系，以数据表形式或 XML 格式组织并向数字档案馆系统移交。

4. 元数据的存储

元数据在数据库中以数据表的形式存储，并能够按 XML 格式封装后导出进行长期存储。

（五）整理方案

ERP（SAP）系统与数字档案馆系统通过中间服务器实现两个系统之间数据的同步。

按照约定接口协议，数字档案馆系统在接收平台模块展现取自 ERP（SAP）系统提交的电子文件元数据及其元数据信息、电子文件，并按照与 ERP（SAP）系统一致的管理结构组织待归档数据。

由于前端系统于 2007 年上线，不具备组卷整理功能，为提高工作效率，不额外增加档案员工作量，马钢档案馆确定了“简化整理，深化检索”的管理模式，由接口归档到档案系统的电子文件与传统纸质分开进行管理，接口归档的电子文件由档案人员进行整理归档，纸质档案由业务人员整理、组卷、移交、归档。

1. 分类

在ERP（SAP）系统中开发归档模块程序，按照集成的数据逻辑，将SAP部分重要基础数据信息、归档电子文件模板化后及其元数据以“件”为单位推送到档案系统中间服务器。档案系统接收平台按照业务模式进行展现，如图4所示。档案员进入接收平台对数据进行整理分类，按照马钢档案分类编号细则，归入“17”-电子档案类；纸质档案归入“9”-会计档案类。

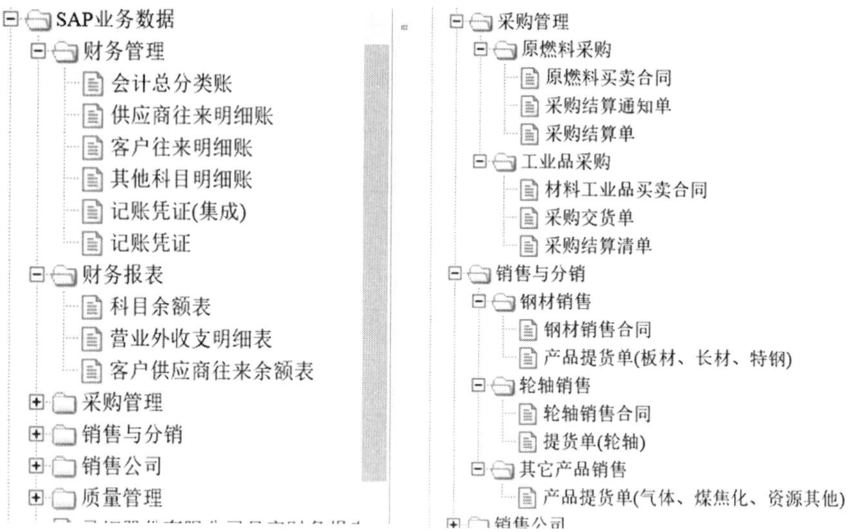

图4 接收平台展现

2. 组成保管单位

系统从中间服务器获取到电子文件后，根据文件的形成规律业务关系，自动按年度或月度进行组卷，根据业务人员与档案人员沟通并结合纸质档案，确定归档表单的保管期限，由档案系统自动填充保管期限字段。ERP（SAP）系统中不产生非结构性数据（如各类单据），所有数据均以数据库形式存在，因此组成方式均以表单本身为主件，深化检索体现在利用其关键字进行多种组合的检索，部分业务可在档案系统端，根据业务规则形成凭证链式检索。

具体方案见下表：

表6　组成保管单位

序号	业务模块	数据名称	组成方式	时机	关键字	组成保管单位	备注
1	SD（销售模块）	销售合同（钢材销售合同、轮轴销售合同）	主件	由归档模块自主调用服务接口	凭证号	年	
2		产品提货单	主件	由归档模块自主调用服务接口	提单号	月	
3	MM（物料管理）模块	原燃料买卖合同	主件	由归档模块自主调用服务接口	合同号、采购凭证号	月	
4		采购结算通知单（原燃料买卖）	主件	由归档模块自主调用服务接口	结算通知单号	月	
5		材料工业品买卖合同	主件	由归档模块自主调用服务接口	合同号	月	
6		采购结算单（原燃料买卖）	主件	由归档模块自主调用服务接口	结算单号	月	
7		采购交货单（材料工业品买卖）	主件	由归档模块自主调用服务接口	交货单号	月	
8		采购结算清单（材料工业品买卖）	主件	由归档模块自主调用服务接口	结算清单号	月	
9	QM（质量管理）模块	外购原燃料质量验证单	主件	由归档模块自主调用服务接口	检验批号、采购凭证号	月	
10	FICO（财务管理）	会计总分类账	主件	由归档模块自主调用服务接口		年	
11		供应商往来明细账	主件	由归档模块自主调用服务接口	凭证编号	年	
12		客户往来明细账	主件	由归档模块自主调用服务接口	凭证编号	年	
13		其他科目明细账	主件	由归档模块自主调用服务接口	凭证编号	年	

续表

序号	业务模块	数据名称	组成方式	时机	关键字	组成保管单位	备注
14	FICO（财务管理）	记账凭证(集成)	主件	由归档模块自主调用服务接口	凭证编号	月	目录形式
15		记账凭证(手工)	主件	由归档模块自主调用服务接口		月	
16		科目余额表	主件	由归档模块自主调用服务接口		年	目录形式
17		营业外收支明细表	主件	由归档模块自主调用服务接口	年月	年	
18		客户供应商往来余额表	主件	由归档模块自主调用服务接口	年月	年	目录形式

3. 文件排序

组成保管单位的电子文件，系统按照单据形成时间，对某一个保管单位内的文件进行排序，排序的序号即为档号的件号。

4. 编制档号

业务人员对电子文件的进行四性检测，检测通过后，档案员根据电子档案分类编号细则（见图5、图6）编制电子文件档号前六段，系统按照电子文件档号前六段加文件排序号的规则自动形成档号（如图7），档案员对数据进行检查，确认无误后提交审核，通过后，系统自动将数据从接收平台转到档案正式库。

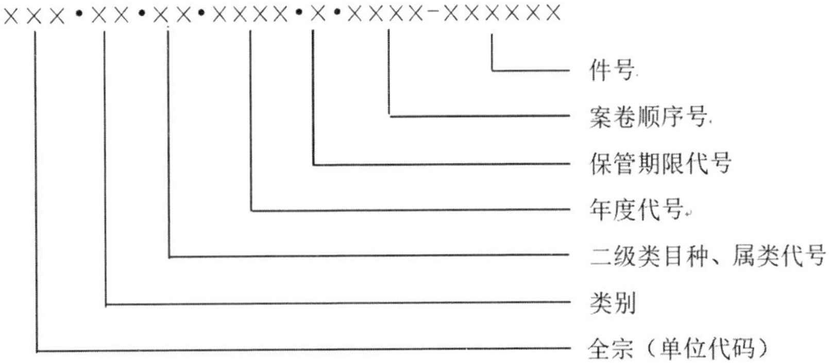

图5 电子档案档号编制规则

顺序	表单名称	组卷方式（按年/按月）	保管期限	二级代码	编号	流水号（起）	流水号（止）	备注
1	钢材销售合同	年度	永久	1	030.17.31.年度.保管期限.流水号	1		
2	轮轴销售合同	年度	永久	1	030.17.31.年度.保管期限.流水号	2		
3	会计总分类账	年度	30年	1	030.17.31.年度.保管期限.流水号	1		
4	供应商往来明细账	年度	30年	1	030.17.31.年度.保管期限.流水号	2		
5	客户往来明细账	年度	30年	1	030.17.31.年度.保管期限.流水号	3		
6	其他科目明细账	年度	30年	1	030.17.31.年度.保管期限.流水号	4		
7	记账凭证（集成）	月度	30年	1	030.17.31.年度.保管期限.流水号	5	16	
8	记账凭证（手工）	月度	30年	1	030.17.31.年度.保管期限.流水号	17	28	
9	科目余额表	年度	30年	1	030.17.31.年度.保管期限.流水号	29		
10	营业外收支明细表	年度	30年	1	030.17.31.年度.保管期限.流水号	30		
11	客户供应商往来余额表	年度	30年	1	030.17.31.年度.保管期限.流水号	31		
12	原燃料买卖合同	月度	30年	1	030.17.31.年度.保管期限.流水号	32	43	
13	采购结算通知单	月度	30年	1	030.17.31.年度.保管期限.流水号	44	55	
14	采购结算单	月度	30年	1	030.17.31.年度.保管期限.流水号	56	67	
15	材料工业品买卖合同	月度	30年	1	030.17.31.年度.保管期限.流水号	68	79	
16	采购交货单	月度	30年	1	030.17.31.年度.保管期限.流水号	80	91	
17	采购结算清单	月度	30年	1	030.17.31.年度.保管期限.流水号	92	103	
18	产品提货单（板材、长材、特钢）	月度	30年	1	030.17.31.年度.保管期限.流水号	104	115	
19	提货单（轮轴）	月度	30年	1	030.17.31.年度.保管期限.流水号	116	127	
20	产品提货单（气体、煤焦化、资源其他）	月度	30年	1	030.17.31.年度.保管期限.流水号	128	139	
21	外购原燃料质量验证单	月度	30年	1	030.17.31.年度.保管期限.流水号	140	151	

图6　sap归档数据档号编制规则

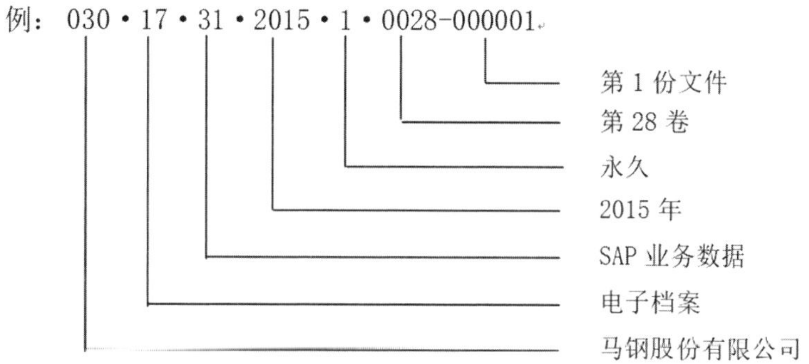

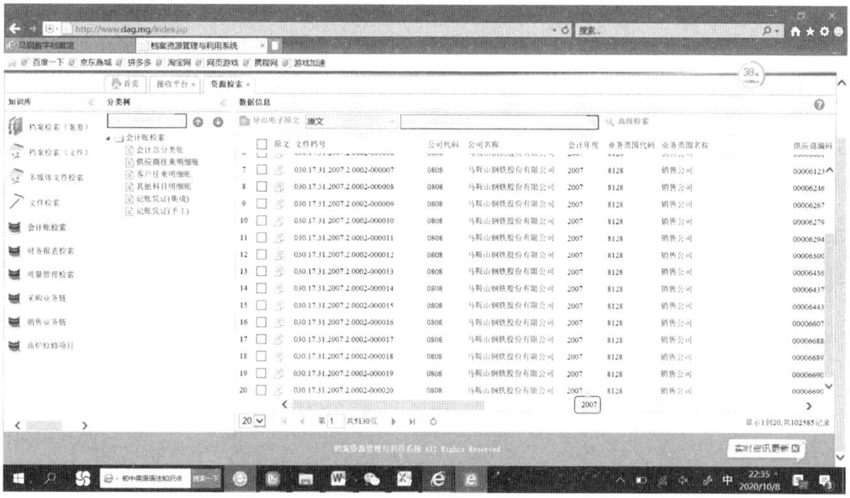

图7　电子档案档号编制实例

（六）电子档案保管方案

1. 在线保管

云平台存储：电子文件和电子档案采集到档案系统后，数据由档案应用服务器进行存储。档案系统三台服务器（数据库服务器、应用服务器、备份服务器）都存放在公司内部云机房。建立数据安全存储机制，制定严格有效的数据库和机房管理规范，设置符合信息安全保密要求的防火墙策略及入侵检测策略，从而保证电子档案的存储安全。

2. 离线保管

资源导出：电子档案能够通过数字档案馆系统批量导出，以元数据为单位进行组织，元数据信息写入 XML 文件，作为长期保存格式进行存储。

数据备份：数据备份包括本地和异地备份两种方案。本地采用服务器双机热备，确保一台服务器出现问题后另一台备份服务器能立刻接管。由于系统数据量大，普通的备份无法满足需求，配备了 ROSE 专业备份软件对系统数据进行备份，可实现完整的数据属性复制、智能的数据传输，确保备份数据同步且不丢失，保障了数据的安全。

（七）利用方案

利用管控：用户的一般利用需求可以基于目录数据检索在线存储的 SAP 业务数据和电子档案，并浏览其权限范围内的文件。用户对电子档案进行利用时，系统依据用户密级判断用户浏览权限，若用户具备浏览权限，则可以直接浏览电子文件；若用户不具备浏览权限，可以通过提交借阅申请，在审批通过后进行电子文件的浏览，电子文件浏览权限到期后，系统自动收回浏览权限。目前 SAP 归档的数据只针对财务人员全部开放。

用户如有特殊利用需求，如公检法、产权证等利用需求，由用户线下申请创建用户，经审批同意后方可进行利用。

检索方式：多种形式的检索方式，满足利用者对档案数据进行快速、准确、全面的利用查询要求。由档案检索功能实现，档案检索又包括全文/智能检索、凭证链检索、知识库检索、档案分类检索/高级检索。其中凭证链式检索是按照 ERP（SAP）系统业务环节环环相扣的关联特点，将系统中产生的业务单据建立凭证链式检索，实现整个业务过程产生的业务单据的完整追溯，显示如图 8 所示。

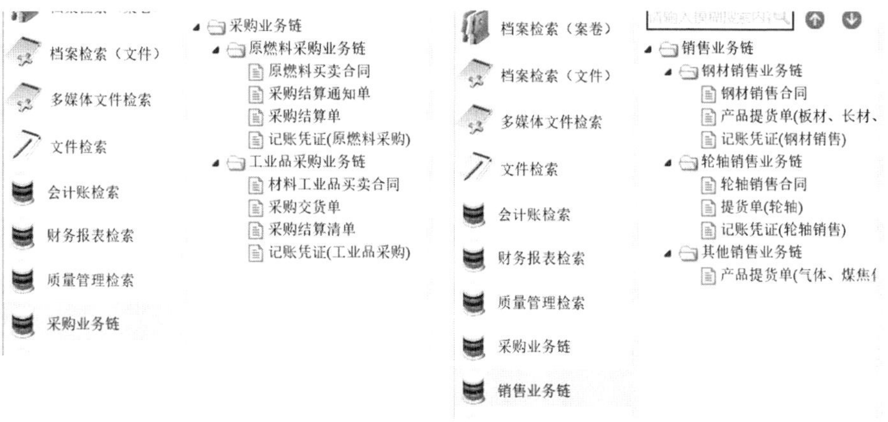

图 8　检索利用

效果反馈：用户完成利用后，对利用效果进行反馈。为保证利用效果的收集，若三次以上不填写，该用户将被禁止登录。

（八）四性检测方案

按照《电子档案移交与接收办法》《企业数字档案馆（室）建设指南》等规章和标准要求，从电子档案真实性、完整性、可用性和安全性等角度，提出电子档案检测对象、检测项目和实现方案，确保电子档案在移交接收与长期保存过程中的准确可靠、齐全完整和安全可用。

真实性检测：电子档案的真实性是指电子档案内容数据，目录数据和元数据在电子文件归档和电子档案管理过程的一致性。

表 7　真实性检测

检测类型	检测项	检测内容	错误原因	检测方法
真实性	目录信息数据长度检测	检测目录信息数据长度是否在定义的范围内	目录信息长度不符合定义的范围	
	目录信息数据格式检测	检测目录信息数据格式是否为定义的类型	数据类型不符合定义的类型	

续表

检测类型	检测项	检测内容	错误原因	检测方法
真实性	目录规范性检查	检测档号实际值是否符合定义的档号规则	著录错误	按照档号配置表中定义的档号合成规则生成档号和此记录档号比对一致性。
	电子档案内容大小一致性检测	检测元数据中记录的电子档案大小是否与实际电子档案大小一致	电子档案大小与元数据记录不符	电子原文信息表的文件大小和磁盘文件大小比对
	电子档案格式一致性检测	检测元数据中记录的电子档案格式是否与实际电子档案格式一致	元数据中记录的电子档案格式与实际电子档案格式不符。	电子原文信息表的文件格式和磁盘文件格式比对。
	元数据是否关联内容数据检测	依据元数据中记录的文件存储路径检测电子档案内容数据 是否存在		查询某条数据对应电子原文信息表中数据，拼接根路径和存放路径字段形成文件真实路径，逐个比对实际路径中文件是否存在。
	电子档案内容准确性检测	检测电子档案内容是否被篡改	电子档案内容被篡改	获取文件此时的MD5值和历史记录的值是否一致，如果一致则电子档案没有被修改。

完整性检测：电子档案的完整性是指电子档案内容数据、目录数据和元数据内容、项目齐全完整，包括数据总量的完整性、目录信息的完整性和电子档案内容的完整性等。

表8 完整性检测

检测类型	检测项	检测内容	错误原因	检测方法
完整性	总件数相符性检测	统计某一批次的电子档案总件数，并和元数据中记录的数量比对	电子档案无对应的内容数据	检测档案元数据中记录对应电子文件数量和硬盘中实际存储的文件个数是否一致
	目录信息必填项是否完整检测	检测目录信息必填项是否有值	目录信息中某必填项内容缺失	按字典表检测必填字段是否都不为空
	目录信息连续性检测	检测案卷(文件)档号中的最后一节流水号是否前后有相邻流水号	档号中的案卷(文件)序号不连续	检测当前数据档号中的最后一节流水号前后是否有相邻流水号
	电子档案内容完整性检测	检测档案元数据中记录对应电子文件数量和硬盘中实际存储的文件个数是否一致	电子档案无对应的内容数据	检测档案目录中原文标记有的记录磁盘是否有文件

可用性检测：电子档案的可用性是指电子档案内容数据、目录数据和元数据能够长期保存，并被有效使用。

表9 可用性检测

检测类型	检测项	检测内容	检测方法
可用性	电子档案可用性检测	检测电子文件是否可以被正常打开	1.是否有扩展名 2.是否能读取文件流
	电子档案长期保存可用型检测	检测电子文件格式是否为长期可读的格式：文本是否为PDF或OFD格式；照片为JPG或TIF；音视频为wav、mp3、MP4、mpg、flv、avi)	检测文件格式是否为PDF、OFD、JPG、TIF、wav、mp3、MP4、mpg、flv、avi

安全性检测：电子档案安全性是指电子档案具有安全保管和长期可用的环境。

表 10　安全性检测

检测类型	检测项	检测内容	检测方法
安全性	系统环境中是否安装杀毒软件检测	检测操作系统是否安装杀毒软件	
	电子档案病毒检测	电子文件进入系统时记录其 MD5 值，检测时对比文件此时的 MD5 值和历史记录中是否一致，如果一致则电子档案没有被篡改	电子文件上传时记录 MD5 值，检测获取 MD5 值与表中 MD5 值比较是否一致

在马钢数字档案馆系统平台中，电子文件接收平台和档案管理两个模块都设置了四性检测功能，确保归档电子文件移交归档、保存管理等环节及时对电子文件的真实性、完整性、可用性和安全性进行检测。接收平台四性检测功能如图 9 所示。

图 9　接收平台四性检测功能

在图 9 中选择需要检测的电子文件目录，进行“四性检测”，检测完成后形成检测报告，结果如图 10 所示。

图 10 电子文件四性检测报告

在检测报告中可分别查看每项检测详细情况。“四性”检测结果详情分别如图 11、图 12、图 13、图 14 所示。

图 11 真实性检测结果

图 12 完整性检测结果

图 13　可用性检测结果

图 14　安全性检测结果

（九）系统建设

依靠公司信息化基础设施建设环境，充分利用公司内部网络、OA 系统、ERP 系统以及宣网等各类网络资源，以先进的信息技术为手段，集成建设适应公司数字档案管理需要的网络平台，开发应用符合功能要求的管理系统，推动馆（室）藏存量档案资源数字化、增量档案电子化和在线数据自动归档，逐步实现数字档案信息资源网络化管理和企业共享服务。

马钢数字化档案馆建设内容——实现“一个中心、一套接口、五个平台”。

一个中心：通过建立马钢统一、规范的数字档案资源管理平台，建设马钢数字档案资源中心，利用先进的元数据和资源库技术，实现档案资源的规范管理和长久存储，使档案资源具备充分的独立性和迁移性，不受制于软件和数据库、可便捷迁移。

一套接口：通过建立一套完整、先进、灵活的接口方案，实现各业务系统应归档数据的在线自动归档至档案系统。

五个平台：通过平台化管理，实现档案资源的收集、管理、保存、服务利用以及安全防护。

档案管理系统主要功能包括组织机构维护、权限管理、审批流程配置、日志审计、文件管理、接收平台、多媒体文件、档案整理、专题制作、知识库维护、借阅管理、统计报表、鉴定销毁、虚拟库房、专题查看、资源检索、意见需求等功能。

图 15　管理平台主页

六、存在的问题及解决办法

（一）业务层

1. 业务部门配合程度不一

马钢在推进 SAP ERP 系统数据归档接口前期，相关业务部门对系统中需要归档数据的范围界定，归档的目的等没有清晰直观的概念，调研初期提供信息随意性大，配合不够紧密。

马钢档案馆、自动化公司共同组织业务部门通过多次会议进行交流，宣讲国家档案局在业务系统数据归档方面出台的相关法律法规，并安排元果公司通过实施案例介绍业务系统数据归档范围确定的原则，服务利用方案等，最终达成多方共识。

2. 业务系统建设情况多样

马钢信息化建设起步较早，现有业务系统基本能够涵盖企业各方面业务需求，但是各业务系统分别在不同时间点建设，有的早已经完成验收，有的在升级改造。不同时期的业务系统建设在线归档接口具备的条件不一。

在做业务系统归档接口建设时，可以考虑到不同时期信息系统的特点，对历史的业务信息系统可以采用不同的归档接口方案，对新上线的业务系统要求同步开发归档接口。并充分考虑未来业务需求及系统可扩展性，避免新上线业务系统后，档案系统平台都要作相应的开发及调整，档案系统与业务系统集成采用建立档案数据交换标准接口的方式，以提供良好的可扩展性、可重用性、可维护性和可管理性。最终实现业务系统产生的电子文件数据的归档，由双套制过渡到单套制。

（二）技术层

1. 数据归档难

在 ERP 系统中，所有业务单据（与业务单据关联挂接的电子文件附件除外）都是以二维表数据形式存储在结构化数据库中，对于“结构化档案数据的归档”是一大难点，项目组内部针对该技术难点积极研讨利用“中间件抓取工具”可以将结构化的档案数据在中间过程进行非结构化的转化，在中间服务器，对结构化数据根据业务部门提供的模板，把数据模板化生成电子文件，并封装为 PDF 格式进行归档，形成满足档案要求的实体化电子文件。

2. 业务追溯难

ERP 系统数据归档后，如果仅仅满足各种业务单据的孤立检索非常容易，但是想实现不同业务单据间的追溯检索存在很多困难。针对此难点，项目组内部与业务部门从业务角度梳理归集范围内的业务单据在不同业务子系统中的追溯关系，与技术部门从技术角度分析归集范围内的业务单据在数据库后台涉及到的表及关联关系，编写形成数据逻辑，保证数据归档的同时，相应的关联信息也一并进入档案库，从而实现业务链追溯检索。

七、取得的效益

通过研究 ERP（SAP）系统电子文件在线归档，档案部门取得了丰富的实践经验，既提高了档案工作规范化管理水平，保护重要的档案资源，也取得了学术成就，更有可见的经济效益。

（一）生成了一套归档接口，形成了一套标准规范

通过研发马钢数字档案馆系统 SAP ERP 归档接口并不断完善归档功能，生成了一套符合马钢档案工作实际情况的归档接口，完成了 SAP ERP 电子文件的在线归档，并在数字档案馆系统中进行管理、存储及利用。

马钢数字档案馆系统 ERP（SAP）系统电子文件归档接口从设计之初就考虑标准化，接口实现分别从不同层面形成了一套标准规范（数据采集规范、数据形成规范、数据存储规范、归档流程规范等）和标准化的管理制度。包括：《ERP（SAP）系统电子文件归档和电子档案管理过程规定》《ERP（SAP）系统电子文件归档接口规范》《ERP（SAP）系统电子文件归档范围和保管期限规定》《ERP（SAP）系统电子文件元数据管理规范》《ERP（SAP）系统电子文件归档存档格式规定》《ERP（SAP）系统电子文件归档“四件检测”规定》，这些制度与规范是支撑马钢集团电子文件归档和电子档案管理规范体系标准化建设的重要内容，有效的保障了归档电子文件的“四性”，为其它业务系统电子文件的归档提供了宝贵经验。后续将不断完善电子文件归档与管理全过程的标准规范体系。

（二）推进了档案业务标准化、规范化建设

通过试点工作，不仅极大增强了马钢集团对档案信息资源的集中管控，而且对马钢集团其它业务系统归档的技术实现、接口规范建设提供指导，推动了档案系统业务建设进一步向标准化、规范化目标迈进。马钢 ERP（SAP）系统数据实现在线归档，为马钢后续其它业务系统在线归档积累了大量的经验，成为业务系统归档的标杆，在体验到数据归档的好处后，许多部门积极与档案馆对接，要求对其主要业务系统通过接口进行在线归档，进一步增强了业务部门电子文件归档意识。

（三）提高了档案信息传输利用效率

通过试点，在实现 ERP（SAP）系统电子文件归档基础上，同时实现了 OA 系统、招投标系统等电子文件归档，实现了集团公司对重要电子档案信息的集中安全管理。通过采购凭证链、销售凭证链及报表、帐簿等检索模块对中高级管理人员及风险管控、专项审计等工作将提供较完备的集成信息，查全率、查准率及响应速度都将大大提高，将逐步提升档案服务利用的效率与水平。

（四）保护了重要的数据资产

马钢 ERP（SAP）系统数据归档涉及 SAP 系统的 MM、SD、QM、FI、CO 五个业务模块数据。采集数据区间为 2007 至 2017 年，包括 24 种重要业务单据、报表共 1000 多万条元数据和 500 多万份电子原文。实现系统数据在线归档，解决了业务系统海量数据存储的后顾之忧，未实现电子归档之前，数据只单单存在于原生业务系统中，通过开发业务系统归档接口，实现了数据的体外循环。在线归档的数据在档案系统中不仅为业务系统提供了数据的备份，档案系统自身也建立备份机制，实现了在线和离线双重备份，电子档案的多重备份，将电子档案数据丢失的风险降到最低。

（五）取得了丰硕的学术成果

根据试点工作情况，拟写的《基于云平台的数字档案馆建设》获得 2018 年度全省企业档案工作管理创新优秀案例“一等奖”，并由安徽省档案局推荐，获得全国企业档案工作管理创新优秀案例“优秀奖”；根据试点工作经验拟写的论文《ERP 系统数据在线归档的研究》获得钢协企业优秀论文评选一等奖。

（六）获得了良好的经济利益和社会效益

电子文件归档是时代发展的必然要求，不仅缩短了档案从接收到提供利用的流程，而且使档案管理流程扩展到电子文件生成、移交、存储及利用等各个阶段，从而实现了资源共享，提高了工作效率，并产生了一定的经济效益和社会效益。从马钢的电子文件归档和电子档案管理实践来看，产生的效益主要有：

一是优化了人力资源，节约了人工成本。近三年来，马钢档案馆实现了股份公司档案资源整合，通过运用电子档案管理系统等信息化工具，档案人员由原来的 55 人精简到 28 人，按照公司平均人工工资成本 14 万元测算，仅此一项，每年可为公司节约人力资源成本约 420 万元。

二是减量化存储，节约了保管成本。据统计，目前归档至马钢档案管理系统中的具有表单的凭证类型有：会计总分类账、供应商往来明细账客户往来明细账、其他科目明细账、记账凭证（集成）、记账凭证（手工）、科目余额、营业外收支明细、客户供应商往来余额表等 24 种表单，仅近十年具有固定样式的有效数据就达到了 500 多万条，实现电子归档后，这些数据都可从马钢档案管理系统中查询到，按每页 1.68 元成本计算，仅此一项可为公司节约成本约 800 多万元。

三是在疫情防控期间发挥了重要作用。作为成功通过电子文件归档与电子档案管理国家试点项目验收的单位，马钢档案馆在疫情期间充分发挥了数字档案馆优势，面向全公司提供准确、便携、安全的网上远程利用服务，开通了一条“绿色通道”，有效解决特殊时期各单位的档案查询利用需求。下属多家单位通过数字档案馆系统远程查阅档案共 2556 卷，实现了疫情期间远程办公、远程利用，为公司生产经营稳定提供了有力保障。

八、后续打算

（一）持续推进新增业务系统归档接口建设

依据 ERP（SAP）系统在线归档接口积累的经验，持续推进新增业务系统归档接口建设。不但能丰富和完善档案系统数据资源，更有利于开展档案数据资源一站式服务利用。

（二）逐步推进电子档案的单套制归档

按照试点项目的要求，结合马钢各业务模块前端系统的实际情况，制定严谨的电子档案单套制归档方案，并按照方案逐步推进电子档案单套制归档。

（三）继续开展档案数字化工作

按照公司“统一规划、分布实施”的总体思路，对马钢存量工程项目档案分期进行数字化。对增量档案要求由业务部门在数字档案馆系统中进行上传。

（四）继续完善档案系统功能

马钢数字档案馆系统与企业电子文件归档和电子档案管理试点项目同步研发，是马钢档案信息化的平台。随着各项档案业务的开展及档案信息化要求不断提高，不断完善优化档案系统各项功能。

企业电子文件归档和电子档案管理试点案例集

qiye dianzi wenjian Gui dang

技术系统卷

qiye dianzi wenjian
guidang he dianzi dangan
guanli shidian anliji

国家档案局经科司◎编

中国文史出版社

图书在版编目（CIP）数据

企业电子文件归档和电子档案管理试点案例集 / 国家档案局经科司编. —北京：中国文史出版社，2020.12

ISBN 978-7-5205-3068-2

Ⅰ. ①企… Ⅱ. ①国… Ⅲ. ①企业档案-电子档案-档案管理-案例-中国 Ⅳ. ①G275.7

中国版本图书馆 CIP 数据核字（2021）第 128924 号

责任编辑：詹红旗 戴小璇

出版发行：**中国文史出版社**
社　　址：北京市海淀区西八里庄路 69 号　　邮编：100412
电　　话：010-81136606　81136602　81136603（发行部）
传　　真：010-81136655
印　　装：廊坊市海涛印刷有限公司
经　　销：全国新华书店
开　　本：710 毫米×1000 毫米　1/16
印　　张：43
字　　数：700 千字
版　　次：2021 年 7 月北京第 1 版
印　　次：2025 年 3 月第 3 次印刷
定　　价：98.00 元（全 2 册）

《企业电子文件归档和电子档案管理试点案例集（技术系统卷）》

编写委员会

主　任： 付　华

副主任： 李　忱

编　委： 蔡盈芳　詹超铭　李　喆　黄　兰　方嘉昕　杨孝义　龙　江　周　峰　姬广鹏　段鹏翔　喻　越　陶禕珺　李建春　张晶晶　袁　瑞　车昊珈

编写说明

从2016开始，国家档案局分两批选定了60家企业开展电子文件归档和电子档案管理试点。试点的目的是通过推进企业业务系统电子文件归档，更好地发挥电子档案在企业优化业务流程、建立电子凭证、实施可信交易等方面的作用，从而加快培育电子商务成为经济新动力，配合国家大数据、“互联网+”行动计划实施，进一步健全电子商务发展支撑体系、促进国家经济发展。国家档案局经科司不断加强业务指导与进度检查，按计划推进工作。经过努力，试点企业已基本完成了试点工作，形成了很好的经验。

为了继续满足各单位在管理系统、业务系统电子文件归档和电子档案管理等方面的迫切需求，我们将已完成试点并通过验收的试点单位的做法形成案例，编辑成书。此次出版的《企业电子文件归档和电子档案管理试点案例集（管理系统卷）》收集了交通银行股份有限公司、中国太平财产保险有限公司、中国石油化工集团有限公司、本钢集团有限公司、国泰君安证券股份有限公司、马钢集团有限公司的案例；《企业电子文件归档和电子档案管理试点案例集（技术系统卷）》收集了福清核电有限公司、中国船舶集团有限公司第701研究所、航空工业成都飞机工业（集团）有限责任公司、国家电网公司、中南电力设计院有限公司、华建集团有限公司的案例。这些企业在试点工作中，与业务部门大力协作，大胆创新，其做法具有典型性，也取得了较好的效益，具有较高的推广应用价值。

案例集编写采用技术报告形式，力求展示技术细节，并将电子文件归档和电子档案管理中的关键点进行详细叙述，以方便大家参考借鉴。在内容上，对章节进行统一的同时，保留了各试点单位在具体内容和技术细节上的特色及个性做法。本案例集由国家档案局经科司组织编写，案例形成单位有关人员参与。在编写过程中得到了有关试点企业的领导及档案部门、信息技术部门、业务部门等的大力支持，在此表示感谢！

由于时间仓促，加上水平所限，书中错漏之处在所难免，恳请提出宝贵的意见和建议。

目　录

福清核电电子文件归档和电子档案管理试点案例…………………………… 1
一、背景……………………………………………………………………… 1
（一）接轨国际发展趋势，完善企业内容管理的需要 ……………… 1
（二）优化管理流程，统一企业内部标准化管理的需要 ………… 2
（三）节省经营成本，保证企业文档信息结构化的需要 ………… 2
（四）控制文件全生命周期，提升企业文档工作智能化的需要 … 2
二、目标……………………………………………………………………… 3
三、系统介绍………………………………………………………………… 3
（一）ECM 系统 …………………………………………………………… 3
（二）施工管理系统 ……………………………………………………… 4
（三）EAM 系统 …………………………………………………………… 5
四、工作步骤………………………………………………………………… 6
（一）准备阶段 …………………………………………………………… 6
（二）启动阶段 …………………………………………………………… 6
（三）实施阶段 …………………………………………………………… 6
（四）评估验收阶段 ……………………………………………………… 6
（五）系统完善阶段 ……………………………………………………… 7
（六）总结推广阶段 ……………………………………………………… 7
五、解决方案………………………………………………………………… 7
（一）管理流程与接口设计方案 ………………………………………… 7
（二）归档范围及存储格式 ……………………………………………… 12
（三）元数据项及捕获节点 ……………………………………………… 18

（四）电子文件整理归档方案 …… 18
（五）电子档案保管方案 …… 25
（六）利用方案 …… 27
（七）四性检测方案 …… 27
（八）系统建设 …… 30
六、存在的问题及解决方法 …… 33
（一）电子文件归档规范化管控 …… 33
（二）电子档案信息安全管控 …… 34
七、取得的效益 …… 38
（一）管理效益 …… 38
（二）经济效益 …… 38
（三）社会效益 …… 38
（四）知识产权保护 …… 38
（五）助力三大战略 …… 39
八、后续打算 …… 39

中国船舶集团有限公司舰船研究设计中心电子文件归档和电子档案管理试点案例 …… 41
一、背景 …… 41
（一）企业战略发展需要 …… 41
（二）企业业务发展需要 …… 41
（三）档案工作本身的发展需要 …… 42
（四）解决实际问题的需要 …… 42
二、目标 …… 42
（一）总体目标 …… 42
（二）具体目标 …… 42
三、系统介绍 …… 43
（一）功能 …… 43
（二）数据量 …… 44
（三）文件类型 …… 45
四、工作步骤 …… 45

（一）成立试点工作小组 …… 45
（二）完成需求调研并制定工作方案 …… 46
（三）编制试点相关技术标准 …… 46
（四）组织开展试点工作 …… 47
五、解决方案 …… 48
（一）管理流程方案 …… 48
（二）归档范围及存储格式 …… 49
（三）接口 …… 54
（四）元数据项及捕捉节点 …… 62
（五）整理方案 …… 81
（六）电子档案保管方案 …… 84
（七）利用方案 …… 86
（八）四性检测方案 …… 90
（九）系统建设 …… 101
六、存在的问题及解决方法 …… 102
（一）新增四性检测模块的经费问题 …… 102
（二）四性检测数据包的查询问题 …… 103
（三）电子档案备份保存问题 …… 103
七、取得的效益 …… 103
（一）经济效益 …… 103
（二）社会效益 …… 104
八、后续打算 …… 104
（一）档案信息资源的挖掘和利用 …… 104
（二）库房管理中引入 RFID 技术 …… 105

航空工业成都飞机工业（集团）有限责任公司电子文件归档和电子档案管理试点案例 …… 106
一、背景 …… 106
（一）企业战略发展需要 …… 106
（二）企业业务发展需要 …… 106
（三）档案工作本身的发展需要 …… 107

（四）存在的问题 …… 108
二、目标 …… 109
（一）总体目标 …… 109
（二）具体目标 …… 109
三、系统介绍 …… 110
（一）功能 …… 110
（二）数据量 …… 111
（三）文件类型 …… 111
四、工作步骤 …… 112
（一）系统建设与实施情况 …… 112
（二）试点工作开展情况 …… 115
五、解决方案 …… 116
（一）管理流程方案 …… 116
（二）归档范围及存在格式 …… 117
（三）接口 …… 121
（四）元数据项及捕获节点 …… 127
（五）整理方案 …… 131
（六）电子档案保管方案 …… 133
（七）利用方案 …… 133
（八）四性检测方案 …… 134
（九）系统建设 …… 152
（十）其他关键技术解决方案 …… 180
六、取得的效益 …… 184
七、后续打算 …… 185

国家电网公司电子文件归档和电子档案管理试点案例 …… 186
一、背景 …… 186
（一）企业战略发展需要 …… 186
（二）企业业务发展需要 …… 186
（三）档案工作本身的发展需要 …… 187
（四）存在问题 …… 187

二、目标…………………………………………………… 187
（一）定性目标 …………………………………………… 188
（二）定量目标 …………………………………………… 188
（三）时间目标 …………………………………………… 188
（四）质量目标 …………………………………………… 188
（五）经济效益目标 ……………………………………… 189
（六）社会效益目标 ……………………………………… 189
三、系统介绍………………………………………………… 189
（一）系统功能 …………………………………………… 189
（二）数据量 ……………………………………………… 190
（三）文件类型 …………………………………………… 190
四、工作步骤………………………………………………… 190
（一）试点实施（2018 年 10 月–2019 年 6 月） ………… 190
（二）系统完善及推广（2019 年 7–9 月） ………………… 191
（三）评估验收（2019 年 10 月） ………………………… 191
五、解决方案………………………………………………… 191
（一）管理流程方案 ……………………………………… 191
（二）归档范围及存储格式 ……………………………… 192
（三）接口 ………………………………………………… 194
（四）元数据项及捕获节点 ……………………………… 195
（五）整理方案 …………………………………………… 197
（六）电子档案保管方案 ………………………………… 205
（七）利用方案 …………………………………………… 206
（八）四性检测方案 ……………………………………… 208
（九）系统建设 …………………………………………… 237
（十）其他关键技术解决方案 …………………………… 258
六、取得的效益……………………………………………… 265
（一）经济效益 …………………………………………… 265
（二）社会效益 …………………………………………… 265
七、后续打算………………………………………………… 266
（一）试点成果推广应用 ………………………………… 266

（二）推进深化应用 …… 266
（三）试点智慧档案建设 …… 267

中南电力设计院有限公司电子文件归档和电子档案管理试点案例 …… 268
一、背景 …… 268
（一）企业战略发展需要 …… 268
（二）企业业务发展需要 …… 268
（三）档案工作发展需要 …… 269
（四）存在的问题 …… 269
二、目标 …… 270
（一）总目标 …… 270
（二）具体目标 …… 270
三、系统介绍 …… 271
（一）功能 …… 271
（二）数据量 …… 273
（三）文件类型 …… 274
四、工作步骤 …… 275
（一）成立试点建设项目组 …… 275
（二）制定实施计划 …… 276
（三）组织开展试点工作 …… 277
五、解决方案 …… 278
（一）管理流程 …… 278
（二）归档范围及存储格式 …… 289
（三）接口 …… 292
（四）元数据项及捕获节点 …… 292
（五）整理方案 …… 298
（六）电子档案保管方案 …… 303
（七）利用方案 …… 304
（八）四性检测方案 …… 313
（九）系统建设 …… 317
（十）其他关键技术解决方案 …… 321

六、存在的问题及解决方法 …… 322
（一）试点中碰到的问题 …… 322
（二）解决方法 …… 323
七、取得的效益 …… 324
（一）经济效益 …… 324
（二）综合效益 …… 325
八、后续打算 …… 325
（一）深入搜索引擎应用 …… 325
（二）深入展开知识服务和档案情报相关工作 …… 325

华建集团电子文件归档和电子档案管理试点案例 …… 327
一、背景 …… 327
（一）集团战略发展中提出了明确的信息化发展目标 …… 327
（二）集团业务发展需要推进核心技术与信息化技术的高度融合 …… 327
（三）档案工作本身的发展需要 …… 327
（四）建筑设计档案管理存在的问题 …… 328
二、目标 …… 330
（一）完善档案工作机制 …… 330
（二）规范档案业务操作 …… 331
（三）建立完整项目档案库 …… 331
（四）实现信息系统整合利用 …… 331
（五）发挥档案再利用价值 …… 331
三、系统介绍 …… 331
（一）生产平台（DPS） …… 331
（二）试点工作相关数据量 …… 336
四、工作步骤 …… 337
五、解决方案 …… 338
（一）管理流程方案 …… 338
（二）归档范围及存储格式 …… 338
（三）接口 …… 340

（四）元数据项及捕获节点 …………………………………………………… 341
（五）整理方案 ………………………………………………………………… 342
（六）电子档案保管方案 ……………………………………………………… 344
（七）利用方案 ………………………………………………………………… 345
（八）四性检测方案 …………………………………………………………… 348
（九）系统建设 ………………………………………………………………… 349
六、存在的问题及解决方法……………………………………………………… 350
（一）企业生产与管理人员对电子文件归档相关要求的认识差异 ……………………………………………………………… 350
（二）生产平台的改造升级给档案系统带来诸多不确定性 …… 350
七、取得的效益……………………………………………………………………… 351
（一）被动式档案接收到主动式档案管理 ………………………… 351
（二）纸质静态管理到电子化动态管理 …………………………… 351
（三）电子文件归档四性保障 ……………………………………… 351
（四）档案文件从实体管理走向内容管理 ………………………… 352
（五）解决蓝晒图带来的环保与健康问题 ………………………… 352
八、后续打算……………………………………………………………………… 352

福清核电电子文件归档和电子档案管理试点案例

为推进中国核能电力股份有限公司（以下简称中国核电）规模化、标准化、国际化目标的实现，福建福清核电有限公司（以下简称福清核电）牵头建立了一套覆盖中国核电及成员单位的企业内容管理一体化平台（以下简称 ECM），有机聚合了中国核电下属各单位管理体系，规范了文档一体化管理机制，为中国核电的文档管理提供了标准化服务模式，已在中国核电及 17 家成员单位成功上线。基于 ECM，福清核电开展深度开发，完成了电子文件归档和电子档案管理试点项目。

一、背景

（一）接轨国际发展趋势，完善企业内容管理的需要

根据 ForresterResearch（弗雷斯特研究公司：技术和市场调研公司）的相关调查显示：全球企业的数据量在以平均每年 200% 的速度增长，以萨班斯法案为代表的法规对企业的信息留存、文档管理都提出了很高的要求。对于企业内容管理，Gartner 公司（第一家信息技术研究公司）给出了这样的解释：企业内容管理从内涵上应该包括企业内部网（Intranet）内容管理、Web 内容管理、电子商务交易内容管理和企业外部网（Extranet）信息共享内容管理（如 CRM 和 SCM 等）。

通过对比国内外同行企业内容管理的水平，中国核电企业内容管理目前尚处于“机会阶段”，与国内先进水平尚有较大差距。以检修记录与报告为例，定期移交文档管理部门后内容应用基本为零，不仅检索代价很大，更难以传承和利用形成共有知识。

（二）优化管理流程，统一企业内部标准化管理的需要

从组织管理层面来讲，中国核电下设成员单位众多，包含各核电公司，各成员单位所处的阶段不同，处于项目前期、建设阶段、运营阶段的单位对于企业内容管理的诉求，以及实施管理变革和信息化的能力各不相同。由于各成员单位内部门户、流程管理、文档管理系统异构，数据通过第三方接口传递，稳定性、即时性欠佳；同时，中国核电与成员单位，以及成员单位之间信息不通，通过邮件、传真进行上传下达效率低下；各成员单位门户风格、流程标准及文档利用查询模式均不统一，未形成统一标准，不利于标准化推广和快速复制。

（三）节省经营成本，保证企业文档信息结构化的需要

从企业内容管理来讲，文件和档案是企业信息中最大且增长最快的组成部分，但缺乏有效的组织和管理，因此捕捉和使用均需要耗费大量资源；而且企业内容管理的管理对象为企业范围内的所有非结构化数据，这就为企业的信息管理造成诸多困难。如低效的纸张密集型业务处理过程造成打印、存储成本较高；海量数据的存储造成文档的搜索和查找效率低下，部分文件存在多个副本，需逐个甄别文档的正确性和唯一性，工作效率较低。

（四）控制文件全生命周期，提升企业文档工作智能化的需要

从文件与档案的管理方式来讲，在企业的信息化平台中，办公自动化系统与文档管理系统是两个相互独立的系统，没有将数据集成在一起，仅仅是将办公自动化系统产生的数据导入到文档管理系统。这样传统的方式，不利于对文件整个生命周期进行有效控制，同时在高效、便捷的现代化办公节奏下，也不利于实现办公信息的传递存储、查阅、利用、收藏的现代化和自动化。

综合以上原因，基于 ECM 平台实施文档信息化管理，实现对不同单位、不同机组、不同类型的文件从产生、捕获、分类、存储、保护、管理、使用到处置的全过程管理十分重要，也意义重大，它能将企业所产生的数据进行集中统一管理，同时为其他业务系统提供内容支持，最终支持企业迈向知识管理。

二、目标

福清核电电子文件归档和电子档案管理试点项目的建设目标是基于对ECM系统进行深化应用，通过开发与业务系统的接口收集电子文件，完成对企业各项业务内容的聚合的利用，实现以点带面，统筹兼顾，全面推进中国核电ECM企业内容管理平台建设。建立以电厂为单位的文档分类配置管理控制模板，通过模板复制快速建立新电厂的文档管理体系，建立中国核电系统内上下分级的一体化业务流转系统，实现中国核电系统全电子化业务流转和审批，建立中国核电系统内统一的文档内容信息资源管理中心，提供对文档内容多维度分类管理体系，满足核电用户对文档内容利用的需求。

试点内容主要包括：

1. 以信函和施工设计文件为切入点，建设中国核电工程有限公司（以下简称工程公司）施工管理系统与ECM系统接口，实现信函和施工设计电子文件统一、全程管理，从而扩大施工管理系统电子文件归档范围，最终实现工程公司施工管理系统电子文件归档，实现建设项目电子文档全程管理。

2. 结合公司1—4号机组运营经验，以技术规程和图纸为切入点，建设EAM与ECM系统接口，实现生产电子文件全程控制，从而推进EAM系统电子文件归档工作，最终实现生产电子文件归档。

3. 以ECM办公流程系统为基础，实现公司综合管理产生的公文、会议纪要、日常计划/报告等的电子文件归档。

三、系统介绍

（一）ECM系统

1. 功能

ECM系统主要包括文档一体化管理、业务流程管理、统计分析管理、用户工作台、系统管理、系统集成等几类功能。

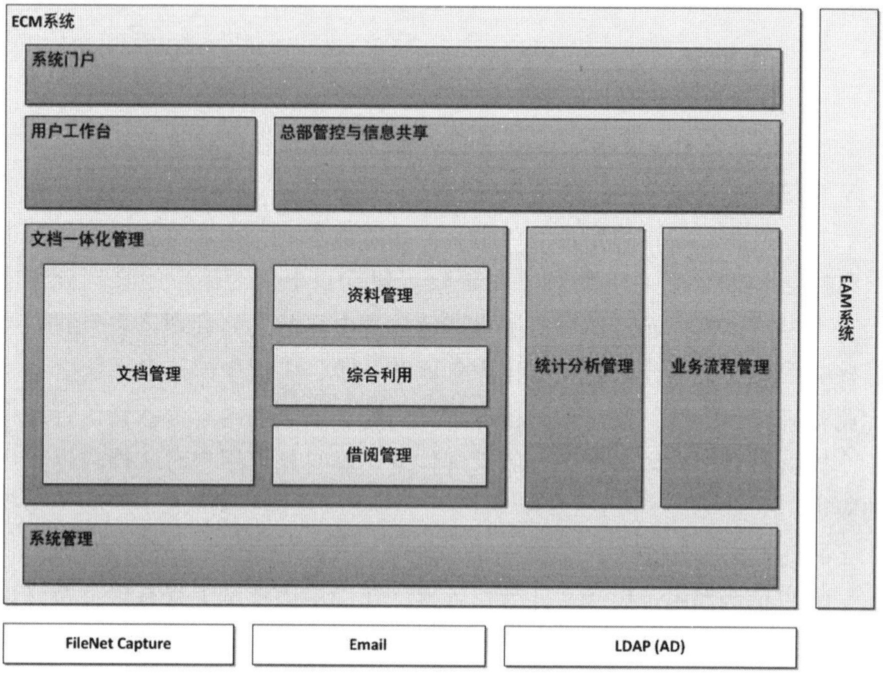

（1）文档一体化管理功能：包含项目管理文件、商务文件、函件、工程技术文件、生产技术文件等的日常管理。实现文件的接收、著录、核对、分发、鉴定、归档、数据检索、数据导入导出以及档案接收、分类、著录、立卷、归档、实体管理、档案编研和销毁管理、检索和借阅等主要功能；

（2）业务流程管理功能：在线发函或会议纪要、收函或会议纪要、文件借阅流程、文件归档流程、行政发文流程、行政收文流程、公司级管理程序流程、处室级管理程序流程、管理程序变更流程、文件下发流程等；

（3）统计分析管理功能：工作量统计、流程任务统计、文件统计、内容统计、访问统计等各类统计查询功能；

（4）用户工作台功能：本部信息发布和浏览、成员公司信息发布和浏览、共享文档资料浏览、消息提醒、待办待阅、已办已阅等。用户登录后直接进入此页面，可以通过待办待阅和消息提醒快速查看需要办理的任务，也可以浏览共享文档资料，及本部或电厂发布的信息；

（5）系统管理功能：部门、用户、角色、权限的管理以及各类业务参数配置功能；

（6）系统集成功能：主要考虑与 EAM 系统、OCR 产品、离线安全产品、统一身份认证的集成，提供标准系统接口。

其中，文档一体化管理是 ECM 系统核心模块，从文件管理和档案管理的全局出发，对企业内容整个生命周期进行全面系统的分析，从文件创建到编制、审批再到发布，最后到文件归档、利用或者档案销毁，确保实现真正意义上文档一体化管理。

2. 数据量

文件总数量：约 227 万份

文件总大小：约 8TB

3. 文件类型等

支持的文件类型：DOC、XLS、PDF、PPT、TIFF、JPG、DWG 等。

（二）施工管理系统

1. 功能

施工管理系统 V3.0（以下简称 IFS 3.0）覆盖了工程项目建设过程中建安管理、质保管理、质控管理、安全管理、设计管理、进度管理、综合管理等多个模块下的多个业务，各业务管理中均涵盖了包括业主、监理、工程公司、各承包商在内的多家参建单位下的众多用户，实现了各参建单位间业务信息化流转、无纸化办公的效果。

2. 数据量

IFS 3.0 因其管理理念先进、业务覆盖全面、业务流程灵活，在工程项目建设过程中各项业务中达到了深入、广泛的应用，已达到月平均新增数据量在 2 万条以上，成为各参建单位之间信息流转的统一、规范的平台。

IFS 3.0 运行数据总量达 2149 万条，涵盖工程公司福清项目部在 IFS 3.0

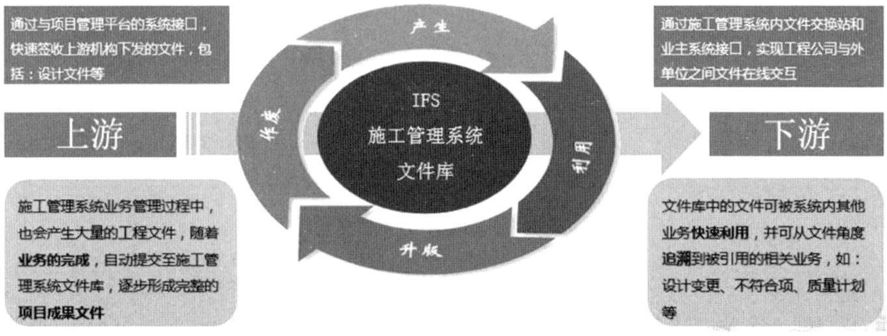

系统中执行的所有业务产生的数据（仅门禁记录就达 1500 万条）。其中文档相关的文件总量为 140 万条，包括收发函、前期文件、建安文件和设计文件等。通过接口发送业主 ECM 系统的主要为设计文件和收发函两类，总计约 22.8 万条。

3. 文件类型等

支持文件类型：DOC、ELS、PDF、PPT、TXT 等，不支持 RAR 和 ZIP 的压缩包类型文件。

（三）EAM 系统

1. 功能

EAM 系统是核电厂生产管理信息系统，主要包括设备管理、配置管理、工作管理、运行管理和辐射防护等几类功能。

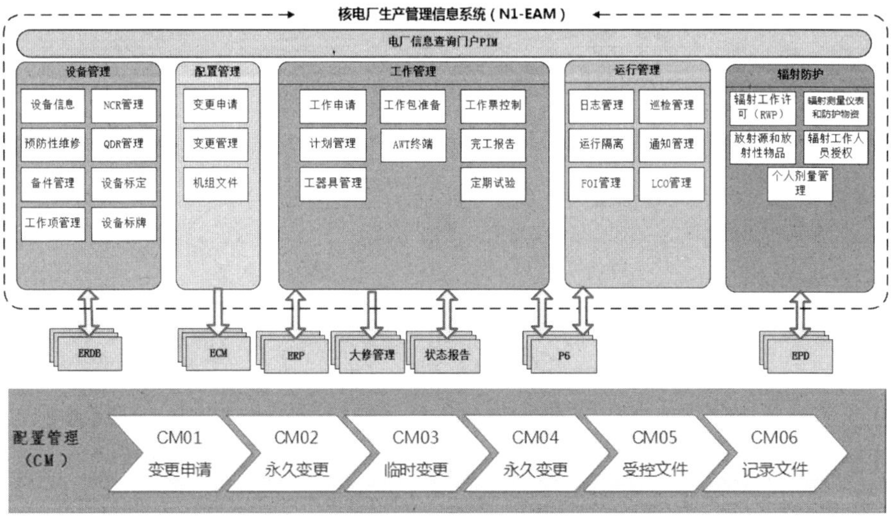

其中，与 ECM 系统建立接口的配置管理模块，主要用于生产文件和记录的流转，包括技术规程和图纸的申请、创建、审批、发布等线上流程，文件正式发布后将通过与 ECM 系统的接口实现数据传递，自动归档至 ECM 系统对应的文档分类中。

2. 数据量

文件总数量：约 4000 条数据

文件总大小：约 1GB

3. 文件类型等

支持的文件类型：DOC、PDF、TIFF、JPG、DWG 等。

四、工作步骤

（一）准备阶段

依据《企业电子文件归档和电子档案管理指南》，编制《福清核电电子文件归档和电子档案管理试点实施方案》，组织 ECM 系统和施工管理系统信息化工作人员对试点实施方案进行论证。

（二）启动阶段

《福清核电电子文件归档和电子档案管理试点实施方案》通过论证后，编制试点工作专项计划，组织召开试点项目启动会，正式实施试点工作。

（三）实施阶段

根据试点专项工作计划，重点落实以下四项工作节点：

1. 开展业务调研，完成业务系统电子文件数据调研和业务需求调研，完成系统需求分析；
2. 完成系统接口设计、开发、测试；
3. 完成 ECM 系统组卷功能优化设计、开发、测试；
4. 完成电子档案备份系统设计、开发、测试。

（四）评估验收阶段

对试点工作成效进行评估，对电子文件归档、电子档案管理规章制度和标准规范的符合性、适用性提出意见和建议，对试点经验进行总结，报请国家档案局、核工业档案馆依据试点工作评价指标对试点项目进行阶段评估验收。

（五）系统完善阶段

按照专家验收意见，结合工作实际，进一步完善电子文档管理有关系统，制定电子文档管理关键环节的规章制度，提出法律法规、国家标准和行业标准的修改建议等。

（六）总结推广阶段

配合国家档案局电子文件归档和电子档案管理工作，总结试点工作经验，开展经验交流活动，在行业内全面推广。

五、解决方案

（一）管理流程与接口设计方案

ECM 系统与施工管理系统接口设计了如下功能以保证文件的接收和处理，实现项目电子文件从施工管理系统传递至 ECM 系统直至完成归档业务流程。包括：文档提交、文档检查、分类修改、确认接收、分发利用、预归档、组卷归档等。

1. 接口功能设计

（1）通过对接口调用服务接口；

（2）从工程公司接收工程文件、流程文件（信函、会议纪要）；

（3）给工程公司分发信函；

（4）文件接收管理页面：通过【文件接收管理】页面实现；

（5）对接收的工程文件进行检查及入库操作；

（6）能自动对接收的工程文件进行分类和批量修改接收工程文件的分类信息；

（7）对接收的流程文件（信函、会议纪要）进行入库并发起收文流程；

（8）对接收的工程文件、流程文件（信函、会议纪要）进行接收记录的查看；

（9）通过【文件接收记录】页面实现文件接收查询；

（10）查询工程公司传递的全部工程文件，包括退回、待处理、已接收等全部状态的工程文件；

（11）导出查询结果，以 EXCEL 格式保存到用户本地。

本功能的最终目的，是通过规范化的工程文件移交，将工程项目全周期的所有交付件和有价值的过程性文件从工程承包方转移到业主方 ECM 系统，完成知识转移，并为业主方后续的生产运行提供全面、准确、完整的文件信息功能。

2. 业务流程设计

通过规范化的工程文件移交流程，将工程项目全周期的所有交付件和有价值的过程性文件从工程承包方转移到业主方 ECM 系统，完成知识转移，并为业主方后续的生产运行提供全面、准确、完整的文件信息。本模块的实现主要基于本方案的标准接口模块，通过异步，松耦合的方式进行两个系统之间的交互。因为交互不是即时的，通过消息机制来触发交互，文件的上传下载通过标准的 FTP 协议进行，并利用其断点续传等功能保证传输的有效性。因为本模块功能是由双方系统协作完成，具体的双方的 IT 模块交互图如下：

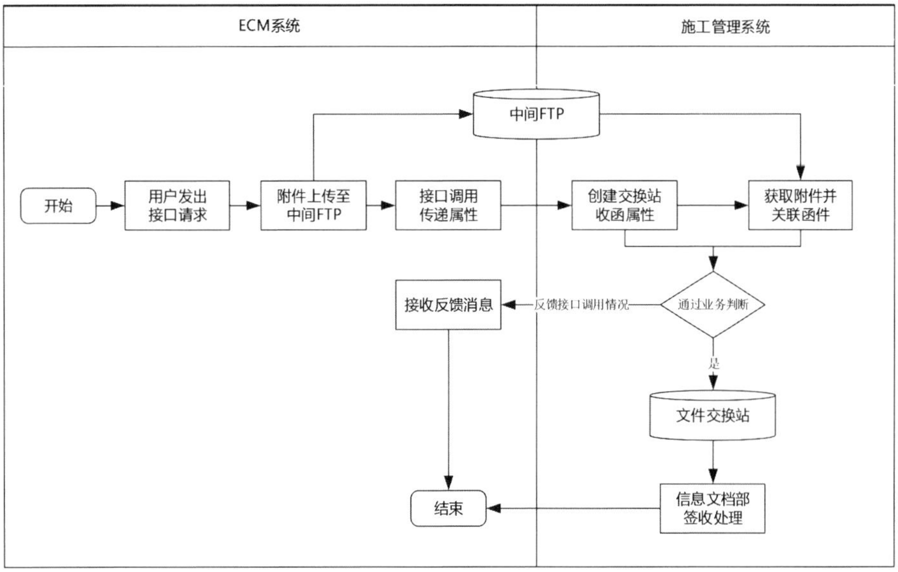

（1）接口检查及保存

工程公司上传文件到 FTP 后，调用接口函数向 ECM 系统提出传递文件的申请。

接口函数对全部传递文件按照接口约定映射表进行数据必填验证，如果有任一文件不能通过检查，全部传递文件都不进行接收。

通过接口数据验证的流程文件（信函、会议纪要），文件存入 ECM 系统，并在【文件接收管理】页面中进行显示。

如果移交文件是信函，则每份文件发送一封提醒邮件给信函著录管理员；如果移交文件是会议纪要，则每一批次（分发单）发一次邮件提醒给文件接收人员。

验证通过的工程文件、信函状态修改为“未检查”。

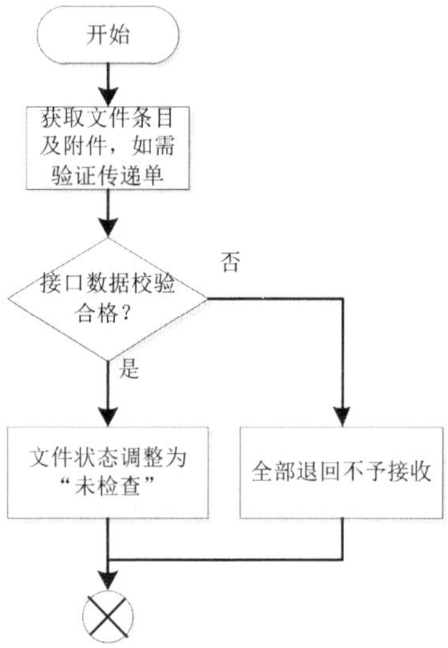

（2）文件检查

通过接口数据验证的信函，文件存入 ECM 系统，并在【文件接收管理】页面中进行显示，同时发送提醒邮件。如果移交文件是信函，则每份文件发送一封提醒邮件给信函著录管理员；如果移交文件是会议纪要，每份文件发送一封提醒邮件给会议纪要著录管理员；如果移交文件是其他工程文件，则每一批次（分发单）发一次邮件提醒给文件接收人员。

自动发起信函流程后，能抓取传递单上的附件列表通过文件代码自动关联 DM 中的附件文件。

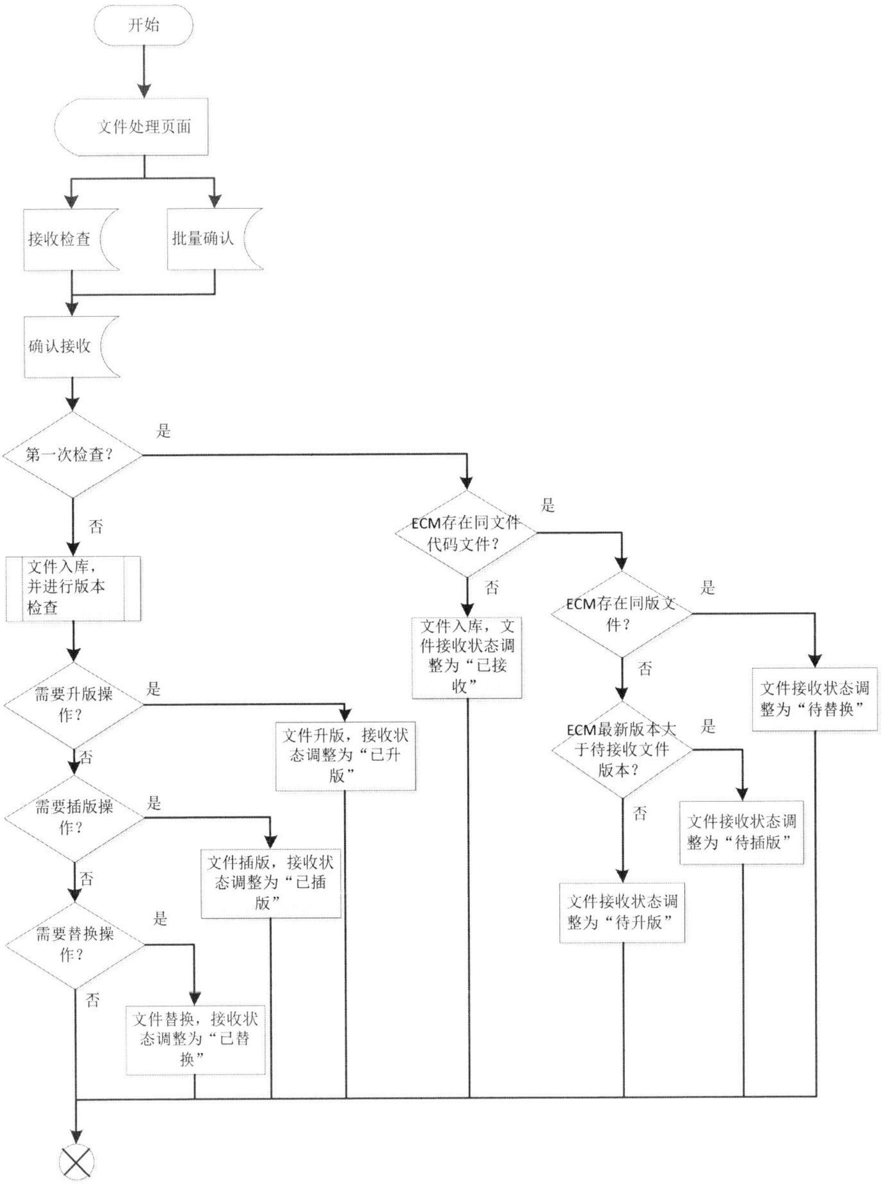

（3）文件分发

各家电厂提供统一的工程公司英文 ID。当调用发文流程时，系统判断收文单位 ID 是此英文 ID，则需要通过工程文件服务接口进行传递；福清电厂调用发文流程时，系统判断收文单位 ID 是此英文 ID 且工程项目号为 5 号机组或 6 号机组，则需要通过工程文件服务接口进行传递。

发文流程保持原有功能不变。分发完成时，如果分发失败，进行失败提示；如果分发成功，进行成功提示。

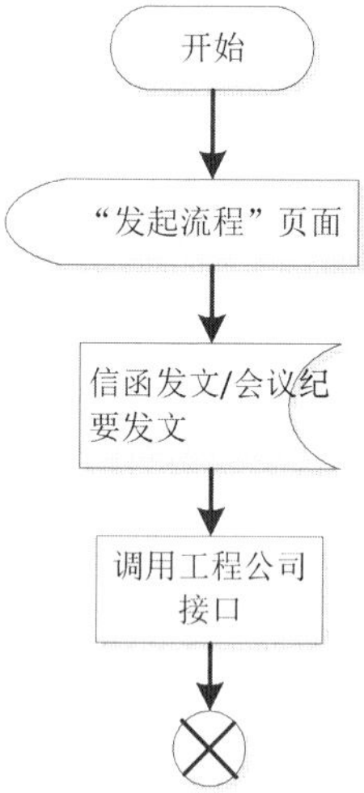

（二）归档范围及存储格式

根据行业标准《核电文件档案管理要求》及福清核电与工程公司总包合同附录 F 文件移交清单，项目组经过研究讨论，形成了归档范围表如下：

序号	文件类型	保管期限			存储格式
		10 年	30 年	永久	
1	工程设计类				
1.1	初步设计				PDF
1.1.1	节能评估报告、初步安全分析报告等专题报告			√	PDF
1.1.2	厂房分区布置图册、系统流程图等			√	PDF
1.2	施工设计				
1.2.1	平面布置总图、说明文件、技术规范书、土建施工图、混凝土工程（含预埋件）、内衬、气阀、钢结构、门窗等土建设计文件		√		PDF

续表

序号	文件类型	保管期限			存储格式
		10年	30年	永久	
1.2.2	总布置图、说明文件、技术规范书、安装布置详图、电气布置、机械布置、特定区域、特定设施、公用设施网络等安装设计文件		✓		PDF
1.2.3	工程设计计算书		✓		
1.3	功能设计				PDF
1.3.1	总体设计、系统设计手册			✓	PDF
1.4	技术澄清及变更				
1.4.1	技术澄清单			✓	PDF
1.4.2	设计变更通知			✓	PDF
1.4.3	现场变更单			✓	PDF
2	设备管理类				
2.1	设备设计				
2.1.1	设备技术规格书、规范书与计算文件			✓	PDF
2.1.2	设备总图、重要零部件图			✓	PDF
2.1.3	设备设计和计算总说明			✓	PDF
3	信函管理类				
3.1	接收信函(重要)		✓		PDF
3.2	外发信函(重要)		✓		PDF
3.3	公司各类会议纪要(重要)		✓		PDF
4	党群行政类				
4.1	党群事务				
4.1.1	上级党委颁发的专指性指示、批复、决定以及公司党委的重要请示、报告和决议等重要往来文件			✓	PDF
4.1.2	上级和公司党委关于党务工作的一般往来文件,需阅办的地方党务机关发来的工作文件		✓		PDF

续表

序号	文件类型	保管期限			存储格式
		10年	30年	永久	
4.1.3	党代会、党委会、民主生活会、党政联席会会议文件			✓	PDF
4.1.4	重要专项活动的报告、总结等			✓	PDF
4.1.5	政工简报等宣传性材料	✓			PDF、PPT
4.2	组织工作				
4.2.1	党组织设立、撤销、换届选举、增补委员文件			✓	PDF
4.3	纪检监察				
4.3.1	上级和公司关于纪检监察工作的通知、报告、会议纪要等文件			✓	PDF
4.3.2	纪委工作简报		✓		PDF
4.4	工会				
4.4.1	上级和公司关于工会工作的指示、通知、规定等文件，需阅办的地方工会组织发来的工作文件		✓		PDF
4.4.2	职代会、工代会会议文件			✓	PDF
4.4.3	分工会设立、撤销、换届选举、增补委员文件			✓	PDF
4.4.4	工会表彰决定			✓	PDF
4.5	行政管理				
4.5.1	上级机关下发的属公司主管业务的重要决定、指示、批复、会议纪要等			✓	PDF
4.5.2	上级机关下发的或本公司关于本公司机构设置、领导任免、人员编制等文件			✓	PDF
4.5.3	上级机关下发的属本公司主管业务的一般性决定、指示、通知、会议纪要或非本公司主管业务但要贯彻执行的文件	✓			PDF
4.5.4	公司报送上级机关的请示、报告			✓	PDF

续表

序号	文件类型	保管期限			存储格式
		10年	30年	永久	
4.5.5	董事会、股东会、监事会会议决议、批复、会议文件和纪要、重要讲话			√	PDF
4.5.6	总经理部会议纪要、公司年度工作会议			√	PDF
4.5.7	公司办公例会、专题或专项例会等其它行政会议			√	PDF
4.5.8	公司年度工作计划、总结和统计材料			√	PDF
4.5.9	公司月度工作报告、简报、总结和专项工作组组织机构文件		√		PDF
4.5.10	重要职能活动、重要专题的总结、报告			√	PDF
4.6	公共关系				
4.6.1	上级机关、社会团体视察、参观、交流和外事接待文件和纪要	√			PDF
4.7	团委				
4.7.1	上级关于团委工作的指示、通知、规定等文件,需阅办的地方团委组织发来的工作文件		√		PDF
4.7.2	团委会会议文件			√	PDF
4.7.3	团组织设立、撤销、换届选举文件,团组织工作条例、规定及实施细则			√	PDF
5	经营管理类				
5.1	部门管理				
5.1.1	日报、周报、月报	√			PDF
5.1.2	季报、年报		√		PDF
5.1.3	动员报告、工作总结、出差报告、工作计划、工作大纲、统计报表、绩效管理报告(除专业技术专题报告以外的管理性报告)	√			PDF

续表

序号	文件类型	保管期限			存储格式
		10年	30年	永久	
6	人力资源类				
6.1	培训管理				
6.1.1	年度培训计划及总结报告	√			PDF
7	科技与信息类				
7.1	信息技术				
7.1.1	网络拓扑图、设备连接图、配置参数图、应急预案、巡检报告、系统故障处理、数据备份		√		PDF
7.2	信息资源				
7.2.1	信息资源规划方案、信息资源规划成果报告、信息管理性文件		√		PDF
8	质量与安全类				
8.1	工业安全				
8.1.1	现场整改通知单			√	PDF
8.1.2	安全活动计划			√	PDF
8.1.3	工业安全生产年度总结报告			√	PDF
8.2	消防				
8.2.1	消防演习总结报告		√		PDF
8.2.2	消防专项检查记录		√		PDF
8.2.3	消防事故调查报告		√		PDF
8.3	经验反馈				
8.3.1	自我评估报告			√	PDF
9	商务管理类				
9.1	合同管理				
9.1.1	立项申请文件(立项采购申请单、采购计划、采购技术规范书、项目批准报告、合同采购议标报告等)			√	PDF

续表

序号	文件类型	保管期限			存储格式
		10年	30年	永久	
9.1.2	招标文件供应商评审、询价、报价、价格审核资料、招标书、评标办法)			✓	PDF
9.1.3	中标文件(中标单位的投标书、标底资料、投标答疑、技术澄清、标书有效性确认单等、评标评分记录、评标报告、评标会议文件、往来函件、中标通知、相关的律师函和公正书等)			✓	PDF
9.1.4	未中标文件(未中标单位的投标书、标底资料、投标答疑、技术澄清、标书有效性确认单等、评标评分记录、评标报告、评标会议文件、往来函件、未中标通知、相关的律师函和公正书等)	✓			PDF
9.1.5	合同谈判文件、合同正本及附件、签订合同/订单说明和推荐书、合同会签单、合同变更会签单、合同变更正本及附件			✓	PDF
9.1.6	合同支付文件(合同支付申请及审定、合同支付会签单、结算书、合同验收单或验收报告等)		✓		PDF
10	电力生产类				
10.1	运行管理				
10.1.1	总体运行规程、系统运行规程、故障处理规程、事故处理规程等运行规程		✓		PDF
10.2	维修管理				
10.2.1	维修导则、大纲、规程		✓		PDF
10.2.2	日常维修计划		✓		PDF
10.2.3	日常维修会议纪要		✓		PDF
10.2.4	换料大修大纲、计划、指南		✓		PDF

为了便于电子文件的利用与长期保存，在ECM系统中电子文件通常以PDF格式进行存储。部分因工作需要线下产生的纸质文件，经扫描形成PDF版式文件后著录ECM系统进行保存。

福清核电遵循“文件以何形式产生就以何形式归档”的原则，线上形成的文件就以电子文件的形式进行电子文件单套制归档。部分根据工作需要打印出纸质文件并进行执行的记录，如工作包等，则进行双套制归档，即将纸质文件及其通过扫描形成的电子文件同步进行归档。

（三）元数据项及捕获节点

在规范化文件归档范围的基础上，技术上通过文种分类控制，制定了电子文件元数据方案，在各个关键点上对这些规范进行强制约束，包括电子档案文种的类型，必填元数据，可选元数据，元数据的取值范围都进行了约束和定义，比如电子文件归档需检查电子文件的分类、编码、保管期限等元数据，从而保证了在技术底层电子档案信息的完备性和规范性。

在电子文件归档的标准接口基础上，整合公司各业务系统和ECM系统完成电子文件及其元数据的移交、检查、接收和归档工作，最大化的做到自动化归档，能进行系统对接的都进行自动化对接，做到归档自动化，减少人工干预，并且在归档过程中，电子文件的真实性、完整性、可用性进行鉴定，鉴定合格率应达到100%。

在技术上对文件格式和内容进行自动检验，确保不漏不缺，格式正确，在归档前进行自动转换，保存原始格式文件的同时保存版式文件格式（如PDF、PDF/A格式）。

规范化导入导出文件包格式，文件包本身可以由手工或者第三方工具生成，包含实体文件目录和相关元数据信息，可以一次包含多个文件，方便批量导入导出。

提供丰富的配置界面和批量处理工具，对各种标准化，规范化配置能够做到自动化处理，减少手工干预。

（四）文件整理归档方案

1. 电子组卷功能

ECM系统对归档功能进行了优化，支持电子组卷。此项功能放置在预归档库功能模块中，通过专有的电子组卷功能按钮进行相关操作。

（1）电子组卷模块设计

电子组卷模块设计图如下：

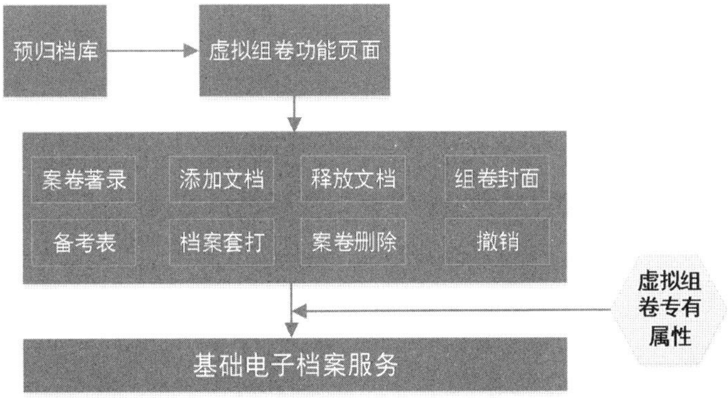

（2）电子组卷专有元数据图表

（3）电子组卷模块功能设计

• 案卷著录：在著录页面添加组卷属性，根据组卷属性生成组卷封面，可以先添加组卷信息再添加文件，组卷元数据分为三部分案卷元数据、档案元数据、排架元数据。著录页面只有属性和卷内目录，点完保存后生成封面、备考表、审计记录。

• 档号规则：档号由案卷号和件号组成，单件只显示三位流水件号，案卷号显示为三位流水号，每份文件的档号是唯一的，每卷的档号也是唯一的。

• 著录复制：保存页面不会清空原来的元数据，可以在已有元数据基础上继续添加或修改。

• 添加文档：支持单个文档或多个文档添加，并且可以添加文件的历史版本，也允许多次添加，添加文件的数据来源公司文件库。

• 释放文档：支持释放卷内一个或多个文档。

• 关联档案：主要关联档案库内的所有档案，点击档号查看档案信息。

• 修改案卷：开启状态下可修改所有信息。关闭状态下不可修改任何信息。撤销状态下可修改所有信息。

• 组卷封面：组卷封面是根据组卷属性信息自动生成，在预归档库建好组卷点保存时就生成封面。

• 备考表：管理员手动记录重要变更信息，主要功能有信息录入、信息展示功能。

• 卷内目录：卷内目录是卷内添加文件的条目，主要展示内容为序号、档号、文件代码、责任者、题名、日期、页号、备注（获取文件元数据的相关信息）。

• 卷内目录排序：可修改排序号，重新排列条目信息所在的位置。

• 审计记录：展示部分操作记录为审计记录，由系统自动生成。主要记录打开、关闭、编辑、删除、撤销。

• 归档：归档后组卷状态为关闭、按档号生成规则自动生成档号。在著录页面可以直接归档，在列表页也可选择多条案卷信息归档。

• 撤销：档案管理员将虚拟卷从档案库退回到预归档库，在预归档库中显示为虚拟卷的形式，保留其相关属性，组卷状态为撤销。

• 案卷删除：删除组卷，卷内所有文档将被释放，只在预归档库删除。

• 查询（组卷）：可以根据组卷属性查询。

• 刷新：在文件目录加刷新功能，将案卷的一部分数据刷新到卷内文件，已归档的文件不刷新，其他都刷新，主要刷新的元数据包括：归档人、全宗号、归档方式、实体标识、全宗号、归档日期、保管期限、存储载体标识、逻辑位置、物理位置、盒内顺序号。

• 关闭：关闭已打开的组卷。

- 打开：打开已关闭的组卷。
- 打印：打印组卷属性和卷内目录，打印预览和打印内容调整的功能。
- 导出（组卷）：导出组卷属性和卷内目录。
- 需要满足通过文件能查到文件所在的组卷信息。
- 文件图标：在文件库加四种图标展示未归档、电子组卷、实体卷、单件。
- 修改文件属性：允许修改卷内目录文件的档案属性。
- 入库信息登记：在目录页面可添加单条的入库信息登记，该功能主要解决一个卷下的文件在不同盒内，如何给不同文件登记不同入库信息的问题。
- 入库信息管理：在入库信息管理页面可以对档案入库的信息进行更新和修改。
- 档案套打是选择一条组卷信息按照（组卷封面、备考表、卷内目录）模板，打印一套内容。
- 增加关联文件列表，关联公司文件库的文件。
- 在合并后的档案列表里，时间、档号字段加排序，所有页面都可排序。
- 批量修改元数据，可选择某一元数据进行修改（初验后开发）。
- 导出的元数据是可选择（初验后开发）。

（4）电子组卷模块页面设计

全宗名称	档号	案卷分类号	保管期限	鉴定时间	归档时间	案卷状态	案卷类型	归档人
档案A	LVIIO-233	AB-131E12-合同管理	永久	2016-8-19	2016-5-19	开启	虚拟组卷	张铭
档案C	ERIIO-2LK	AB-131E12-合同管理	永久	2016-6-10	2016-8-11	撤销	实体卷	吴闵

图1　电子组卷列表管理

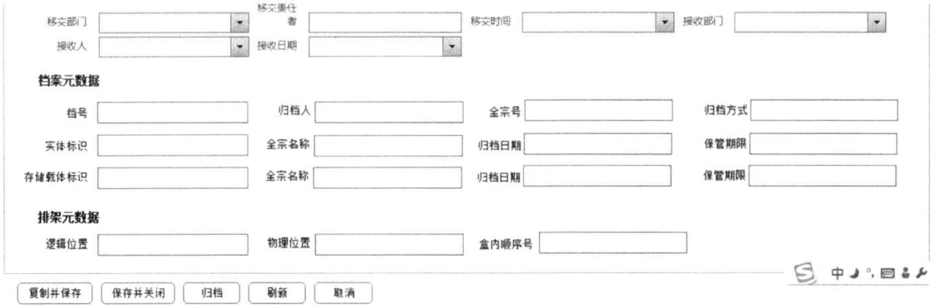

图 2　电子组卷著录

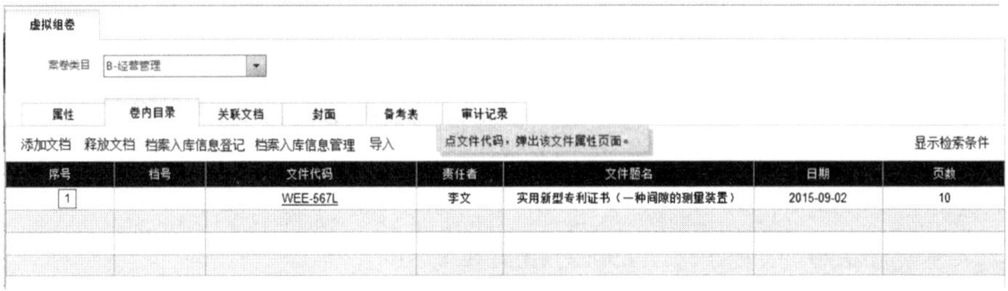

图 3　卷内目录

2. 电子文件同步

业务系统中形成的电子文件，如施工管理系统中的信函、设计文件、图纸等，经过业务系统的审批流程生效并分发后，会在指定的周期和规定的时间（每天的 12 点和 24 点）自动推送数据至 ECM 系统的待接收检查文件库，数据包括电子文件的元数据信息、PDF 版式文件和附件。

表 1　施工管理系统工程电子文件组成及同步方式

文件类别	文件清单	组成方式	包含文件	格式	同步时间	备注
信函	信函	主件	信函	PDF	系统推送 定时推送	
		附件	信函附件	PDF、XLS、DOC	系统推送 定时推送	
施工设计文件	施工设计文件	主件	施工设计文件	PDF	系统推送 定时推送	

续表

文件类别	文件清单	组成方式	包含文件	格式	同步时间	备注
设计图纸	图纸目录	主件	图纸目录	PDF、TIFF	系统推送 定时推送	
	图纸	主件	图纸	PDF、TIFF	系统推送 定时推送	
		附件	图纸	DWG	系统推送 定时推送	

业主文档管理员进入 ECM 系统的待接收检查文件库中，对业务系统传递的数据进行检查和接收。因业务系统能采集的数据有限，且与 ECM 系统接口能传递的数据也有限，为确保电子文件元数据完整，接收检查工作以系统配置的默认值采集为主、人工补充输入为辅，确保电子文件数据完整并进入 ECM 系统对应的文件分类中。

通过以上两个环节，实现电子文件从业务系统至 ECM 系统的数据传递。

在业务系统中产生并通过接口传递的电子文件无须再移交纸质文件，部分因实际工作需要通过线下方式产生的纸质文件，形成单位需要将纸质文件进行扫描和 OCR 识别形成 PDF 版式文件，并在规定的 EXCEL 属性表中输入该文件的元数据信息，将 PDF 和 EXCEL 文件压缩形成电子文件包，与纸质原件一并移交业主，由业主在 ECM 系统中进行电子文件的导入。

3. 电子文件归档

在完成电子组卷功能开发后，ECM 系统中支持对电子文件进行按“件”归档或按“卷”归档。

(1) 按“件”归档

文档管理员在 ECM 系统中“公司文件库”中查找出要归档的电子文件，将该电子文件放入“预归档库”中，再进入到预归档库中对该电子文件条目进行归档检查，添加全宗号、档号、归档方式等档案元数据信息后，点击“归档”即完成对电子文件的归档，该电子文件条目状态将变成“已归档”。

(2) 按“卷”归档

文档管理员进入 ECM 系统“预归档库”中，点击“电子组卷”进入案卷著录页面，根据档案分类号进行案卷著录。

以“信函”为例，信函基本上实现了电子化管理，归档方式可以从按“件”归档调整为以年度为单位按“卷”归档，信函电子组卷流程如下：

- 案卷著录：根据要归档的文件内容进行案卷著录，填写案卷元数据、档案元数据，若有纸质文件，还需填写排架元数据；
- 添加电子文件：在卷内目录栏中添加电子文件，通过添加文档查询 ECM 系统中要进行组卷的电子文件，并添加进卷内目录中，并利用排序功能对电子文件的排列顺序进行调整；

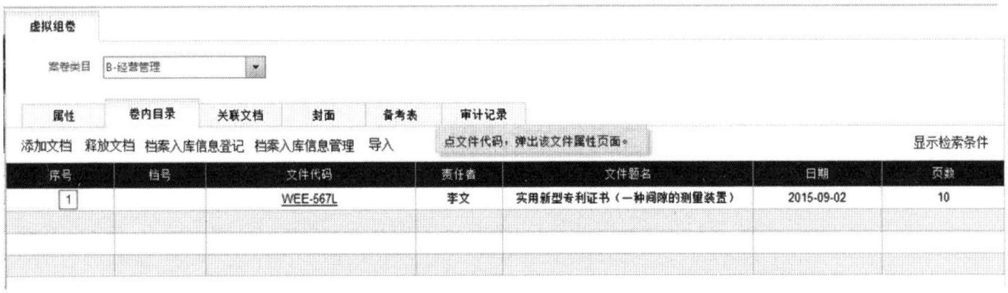

- 关联文档（如需）：添加与该电子案卷存在关联关系的其他文档；
- 封面：案卷著录/案卷修改保存后自动形成/更新；
- 备考表：案卷著录/案卷修改保存后自动形成/更新。

完成电子组卷后，系统将按卷内目录的电子文件顺序根据档号规则自动形成档号（案卷中如存在已归档的电子文件，该归档的电子文件将保持原来档号，不形成新的档号）。点击“归档”即完成对电子案卷的归档，该电子案卷下的所有电子文件状态将变成“已归档”。

案卷档号	案卷内电子文件档号规则
NNN-XXX-YYYY-NNN 全宗号-档案分类号-特征码-流水号	NNN-XXX-YYYY-NNN/NNN 全宗号-档案分类号-特征码-流水号/顺序号

若电子案卷中存在原件为纸质文件的，须先对该纸质文件的电子文件进行按“件”归档操作，填写逻辑位置等排架元数据信息，并对纸质文件进行同步整理归档。

（五）电子档案保管方案

ECM系统存储的电子档案采用离线异质备份，由文档人员根据实际业务需要进行甄别选择，通过备份系统自带操作界面对电子档案进行光盘刻录并实现可查询刻录完成及完好情况。

1. 离线异质备份功能设计

（1）备份系统自带操作界面，能够满足文档人员根据实际业务需要对电子档案进行光盘刻录并实现可查询刻录完成及完好情况的功能；

（2）整个备份过程的备份数据不可修改、丢失，不受病毒、误操作、黑客攻击的影响；

（3）光盘库可实现刻录、查询同时进行，并兼容刻录CD、DVD、BD光盘；

（4）光盘刻录后，备份系统能够详细记录每个光盘上刻录的文件内容目录及具体位置，并支持不少于200万条数据记录的快速查询。

2. 离线异质备份模块详细设计

（1）离线异质备份功能与档案系统（ECM、声像档案系统）实现对接，完善数字档案馆系统平台，对重要数据实现数据安全迁移、目录查询、全文查询利用；

（2）离线异质备份功能主要以离线模式备份为主，当档案系统（ECM、声像档案系统）一旦受到网络攻击或硬盘损坏时，馆内重要数据还可以恢复，保证福清核电生产正常运行；

（3）离线备份主要以冷介质备份，和热机（硬盘）备份相比具备优势：

（4）数据的安全性高，数据不会被病毒入侵、黑客攻击，无法修改和删除，符合我国档案行业标准不可修改的要求；

（5）信息保存时间长，光盘可保存数据30年以上，适合数据长期保存，符合我国档案行业标准长期保存的要求；

（6）符合法规遵从性，光盘存储遵从我国档案法的要求，具有法规遵从性，光盘数据可作为法律依据，用于呈堂证供；

（7）低碳节能环保，运行能耗较低，碳排放量少，低碳、节能、环保、绿色存储；

（8）总体拥有成本低，维护、运行、升级成本低，无需整套更换升级，无需数据迁移，大大减少了用户将来的投资成本；

（9）保存和管理简便，保存环境要求低，节省空间，保管、使用简便，光盘自动刻录，全自动化，无人值守，省时省力。

3. 离线异质备份模块架构设计

电子档案备份系统应以近线、离线备份为核心，将数据源通过数据迁移方式，实现数据异质备份，实现重要长久数据通过离线设备以光盘为介质备份，有效地减少数据在数据迁移的过程中导致丢失。系统全方位的实现在线、近线、离线数据为一体，离线数据借阅、检索使用。

（1）档案存储，对档案影像文件进行存储规划、光盘刻录、光盘库治理、光盘信息维护等。

（2）档案检测，对移交光盘和馆内自刻光盘进行检测和定期检测，保证库内光盘长期可读。

（3）数据修复，对部分损坏数据光盘进行安全数据恢复，并进行重新复制实施保存。

（4）长期存放，数据迁移、管理、利用过程中，避免人为接触光盘，延长使用寿命；快速检索及避光防尘安全存放。

电子档案备份系统必须全面兼顾档案的实体安全和信息安全，采用分层密码验证的方法，实行系统用户分级管理，设置不同的访问权限，防止越权访问；与公司目的防火墙、防病毒技术相结合，保障网络的安全，可靠的运行，创建工作日志，对系统进行全天候的监控。

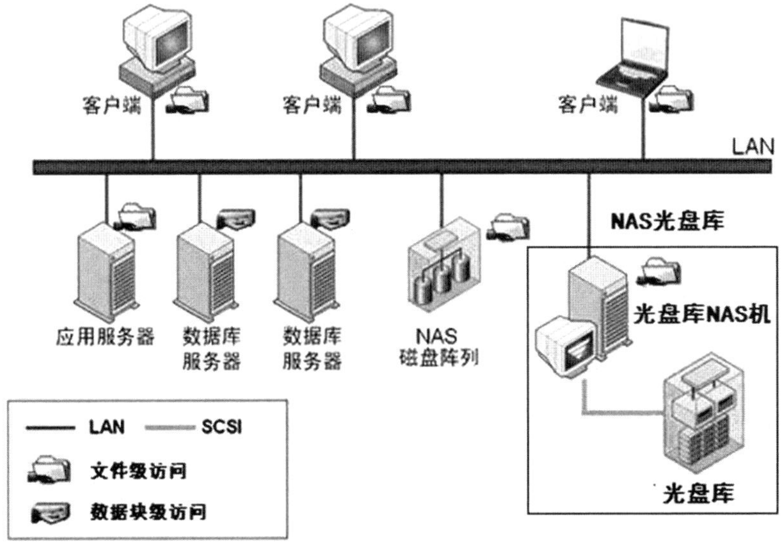

（六）利用方案

通过对 ECM 系统进行深化应用，提升对电子档案的综合利用能力。包括：

1. 提供丰富多样的文件检索查询手段

基于非结构化数据分析的全库全文检索、跨库检索、递进分类检索、自定义检索、简单检索及二次查询，记录检索历史记录方便用户下次重复检索相同内容，并具备 IT 审计手段。

2. 按需展现文档数据分析报表

使用商业智能、预测分析、多维分析和数据仓库等技术手段分析公司领导、管理层、员工的使用习惯，以及所处的或所分管的专业领域，为用户展现个性化的、一目了然的文档综合应用驾驶舱界面；并具备向下钻取、定位的能力，最终达到方便用户利用文档，提高文档利用率的目标

（七）四性检测方案

1. 技术难点

电子文件及档案因创建、流转、定稿等全过程采取信息化手段进行管理，因此对于文档人员来讲，如何在过程中实现“四性”管控亦是试点项目的难点。

2. 实现方式

针对四性检测，ECM 系统通过各种手段和检测方案，来保证系统电子文件真实、完整、可用、安全。

（1）真实性管控

ECM 从元数据和电子文件两个方面都做了详细的设计，以保障电子文件的真实性。针对真实性的检测，可以通过审计信息检测、电子签章检测、多种格式交叉检测等方式实现真实性管控。

审计信息检测：ECM 系统对所有的重要操作都有相信的审计信息，同时审计系统采用了先进的分布式存储分析引擎，不仅能记录审计信息，更能分析审计信息，所以通过对文档关键字的搜索，可以查询文档的所有相关操作，包括文档的建立、更新、下载等操作。通过追溯文档的生成和使用过程，包括整个文档的生命周期的检测，可以保证文档的真实性有效性。

电子签章检测：ECM 系统对系统中大部分文档，特别是 PDF 文件，都

支持自动电子签章，当从系统中获得这些文件的时候，客户端工具会自动检测签章的有效性，从而保证文档没有在过程中被篡改。

多种格式交叉检测：ECM 系统对系统中大部分文档，都会在入库的时候自动转换为不可修改的 FLASH 文件，并且是放在其他的地方存储，如果发现文档可疑，可疑交叉对比原始文件的 Flash 版本，从而保证文档的真实性。

（2）安全性管控

电子文件安全性至关重要，一旦发生问题，会导致大量的电子化文件批量损坏。ECM 采用元数据和文件存储分开处理的方式，分别加强安全性检测。

元数据安全性检测：通过数据库相关工具来对元数据安全性提供保障和安全入侵检测，利用数据本身的安全控制机制进行管控，数据相关账号严格管理。ECM 系统后台采用 Oracle 系统进行元数据存储，针对 Oracle 的安全性检测有很多工具。Oracle 本身也有详细的审计记录来支持对 Oracle 操作的记录以及分析。ECM 系统在此基础上，额外采用针对 Oracle 的扫描和检测工具来进行 Oracle 系统的安全性检测。

电子文件安全性检测：在电子文件方面，通过引入企业文件安全解决方案来检测电子档案的安全性。企业文件安全产品通过一个简单高效的管理控制中心，统一管理终端的安全软件，解决企业对安全统一管理的需求。其提供全网统一体检、打补丁、杀病毒、开机加速、分发软件、发送公告、流量监控、资产管理等，解决企业用户普遍的服务器安全问题，保护文件系统的安全。

（3）完整性管控

ECM 系统从元数据必选项，元数据规则校验等入手，检测和规范电子文件元属性的完整性，电子档案入库的时候，必须通过各种校验规则才能完成入库，这样保证所有档案都有完整的基础信息。采用多格式文件交叉检验的方式，来检测电子文件实体的完整性。在实体文件入库后，会自动启动文件转换，如果原来的实体文件完整性有问题，格式转换将会失败，从而提醒管理员进行检查。

元数据完整性检测：ECM 可以配置各种元数据的类型，限制，并且针对编码提供有效性检测，从而对元数据在入库前各个方面都进行了有效的检测，保证入库的文档元数据符合公司的要求。不符合规范要求的文档将不能入库。

电子文件完整性检测：为了达到校验文件完整性，ECM 系统采用了 PDF 自动转换的功能，当有新文档入库的时候，后台会自动启动转换程序，把可以转换格式的文档转换成 PDF 格式的文件存储在固定的存储空间中，如果文档完整性有问题，将会转换失败。

（4）可用性管控

ECM 系统从系统级别高可用性入手，采用关键模块集群化的模式来保障系统的极低故障率，核心模块都采用多机集群的方式进行高可用支持。

在数据方面，做到按照备份策略及时进行自动备份，保证任何时候不丢失数据和尽可能短的系统恢复时间。

系统高可用检测：ECM 系统在备份和高可用方面，可以通过如下的方式进行检测。采用对等搭建一套备份系统，配置完全一样，每天或者每周按时恢复生产环境的备份，然后通过系统访问来检测系统备份的可用性和正确性。一旦生产环境发生不可修复的故障，直接可以用有效备份进行恢复。生产系统可以通过断开网络或者停止关键服务器的方式，来检测系统的集群可靠性，保证在一定故障下系统仍然能够正常运转。

系统开放性检测：ECM 系统本身采用了开放式的架构设计，提供了多种和外界集成和提供服务的方式，其中标准接口是最主要的方式，对于不需要自己单独管理文档的应用，本平台提供标准服务集成的模块，各个业务应用通过服务直接把文档存储进入文档库，通过服务把文档调出进行操作。对系统开放性检测可以通过服务文档操作的基本功能来进行检测，主要测试如下的标准服务接口，如果这些基础服务都涵盖了，就能充分保障系统的开放性：

- 文档基础服务（新建，升版，修改属性，删除，查询等）；
- 文档转换接口；
- 文档授权；
- 档案处理功能；
- 文档入库和入库状态查询；
- 文档导出；
- 文档标签，评价等额外功能；
- 编码功能；
- 文档流程任务查询的相关接口。

（八）系统建设

项目组访谈了中国核电本部、秦山核电、福清核电、辽宁核电等单位领导和业务骨干，共计百余人次，回收企业内容管理、知识管理调查问卷89份。运用企业内容管理成熟度模型对受访单位从业务侧重点、信息治理、用户体验、组织、流程、技术六个维度进行评估分析。

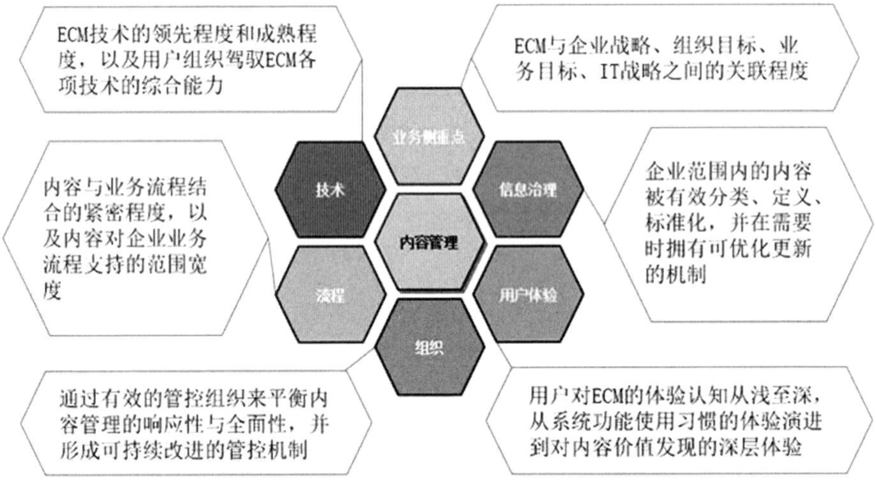

通过对比国内外同行企业水平，明确中国核电企业内容管理目前尚处于“机会阶段”，与国内先进水平尚有较大差距。以检修记录与报告为例，定期移交文档管理部门后内容应用基本为零，不仅检索代价很大，更难以传承和利用形成共有知识。

1. 架构设计

项目组通过结合中国核电及其成员单位的企业管理特点和业务需求，构架设计如下：

（1）总体架构：

系统整体具有丰富的可配置项、配置工具，标准化及配置的管控模式、下属单位在总体标准化基础上的灵活扩展支持，简化新建电厂和站点和现有整体系统的一体化集成；

总部和电厂之间，电厂和电厂之间文档实现自动化流转；

支撑ECM、EAM、ERP、P6等的集成；

安全架构采用了基于TDS的复制架构，保持一致性的基础上获得了各

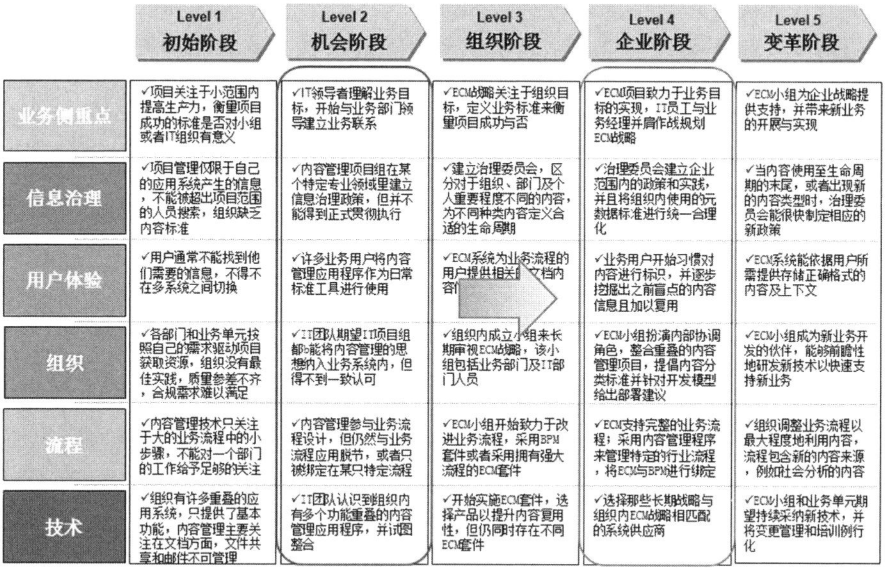

中国核电企业内容管理现状

个站点的独立性，采用了分布式的 TAM 安全认证架构，获得全局 SSO 的功能的基础上仍然拥有各个站点的独立性，具有高可靠性和扩展性。

（2）应用系统架构：

采用业界成熟的 BPM 平台；

与文件内容系统的紧密集成；

流程历史及表单历史可回溯及归档，支持严格的审计需求；

采用业界成熟的内容管理平台，支持海量的内容存储和管理，并且后期容易扩展；

弹性灵活的文档安全控制，丰富的权限配置选项支持各种业务安全需求。

2. 系统设计

参照《IAEA-TECDOC-1335 核电厂配置管理》《IAEA-TECDOC-1510 核工业知识管理》《国家档案局企业档案管理规定》《EJ/T1225-2008 核电文件档案管理要求》等导则文件。项目组明确中国核电企业内容管理创新原则如下：

安全第一：日本核泄漏事故发生后，各国对核安全的关注度持续升温。对核安全法的合规需求是最重要最基本的需求，因此任何管理创新都需要将确保安全放在第一优先级。

四性保障：传统的文档管理提倡确保文档的完整性、准确性、系统性和原始性，这些要求在信息化，数字化的今天依然有完整的现实意义，因此提升企业内容（含文档）的四性保障是企业内容管理必须坚持的方向。

五统一集：为提升内容管理水平，避免再次出现各成员单位各自为战、重复投资的局面，就必须坚持统一规划、统一标准、统一设计、统一建设、统筹投资、集中运维的原则。

中国核电五统一集总体要求

基于调研成果和原则，项目组提出通过建立一套覆盖中国核电各成员单位、适应中国核电发展战略并与当前管理现状相匹配的、一体化的且能够满足业务自适应性、平台可扩展性、系统集成性的一体化企业内容管理平台，实现企业内容的全生命周期管理，将企业内容价值最大化，提升企业竞争力。

项目组运用枚举法、头脑风暴法并使用亲和图、鱼骨图等分析工具将目标进行分解，形成了管理创新活动的具体行动内容：

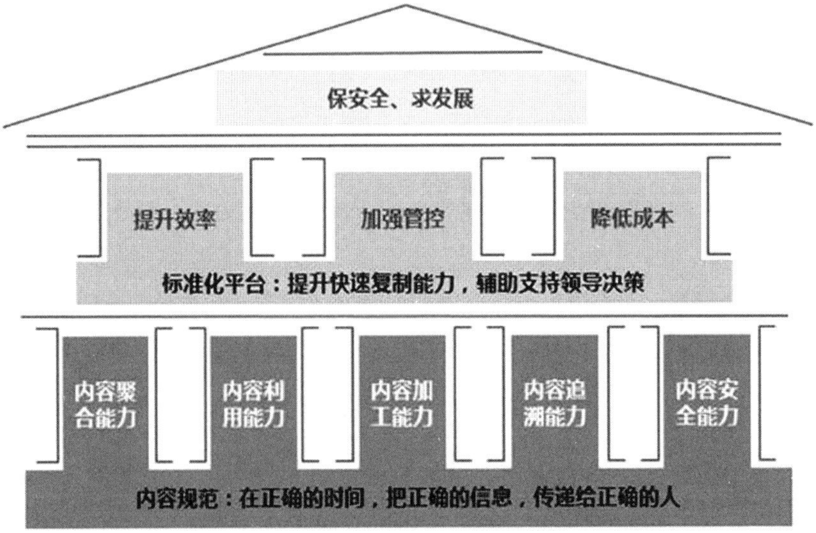

企业内容管理创新总体目标

六、存在的问题与解决方法

（一）电子文件归档规范化管控

1. 技术难点

电子文件范围很广，涉及企业活动的方方面面，文档管理系统和业务系统相互独立，如果没有很好的规范化基础数据信息，电子文件的归档和管理将会处于无序状态。其中几个典型的难点如下：

●规范化的同时又要不失一定的灵活性。比如档案的编码规则，需要能够根据文种，灵活的配置；

●针对归档的不同途径，能提供统一的归档服务。方便第三方系统进行自动化归档；

●针对已存在的各种档案系统，迁移需要花费大量的人力和物力。对此统一采用核电有限的标准化定义，并对各个电厂不符合标准化的定义进行逐一更新：

●如果名称冲突，更新名称，并且需要刷新所有文档中的属性；

●如果标准中的定义在原来系统中不存在，无需刷新，增加即可；

●可以采用两套定义同时存在的方式，新的文档只能选择新的定义，旧的文档不做更新。旧的领域定义不删除，只做参考；

●字段的刷新可以采用后台程序批量处理的方式进行。

●规范化档案交换格式，方便档案的导出，导入和交换，规范需要涵盖元数据和实体两个方面；

●需要统一方便的工具提供配置变更的需求，各种元数据的管理，新增都需要技术平台进行直接支持，依旧配置变更对已有文档是否有影响都需要平台去管控。

2. 实现方式

在试点项目中，福清核电通过如下的措施在技术上和管理上对规范化管理进行了大力的支持：

●在规范化文件归档范围的基础上，技术上通过文种分类控制，制定了电子文件元数据方案，在各个关键点上对这些规范进行强制约束，包括电子文件文种的类型，必填元数据，可选元数据，元数据的取值范围都进行了约束和定义，比如电子文件归档需检查电子文件的分类、编码、保管期限等元数据，从而保证了在技术底层电子档案信息的完备性和规范性。

• 在电子文件归档的标准接口基础上，整合公司各业务系统和ECM系统完成电子文件及其元数据的移交、检查、接收和归档工作，最大化的做到自动化归档，能进行系统对接的都进行自动化对接，做到归档自动化，减少人工干预，并且在归档过程中，电子文件的真实性、完整性、可用性和安全性进行鉴定，鉴定合格率应达到100%。

• 在技术上对文件格式和内容进行自动检验，确保内容不漏不缺，格式正确，在归档前进行自动转换，保存原始格式文件的同时附版式文件格式（如PDF、PDF/A格式）。

• 规范化导入导出文件包格式，文件包可以由手工或者第三方工具生成，包含实体文件目录和相关元数据信息，可以一次包含多个文件，方便批量导入导出。

• 提供丰富的配置界面和批量处理工具，对各种标准化，规范化配置能够做到自动化处理，减少手工干预。

（二）电子档案信息安全管控

1. 技术难点

电子档案需要有完善的安全和权限控制，对电子档案中的敏感信息做到恰当的保护，同时不能妨碍正常的档案利用。其主要的技术难点如下：

• 需要有完整的功能安全控制，管理用户能否做某项操作

• 需要有细粒度的档案安全控制，控制用户是否能够读取，更改档案的权利，读取和修改档案元数据的控制等。

• 在移动ECM应用过程中，如何有效保障用户使用的同时保障移动互联网端及公司内网信息安全亦是本项目重点考虑的问题。

• 电子档案存储的安全，访问目录的安全，是否加密的控制，离线安全的控制等操作。

• 详细的操作记录跟踪，用户对档案的操作需要有详细的记录和跟踪，方便档案的操作历史的提取。

2. 实现方式

（1）功能安全控制

提供基于角色的安全控制，管理员可以定义各种角色能够进行的操作，

并且操作控制可以在统一的管理界面进行管理和控制，系统中所有的功能构建成一个完整的功能树，基于此功能树可以定义基于角色的授权，具体实现示意图如下：

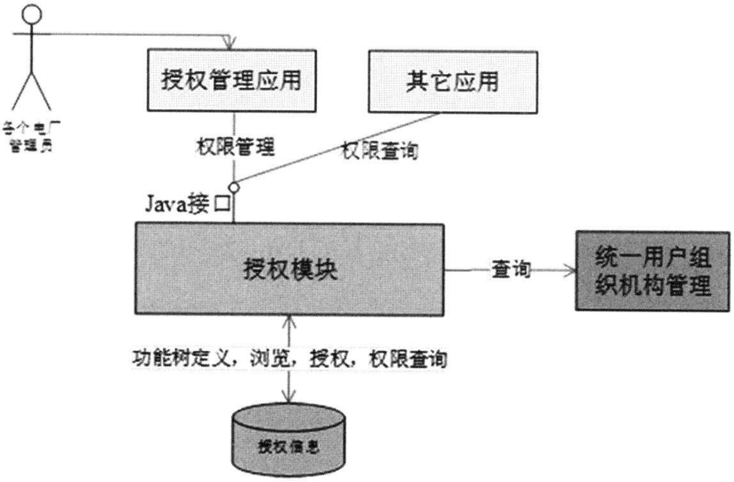

（2）权限管理和控制

ECM 系统定制了完善的权限管理和控制功能，在多种维度上为用户定义权限控制提供了支持。在文种粒度，单个文件粒度上提供针对用户，角色和组织机构三种不同类型的授权支持，同时支持授权的继承传递。针对密级这个特殊敏感属性，本项目提供了针对不同密级定制的安全控制机制，用户可以针对不同的文件密级制定授权控制，确保敏感高密级的文件只有授权的访问者才可以访问。本项目同时还采用了流式查看的模式，使用者没有下载权限也可以浏览文种的内容，方便了电子档案的利用。

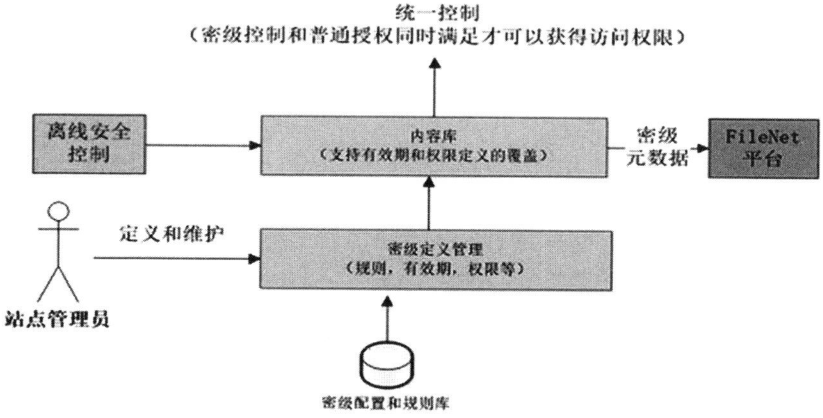

在实际系统实施过程中，整套授权体系非常灵活，能满足各种的业务需求。ECM系统将密级的数据维护放在应用数据库中，全站点统一使用，密级的定义需要包含如下的基本信息：根据实际情况进行密级标识，例如绝密，机密等；密级相关的属性例如密级符号（如★）、秘密事项、默认保密期，默认授权范围（人，角色，组织机构）和授权动作（下载，打印，拷贝等），默认分发范围，允许访问期限（以分发日为起点的时间段）等。

（3）移动应用平台安全设计

移动应用平台提供完备的数据安全机制，通过各类安全措施和安全手段保证移动平台中数据的完整与安全，保证数据不被非法篡改，确保非法用户不能随意闯入本系统。

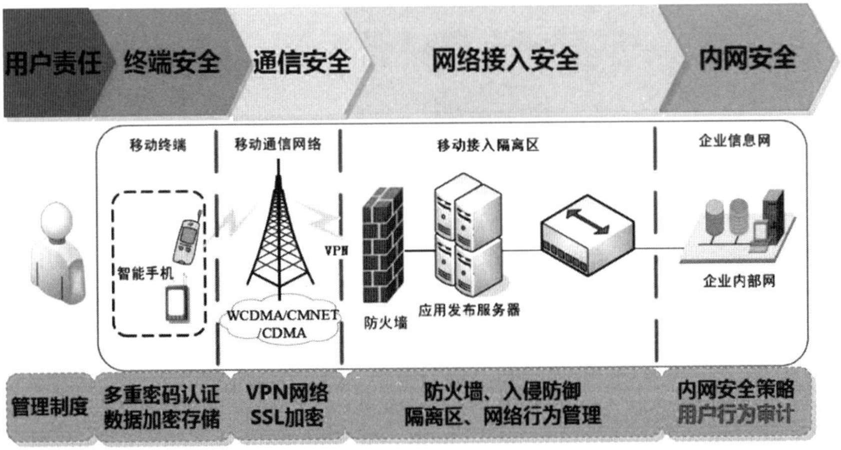

- 终端安全：移动终端登录移动平台需经过包括VPN、鉴权系统、移动平台在内的多重认证；移动平台尽量确保终端本地不存储数据、如确实需要存储企业数据采取安全沙箱和数据加密存储的方式。私人应用不可访问企业数据，不可调用企业接口；企业管理和应用不可访问私人信息；移动平台可以对终端进行远程擦除及安全沙箱数据操作，并支持对终端进行规则检测；
- 通信安全：移动终端通过VPN拨号建议安全链路访问处于DMZ区域的中继服务器，并通过DMZ到内网的防火墙访问平台服务器，保证数据传输的安全性；移动应用平台采用SSL加密通信，保证数据在传输过程中不被抓包监听数据包内容；
- 网络接入安全：通过防火墙、入侵防御系统、隔离区、网络行为管理等安全措施和工具保证网络接入安全；

• 内网安全：即时通讯消息、用户密码信息、附件缓存等数据均进行加密存储，移动应用平台与业务系统 ERP、ECM 等交互数据不落地，用完即删；

• 管理制度：移动平台记录用户使用移动应用的行为，通过 IT 审计工具确保用户使用行为规范。

（4）档案的安全存储

档案的元数据和具体实体分开存储，元数据受到数据库管理系统的保护，严格控制用户名和密码，普通用户无法浏览，只有数据库管理员才可以进行操作。同时档案的实体方案单独存放文件服务器上，文件服务器独立安全控制，普通用户也无法访问，同时文件的存储采用匿名处理，不能通过文件名进行搜索，并且支持操作系统级别的安全加密，进一步确保文件的安全可靠不外泄。

（5）详细的审计记录

针对档案的各种操作，系统提供详细的审计记录，包含操作的时间、操作者、操作对象，如果是修改操作，尽量记录操作前的值和操作后的值，确保信息完整可靠。同时针对审计记录的查看，可以全文检索的查看，也可以针对单个档案进行查看。

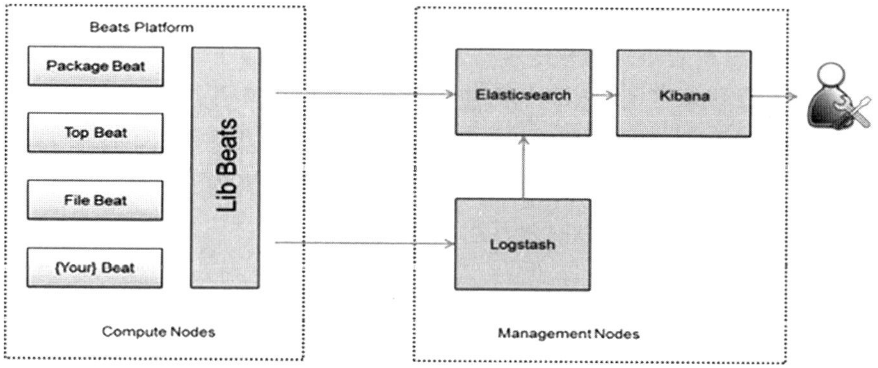

ECM 系统采用更灵活，扩展性更强的独立审计模块。同时可配置 Logstash 和 Elasticsearch 集群用于支持大集群系统的运维日志数据监控和查询。Beats 从终端机器收集到各种数据之后，发送给 Logstash 进行解析和格式化处理之后，再插入到 Elasticsearch 中存储，然后通过 Kibana 展示给用户。从上图中，我们可以看出，Beats 也可以直接将数据发送给 Elasticsearch，省略掉 Logstash 环节（假如所收集的数据不需要进一步的解析处理的话）。当然，在一般情况下，都需要用 Logstash 对数据进行解析加工，方便于 Kibana 图形化的展示。

七、取得的效益

ECM 系统在中国核电系统的实施和推广，不仅为中国核电的标准化和统一化管理提供了基础信息平台，也为实现系统内部资源共享以及知识管理和利用奠定了很好的基础。

（一）管理效益

ECM 是覆盖核电厂全寿期的企业内容管理系统，它实现了对不同单位、不同机组、不同类型的内容从产生、捕获、分类、存储、保护、管理、使用到处置的全过程管理，并将企业所产生的内容进行集中统一管理，实现文档一体化，并为其他业务系统提供内容支持，支持企业迈向知识管理；ECM 通过高效、便捷、安全、协作、共享、结构化的使用方式，建立了全电厂的标准化、规范化的服务理念，提高了工作效率。

（二）经济效益

目前，ECM 已在中国核电本部及其 17 家成员单位上线，注册用户超过 1.7 万。按单个电厂实施相同等级应用平台不低于 200 万元测算，目前已为中国核电共 5 家单位复制推广标准化成果，节约项目实施费用不低于 750 万元。从 ECM 投运至今，共减少纸质文件打印 4000 余万份，仅打印费用一项就为中国核电节省费用 4000 余万元。

（三）社会效益

ECM 为用户提供简单、便捷、良好的系统体验，支持多种搜索方式，关联相关内容，利于用户对信息的深度使用。上线至今，通过不断优化功能，系统更加符合用户的业务场景、满足流程管理的业务需求。同时，移动办公平台与 ECM 的融合，使用户不受时间和空间限制，实现实时地、更加便捷地办公。

（四）知识产权保护

截止目前，ECM 共申报移动应用、电子案卷管理、基于表单模板的文档工作流、档案排架管理、企业级分布式人员组织机构认证管理、企业级广域跨站点文件交换总线六项软件著作权；移动应用平台已通过中国核电工业集团公司组织的国防科技成果鉴定。

（五）助力三大战略

随着 ECM 不断的推广复制和持续优化，其作用越来越明显，价值也越来越有所体现，通过不断吸纳新技术，帮助提高整个中国核电的信息化水平，进而助力整个集团三大战略的实施。

八、后续打算

持续深化应用，随着管理要求持续提升，技术的不断突破，ECM 项目组本着更聚合、更开放、更智能的目标继续优化 ECM 功能并进行了深度开发。

2016 年福清核电凭借“ECM 系统（企业内容管理系统）形成的电子文件归档和电子档案管理试点”，经中国核工业集团公司推荐，成为企业电子文件归档和电子档案管理第一批试点单位之一，经过 1 年多的建设和努力，2018 年 1 月 23 日，试点项目顺利通过国家档案局验收，福清核电成为第一批电子文件归档试点典型示范企业。

项目以施工管理系统、生产管理系统、企业内容管理系统为开发对象，通过与 ECM 建立接口，完成工程项目电子文件、生产技术电子文件、公文、程序等综合电子文件及元数据向 ECM 系统的移交，解决了跨单位、跨系统电子文件移交问题，实现了电子文件的全过程管理。

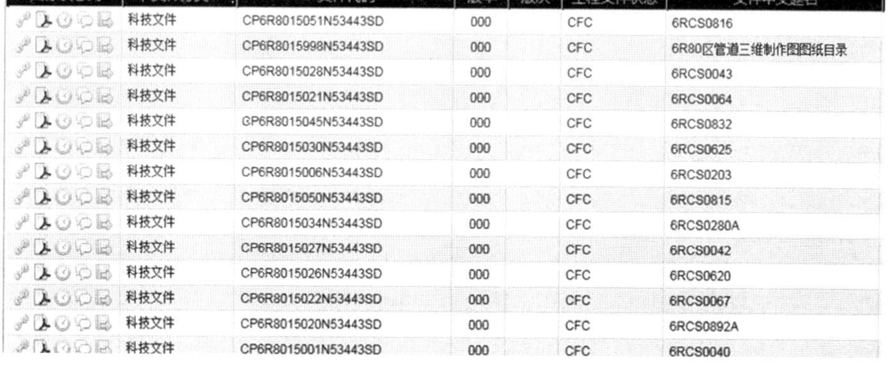
工程文件接收管理

接收检查　批量确认　文档退回　批量更改文件分类　删除　技术审查　文档属性

图标状态列	文件分类	文件代码	版本	版次	工程文件状态	文件中文题名
	科技文件	CP6R8015051N53443SD	000		CFC	6RCS0816
	科技文件	CP6R8015998N53443SD	000		CFC	6R80区管道三维制作图图纸目录
	科技文件	CP6R8015028N53443SD	000		CFC	6RCS0043
	科技文件	CP6R8015021N53443SD	000		CFC	6RCS0064
	科技文件	GP6R8015045N53443SD	000		CFC	6RCS0832
	科技文件	CP6R8015030N53443SD	000		CFC	6RCS0625
	科技文件	CP6R8015006N53443SD	000		CFC	6RCS0203
	科技文件	CP6R8015050N53443SD	000		CFC	6RCS0815
	科技文件	CP6R8015034N53443SD	000		CFC	6RCS0280A
	科技文件	CP6R8015027N53443SD	000		CFC	6RCS0042
	科技文件	CP6R8015026N53443SD	000		CFC	6RCS0620
	科技文件	CP6R8015022N53443SD	000		CFC	6RCS0067
	科技文件	CP6R8015020N53443SD	000		CFC	6RCS0892A
	科技文件	CP6R8015001N53443SD	000		CFC	6RCS0040

同时，对 ECM 系统电子文档管理功能进行优化，增加电子组卷归档功能，在以“件”归档的基础上，实现以“卷”为单位进行文件的整理与归档，将 ECM 中的电子文件通过系统的整理和排列，添加案卷元数据后进行归档，实现卷内电子档案统一赋值，既便于开展电子档案管理工作，又能更好的提供利用。

此外，在 ECM 系统对电子文件“四性”保障方面进行了优化提升：ECM 除保证电子文件元数据外，还提供日志审计功能，同时用户可以通过 ECM 进行文件的查询、浏览、下载、导出，以此确定文件是否真实、完整、可用，针对 File 服务器安装了福清核电企业版杀毒软件，对接收到的文件自动进行扫描检测，确保电子文件无病毒，安全可靠。

试点工作不仅实现大量电子文件的全过程管理，规范了电子文件归档和电子档案管理，同时取得一定的经济效益，公司可将保管期限在 30 年以内的电子文件不再打印纸质复印件留存，文印成本能得到有效控制。从档案服务和利用来看，试点项目为公司知识和资源的智能管理提供大量准确有效的数据支撑，为档案信息化建设提供良好的实践经验。

中国船舶集团有限公司舰船研究设计中心电子文件归档和电子档案管理试点案例

一、背景

（一）企业战略发展需要

随着军方机构改革、装备管理体系变革的深入推进，海军战略转型对军工集团、科研院所提升认知水平、革新设计理念、开展技术攻关提出了更高要求。对于舰船总体科研单位来说，档案是对近百型千余艘产品研究设计工作的原始记录，是对几十年工作经验及得失的梳理，是院所知识资产和信息资源中极为重要、宝贵的组成部分，具有不可替代的唯一性和知识传承的拓展性，是七〇一所核心竞争力的体现。不断提升档案信息化管理水平和信息化服务能力，将加速档案资源在科研创新和技术攻关中的高效利用，为企业实现高质量发展的战略转型提供良好的催化作用。

（二）企业业务发展需要

“十二五”以来尤其是“十三五”期间，我所信息化建设进入了快速发展期，在舰船设计工程信息化、科研管理信息化以及基础设施等方面均取得了较好的成效，同时，工程信息化全面应用，已形成全过程三维设计能力。我所各大业务系统产生的电子文件不仅涉及科研生产、经营管理等诸多信息，还涉及国家政治、经济、安全等重要领域，是我所生产运营和管理的业务凭证，是国家的重要信息资源。从国家安全和我所可持续发展来看，加强各类型电子文件归档和管理工作意义重大，采取有效措施切实保证电子文件的真实可靠、有效共享与长久保存迫在眉睫。这些重要的信息资源亟待整理保存。

（三）档案工作本身的发展需要

随着我所工程研制及建设的跨越式发展和信息技术的飞跃，各种类型的电子文件大量形成、普遍应用、增量可观，各类型的电子文件已逐步替代纸质文件成为主要的记录工具和知识载体，已成为维系我所生存发展的核心资源和重要资产。目前，我所文件以电子流转为主，归档电子文件约50万余份，其来源丰富多样，种类齐全，格式多样，归档电子文件范围主要涵盖我所科研生产及相关工作产生的各类文本、图形、图像、影音、试验仿真、三维设计模型数据，档案管理对象从实体管理转变为数字信息管理，迫切需要转变档案思维模式，从实体管理转移到电子文件管理领域，科学合理地管好电子文件。

（四）解决实际问题需要

随着我所电子文件归档的数量日益庞大，电子文件和纸质文件双轨制并行，一方面，库房和人力资源投入的成本越来越大，企业难以为继。另一方面，业务系统和档案系统集成力度有限，线上线下双套归档，纸质档案和电子档案的一致性问题日渐突出，电子档案的凭证价值存在质疑，失去凭证价值的档案保存意义何在，如何采用科学合理的技术手段保障电子文件的真实可靠性，加强业务系统和档案系统的集成，赋予电子文件凭证性价值，成为档案人员迫切需要解决的问题，也是减轻企业负担的重要手段。

二、目标

（一）总体目标

通过开展国家试点工作，系统梳理所内电子文件及其管理流程，着力推进PDM系统形成的电子文件跨平台自动归档。实现对所内重要档案信息的网上统一管理、控制与利用，充分发挥电子文件管理在保护信息安全、促进价值提升、增强核心竞争力、保证可持续发展等方面的重要作用。

（二）具体目标

目标1：实现PDM型号产品、科研电子图样在线归档和管理通过 PDM 业务系统和档案系统的集成，自动收集 PDM 系统中形成的电子文件和元数据，打包封装后推送至档案系统，实现 PDM 型号产品、科研电子图样在线收集、自动归档。

目标 2：实现电子文件全过程管理。

将电子文件归档要求融入业务系统的前端，加强文件形成阶段的控制，升级档案系统的电子档案保管功能，实现归档后电子档案的长期保存，通过上下游系统的全过程控制与管理，保证电子文件和电子档案的真实性、完整性、可用性、安全性。

目标 3：提升档案管理与服务水平。

通过电子文件的在线归档，提高电子文件归档效率，提升用户服务满意度；同时，利用数字档案管理系统，实现我所数字档案资源的整合和共建共享，用户可以通过统一的检索平台在线检索和借阅全所的数字档案，提高档案利用的效率。

目标 4：形成相关企业标准与规范。

通过电子文件全过程管理体系建设，制定有关电子文件和电子档案管理的标准、规范，形成《归档接口设计说明》《元数据方案》等技术规范；形成《电子文件归档范围和保管期限表》《电子文件四性检测方案》《电子文件归档和电子档案管理办法》等企业标准，使电子文件的全过程管理标准化、规范化。

三、系统介绍

（一）功能

我所分三期建立了舰船设计 PDM 系统，系统现有功能模块 209 项，管理流程 40 个。将项目计划管理、设计文档管理、审签流程管理、设计变更管理、技术协调管理、信息安全控制等功能集成于一个统一的数字化管理平台。项目计划管理对设计过程和设计进度、质量等项目管理；设计文档管理、审签流程管理、设计变更管理三个模块实现对文档的设计、校审、审批、技术变更、电子签名、文件归档等文档流程的全过程管理；技术协调管理解决部门之间的技术协调问题。

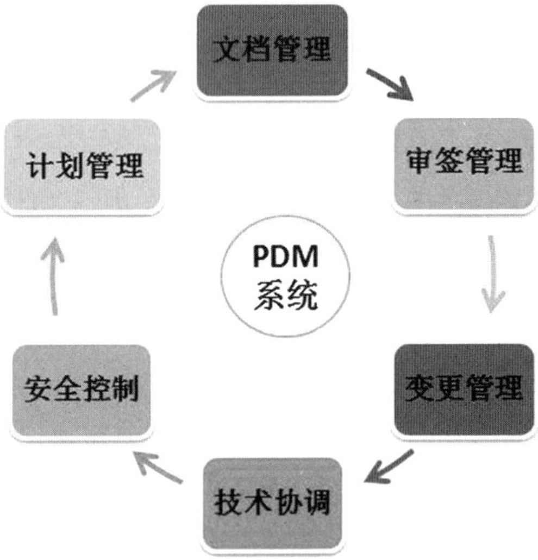

图 1　PDM 系统功能模块

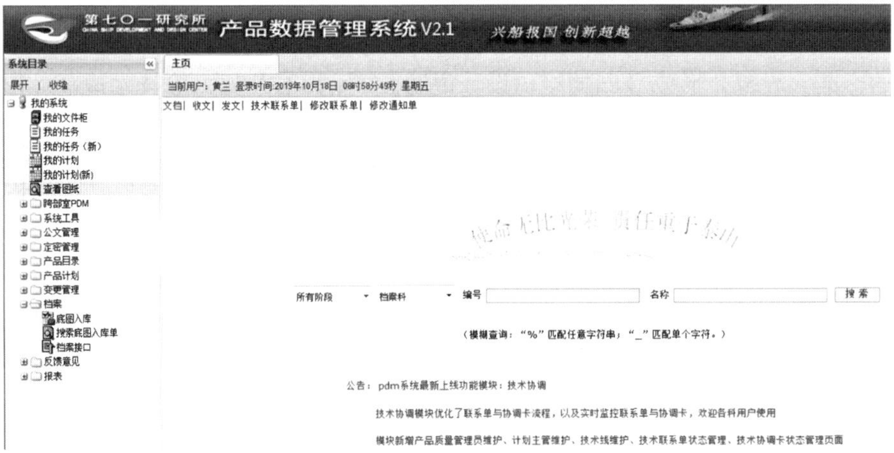

图 2　PDM 系统功能模块

（二）数据量

PDM 系统是我所的任务管理系统，涵盖科研生产、经营管理、文化建设、安全保密等各个方面的内容，其中科研生产类文件是档案收集工作的重点，也是 PDM 系统中最主要的文件。PDM 系统现有文件 100 万份，每年以 30 万份的文件量增长，其中重点型号产品图纸数据文件超过 2.4TB，我所图纸类文件严格控制版本，图纸类文件每年以 3—4 万份的速度增长并归档，科研类文件不限制版本，各种内审外审文件均在 PDM 系统中保存，每年以 12—18 万份的速度增长。

（三）文件类型

PDM 系统主要产生和输出工程类相关的图样和技术文件、科研文件。图纸主要有产品各个阶段的设计图、说明书、清册等，主要是 CAD 文件。科研类文件包括型号课题的研究报告、试验数据、研究工作总结、“十三五”课题、所研发课题、海装预研课题等文件，主要是 PDF 和 WORD 文件。PDM 中的电子文件是我所的核心资产，其中存储的大量电子文件都具有重要保存价值，是档案收集和保存的重点和关键内容，迫切需要采用科学的手段保障电子文件在线归档和电子档案长期保存的真实可靠性。

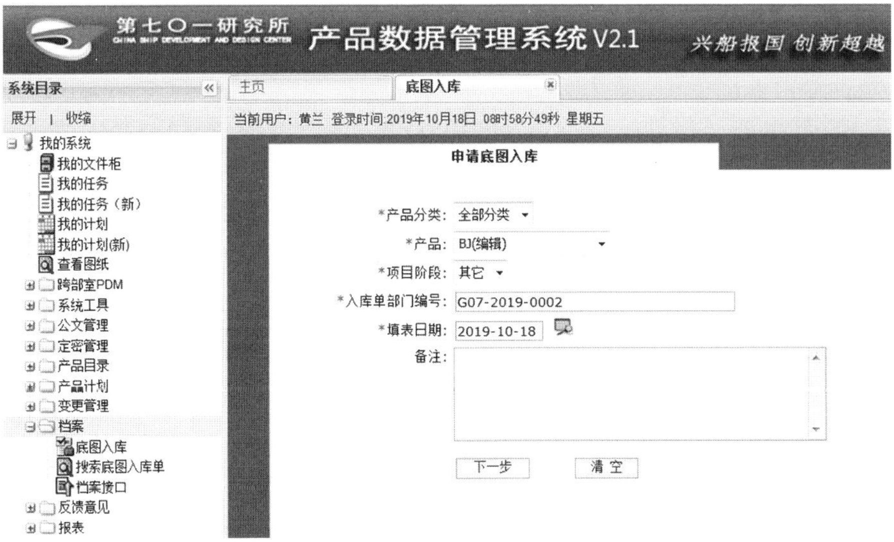

图 3　PDM 系统图纸归档模块

四、工作步骤

（一）成立试点工作小组

自 2016 年 12 月第七〇一研究所档案中心承担试点工作以来，得到了所内领导的高度重视及相关职能部门、研究部（室）的积极配合，试点工作有序推进。2017 年 1 月，成立了电子文件归档和电子档案管理项目组，成员涵盖信息化中心、保密处、档案中心等部门领导及技术骨干，为试点工作的有序开展奠定了强有力的组织基础。

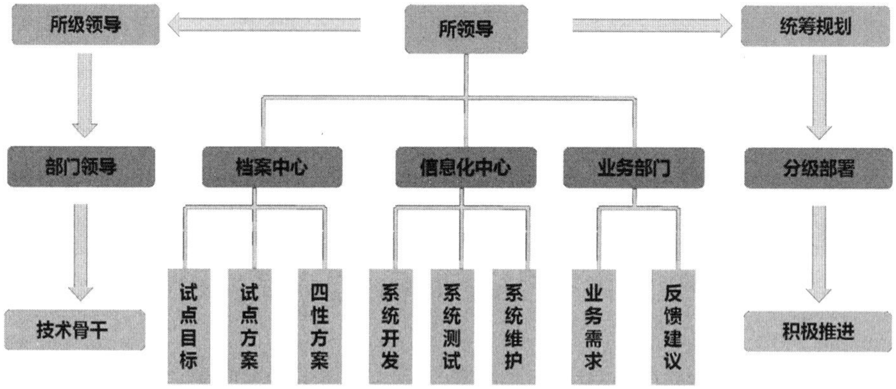

图 4　试点工作小组组织机构图

（二）完成需求调研并制定工作方案

根据试点工作内容，开展跨平台数据交换调研工作和专题技术研讨会，梳理 PDM 系统与数字档案馆系统的归档接口业务需求，形成《PDM 系统到数字档案馆系统接口功能需求报告》。

根据需求报告，制定《701 所电子文件归档与电子档案管理试点工作方案》，明确试点工作的目标、内容及整体计划。根据试点工作方案，确定 3 项重点建设内容：打通 PDM-数字档案馆的归档接口，开发归档接口的四性检测模块，完成数字档案馆系统平台升级改造，围绕重点建设内容，稳步推进 PDM 系统等业务系统形成的电子文件向数字化档案管理系统归档的建设、人员培训及推广。

（三）编制试点相关技术标准

单位参考《企业数字档案馆（室）建设指南》《电子档案管理系统基本功能规定》《企业电子文件归档和电子档案管理指南》《电子文件归档与电子档案管理规范》等标准规范要求，结合 701 所电子文件管理实际情况及需求，完成电子文件在线归档的标准制定。

表 1　电子文件归档和电子档案管理相关标准

序号	标准名称	备注
1	电子文件归档与电子档案管理	
2	电子签署的图样和技术文件管理	
3	录像档案管理	
4	数码照片档案管理	
5	档案系统基本功能及运行维护要求	
6	纸质档案数字化	
7	PDM 元数据方案	
8	四性检测方案	

（四）组织开展试点工作

1. 各部门积极配合开展试点工作

试点工作涉及单位各生产和职能部门，必须有各部门的大力支持和配合才能完成。电子文件在线归档和电子档案管理的各项制度，关系单位几十个专业和各部门职能。在制定《电子文件在线归档和电子档案管理》《档案系统基本功能及运行维护要求》《文件归档范围和保管期限表》等管理规范过程中，各部门积极配合，参与相关内容的制定、讨论、审定，最终形成符合单位管理实际的规章制度。在开发电子文件归档接口、定制四性检测模块、开发归档流程过程中，信息化部门和归档部门大力支持，有力推动试点工作的顺利开展。

2. 项目成员分工协作开展试点工作

项目组成员围绕试点目标，按照分工开展工作，一方面，项目组通过讨论、评审形成需求报告和工作方案，为成员开展工作提供方向和指南。另一方面，项目组成员按照方案各自开展工作，根据项目重点建设内容，小组成员内部分为 3 个小组，分别负责 PDM 接口、四性检测模块、数字档案馆系统升级改造建设，在工作开展过程中，发现方案有不合理的地方，再经项目组讨论、修改。组内成员相互配合，完成了产品类文件归档管理模块、四性检测模块、软件平台升级等开发工作，实现了单位重要电子文件的全过程控制，完成了试点的内容。

3. 定期总结和汇报试点工作

根据试点工作开展的需要，项目组随时召开会议，讨论方案、总结工作、分享经验，协调沟通。还根据国家档案局要求，每季度进行试点工作总结，制定下季度工作计划，形成《试点工作进度报告》上报，形成与国家档案局联动，促进试点工作有计划开展。

五、解决方案

（一）管理流程方案

PDM 系统与数字档案馆系统的文件推送，主要分为三个阶段：归档准备、归档检测、接收归档。

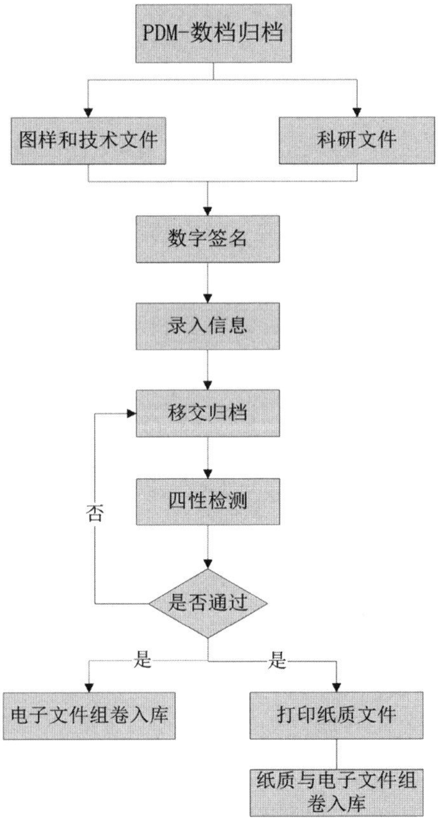

图 5　PDM-数字档案馆电子文件管理

归档准备阶段，作为归档的 PDM 文件，责任人通过签名系统完成签署流程后，录入几个字段信息即可提交归档，经由科长审批，相关元数据和原始文档一并打包提交至档案系统。在归档检测阶段，提交归档的封装包经过我所四性检测模块，检测通过进入数字档案馆系统未整理库，检测不通过自动驳回至 PDM 系统，并将驳回信息反馈给 PDM 系统。在接收归档阶段，档案人员检查归档的电子原文和元数据信息是否都一致，检查合格后，组卷整理，归入档案正式库。目前图样和技术文件单套归档，电子组卷完成后归档流程结束。科研报告双套制归档，电子文件提交归档后，归档人员还需打印纸质文件提交档案中心归档，档案人员核对纸质文件和电子文件的一致性，核对完成后归档流程结束。

（二）归档范围及存储格式

1. 归档范围

（1）图样和技术文件归档范围和保管期限

图样和技术文件按照产品研发和设计阶段，分为 10 大类文件，所有图样和技术文件均为产品定型的依据，保管期限为永久，通过 PDM 归档的图样和技术文件实行电子文件单套制归档，同时归档保存原格式文件（如 dwg 文件、doc 文件等）以及签名转换后的 pdf 版式文件和 tiff 格式图纸文件，通过同时归档保存原格式文件及长期保存格式文件，既保证电子文件的可用性又方便后期编辑复用。

表 2　图样和技术文件归档范围和保管期限表

序号	归档范围	保管期限	载体类型
1	立项论证阶段		
1.1	图样和技术文件目录	永久	电子
	……	永久	电子
1.19	其他(相关图样和技术文件)	永久	电子
2	方案设计阶段		
2.1	图样和技术文件目录	永久	电子
	……	永久	电子

续表

序号	归档范围	保管期限	载体类型
2.64	防腐防漏设计方案	永久	电子
3	**深化方案设计阶段**		
3.1	图样和技术文件目录	永久	
	……	永久	电子
3.124	可靠性、维修性设计准则	永久	电子
4	**技术设计阶段**		
4.1	图样和技术文件目录	永久	
	……	永久	电子
4.331	系泊和航行试验大纲	永久	电子
5	**施工设计阶段**		
5.1	图样和技术文件目录	永久	
	……	永久	电子
5.346	进坞搁置图	永久	电子
6	**完工文件**		
6.1	全船性完工文件目录	永久	电子
	……	永久	电子
6.502	随机文件	永久	电子
7	**设计定型阶段**		
7.1	设计定型文件材料	永久	电子
7.2	设计定型盖章图样和技术文件	永久	电子
8	**技术公文**		
8.1	各阶段收文	永久	电子
8.2	各阶段发文	永久	电子

续表

序号	归档范围	保管期限	载体类型
9	其他科技文件材料		
9.1	方案论证报告、发展规划、研制设想、作战效能分析、作战需求论证、生产规模及能力论证报告、前期研究论证报告、立项综合论证、战技指标及战术使用论证报告、立项建议、可行性综合论证报告、前期论证总结、概念研究报告	永久	电子
	……	永久	电子
9.18	成果申报文件	永久	电子
10	非纸质载体、介质及实物形式的文件材料		
10.1	各阶段产生的电子文件	永久	电子
10.2	与产品设计和试验有关的实物模型	永久	电子
10.3	重要声像、电子等非纸质载体文件材料	永久	电子

（2）科研类文件归档范围和保管期限

型号科研和科研类文件按照研制阶段，主要分为5大类文件（详见P47表1），根据重要程度不同，分为永久、30年、10年三个保管期限，文本类文件归档保存原格式（如dwg文件、doc文件等）以及签名转换后的pdf版式文件。文本类文件目前是纸质和电子双套归档，软件程序等特殊形式的文件电子归档或光盘归档。

表3　科研类文件归档范围和保管期限表

序号	归档范围	保管期限	载体类型
1	研究准备阶段		
1.1	项目建议书、批复、通知	永久	纸质与电子
1.2	科研规划、调研(考察)报告、科研项目任务书(可行性研究报告)、方案论证、实施方案、评审意见、文献综述	永久	纸质与电子

续表

序号	归档范围	保管期限	载体类型
1.3	经费预算	永久	纸质与电子
1.4	委托书、协议书，招投标文件、会议记录及重要来往文函、合同	永久	纸质与电子
1.5	研究计划、调整计划	永久	纸质与电子
1.6	试验方案、设计方案、技术规程	永久	纸质与电子
2	**研究试验与开发阶段**		
2.1	试验任务书、试验大纲	永久	纸质与电子
2.2	实验、试验、测试、配方的原始记录、整理的数据、各种分析报告	永久	纸质与电子
2.3	计算文件和计算方法总结	永久	纸质与电子
2.4	计算机软件(附带软件运行环境说明)	永久	电子
2.5	检验文件	永久	纸质与电子
2.6	图样、技术文件	永久	纸质与电子
2.7	工艺文件	永久	纸质与电子
2.8	阶段总结和阶段评审文件	30 年	纸质与电子
3	**总结鉴定验收阶段**		
3.1	项目(课题)完成最终(或中断)总结	永久	纸质与电子
3.2	研究报告(科技报告)	永久	纸质与电子
3.3	评审文件	永久	纸质与电子
3.4	论文、专著	30 年	纸质与电子
3.5	样机、样品、模型	永久	实物
3.6	质量(可靠性)保证文件(测试报告、测试结论等)	30 年	纸质与电子

续表

序号	归档范围	保管期限	载体类型
3.7	经费决算资料及财务决算审计报告	永久	纸质与电子
3.8	研究成果鉴定、验收文件	永久	纸质与电子
4	成果申报阶段		
4.1	科技成果申报表、登记表及附件	永久	纸质与电子
4.2	科技成果奖励申报及评审材料	永久	纸质与电子
4.3	获奖证书及批件	永久	纸质与电子
4.4	专利申请、受理证书等材料、著作权申请、受理证书等材料、专利申请书、批准证书(原件、影印件)	永久	纸质与电子
5	推广应用阶段		
5.1	推广应用方案	永久	纸质与电子
5.2	技术转让合同、协议书	永久	纸质与电子
5.3	成果推广应用中形成的技术文件及工作总结	30年	纸质与电子
5.4	国内外同行业评价及用户反馈意见、专业会议文件	10年	纸质与电子
5.5	成果宣传报送文件	10年	纸质与电子
5.6	针对成果的推广应用进行的软件开发形成的文件	30年	纸质与电子
5.7	声像档案	30年	磁带与光盘

2. 电子文件归档采用的存储格式

可编辑格式文档在归档时需要转存为pdf或tiff格式文件，并与原文件一起归档保存，电子文件归档一般采用通用格式归档。现阶段我所电子文件存储格式如下表。

表 4　电子文件通用归档格式表

序号	文件类型	归档格式	备注
1	文本类	PDF、DOC、XLS 等	DOC、XLS 等转 PDF 保存
2	图样和技术文件	PDF、TIFF、DWG	DWG 转 PDF 保存
3	图像类	JPEG、TIFF、PDF 等	
4	图形类	SVG、SWF、WMF、EMF、EPS、DXF 等	
5	录音类	WAV、MP3 等	
6	录像类	MP4、AVI 等	
7	数据库类	DBF、ET、XML、XLS 等	

（三）接口

1. PDM-数档接口介绍

为了满足 PDM 系统电子文件的在线收集，及时将有价值的数据进行归档，档案管理系统与 PDM 系统数据接口采用中间库和文件接收中心相结合的方式进行数据交互。即：PDM 系统生成一个批次的归档信息放入中间关系型数据库，将元数据及原文打包为数据包，放在数据接收中心；四性检测工具根据中间表的归档批次信息及和归档数据包进行四性检测，并对归档元数据及原文进行解析，然后推送至档案管理系统中。

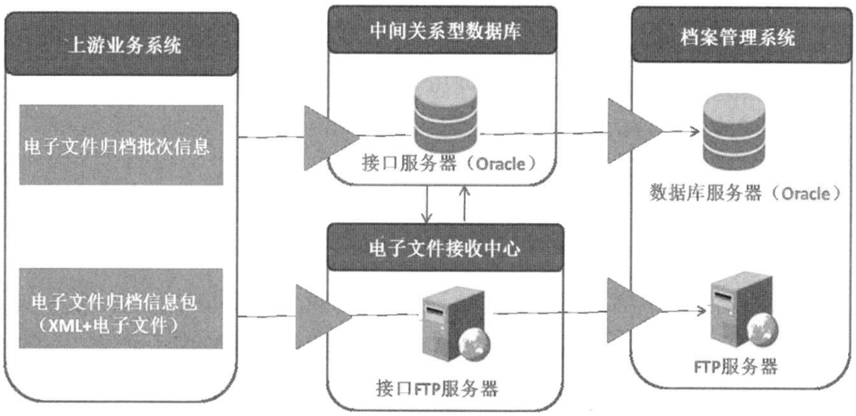

图 6　数据流程图

对于四性检测不通过的，会将状态值写入中间关系型数据库，PDM 系统通过轮巡方式定时读取，数据经处理后重新推送。

2. PDM-数档接口归档内容

PDM 系统内文件的归档内容为已办结的电子原文、附件以及元数据信息，按照电子文件归档信息包的格式将每份文件的归档内容打包成归档信息包，将归档信息包信息推送到中间关系型数据库表 ETL_ SXJY_ GDPC 中。

表 5　PDM 系统与档案系统元数据对应关系

PDM 系统	档案系统
图号	文件编号
文件类型	文件类型
编制	编制人或编制单位
文件名称	题名
接收日期	形成日期
定密责任人	定密责任人
密级	密级
页数	页数
面积	面积
归档单位	归档单位
归档科室	归档科组
接收单号	流程单号
份数	实体份数

3. PDM-数档接口规范说明

(1) 接口说明

中间库接口规范。主要由批次的归档信息和归档信息包组成，批次的归档信息存入关系型数据库表 ETL_ SXJY_ GDPC。

表 6　中间库连接信息

中间库服务信息	PDM 系统使用
IP 地址	10.1.1.138
实例名	ORCL
用户名	etl
密码	etl
访问权限	读写权限 normal

归档信息包存放与中间共享文件夹路径中，中间共享文件夹信息如下：

表 7　中间共享文件夹信息

中间共享文件夹	PDM 系统使用
IP 地址	10.1.1.138
用户名	administrator
密码	ams1qaz2wsx,.
绝对路径	\\10.1.1.138\ams-pdm-kd

归档信息包包含说明文件. XML、文件夹、归档文件元数据. XML、电子文件，归档信息包放到中间的文件存储系统上（一般为 FTP）。其结构如下图所示：

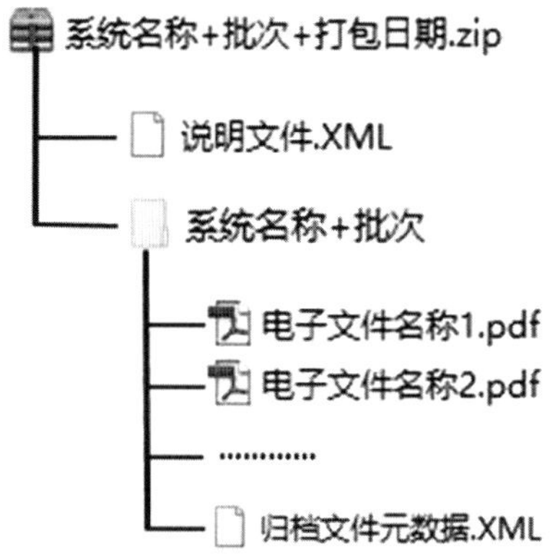

图 7　归档信息包结构图

批次（一份电子文件的归档为一个批次）的归档信息包描述信息包含封装包 ID、内容描述、全宗号、信息系统名称、库编码、年度、移交载体、电子档案数量、归档人、归档时间、归档部门、载体编号、数字摘要值、文件名称、路径、创建日期、文件大小，批次的归档信息放入中间关系型数据库表 ETL_ SXJY_ PDM 中。

（2）中间表结构说明

归档批次信息表（表名：ETL_ SXJY_ GDPC）包含用户一个归档批次的信息，一份电子文件的归档为一个批次。

表 8　归档信息批次表

序号	字段名	字段类型	名称	备注
1	Id	NVARCHAR2(50)	封装包 ID	唯一标识，封装包 ID，PDM201710301
2	nrms	NVARCHAR2(248)	内容描述	简要描述该批次包的内容，例如：该 zip 包涉及流程的“业务名称”或“表单号”
3	qzh	NVARCHAR2(20)	全宗号	每家单位有一个固定的全宗号，由档案系统提供清单，固定
4	xxxtmc	NVARCHAR2(20)	信息系统名称	默认：PDM
5	Kbm	NVARCHAR2(20)	库编码	双方约定为 114；档案系统档案库表名
6	nd	NVARCHAR2(4)	年度	文件年度
7	yjzt	NVARCHAR2(20)	移交载体	电子、纸质、光盘等
8	yjdw_dasl	NUMBER(18)	电子档案数量/数据量	归档文件封装包中电子文件数量，不含.xml 文件
9	yjdw_zqxjy	NUMBER(18)	准确性检验	默认值：0，通过 1、不通过 2
10	yjdw_wzxjy	NUMBER(18)	完整性检验	默认值：0，通过 1、不通过 2
11	yjdw_kyxjy	NUMBER(18)	可用性检验	默认值：0，通过 1、不通过 2
12	yjdw_aqxjy	NUMBER(18)	安全性检验	默认值：0，通过 1、不通过 2

续表

序号	字段名	字段类型	名称	备注
13	yjdw_tbr	NVARCHAR2(20)	归档人	归档操作人员姓名
14	yjdw_tbsj	DATE	归档时间	归档操作日期 YYYY-MM-DDHH24:MI:SS)
15	yjdw	NVARCHAR2(50)	归档部门	归档部门名称
16	ztbh	NVARCHAR2(50)	载体编号	归档文件封装包名称(不用带后缀)例:PDM120171030
17	szzyz	NVARCHAR2(50)	数字摘要值	归档文件封装包 MD5 值
18	jyzt	NUMBER(18)	校验状态	档案系统回填,0 未校验 1 校验中 2 校验成功 3 校验失败 4 档案系统归档失败 5 归档失败数据已重新推送
19	jyxx	NVARCHAR2(200)	校验信息	上游系统留空
20	filename	NVARCHAR2(50)	文件名称	归档文件封装包文件名,PDM120171030.zip
21	path	NVARCHAR2(200)	路径	ftp 存放路径:文件存放的完整路径,20171030/PDM120171030.zip
22	createdate	NVARCHAR2(20)	创建日期	归档文件封装包创建日期
23	Wjrl	NVARCHAR2(200)	文件大小	归档文件封装包大小,字节 B
24	TIMES	Datedefaultsysdate	插入时间	YYYY-MM-YXHH24:MI:SS
25	oldid	NVARCHAR2(50)	失败批次封装包 ID	对于失败批次数据,重新推送新批次时填写,失败批次的 id(失败批次的封装包 ID),用以关联备查

（3）归档信息包-说明文件 . XML

说明文件. XML，主要指对归档信息包信息的描述，其结构规范模式如下所示：

```
<szdag-smwjexplain="说明文件">
    <! --档案系产品档案卷内库编码。档案库表名为“T_114”,填写值为“114”-->
    <kbm>114</kbm>
    <! --填写封装包批次名称(不含扩展名)。例如:PDM120171030,为 PDM 系统第1批 2017 年 10 月 30 日推送的封装包-->
    <ztbhexplain="载体编号">PDM120171030</ztbh>
    <! --填写封装包中文件夹的名称,系统名称+封装包批次。例如:PDM1,为营运系统(PDM)第 1 批-->
    <wjjmc>PDM1</wjjmc>
    <! --封装包制作时间,例如:2017-10-30-->
    <zzsjexplain="制作时间"></zzsj>
    <! --业务部门,值为:业务部门名称-->
    <lddwmcexplain="立档单位名称"></lddwmc>
    <! --封装包封装四位年度,例如:2017-->
    <ndexplain="年度"></nd>
    <! --封装包中电子文件数量(不含.xml 文件),例如:“2”-->
    <gdwjslexplain="归档文件数量">2</gdwjsl>
    <! --PDM 系统名称简写,值为“PDM”-->
    <xxxtmcexplain="信息系统名称">PDM</xxxtmc>
</szdag-smwj>
```

（4）归档文件元数据. XML

归档文件元数据. XML，主要有电子文件条目元数据信息和电子文件属性组成，其结构规范模式如下所示（fields 中涉及的元数据字段，参照 4. 3. 2 中的元数据对应关系填写）：

```
<? xmlversion="1.0" encoding="GBK"? >
    <szdag-gdwjysjexplain="归档文件元数据"  type="YWYJ">
      <ITEM>
        <fieldsexplain="著录项">
        <fieldid="GDR" explain="归档人"></field>
```

```
<fieldid="BH" explain="文件编号"></field>
<fieldid="LRRQ" explain="录入日期"></field>
<fieldid="ZRZ" explain="编制人或编制单位"></field>
<fieldid="LCDH" explain="流程单号"></field>
<fieldid="LRR" explain="录入人"></field>
<fieldid="STFS" explain="实体份数"></field>
<fieldid="GDRQ" explain="归档日期"></field>
<fieldid="STDQFS" explain="实体当前份数"></field>
<fieldid="DH" explain="档号"></field>
<fieldid="YS" explain="页数"></field>
<fieldid="TM" explain="题名"></field>
<fieldid="DMZRR" explain="定密责任人"></field>
<fieldid="BZJN" explain="备注"></field>
<fieldid="XCRQ" explain="形成日期"></field>
<fieldid="ZTLX" explain="载体类型"></field>
<fieldid="HJH" explain="互见号"></field>
<fieldid="GJC" explain="关键词"></field>
<fieldid="GDKS" explain="归档科组"></field>
<fieldid="JNSXH" explain="序号"></field>
<fieldid="GDDW" explain="归档单位"></field>
<fieldid="MJJN" explain="密级"></field>
<fieldid="WJLB" explain="文件类别"></field>
<fieldid="TXM" explain="条形码"></field>
<fieldid="BMQX" explain="保密期限"></field>
<fieldid="MIANJI" explain="面积"></field>
<fieldid="BGQXJN" explain="保管期限"></field>
</fields>
<filesexplain="原文列表">
  <fileexplain="原文">
    <titleexplain="标题" type="string"></title>
    <! --电子文件大小,字节-->
    <sizeexplain="大小" type="integer"></size>
    <nameexplain="名称(文件名),包含扩展名" type="string"></name>
    <! --类型有正文、附件、过程稿-->
```

```
        <typeexplain="类型"  type="string"></type>
        <! --电子文件的 MD5 码-->
        <abstractexplain="数字摘要值"></abstract>
        <! --电子文件 16 进制文件头,详见 4.3.3.5-->
        <fileheader></fileheader>
      </file>
      ……………
    </files>
  </ITEM>
</szdag-gdwjysj>
```

(5) 文件 16BFQ 进制文件头

归档详细文件格式和文件头信息如下表:

表 9　详细文件格式和文件头信息

序号	文件格式	文件头信息
1	JPEG (jpg)	FFD8FF
2	TIFF (tif)	49492A00
3	CAD (dwg)	41433130
4	XML (xml)	3C3F786D6C
5	HTML (html)	68746D6C3E
6	MSWord/Excel(xls.or.doc)	D0CF11E0
7	MSAccess (mdb)	5374616E64617264204A
8	AdobeAcrobat (pdf)	255044462D312E
9	Wave (wav)	57415645
10	AVI (avi)	41564920
11	MPEG (mpg)	000001BA
12	MP3	494433
13	MP4	66747970

4. 系统分工与同步机制

（1）各系统工作分工

由档案系统方定义好中间库结构，建立对这些表具有读写权限的用户及密码，PDM 系统分别将相关信息推送至中间库信息表、中间 FTP 中。档案系统厂商根据中间表及中间 FTP 上的归档电子文件归档信息包信息表进行四性检测，并将通过检测的归档批次，进行归档文件信息及原文的解析，然后推送至档案管理系统中。对于归档电子文件的四性检测不通过的归档批次，将中间库归档电子文件归档信息包信息表中的四性检测值（jyzt 中信息）置换为“3”，“jyxx”中标注失败原因。PDM 系统获取该值后，重新将该批次电子文件信息及原文打包为归档信息包以新批次封装包进行推送，并将校验失败的“jyzt”的值更改为“5”。新批次信息插入中间库要将失败批次的 ID 插入到该批次的 oldid 中，提供关联备查。

PDM 系统供应商将已经生成的电子文件信息及原文打包为归档信息包，并生成一个批次的归档文件的归档信息包信息推送到中间数据库中，及归档文件的归档信息包推送至中间 FTP 服务器。

（2）同步机制

将 PDM 系统中已完结数据归档至电子文件接收中心，档案系统上线后，每天定期对电子接收中心的归档电子文件进行“四性”校验。PDM 系统每次归档都需要对“四性”校验未通过的归档信息包重新归档，并更新中间关系型数据库表 ETL_ SXJY_ GDPC 中的信息。

（四）元数据项及捕捉节点

1. 元数据项

科研类与图样和技术文件的元数据项分为数据接收、文件流转、文件标识、电子文件属性等，元数据项具体内容详见附件一和附件二。

2. 元数据的来源和捕获

（1）元数据的来源

科研类图样和技术文件元数据项的内容，来自 PDM 系统和数字档案馆系统。元数据的捕获主要由 PDM 系统和数字档案馆系统自动生成，无法从系统自动捕获的元数据项，由档案整编人员手工著录。各元数据项的来源和捕获方式见附件一和附件二。

附件一：

图样和技术文件元数据规范

1 范围

本标准规定了图样和技术文件形成、交换、移交、保管、利用等全过程元数据设计、捕获、著录的一般要求。

本标准适用于生产和管理活动中对计算机系统中直接生成的图样和技术文件的管理工作。

2 规范性引用文件

GB/T18894—2002 电子文件归档与管理规范

DA/T 1—2000 档案工作基本术语

DA/T 18—1999 档案著录规则

DA/T 22—2015 归档文件整理规则

DA/T 31—2005 纸质档案数字化技术规范

DA/T 46—2009 文书类电子文件与数据方案

DA/T 48—2009 基于 XML 的电子文件封装规范

档办发 2015［4］号企业电子文件归档和电子档案管理指南

ISO 11179—3：2003 信息与技术元数据注册系统（MDR）第 3 部分注册系统元模型和基本属性（Informationtechnology-Metadataregistries（MDR）-Part3：Registrymetamodelandbasicattributes）

ISO15489-1：2001 信息与文献文件管理　第 1 部分　通则（Informationanddocumentation-Recordsmanagement-Part1：General）

ISO23081-1：2006 信息与文献文件管理过程文件元数据　第 1 部分　原则（Informationanddocumentation-Recordsmanagementprocesses-Metadataforrecords-Part1：Principles）

ISO/TS23081-2：2007 信息与文献文件管理过程文件元数据第 2 部分概念与实施（Informationanddocumentation-Recordsmanagementprocesses-Metadata

forrecords-Part2：Conceptualandimplementationissues）

3 术语

3.1 电子文件

指在数字设备及环境中生成，以数码形式存储于磁带、磁盘、光盘等载体，依赖计算机等数字设备阅读、处理，并可在通信网络上传送的文件。

3.2 产品档案

产品设计、生产等活动中直接形成的，具有保存价值的历史记录，含图样和技术文件。

3.3 图样和技术文件

在科研设计过程中产生的，反映本所科研设计产品技术状态的图形和文字材料。

3.4 电子签署

指通过 PDM 系统完成各级审签，并将各级签署人员电子签名嵌入电子文件的签署方式。

3.5 元数据

描述文件的背景、内容、结构及其整个管理过程的数据。

3.6 捕获

适时捕获电子文件及其元数据的方法和过程

4 职责

4.1 型号产品负责人是图样和技术文件归档的第一责任人，负责组织、监督该产品的归档工作。

4.2 图样和技术文件的形成者或收集者是图样和技术文件归档的直接责任人，负责按照归档范围及要求做好电子文件的形成、收集、积累和前期整理工作，并按照规定时间及时归档。

4.3 档案管理部门负责图样和技术文件归档指导、整理、保管和提供利用工作。

5 元数据项

图样和技术文件的元数据项分为数据接收、文件流转、文件标识、电子文件属性等，元数据项具体内容见附录 A。

6 元数据的来源和捕获

6.1 元数据的来源

图样和技术文件元数据项的内容，来自 PDM 系统和数字档案馆系统。元数据的捕获主要由 PDM 系统和数字档案馆系统自动生成，无法从系统自动捕获的元数据项，由档案整编人员手工著录。各元数据项的来源和捕获方式见附录 B。

6.2 元数据的捕获

PDM 系统工作流程向数字档案馆系统推送电子文件时，将文件的属性信息及流程处理环节的信息记录提取出来，写入 XML 文件。每份电子文件，形成与该电子文件对应的唯一的元数据包，通过四性检测后，一并流转至数字档案馆系统归档保存，未通过四性检测的予以退回。

7 元数据的移交

7.1 通过手动录入、下拉选项选择、系统自动录入等方式，在 PDM 系统模块整理好需归档电子文件及元数据，封装为 XML 数据包。

7.2 XML 数据包推送至中间库。

7.3 数据包四性检测通过后，数字档案馆系统抓取归档电子文件和元数据，推送至档案中心—档案管理—科技档案—产品档案—未整理文件，未通过四性检测的予以退回。

附　录　A
（规范性目录）
图样和技术文件元数据项

编号	元数据名称	编号	元数据名称	执行强度	元数据说明
M201	电子文件封装包	M202	封装包格式描述	必备	
		M203	版本	必备	
M204	被签名对象	M205	封装包类型	必备	
		M206	封装包类型描述	必备	
		M207	封装包创建时间	必备	
		M208	封装包创建单位	必备	
M2	来源	M5	全宗名称	必备	
		M6	立档单位名称	必备	PDM-SM 等
M8	档号	M9	全宗号	必备	
		M11	年度	必备	
		M12	保管期限	必备	
		M13	机构或问题	若有则必备	
		M19	文档序号	必备	
M211	聚合实体	M1	聚合层次	必备	
M21	内容描述	M22	题名	必备	
		M27	关键词	若有则必备	
		M30	分类号	必备	
		M31	文件编号	若有则必备	
		M32	编制人或编制单位	必备	
		M33	形成日期	必备	
		M38	密级	必备	
		M39	保密期限	必备	
		Q1	归档人	必备	
		Q3	流程单号	必备	
		Q4	录入日期	必备	
		Q5	录入人	必备	

续表

编号	元数据名称	编号	元数据名称	执行强度	元数据说明
M21	内容描述	Q6	实体份数	必备	
		Q7	实体当前份数	必备	
		Q8	归档日期	必备	
		Q9	页数	必备	
		Q10	定密责任人	若有则必备	
		Q11	备注	若有则必备	
		Q12	载体类型	必备	
		Q13	互见号		
		Q14	归档科组	必备	
		Q15	序号	必备	
		Q16	归档单位	必备	
		Q17	文件类别	若有则必备	
		Q18	条形码		
		Q19	面积	必备	
		T2	数据接收时间	必备	
		T3	编制者	必备	编制人姓名
		T4	校对者	若有则必备	校对人姓名
		T5	审核者	若有则必备	审核人姓名
		T6	标检者	若有则必备	标检人姓名
		T7	批准者	必备	批准人姓名
		T8	修改者	若有则必备	修改人姓名
		T9	审签流程	若有则必备	
		T10	编制日期	必备	至少三个数据
		T11	校对日期	若有则必备	
		T12	审核日期	若有则必备	
		T13	标检日期	若有则必备	
		T14	批准日期	必备	
		T15	意见	若有则必备	电子文件流转过程审阅人员提出的处理意见（包括提出意见的审阅人及日期信息）

续表

编号	元数据名称	编号	元数据名称	执行强度	元数据说明
M21	内容描述	T16	创建人	必备	
		T17	图号	必备	
		T18	名称	必备	
		T19	电子档编号	必备	
		T20	底图入库单编号	必备	
		T21	版本	若有则必备	
		T22	型号	若有则必备	
		T23	产品阶段	若有则必备	
		T24	定密审核者	若有则必备	
		T25	科室	若有则必备	
		T26	会签记录	若有则必备	
		T27	版本历史记录	若有则必备	
M40	形式特征	M41	文件组合类型	必备	
		M42	件数	必备	
		M43	页数	必备	
		M44	语种	必备	
		M47	格式信息	必备	
		M48	计算机文件名	若有则必备	
		M49	计算机文件大小	若有则必备	
		M76	内设机构	若有则必备	
		M80	业务状态	若有则必备	
		M215	文档标识符	必备	
		M216	文档主从声明	必备	
P17	固化信息	P18	类型	必备	数字摘要
		P19	值	必备	MD5 码

附　录　B

（规范性目录）

图样和技术文件元数据项数据来源及捕获方式

编号	元数据名称	编号	元数据名称	数据来源	产生方式
M201	电子文件封装包	M202	封装包格式描述	PDM 系统	系统自动生成
		M203	版本	PDM 系统	系统自动生成
M204	被签名对象	M205	封装包类型	PDM 系统	系统自动生成
		M206	封装包类型描述	PDM 系统	系统自动生成
		M207	封装包创建时间	PDM 系统	系统自动生成
		M208	封装包创建单位	PDM 系统	系统自动生成
M2	来源	M5	全宗名称	PDM 系统	系统自动生成
		M6	立档单位名称	PDM 系统	系统自动生成
M8	档号	M9	全宗号	PDM 系统	系统自动生成
		M11	年度	PDM 系统	系统自动生成
		M12	保管期限	PDM 系统	系统自动生成
		M13	机构或问题	PDM 系统	系统自动生成
		M19	文档序号	PDM 系统	系统自动生成
M211	聚合实体	M1	聚合层次	PDM 系统	系统自动生成
M21	内容描述	M22	题名	PDM 系统	系统自动生成
		M27	关键词	PDM 系统	系统自动生成
		M30	分类号	数字档案馆系统	手工录入
		M31	文件编号	PDM 系统	系统自动生成
		M32	编制人或编制单位	PDM 系统	系统自动生成
		M33	形成日期	PDM 系统	系统自动生成
		M38	密级	PDM 系统	系统自动生成
		M39	保密期限	PDM 系统	系统自动生成
		Q1	归档人	PDM 系统	系统自动生成
		Q3	流程单号	PDM 系统	系统自动生成
		Q4	录入日期	数字档案馆系统	手工录入
		Q5	录入人	数字档案馆系统	手工录入

续表

编号	元数据名称	编号	元数据名称	数据来源	产生方式
M21	内容描述	Q6	实体份数	PDM 系统	系统自动生成
		Q7	实体当前份数	PDM 系统	系统自动生成
		Q8	归档日期	PDM 系统	系统自动生成
		Q9	页数	PDM 系统	系统自动生成
		Q10	定密责任人	PDM 系统	系统自动生成
		Q11	备注	PDM 系统	系统自动生成
		Q12	载体类型	PDM 系统	系统自动生成
		Q13	互见号	数档系统	手工录入
		Q14	归档科组	PDM 系统	系统自动生成
		Q15	序号	PDM 系统	系统自动生成
		Q16	归档单位	PDM 系统	系统自动生成
		Q17	文件类别	PDM 系统	系统自动生成
		Q18	条形码	数字档案馆系统	手工录入
		Q19	面积	PDM 系统	系统自动生成
		T2	数据接收时间	PDM 系统	系统自动生成
		T3	编制者	PDM 系统	系统自动生成
		T4	校对者	PDM 系统	系统自动生成
		T5	审核者	PDM 系统	系统自动生成
		T6	标检者	PDM 系统	系统自动生成
		T7	批准者	PDM 系统	系统自动生成
		T8	修改者	PDM 系统	系统自动生成
		T9	审签流程	PDM 系统	系统自动生成
		T10	编制日期	PDM 系统	系统自动生成
		T11	校对日期	PDM 系统	系统自动生成
		T12	审核日期	PDM 系统	系统自动生成
		T13	标检日期	PDM 系统	系统自动生成
		T14	批准日期	PDM 系统	系统自动生成
		T15	意见	PDM 系统	系统自动生成
		T16	创建人	PDM 系统	系统自动生成

续表

编号	元数据名称	编号	元数据名称	数据来源	产生方式
M21	内容描述	T17	图号	PDM 系统	系统自动生成
		T18	名称	PDM 系统	系统自动生成
		T19	电子档编号	PDM 系统	系统自动生成
		T20	底图入库单编号	PDM 系统	系统自动生成
		T21	版本	PDM 系统	系统自动生成
		T22	型号	PDM 系统	系统自动生成
		T23	产品阶段	PDM 系统	系统自动生成
		T24	定密审核者	PDM 系统	系统自动生成
		T25	科室	PDM 系统	系统自动生成
		T26	会签记录	PDM 系统	系统自动生成
		T27	版本历史记录	PDM 系统	系统自动生成
M40	形式特征	M41	文件组合类型	PDM 系统	系统自动生成
		M42	件数	PDM 系统	系统自动生成
		M43	页数	PDM 系统	系统自动生成
		M44	语种	PDM 系统	系统自动生成
		M47	格式信息	PDM 系统	系统自动生成
		M48	计算机文件名	PDM 系统	系统自动生成
		M49	计算机文件大小	PDM 系统	系统自动生成
		M76	内设机构	PDM 系统	系统自动生成
		M80	业务状态	PDM 系统	系统自动生成
		M215	文档标识符	PDM 系统	系统自动生成
		M216	文档主从声明	PDM 系统	系统自动生成
P17	固化信息	P18	类型	PDM 系统	系统自动生成
		P19	值	PDM 系统	系统自动生成

附件二：

科研类文件元数据规范

1 范围

本标准规定了科研类电子文件形成、交换、移交、保管、利用等全过程元数据设计、捕获、著录的一般要求。

本标准适用应用基础研究项目、应用研究项目、先期技术开发项目和横向预研项目（简称国防预研项目）以及所研发基金支持项目或者预研管理系统产生的电子文件的在线归档。

2 规范性引用文件

GB/T 18894—2002 电子文件归档与管理规范

DA/T 1—2000 档案工作基本术语

DA/T 18—1999 档案著录规则

DA/T 22—2015 归档文件整理规则

DA/T 31—2005 纸质档案数字化技术规范

DA/T 46—2009 文书类电子文件与数据方案

DA/T 48—2009 基于 XML 的电子文件封装规范

档办发 2015［4］号 企业电子文件归档和电子档案管理指南

ISO 11179-3:2003 信息与技术 元数据注册系统(MDR) 第 3 部分 注册系统元模型和基本属性(Informationtechnology-Metadataregistries(MDR)-Part3:Registrymetamodelandbasicattributes)

ISO 15489-1:2001 信息与文献 文件管理 第 1 部分 通则(Information-anddocumentation-Recordsmanagement-Part1:General)

ISO 23081-1:2006 信息与文献 文件管理过程 文件元数据 第 1 部分 原则(Informationanddocumentation-Recordsmanagementprocesses-Metadatafor-records-Part1:Principles)

ISO/TS 23081-2:2007 信息与文献 文件管理过程 文件元数据 第 2 部分 概念与实施(Informationanddocumentation-Recordsmanagementprocesses-

Metadata forrecords-Part2:Conceptualandimplementationissues)

3 术语

3.1 电子文件

指在数字设备及环境中生成，以数码形式存储于磁带、磁盘、光盘等载体，依赖计算机等数字设备阅读、处理，并可在通信网络上传送的文件。

3.2 科研档案

科研活动中直接形成的具有保存价值的各种文字、图表、声像等历史记录。

3.3 电子签署

指通过 PDM 系统完成各级审签，并将各级签署人员电子签名嵌入电子文件的签署方式。

3.4 元数据

描述文件的背景、内容、结构及其整个管理过程的数据。

3.5 捕获

适时捕获电子文件及其元数据的方法和过程

4 职责

4.1 课题负责人是科研类电子文件归档的第一责任人，负责组织、监督该产品的归档工作。

4.2 科研类电子文件的形成者或收集者是产品类电子文件归档的直接责任人，负责按照归档范围及要求做好电子文件的形成、收集、积累和前期整理工作，并按照规定时间及时归档。

4.3 档案管理部门负责科研类电子文件归档指导、整理、保管和提供利用工作。

5 元数据项

科研类电子文件的元数据项分为数据接收、文件流转、文件标识、电子文件属性等，元数据项具体内容见附录 A。

6 元数据的来源和捕获

6.1 元数据的来源

科研类电子文件元数据项的内容，来自 PDM 系统和数字档案馆系统。

元数据的捕获主要由 PDM 系统和数字档案馆系统自动生成，无法从系统自动捕获的元数据项，由档案整编人员手工著录。各元数据项的来源和捕获方式见附录 B。

6.2 元数据的捕获

PDM 系统工作流程向数字档案馆系统推送电子文件时，将文件的属性信息及流程处理环节的信息记录提取出来，写入 XML 文件。每份电子文件，形成与该电子文件对应的唯一的元数据包，通过四性检测后，一并流转至数字档案馆系统归档保存，未通过四性检测的予以退回。

7 元数据的移交

7.1 通过手动录入、下拉选项选择、系统自动录入等方式，在 PDM 系统模块整理好需归档电子文件及元数据，封装为 XML 数据包。

7.2 XML 数据包推送至中间库。

7.3 数据包四性检测通过后，数字档案馆系统抓取归档电子文件和元数据，推送至档案中心--档案管理—科技档案---产品档案---未整理文件，未通过四性检测的予以退回。

附 录 A
（规范性目录）
科研类电子文件元数据项

编号	元数据名称	编号	元数据名称	执行强度	元数据说明
M201	电子文件封装包	M202	封装包格式描述	必备	
		M203	版本	必备	
M204	被签名对象	M205	封装包类型	必备	
		M206	封装包类型描述	必备	
		M207	封装包创建时间	必备	
		M208	封装包创建单位	必备	
M2	来源	M5	全宗名称	必备	
		M6	立档单位名称	必备	PDM-SM 等
M8	档号	M9	全宗号	必备	
		M11	年度	必备	
		M12	保管期限	必备	
		M13	机构或问题	若有则必备	
		M19	文档序号	必备	
M211	聚合实体	M1	聚合层次	必备	
M21	内容描述	M22	题名	必备	
		M27	关键词	若有则必备	
		M30	分类号	必备	
		M31	文件编号	若有则必备	
		M32	编制人或编制单位	必备	
		M33	形成日期	必备	
		M38	密级	必备	
		M39	保密期限	必备	
		Q1	归档人	必备	
		Q3	流程单号	必备	
		Q4	录入日期	必备	
		Q5	录入人	必备	

续表

编号	元数据名称	编号	元数据名称	执行强度	元数据说明
M21	内容描述	Q6	实体份数	必备	
		Q7	实体当前份数	必备	
		Q8	归档日期	必备	
		Q9	页数	必备	
		Q10	定密责任人	若有则必备	
		Q11	备注	若有则必备	
		Q12	载体类型	必备	
		Q13	互见号		
		Q14	归档科组	必备	
		Q15	序号	必备	
		Q16	归档单位	必备	
		Q17	文件类别	若有则必备	
		Q18	条形码		
		Q19	面积	必备	
		T2	数据接收时间	必备	
		T3	编制者	必备	编制人姓名
		T4	校对者	必备	校对人姓名
		T5	审核者	必备	审核人姓名
		T6	标检者	若有则必备	标检人姓名
		T7	批准者	若有则必备	批准人姓名
		T8	修改者	若有则必备	修改人姓名
		T9	审签流程	若有则必备	
		T10	编制日期	必备	
		T11	校对日期	必备	
		T12	审核日期	必备	
		T13	标检日期	若有则必备	
		T14	批准日期	若有则必备	
		T15	意见	若有则必备	电子文件流转过程审阅人员提出的处理意见（包括提出意见的审阅人及日期信息）

续表

编号	元数据名称	编号	元数据名称	执行强度	元数据说明
M21	内容描述	T16	创建人	必备	
		T17	图号	必备	
		T18	名称	必备	
		T19	电子档编号	必备	
		T20	底图入库单编号	必备	
		T21	版本	若有则必备	
		T22	型号	若有则必备	
		T23	产品阶段	若有则必备	
		T24	定密审核者	若有则必备	
		T25	科室	若有则必备	
		T26	会签记录	若有则必备	
		T27	版本历史记录	若有则必备	
M40	形式特征	M41	文件组合类型	必备	
		M42	件数	必备	
		M43	页数	必备	
		M44	语种	必备	
		M47	格式信息	必备	
		M48	计算机文件名	若有则必备	
		M49	计算机文件大小	若有则必备	
		M76	内设机构	若有则必备	
		M80	业务状态	若有则必备	
		M215	文档标识符	必备	
		M216	文档主从声明	必备	
P17	固化信息	P18	类型	必备	数字摘要
		P19	值	必备	MD5 码

附 录 B

（规范性目录）

科研类电子文件元数据项数据来源及捕获方式

编号	元数据名称	编号	元数据名称	数据来源	产生方式
M201	电子文件封装包	M202	封装包格式描述	PDM 系统	系统自动生成
		M203	版本	PDM 系统	系统自动生成
M204	被签名对象	M205	封装包类型	PDM 系统	系统自动生成
		M206	封装包类型描述	PDM 系统	系统自动生成
		M207	封装包创建时间	PDM 系统	系统自动生成
		M208	封装包创建单位	PDM 系统	系统自动生成
M2	来源	M5	全宗名称	PDM 系统	系统自动生成
		M6	立档单位名称	PDM 系统	系统自动生成
M8	档号	M9	全宗号	PDM 系统	系统自动生成
		M11	年度	PDM 系统	系统自动生成
		M12	保管期限	PDM 系统	系统自动生成
		M13	机构或问题	PDM 系统	系统自动生成
		M19	文档序号	PDM 系统	系统自动生成
M211	聚合实体	M1	聚合层次	PDM 系统	系统自动生成
M21	内容描述	M22	题名	PDM 系统	系统自动生成
		M27	关键词	PDM 系统	系统自动生成
		M30	分类号	数字档案馆系统	手工录入
		M31	文件编号	PDM 系统	系统自动生成
		M32	编制人或编制单位	PDM 系统	系统自动生成
		M33	形成日期	PDM 系统	系统自动生成
		M38	密级	PDM 系统	系统自动生成
		M39	保密期限	PDM 系统	系统自动生成
		Q1	归档人	PDM 系统	系统自动生成
		Q3	流程单号	PDM 系统	系统自动生成
		Q4	录入日期	数档系统	手工录入
		Q5	录入人	数档系统	手工录入

续表

编号	元数据名称	编号	元数据名称	数据来源	产生方式
M21	内容描述	Q6	实体份数	PDM 系统	系统自动生成
		Q7	实体当前份数	PDM 系统	系统自动生成
		Q8	归档日期	PDM 系统	系统自动生成
		Q9	页数	PDM 系统	系统自动生成
		Q10	定密责任人	PDM 系统	系统自动生成
		Q11	备注	PDM 系统	系统自动生成
		Q12	载体类型	PDM 系统	系统自动生成
		Q13	互见号	数字档案馆系统	手工录入
		Q14	归档科组	PDM 系统	系统自动生成
		Q15	序号	PDM 系统	系统自动生成
		Q16	归档单位	PDM 系统	系统自动生成
		Q17	文件类别	PDM 系统	系统自动生成
		Q18	条形码	数字档案馆系统	手工录入
		Q19	面积	PDM 系统	系统自动生成
		T2	数据接收时间	PDM 系统	系统自动生成
		T3	编制者	PDM 系统	系统自动生成
		T4	校对者	PDM 系统	系统自动生成
		T5	审核者	PDM 系统	系统自动生成
		T6	标检者	PDM 系统	系统自动生成
		T7	批准者	PDM 系统	系统自动生成
		T8	修改者	PDM 系统	系统自动生成
		T9	审签流程	PDM 系统	系统自动生成
		T10	编制日期	PDM 系统	系统自动生成
		T11	校对日期	PDM 系统	系统自动生成
		T12	审核日期	PDM 系统	系统自动生成
		T13	标检日期	PDM 系统	系统自动生成
		T14	批准日期	PDM 系统	系统自动生成

续表

编号	元数据名称	编号	元数据名称	数据来源	产生方式
M21	内容描述	T15	意见	PDM 系统	系统自动生成
		T16	创建人	PDM 系统	系统自动生成
		T17	图号	PDM 系统	系统自动生成
		T18	名称	PDM 系统	系统自动生成
		T19	电子档编号	PDM 系统	系统自动生成
		T20	底图入库单编号	PDM 系统	系统自动生成
		T21	版本	PDM 系统	系统自动生成
		T22	型号	PDM 系统	系统自动生成
		T23	产品阶段	PDM 系统	系统自动生成
		T24	定密审核者	PDM 系统	系统自动生成
		T25	科室	PDM 系统	系统自动生成
		T26	会签记录	PDM 系统	系统自动生成
		T27	版本历史记录	PDM 系统	系统自动生成
M40	形式特征	M41	文件组合类型	PDM 系统	系统自动生成
		M42	件数	PDM 系统	系统自动生成
		M43	页数	PDM 系统	系统自动生成
		M44	语种	PDM 系统	系统自动生成
		M47	格式信息	PDM 系统	系统自动生成
		M48	计算机文件名	PDM 系统	系统自动生成
		M49	计算机文件大小	PDM 系统	系统自动生成
		M76	内设机构	PDM 系统	系统自动生成
		M80	业务状态	PDM 系统	系统自动生成
		M215	文档标识符	PDM 系统	系统自动生成
		M216	文档主从声明	PDM 系统	系统自动生成
P17	固化信息	P18	类型	PDM 系统	系统自动生成
		P19	值	PDM 系统	系统自动生成

(2) 元数据的捕获

PDM 系统工作流程向数字档案馆系统推送电子文件时，将文件的属性信息及流程处理环节的信息记录提取出来，写入 XML 文件。每份电子文件，形成与该电子文件对应的唯一的元数据包，通过四性检测后，一并流转至数字档案馆系统归档保存，未通过四性检测的予以退回。各元数据项的捕获节点详见附件一和附件二。

(五) 整理方案

1. 电子文件的分类与编号

(1) 图样和技术文件的分类和编号

按照我所档案管理规定，图样和技术文件属于产品类，一级类目 E，档案人员确认接收电子文件归后，按照档案类型、型号、设计阶段、流水号进行编号，如档号 E11-XXX·900-001，代表 XXX 型船施工设计阶段的图纸。我所档案按照科技档案整理规定，采用档号+序号的模式定位每一份文件，档号代表案卷号，序号代表卷内的流水号，因此是先编号后排序。

表 10　各类档案分类及其类号

一级类目简称	党群工作	行政管理	经营管理	生产技术管理	产品	科研	基建	设备仪器计算机	会计	员工	教学
类号	A	B	C	D	E	F	J	H	J	K	L

(2) 科研类文件的分类和编号

按照我所档案管理规定，科研类文件属于科研类，一级类目 F。档案人员确认接收后按照产品类别、课题类型、形成单位、流水号进行组卷，如 F1-KT (12.5) ·Q13-059，代表十二五预研的第 59 个课题。

2. 电子文件的组件

(1) 图样和技术文件的组件

一般来说，图样按照图号进行组件，一个图号代表一件，图框处显示总页码和分页码，同一图号的不同页按照顺序依次排序。有些技术文件包含附件，正文和附件组成一件，正文在前，附件在后。

（2）科研类文件的组件

科研类文件的类型比较复杂，一般来说，正文附件为一件；文件正本与定稿为一件；转发文与被转发文为一件；原件与复制件为一件；正本与翻译本为一件；简报、周报等材料一期为一件；会议签到表、会议纪要、评审结论、评审主要问题及答复、专家名单、保密承诺书等为一件；竞争性谈判的过程记录表为一件；招投标的评标过程文件为一件；文件处理单或发文稿纸与相关文件为一件。

3. 电子文件的组卷

（1）图样和技术文件的组卷

档案人员按照型号和设计阶段组卷，一条船为一个型号，无论是新船还是复制舰。设计阶段主要分为方案设计、深化方案设计、技术设计、施工设计、完工文件五个阶段，每个阶段在体系文件中有固定的代号，如000代表方案设计，方案设计图纸量较少，该阶段图纸组一卷。而100-900代表施工设计，施工设计图纸量最多，因此再细分专业，如100代表总体和船体，900代表试验验收技术文件。因图样和技术文件为单套制虚拟组卷，所以不存在容量问题，当设计阶段为试验验收技术文件，全部归入E11-XXX·900-001卷。

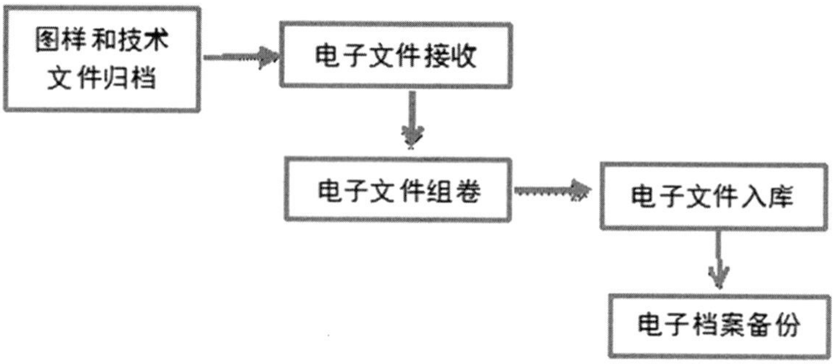

图8　图样和技术文件组卷归档流程

（2）科研类文件的组卷

科研类文件纸质和电子文件一一对应，因此包含电子和纸质文件的双套组卷，且纸质与电子组卷必须保证完全一致。一般而言，纸质文件按照课题组卷，一个课题一卷，当一个课题文件非常多，可根据卷内文件的页数和盒子的厚度判断是否再组一卷，如F1-KT（12.5）·Q13-059/1，通过这种方式把同一个课题的所有文件放在一起。同时，电子文件也按照实体组卷的形式在进行逻辑组卷，当纸质与电子文件不一致时，以纸质文件为准，在审计验收中，主要以纸质文件为依据。

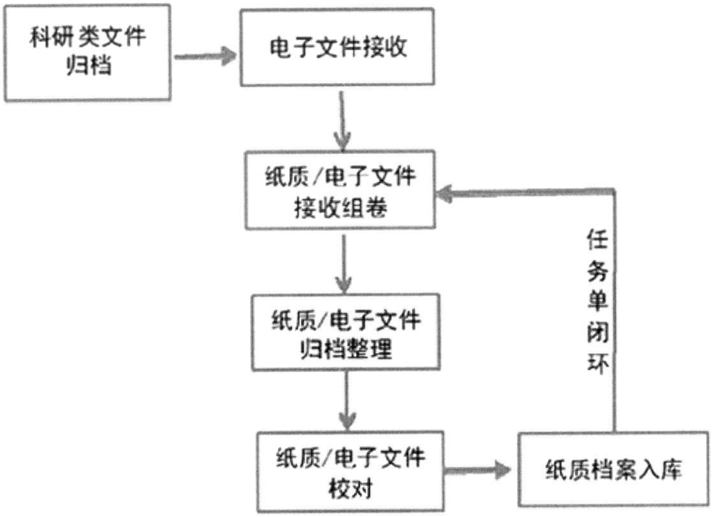

图 9　科研类文件组卷归档流程

4. 档案案卷和卷内排列

（1）图样和技术文件的排列

图样和技术文件的卷内和案卷都是虚拟排列，案卷存在数据库中自动排序。卷内文件按照图号（文件编号）的顺序排列，图号分为三段，型号-阶段-流水，同一卷型号相同，阶段相近，按照阶段号的顺序依次排列。

档号	序号	文件编号
E11- · 050-002	001	-055-074MX
E11· · 050-002	002	055-075
E11-. · 050-002	003	-055-075MX
E11- · 050-002	004	-055-076
E11- · 050-002	005	-055-076MX
E11- · 050-002	006	-055-077
E11-. · 050-002	007	-055-077MX
E11· · 050-002	008	-055-078MX
E11- · 050-002	009	-055-079
E11- · 050-002	010	)55-079MX

图 10　图样和技术文件的卷内排列

（2）科研类文件的排列

科研内实体案卷以最后的流水号在密集架排序，如 F1-KT（12.5）·Q13-059，排在十二五课题的第 59 位，方便档案人员查找。电子案卷存于数据库中，按照数据库自定义的规则排序。科研类实体卷内文件按照课题研究阶段进行排列，十二五、十三五等课题按照可行性研究立项、方案论证、研究实验、总结鉴定、成果和知识产权申报、推广应用排序；中心研发课题按照立项申请、立项评估、项目策划、研究成果发表、总结报告等顺序排列。卷内序号以实体档案的内容为依据进行排列，纸质与电子文件的序号保持一致。

档号	序号	文件编号	编制人或编	题名
F1-KT(12.5)·Q13-059	0001		吴国民	多学科船体结构子系统优化设计软件开发报告
F1-KT(12.5)·Q13-059	0002		吴国民	船体横剖面骨材自动布置方法研究报告
F1-KT(12.5)·Q13-059	0003		吴国民	船体横剖面结构设计优选方案生成方法研究报告
F1-KT(12.5)·Q13-059	0004		吴国民	船底板架、飞行甲板板架结构近似策略研究报告
F1-KT(12.5)·Q13-059	0005		吴国民	多学科船体结构子系统优化设计软件使用帮助文档
F1-KT(12.5)·Q13-059	0006		吴国民	多学科船体结构子系统优化设计软件测试报告
F1-KT(12.5)·Q13-059	0007		吴国民	软件安装说明
F1-KT(12.5)·Q13-059	0008		吴国民	多学科船体结构子系统优化设计软件源代码（程序光盘）

图 11　科研类文件卷内排列

（六）电子档案保管方案

1. 电子档案备份

我所电子档案实行异地和异质双备份机制，对各大档案数据库实行武汉+上海的异地备份，形成“一个数据中心+一个备份中心”的基础平台，机房配备智能环境监控系统，24 小时全天候自动监控。

数字档案馆系统依据 DA/T48 数据封装规范可将归档电子文件按类型、产品型号、设计阶段等条件按需封装成归档数据包（EEP）并刻录光盘，经过光盘检测仪检测之后，就可以放入光盘柜长期保存。

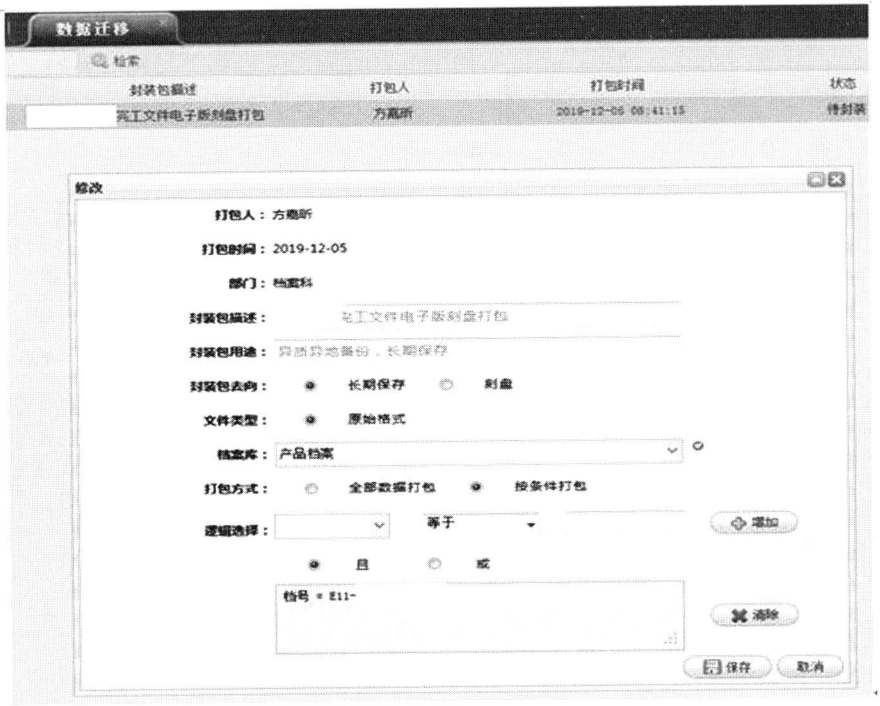

图 12　异质备份截图

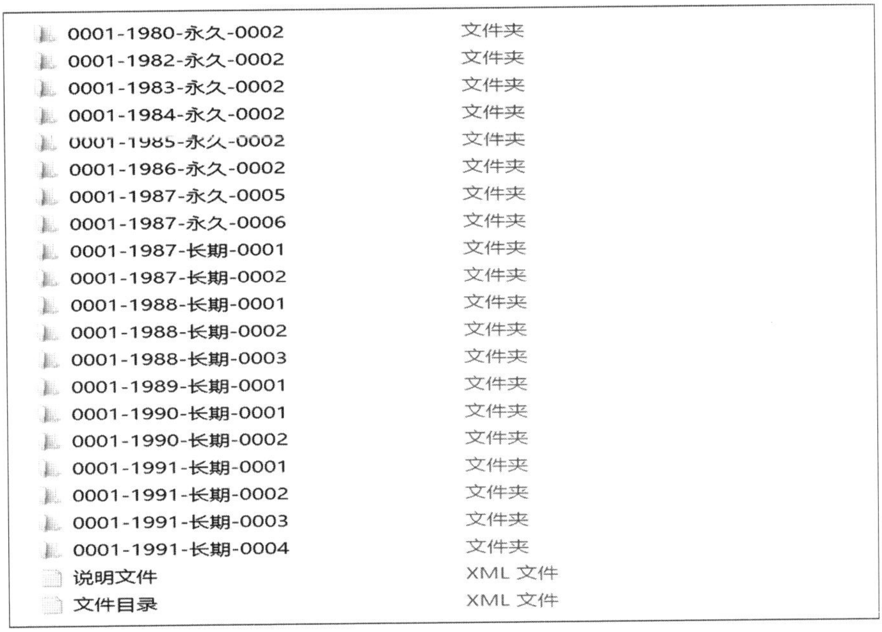

图 13　数据迁移封装包内部展示页面

2. 电子档案定期巡检

对于通过格式转换形成的电子档案，可利用四性检测工具判断转换是否成功。若转换失败，则驳回至归档人，并反馈归档人归档失败理由。系统支持查看归档数据四性校验结果并可以查看校验报告、下载打包文件。

图 14　归档登记打包检测

定期对长期保存电子档案进行人工抽检，抽检比例不低于 5%；在电子档案长期保存过程中，针对电子档案所做的任何操作（检测、迁移、格式转换、备份恢复、提取出库等）都应记录，在检测时优先检测这部分变化的元数据信息。

（七）利用方案

1. 涉密档案利用权限管理

舰船研究设计中心作为国家重点涉密单位，档案利用权限在符合保密规定的前提下做到了最大化的档案共享与共用。秘密及以下的用户可以申请借查阅秘密及以下的所有档案，机密级及以下的用户可以申请借查阅机密及以下的所有档案，根据借阅档案的密级和所在部门的不同，审批程序有所差别。

表 11　档案借阅审批权限表

<table>
<tr><th>涉密等级</th><th>借阅类型</th><th>本部门借阅</th><th>跨部门借阅</th></tr>
<tr><td rowspan="2">机密级档案</td><td>实体借阅</td><td>部门领导审批</td><td rowspan="4">双方部门领导
或
分管机关领导
审批</td></tr>
<tr><td>电子借阅</td><td>部门领导审批</td></tr>
<tr><td rowspan="2">秘密级档案</td><td>实体借阅</td><td>预授权无需审批</td></tr>
<tr><td>电子借阅</td><td>科领导审批</td></tr>
</table>

续表

涉密等级	借阅类型	本部门借阅	跨部门借阅
机密级外资	实体借阅	部门领导审批	外来资料 全所共用
	电子借阅	部门领导审批	
秘密级外资	实体借阅	预授权无需审批	
	电子借阅	科领导审批	

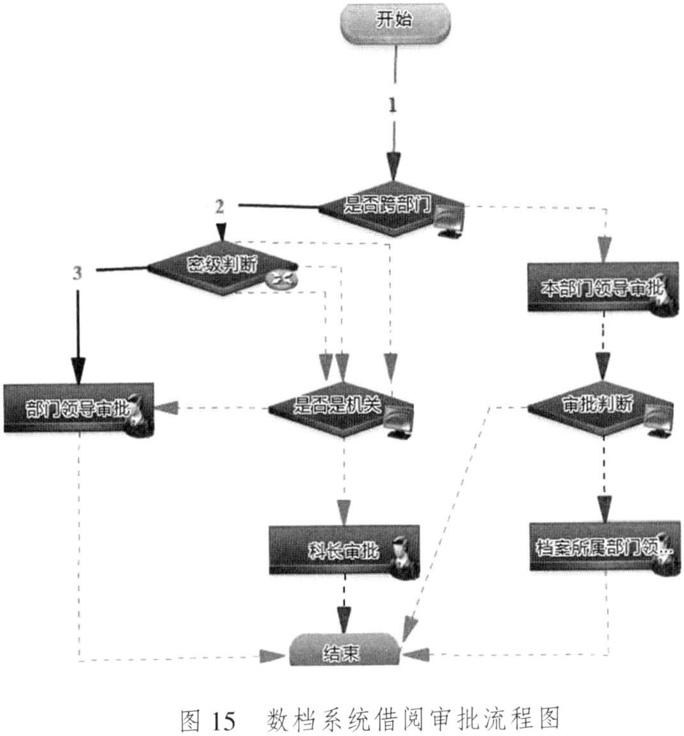

图 15　数档系统借阅审批流程图

2. 涉密档案检索

用户可以通过 IE 浏览器登陆综合档案管理平台实现档案查询检索，机密级用户可以检索并借阅本单位所有档案目录，秘密级用户只能检索本单位所有档案目录，对于机密档案，无法发起借阅流程。系统具有普通检索、高级检索、全文检索、二次检索等功能。见图 16。

对于检索返回的结果列表，如果条目数量太多或不够精确，可在此基础上进行二次检索，对检索记录再一次进行筛选，提高检准率。见图 17。

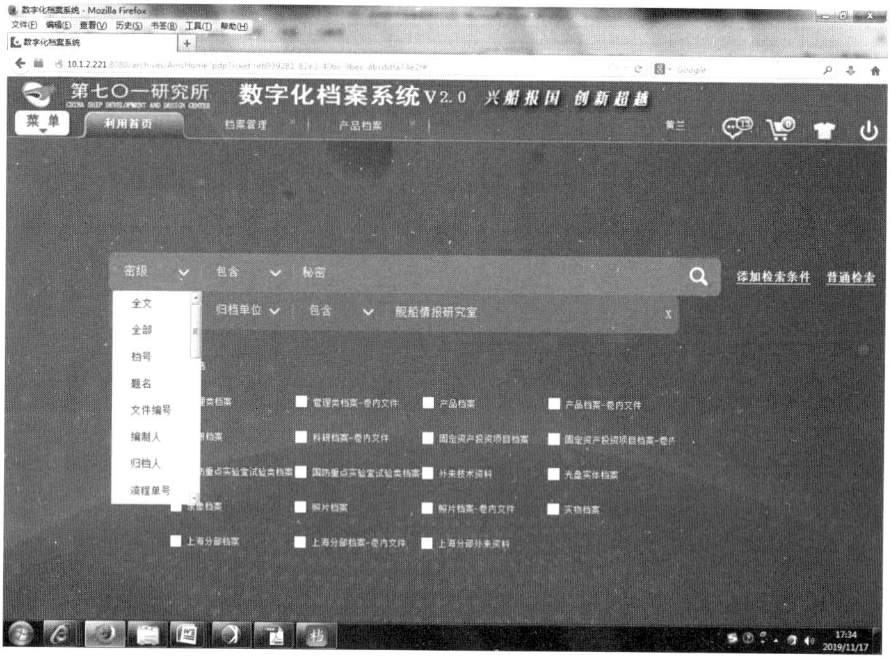

图 16　档案检索方式

图 17　检索结果展示页面

3. 涉密档案在线利用

系统提供在线浏览功能，通过在线浏览确定是否需要借阅，根据借阅目的不同，可选择实体借阅和电子借阅。

（1）在线阅览

系统根据用户的访问权限（按部门、密级划分）自动判断条目是否为用户访问权限列表范围内的文件。若浏览本部门权限范围内的档案全文，则无需审批。

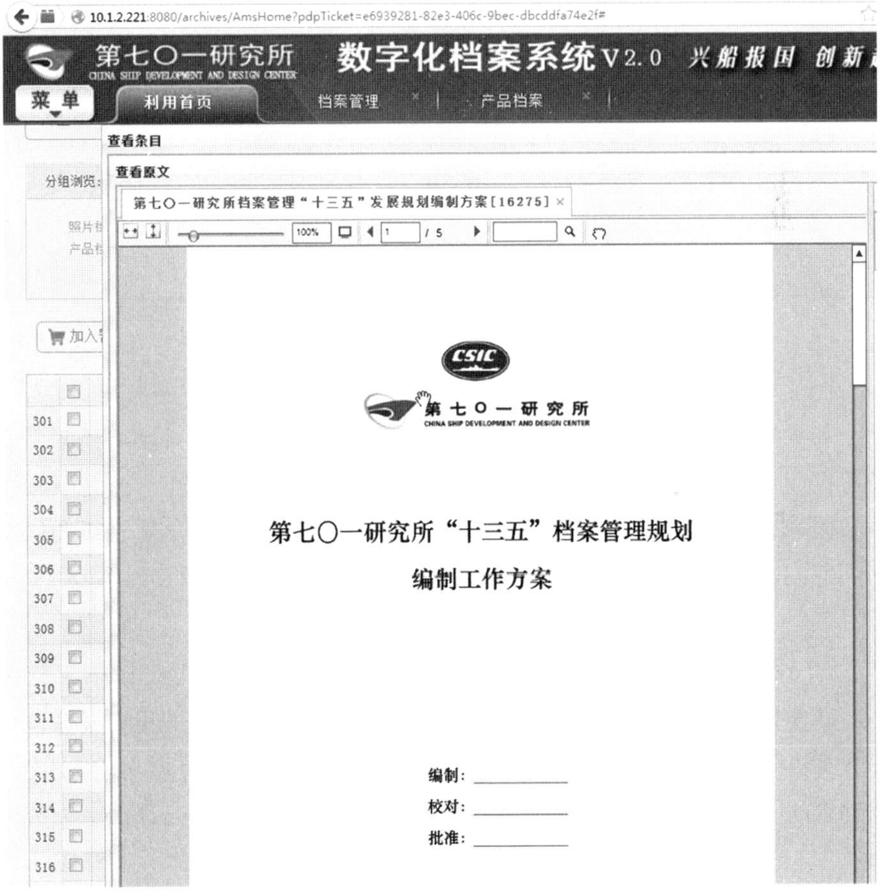

图 18　在线阅览

（2）在线下载

如果需要下载原文，可在线发起借阅流程，选择电子借阅，按照审批流程完成审批后，即可下载到本地。

图 19　在线下载

（3）实体借阅

如果需要借阅实体档案，可发起在线实体借阅流程，选择实体借阅。系统根据用户的访问权限（按部门、密级划分）自动判断条目是否为用户访问权限列表范围内的文件，并自动发起并行审批流程，根据档案密级和档案所属部门走不同审批流程。审批通过后，借阅人员刷卡领取。

（八）四性检测方案

真实性、完整性、可用性和安全性是确保电子档案性质的重要属性，对于发挥电子档案的凭证价值、查考价值和保存价值具有重要意义。“四性”检测在电子档案生命周期管理过程中具有举足轻重的作用，是保证电子文件真实性、完整性、可用性、安全性的重要手段，也是确保电子文件凭证价值、查考价值和保存价值的重要措施。

1. 我中心电子文件四性检测工具的特点与优势

为达成试点工作目标，我们在原有数字化档案管理系统的基础上，运用了量子伟业最新的电子文件四性检测技术。通过系统升级，我们在电子文件在线归档和长期保存两个环节，分别设定四性检测方案并进行检测，确保电子文件的真实性、完整性、可用性、安全性。

图 20　四性检测工具主界面

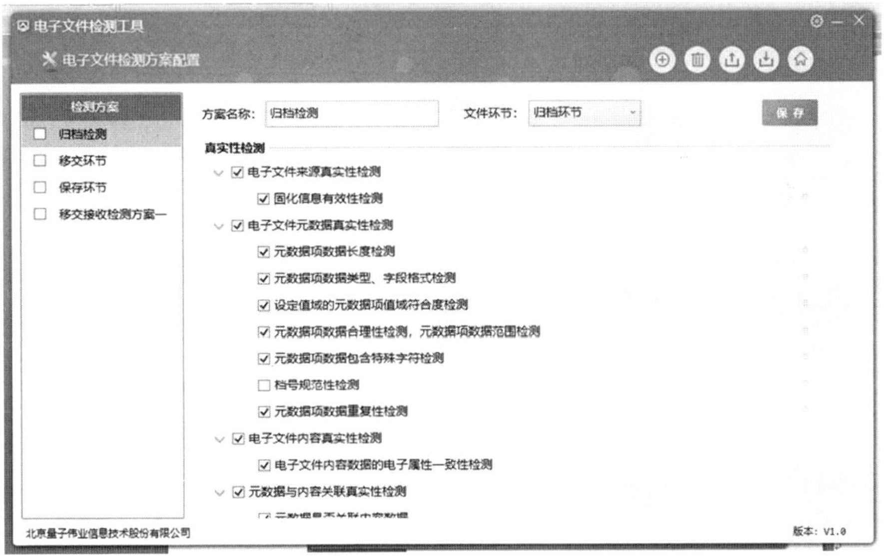

图 21　四性检测工具主配置界面

（1）符合国家相关标准规范。检测工具严格参照《文书电子文件元数据方案》（DA/T 46—2009）、《基于 XML 的电子文件封装规范》（DA/T 48—2009）等国家相关行业标准规范，实现了在线归档环节和长期保存环节的电子文件检测，确保电子文件包的真实性、完整性、可用性和安全性。

（2）检测方案可配置。根据实际业务需求，在国家规范的检测项目基础上，对电子文件包的检测项目可根据我所实际情况自定义检测配置项。

（3）数据安全性有保障。检测工具提供标准数据接口，规范数据传输加密，能够防止恶意篡改被检测电子文件包信息数据，确保检测过程安全可靠。

（4）可灵活调用。检测引擎负责所有检测任务的逻辑实现，该引擎既可以作为单机检测软件的核心，也可以部署在 web 应用服务器中，通过接口，供其他 web 应用中直接调用。

2. 四性检测需求

（1）电子文件归档环节

由于电子文件在归档过程中存在业务部门和档案部门之间的权属交接以及从电子文件到电子档案的转变，因此在此环节中需通过四性检测手段对归档电子文件质量进行严格把关，将符合归档要求的电子文件归档并统一管理，把不符合要求的电子文件退回业务部门重新进行整理。

（2）电子档案长期保存环节

在电子文件进入档案库之后，需要定期对其四性进行检测，严防不符合要求的电子档案长期保存。在电子档案长期保存的过程中，由于技术更新换代或存储介质损坏等原因，可能导致电子档案损毁或无法读取，因此需要设置检测策略，对长期保存的电子档案进行定期或不定期的检测，确保电子档案长期可用。

3. 四性检测主要过程

（1）业务系统封装并捕捉元数据

结合在线归档检测和定期检测需求，业务系统会按《基于 XML 的电子文件封装规范》（DA/T 48—2009）的规定将待归档电子文件进行封装（详见图 6-2），并自动记录所形成的电子文件元数据。

归档信息包包含说明文件 . XML、文件夹、归档文件元数据 . XML、电子文件，归档信息包放到中间的文件存储系统上（一般为 FTP）。一个存储载体保存一批文件目录、归档电子文件以及文件元数据信息，作为四性检测的标的。

批次（一份电子文件的归档为一个批次）的归档信息包描述信息命名为“说明文件 . XML”，包含封装包 ID、内容描述、全宗号、信息系统名称、库编码、年度、移交载体、电子档案数量、归档人、归档时间、归档部门、载体编号、数字摘要值、文件名称、路径、创建日期、文件大小，批次的归档信息放入中间关系型数据库表。


```xml
<?xml version="1.0" encoding="GBK"?>
- <szdag-smwj explain="说明文件">
    <kbm>100</kbm>
    <ztbh explain="载体编号">DD49820171030</ztbh>
    <wjjmc>dd498</wjjmc>
    <zzsj explain="制作时间">2017-10-30</zzsj>
    <lddwmc explain="立档单位名称">总调度室</lddwmc>
    <nd explain="年度">2017</nd>
    <gdwjsl explain="归档文件数量">1</gdwjsl>
    <xxxtmc explain="信息系统名称">dd</xxxtmc>
  </szdag-smwj>
```


图 22　封装包说明文件

归档文件元数据 .XML 用于记录一份电子文件的元数据信息。包括单位名称、电子文件号、责任者、正题名等元数据组成，元数据结构定义完全参照《DA/T 48—2009-基于 XML 的电子文件封装规范》。


```xml
<?xml version="1.0" encoding="GBK"?>
- <电子文件封装包 xmlns:xsi="http://www.w3.org/2001/XMLSchema" xmlns="http://www.saac.gov.cn/standards/ERM/encapsulation" name="M201">
    <封装包格式描述 name="M202">本EEP根据中华人民共和国档案行业标准DA/T 48-2009《基于XML的电子文件封装规范》生成</封装包格式描述>
    <版本 name="M203">2009</版本>
  - <被签名对象 name="M204" eep版本="2009">
      <封装包类型 name="M205">原始型</封装包类型>
      <封装包类型描述 name="M206">本封装包包含电子文件数据及其元数据，原始封装，未经修改</封装包类型描述>
      <封装包创建时间 name="M207">2019-09-09</封装包创建时间>
      <封装包创建单位 name="M208">水面舰船研究部</封装包创建单位>
    - <封装内容 name="M209">
      - <文件实体块 name="M210">
        - <文件实体 name="M211">
            <聚合层次 name="M1">文件</聚合层次>
          + <来源 name="M2">
            <电子文件号 name="M7"/>
          + <档号 name="M8">
          + <内容描述 name="M21">
          + <形式特征 name="M40">
            <附注 name="M75"/>
          + <文件数据 name="M213">
          </文件实体>
        - <文件实体关系 name="M222">
            <文件标识符 name="M223"/>
            <被关联文件标识符 name="M224"/>
            <关系类型 name="M86"/>
            <关系 name="M87"/>
            <关系描述 name="M88"/>
          </文件实体关系>
        </文件实体块>
      + <业务实体块 name="M225">
        <机构人员实体块 name="M229"/>
      + <机构人员实体 name="M230">
      + <机构人员实体关系 name="M231">
      </封装内容>
    </被签名对象>
  + <电子签名块 name="M233">
  - <锁定签名 name="M236">
      <被锁定签名标识符 name="M237"/>
      <签名规则 name="M58"/>
      <签名时间 name="M59"/>
      <签名人 name="M60"/>
      <签名结果 name="M61"/>
      <证书块 name="M235"/>
      <签名算法标识 name="M64"/>
    </锁定签名>
  </电子文件封装包>
```


图 23　归档文件元数据

（2）封装包与元数据的一致性检测对比

档案系统调用 XML 说明文件中元数据与封装包进行检测对比，验证电子签名与审签流程一致性，重新生成封装包数字摘要并验证与元数据数字摘要的一致性，验证文件数量、大小、文件名等与元数据的一致性，确保电子文件在归档过程中不被增、删、改，保证电子档案的真实、完整、可用和安全。

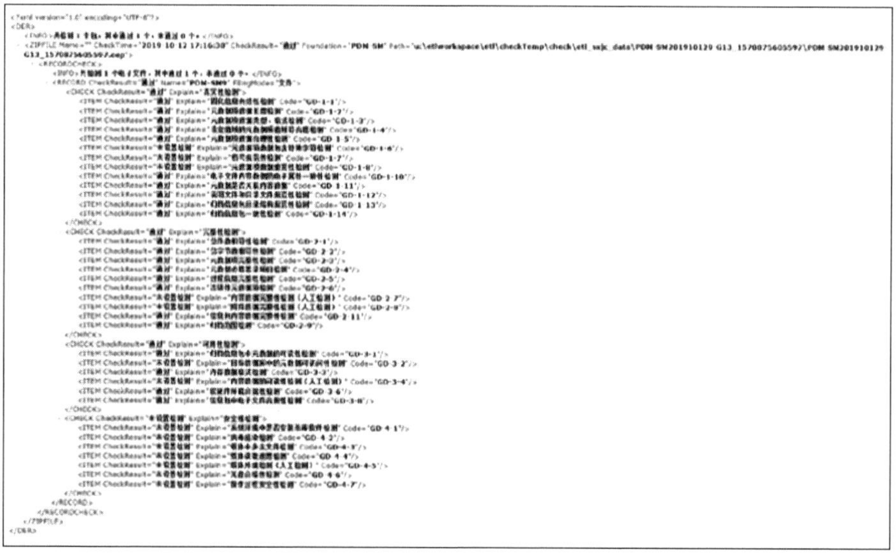

图 24　四性检测对比结果说明文件

4. 四性检测方案

（1）真实性检测

电子文件所携带的元数据能反映文件产生的全过程，电子文件进入档案系统之后，系统能自动识别元数据中的过程记录信息，再通过和封装包说明文件中的元数据做对比，保证档案的真实性。在数档系统中，我们对归档信息包的电子文件来源真实性、电子文件元数据真实性、电子文件内容真实性、元数据与内容关联真实性、归档信息包真实性等信息进行系统完整的检测，以确保归档信息包的真实。在这一过程中，主要是使用电子签名、数字摘要对比的方式来实现真实性检测，经测试，任何改动都能被检测工具及时发现，归档电子文件的真实性有保证。

①固化信息有效性检测

保证电子文件的来源真实，根据设置系统对归档电子文件中包含的数字摘要、数字签名、电子印章、时间戳等技术措施的固化信息的有效性进行验证，如发现固化信息失效，则电子文件被篡改，目前支持数字摘要。

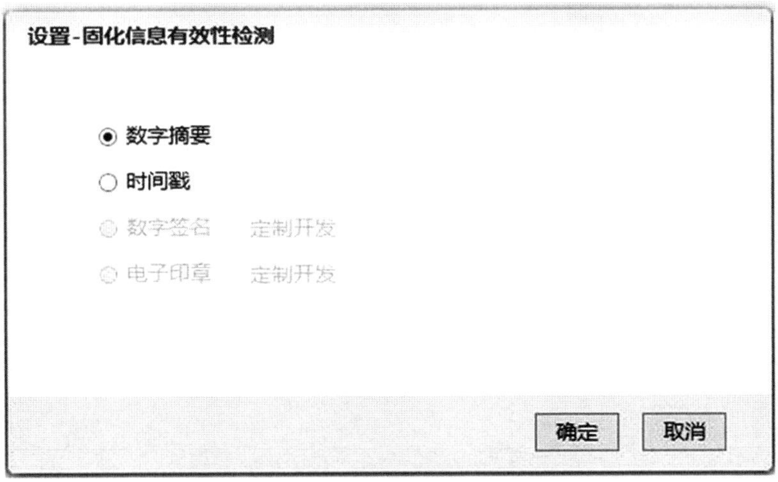

图 25　固化信息有效性检测

②电子文件内容真实性检测

检测电子文件内容数据中包含的电子属性信息与电子文件元数据中记录的信息是否一致，如计算机名是否一致，文件大小、数量是否一致。

③归档信息包真实性检测

检测电子文件归档信息包的信息组织结构是否符合标准封装规范。

④元数据项数据长度检测

检测元数据项数据长度是否符合要求。

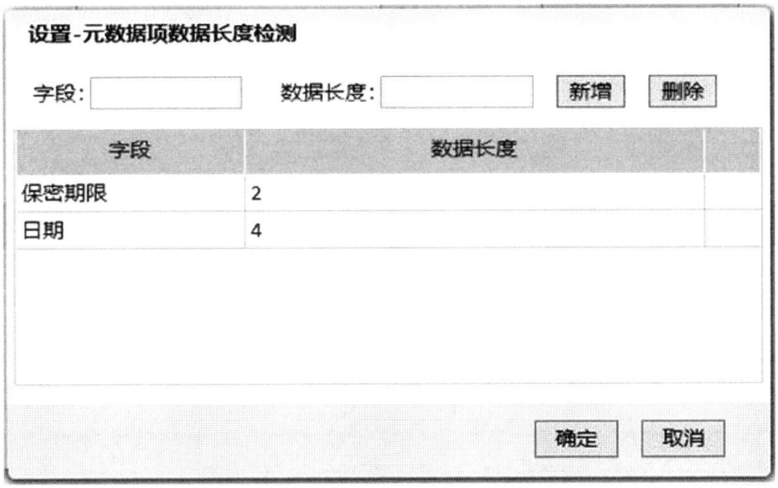

图 26　元数据项数据长度检测

⑤元数据项数据类型、字段格式检测

检测元数据项数据类型、字段格式是否符合要求。

图 27　元数据项数据类型、字段格式检测

⑥设定值域的元数据项值域符合度检测

检测设定值域的元数据项的数据是否符合值域要求。

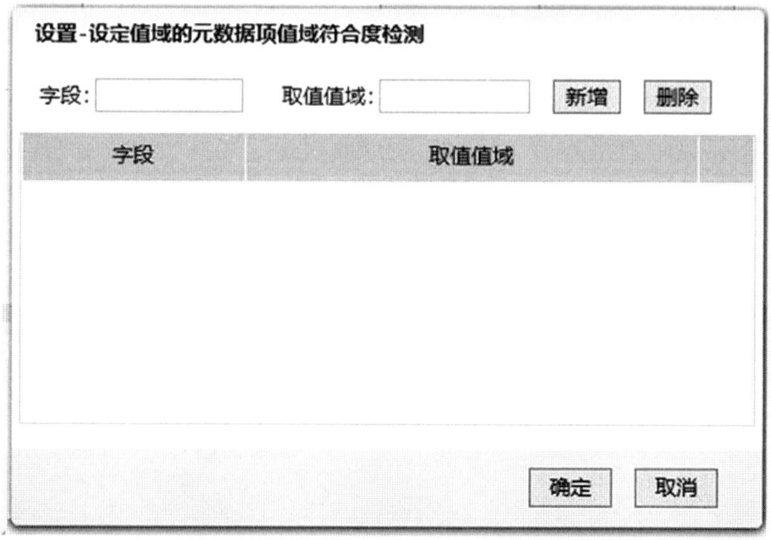

图 28　元数据项值域符合度检测

⑦元数据项数据重复性检测

系统依据用户自定义的元数据项（如：编号、题名）进行数据库记录和归档信息包的数据重复性检测，避免业务部门重复归档电子文件。

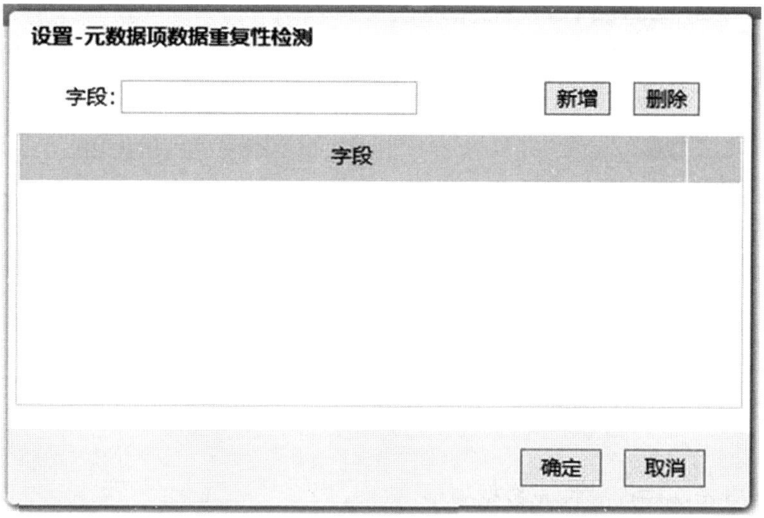

图 29　元数据项数据重复性检测

（2）完整性检测

电子文件进入档案系统后，首先需要验证电子文件真实性，只有电子文件的真实性验证通过时，才开始进行完整性验证。使用技术手段后，对归档信息包的电子文件数据总量、电子文件元数据完整性、电子文件内容完整性、归档信息包完整性等进行系统完整的检测，以确保归档信息包的完整。

①电子文件数据总量检测

检测电子文件数量与实际归档的电子文件数量是否相符。

②电子文件元数据必填著录项目检测

保证电子文件元数据必填项的完整性。

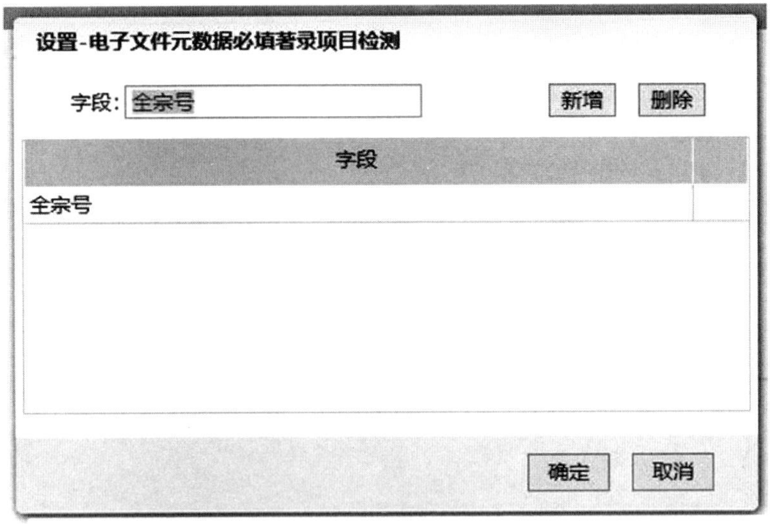

图 30　电子文件元数据必填著录项目检测

③电子文件连续性元数据项检测

对用户自定义的具有连续编号性质的元数据项（档号、件内顺序号等）和起始号规则进行检测。具有连续编号性质的元数据项是否按顺序编号，是否从指定的起始号开始编号。

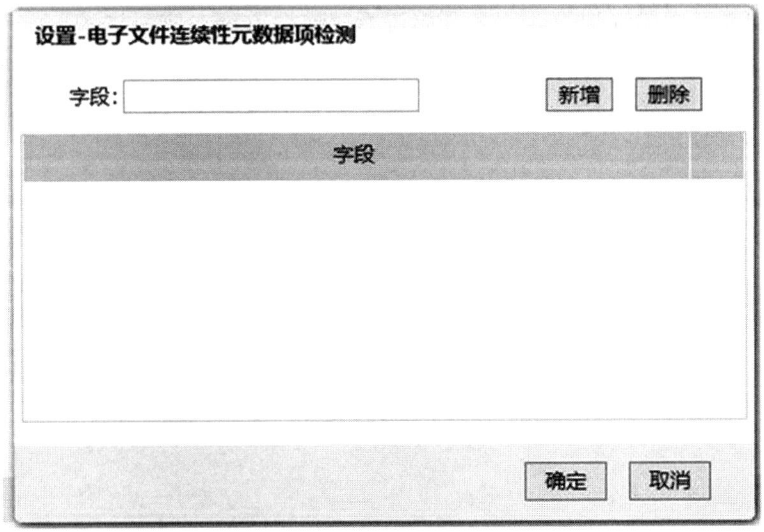

图 31　电子文件数据总量检测

④归档信息包中元数据完整性检测

系统依据自定义的元数据项进行必填项的自动检测，保证归档信息包中元数据必填项的完整性。

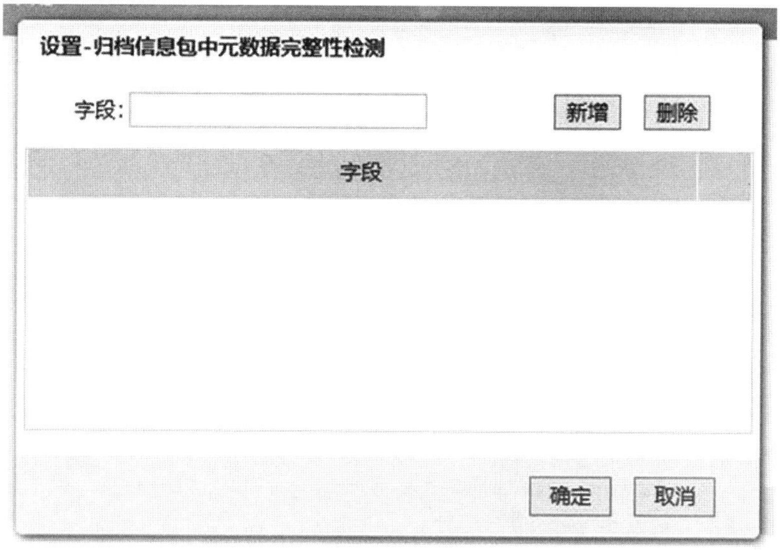

图 32　归档信息包中元数据完整性检测

⑤电子文件内容完整性检测

检测归档电子文件的内容数据是否齐全完整。

（3）可用性检测

使用技术手段，对归档信息包的电子文件元数据可用性、电子文件内容可用性、电子文件软硬件环境、归档信息包可用性等信息进行系统完整的检测，以确保归档信息包的可用。

①目标数据库中的元数据可访问性检测

系统自动检测是否可以正常连接数据库，是否可以正常访问元数据中的记录，保证电子文件元数据可正常访问。见图 33。

②电子档案内容数据格式检测

系统对电子档案内容数据格式进行检测，判断其是否符合归档要求，保证电子档案内容格式符合移交要求。见图 34。

③归档信息包可用性检测

检测归档信息包是否包含影响其可用性的因素，如使用非公开压缩算法、加密等。

图 33　目标数据库中的元数据可访问性检测

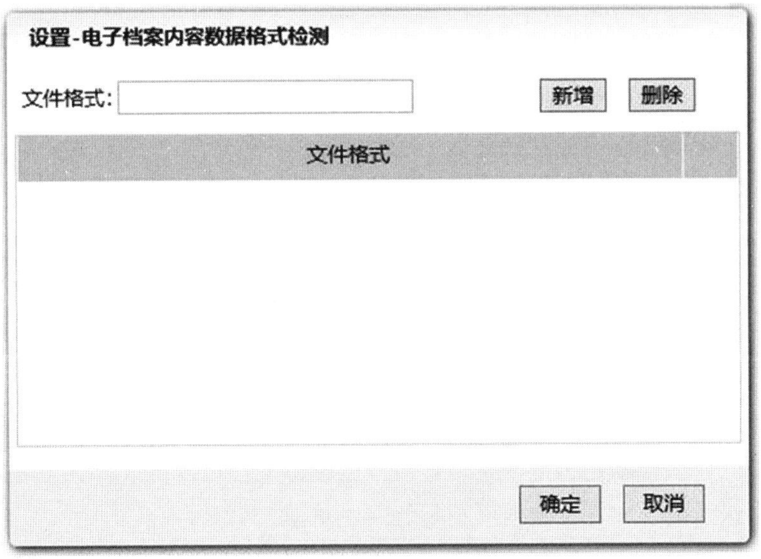

图 34　电子档案内容数据格式检测

（4）安全性检测

电子档案保存在档案系统后，会定期抽查档案是否可用，以及存放档案的存储介质或服务器有无病毒入侵的迹象，为存放电子档案的物理存储介质制定备份计划，定期备份，备份文件存放多份，并异地存放，符合国家档案局对电子文件保存的相关规定。

（5）长期保存检测

在未发生系统更新、数据迁移、格式转换等影响电子档案元数据和内容数据的行为的情况下，定期对长期保存电子档案进行人工抽检，抽检比例不低于5%；在电子档案长期保存过程中，针对电子档案所做的任何操作（检测、迁移、格式转换、备份恢复、提取出库等）都应记录，并补充到电子档案的元数据中去。在检测时优先检测这部分变化的元数据信息。

（6）检测方案配置

①新增方案

新增方案即把需要进行检测的具体检测项以及每个检测项的具体要求设置好，并且将配置信息保存在本地SQLite数据库中。

②修改方案

对于已经保存到系统中的检测配置方案，如果需要对检测的项目或者检测项目的具体检测要求进行调整，可以对其进行实时修改实时保存。

③删除方案

通过删除方案功能，可以从系统配置中删除掉已经陈旧或者配置错误的检测方案。

④导出方案

已经配置好的检测方案可以导出为XML格式的文件，供其他项目或者用户进行复用，减少配置工作量提高实施工作效率等。

⑤导入方案

其他项目或者用户已经配置好的或者已经经过长期使用比较合适的检测方案可以导入到检测系统中质检使用。通过借鉴其他用户好的配置方案，更好对归档包、长期保存包进行检测。

（九）系统建设

近年来，我所持续开展档案信息化建设，不断优化档案业务信息化平台，2013年我所开展集成化数字档案管理系统建设，该系统首次系统建立管理、产品、科研、固定资产投资项目等9大类档案资源库，基本实现“档案收集自动化、档案管理现代化、借阅管理智能化、检索利用网络化”的设计目标。系统现已具备档案资料“收、管、存、用”档案业务基本功能，能够在线进行档案归档、检索、电子借查阅等各项档案综合业务，目前全所用户可直接从个人电脑的桌面终端登录该系统，并办理档案相关业务，显著提升了科研生产及管理人员的工作效率，为科研中心工作提供了有力支撑。

目前，中心文件以电子流转为主，归档存量电子文件约50万余份，自2016年开始，所有文件归档均以纸质和电子双套制归档，每年电子文件以5万份左右的速度增长。归档电子文件范围主要涵盖我所科研生产及相关工作产生的各类文本、图形、图像、影音、试验仿真数据，常见的文件类型包括DOC、XLS、PPT、PDF、DWG、JPG、MP3、WMV等。

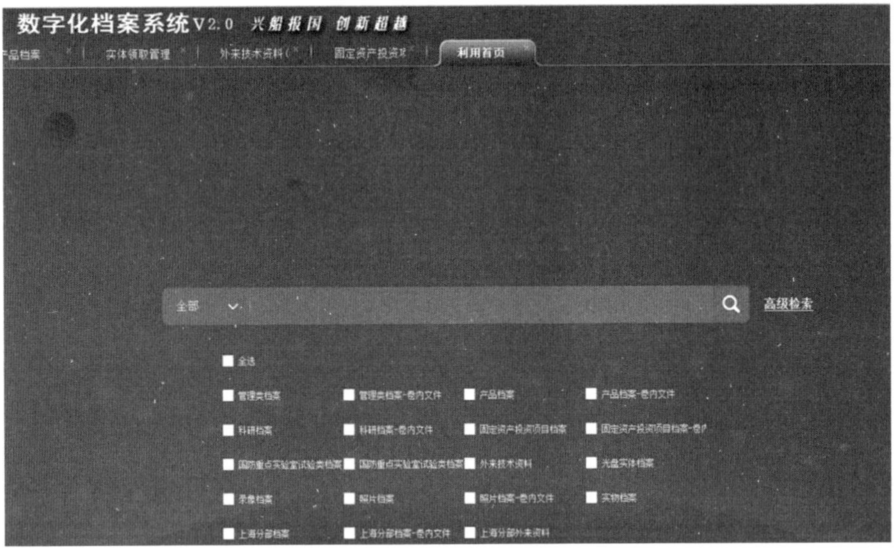

图35　数字化档案系统门户

六、存在的问题及解决方法

（一）新增四性检测模块的经费问题

1. 问题的产生

2018年，项目组邀请国家档案局来中心调研试点工作开展情况，四性检测等功能升级后，方可达到国家档案局的验收标准。项目组考虑重新开发四性检测功能，需要向单位申请经费。

2. 解决方案

2019年，项目组多次向上级领导呼吁四性检测功能的开发需求，最后利用固定资产投资项目的调增机会，将试点所需的四性检测模块纳入其中，开发经费得以获批。

（二）四性检测数据包的查询问题

1. 问题的产生

开发四性检测模块后，四性检测的封装包和批次信息没有推送到档案系统保存，分别存储在中间库和电子文件接收中心，导致封装包无法查询和下载利用。

2. 解决方案

将封装包的包号推送到档案系统当中，作为一个隐藏的元数据信息保存起来，建立封装包和数档系统之间的关联关系，后期可以利用封装包号，在电子文件接收中心查询数据包。

（三）电子档案备份保存问题

1. 问题的产生

电子文件在线归档后，按照国家要求，需要进行异地异质备份，定期检测光盘载体的可靠性。一方面，电子文件的迁移需要制定迁移方案，在电子文件沉淀后，批量导出电子档案后刻盘保存，另一方面，还需定期对这些备份的光盘进行定期的检测。

2. 解决方案

向上级领导呼吁光盘检测备份的重要性，采购了光盘刻录和检测设备。制定数据备份迁移方案，根据封装规范将归档电子文件按类型、产品型号、设计阶段等条件按需封装成归档数据包（EEP）并刻录光盘，定期对光盘进行检测。

七、取得的效益

（一）经济效益

本项目显著节约七〇一所科研设计和档案管理、图纸晒印的人力成本和时间成本。利用基于PDM、数字档案馆和电子底图管理系统多平台数据融合，为设计人员节省大量时间、人力成本。据统计，平台建设前每位设计人员完成一份图纸的归档耗时约1小时，而通过图样和技术文件的单套制归档，电子文件完成归档只需要5分钟，按照现在每年图纸的归档量3万份计算，即节省耗时约2.75万小时，按年收益创造价值算，每人每小时创造228元的价值核算，相当节约627万的人力消耗成本。

档案库房增容是一直以来困扰国企的难题，底图档案若是以每年3万份的速度递增，则库房建设投入约263万，加上设施设备、耗材等约计150万，成本每年节约375万。每年管理30万份纸质底图的管理工作成本需要120万，节省管理成本908万元。

综上所述，实现电子底图管理，每年节省人力物力成本累计达到千万以上，极大地增加了项目的经济效益。

（二）社会效益

1. 彻底解放设计师、档案人员、打印人员生产力

通过建立全新的电子底图归档模式，图纸图样和技术文件的签署由人工手签转变为自动签署，图档入库由蜡底图送图归档变为电子归档，设计师节省了大量等待、打印、各楼宇楼层间奔走的时间；档案人员和文印制作人员也彻底从原有晒印的繁琐体力劳动中解脱出来。各角色生产力得到进一步解放，工作效率明显提升，一定程度上缩短产品研制周期。

2. 显著提升全所图纸质量

通过建立全新的电子签署文件入库管理模式，入库单及原文、签署文件从产品数据管理系统无缝推送至档案人员的桌面，通过技术手段保证了设计库与档案库中数据的一致性，提高了归档质量；且后续版本变更时，无需人工刮、改，大幅提高了归档图纸的辨识度、清晰度，归档图纸质量显著提升，降低档案人员对纸质底图的依赖。有效规避了传统纸质蜡底图年代久远后破损、不易保存的问题，保证了归档图纸的可读性完整性，提高其质量。

八、后续打算

（一）档案信息资源的挖掘和利用

随着归档电子文件数量的不断增多，数字档案馆系统存储的数据量极速

增长，如何充分挖掘这些档案信息，提供更好的信息服务和知识服务，是未来档案工作的发展方向。

目前我所正在开发和建设知识管理平台，档案中心已经将百万条档案数据推送至该平台中，后期将进一步挖掘馆藏信息资源，梳理库内的舰船知识推送至知识管理平台。

（二）库房管理中引入 RFID 技术

传统的档案排架方式采用“分类排架法”，会产生留空不足、时常需要调架的问题，耗费人力、物力和财力。运用 RFID 技术后，档案排架可采用“物理顺序排架法”，结合“逻辑分类法”，可以有效解决调架问题，优化库房管理效率。

传统的档案利用方式需要利用者提供身份证明，填写档案登记表，由管理人员进入库房查找并取出所需档案，利用完毕后由管理人员清点并放回，过程较为繁琐。应用 RFID 技术之后，利用者凭借自己的 RFID 借阅卡预约，智能档案架根据预约信息以亮灯形式提示所需档案的存放位置，获取档案资料十分快捷。

航空工业成都飞机工业(集团)有限责任公司电子文件归档和电子档案管理试点案例

一、背景

(一) 企业战略发展需要

1. 航空型号设计生产信息化水平现状需求

随着信息技术的快速发展，航空型号设计生产已实现无纸化设计和厂所异地协同平台的构建，型号设计生产实现了全三维设计、MBD 技术、模块化设计、关联设计、并行设计、协同设计、仿真验证技术、全面构型管理等技术的全面应用，逐步实现“设计制造一体化”“一体化设计、一体化协同管控”发展。

2. 单位信息化发展的需要

公司围绕“数字化成飞”总体规划开展了工程信息化、管理信息化及信息系统支撑体系总体规划工作，先后完成了信息流程梳理与显性化、异地协同工作平台建设，开展了装配工艺过程仿真、钣金有限元分析系统优化、导管零件数字化生产、导管弯曲模具参数化设计，进行了虚拟产品管理系统(VPM)、基于 PDM 的三维 CAPP 项目的开发和虚拟现实技术的研究，全面推进了 ERP3.0、MES 系统等开发实施或应用推进工作，逐步拓展基于 SOA 的信息系统架构设计方法与信息资源规划技术研究，在国内率先实现了 PDM 与 VPM、DELMIA 之间的数据集成。

(二) 企业业务发展需要

1. 企业流程治理的需要

通过对企业组织结构及其运行路径的规范化处理，打造出一个高效卓越的企业业务流程，实现企业效率和绩效持续提高。依据《中国航空工业集团有限公司管理体系（AOS）建设规划》要求，围绕公司《管理流程开发流程说明文件》及《管理架构类变革项目规范》，全面落实流程所有者、流程管理者在流程建设中的责任，以各级流程管理为主体，开展公司各业务域流程设计，实现各业务域流程体系建设横向到边、纵向到底的全覆盖。流程架构主要分为运营流程、使能流程、支撑流程，其中销售与客户关系、集成产品开发、集成供应链、技术服务等属于运营流程，管理战略与市场、采购等属于使能流程，管理财经、管理人力资源、管理基础支撑等属于支撑流程。档案管理是管理基础支撑的组成部分，因此，开展电子文件归档和电子档案管理工作是实现公司流程治理的需要。

2. 企业降本增效的需要

企业推行降本增效的措施有利于公司的快速、可持续发展，企业在降低成本的同时，不断提升产品质量，持续革新技术，执行技术兴企、技术创新的管理理念，改善生产的科学性，从而达到降本增效的目的。在产品的生产工艺以及流程中紧跟市场的潮流，及时地使用新手段、新技术、新科技、新能源等，建立企业自己的科研创新平台。随着信息技术的发展，越来越多的电子文件在企业经营生产中产生，企业开展电子文件归档和电子档案管理，可有效地提高文件档案的流转，减少纸张的不必要浪费，同时还可以减少劳动力，提高工作效率，为企业降本增效服务。

（三）档案工作本身的发展需要

1. 电子档案管理发展需求

在航空工业档案馆的组织协调下，航空工业从 2007 年开始，就在全行业开展企业数字档案馆建设工作，数字档案馆建设秉承“试点先行，稳步推进，全面铺开，统一方案，统一平台，统一验收，制定标准，形成机制，稳定运行”的原则，经过十多年的建设，集团公司在数字档案馆建设上已取得成功实践，集团公司已有 100 家单位进行了数字档案馆建设工作，其中有 44 家单位通过了航空工业档案馆组织的验收，并由集团公司授予航空工业一级数字档案馆 18 家、二级数字档案馆 19 家、三级数字档案馆 7 家。应该说，近十年来航空工业档案信息化工作取得了较好的成绩，档案工作信息水平不断提高，但是，在航空工业全面推进基于 MBD 三维制造等技术的形势下，航空档案的形式、内容、存储介质和管理方式都面临新的挑战，档案信息化工作碰到新的瓶颈，必须寻求新的突破。

2. 档案信息化发展的需要

公司在创建航空工业一级数字档案馆过程中，建设了“成飞电子文件归档管理系统”平台，并进行了“重点型号数字档案资源整合应用”课题研究，在公司信息系统基础平台建设统一规划下，搭建了数字档案馆的基础运行平台，对档案网络与硬件基础设备进行了优化配置，配置满足档案业务要求的专用服务器、存储、网络、计算机、数字化处理、缩微胶片处理、音视频编辑等设备，档案网络平台建设初具规模，建立以档案业务为核心，覆盖公司各单位的档案管理系统。建成了覆盖产品、科研、文档、声像、实物、基建、设备等各门类的档案目录数据库，实现了公司 OA、PDM 等主要业务系统电子文件的自动采集和在线归档。

（四）存在的问题

1. 信息孤岛依然严峻

企业在开展信息化建设过程中，建立了 PDM、ERP、MES 等 40 多个业务系统，业务系统建设时，未充分考虑数据架构建设问题，也未开展数据归档工作，各业务系统之间“信息壁垒、信息孤岛”现象依然严重，缺乏统一的数据模型和数据集成。

2. 电子档案管理单套制问题

国家档案局第 14 号令明确提出符合国家有关规定的电子文件可以仅以电子形式保存，也就是可以实行电子文件归档单套制，但在实际业务工作中，绝大多数企事业单位都没有真正意义上实现，在归档电子文件的同时，还大量归档保存了纸质档案，实行的双套制管理，档案的利用还是以“纸质档案为准，电子档案为参考”的模式。

3. 电子文件长期保存

随着信息技术的发展，出现了越来越多的电子文件种类，由于电子文件产生的应用软件、硬件、运行环境、操作系统等不同，电子档案的法律凭证作用难以保证，尤其是三维模型、数据库结构化数据的广泛应用更是给电子文件归档带来极大的挑战。电子档案长期保存是关系到历史文明能否被永久保留下来的问题，既是历史传承，更是科技进步的必然选择。

4. 电子文件元数据管理

电子文件元数据对保证电子文件的真实性、完整性、可用性、安全性具有重要的作用，如果没有元数据，电子档案将失去意义，也就没有了业务价值。在进行电子文件归档过程中，没有严格按照文件实体、机构人员实体、业务实体、文件关系实体元数据类型进行归档，致使档案管理元数据严重缺失，给电子档案的完整性、真实性带来威胁。

5. 电子文件归档四性保障

未开展电子文件归档四性检测工作，归档电子文件真实性、完整性、可用性、安全性无法得到保障，电子档案无法真正体现其价值凭证作用，电子档案法律效力无法保证。

6. 电子档案规范化管理

缺少公司顶层电子文件归档和电子档案管理规范，未按照业务系统功能，梳理各系统电子文件归档范围及保管期限，现有的档案管理文件制度体系无法支撑现代企业电子化的发展，电子文件管理规范、元数据管理、电子档案长期保存等相关规范急需建立。

二、目标

（一）总体目标

以电子文件归档和电子档案管理为主线，通过与 PDM、CAPP 等系统的集成，实现主要业务系统电子文件的实时动态采集、归档，达到归档电子文件安全存储与有效利用的目的。

（二）具体目标

1. 开展数据资源归档管理平台建设

构建项目数据资源归档管理系统平台，实现公司科研生产重点型号项目电子文件及其元数据的自动归档。

2. 实现与主要业务系统集成

基于门户单点登录、集成代办，实现与公司 OA、门户、CAPP/PDM、ERP/MES、应用系统用户管理中心等主要业务系统的数据集成，完成工程数据和管理数据的实时动态采集、归档。保证记录信息的及时性、准确性、一致性和共享性，实现无缝连接、数据共享。

3. 数据存储与长期保存

开展数据归档存储工作，实现归档数据资源的安全存储和长期保管，保障归档数据的长久有效。

4. 电子文件归档元数据管理

按照文件实体元数据、机构人员实体元数据、业务实体元数据、文件关系实体元数据，实现元数据的传输、解析、交换、利用等。

5. 电子档案业务管理

实现电子档案收集、整理、存储、利用、统计、鉴定销毁等工作。

6. 技术资料分发管理

实现公司科研生产技术资料电子分发，满足公司各单位资料点技术资料建账、查询、二次分发、利用等需求。

7. 安全保密体系建设

按照涉密应用系统分级保护技术防范要求，通过单点登录、用户认证、用户管理、权限管理、审计管理等安全保密措施，确保涉密应用系统安全可靠。

8. 电子文件归档四性检测

建设电子文件归档四性检测系统，开展电子文件归档、移交与接收、长期保存环节检测工作，实现电子文件真实性、完整性、可用性、安全性保障。

三、系统介绍

（一）功能

公司 PDM 定位于管理所有与产品相关的信息（包括零件信息、构型、文档、CAD 文档、结构、权限信息等）和所有与产品过程相关信息（包括过程定义和管理）的技术。公司 PDM 系统采用×××，于 2004 年开始实施，经多次升级开发，现在主要实现了公司产品数据管理（文档管理）、工作流和过程管理、产品结构配置管理、应用封装与集成管理等。主要业务系统功能如下：

1. 文档管理

主要包括创建文档、批量上载、批量下载、批量打印、模板下载、查询与统计、文档补发、作废ECO关联查询、执行归零情况报表等模块，实现文档分布式电子仓库管理、版本控制、统一编码、属性搜索、权限控制、数据主模型管理等功能。

2. 产品管理

主要包括：EBOM管理、PBOM管理、MBOM管理、材料管理、产品数据、ECO/EBOM数据统计、无FO零件材料定额批量导入、无FO零件材料定额录入等。

3. 工装管理

实现了工装TO文管理、快速工装设计系统的集成、工装EBOM的批量导入、MES集成等。包含工装设计、工装工艺、工装报表等。

4. 更改管理

主要包括：制造发起更改分发、Part关联ECO查询、ECP信息统计、ECP关联ECO查询、ECR关联ECP查询、ECO关系EMP查询、ECO状态统计、ECO分工签审环节查询、更改对象制造状态设置、设计更改执行归零反馈导入、创建ECR、设计更改执行跳跃编制、更改执行跳跃查询统计。

5. 数据接收发放

包括：打印管理、CAD数据导入、更改技术函导入、MC数据导入、FAI数据导入、VPM数据导入、厂内分发、厂外分发、资料调拨、更改对象制造状态批量导入、VPM数据手册导入、工装成品导出。

（二）数据量

目前，PDM系统包含doc、xls、txt、dwg、jpeg、XML、PDF、GD等版式文件，.DSV、.OL、.PLT轻量化模形，PC、.PCMC等NC程序文件，CAPPart、CATProduct、CATdrawing三维数模等格式文件，大约21TB。

（三）文件类型

1. 企业标准类

主要包括：技术标准、管理标准、工作标准、设计零组件标准、企业标准复审确认通知单、企业标准复审废止通知单、专用规范等。

2. 质量管理类

主要包括：质量控制文件、质量管理文件、合格供方目录、质量通知单、质量指示单、ARIS 流程更改指令、检验文件目录等。

3. 工艺文件类

主要包括：工艺数字模型、冷工艺文件、热工艺文件、特设工艺文件、无损检测工艺文件、试飞工艺文件、工艺预审包、仿真文档、作废通知单、民机文件、试飞文件类、工艺性审查原始记录、其他工艺文件、实样合格证、标准作业规程等。

4. 设计文件类

主要包括：数据发放清单、技术单、工程更改单、外来文档、设计内部文件、技术协调单、成品技术协调单、技术询问单、成品技术协议等。

5. 工装文件类

主要包括：工装文档、工装图样文档、工装仿真文档、横线文档、工艺协同数模、点位图、检测模型、检测明胶板、测量数据点位报告、技装设计所审签单、工装更改指示单等。

6. 车间工艺文件

主要包括：工艺模型、NC 程序、工艺参考模型、零件喷丸工艺卡、导管文档、电缆文档、制造大纲更改单等。

四、工作步骤

（一）系统建设与实施情况

1. 任务来源

根据公司科研生产实际情况，结合数字档案馆建设，为进一步加强对重点型号数字档案资源的管理与使用，档案馆于 2016 年 11 月按照公司课题立项指南精神，申请“数据资源归档管理系统”建设，经评审 2017 年 1 月批准立项。

2. 系统建设

见下表：

任务名称	开始时间	完成时间	备注
数据资源归档管理系统项目计划	**2017年2月13日**	**2017年12月15日**	
需求调研	**2017年2月13日**	**2017年4月12日**	
电子文件归档计划管理	2017年2月13日	2017年2月17日	
过程电子文件归档存储格式转换	2017年2月20日	2017年2月24日	
数据光盘存储备份系统	2017年2月27日	2017年3月1日	
档案归档管理功能	2017年3月2日	2017年3月8日	
接口需求调研	2017年3月9日	2017年3月21日	
需求规格说明书编制	2017年3月22日	2017年4月12日	
概要设计	**2017年4月13日**	**2017年5月30日**	**2017年5月22日完成概要设计评审**
业务流程设计	2017年4月13日	2017年4月17日	
业务逻辑设计	2017年4月13日	2017年4月17日	
界面原型设计	2017年4月17日	2017年4月21日	
概要设计文档编制	2017年4月24日	2017年5月13日	
概要设计评审	2017年5月14日	2017年5月30日	
详细设计	**2017年6月1日**	**2017年7月30日**	**2017年7月12日完成详细设计评审**
数据结构设计	2017年6月1日	2017年6月17日	
功能架构设计	2017年6月18日	2017年6月27日	
非功能性设计	2017年6月29日	2017年7月12日	
详细设计说明编制	2017年7月13日	2017年7月17日	
详细设计评审	2017年7月18日	2017年7月30日	
系统开发与测试	**2017年7月15日**	**2017年10月13日**	
系统开发	**2017年7月15日**	**2017年9月26日**	
电子文件归档计划管理开发	2017年7月15日	2017年9月26日	

续表

任务名称	开始时间	完成时间	备注
过程电子文件归档存储格式转换接口开发	2017 年 7 月 27 日	2017 年 9 月 6 日	
数据光盘存储备份系统开发	2017 年 7 月 15 日	2017 年 8 月 26 日	
档案归档管理功能开发	2017 年 7 月 27 日	2017 年 9 月 6 日	
应用系统用户管理中心接口开发	2017 年 7 月 15 日	2017 年 9 月 12 日	
PDM 接口开发	2017 年 7 月 13 日	2017 年 9 月 16 日	
OA 接口开发	2017 年 8 月 17 日	2017 年 9 月 13 日	
MES 接口开发	2017 年 7 月 15 日	2017 年 8 月 12 日	
门户接口开发	2017 年 7 月 13 日	2017 年 8 月 26 日	
兰台档案管理系统接口开发	2017 年 7 月 27 日	2017 年 9 月 6 日	
系统测试	**2017 年 9 月 26 日**	**2017 年 10 月 13 日**	
测试计划制定	2017 年 9 月 26 日	2017 年 9 月 26 日	
测试用例编写	2017 年 9 月 26 日	2017 年 9 月 28 日	
测试计划执行	2017 年 9 月 29 日	2017 年 10 月 12 日	
文档交付	2017 年 10 月 13 日	2017 年 10 月 13 日	
试运行、用户测试、系统培训	**2017 年 10 月 14 日**	**2017 年 11 月 30 日**	
系统环境部署	2017 年 10 月 14 日	2017 年 10 月 14 日	
基本设置	2017 年 10 月 14 日	2017 年 10 月 14 日	
权限配置	2017 年 10 月 14 日	2017 年 10 月 14 日	
业务流程设置	2017 年 10 月 15 日	2017 年 10 月 15 日	
现场培训	2017 年 10 月 16 日	2017 年 10 月 20 日	
现场试运行	2017 年 10 月 20 日	2017 年 11 月 20 日	
版本迭代更新	2017 年 10 月 20 日	2017 年 11 月 20 日	
安全评测	2017 年 11 月 15 日	2017 年 11 月 25 日	
历史数据导入	2017 年 11 月 25 日	2017 年 11 月 30 日	

续表

任务名称	开始时间	完成时间	备注
项目验收	2017 年 12 月 1 日	2017 年 12 月 15 日	2017 年 11 月 25 日通过验收评审
验收总结	2017 年 12 月 1 日	2017 年 12 月 15 日	
现场验收	2017 年 12 月 1 日	2017 年 12 月 15 日	
系统保密测评	2017 年 12 月 15 日	2018 年 3 月 20 日	批复日期 2018 年 6 月 30 日
测评申请	2017 年 12 月 15 日	2017 年 12 月 30 日	
现场测评	2018 年 1 月 1 日	2018 年 3 月 30 日	
通过测评	2018 年 4 月 1 日	2018 年 5 月 30 日	
项目正式上线	2018 年 6 月 1 日	2018 年 6 月 30 日	2018 年 7 月 11 日正式上线

3. 应用情况

系统于 2018 年 7 月 11 日正式上线，涵盖公司所有用户，按照公司档案资料管理体系，建立了文书、经营、基建、标准等 17 大类档案库，目前已归档文件 158 万条，电子全文 2TB。通过与 PDM 系统的集成，成功实现了重点型号产品数据的逻辑、物理归档及构型管理、有效性管理。实现了归档电子文件的元数据、存储格式、收集、整理、组卷、鉴定、销毁、安全存储与有效利用，规范了公司电子文件归档与电子档案管理。

（二）试点工作开展情况

1. 任务来源

2016 年 12 月，国家档案局办公室　国家发展和改革委员会办公厅关于确定企业电子文件归档和电子档案管理第一批试点单位的通知（档办发〔2016〕5 号），同意成飞公司开展“CAPP、PDM 形成的电子文件归档和电子档案管理试点”。

2. 项目进展情况

（1）成立项目组

2017 年 1 月，成立了以公司主管档案工作副总经理为组长的项目组，组成成员包括了公司档案管理、信息技术、工程部门人员，并明确了职责与分工。

（2）成立了课题组

2017 年 1 月，成立了数据资源归档管理系统项目组，负责数据资源归档管理系统的开发与应用，系统于 2017 年 11 月通过公司组织的验收，2018 年 7 月正式上线运行。

（3）完善制度，优化管理

为规范电子文件归档和电子档案管理，2018 年 5 月完成了“电子文件归档与管理”的制度修订，按照试点工作要求，增加了元数据管理、长期保存等相关要求。并先后完成了“电子文件归档管理系统与应用系统集成接口规范”“PDM 系统电子文件归档规范”等标准的编制。

（4）完善四性检测系统

2019 年 7 月，开展了电子文件归档四性检测系统建设工作，按照《文书类电子档案检测一般要求》（DA/T 70—2018），建设了电子文件归档四性检测系统，内容覆盖电子文件归档环节、电子档案移交与接收环节和电子档案长期保存环节。

（5）验收准备

按照国家档案局企业电子文件归档和电子档案管理试点验收标准要求，组织相关材料的编写，完成了《电子文件归档和电子档案管理试点工作技术报告》《电子文件归档和电子档案管理试点工作总结报告》。

五、解决方案

（一）管理流程方案

通过接口服务与主要业务系统集成，电子文件经过合规性校验，实现 PDM、OA 等业务系统电子数据的实时动态采集与归档。

电子文件经过鉴定、立件/卷、长期保存格式转换、封装等处置，实现电子文件全生命周期管理。用户通过查询检索平台，实现归档电子文件的安全利用。

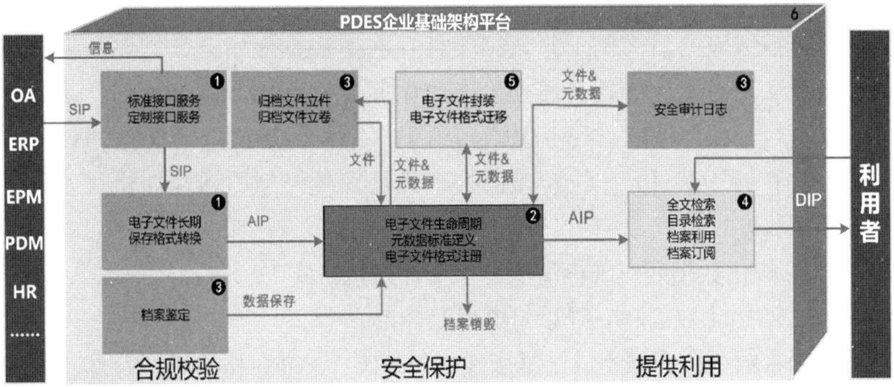

（二）归档范围及存在格式

1. 版式电子文件格式

符合《版式电子文件长期保存格式要求》（DA/T47）的 PDM 系统电子文件，如指令性工艺文件、技术管理性工艺文件、生产性工艺文件等，在系统中大都以 CXP、DOC、TXT、XML、PDF 等形式存在，在进行归档时可转换成通用的 PDF 或 OFD 格式存储。

（1）纯文档类文件归档存储格式

对于各类文档格式为 DOC 的纯文档文件，如各类指令性工艺文件，归档时可转换成通用 PDF 或 OFD 格式进行存储，同时将通用 PDF、OFD 文件浏览器归档保存。

（2）数控程序归档格式

数控程序、测量程序直接采用原文件格式归档存储。

（3）CAPP 专用格式文件归档格式

CAPP 系统生成的二维板式文件都是图文混合的专用格式文件，采用专用转换接口将文件转换为通用 PDF 或 OFD 格式进行归档存储。

2. 三维可视化模型归档格式

（1）可视化模型文档的归档存储格式根据 DA/T47 的管理原则和 GB/T 18894 的规定，可采用源格式和交换文件格式同时存储的方式，交换文件格式可选择为 STEP 或 DXF 格式标准。

（2）轻量化模型格式的工艺数模采用原文件格式归档存储，同时对轻量化模型工具软件进行归档存储。

3. 基于数据库的结构化工艺数据归档格式

基于数据库的结构化工艺数据文件存在于数据库中，数据之间彼此关联，数据采用对象化管理，通过发布至中间数据库的方式为CAPP系统调用，在进行归档存储时，只考虑调用结果，结果为版式电子文件的转化为PDF归档存储，结果为三维模型的按三维可视化模型归档存储格式要求进行归档。

4. 结构化数据和三维模型混合型文件归档格式

（1）结构化数据和三维原始模型混合型

采用将结构化数据生成二维版式通用PDF或OFD格式进行存储，同时将三维实体模型转换为STEP或DXF标准交换格式，并保证二者的关联性。

（2）结构化数据和三维轻量化模型混合型

将结构化数据生成二维版式通用PDF格式进行存储，同时将三维轻量化模型按格式存储归档，并将轻量化模型工具软件存储归档。

5. 归档范围

PDM系统电子文件归档按其价值来界定归档范围，具体范围包括完成审批流程的正式电子文件及其元数据。其具体范围如下：

序号	归档范围	文件格式	归档格式	载体形式
1	指令性工艺文件	—	—	
1.1	工艺总方案/工艺总原则	.doc	原格式+pdf	电子+纸质
1.2	工艺子方案	.doc	原格式+pdf	电子+纸质
1.3	装配协调方案	.doc	原格式+pdf	电子
1.4	技术条件（互换/替换性检查技术条件等工艺用技术条件）	.doc	原格式+pdf	电子
1.5	工艺技术标准	.doc	原格式+pdf	电子
1.6	工艺容差分配表	.doc	原格式+pdf	电子
1.7	零部件互换与替换目录	.doc	原格式+pdf	电子
1.8	协调图表	.doc	原格式+pdf	电子
1.9	试验生产说明书	.doc	原格式+pdf	电子
1.10	工艺仿真报告	.doc	原格式+pdf	电子
1.11	装前装后试验	.doc	原格式+pdf	电子

续表

序号	归档范围	文件格式	归档格式	载体形式
1.12	指令性交接状态表	.doc	原格式+pdf	电子
1.13	工艺计划指示单	.doc	原格式+pdf	电子
1.14	定额指示单	.doc	原格式+pdf	电子
1.15	过程质量控制清册	.doc	原格式+pdf	电子
1.16	工艺文件执行结论单	.doc	原格式+pdf	电子
1.17	工艺文件执行问题处理单	.doc	原格式+pdf	电子
1.18	典型工艺规程	.doc、.cxp	原格式+pdf	电子
1.19	通用工艺规程	.doc	原格式+pdf	电子
1.20	专用工艺规程	.doc、.cxp	原格式+pdf	电子
2	技术管理性工艺文件	—	原格式+pdf	电子
2.1	装配周期图表	.doc	原格式+pdf	电子
2.2	产品互换/替换性检查证明书	.doc	原格式+pdf	电子
2.3	工艺装备品种表	.doc	原格式+pdf	电子
2.4	工具品种表	.doc	原格式+pdf	电子
2.5	模线样板品种表	.doc	原格式+pdf	电子
2.6	工艺计划指示单	.doc	原格式+pdf	电子
2.7	材料定额指示单	.doc	原格式+pdf	电子
2.8	车间分工表	BOM	pdf	电子
2.9	零件材料定额表	.doc	原格式+pdf	电子
2.10	材料定额汇总表	.doc	原格式+pdf	电子
2.11	产品零件装配合格通知单	.doc	原格式+pdf	电子
2.12	产品零件装配情况通知单	.doc	原格式+pdf	电子
2.13	产品零组件定型通知单	.doc	原格式+pdf	电子
2.14	标准工艺装备鉴定书	.doc	原格式+pdf	电子
2.15	标准实样鉴定合格证	.doc	原格式+pdf	电子
2.16	工装鉴定合格证	.doc	原格式+pdf	电子

续表

序号	归档范围	文件格式	归档格式	载体形式
2.17	刀量工具鉴定合格证	.doc	原格式+pdf	电子
2.18	AO/FO/工艺规程鉴定合格证	.doc	原格式+pdf	电子
2.19	技术措施(技术组织措施、技术关键措施、技术协调措施)、技术总结	.doc	原格式+pdf	电子
2.20	工艺性审查原始记录	.doc	原格式+pdf	电子
2.21	工艺管理标准	.doc	原格式+pdf	电子
2.22	作废通知单	.doc	原格式+pdf	电子
2.23	偏离申请单	.doc	原格式+pdf	电子
2.24	解答笺	.doc	原格式+pdf	电子
2.25	定检技术说明书	.doc	原格式+pdf	电子
2.26	自制设备说明书	.doc	原格式+pdf	电子
3	生产性工艺文件	—		
3.1	AO	.cxp	pdf	电子+纸质
3.2	FO	.cxp	pdf	电子+纸质
3.3	TO	.cxp	pdf	电子+纸质
3.4	工序说明书	.cxp	pdf	电子
3.5	NC 程序	.PC、.PCMC 等	原格式	电子
3.6	车间指令性交接状态表	.cxp	pdf	电子
3.7	备件交接状态表	.doc	原格式+pdf	电子
3.8	随机备件交接状态表	.doc	原格式+pdf	电子
3.9	工艺技术指示单	.doc	原格式+pdf	电子
3.10	设计解答笺、解答笺、问题释疑单	.doc	原格式+pdf	电子
3.11	零件内部分工一览表	.doc	原格式+pdf	电子
3.12	标准件内部分工一览表	.doc	原格式+pdf	电子
3.13	总装、电缆、试飞专用工艺文件	.doc	原格式+pdf	电子

续表

序号	归档范围	文件格式	归档格式	载体形式
3.14	模线样板专用工艺文件	.doc	原格式+pdf	电子
3.15	数控专用工艺文件	.doc	原格式+pdf	电子
3.16	试验生产说明书(或试验程序)、试验报告、操作程序	.doc	原格式+pdf	电子
3.17	热处理清单	.doc	原格式+pdf	电子
3.18	工装订货单	.cxp	pdf	电子
3.19	工装返修单	.cxp	pdf	电子
3.20	工装报废复制单	.cxp	pdf	电子
3.21	工装退修单	.cxp	pdf	电子
3.22	工装定检单	.cxp	pdf	电子
3.23	工艺数模	CATpart、CATproduct、PR、SMG	原格式	电子
3.24	热处理工艺规程	.doc	原格式+pdf	电子
3.25	表面处理工艺规程	.doc	原格式+pdf	电子

(三) 接口

1. 接口概述

与PDM系统的数据集成，实现工程数据和管理数据的实时动态采集、归档，保证记录信息的及时性、准确性、一致性和共享性，实现无缝连接、数据共享。

归档范围包括：文档、三维数模、工程更改通知、工程更改指令、工程更改请求、工程更改建议。

归档的数据包括PDM系统历史数据和未来PDM系统产生的数据。

2. 实现方式

(1) 系统新产生的数据

• 采用实时归档，通过提供的Web Services描述文件（即WSDL文件）访问Web Services服务。

• 接口对应的标准化的报文格式 XML，将其作为一个标准告知应用系统接口方。

• 电子文件传递使用 HTTP 方式 ，由 PDM 系统提供文件下载的地址。

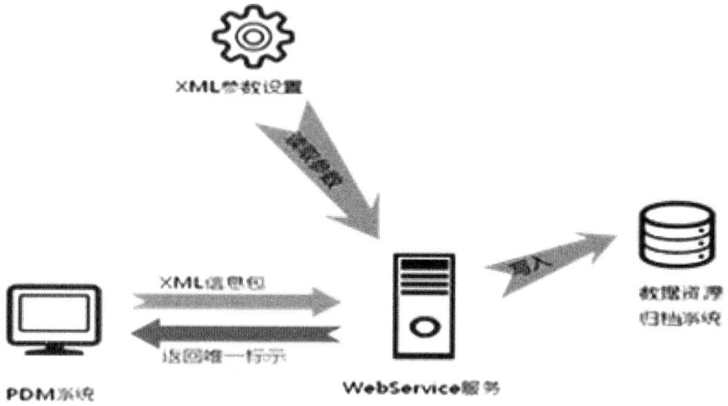

（2）历史数据

历史数据由 PMD 系统提供主表信息视图与文件信息视图（视图内容参考接口规范描述），数据资源归档管理系统负责将数据导入。

3. 约束条件

由档案系统提供归档接口服务端，PDM 系统通过接口服务器地址将流程结束文件属性信息与关联电子文档的地址实时推送。

档案系统接收到 PDM 系统的归档信息后，根据电子文档的下载地址进行下载。

4. 接口规范描述

（1）文档同步接口

功能描述：同步 PDM 系统中通用的标准规范、工艺文件、工装等文档（具体范围与之前 PDM 与兰台系统的归档范围一致），能记录文档版本信息和替代的版本信息。

主表信息

序号	字段名称	字段描述	数据类型	字段约束
1	number	编号	VARCHAR2(50)	
2	name	名称	VARCHAR2(10)	
3	revision	版本	VARCHAR2(255)	

续表

序号	字段名称	字段描述	数据类型	字段约束
4	creator	创建人	VARCHAR2(25)	
5	releaseDate	发布日期	Date	
6	secretLevel	密级	VARCHAR2(10)	
7	effectivity	有效批架次	VARCHAR2(25)	
8	pageNum	页数	NUMBER	
9	A4Num	A4 页数	NUMBER	
10	modelNo	型号	VARCHAR2(50)	
11	firstType	类型 1	VARCHAR2(50)	
12	secondType	类型 2	VARCHAR2(50)	
13	ThirdType	类型 3	VARCHAR2(50)	
14	YFSDW	已发送单位	VARCHAR2(255)	单位名称逗号分开
15	propsURL	propsURL	VARCHAR2(255)	
16	Relationships	关联文件	VARCHAR2(50)	
17	Cancellations	作废信息	VARCHAR2(50)	
18	CheckKey	接口标识	VARCHAR2(50)	
19	ID	PDM 系统唯一标识	VARCHAR2(50)	

文件信息

序号	字段名称	字段描述	数据类型	字段约束
1	filename	文件名	VARCHAR2(100)	
2	size	大小	NUMBER	
3	url	版本	VARCHAR2(10)	

（2）三维数模数据同步接口

功能描述：对 PDM 系统中三维数模与轻量化模型电子文件进行归档，CATProduct（套件产品）父节点与子节点 CATPart（零部件）的一对多关系，同时将三维数模转化为轻量化模式格式的文件（.DSV 、.OL 、.PLT)。

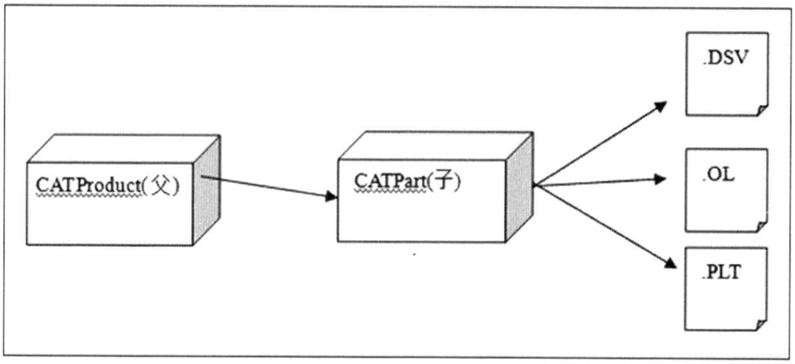

主表信息

序号	字段名称	字段描述	数据类型	字段约束
1	number	编号	VARCHAR2(50)	
2	name	名称	VARCHAR2(10)	
3	revision	版本	VARCHAR2(255)	
4	creator	创建人	VARCHAR2(25)	
5	releaseDate	发布日期	Date	
6	secretLevel	密级	VARCHAR2(10)	
7	effectivity	有效批架次	VARCHAR2(25)	
8	pageNum	页数	NUMBER	
9	A4Num	A4 页数	NUMBER	
10	PJC	批架次	VARCHAR2(255)	
11	JX	机型	VARCHAR2(255)	
12	EFF	零部件有效性	VARCHAR2(50)	
13	YFSDW	已发送单位	VARCHAR2(255)	
14	MJ	密级	VARCHAR2(255)	
15	SJDW	设计单位	VARCHAR2(255)	
16	propsURL	propsURL	VARCHAR2(255)	

续表

序号	字段名称	字段描述	数据类型	字段约束
17	Relationships	关联文件	VARCHAR2(255)	
18	Cancellations	作废信息	VARCHAR2(255)	
19	ID	PDM 系统唯一标识	VARCHAR2(50)	

文件信息

序号	字段名称	字段描述	数据类型	字段约束
1	filename	文件名	VARCHAR2(100)	
2	size	大小	NUMBER	
3	url	版本	VARCHAR2(10)	

子节点信息：子节点 CATPart（零部件）的信息，与主表多对一的关系。

序号	字段名称	字段描述	数据类型	字段约束
1	REC_ID	主表记录 ID	VARCHAR2(50)	
2	Child_ID	子节点 ID	VARCHAR2(50)	
3	number	编号	VARCHAR2(50)	
4	name	名称	VARCHAR2(10)	
5	revision	版本	VARCHAR2(255)	

（3）ECN/ECO/ECR/ECP 模块数据同步

功能描述：同步 PDM 系统中工程更改通知、工程更改指令、工程更改请求、工程更改建议。

主表信息：

序号	字段名称	字段描述	数据类型	字段约束
1	number	编号	VARCHAR2(50)	
2	name	名称	VARCHAR2(10)	
3	creator	创建人	VARCHAR2(25)	

续表

序号	字段名称	字段描述	数据类型	字段约束
4	releaseDate	日期	Date	
5	secretLevel	密级	VARCHAR2(10)	
6	effectivity	有效批架次	VARCHAR2(25)	
7	pageNum	页数	NUMBER	
8	A4Num	A4 页数	NUMBER	
9	SM	说明	VARCHAR2(255)	
10	SCXGSJ	上次修改时间	Date	
11	YFSDW	已发送单位	VARCHAR2(255)	
12	propsURL	propsURL	VARCHAR2(255)	
13	BGLBJ	发起变更的零部件	VARCHAR2(255)	
14	ENC	作废 ENC	VARCHAR2(255)	
15	CheckKey	接口标识	VARCHAR2(50)	
16	ID	PDM 系统唯一标识	VARCHAR2(50)	

文件信息：

序号	字段名称	字段描述	数据类型	字段约束
1	filename	文件名	VARCHAR2(100)	
2	size	大小	NUMBER	
3	url	版本	VARCHAR2(10)	

被更改信息：被变更的文档或零部件的信息，与主表多对一的关系。

序号	字段名称	字段描述	数据类型	字段约束
1	REC_ID	主表记录 ID	VARCHAR2(50)	
2	Child _ID	子节点 ID	VARCHAR2(50)	

续表

序号	字段名称	字段描述	数据类型	字段约束
3	number	编号	VARCHAR2(50)	
4	name	名称	VARCHAR2(10)	
5	revision	版本	VARCHAR2(255)	

(四) 元数据项及捕获节点

电子文件元数据对保证电子文件的真实性、完整性、可用性、安全性具有重要的作用，如果没有元数据，电子档案将失去意义，也就没有了业务价值。电子文件元数据包含文件实体、机构人员实体、业务实体、文件关系实体，在电子文件归档过程中，通过系统捕获、计算写入、手工著录等方式获取元数据，具体元数据及捕获节点如下所示（包括但不仅限于）：

1. 文件实体元数据

序号	元数据项	数据类型	说　明	捕获节点
1	档案馆名称	字符串(40)	档案馆室全称	档案系统
2	档案馆代码	字符串(20)	档案馆名称代码	档案系统
3	全宗名称	字符串(30)	全宗全称	档案系统
4	全宗号	字符串(30)	全宗编号	档案系统
5	档号	字符串(30)	档案实体管理编号	档案系统
6	文件编号	字符串(50)	制作组织或个人赋予的编号	PDM 系统
7	题名	字符串(256)	表达电子文件中心内容和形式特征的名称	PDM 系统
8	主题词	字符串 30)	在标引和检索中表达电子文件主题的规范化的词或词组。	PDM 系统+档案系统
9	分类号	字符串(20)	电子文件的类目代码。	PDM 系统+档案系统
10	文件类型	字符串(20)	按性质和用途确定的文件各类的名称	PDM 系统

续表

序号	元数据项	数据类型	说　明	捕获节点
11	责任者	字符串(20)	对文件内容进行创造、负有责任的团体或个人	PDM 系统
12	成文时间	日期时间型	文件形成的日期与时间	PDM 系统
13	页数	数值型(20)	电子文件的页数。	PDM 系统
14	文件格式	字符串(30)	文件的逻辑格式,用文件扩展名表示。	PDM 系统
15	文件大小	数值型(20)	电子文件的字节数。	PDM 系统
16	源计算机文件名	字符串(30)	电子文件在 CAPP 系统中的命名。	PDM 系统
17	电子签名		电子签名的描述信息,包括签名人、签名日期、签名算法标识、证书块等。	PDM 系统
18	密级	字符串(30)	电子文件保密程度的等级。	PDM 系统
19	保密期限	字符串(30)	对电子文件密级时效的规定和说明。	PDM 系统
20	保管期限	字符串(20)	档案保管期限	档案系统
21	操作系统	字符串(30)	文件产生时使用的操作系统及其版本。	PDM 系统
22	应用软件名称	字符串(30)	文件产生时采用的应用软件名称。	PDM 系统
23	应用软件版本	字符串(30)	文件产生时采用的应用软件的版本号。	PDM 系统
24	归档时间	日期时间型	对电子文件进行逻辑归档或物理归档时的日期与时间。	PDM 系统
25	归档方式	字符串(30)	电子文件归档的方式。	PDM 系统
26	分发单号	字符串(30)	文件分发形成的唯一识别编号	PDM 系统
27	分发单位		CAPP 系统电子文件发放的单位(可重复多选)。	PDM 系统

续表

序号	元数据项	数据类型	说　明	捕获节点
28	分发份数	数值型(20)	文件分发的份数。	PDM 系统
29	分发日期	日期时间型	分发实施的具体日期。	PDM 系统

2. 机构人员实体元数据

序号	元数据项	数据类型	说　明	捕获节点
1	机构人员类型	字符串(40)	人员类型	PDM 系统+档案系统
2	机构人员名称	字符串(20)	人员姓名	PDM 系统+档案系统
3	组织机构名称	字符串(30)	单位名称	PDM 系统+档案系统
4	移交责任者	字符串(30)	进行电子文件归档移交操作的执行者。	PDM 系统
5	接收责任者	字符串(30)	进行电子文件归档接收操作的执行者。	档案系统
6	人员编码	字符串(20)	职工代码	PDM 系统
7	人员涉密等级	字符串(20)	涉密等级	PDM 系统

3. 业务实体元数据

序号	元数据项	数据类型	说　明	捕获节点
1	业务标识符	字符串(50)	PDM 系统业务类型标识	PDM 系统+档案系统
2	机构人员标识符	字符串(50)	业务机构人员标识 ID	PDM 系统+档案系统
3	文件标识符	字符串(50)	文件标识符号	PDM 系统+档案系统
4	业务状态	字符串(20)	电子文件在系统中所处的状态	PDM 系统+档案系统

续表

序号	元数据项	数据类型	说　　明	捕获节点
5	业务行为	字符串(30)	业务环节名称	PDM 系统+档案系统
6	行为时间	日期时间型	业务环节时间	PDM 系统+档案系统
7	行为依据	字符串(50)	行业依据性	PDM 系统+档案系统
8	行为描述	字符串 30)	业务行业描述	PDM 系统+档案系统
9	业务标识符	字符串(20)	业务行为标识符号	PDM 系统+档案系统
10	机构人员标识符	字符串(20)	机构人员标识符号	PDM 系统+档案系统

4. 文件实体关系元数据

序号	元数据项	数据类型	说　　明	捕获节点
1	文件标识符	字符串(30)	PDM 系统文件标识	PDM 系统
2	文件版次	字符串(20)	电子文件版次	PDM 系统
3	被关联文件标识符	字符串(30)	被关联关系文件标识	PDM 系统
4	被关联文件版次	字符串(20)	被关联关系文件版次	PDM 系统
5	关系类型	字符串(50)	主文件与被关联文件之间的关系	PDM 系统
6	关系	字符串(50)	主文件与被关联文件之间业务关系	PDM 系统
7	关系描述	字符串(200)	相关关联描述	PDM 系统

(五) 整理方案

1. 分类

PDM 系统电子文件按机型研制阶段进行分类，共分为七大类，具体分为：立项论证、方案设计、工程研制、设计定型、生产定型（批量生产）五个阶段，各阶段重要质量文件集合建库，声像档案单独建库。

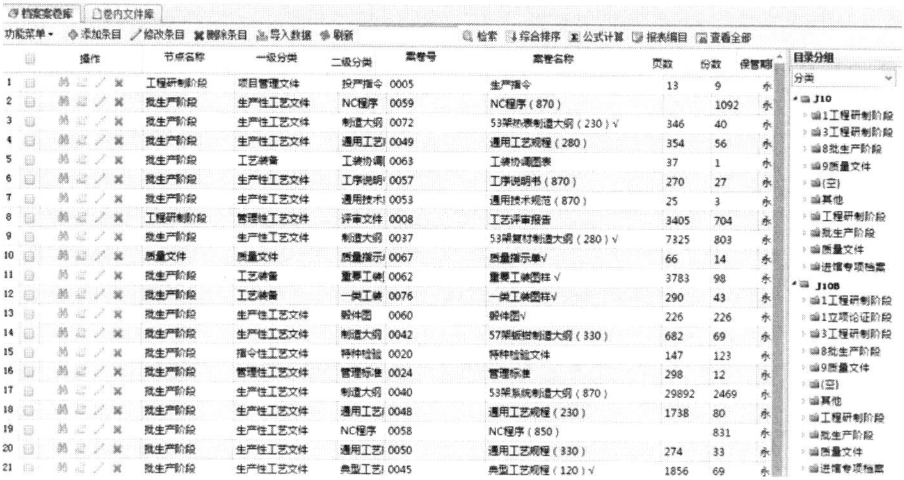

	节点名称	一级分类	二级分类	案卷号	案卷名称	页数	份数	保管期
1	工程研制阶段	项目管理文件	投产指令	0005	生产指令	13	9	永
2	批生产阶段	生产性工艺文件	NC程序	0059	NC程序（870）		1092	永
3	批生产阶段	生产性工艺文件	制造大纲	0072	53架热表制造大纲（230）√	346	40	永
4	批生产阶段	生产性工艺文件	通用工艺	0049	通用工艺规程（280）	354	56	永
5	批生产阶段	工艺装备	工装协调	0063	工装协调图表	37	1	永
6	批生产阶段	生产性工艺文件	工序说明	0057	工序说明书（870）	270	27	永
7	批生产阶段	生产性工艺文件	通用技术	0053	通用技术规范（870）	25	3	永
8	工程研制阶段	管理性工艺文件	评审文件	0008	工艺评审报告	3405	704	永
9	批生产阶段	生产性工艺文件	制造大纲	0037	53架复材制造大纲（280）√	7325	803	永
10	质量文件	质量文件	质量指示	0067	质量指示单√	66	14	永
11	批生产阶段	工艺装备	重要工装	0062	重要工装图样√	3783	98	永
12	批生产阶段	工艺装备	一类工装	0076	一类工装图样√	290	43	永
13	批生产阶段	生产性工艺文件	毂件图	0060	毂件图√	226	226	永
14	批生产阶段	生产性工艺文件	制造大纲	0042	57架钣钳制造大纲（330）	682	69	永
15	批生产阶段	指令性工艺文件	特种检验	0020	特种检验文件	147	123	永
16	批生产阶段	管理性工艺文件	管理标准	0024	管理标准	298	12	永
17	批生产阶段	生产性工艺文件	制造大纲	0040	53架系统制造大纲（870）	29892	2469	永
18	批生产阶段	生产性工艺文件	通用工艺	0048	通用工艺规程（230）	1738	80	永
19	批生产阶段	生产性工艺文件	NC程序	0058	NC程序（850）		831	永
20	批生产阶段	生产性工艺文件	通用工艺	0050	通用工艺规程（330）	274	33	永
21	批生产阶段	生产性工艺文件	典型工艺	0045	典型工艺规程（120）√	1856	69	永

2. 组成保管单位

电子文件以“卷”为保管单位，卷内文件按“件”管理，依照划定的类别确定保管单位，一大类为一级目录，大类下再根据文件类别建立二级目录，根据工作需要一级目录或二级目录分别可以形成独立的保管单位。如：J10B 飞机工程研制阶段为一个大类，单独建立一级目录，视作 J10B 飞机的一个独立保管单位；一级网络计划、关键技术攻关、工艺方案、工艺评审、指令性工艺文件、管理性工艺文件、项目管理文件、首件鉴定等文件为二级类目，分别建立二级目录，每一个二级目录视作 J10B 飞机工程研制阶段的一个独立保管单位。

批生产阶段	管理性工艺文件	管理标准	0024	管理标准	298	12	永
批生产阶段	生产性工艺文件	操作指导	0055	试飞操作指导书（170）	2891	48	永
批生产阶段	生产性工艺文件	线束工艺	0054	线束工艺规程（120）	4750	463	永
批生产阶段	生产性工艺文件	典型工艺	0047	典型工艺规程（280）√	644	46	永
批生产阶段	生产性工艺文件	制造大纲	0043	57架数控制造大纲（850）	21	1	永
批生产阶段	工艺装备	工装协调	0063	工装协调图表	37	1	永
批生产阶段	生产性工艺文件	制造大纲	0072	53架热表制造大纲（230）√	346	40	永
工程研制阶段	项目管理文件	投产指令	0005	生产指令	13	9	永
批生产阶段	生产性工艺文件	制造大纲	0073	57架热表制造大纲（230）√	16	2	永
工程研制阶段	管理性工艺文件	评审文件	0009	特殊过程确认书！	343	111	永
批生产阶段	工艺装备	一类工装	0076	一类工装图样√	290	43	永

3. 保管单位内文件排序

保管单位内文件按照文件编号进行排序，同时遵循文件的形成规律，保持案卷的成套、系统，保持文件之间的有机联系，便于进馆档案保管和利用。如：更改单应与所更改技术资料通过关系图号进行直接关联，并排在相应技术资料之后；成品技术协议及协调单、评审文件、试验文件按照事项结合文件形成时间进行排序。

根据文件编号及文件内在联系排好序后，给保管单位编制档号，并对保管单位内每一份文件编制“件号”固定，“件号”按 0001—9999 顺序编排。

删除条目 组新卷 刷新 检索 公式计算 综合排序 本卷卷内 全部卷内 未整理文件 页数转页次

资料类型	文件号	版次	型代	项目名称	题名	档号	年度	更改单号	关系图号	页数（	份数（	案卷号	件号
管理性工艺文件	J10C艺2-评LJ-（2020）334		K/JJ1	歼-10B型	DD-J10-32101-0-9-ZH 舱室工艺	K/JJ10B-132-G-0008-0063	2020		J10C艺-评	6	1	0008	0063
管理性工艺文件	J10C艺2-评LJ-（2020）335		K/JJ1	歼-10B型	DD-J10B-02081-54 3254右上框	K/JJ10B-132-G-0008-0064	2020		J10C艺-评	6	1	0008	0064
管理性工艺文件	J10C艺2-评LJ-（2020）336		K/JJ1	歼-10B型	DD-J10B-04311-1 侧下梁工艺评	K/JJ10B-132-G-0008-0065	2020		J10C艺-评	6	1	0008	0065
管理性工艺文件	J10C艺2-评LJ-（2020）337		K/JJ1	歼-10B型	DD-J10B-04311-2 侧下梁工艺评	K/JJ10B-132-G-0008-0066	2020		J10C艺-评	6	1	0008	0066
管理性工艺文件	J10C艺2-评LJ-（2020）340		K/JJ1	歼-10B型	DD-J10B-04331-61 10060-1046	K/JJ10B-132-G-0008-0067	2020		J10C艺-评	6	1	0008	0067
管理性工艺文件	J10C艺2-评LJ-（2020）341		K/JJ1	歼-10B型	DD-J10B-04331-71 10060-1046	K/JJ10B-132-G-0008-0068	2020		J10C艺-评	6	1	0008	0068
管理性工艺文件	J10C艺2-评LJ-（2020）342		K/JJ1	歼-10B型	DD-J10B-21102-430-1-Y 905铆	K/JJ10B-132-G-0008-0069	2020		J10C艺-评	6	1	0008	0069
管理性工艺文件	J10C艺2-评LJ-（2020）343		K/JJ1	歼-10B型	DD-J10B-21102-430-1-Z 905铆	K/JJ10B-132-G-0008-0070	2020		J10C艺-评	6	1	0008	0070
管理性工艺文件	J10C艺2-评LJ-（2020）344		K/JJ1	歼-10B型	DD-J10B-30503-20 框工艺评审报	K/JJ10B-132-G-0008-0071	2020		J10C艺-评	6	1	0008	0071
管理性工艺文件	J10C艺2-评LJ-（2020）345		K/JJ1	歼-10B型	DD-J10B-30503-20-1 框工艺评审	K/JJ10B-132-G-0008-0072	2020		J10C艺-评	6	1	0008	0072
管理性工艺文件	J10S特4-评DY-（2013）007		K/JJ1	歼-10B型	J10S特-D试（前）-JFK005 氧气附	K/JJ10B-132-G-0008-0073	2013		J10S特-评	6	1	0008	0073
管理性工艺文件	J10特4-评DY-（2013）003		K/JJ1	歼-10B型	J10特-D试（前）-JDY017 XY-27	K/JJ10B-132-G-0008-0074	2013		J10特-评	6	1	0008	0074
管理性工艺文件	J10特4-评DY-（2013）016		K/JJ1	歼-10B型	J10特-D试（前）-JDY011 ZF-4.5	K/JJ10B-132-G-0008-0075	2013		J10特-评	6	1	0008	0075
管理性工艺文件	J10特4-评DY-（2013）017		K/JJ1	歼-10B型	J10特-D试（前）- JDY013 KZQ-	K/JJ10B-132-G-0008-0076	2013		J10特-评	6	1	0008	0076
管理性工艺文件	J10特4-评DY-（2013）028		K/JJ1	歼-10B型	J10特-D试（前）-JDY009 HKH-9	K/JJ10B-132-G-0008-0077	2013		J10特-评	6	1	0008	0077
管理性工艺文件	J10特4-评DY-（2013）034		K/JJ1	歼-10B型	J10特-D试（前）-JDY015 BJQ-	K/JJ10B-132-G-0008-0078	2013		J10特-评	6	1	0008	0078
管理性工艺文件	J10特4-评DY-（2013）036		K/JJ1	歼-10B型	J10特-D试（前）-JDY014 [illegible]	K/JJ10B-132-G-0008-0079	2013		J10特-评	6	1	0008	0079
管理性工艺文件	J10特4-评DY-（2013）037		K/JJ1	歼-10B型	J10特-D试（前）-JDY010 [illegible]	K/JJ10B-132-G-0008-0080	2013		J10特-评	6	1	0008	0080
管理性工艺文件	J10特4-评DY-（2013）038		K/JJ1	歼-10B型	J10特-D试（前）-JDY003 [illegible]	K/JJ10B-132-G-0008-0081	2013		J10特-评	6	1	0008	0081
管理性工艺文件	J10特4-评FK-（2013）037		K/JJ1	歼-10B型	J10特-D试（前）-JFK005 KZH-6	K/JJ10B-132-G-0008-0082	2013		J10特-评	6	1	0008	0082
管理性工艺文件	J10特4-评FK-（2013）039		K/JJ1	歼-10B型	J10特-D试（前）-JYB002 XU-33	K/JJ10B-132-G-0008-0083	2013		J10特-评	6	1	0008	0083
管理性工艺文件	J10特4-评FK-（2013）041		K/JJ1	歼-10B型	J10特-D试（前）-JFK010 XY3.5-	K/JJ10B-132-G-0008-0084	2013		J10特-评	6	1	0008	0084
管理性工艺文件	J10特4-评FK-（2013）042		K/JJ1	歼-10B型	J10特-D试（前）-JFK002 YYS-2	K/JJ10B-132-G-0008-0085	2013		J10特-评	6	1	0008	0085
管理性工艺文件	J10特4-评FK-（2013）044		K/JJ1	歼-10B型	J10特-D试（前）-JYB006 GGJ-14	K/JJ10B-132-G-0008-0086	2013		J10特-评	6	1	0008	0086
管理性工艺文件	J10艺2-评LJ-（2017）024		K/JJ1	歼-10B型	DD-J10-64016-312重要FO工艺评	K/JJ10B-132-G-0008-0087	2017		J10艺-评	6	1	0008	0087
管理性工艺文件	J10艺2-评LJ-（2017）084		K/JJ1	歼-10B型	DD-J10-61021-410 重要FO工艺	K/JJ10B-132-G-0008-0088	2017		J10艺-评	6	1	0008	0088
管理性工艺文件	J10艺2-评LJ-（2018）005		K/JJ1	歼-10B型	DD-J10-55025-800-2重要FO工艺	K/JJ10B-132-G-0008-0089	2018		J10艺-评	6	1	0008	0089

4. 编号

PDM 系统电子文件根据给定的类号，依据分类方案和排列顺序编制档号，档号的编制应遵循唯一性、合理性、稳定性、扩充性原则。按照企业档案分类要求编号定位，案卷编号具体要求如下：

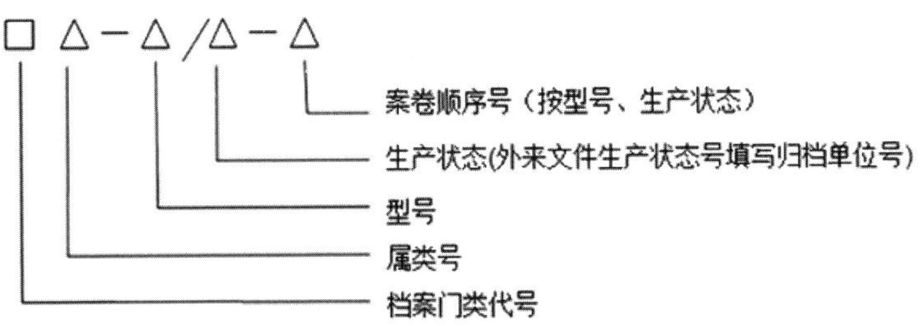

编号说明：

（1）编号的一般形式为：档案门类代号（一级类目）、属类代号（二级类目）等、年度（型）号、保管期限或生产状态号、案卷顺序号；

（2）类号、年度号用阿拉伯数字表示；

（3）型号用大写拼音字母、阿拉伯数字和罗马字母组合表示；

（4）生产状态：1 研制阶段、2 设计定型、3 生产定型、4 停产状态、9 其它（案卷未固定的不编写案卷顺序号）。

（六）电子档案保管方案

1. 电子档案在线存储

配备高性能存储设备。×××存储 1 套；40TB 裸盘容量（含热备盘）；SAS 接口类型 2.5 寸硬盘；2 个控制器；128G 高速 SAN 缓存；1 * 8 个 FC/8Gbps 速率前端接口；控制器 CPU 主频 2.4Hz,；支持在线加磁盘和在线容量扩展；支持掉电 Cache 数据保护，并在掉电情况下能将 Cache 数据回写硬盘。

2. 离线存储备份

电子档案管理系统备份纳入公司安全保密体系建设，实行周备份、年备份，并按年度进行磁带离线存储备份，离线存储时按照电子文件内在联系进行信息组织，重要电子文件一式三套离线存储，三套载体分开保存，其中一套于北京某部异地存放。

备份磁性载体每满 2 年应进行一次抽样检验，抽样率不低于 10%，如发现问题应及时采取相应的恢复措施。磁性载体上存储的电子档案，应每 4 年转存一次，同时原载体保留时间不少于 4 年。

（七）利用方案

1. 利用原则

电子档案管理系统应符合《涉及国家秘密的信息系统分级保护管理规范》（BMB20）要求，确保系统满足涉密信息系统的安全要求，确保档案系统的数据安全。严格管理电子档案的用户及其访问权限，监控非授权用户的登录与操作，确保电子文件在线安全利用，控制下载权限，并采取技术措施保证在线阅读本地无文件残留，限制截屏。

2. 系统安全保密要求

通过业务系统采用智能卡或 USB Key 与口令相结合方式进行身份鉴别，通过注册用户、授权访问等方式，测试其有效性。对涉密信息和重要信息的访问控制按照主体类别、客体类别进行访问控制，按照机密增强型标准，主体控制到单个用户，客体需控制到信息类别，同时根据利用者涉密等级、主体电子档案密级、访问终端密级（计算机密级），严格控制电子档案利用范围，确保信息安全。

3. 电子档案在线利用

根据文件在线查看和档案原文在线查看权限的控制，对档案库内的档案原文查看进行权限控制，用户无需在客户端安装任何第三方阅读软件的情况下，将需要查看的页面以流的方式传输到客户阅读器，即可完成电子文件的在线浏览。控制用户对原文的查看、打印和下载等权限。系统对档案库内的档案原文查看，进行权限控制，实现其在线阅读的档案系统文件的查看、打印、下载、防拍、防拷屏等权限的控制。通过后台滤镜处理以及水印防护等技术实现用户在线查看原文防拷屏，防止原文在线的泄露问题，保证涉密文件档案的安全性。

4. 电子档案借阅

对于用户不具有查看权限的电子档案的利用，由利用者提交借阅申请，经审批后，由档案管理人员进行临时赋权，系统自动在一段时间内（具体时间由审批人员根据申请人的意愿来进行控制）对该用户开放权限。

（八）四性检测方案

1. 业务模型

包含了三个业务环节中文件（档案）封装要求以及封装包的检测要求，总体业务模型图如下：

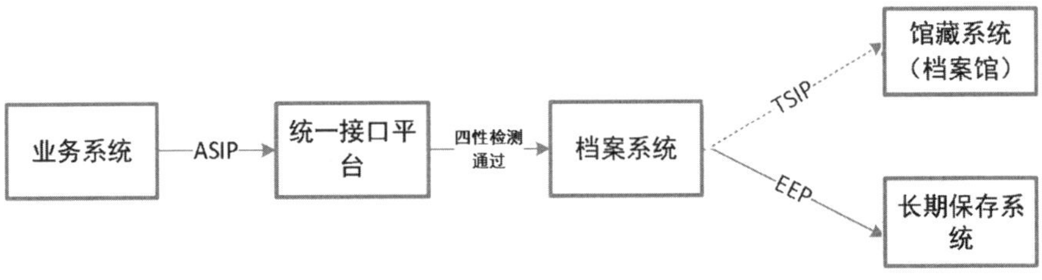

（1）归档移交

归档移交是指电子文件归档时立档单位内部业务部门向档案部门发出的文件移交申请，归档移交可以是在线移交（包括业务系统通过接口平台自动归档），也可以是离线移交（业务部门形成离线的归档信息包 ASIP），无论是哪一种移交过程都应当形成完整的归档信息包，并且在信息包交接的过程中对信息包的完整性、真实性、可用性、安全性进行检测。

归档移交环节业务模型图如下：

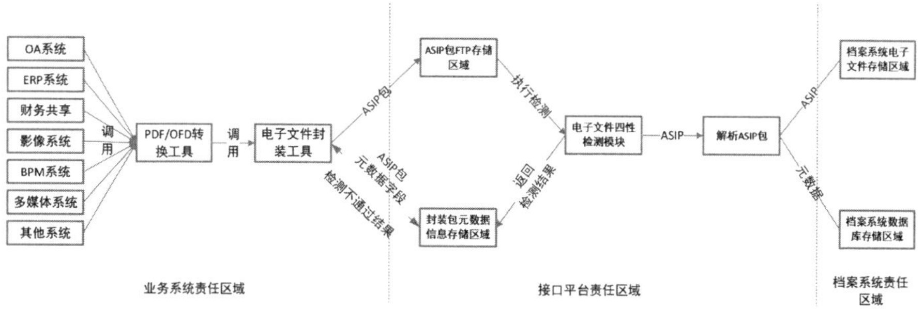

(2) 进馆移交

进馆移交是指立档单位将保管期满的电子档案向档案馆移交，无论是在线进馆移交还是离线进馆移交都需要按照规定生成移交信息包（TSIP），并且在进馆接收过程中对信息包进行四性检测，检测通过才可以进馆。

进馆移交环节业务模型图如下：

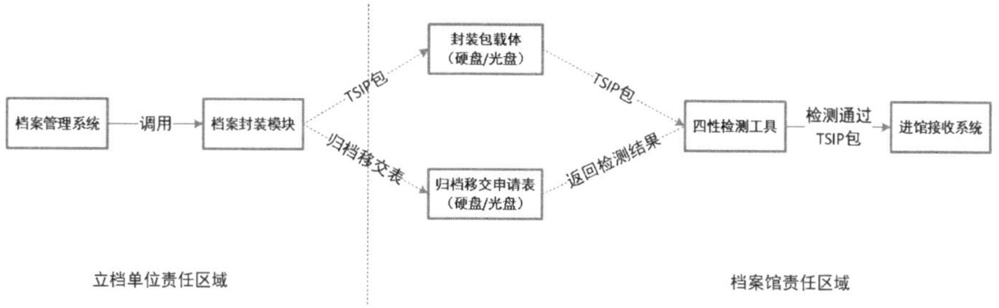

(3) 长期保存

长期保存是指按照国家档案局长期保存的要求生成的保存信息包，档案管理系统中保存信息包是依据国家档案局DA/T48《基于XML的电子文件封装规范》中的相关要求进行。

长期保存环节业务模型图如下：

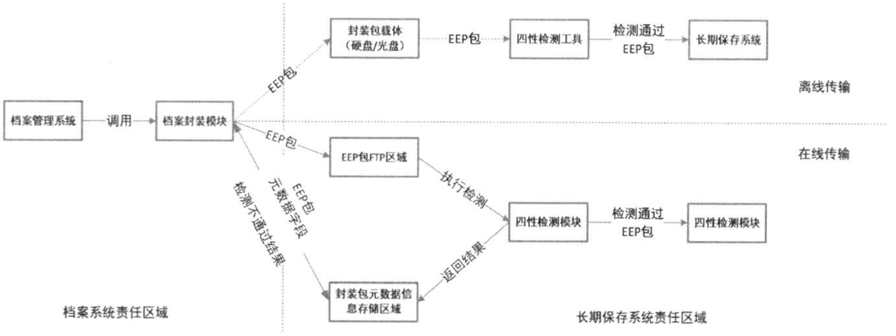

2. 业务架构

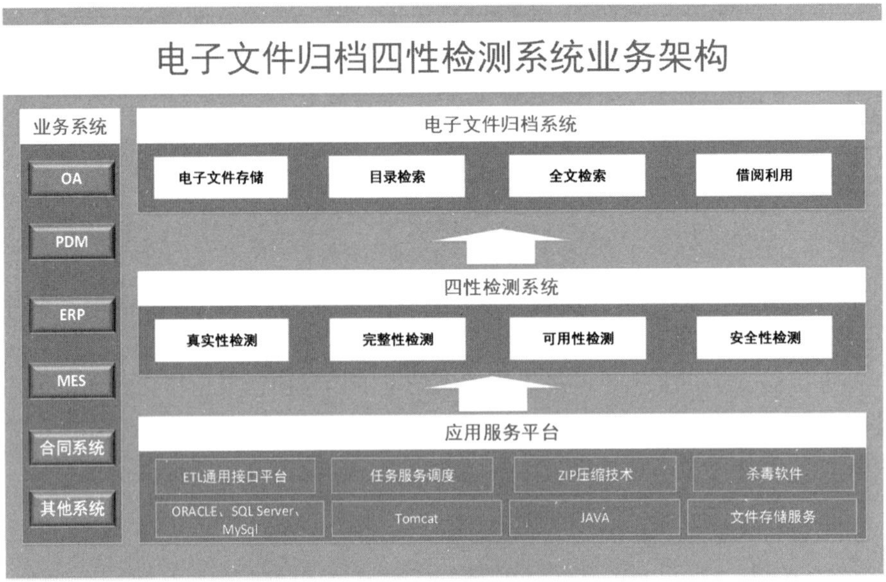

应用服务平台中通过系统可支持的数据库类型（如：ORACLE、SQLServer、MySql），搭建 Tomcat 中间件，在 JAVA 环境中执行的应用程序，配合 ETL 通用接口平台，使用任务服务调度方式、ZIP 压缩技术等支撑电子文件归档四性检测系统；

在约定的规范范围中，各业务系统调用 ETL 通用接口平台，将其需要移交归档的数据信息进行 ZIP 压缩打包，形成电子文件信息包，推送给数据资源归档系统，数据资源归档系统对接收到的 ZIP 压缩包电子文件信息包进行解析并对电子文件内容进行电子文件长期格式转换，同时调用电子文件归档四性检测系统，从真实性、完整性、可用性、安全性等四个方面进行移交的电子文件信息包及著录项、内容、附件、安全性等方面的检测，对不符合检测标准要求的电子文件拒收，同时反馈给对应的业务系统；对符合检测标准要求的电子文件信息进行解析，并将对应的电子文件信息包中的著录项内容接收保存到对应的档案库中，电子文件（附件）等上传至电子文件存储服务器中进行保存；再对电子文件（附件）的移交和保存过程中进行安全性检测，确保数据的安全性。

3. 各环节功能实现情况

（1）归档环节

a）归档环节说明

归档环节主要是指通过系统接口将业务系统中的档案数据在归档到档案系统之前，对业务系统提供的归档信息进行四性检测，只有检测通过的归档信息包，才能进行归档确认，同时生成四性检测报告。

b）配置说明

四性检测功能的前期配置说明，基于此项配置，由系统程序调用相关检测工具进行四性检测，在结束后生成对应的检测报告。

①配置检测对象：四性检测主要设计的为检测数据接口，在配置对象中，将需要检测的数据接口中间表信息进行配置（本次主要是针对 PDM 数据归档接口进行的四性检测）。如下图所示：

```
#需要四性检测中间库的id
midTableId=7
```

②配置检测工具路径：对程序调用四性检测工具的路径配置。如下图所示：

```
#四性检测插件地址
sxjy.exe = D:\\CDFJ\\DER\\DERToolKit.exe
```

③数据归档接口 ETL 平台配置：在接口 ETL 平台中，创建 PDM 数据接口中间表，由 PDM 系统推送数据到该中间表中，四性检测功能对数据进行检测，在检测结果通过后，再向数据资源归档系统中归档，最终将数据归档到对应的档案库中。

如下图所示：

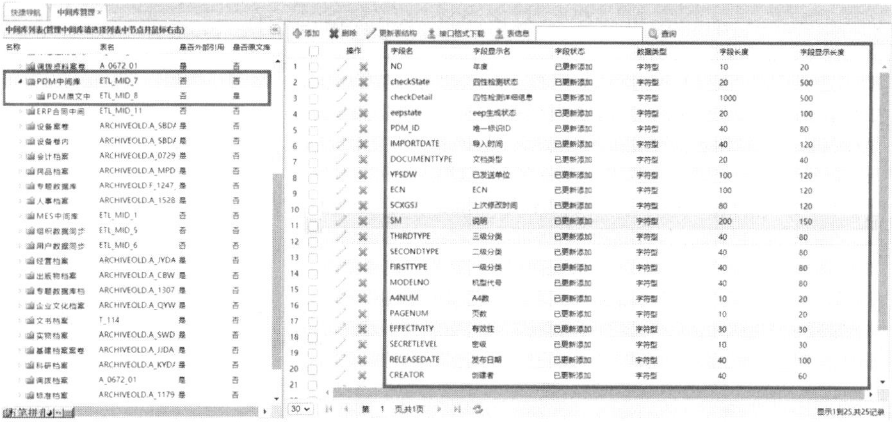

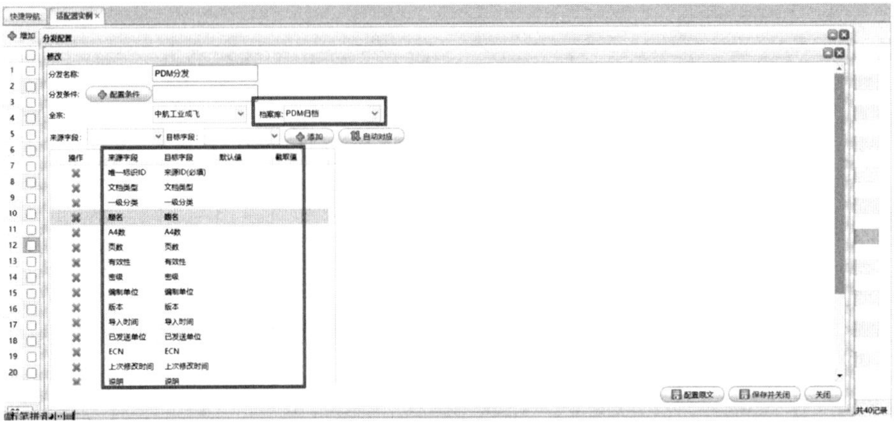

④任务调度配置：在数据接口 ETL 平台中，配置四性检测任务调度以及档案数据归档接口任务调度，以定时的方式每天对需要归档的数据进行检测后再归档处理。如下图所示：

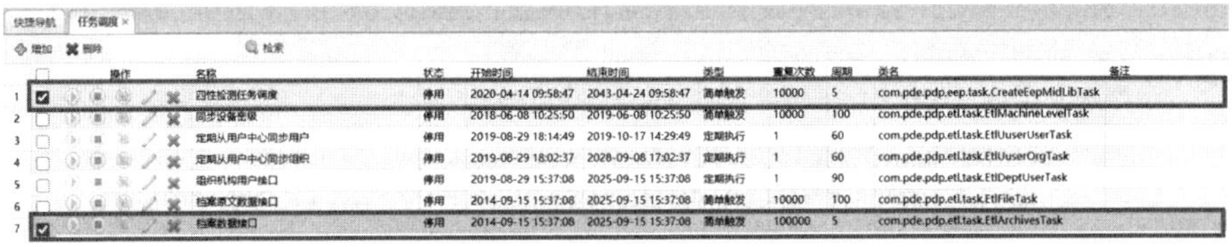

c）功能实现说明

①分别启动四性检测任务调度及档案数据归档接口任务调度，程序开始对指定的数据归档接口中间表内进行监控，在监控到有需要进行四性检测的数据时，调用四性检测工具进行数据检测。

②四性检测功能调用检测工具，对数据进行检测，检测通过的数据，将在数据接口的中间表里更新三个与四性检测有关的字段（eep 生成状态、四性检测状态、四性检测详细信息），其中，eep 生成状态：是指在检测过程中将检测数据打包封装成 EEP 检测包；四性检测状态：是指对 EEP 检测包检测后的结果是通过还是不通过；四性检测详细信息：是指生成检测详细信息，同时可对检测结果进行下载，形成 XML 格式检测报告文档。如下图所示：

```
2020-10-02 09:30:52.651 INFO  [http-8085-2] (QuartzScheduler.java:500) - Schedul
er DefaultQuartzScheduler_$_NON_CLUSTERED started.
2020-10-02 09:30:52.652 INFO  [DefaultQuartzScheduler_Worker-10] (CreateEepMidLi
bTask.java from InputFileObject:18) - ===四性检测任务开始===
2020-10-02 09:30:54.149 INFO  [DefaultQuartzScheduler_Worker-10] (CreateZipUtil.
java from InputFileObject:242) - 文件{焊接导管优化说明132分部.doc}下载成功
com.pde.api.eep.t48.domain.M211@19daa0c81
```

2020-10-02 09:30:54.571 INFO [DefaultQuartzScheduler_Worker-10] (AdministrativeArchivesClient.java:84) - 条目
【11640412451】成功创建目录D:/CDFJ/workspace-cdfj/
etl/zipTemp/11640412451\B9706C56E4B74458BC8B9363DA8101C3\11640412451\2020-10-02 09:30:54.779 INFO
[DefaultQuartzScheduler_Worker-10] (CreateEepServi
ceMidLibImpl.java from InputFileObject:143) - 成功生成zip位置：D:\CDFJ\workspace-cdfj\etl
\zipTemp\11640412451\B9706C56E4B74458BC8B9363DA8101C3.zip
2020-10-02 09:30:55.050 INFO [DefaultQuartzScheduler_Worker-10] (CreateEepServiceMidLibImpl.java from
InputFileObject:209) - 成功更新eep生成状态
2020-10-02 09:30:55.054 INFO [DefaultQuartzScheduler_Worker-10] (CreateEepServiceMidLibImpl.java from
InputFileObject:420) - 调用插件指令======D:\CDFJ\DER\DERToolKit.exe
eyJwYXRoIjoiUkRwY1EwUkdTbHgzYjNKcmMzQmhZMlV0WTJSbWFseGxkR3hjZW1sd1ZHVnRjRnd4TVRZME1EUXhNalExT
VE9PSIsInN0YWdlIjoiMCIsImZpbGVsaXN0IjpbeyJvcmRlciI6IjEiLCJtZDUiOiIyZDI2YmEzNmVkOGY2ZGZlMGNiNjkwZGZkYTd
lOWNjOCIsIm51bWJlciI6IkI5NzA2QzU2RTRCNzQ0NThCQzhCOTM2M0RBODEwMUMzIn1dLCJmb3VuZGlkb3JuYW1lIjoi5
b2S5qGj5qOA5rWLIn0=exitValue:0
2020-10-02 09:31:05.105 ERROR [DefaultQuartzScheduler_Worker-10] (CreateEepServiceMidLibImpl.java from
InputFileObject:276) - 真实性检验【通过】
2020-10-02 09:31:05.107 ERROR [DefaultQuartzScheduler_Worker-10] (CreateEepServiceMidLibImpl.java from
InputFileObject:305) - 完整性检验【通过】
2020-10-02 09:31:05.109 ERROR [DefaultQuartzScheduler_Worker-10] (CreateEepServiceMidLibImpl.java from
InputFileObject:333) - 可用性检验【通过】
2020-10-02 09:31:05.113 ERROR [DefaultQuartzScheduler_Worker-10] (CreateEepServiceMidLibImpl.java from
InputFileObject:361) - 安全性检验【未设置检测】
2020-10-02 09:31:05.116 INFO [DefaultQuartzScheduler_Worker-10] (CreateEepServiceMidLibImpl.java from
InputFileObject:155) - 四性检测结果：state:true, message:
, result:真实性通过；完整性通过；可用性通过；安全性未设置检测；
2020-10-02 09:31:06.184 INFO [DefaultQuartzScheduler_Worker-10] (CreateEepServiceMidLibImpl.java from
InputFileObject:197) - 成功更新检测状态
2020-10-02 09:31:06.186 INFO [DefaultQuartzScheduler_Worker-10] (CreateEepMidLibTask.java from InputFileObject:21)
- ===四性检测任务结束===
2020-10-02 09:31:06.188 INFO [DefaultQuartzScheduler_Worker-1] (CreateEepMidLibTask.java from InputFileObject:18)
- ===四性检测任务开始===
2020-10-02 09:31:08.346 INFO [DefaultQuartzScheduler_Worker-1] (CreateZipUtil.java from InputFileObject:242) - 文件
{JL8170-TS卡-18005 30天的维护工作（特设专业）.doc}下载成功
com.pde.api.eep.t48.domain.M211@702ee3941
2020-10-02 09:31:08.381 INFO [DefaultQuartzScheduler_Worker-1] (AdministrativeArchivesClient.java:84) - 条目
【11622228002】成功创建目录D:/CDFJ/workspace-cdfj/e
tl/zipTemp/11622228002\01F1E3A5AF50466781E138659EB37609\11622228002\2020-10-02 09:31:08.398 INFO
[DefaultQuartzScheduler_Worker-1] (CreateEepServic
eMidLibImpl.java from InputFileObject:143) - 成功生成zip位置：D:\CDFJ\workspace-cdfj\etl\zipTemp
\11622228002\01F1E3A5AF50466781E138659EB37609.zip
2020-10-02 09:31:09.350 INFO [DefaultQuartzScheduler_Worker-1] (CreateEepServiceMidLibImpl.java from
InputFileObject:209) - 成功更新eep生成状态
2020-10-02 09:31:09.353 INFO [DefaultQuartzScheduler_Worker-1] (CreateEepServiceMidLibImpl.java from
InputFileObject:420) - 调用插件指令======D:\CDFJ\DER\DERToolKit.exe
eyJwYXRoIjoiUkRwY1EwUkdTbHgzYjNKcmMzQmhZMlV0WTJSbWFseGxkR3hjZW1sd1ZHVnRjRnd4TVRZeU1qSXlPREF3T
Wc9PSIsInN0YWdlIjoiMCIsImZpbGVsaXN0IjpbeyJvcmRlciI6IjEiLCJtZDUiOiI2NmYxNjUxYjA1OTlmNTc0NzRlM2U3ZjY4NTkx
NjNmMiIsIm51bWJlciI6IjAxRjFFM0E1QUY1MDQ2Njc4MUUxMzg2NTlFQjM3NjA5In1dLCJmb3VuZGlkb3JuYW1lIjoi5b2S5q
Gj5qOA5rWLIn0=exitValue:0
2020-10-02 09:31:13.366 ERROR [DefaultQuartzScheduler_Worker-1] (CreateEepServiceMidLibImpl.java from
InputFileObject:276) - 真实性检验【通过】
2020-10-02 09:31:13.368 ERROR [DefaultQuartzScheduler_Worker-1] (CreateEepServiceMidLibImpl.java from
InputFileObject:305) - 完整性检验【通过】
2020-10-02 09:31:13.369 ERROR [DefaultQuartzScheduler_Worker-1] (CreateEepServiceMidLibImpl.java from
InputFileObject:333) - 可用性检验【通过】
2020-10-02 09:31:13.371 ERROR [DefaultQuartzScheduler_Worker-1] (CreateEepServiceMidLibImpl.java from
InputFileObject:361) - 安全性检验【未设置检测】
2020-10-02 09:31:13.373 INFO [DefaultQuartzScheduler_Worker-1] (CreateEepServiceMidLibImpl.java from
InputFileObject:155) - 四性检测结果：state:true, message:,
result:真实性通过；完整性通过；可用性通过；安全性未设置检测；
2020-10-02 09:31:14.054 INFO [DefaultQuartzScheduler_Worker-1] (CreateEepServiceMidLibImpl.java from
InputFileObject:197) - 成功更新检测状态
2020-10-02 09:31:14.056 INFO [DefaultQuartzScheduler_Worker-1] (CreateEepMidLibTask.java from InputFileObject:21)
- ===四性检测任务结束===

③如上图所示，eep 生成状态、四性检测状态、四性检测详细信息三个字段分别生成了对应的结果，点击“四性检测详细信息”字段中的链接地址可将检测结果下载到本地查看。

如下图所示：

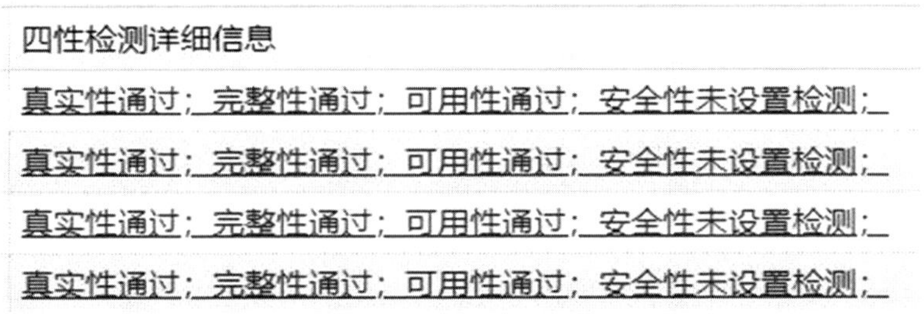

下载后的报告文件以 XML 格式进行保存，文件如下：

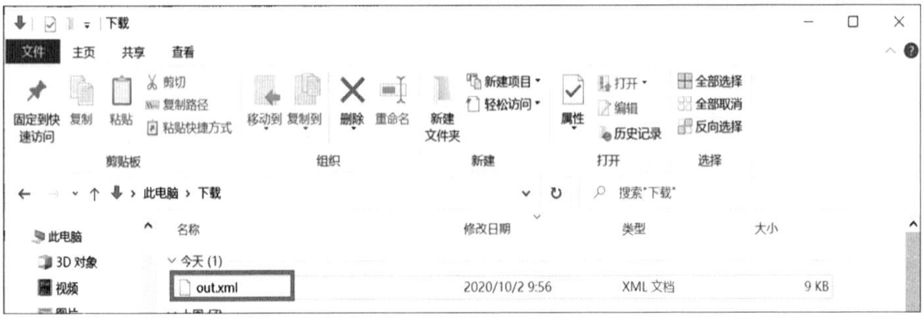

检测报告原始文件：

out.xm l

用浏览器打开后的结果如下：

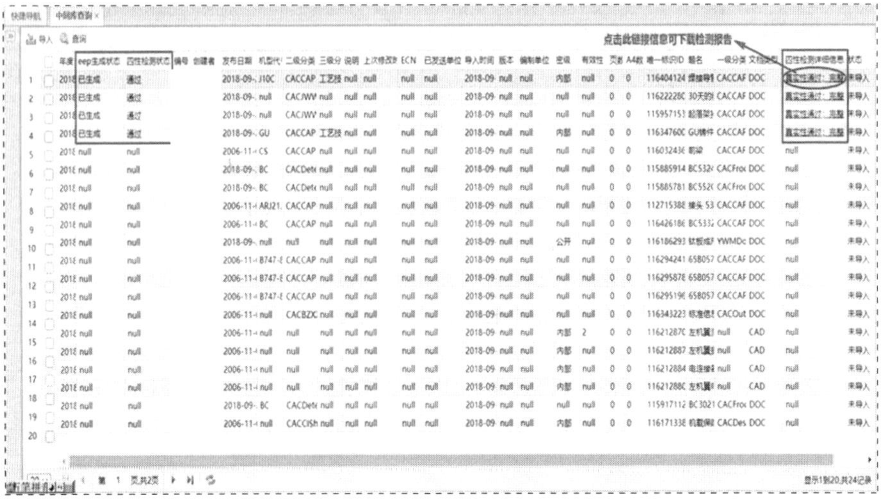

C:\Users\usole\Downloads\out.xml 搜索...

C:\Users\usole\Downloads\...


```xml
<?xml version="1.0" encoding="UTF-8"?>
<DER>
  <INFO>共检测 1 个包，其中通过 1 个，未通过 0 个。</INFO>
  <ZIPFILE Memo="" CheckTime="2020-10-02 09:31:03" CheckResult="通过" Foundation="归档检测" Path="D:\CDFJ\workspace-cdfj\etl\zipTemp\11640412451
  \B9706C56E4B74458BC8B9363DA8101C3.zip">
    <RECORDCHECK>
      <INFO>共检测 1 个文件，其中通过 1 个，未通过 0 个。</INFO>
      <RECORD CheckResult="通过" Name="11640412451" FilingMode="文件">
        <CHECK CheckResult="通过" Explain="真实性检测">
          <ITEM CheckResult="通过" Explain="固化信息有效性检测" Code="GD-ZS-1-1"/>
          <ITEM CheckResult="通过" Explain="元数据项数据长度检测" Code="GD-ZS-2-1"/>
          <ITEM CheckResult="通过" Explain="元数据项数据类型、字段格式检测" Code="GD-ZS-2-2"/>
          <ITEM CheckResult="通过" Explain="设定值域的元数据项值域符合度检测" Code="GD-ZS-2-3"/>
          <ITEM CheckResult="通过" Explain="元数据项数据合理性检测，元数据项数据范围检测" Code="GD-ZS-2-4"/>
          <ITEM CheckResult="通过" Explain="元数据项数据包含特殊字符检测" Code="GD-ZS-2-5"/>
          <ITEM CheckResult="未设置检测" Explain="档号规范性检测" Code="GD-ZS-2-6"/>
          <ITEM CheckResult="通过" Explain="元数据项数据重复性检测" Code="GD-ZS-2-7"/>
          <ITEM CheckResult="通过" Explain="电子文件内容数据的电子属性一致性检测" Code="GD-ZS-3-1"/>
          <ITEM CheckResult="通过" Explain="元数据是否关联内容数据" Code="GD-ZS-4-1"/>
          <ITEM CheckResult="通过" Explain="说明文件和目录文件规范性检测" Code="GD-ZS-5-1"/>
          <ITEM CheckResult="通过" Explain="归档信息包目录结构规范性检测" Code="GD-ZS-5-2"/>
        </CHECK>
        <CHECK CheckResult="通过" Explain="完整性检测">
          <ITEM CheckResult="通过" Explain="电子文件归档总件数相符性检测" Code="GD-WZ-1-1"/>
          <ITEM CheckResult="通过" Explain="电子文件归档总字节数相符性检测" Code="GD-WZ-1-2"/>
          <ITEM CheckResult="通过" Explain="电子文件元数据必填著录项目检测" Code="GD-WZ-2-1"/>
          <ITEM CheckResult="通过" Explain="电子文件过程信息完整性检测" Code="GD-WZ-2-2"/>
          <ITEM CheckResult="通过" Explain="电子文件连续性元数据项检测" Code="GD-WZ-2-3"/>
          <ITEM CheckResult="未设置检测" Explain="电子文件内容数据完整性检测（人工检测）" Code="GD-WZ-3-1"/>
          <ITEM CheckResult="未设置检测" Explain="电子文件附件数据完整性检测（人工检测）" Code="GD-WZ-3-2"/>
          <ITEM CheckResult="通过" Explain="归档信息包中元数据完整性检测" Code="GD-WZ-4-1"/>
          <ITEM CheckResult="通过" Explain="归档信息包内容数据完整性检测" Code="GD-WZ-4-2"/>
        </CHECK>
        <CHECK CheckResult="通过" Explain="可用性检测">
          <ITEM CheckResult="通过" Explain="归档信息包中元数据的可读性检测" Code="GD-KY-1-1"/>
          <ITEM CheckResult="未设置检测" Explain="目标数据库中的元数据可访问性检测" Code="GD-KY-1-2"/>
          <ITEM CheckResult="通过" Explain="电子文件内容数据格式检测" Code="GD-KY-2-1"/>
          <ITEM CheckResult="未设置检测" Explain="电子文件内容数据的可读性检测（人工检测）" Code="GD-KY-2-2"/>
          <ITEM CheckResult="通过" Explain="电子文件软硬件环境合规性检测" Code="GD-KY-3-1"/>
          <ITEM CheckResult="通过" Explain="归档信息包中电子文件合规性检测" Code="GD-KY-4-1"/>
        </CHECK>
        <CHECK CheckResult="未设置检测" Explain="安全性检测">
          <ITEM CheckResult="未设置检测" Explain="系统环境中是否安装杀毒软件检测" Code="GD-AQ-1-1"/>
          <ITEM CheckResult="未设置检测" Explain="电子文件病毒感染检测" Code="GD-AQ-1-2"/>
          <ITEM CheckResult="未设置检测" Explain="载体中多余文件检测" Code="GD-AQ-2-1"/>
          <ITEM CheckResult="未设置检测" Explain="载体读取速度检测" Code="GD-AQ-2-2"/>
          <ITEM CheckResult="未设置检测" Explain="载体外观检测（人工检测）" Code="GD-AQ-2-3"/>
          <ITEM CheckResult="未设置检测" Explain="光盘合格性检测" Code="GD-AQ-2-4"/>
          <ITEM CheckResult="未设置检测" Explain="归档过程安全性检测" Code="GD-AQ-3-1"/>
        </CHECK>
      </RECORD>
    </RECORDCHECK>
    <ITEMCHECK>
      <CHECK CheckResult="通过" Explain="真实性检测">
        <ITEM CheckResult="通过" Explain="固化信息有效性检测" Code="GD-ZS-1-1"/>
        <ITEM CheckResult="通过" Explain="元数据项数据长度检测" Code="GD-ZS-2-1"/>
        <ITEM CheckResult="通过" Explain="元数据项数据类型、字段格式检测" Code="GD-ZS-2-2"/>
        <ITEM CheckResult="通过" Explain="设定值域的元数据项值域符合度检测" Code="GD-ZS-2-3"/>
        <ITEM CheckResult="通过" Explain="元数据项数据合理性检测，元数据项数据范围检测" Code="GD-ZS-2-4"/>
        <ITEM CheckResult="通过" Explain="元数据项数据包含特殊字符检测" Code="GD-ZS-2-5"/>
        <ITEM CheckResult="未设置检测" Explain="档号规范性检测" Code="GD-ZS-2-6"/>
        <ITEM CheckResult="通过" Explain="元数据项数据重复性检测" Code="GD-ZS-2-7"/>
        <ITEM CheckResult="通过" Explain="电子文件内容数据的电子属性一致性检测" Code="GD-ZS-3-1"/>
        <ITEM CheckResult="通过" Explain="元数据是否关联内容数据" Code="GD-ZS-4-1"/>
        <ITEM CheckResult="通过" Explain="说明文件和目录文件规范性检测" Code="GD-ZS-5-1"/>
        <ITEM CheckResult="通过" Explain="归档信息包目录结构规范性检测" Code="GD-ZS-5-2"/>
        <ITEM CheckResult="通过" Explain="归档信息包一致性检测" Code="GD-ZS-5-3"/>
      </CHECK>
      <CHECK CheckResult="通过" Explain="完整性检测">
        <ITEM CheckResult="通过" Explain="电子文件归档总件数相符性检测" Code="GD-WZ-1-1"/>
        <ITEM CheckResult="通过" Explain="电子文件归档总字节数相符性检测" Code="GD-WZ-1-2"/>
        <ITEM CheckResult="通过" Explain="电子文件元数据必填著录项目检测" Code="GD-WZ-2-1"/>
        <ITEM CheckResult="通过" Explain="电子文件过程信息完整性检测" Code="GD-WZ-2-2"/>
        <ITEM CheckResult="通过" Explain="电子文件连续性元数据项检测" Code="GD-WZ-2-3"/>
        <ITEM CheckResult="未设置检测" Explain="电子文件内容数据完整性检测（人工检测）" Code="GD-WZ-3-1"/>
        <ITEM CheckResult="未设置检测" Explain="电子文件附件数据完整性检测（人工检测）" Code="GD-WZ-3-2"/>
        <ITEM CheckResult="通过" Explain="归档信息包中元数据完整性检测" Code="GD-WZ-4-1"/>
        <ITEM CheckResult="通过" Explain="归档信息包内容数据完整性检测" Code="GD-WZ-4-2"/>
        <ITEM CheckResult="通过" Explain="归档范围检测" Code="GD-WZ-4-3"/>
      </CHECK>
      <CHECK CheckResult="通过" Explain="可用性检测">
        <ITEM CheckResult="通过" Explain="归档信息包中元数据的可读性检测" Code="GD-KY-1-1"/>
        <ITEM CheckResult="未设置检测" Explain="目标数据库中的元数据可访问性检测" Code="GD-KY-1-2"/>
        <ITEM CheckResult="通过" Explain="电子文件内容数据格式检测" Code="GD-KY-2-1"/>
        <ITEM CheckResult="未设置检测" Explain="电子文件内容数据的可读性检测（人工检测）" Code="GD-KY-2-2"/>
        <ITEM CheckResult="通过" Explain="电子文件软硬件环境合规性检测" Code="GD-KY-3-1"/>
        <ITEM CheckResult="通过" Explain="归档信息包中电子文件合规性检测" Code="GD-KY-4-1"/>
      </CHECK>
      <CHECK CheckResult="未设置检测" Explain="安全性检测">
        <ITEM CheckResult="未设置检测" Explain="系统环境中是否安装杀毒软件检测" Code="GD-AQ-1-1"/>
        <ITEM CheckResult="未设置检测" Explain="电子文件病毒感染检测" Code="GD-AQ-1-2"/>
        <ITEM CheckResult="未设置检测" Explain="载体中多余文件检测" Code="GD-AQ-2-1"/>
        <ITEM CheckResult="未设置检测" Explain="载体读取速度检测" Code="GD-AQ-2-2"/>
        <ITEM CheckResult="未设置检测" Explain="载体外观检测（人工检测）" Code="GD-AQ-2-3"/>
        <ITEM CheckResult="未设置检测" Explain="光盘合格性检测" Code="GD-AQ-2-4"/>
        <ITEM CheckResult="未设置检测" Explain="归档过程安全性检测" Code="GD-AQ-3-1"/>
      </CHECK>
    </ITEMCHECK>
  </ZIPFILE>
</DER>
```

④检测结果为“通过”后，接口平台中的“档案数据接口”任务调度执行，将数据接收到对应的档案库中。

如下图所示：

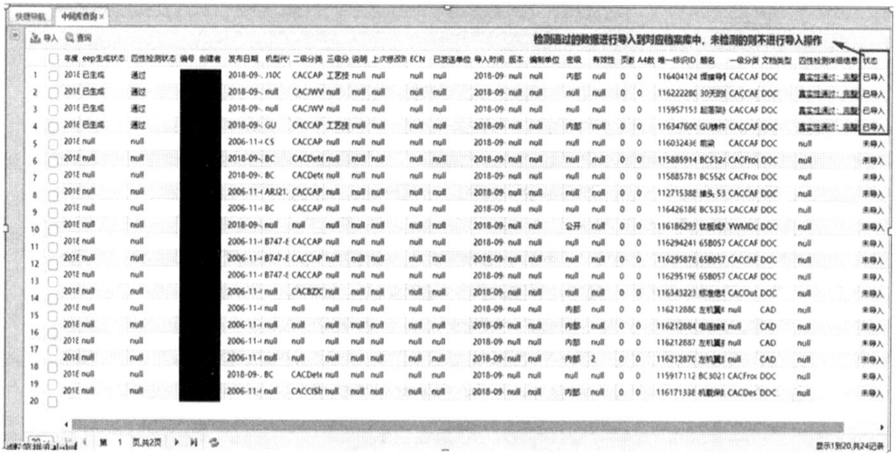

⑤可进入到数据资源归档管理系统中对应的档案库中查看到对应的档案数据，包括档案条目及电子文件（如果对应的档案条目无电子文件，则仅可查看档案条目）。

如下图所示：

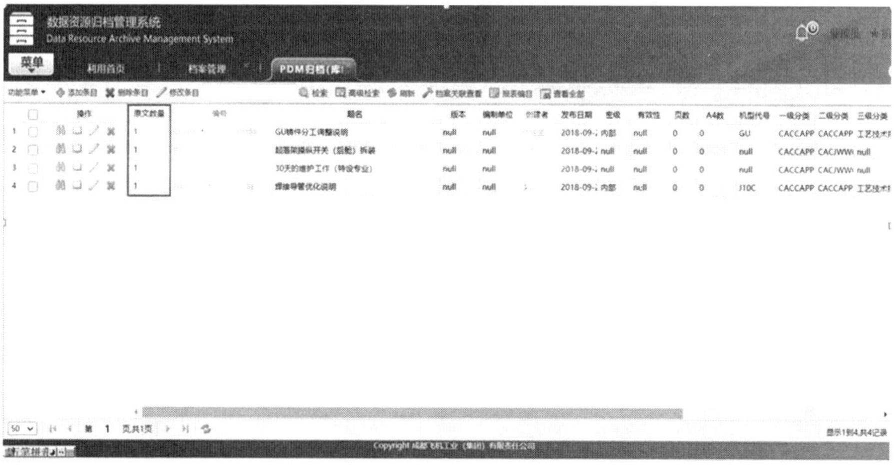

条目明细查看：

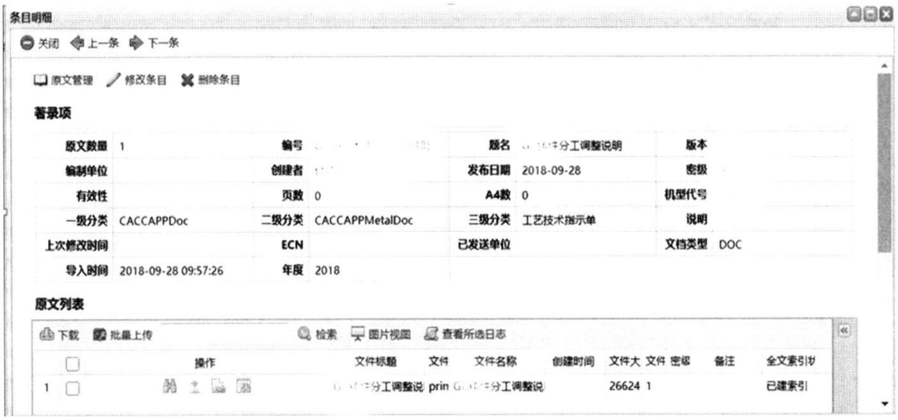

点击“原文列表”中的“原文查看”按钮，进行电子文件查看：

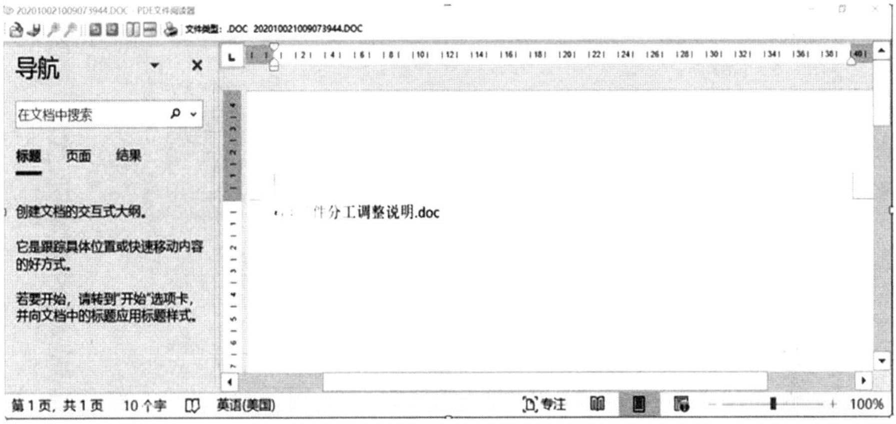

（2）移交与接收环节

移交与接收环节是对移交信息进行处理的过程，它可分为两个部分：

第一，作为数据提供方，将数据提供给某一方（比如向集团公司移交或子公司向本部单位移交），由接收方进行数据接收处理，该部分仅是进行数据信息打包生成 EEP 包环节，生成移交信息包；

第二，作为数据接收方，接收某一方移交来的信息包，进行四性检测处理。

数据移交打包：

①进入数据资源归档管理系统中，依次进入“菜单”-“档案中心”-“数据迁移”，进入到数据迁移数据打包页面。

如下图所示：

②在数据迁移页面，选择左侧的全宗名称，右侧中点击“数据打包”按钮，打开数据打包设置添加页面。

如下图所示：

③数据打包页面，填写封装包描述、用途、去向、文件类型、封装的档案库内数据（可全部数据或根据条件检索出相应的数据），最后保存，形成

封装打包任务。如下图所示：

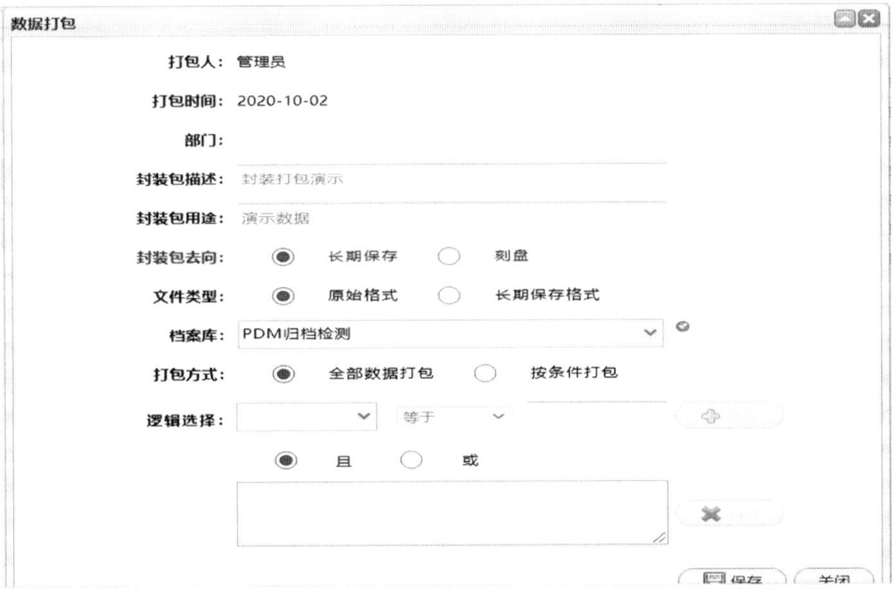

④启动数据资源归档管理系统中的“数据迁移 EEP 打包”任务调度，由程序执行封装打包，之后在“状态”变更为“已完成”后，则可下载封装好的压缩包。

如下图所示：

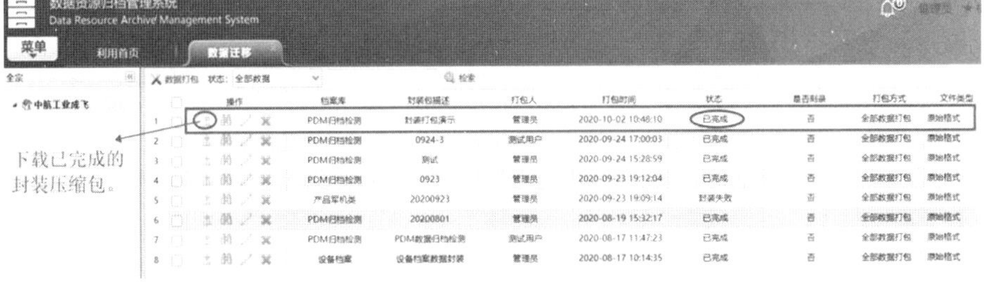

生成随机文件名的压缩包（.ZIP 格式）：

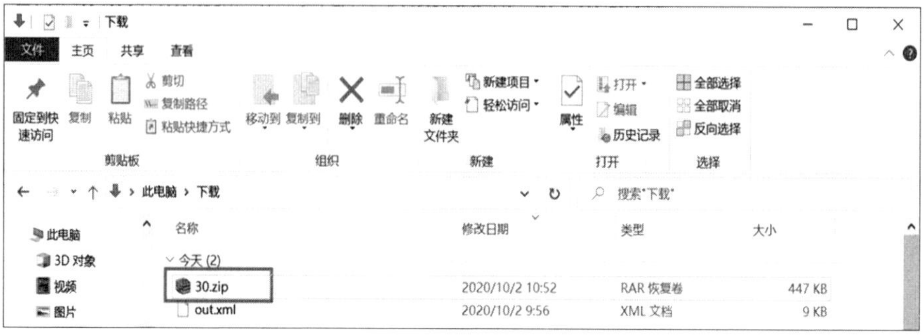

压缩包中的内容：以“档号”为文件夹，一个档案条目形成一个文件夹，里面包含有对应 XML 文件、原文信息等：

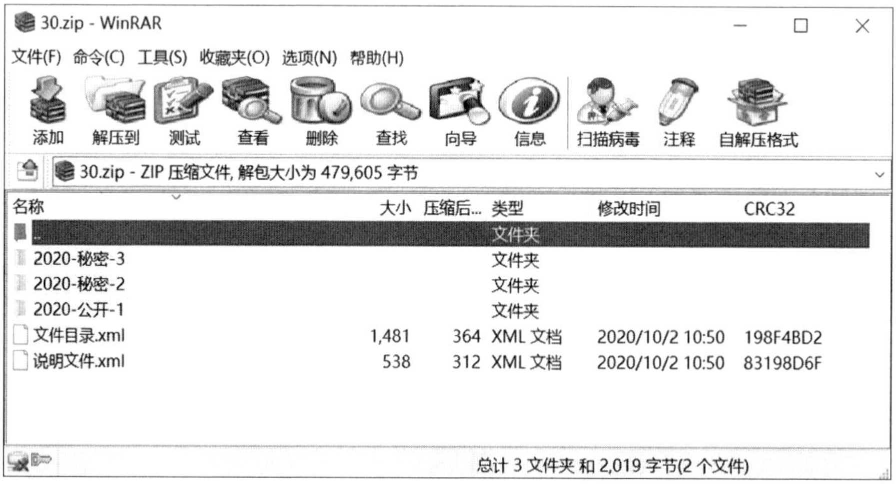

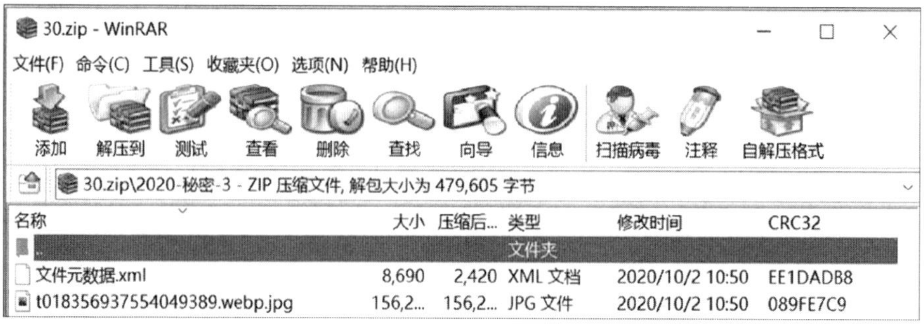

文件元数据 XML 格式文件内容（包括条目信息及电子文件信息内容）：

文件元数据 XML 文件：

文件元数据.xm l

数据接收归档：

①进入数据资源归档管理系统中，依次进入“菜单” - “文档中心” -

“离线接收”，进入到离线接收页面。

如下图所示：

②在离线接收页面，选择左侧的全宗名称，右侧点击“接收登记”按钮，打开数据离线接收登记页面。

如下图所示：

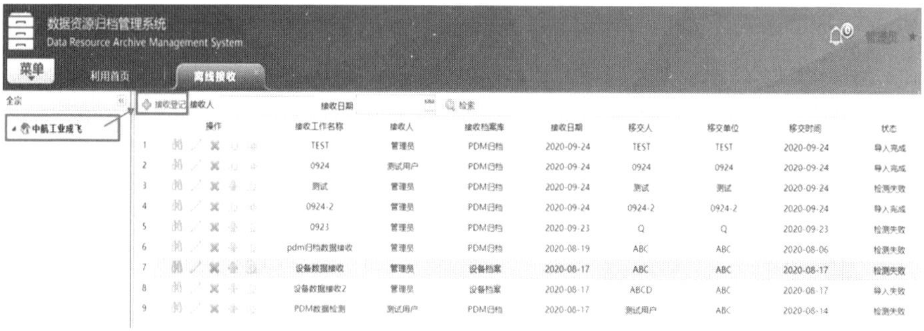

③在接收登记页面，输入接收工作名称、接收档案库、移交单位、移交人、移交时间等信息，将压缩包文件添加或拖拽到文件区域，点击“保存”按钮，完成离线接收任务的提交工作。

如下图所示：

④启动数据资源归档管理系统中的“EEP离线接收”任务调度，由程序执行离线接收的四性检测，之后在“状态”变更为“导入完成”后，则表示数据四性检测通过，数据被成功接收归档到对应的档案库中，可下载检测报告；如“状态”为“检测失败”，则表示数据四性检测未通过，可下载检测报告查看未通过的原因。

如下图所示：

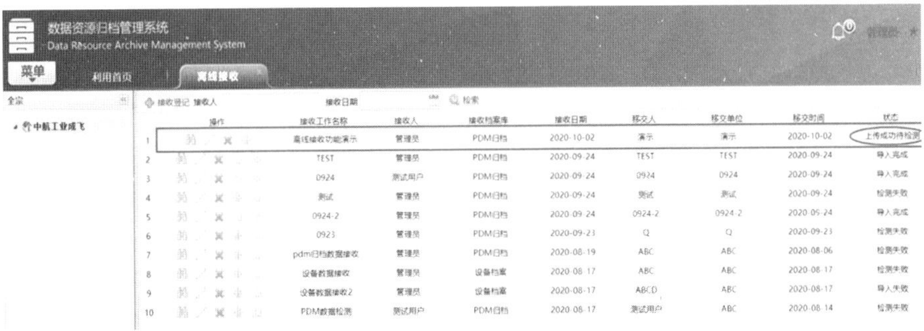

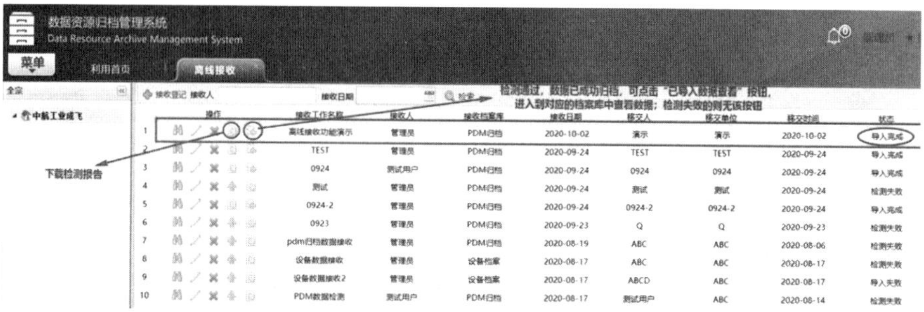

下载的检测报告为PDF格式文件（以下为检测通过的）：

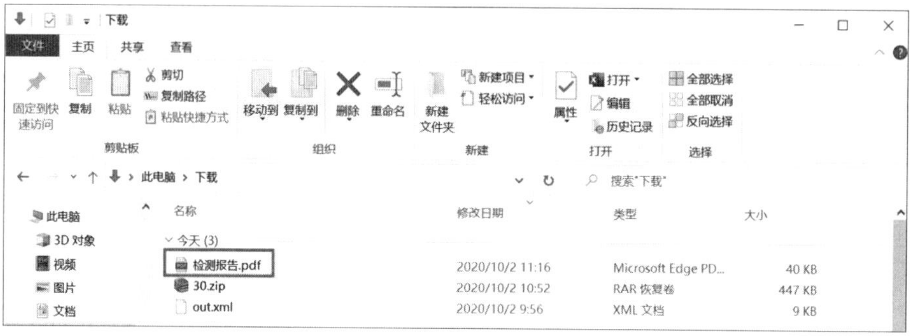

打开后的PDF格式的检测报告文件内容：

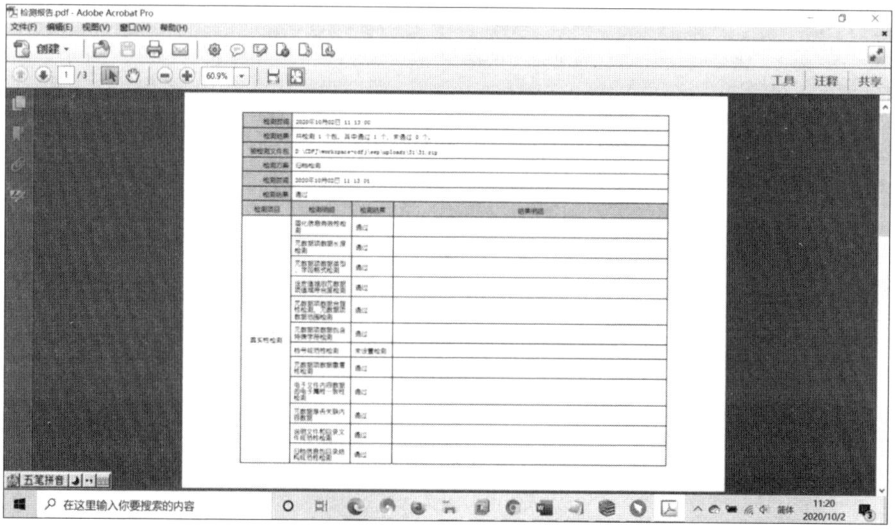

下载的检测报告为 PDF 格式文件（以下为检测不通过的）：

检测报告
(检测失败).pdf

⑤点击“已导入数据查看”按钮（只有检测通过的才有该按钮），可直接跳转到对应的档案库中查看档案条目及电子文件。如下图所示：

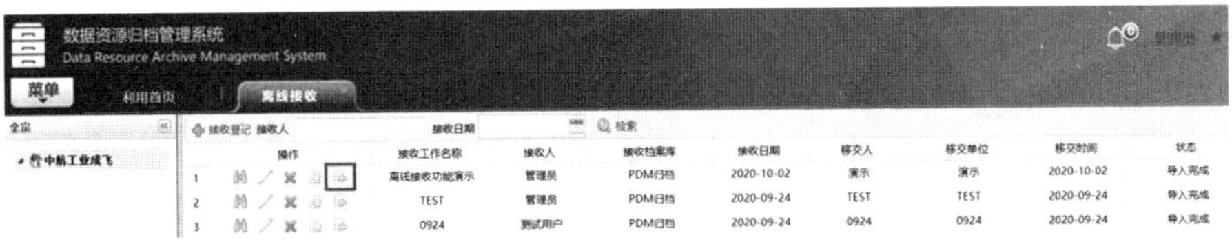

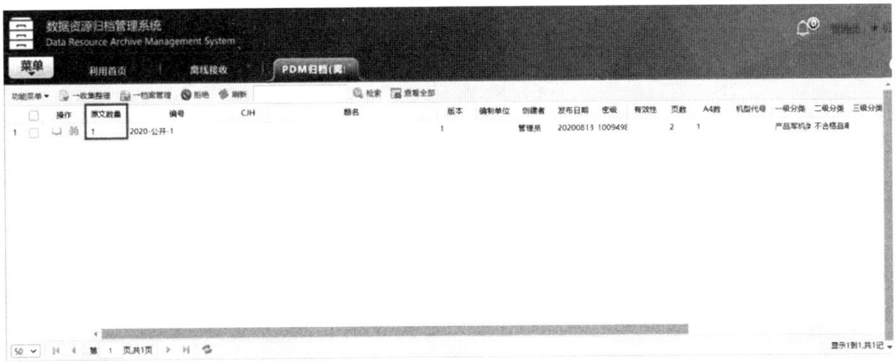

条目明细查看：

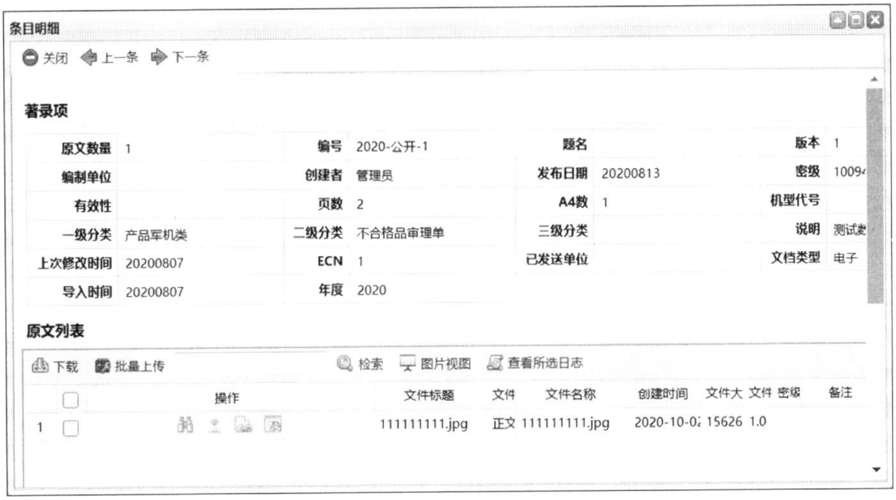

点击原文列表中的“原文查看”按钮，即可查看电子文件。

（3）长期保存环节

长期保存环节在进行数据打包时，文件类型选择“长期保存格式”，其他与移交数据打包基本一致。

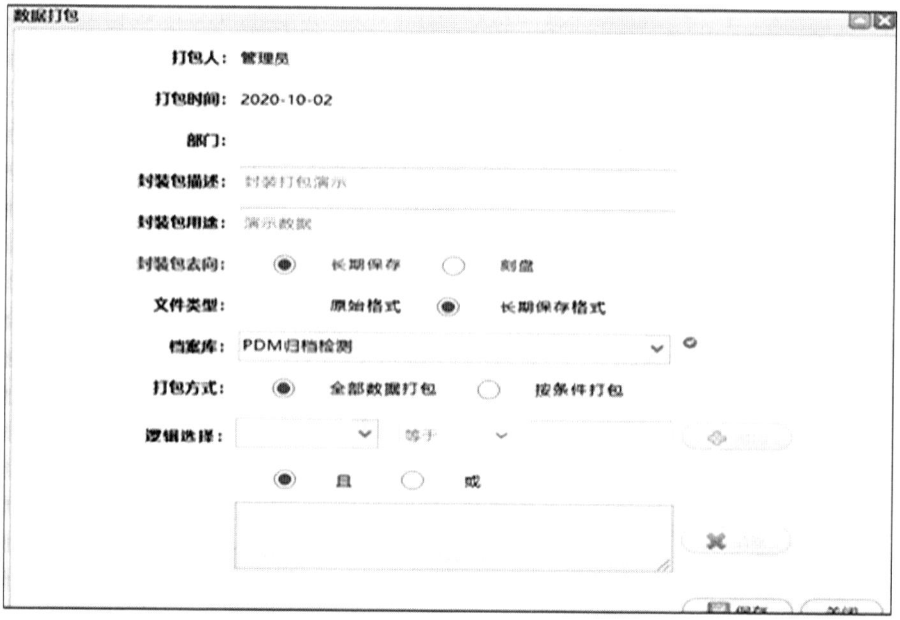

（九）系统建设

1. 业务架构

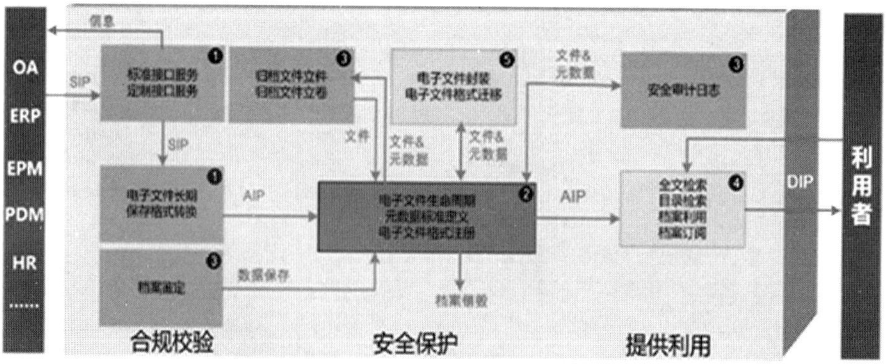

2. 系统功能架构

3. 主要技术指标

（1）用户界面友好、美观，具备较好的人性化和灵活性设计。

（2）系统的并发用户数不小于1000人，系统及页面在高并发用户访问的情况下响应时间不大于7秒。

（3）系统运行稳定可靠，年故障率不大于3%，非正常停机时间每年不大于96小时。

（4）系统支持Oracle10g及以上数据库，并能在UNIX、WindowsServer上部署。客户端支持IE7及以上版本。

（5）系统可支持集群部署，通过对服务器横向扩展的方式，应对未来业务扩展与海量实验数据的爆发式增长。

（6）提供正常的运用维护方法，具有一定的可扩展性，提供一定的数据安全机制保证软件运行的稳定和数据的完整。

4. 运行环境

（1）应用服务器

应用服务器应满足以下配置要求：

应用服务器	
内　容	要　　求
服务器名称	应用服务器
操作系统	WindowsServer 2012 64 位
系统软件	Apache Tomcat 1.6 64 位 SunJDK 1.6 64 位
配置要求	处理器类型：Intel Xeon 处理器速度：3.6GHz 或 更快处理器 处理器核心总数：推荐：16 核心 物理内存：32GB 本地硬盘：SCSI 或更快企业级存储，500GB 可用空间 外挂存储：2TB 可用存储空间，RAID5 网络配置：100/1000Mbps
部署内容	档案管理系统、档案信息门户
存储要求	外挂存储预留 2TB 可用存储空间，存放系统工作空间。本地硬盘至少 500GB 可用空间，程序及系统软件存储
服务器用途	数据资源归档管理系统主应用服务器

（2）数据库服务器

数据库服务器应满足以下配置要求：

数据库服务器	
内　容	要　　求
服务器名称	数据库服务器
操作系统	WindowsServer 2012 64 位
系统软件	Oracle 11g 或以上版本
配置要求	处理器类型：Intel Xeon 处理器速度：3.6GHz 或 更快处理器 处理器核心总数：推荐：16 核心 物理内存：32GB 本地硬盘：SCSI 或更快企业级存储，500GB 可用空间 网络配置：100/1000Mbps

续表

内　容	要　　求
部署内容	档案管理系统数据库
存储要求	本地硬盘或裸存储挂载，500GB
服务器用途	档案系统数据库服务

(3) 文件库服务器

文件转换库服务器应满足以下配置要求：

文件与转换服务器	
内　容	要　　求
服务器名称	文件与转换服务器
操作系统	WindowsServer 2012 64 位
系统软件	Apache Tomcat 1.6 64 位 SunJDK 1.6 64 位 FileZilla Server 0.9 OFFICE 2007+SP2
部署内容	档案接口平台、流媒体服务、文件转换服务、HTTP 服务
配置要求	处理器类型：Intel Xeon 处理器速度：3.6GHz 或 更快处理器 处理器核心总数：推荐：16 核心 物理内存：32GB 本地硬盘：SCSI 或更快企业级存储，500GB 可用空间 外挂存储：4TB 可用存储空间，RAID5 网络配置：100/1000Mbps
存储要求	在原系统数据大小基础上，外扩 4TB 可用存储空间，存放电子档案原文；本地硬盘至少 500GB 可用空间，程序及系统软件存储
服务器用途	档案系统与其他系统接口集成、文件存取服务、文件转换、流媒体点播服务支撑

5. 开发环境

（1）基于 XFire 的 Web services 技术接口集成。

（2）采用 J2EE 平台技术进行数据资源归档管理系统研发。

（3）基于 Jquery EasyUI 1. 2 的界面展示开发。

（4）采用 Spring Frameworks 3. x 的应用框架。

（5）与基于 Windchill 平台的 CAPP/PDM 系统集成技术。

（6）该系统同平台同技术体系的其他系统或模块的功能或数据集成技术。

（7）面向 oracle11g 及以上版本数据库应用设计开发。

（8）利用条形码技术对档案纸质文件进行管理，更便于纸质档案出入库登记、库房盘点。

6. 文件管理模块功能

所有档案条目在未鉴定归档状态的处理都处于文件中心模块中，档案室可以制定各部门、项目及专项工作的归档计划，由专兼职档案人员负责收集、整理本部门或项目归档的文件材料，并按要求做好文件材料的移交工作，保证文件材料的归档质量。

系统支持单点或多点多层的档案整理方式，满足各种部室立卷对档案整理的需求。针对项目档案的整理方式的多样性，系统提供了一对一和一对多的关联关系，并且支持了多层级别项目档案的整理和查看方式。

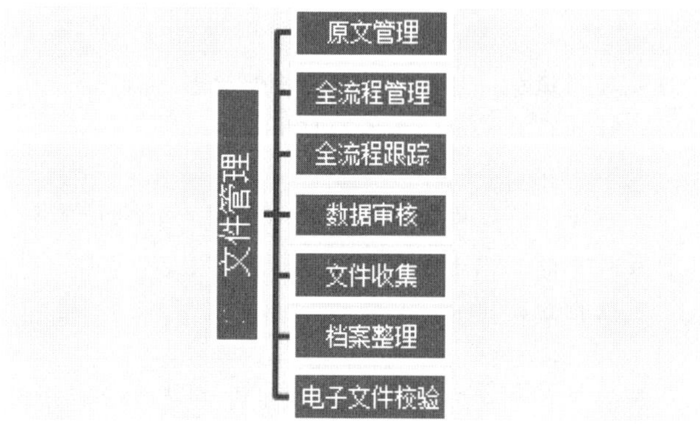

（1）原文管理

传统的档案系统在管理电子原文件和文件著录项信息时存在“先著录，再挂接”的操作顺序，这一限制往往不能满足批量扫描后，在著录项信息不存在的情况下先管理电子原文的需求。

系统将电子原文的管理和条目信息著录两者分开，档案管理者即使没有著录条目信息也可以先将扫描或编写完成的电子文件存入系统，稍后再进行挂接处理。

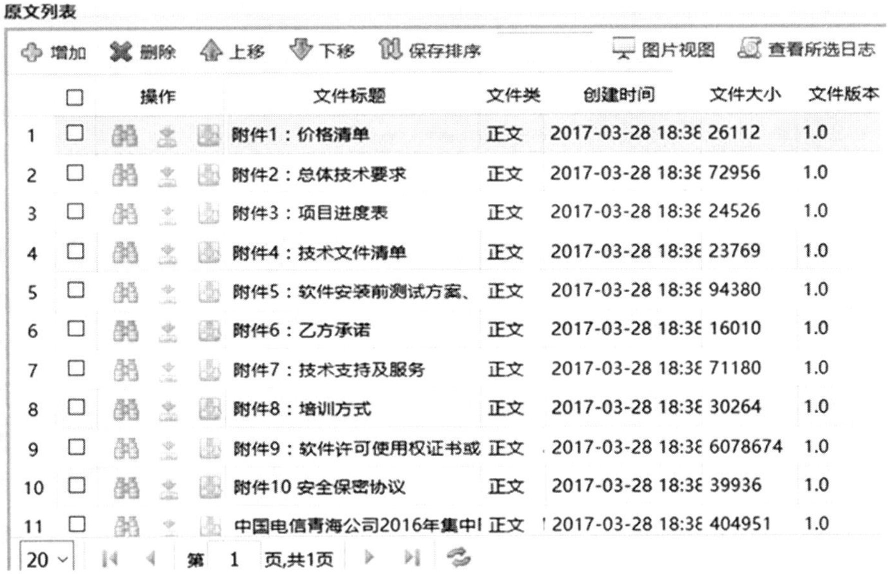

原文列表

增加 删除 上移 下移 保存排序 图片视图 查看所选日志

		操作	文件标题	文件类	创建时间	文件大小	文件版本
1	□		附件1：价格清单	正文	2017-03-28 18:3ε	26112	1.0
2	□		附件2：总体技术要求	正文	2017-03-28 18:3ε	72956	1.0
3	□		附件3：项目进度表	正文	2017-03-28 18:3ε	24526	1.0
4	□		附件4：技术文件清单	正文	2017-03-28 18:3ε	23769	1.0
5	□		附件5：软件安装前测试方案、	正文	2017-03-28 18:3ε	94380	1.0
6	□		附件6：乙方承诺	正文	2017-03-28 18:3ε	16010	1.0
7	□		附件7：技术支持及服务	正文	2017-03-28 18:3ε	71180	1.0
8	□		附件8：培训方式	正文	2017-03-28 18:3ε	30264	1.0
9	□		附件9：软件许可使用权证书或	正文	2017-03-28 18:3ε	6078674	1.0
10	□		附件10 安全保密协议	正文	2017-03-28 18:3ε	39936	1.0
11	□		中国电信青海公司2016年集中l	正文	2017-03-28 18:3ε	404951	1.0

20 第 1 页,共1页

（2）全流程整理

可以根据业务不同来定义不同的档案整理和归档过程，使用人员只需要通过流程步骤的拖拽和参数的设置，就可以进行业务流程量身定制，彻底解决了以往传统的电子文件归档过程中难以实现复杂多变的业务流程的缺陷。

各环节使用人员可通过待办任务提醒进行相关整理：

环节名称	待处理	待接收
申请人	0条	0条
部门传阅环节	245条	33条
部门领导审核	245条	22条
档号编制环节	45条	42条
档案装盒环节	25条	25条
档案入库环节	145条	145条

业务整理流程界面：

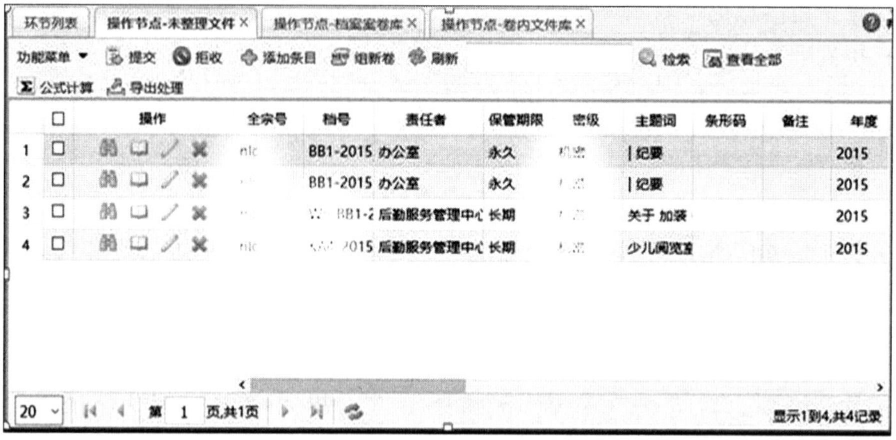

（3）全流程跟踪

全流程跟踪是全流程整理过程的数据监控和检查，主要提供给档案主管或监控人员对流程流转过程中的各个环节的业务数据进行合法性监控和查询。

监控人员在进行业务数据监控时可以采用图形化跟踪的模式：

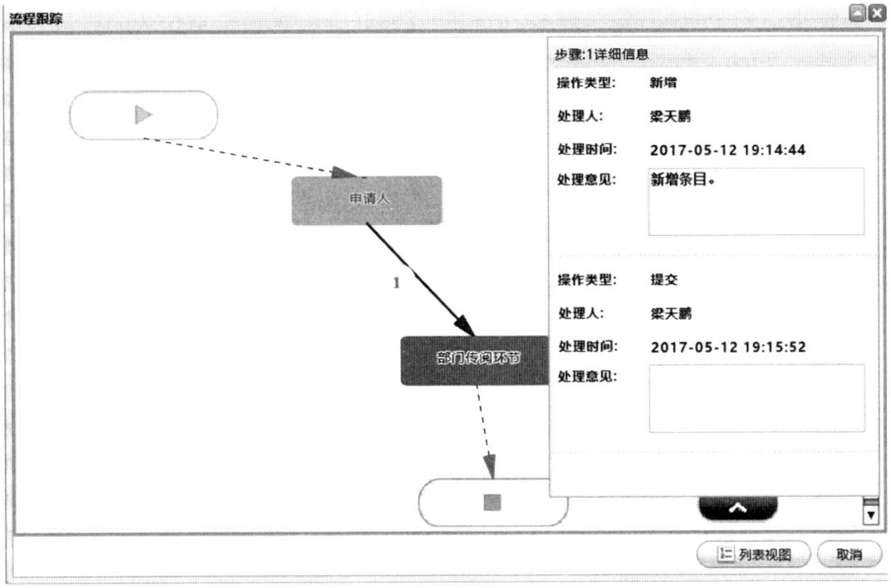

(4) 数据审核

系统提供多接口进行数据的导入，例如 OA、PDM、ERP、离线客户端数据等导入的数据统一会保存在数据审核模块中，档案员可对导入的数据进行来源跟踪、条目查看、审核、接受、拒绝等操作。

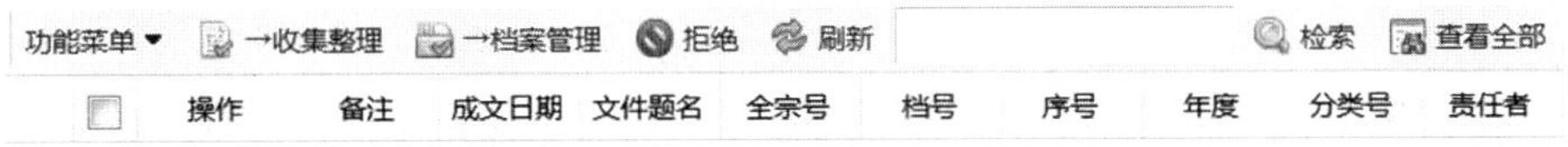

在数据审核模块中的数据，可推送到全流程整理模块进行业务流程的流转，或直接推送到档案管理模块，作为已归档档案存储在数据资源归档管理系统中。

(5) 文件收集

文件收集模块亦称为登记库模块，该模块是对文件已经具有归档条件的档案进行收集和整理后，可直接进入到归档状态，同经过业务流程流转的档案一起，供用户进行检索、查看、利用和编研等操作。

(6) 档案整理

该模块是对归档计划中的条目信息进行修改或添加需要归档的文件，并提供全文上传功能。

(7) 电子文件校验

提供归档电子文件真实性、完整性、可用性、安全性检测，并能够形成检测报告。档案存储管理为档案信息的存储、维护提供服务和功能，执行定期或非定期的电子文件错误校验操作。

校验前提：能批量的生成电子文件原始的校验码并保存。

校验方法：将原始的校验码与实时生成的校验码进行比对，如相同则表示电子文件未被修改，是完整的，若不同则表示电子文件已被篡改。

7. 档案中心模块功能

档案中心的职责和任务是档案员管理和维护归档以后的档案信息。包括档案管理、档案鉴定、档案文件关联、档案查看、档案统计、档案年报、光盘刻录、原文校验、数据回收站、档案进馆移交、档案进馆接收、档案借阅管理、档案实体领取、销毁文件查看等功能。

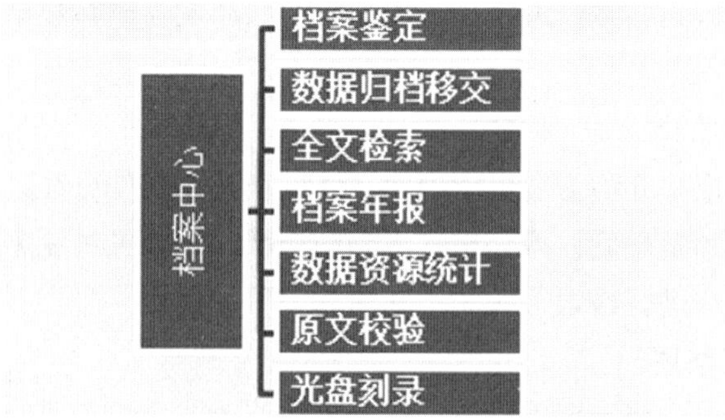

（1）档案鉴定

档案鉴定是档案保管阶段的一个重要工作。由于档案的数量日剧增加和文件存储的高密度性，系统提供自动到期的待办信息提醒，无需用户手动选择数据进行鉴定。并且结合库房安全检查时发现的实体档案破损或者遗失的现象，系统也提供相关的信息提示以方便管理员能够及时地进行档案的鉴定工作。系统支持档案员在档案需要鉴定时，定义档案鉴定工作流，设定相关人员的审批工作。

（2）数据归档移交

根据公司档案管理业务规范，各部门定期向公司档案室移交档案。部门档案管理人员可以提交移交申请，经过审批后，由档案室决定是否接收。

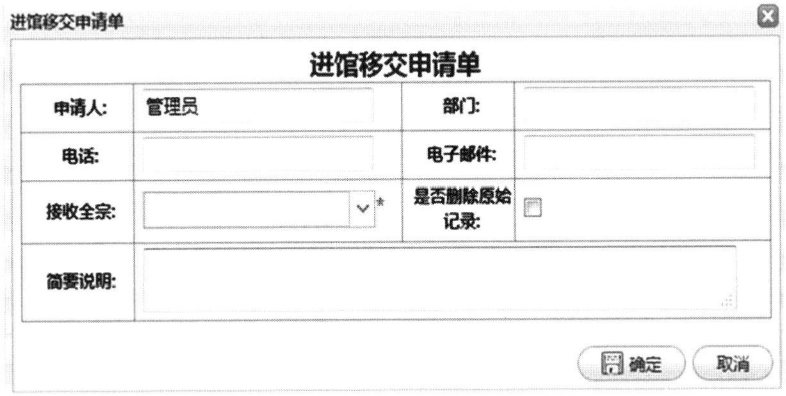

（3）全文检索

全文模糊检索针对存储在服务器上的电子文件内容进行检索，用户输入关键字，系统将所有正文中包含这个关键字的文章展示在页面上，在权限允许的情况下，展示关键字所在的段落缩略图。

全文目录组配检索是指用户输入关键字后，系统针对电子文件的内容，以及电子文件目录中著录项的信息两个方面来进行匹配检索。

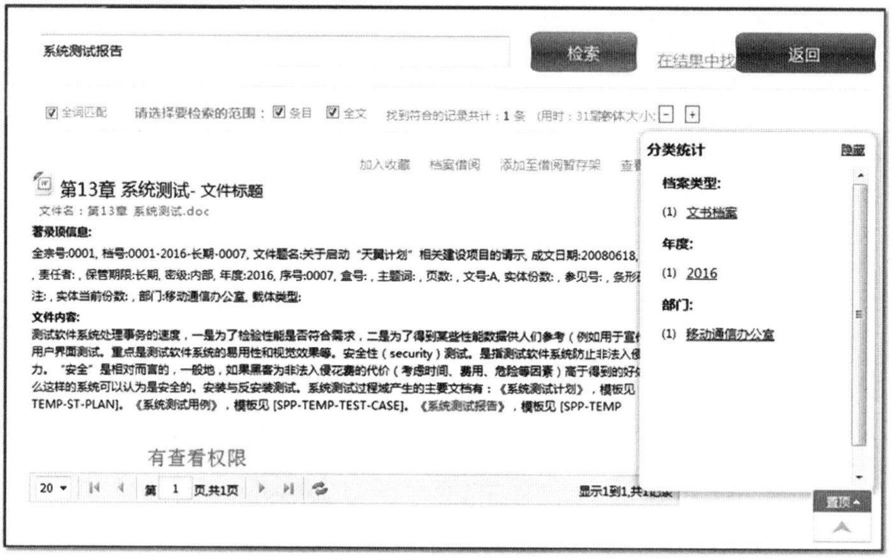

（4）档案年报

年报管理是按照国家档案局制定的全国档案事业统计年报标准实现的年报处理功能。

档案管理员输入年份、填报单位或者单位类别代码等信息，系统自动统计报表进行汇总统计，并上报到上级部门，电子报表上报的同时，也应当将数据文件一并提交上报。上级部门档案管理员接收下属机构档案部门上报的数据，并和本单位数据进行汇总综合统计，最终形成上报表盘。

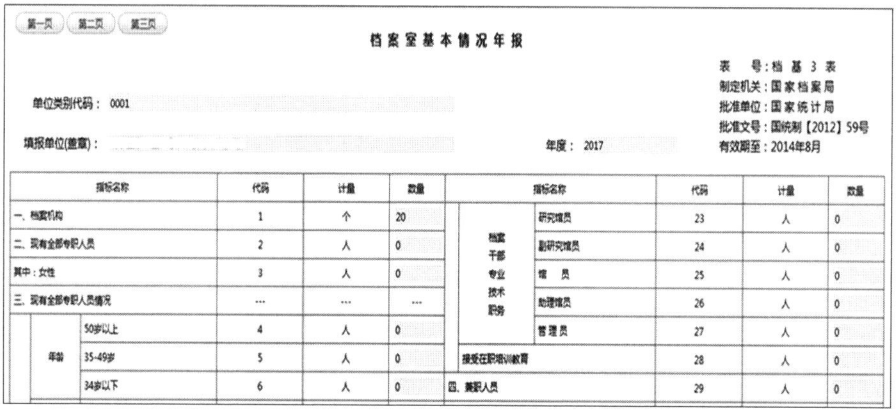
第一页 第二页 第三页

档案室基本情况年报

表　号：档基3表
制定机关：国家档案局
批准单位：国家统计局
批准文号：国统制【2012】59号
有效期至：2014年8月

单位类别代码：0001

填报单位(盖章)：

年度：2017

指标名称		代码	计量	数量	指标名称		代码	计量	数量
一、档案机构		1	个	20	档案干部专业技术职务	研究馆员	23	人	0
二、现有全部专职人员		2	人	0		副研究馆员	24	人	0
其中：女性		3	人	0		馆员	25	人	0
三、现有全部专职人员情况		---	---	---		助理馆员	26	人	0
年龄	50岁以上	4	人	0		管理员	27	人	0
	35-49岁	5	人	0	接受在职培训教育		28	人	0
	34岁以下	6	人	0	四、兼职人员		29	人	0

（5）数据资源统计

统计包括档案的馆藏统计和利用统计两部分。馆藏统计是针对档案馆一

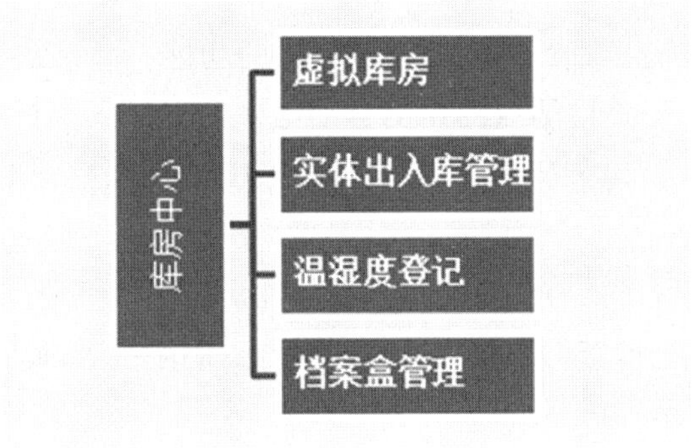

(1) 虚拟库房

将定义好的库房全面地展示出来，真实地模拟用户在库房当中的各项操作。用户可根据库房实体情况定义电子化库房图形和档案排列策略，系统提供一键式库房号标引，档案自动装盒、上架功能。库房实体管理采用三维仿真的技术来展示档案库房，并可用图形化的方式显示档案外借、损坏、修裱、丢失、展览、扫描等状态，可以图形化显示库房的库存及实体排放情况。

(2) 实体出入库管理

实体出入库管理适用于档案库管理员在实体文件每次出库或入库时进行登记，登记的范围包括：出入库时间、领取人、出入库原因等。

（3）温湿度登记

实现库房温湿度的新增、修改和删除的功能。库房温湿度的登记可以通过两个途径，一是检测点的检测自动记录，二是人工检测后在温湿度登记页面手动输入。以便于档案员对库房环境进行调控，更好地做到防霉、防虫等。

实现库房温湿度的查询和统计功能。库房温湿度登记完毕后在温湿度查询页面可以对其进行查询和报表的打印操作，温湿度查询后的结果可以通过曲线图的方式显示出来。

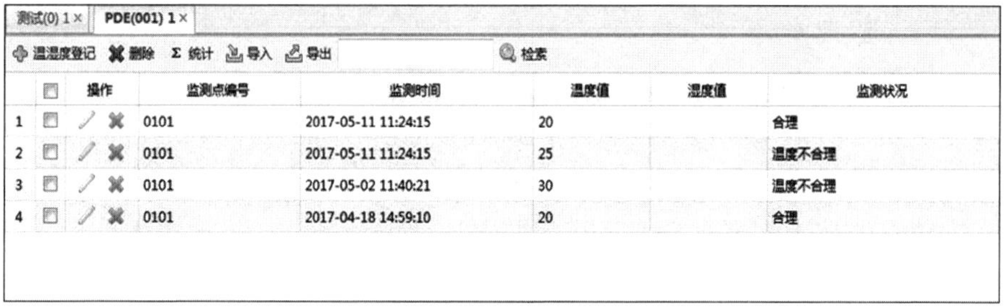

（4）档案盒管理

档案盒管理包括档案盒的盒号、条形码设置、档案盒上架、下架以及拆盒等功能。

条码管理模块是为了方便档案利用和存放时，能够清晰快捷的定位，减轻档案利用、存放时的繁琐操作，使数据资源归档管理系统更加人性化和简洁化。

条码管理模块主要是条码的设置。包括条码格式及位数的设置，其中电子文件、档案盒和档案架都涉及条码的管理，并且能够在档案库中单个或批量生成条码。

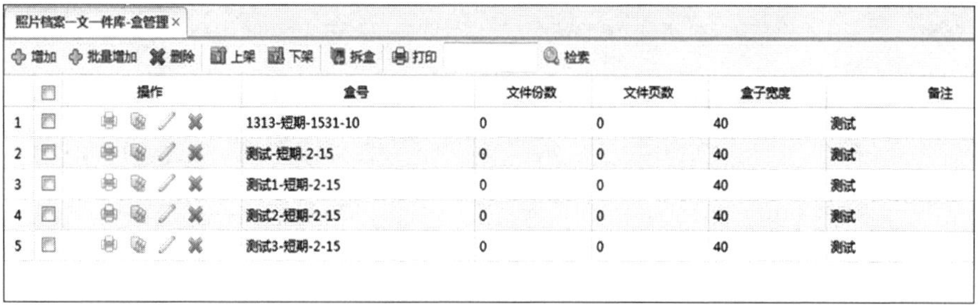

10. 技术资料分发模块功能

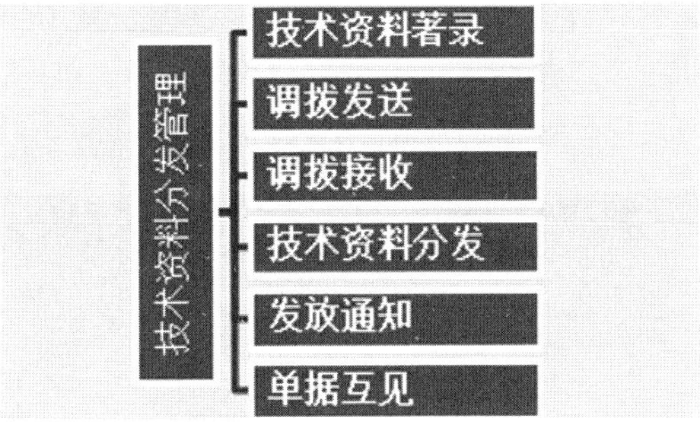

（1）技术资料著录

增加技术资料著录功能。手动方式录入数据时，可在下拉框选择数据词典及可使用携带项，方便录入较相似的数据。此为调拨与分发围绕的核心基础项。

著录项

案卷号:	010	案卷名称:	ceshi	页数:	1	份数:	1
机构:	nc	分类号:	12	索取号:	12	档号:	
项目名称:		冻结状态:	已冻结	任务ID:		保管期限:	永久
归档日期:		归档年度:					

（2）调拨发送

将数据（技术资料类）等交由驻外或其他设计单位工作环节，将需要外送的数据录入或选择条目生成派工单进行发送。

在选择好数据后需要报表打印，当打印完的报表邮寄出去后，此条目做已发送状态。

对已发送的资料数据单进行统计，获取所有按照时间、发送单位等进行统计的已发送数量。

已发送× 未发送×

功能菜单▼ 检索 删除 统计

	操作	发送单号	来源	发出单位	发送人	发出时间	接收单位	接收日期	接收人
	删除 查看 修改	0001			601	2017-01-01	227		xx-1
	删除 查看 修改	0002			601	2017-01-01	227		jj-1
	删除 查看 修改	0002			601	2017-01-01	221		yy-1

（3）调拨接收

接收外单位或单位内部递送的技术资料时，可通过调拨单号对技术资料进行关联后再做分发操作，对已接收的资料数据单进行统计，获取所有按照时间、资料种类等进行统计的已接收资料数量。

（4）技术资料分发

将接收到的技术资料按照批架次，技术单种类，分发单位，领取人等做分类管理，并对生产部门做技术资料的实体发放。

对分发单进行统计，将所有分发单数量按照时间、分发单位等进行统计。

菜单　底图库

功能菜单　添加条目　图号对比　底图作废　检索　查看全部　刷新　待接收（10）

□	操作	产品型号	底图编号	图号	文件类型	文件名称
□	修改 删除 原文管理	A1280	B12345	128-100-1	底图	2013年8月关于图纸管理需求的规划
□	修改 删除 原文管理	A1280	B12345	128-100-1	底图	2013年8月关于图纸管理需求的规划
□	修改 删除 原文管理	A1280	B12345	128-100-1	底图	2013年8月关于图纸管理需求的规划
□	修改 删除 原文管理	A1280	B12345	128-100-1	底图	2013年8月关于图纸管理需求的规划
□	修改 删除 原文管理	A1280	B12345	128-100-1	底图	2013年8月关于图纸管理需求的规划
□	修改 删除 原文管理	A1280	B12345	128-100-1	底图	2013年8月关于图纸管理需求的规划
□	修改 删除 原文管理	A1280	B12345	128-100-1	底图	2013年8月关于图纸管理需求的规划
□	修改 删除 原文管理	A1280	B12345	128-100-1	底图	2013年8月关于图纸管理需求的规划
□	修改 删除 原文管理	A1280	B12345	128-100-1	底图	2013年8月关于图纸管理需求的规划
□	修改 删除 原文管理	A1280	B12345	128-100-1	底图	2013年8月关于图纸管理需求的规划

（5）发放通知

领取人在系统中可以收到晒印发放通知单，领取人信息根据用户及组织机构能够获取到的自动生成，发送单位支持从数据字典选择，也可移除，填写份数。可以上传附件，附件中存储用户需要选择的图号等信息，供用户参考后选择底图。

单据互见

● 发放通知单

操作	单据号	申请单位	申请人	产品代号	总份数
查看	2013-FF-0001	太极信息	张三	A12567	50

● 晒印申请单

操作	单据号	申请单位	申请人	图号总数	底图份数	日期
查看	2013-SY-0001	太极信息	张三	60	50	20130809

● 技术资料发送单

操作	接收单位	接收人	发送时间	图号总数
查看	太极信息	李四	200016	56
查看	太极信息	李四	200016	56
查看	太极信息	李四	200016	56
查看	太极信息	李四	200016	56
查看	太极信息	李四	200016	56

(6) 单据互见

使用单据互见可查看到该技术资料对应的更改单、技术单、临时变更单、偏离单，并可查看明细。

(7) 分发路线管理

用户可以在系统中根据产品资料的类型定义常用分发单位、份数等。

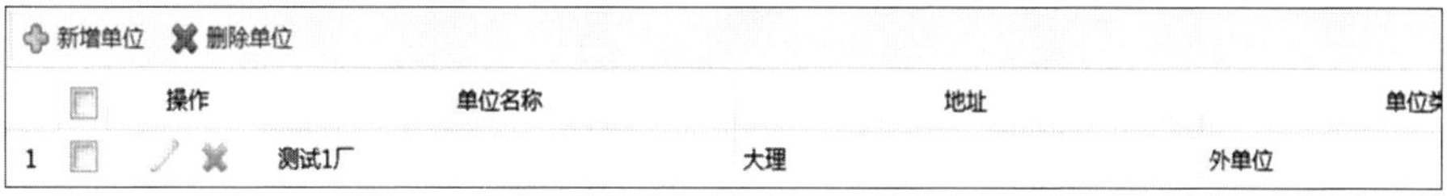

		操作	单位名称	地址	单位类
	☐				
1	☐		测试1厂	大理	外单位

(8) 分发单位管理

定义技术资料可选的分发单位，定义可区分内部单位或外部单位。

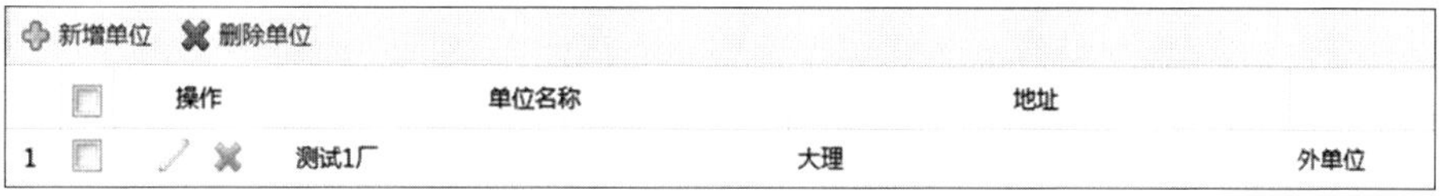

		操作	单位名称	地址	
1	☐		测试1厂	大理	外单位

(9) 接收台账

车间或部门的资料员可以在系统中对接收到的资料按照时间进行汇总，形成自己的接收台账。

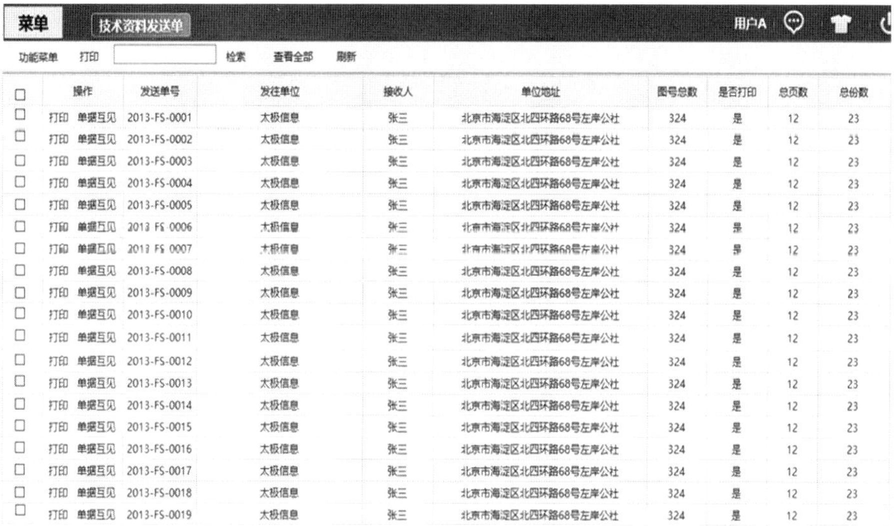

☐	操作	发送单号	发往单位	接收人	单位地址	图号总数	是否打印	总页数	总份数
☐	打印 单据互见	2013-FS-0001	太极信息	张三	北京市海淀区北四环路68号左岸公社	324	是	12	23
☐	打印 单据互见	2013-FS-0002	太极信息	张三	北京市海淀区北四环路68号左岸公社	324	是	12	23
☐	打印 单据互见	2013-FS-0003	太极信息	张三	北京市海淀区北四环路68号左岸公社	324	是	12	23
☐	打印 单据互见	2013-FS-0004	太极信息	张三	北京市海淀区北四环路68号左岸公社	324	是	12	23
☐	打印 单据互见	2013-FS-0005	太极信息	张三	北京市海淀区北四环路68号左岸公社	324	是	12	23
☐	打印 单据互见	2013-FS-0006	太极信息	张三	北京市海淀区北四环路68号左岸公社	324	是	12	23
☐	打印 单据互见	2013-FS-0007	太极信息	张三	北京市海淀区北四环路68号左岸公社	324	是	12	23
☐	打印 单据互见	2013-FS-0008	太极信息	张三	北京市海淀区北四环路68号左岸公社	324	是	12	23
☐	打印 单据互见	2013-FS-0009	太极信息	张三	北京市海淀区北四环路68号左岸公社	324	是	12	23
☐	打印 单据互见	2013-FS-0010	太极信息	张三	北京市海淀区北四环路68号左岸公社	324	是	12	23
☐	打印 单据互见	2013-FS-0011	太极信息	张三	北京市海淀区北四环路68号左岸公社	324	是	12	23
☐	打印 单据互见	2013-FS-0012	太极信息	张三	北京市海淀区北四环路68号左岸公社	324	是	12	23
☐	打印 单据互见	2013-FS-0013	太极信息	张三	北京市海淀区北四环路68号左岸公社	324	是	12	23
☐	打印 单据互见	2013-FS-0014	太极信息	张三	北京市海淀区北四环路68号左岸公社	324	是	12	23
☐	打印 单据互见	2013-FS-0015	太极信息	张三	北京市海淀区北四环路68号左岸公社	324	是	12	23
☐	打印 单据互见	2013-FS-0016	太极信息	张三	北京市海淀区北四环路68号左岸公社	324	是	12	23
☐	打印 单据互见	2013-FS-0017	太极信息	张三	北京市海淀区北四环路68号左岸公社	324	是	12	23
☐	打印 单据互见	2013-FS-0018	太极信息	张三	北京市海淀区北四环路68号左岸公社	324	是	12	23
☐	打印 单据互见	2013-FS-0019	太极信息	张三	北京市海淀区北四环路68号左岸公社	324	是	12	23

(10) 统计

可以根据日期、资料类型等对工作量进行统计，主要包括：分发统计、领取统计、调拨统计，发送统计。

分发统计

起始年度：2017　截止年度：2017　统计类型：调拨统计　密级：秘密

重新统计　导出excel

档案类型		密级	接收人	接收单位	合计	总计
产品民用类	工艺文件	秘密	王雪松	生产制造部	110	110
	不合格审理单	[illegible]	[illegible]	安全质量部	311	311
	锻铸件图	[illegible]	[illegible]	生产制造部	0	0
	技术更改单	[illegible]	[illegible]	生产制造部	139	139
	强度文件	[illegible]	马思[illegible]	安全质量部	473	473
	产品图样及设计文件	[illegible]	[illegible]	生产制造部	124	124
产品军机类	工程图	[illegible]	[illegible]	生产制造部	5855	5855
	自制文件	[illegible]	[illegible]	生产制造部	1246	1246
	自制工装	[illegible]	[illegible]静	生产制造部	797	797
	自制工具	[illegible]	[illegible]	生产制造部	128	128
	相关标准	[illegible]	徐[illegible]	安全质量部	484	484
	原文工装	秘密	刘[illegible]	生产制造	123	123

11. 数字档案信息发布平台

该平台是开放档案利用的一种表现形式，它以 Web 的方式将来自各个信息源的内容集成到一个页面当中展示，并且在页面上为用户提供个性化的服务，例如单点登陆、个性化展示等。

平台网站上内容的展示可以是丰富多彩的，主要分为动态展示和静态展示两种方式，在表现形态上，可以是文字展示、图片展示、甚至是视频信息的展示。

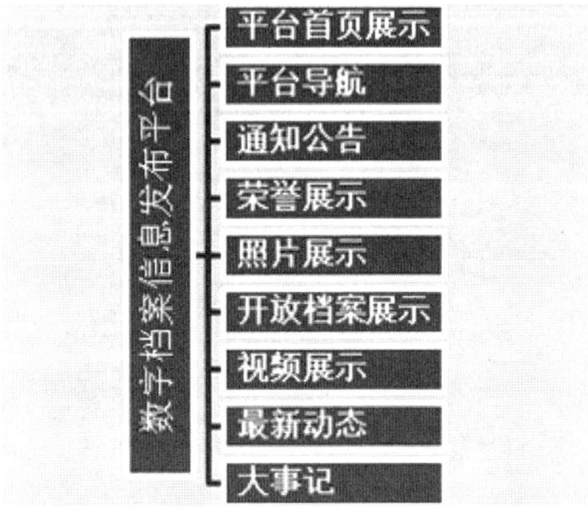

（1）平台首页展示

平台首页展示是平台网站展示的一个重要方面，首页是用户登陆平台后的第一印象，系统提供几种固定版式的首页模型，用户可以在这个版式的基础上自己定义首页各个模块的数据来源和展示模式。

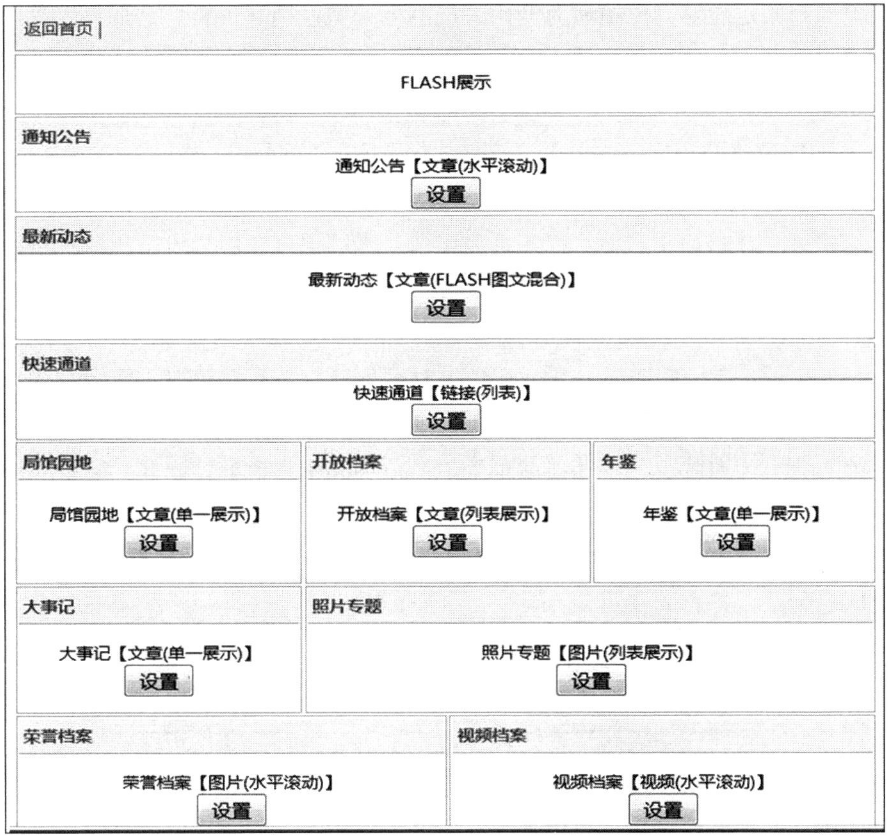

（2）通知公告

通知公告一般以文字滚动的方式展示在首页，企事业单位的平台管理人员可以将单位最新的发文、政策、规范、通知等信息登记在这一模块，利用人员登陆首页后就能够比较醒目地看到最新的通知公告。

（3）荣誉展示

荣誉展示是专题目录当中的一个专栏，它主要展示企事业单位历年来所获得的荣誉档案资料。对于荣誉档案的展示，系统提供多种方式，可以是图文混排模式、图片模式，也可以是3D展厅的模式。

（4）照片展示

照片档案的展示也是专题目录当中的一个专栏，它以各种类型的照片档案相册向所有利用人员展示企业生产生活中的各种风采瞬间。

（5）开放档案展示

开放档案主要展示的内容是各个档案库中定期保存的档案到期后，经过相关部门鉴定能够开放给所有利用人员的电子文件档案资料。这部分信息以档案库为最小单位展示出来，用户可以通过检索直接查看条目信息和原文信息。

（6）最新动态

最新动态是指企事业单位近期所发生的重大事件，系统将这些信息以图片和文字共同描述的形式放在首页中最显眼的位置，以提供给用户查看和了解。

（7）大事记

大事记是党政机关、企事业单位、社会团体记载自己重要工作活动或自己辖区所发生的重大事件的一种应用文体。作为一种公务文书，大事记忠实地记载着一个地区、一个部门的重要工作活动和重大事件，因此，它首先可以为本地区、本部门的工作总结、工作检查、工作汇报、工作统计和上级机关掌握面上情况提供系统的、轮廓性的材料。其次，大事记具有史料价值，可以起到录以备查的作用。

12. 系统管理功能模块

系统管理模块可供档案员对档案系统相关信息进行维护。包括系统菜单管理、全宗管理、系统同义词库管理、协查人员设置、文件格式注册、全文库管理、文件存储管理、文件转换管理、系统参数管理、系统字段管理、首页模块定义、机构设置、角色管理、用户管、功能授权、数据授权、系统注册、权限规则、系统注册、用户登录管理、登录次数统计等功能。

（1）全宗管理

支持对多个全宗进行管理，适合规模较大的企事业单位同时管理本公司和分公司的档案资料。全宗主要由全宗号和全宗名称构成，各个全宗之间的权限独立，并且可以根据用户单位的需要对权限进行设置。

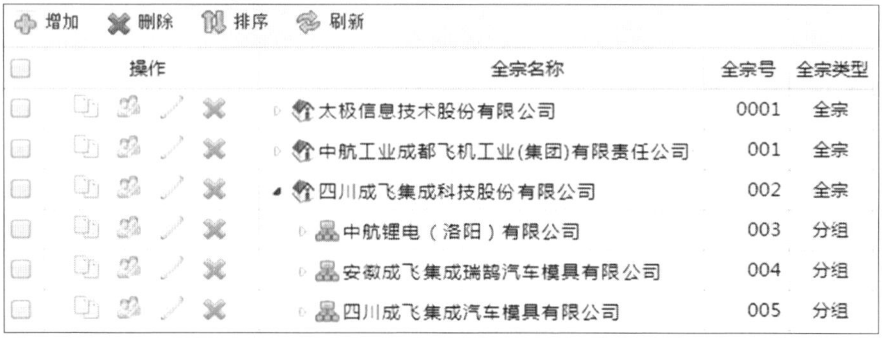

（2）同义词库管理

同义词由系统的管理界面配置。如配置了“电脑”与“computer”为同义词后，检索“电脑”，则包含“computer”的网页也会出现在检索结果中。模糊检索也就是在电子原文内进行关键词与同义词检索，这里的同义词是用户通过“检索管理”中的“同义词典”来配置的。用户在检索页面中输入同义词中任何一个词检索时，只要选中“是否包含同义词检索”复选框，则该关键词的所有同义词信息也都被检索出来。

（3）全文库管理

全文库管理主要是实现全文索引库的管理，为实现全文检索提供服务。创建全文索引库是将档案保存描述性 PDI 和关联电子文件原文组合成索引库。支持全文检索的格式有 doc、htm、txt、pdf、ppt、xls 等。全文检索库的建立粒度需要根据用户常用检索模式、档案数据结构、系统性能问题、授权问题综合考虑。建立的原则是资料内容稳定，和档案库树型结构的叶子节点基本一致。索引库的管理主要包括索引的建立、增量、重构操作。这些工作可以定义任务，归属于系统调度，由计算机自动调度执行。

档案库

全部重建 按库重建 按条件重建

名称	物理表名	档案库类型	档案库归档方式	档案库模板	档案库分组	是否全文
文书档案一文一件库	T_1	文书档案	一文一件	文书档案一文一件模板	文书档案	是
文书档案传统立卷库	T_2	文书档案	传统立卷	文书档案传统立卷模板	文书档案	是
工程项目库	T_4	科研档案	工程项目	工程档案项目库模板	科技档案	是
工程档案案卷库	T_5	科研档案	传统立卷	工程档案传统立卷模板	科技档案	是
合同档案一文一件库	T_8	合同档案	一文一件	合同档案一文一件模板	合同档案	是
会计档案案卷库	T_9	会计档案	传统立卷	会计档案案卷模板	会计档案	是
实物档案一文一件库	T_11	实物档案	一文一件	实物档案一文一件模板	实物档案	是
声像档案一文一件库	T_12	磁盘档案	一文一件	声像档案一文一件模板	声像档案	是
照片档案一文一件库	T_13	照片档案	一文一件	照片档案一文一件模板	照片档案	是

全文词库维护模块主要提供用户自定义新词汇功能。可以动态的接受用户在“全文检索”处输入的关键词，并使用户能增加自定义的或特殊的词汇到全文检索分词词库中，方便用户查找特定档案信息。

（4）菜单管理

菜单管理功能是提供给管理员维护系统菜单的名称、分组编码等信息的维护。包括对菜单所属模块、位置、顺序的调整，菜单所属模块的名称、分组编号、菜单名称、菜单编号等信息的修改等操作。

（5）统计定义

由于统计定义存在一定特殊性，功能相对固定，系统需要在初始化时定义几种样式的统计报表，并且各种统计报表的数据源支持简单自定义。统计定义时，针对分类统计的内容，定义到任意一层分类来进行统计，例如文书档案分类号为 A. 1. 01，则可以定义到统计 A 类的数据，也可以定义到统计 A. 1 类的数据。系统自定义了相关统计报表，包括档案移交、接受统计表，馆藏数量统计表，档案销毁统计表，档案利用统计表，档案保管统计表，档案汇总统计表和档案统计台账等。

（6）系统参数管理

系统参数是对数据资源归档管理系统运行时必要的参数信息进行陈列，可供系统管理员按照实际服务器和公司相关信息进行配置，包括对邮件服务器，借阅提醒信息、文件服务器地址、库房温湿度最大最小值、系统登录安全等信息的设置。

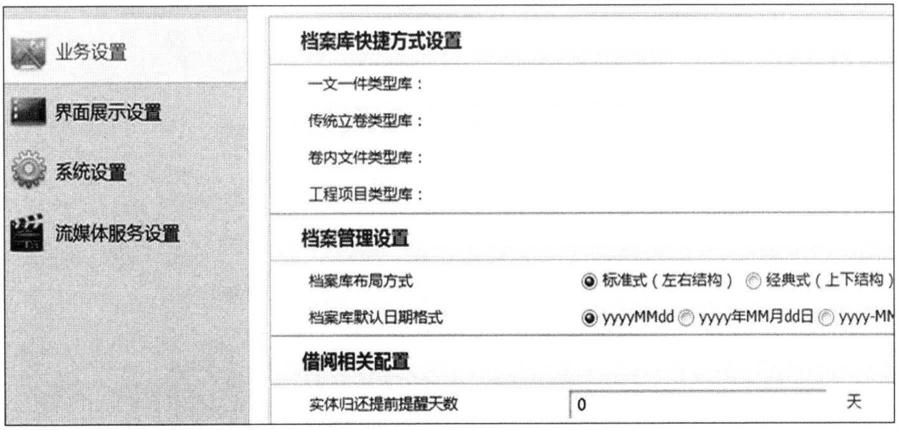

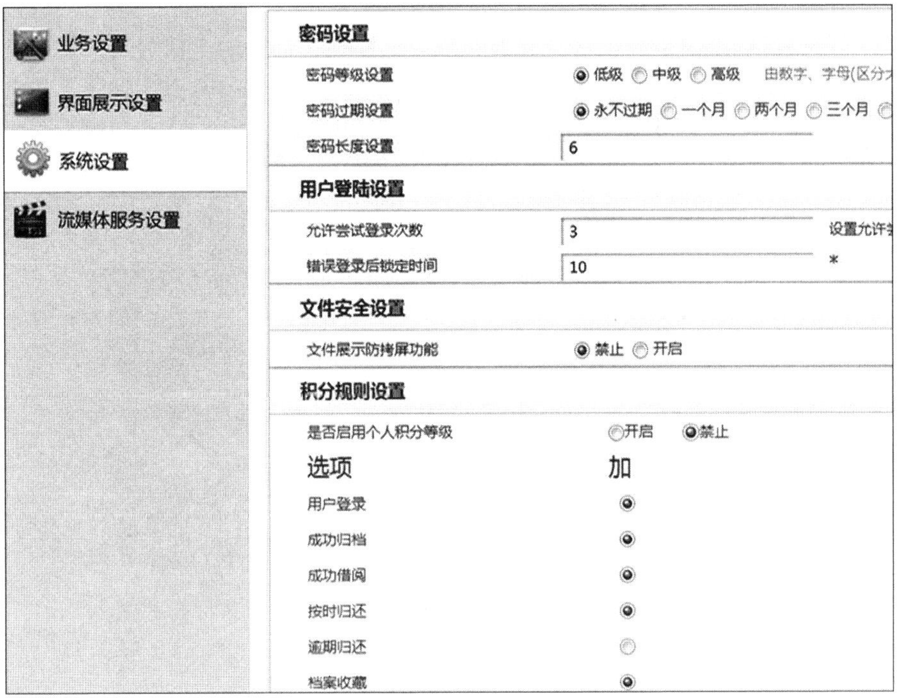

（7）全宗机构关联

全宗机构关联模块就是将全宗和组织机构之间进行关联关系的设置，一个全宗可跟多个组织机构进行关联，一个组织机构也可同时与多个全宗进行关联。

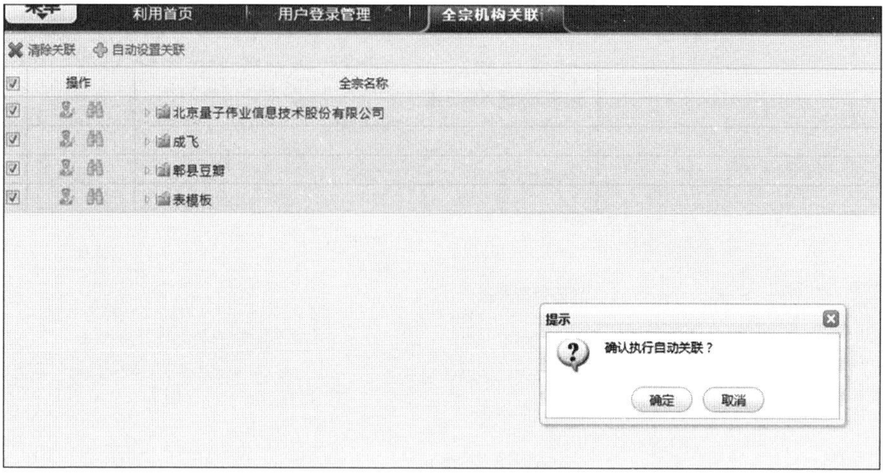

（8）水印设置

水印设置是提供给用户设置在线展示格式文件的静态水印效果，可以选择设置公司的 logo 或者公司特制水印，以增强文档的安全性。

13. 安全保密功能

满足武器装备科研生产涉密应用系统分级保护（机密级）要求，系统安全保密功能需符合国家保密局涉密信息系统安全保密测评要求，安全保密功能通过国家保密局的安全测评。

（1）密码管理功能

实现用户登录密码复杂度（位数、组合等）的自动检查，拒绝设定不符合规则的密码，并进行密码的时效管理。规则如下：

a）位数不低于 10 位，数字和字母组合。

b）时效可设置。

c）实现登录失败锁定功能，对登录失败超过设定次数的用户实行锁定，需通过管理员解锁。

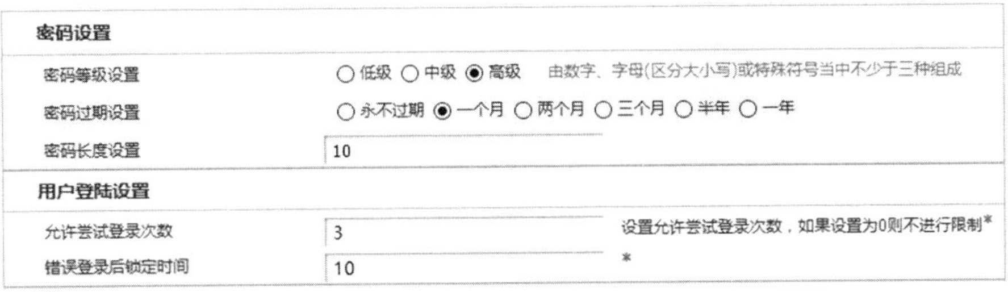

（2）分级访问控制权限

为满足保密安全要求，对系统中涉密数据进行分级访问控制，针对不同密级数据设定访问范围，当非授权用户需要利用文档内容时，可通过系统借阅审批流程实现。文档访问权限细化为列表、查阅、下载，列表权限只能查看文档名称及属性信息，查阅权限可以在线查看文档内容、下载权限，提供文档及附件的下载。功能方面，系统应具备以下功能：

a）支持依据密级属性设定数据的访问控制规则。

b）可以对个别文件进行授权，也可以对多个文件进行批量授权。

c）涉密文件可以针对特定用户开放访问权限。

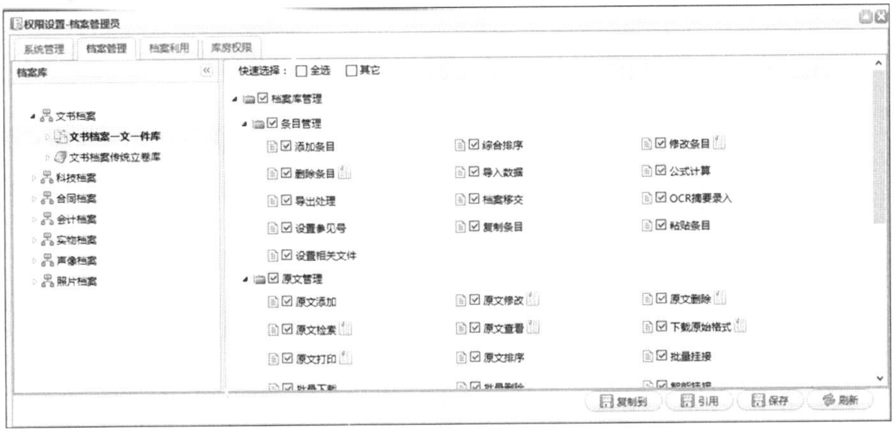

（3）密级标识

a）应根据涉密程度和重要性，对应用系统中的信息和用户进行分类和分级，并建立相应的标识。

b）系统中产生、存储、处理、传输和输出的信息应按照密级和重要性进行分类分级，同时赋予相应的标识。

c）系统中的所有用户应按照涉密程度进行分类和标识。

d）涉密应用系统应提供分类统计系统中涉密信息总量的功能。

（4）访问控制

a）应根据应用系统的重要性配置相应的访问控制策略，确保只有授权用户才能访问和使用应用系统。

b）应用系统应提供依据安全策略控制用户对文件、数据库表等客体的访问控制功能。

c）对于按照秘密级防护的应用系统，应按照主体类别、客体类别进行涉密信息和重要信息的访问控制。

d）对于按照机密级防护的应用系统，应按照主体控制到单个用户、客体控制到单个文件或单条数据库记录，对涉密信息和重要信息进行访问控制。

e）应用系统访问控制的覆盖范围应包括与重要信息资源访问相关的主体、客体及它们之间的操作。

f）应用系统应由授权主体配置访问控制策略，并严格限制默认账号的访问权限。

g）应用系统中的未授权账户必须处于禁用状态。

h）应用系统应授予不同账户为完成各自承担任务所需的最小权限，并在他们之间形成相互制约的关系，不允许提供默认的超级账户。

（5）权限划分

a）应根据应用系统的重要性设置有效的权限控制机制。

b）应用系统应设置基于角色的访问控制策略（措施）。建立明确的授权原则，并进行严格的权限管理。

c）用户只能执行指定权限范围内的操作，访问其授权范围内的数据。

d）按涉密要求防护的应用系统应设置三员角色——系统管理员、安全保密管理员、安全审计员。

e）系统管理员、安全保密管理员和安全审计员的权限设置应相互独立、相互制约。安全保密管理员与安全审计员不得由一人兼任。

f）应用系统的系统管理员负责建立系统中的所有用户账户、注册角色名称，以及系统的日常运行维护工作。

g）安全保密管理员负责给已有账户和角色赋权使账户生效，并定期审计用户的操作。

h）安全审计员负责审计系统管理员和安全保密管理员的操作。

（6）安全审计

a）应根据应用系统的重要性配置相应的安全审计策略，确保所有用户对系统的访问行为和进行的操作均纳入审计的范围。

b）系统的审计权限应与管理权限以及操作权限分离。

c）系统的安全审计应与身份鉴别、访问控制等安全功能的设计紧密结合，确保审计信息的可追溯性和可核查。

d）系统应提供覆盖到每个用户的安全审计与跟踪功能，对应用系统重要安全事件进行审计。

e）安全审计策略至少应覆盖到：

- 用户的登录情况；
- 用户权限的变更；
- 系统内用户的增加、变更和删除；
- 管理员操作和用户所实施的操作；
- 身份鉴别相关事件；
- 访问控制相关事件；

f）应提供足够的存储空间存放审计记录，防止由于存储空间溢出造成审计记录的丢失。

g）根据应用系统的涉密等级和重要性明确审计记录的保存期限：机密级至少保存六个月；秘密级及以下至少保存三个月。

h）应对审计信息进行授权访问控制，并提供检测和防止对审计记录修改的功能，保证审计记录不被篡改、伪造和非授权删除。

i）应提供对审计记录的统计、查询功能，包括按时间范围、主客体身份、行为类型等条件进行检索查询，并具备生成审计结果报告的能力。

（7）系统“三员”安全控制

系统具备“系统管理员”“安全保密管理员”“安全审计员”的账号和权限。其中：系统管理员负责人员账号与角色名称的创建；安全保密管理员为人员账号与角色授权并使账号生效，同时审计普通用户操作日志；安全审计员可查看系统管理员与安全保密管理员的操作日志，并对日志进行管理。

（十）其他关键技术解决方案

1. 权限体系-基于角色的访问控制

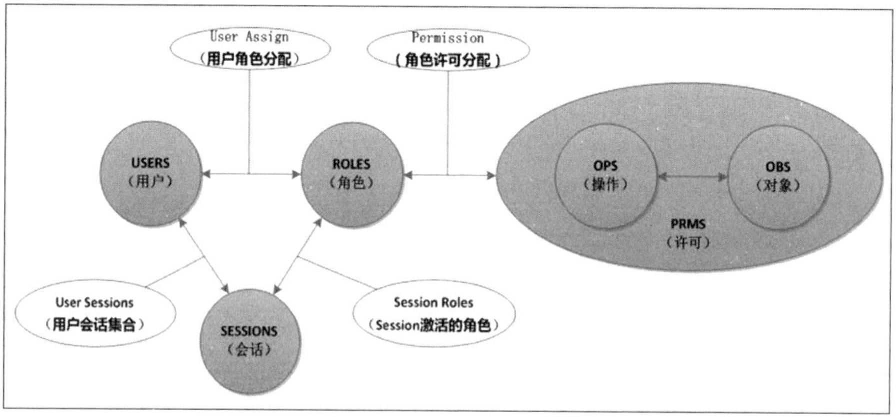

用户权限服务是参考RBAC模型设计的，针对档案管理系统权限体系，每一个功能模块都定义成一种资源（Resource），如一文一件类型档案库、传统立卷类型档案库、全宗定义、数据词典定义等等，每个资源都有自己特定的操作（Operator），如全宗添加、全宗修改、添加条目等等。用户操作的实际对象定义为资源实例（Resource Instance）。

2. 图形化工作流引擎

工作流引擎提供流程化的管理方式，它通过图形化的方式来定义工作环节，工作任务将按流程设置的步骤运行并支持图形化的跟踪。

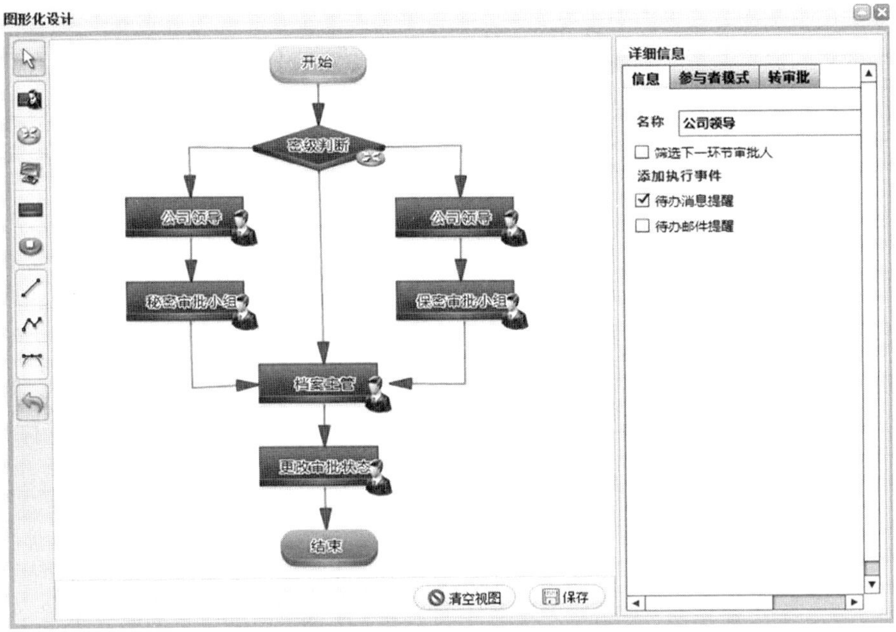

3. 数据存储服务安全性

系统的开发平台提供一套针对多种结构化数据的访问管理，支持 SOA 模型通过 Webservice 接口进行数据交换，并支持对其他数据库类型的扩展；对非结构化数据（如文件等）的存储与传输，支持 HTTP、本地磁盘安全的传输方式。

4. 文档在线阅读技术

客户在不需安装任何第三方阅读软件的情况下即可完成电子文件的在线浏览。系统将用户需要查看的页面以流的方式传输到客户阅读器，降低了网络的开销，提高阅读速度。同时，阅读器还可以控制用户对文件打印和下载的权限。

通过直接使用 IE 等浏览器可实现对文本文件、图像文件、HTML 文件、Office 文件等格式的电子文件进行在线数据浏览。如：DOC、XLS、PPT、TXT、PDF、RTF、XML、HTM、ASP、JSP、JPG、GIF、BMP 等多种常用格式文件。针对视频、音频等多媒体文件也可以直接以流的传输方式在线查看，流式媒体的加载使查看时加载速度更快，用户使用和观看更流畅。

5. 文件传输加密

文件加密简单地说就是对原来为明文的文件按某种算法进行处理，使其成为不可读的一段代码，通常称为“密文”，只能在输入相应的密钥之后才能显示出本来内容。文件加密不仅用于电子邮件或网络上的文件传输，也可应用静态的文件保护。系统在数据传输时采用 HTTPS 作为传输通道，在原有的 HTTP 通道上增加 SSL 层，提供了身份验证与加密通讯的方法，从而达到保护数据不被人非法窃取、阅读的目的，提高了文档传输和使用的安全性。

6. 文件静态水印

为了更好地提高电子文件的可读性、完整性、真实性和安全性保障，系统将电子文件存储格式分为：在线展示、长期保存格式和原始格式三种，并且针对在线展示格式和长期保存格式设置水印。水印的目的是保护电子文件的安全和提升企事业单位的形象。系统静态水印设置支持使用公司 logo、图片，也可以手动输入文字作为水印，并通过设定水印的坐标、角度、字体、大小、颜色、透明度等属性，达到自定义水印设置的效果。

7. 离线归档任务客户端

本系统提供了一种科技档案归档离线任务分发系统发明（专利申请已受理）。在档案系统中集成了归档计划模块，档案部门可定义数据收集范围、目录信息和任务人员分配信息。被分派人员登录离线分发客户端，可获取到档案归档任务要求，根据任务要求在离线分发客户端上进行档案条目录入和原文挂接等操作，再通过离线分发客户端将档案数据提交至档案系统。档案员在档案系统对提交的归档数据进行审核并生成审核结果，离线分发客户端可获取审核结果进行查看。数据流程图如下所示：

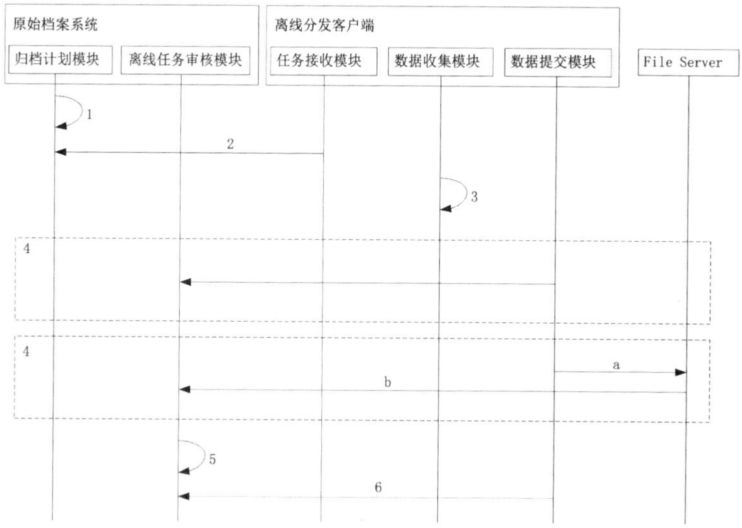

8. 全文检索技术

信息资源数据可划分为两种类型，即结构化数据和非结构化数据。支持全文索引和整字段索引、支持标引索引（图书情报领域）、支持可自定义的索引表达式、支持扩展索引、支持增量索引、支持逻辑表达式检索，针对 OCR 等领域的需要，支持对被索引文件格式的扩展。查全率更高，适应力更强，与通常的词表系统相比，具有明显的查全率优势，查询适应力更强，系统内核更小。整个核心系统编译后仅有数百 KB，却包含了数据操作所需的结构定义、数据表创建、数据索引、数据的编辑、添加、删除和检索等全部功能。

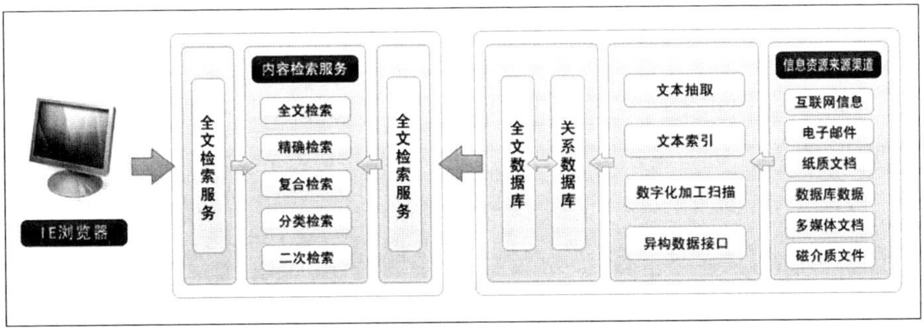

9. 系统集成技术

本系统提供自定义配置，实现数据从来源端经过抽取、转换、加载至目标端的服务。支持二次开发接口 API，便于将各业务系统接口开发标准化、配置化。上游系统可以动态变化，接口平台简单配置，档案系统以不变应万变。自动完成数据合规性校验。通过提供的 Web Services 描述文件（即 WSDL 文件）访问 Web Services 服务。接口对应标准化的报文格式 XML，将其作为一个标准告知应用系统接口方。

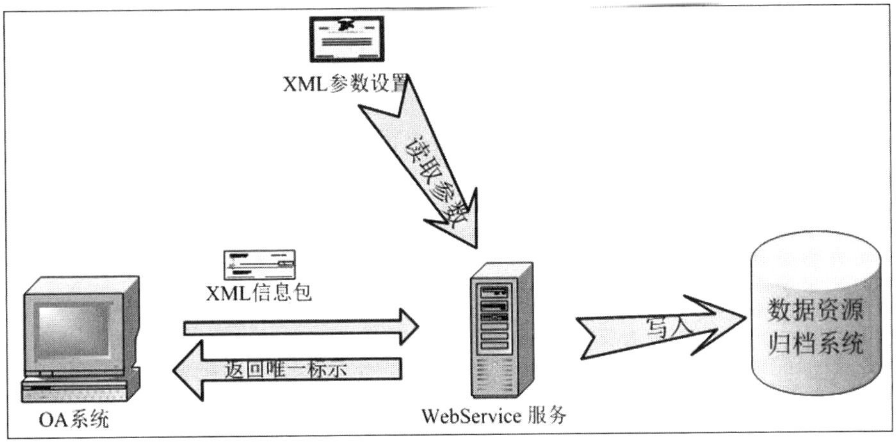

六、取得的效益

1. 经济效益

（1）设计单位、生产单位和施工单位节约成本等

开展电子文件归档和电子档案管理后，公司于2019年取消了公文、工装图纸、工艺文件等类型的纸质归档，全年归档电子文件20.3万份，178万页（A4），按每页文件晒图/打印成本0.8元计算，可节减支出：178×0.8＝142.4万元。

（2）节省档案专用库房建设费用

目前各级档案馆档案库房比较紧张，二级单位的档案库房也日益饱和，尤其是改扩建工程日益增多，档案数量每年剧增。实行电子文件归档后，可解决库房紧张的问题，节减档案库房建设、档案存储设备等费用支出。2019年归档电子文件20.3万份，约需占用档案库房25平方米，密集架2列，按档案库房每平方米成本1万元，密集架1列8万元计算，可节省：25×1+8×2＝41万元。

（3）减少人工管理成本

实行了电子文件归档管理，相比传统纸质管理大大提高了工作效率，减少了人工管理成本，因推行电子文件归档管理，档案管理人员由2018年的31人减少为28人，按档案管理人员人工成本18万元计算，节减支出：18×3＝54万元。

公司在开展电子文件归档和电子档案管理试点过程中，软件建设费用99万元，按照公司软件类无形资产摊销期5年计算，每年分摊20万元；硬件建设96万元，按照硬件资产摊销期8年计算，每年分摊12万元。2019年分摊20+12＝32万元。

综上，开展电子文件归档和电子档案管理后，每年可为公司节减支出，取得间接经济效益：142.4+41+54−32＝205.4万元。

2. 产品社会效益

（1）方便用户

数字档案馆中，为用户提供所需的档案信息仍是其核心职能，也是赖以存在的条件之一。与传统档案馆不同的是，信息提供手段由手工提供转向以计算机为基础的自动提供，内容表现形式由以纸质档案为主体的实体档案转

向以网络传送、依靠计算机识读的数字信息，提高了档案信息提供的速度和效率，打破了工作时间和地理空间的限制，大大方便了公司科研人员对档案信息的利用。用户可以通过网络方便地使用档案信息，获取更为及时、准确、系统的信息，从而节省大量的人力、物力和财力资源。

（2）优化档案管理模式，提升档案管理水平

电子文件归档和电子档案管理系统的推广应用，进一步巩固了公司作为我国国防军工信息化技术研究应用领军企业的地位，进一步扩大了公司影响力。本项目成果已在公司各部门成功实施应用，取得良好的应用示范效果，提升档案数字化管控能力，确保归档数据的完整、安全、有效，促进归档数据资源更好地支撑公司型号的研制。

（3）服务公司科研生产

数字档案信息作为一种重要的原生性资源，是国家和社会的重要财产，是当代最活跃的生产要素之一，在经济和社会发展中发挥着重要的作用。建立基于设计、试验、生产制造过程的数据资源归档管理系统，实现设计生产制造过程电子文件归档计划在线下达、分阶段在线归档以及归档情况统计与分析，满足归档要求的文件存储格式转换与归档，确保项目研制各类归档数据的长期保存和有效性利用。

七、后续打算

1. 积极应用，扩大试点范围

积极利用此次试点工作成果与经验，扩大试点范围，实现公司 PLM、ERP 等业务系统电子文件归档和电子档案管理。

2. 开展三维模型文档归档研究

三维模型文档的电子数据如何进行有效质量归档，如何转换成通用归档存储格式是制约本次试点成果进一步应用的关键，也是试点工作深入研究的方向，在今后的工作中，档案部门应会同信息化部门开展专项研究。

3. 所属企业推广应用

发挥行业管理职能，在“成飞+”所属企业推广运用，实现长飞、成飞民机等单位电子文件归档和电子档案管理。同时，利用本试点工作成果，通过离线客户端开展所属企业在不部署系统的情况实现电子文件归档。

国家电网公司
电子文件归档和电子档案管理试点案例

一、背景

（一）企业战略发展需要

随着信息技术的飞速发展，大数据已经成为与自然资源、人力资源同等重要的战略资源，蕴含着巨大的价值。公司作为关系国家能源安全的特大型国有企业，生产经营管理过程中产生的业务数据已达到 PB 级，且以每日 10TB 的速度增长。通过开展电子文件管理工作，大量有价值的核心业务数据经过汇聚、固化得以集中保管，实现了公司核心数据资源的统一管理。通过对海量数据的多维度内容挖掘利用，能够提高辅助决策的全局性和准确性，推动公司从传统管理方式向“用数据管理、用数据决策”新方式的转变，推动公司管理创新。因此，开展电子文件管理工作不仅是大数据时代现代企业提升管控能力的有效手段，更是提升企业核心竞争力、赢得改革发展机遇的重要途径。

（二）企业业务发展需要

随着公司各项主营业务的快速发展，信息系统产生了大量的业务数据，横向各部门间跨业务的数据交互需求也越来越频繁。通过开展电子文件管理工作，使各业务信息系统产生的大量电子表格、文本文件、图表等各种形式的数据经过价值识别和分类处理后，自动转换成符合国家标准的通用电子文件，构建起横向贯穿各个业务系统、纵向覆盖各个管理层级的电子文件数据资源管理平台，使不同业务系统之间信息资源的共享利用更加快捷、便利，消除了信息壁垒，将公司信息资源的整合水平由数据级提升至内容级，全面提升了企业的信息资源开发利用水平。

（三）档案工作本身的发展需要

档案是文件的归宿，是公司发展的真实纪录。随着公司信息系统应用日渐广泛，越来越多的不同种类、不同形式的电子文件成为各项生产经营活动的凭证，如经电子签名的文件、多图层多维度图像文件等，这些形态的电子文件逐渐成为某些业务活动的唯一记录形式，即使可以输出纸质文件，也因其原生状态为电子形式，失去了重要的证据价值。开展电子文件归档管理工作，从技术上有效地支撑了业务数据的在线归档，扩大了电子文件的在线归档范围、提高了归档效率，使公司各类信息资源按照国家档案管理要求，转换成能够长期保存和可读的电子档案，确保这些重要信息资源的长久可用，真实记录公司的发展足迹。

（四）存在问题

一是制度规范与档案信息化工作不同步。公司一级部署数字档案馆系统建成后，已经具备了核心业务系统电子文件归档等相关条件，但由于缺乏统一的档案管理及档案利用流程等相关规范，相关档案类型设定及整理规则的配置尚未统一，档案资源受各单位档案工作人员思路限制，也未能得到有效开放。

二是基建项目资料归档信息化程度不高。目前公司数字档案馆系统主要与协同办公系统进行系统集成，系统中产生的公文自动归档到数字档案馆系统中，而公司主要业务输变线路相关的基建项目资料依然采用线下手工录入的方式，工作量较大，而且由于人员水平差异，项目资料录入质量参差不齐，规范性较差。

二、目标

国家电网公司企业电子文件归档试点的目标是：探索企业核心业务电子文件的在线归档途径，形成电子文件归档规律，为国家电子文件归档和电子档案管理提供可借鉴的管理经验。

（一）定性目标

按照国家相关法律法规，结合公司管理实际，梳理形成基建项目类电子文件归档的范围和规范；完成基建管控系统和电子文件管理系统、数字档案馆系统的升级改造，实现基建项目类电子文件的在线归档；开展基建项目类电子文件的归档试点；在充分总结试点成果的基础上，完成在公司系统各单位的推广实施。

（二）定量目标

制定和完善基建管控项目类电子文件归档规范范围，及电子文件归档集成规范等技术标准；实现基建业务系统与数字档案馆系统在线归档，并接收不少于15种类型电子文件。

（三）时间目标

2019年1月完成需求调研及业务梳理工作，梳理基建项目类电子文件的归档范围、归档方式和归档业务元数据，制定相关制度规范；2019年3月完成基建管控系统、数字档案馆系统的适应性改造。2019年6月完成试点单位的电子文件归档实施试点工作。2019年9月完成电子文件归档及电子档案管理试点成果推广实施工作。2019年10月对试点工作成效进行评估，对试点经验进行总结，配合国家档案局完成对试点工作的评估和验收。

（四）质量目标

系统业务功能在国内领先，技术平台应采用当今国际上先进和成熟的技术，使系统能够最大限度地适应今后技术发展趋势和业务发展需要。系统所有硬、软件遵循业界相关标准，支持开放的标准接口，支持跨平台采用数据接口技术进行集成，保证各系统稳定运行。系统提供友好的用户操作界面，具备直观易用的人机交互方式、系统维护界面和上下文有关的在线帮助，设计使用操作人性化。软件的选型和应用系统的设计满足扩展要求，通过平滑扩展满足新增的需求，并预留相应的软硬件接口。采用多种安全管理机制，保障数据在存储、检索、提取、传递、发布和管理等各个层面的安全性。系统有较高的可用性，当系统出现问题后能在较短的时间内恢复，系统在200

并发用户时，客户端查询检索响应时间不超过 3 秒，日常数据录入响应时间不超过 1 秒，视频播放及图片显示时间不超过 5 秒。从实用的角度出发，系统具有功能实用，界面实用，操作实用，响应时间实用的特点。

（五）经济效益目标

通过本次试点建设，实现基建系统中电子文件的在线归档，减轻基建档案收集的工作量，提高工作效率，从而降低生产成本。统一档案收集与整理规范，并通过系统实现标准规范的固化，提升国网档案工作的标准化、信息化水平。

（六）社会效益目标

完成电子文件归档的试点建设任务，完成电子文件归档范围、归档接口规范及归档集成规范等相应的技术标准，为全国的企业电子文件归档提供相应示范，减少各企业的低水平重复投资，节约相应单位的人力、物力及其财力。

三、系统介绍

（一）系统功能

根据公司 SG186 工程建设的总体部署，国网公司基建管理信息系统建设始于 2009 年 3 月，期间通过试点、推广、改进完善，逐步在各网省公司全面推广运行。针对存在的问题，2011 年 1 月，开始优化完善和深化应用并更名为基建管理信息系统，该系统于 2011 年 6 月 30 日上线试运行，11 月 15 日前完成全网验收工作。基建管理信息系统依据基建“三横五纵”标准化管理体系，设置了国网公司、网省公司及建设管理单位三级管理模式，业务覆盖项目管理、安全管理、质量管理、造价管理、技术管理五大专业，项目覆盖 66kV、110kV、220kV、330kV、500kV 及以上所有电压等级的新建、扩建工程，工程类型包含户外变电站、室内变电站、架空线路、电缆工程、光纤工程、排管工程等，实现从国家电网公司总部到网省公司、建设管理单位、业主项目部及各参建单位基建业务上的一体化。

（二）数据量

基建管控系统每天在线用户数4000人左右，每天在线产生的电子文件数量超过4000个，日电子文件增量大概在20G左右，同时并发在线用户数保持在200人左右，并发用户访问量为200人，电子文件日访问量在8000次左右。

（三）文件类型

经详细梳理，基建类电子文件归档范围共35份电子文件，其中变电站工程项目16份电子文件（其中原生电子文件8份），输电线路工程项目19份电子文件（其中原生电子文件10份）。

归档的电子文件类型包括：

文 件 类：doc，docx，xls，xlsx，ppt，pptx，wps，et。

图纸图像：dwg，dwf，jpg，jpeg，png。

版式文件：pdf，ofd，ceb。

四、工作步骤

因国家电网公司数字档案馆系统为已经在用的系统，本次试点项目仅需对相关模块进行完善升级，建设周期为2018年10月到2019年10月。建设阶段如下：

（一）试点实施（2018年10月—2019年6月）

调研分析（2018年10月至12月）：选取国网湖南、陕西、江西、安徽、北京、冀北电力等6家单位，开展基建项目类电子文件归档调研工作，调研内容主要包括该类电子文件的管理现状、归档方式、移交手续、管理模式等。

业务梳理（2019年1月）：根据需求调研的成果，梳理基建项目类电子文件的归档范围和方式，明确电子档案的元数据、样式等要求，总结提炼形成电子文件归档实施细则与归档电子文件集成规范。

系统完善与开发（2019年2月至3月）：开展基建管控系统、电子文件管理系统、数字档案馆系统电子文件归档集成改造，实现前端元数据著录、定时归档、补充归档、归档自动校核、归档查询等功能。

试点实施（2019 年 3 月至 6 月）：选取国网湖南、陕西、江西、安徽、北京、冀北电力等 6 家内部单位作为基建项目类电子文件归档的试点单位，开展试点验证工作。

（二）系统完善及推广（2019 年 7—9 月）

结合工作实际，进一步修改完善电子文件归档相关功能，进一步完善关键环节的企业现有规章制度，提出相关法律法规、国家标准和行业标准的意见建议等。

总结试点工作经验，完成公司系统各单位基建项目类电子文件的归档实施工作。

（三）评估验收（2019 年 10 月）

组织专家对试点工作成效进行评估，对规章制度和标准规范的符合性、适用性提出意见和建议，开展《基建项目类电子文件归档范围》、《电子文件归档集成规范》等两个企业标准规范的小范围意见征集工作，对试点经验进行总结。组织召开试点验收会，配合国家档案局和相关专家完成对试点工作进行正式评估和验收。

五、解决方案

（一）管理流程方案

国家电网公司电子文件归档试点涉及基建管控系统、电子文件系统、数字档案馆系统。

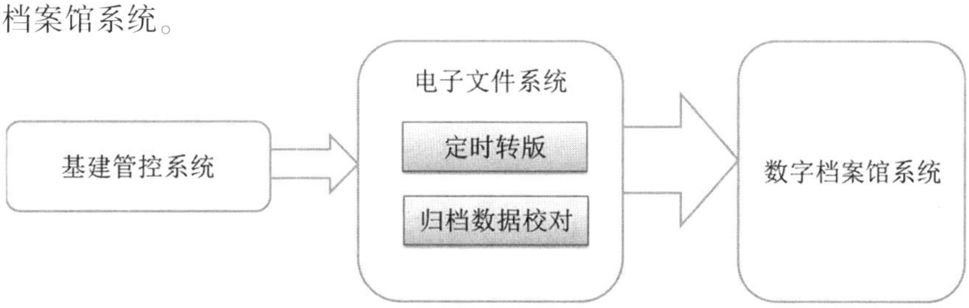

图 1　相关归档业务系统

基建管控系统。针对办理完毕的基建项目过程文件，根据归档要求把元数据与电子文件归档到电子文件系统，并生成归档目录清单。

电子文件系统。电子文件系统对归档过来的文件定时转版成符合国家要求的版式文件，并提供对归档数据校对的功能。针对归档不成功的数据通过前端业务重新归档。并定时将业务系统归档的电子档案推送到数字档案馆系统。

数字档案馆系统。对归档过来的电子档案数据进行收集整编、编目、引导、上架等操作。

（二）归档范围及存储格式

1. 归档范围

（1）基建归档范围

经详细梳理，基建类电子文件归档范围共35份电子文件，其中变电站工程项目16份电子文件（其中原生电子文件8份），输电线路工程项目19份电子文件（其中原生电子文件10份），目前所有文件都实行双套制管理。

表1　基建归档范围

序号	文件名称	存在形式	载体形式	档案文件生成方式	保管期限
1	建设用地规划许可证	扫描件	纸质载体	全扫描，直接传送至档案管理系统归档。	永久
2	施工图设计交底纪要	原生电子文件	电子文件	直接传送至档案管理系统归档。	永久
3	施工图会检纪要	扫描件	纸质载体	全扫描，直接传送至档案管理系统归档。	永久
4	验收报告或竣工（启动）验收会议纪要（附整改记录及报验、整改反馈）	扫描件	纸质载体	全扫描，直接传送至档案管理系统归档。	永久
5	启委会成立文件	扫描件	纸质载体	全扫描，直接传送至档案管理系统归档。	永久

续表

序号	文件名称	存在形式	载体形式	档案文件生成方式	保管期限
6	启委会会议纪要等	扫描件	纸质载体	全扫描,直接传送至档案管理系统归档。	永久
7	项目建设管理纲要	扫描件	纸质载体	全扫描,直接传送至档案管理系统归档。	30年
8	建设管理总结	扫描件	纸质载体	全扫描,直接传送至档案管理系统归档。	永久
9	输变电工程质量监督申报书	扫描件	纸质载体	全扫描,直接传送至档案管理系统归档。	永久
10	监理工作总结	原生电子文件	电子文件	直接传送至档案管理系统归档。	永久
11	事故报告	原生电子文件	电子文件	直接传送至档案管理系统归档。	永久
12	项目建设管理总结	原生电子文件	电子文件	直接传送至档案管理系统归档。	永久
13	工程监理规划	原生电子文件	电子文件	直接传送至档案管理系统归档。	永久
14	安全文明施工总体策划	原生电子文件	电子文件	直接传送至档案管理系统归档。	永久
15	施工图会检纪要	原生电子文件	电子文件	直接传送至档案管理系统归档。	永久
16	基建安全月报	原生电子文件	电子文件	直接传送至档案管理系统归档。	永久

2. 存储格式

(1) 基建电子文件归档采用的存储格式

文 件 类: doc, docx, xls, xlsx, ppt, pptx, wps, et。

图纸图像: jpg, jpeg, png。

版式文件: pdf, ofd, ceb。

（三）接口

基建管控系统的归档主要通过与电子文件管理系统进行统一集成，业务系统办结后的电子文件定时归档到电子文件系统，后再由电子文件管理系统定时归档到数字档案馆系统中，非结构化文件统一存储于非结构化数据管理平台，电子文件基建管控系统由以下接口方式：

表 2　归档接口方式

归档系统	归档接口	归档方式	归档时间（周期）	集成方式
基建管控系统	WebService	在线归档	每晚 12 点定时归档	通过电子文件系统对接

根据国家档案局关于四性检测的相关要求，结合国家电网公司档案信息化的相关工作实际，通过对非结构化数据管理平台、电子文件管理系统、数字档案馆的相关改造，完成了档案的四性检测相关改造。

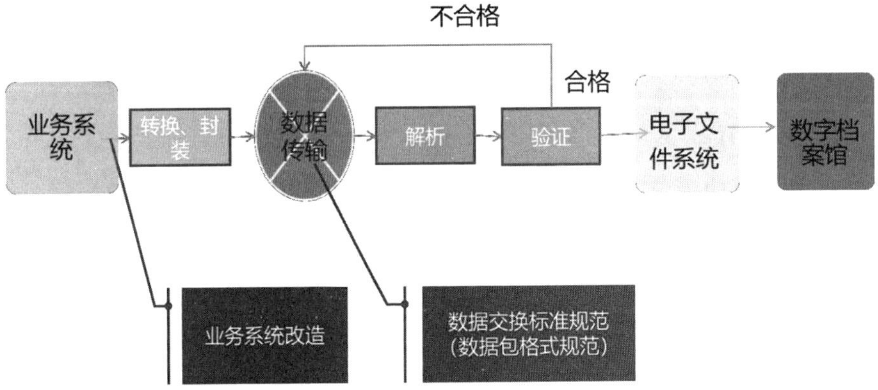

图 2　四性检测改造示意图

1. 接口调用和数据处理过程

电子文件管理系统是基于非结构化平台开发，电子文件管理系统的所有电子文件都存储在非结构化平台中，而元数据信息存储在独立的元数据库中。

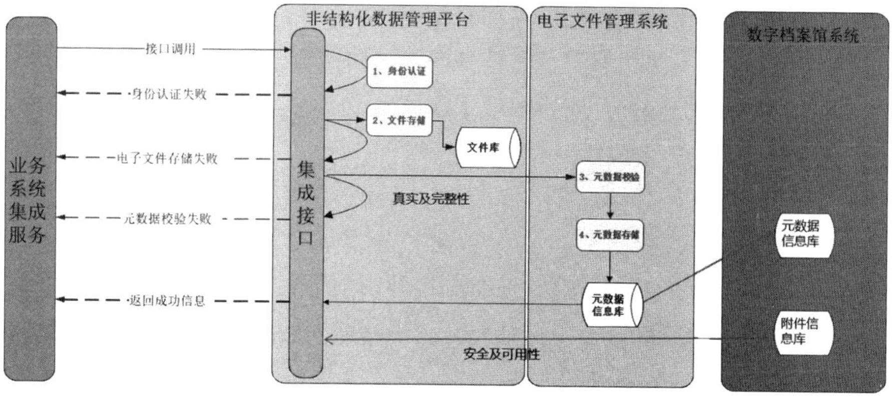

图 3　接口调用和数据处理示意图

业务系统按照电子文件元数据封装规范封装元数据、文档和接口调用描述信息。

调用电子文件管理系统集成接口向电子文件管理系统进行数据推送。

电子文件管理系统集成接口对业务系统的身份认证信息进行验证。

业务系统身份认证通过后，把实体电子文件存入非结构化平台，非结构化平台返回文档存储后平台为其生成的文档 ID。

电子文件管理系统集成接口对电子文件元数据进行校验，校验通过后将电子文件元数据信息存入元数据库中。

返回集成接口调用结果。如果集成接口对数据处理成功，则返回成功信息和存储文档的 ID、电子文件的 ID 到业务系统；如果集成接口在处理数据过程发生错误，则将失败的信息返回到业务系统。

2. 接口描述

通过调用本接口将封装后的电子文件推送到电子文件管理系统。

由于部分业务系统已经实现了和非结构化平台的单轨接入，可能会产生部分电子文件的文档已经存储在非结构化平台的情况。对于这种情况，只需要将电子文件文档在非结构化中的存储 ID 作为参数传入，集成接口会自动实现电子文件文档在非结构化平台中的复制存储。

（四）元数据项及捕获节点

1. 元数据项

工程档案案卷级元数据主要包括全宗号、目录代号、保管期限、案卷号、分类号、案卷题名、分类名称、每份件数、密级、总页数、起日期、止日期、卷盒规格、归档部门、归档日期、归档份数、立卷单位、立卷人、立卷日期、检查人、检查日期、图纸张数、库位号、互见号、标段号、备考说明、档案标示代码和备注等。

工程档案文件级元数据主要包括全宗号、目录代号、保管期限、卷内序号、文件档号、分类号、文件题名、分类名称、案卷号、主题词、密级、文件编号、责任者、成文日期、页数、页号、页次、归档日期、归档部门、归档份数、库位号、互见号、图纸张数、备注、标段号和档案标示代码等。

2. 捕获方式与节点

档案系统中，元数据捕获方式分为以下 4 种：直接通过与业务系统集成进行元数据与电子文件的捕获；电子文件管理系统集成进行元数据与电子文件的捕获；通过人工录入，人工导入的方式进行元数据与电子文件捕获。

（1）与业务系统集成方式节点

直接通过与业务系统集成进行元数据与电子文件的捕获。档案系统通过与业务系统进行数据集成，业务数据办结完成后，将业务系统中产生的需要归档的元数据与电子文件进行四性相关检测后捕获到档案系统中。协同办公中的电子文件就采用这种方式捕获。

（2）与电子文件管理系统集成方式节点

通过与电子文件管理系统集成进行元数据与电子文件的捕获。由于所有业务系统已经和电子文件系统进行了元数据和电子文件的集成并经过了四性检测，系统定期将相关电子文件进行四性检测后捕获到档案系统中。

（3）用户手工录入方式

通过人工录入的方式进行元数据与电子文件的捕获。对于部分线下产生的档案采用人工录入电子元数据信息，手动挂接电子文件信息的方式，捕获电子文件信息。

（4）用户手动导入方式

通过手动导入的方式进行元数据与电子文件的捕获。对于部分线下产生的档案采用手工录入相关电子文件元数据信息到 excel 模板，将 excel 元数据信息手工导入系统中，和通过批量挂接电子文件内容信息相结合来捕获元数据和待录入文件信息。

(五) 整理方案

1. 电子文件归档

本次试点电子文件归档主要是基建管控系统，系统中电子文件归档统一采用 webservise 接口方式，通过与公司自建的电子文件系统对接，电子文件系统根据设置归档规则，定时将电子文件归档至数字档案馆系统中。

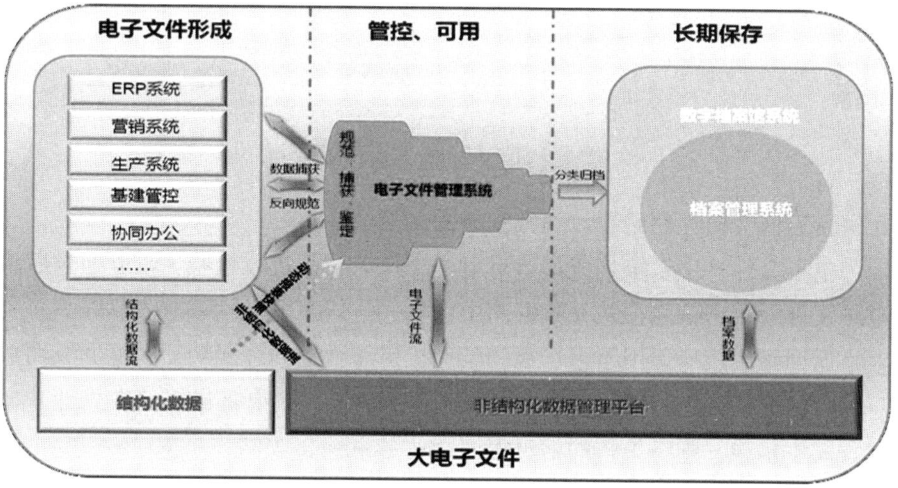

图 4　电子文件归档整体流程图

电子文件管理系统覆盖公司所有单位、是贯穿公司主要业务、联通各层级的电子文件管理系统，目前完成了 12 个核心业务系统、868 种电子文件的集成实施工作。基建系统的业务数据通过电子文件管理系统定期接入到数字档案馆系统中，其他系统的电了文件日前存储在电子文件管理系统中。

电子文件管理系统是基于非结构化平台开发，电子文件管理系统的所有电子文件都存储在非结构化平台中，而元数据信息存储在独立的元数据库中。

业务系统按照电子文件元数据封装规范封装元数据、文档和接口调用描述信息。

调用电子文件管理系统集成接口向电子文件管理系统进行数据推送。

电子文件管理系统集成接口对业务系统的身份认证信息进行验证。

业务系统身份认证通过后，把实体电子文件存入非结构化平台，非结构

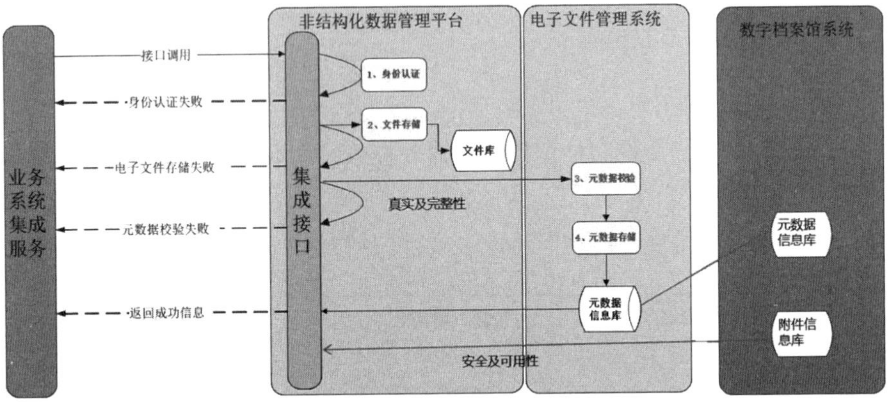

图5　电子文件归档示意图

化平台返回文档存储后平台为其生成的文档ID。

电子文件管理系统集成接口对电子文件元数据进行校验，校验通过后将电子文件元数据信息存入元数据库中。

返回集成接口调用结果。如果集成接口对数据处理成功，则返回成功信息和存储文档的ID、电子文件的ID到业务系统；如果集成接口在处理数据过程发生错误，则将失败的信息返回到业务系统。

根据国家档案局关于四性检测的相关要求，结合国家电网公司档案信息化的相关工作实际，通过对非结构化数据管理平台、电子文件管理系统、数字档案馆的相关改造，在归档过程中会对电子文件完成四性检测并在数字档案馆系统中进行检测结果展示。

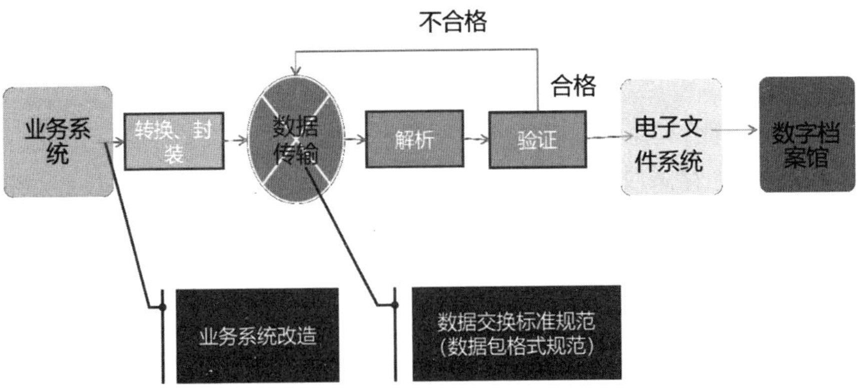

图6　四性检测示意图

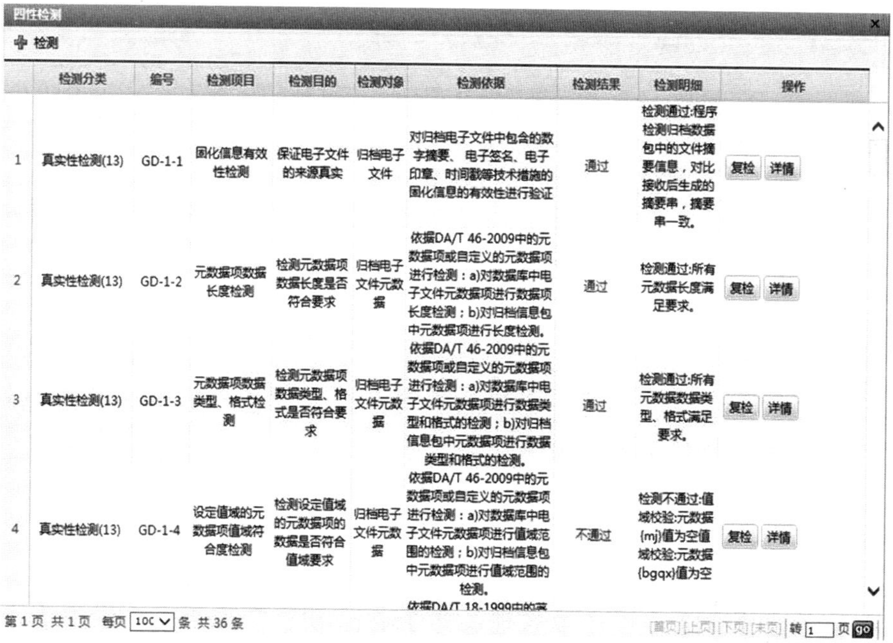

四性检测

检测

	检测分类	编号	检测项目	检测目的	检测对象	检测依据	检测结果	检测明细	操作
1	真实性检测(13)	GD-1-1	固化信息有效性检测	保证电子文件的来源真实	归档电子文件	对归档电子文件中包含的数字摘要、电子签名、电子印章、时间戳等技术措施的固化信息的有效性进行验证	通过	检测通过:程序检测归档数据包中的文件摘要信息，对比接收后生成的摘要串，摘要串一致。	复检 详情
2	真实性检测(13)	GD-1-2	元数据项数据长度检测	检测元数据项数据长度是否符合要求	归档电子文件元数据	依据DA/T 46-2009中的元数据项或自定义的元数据项进行检测：a)对数据库中电子文件元数据项进行数据项长度检测；b)对归档信息包中元数据项进行长度检测。	通过	检测通过:所有元数据长度满足要求。	复检 详情
3	真实性检测(13)	GD-1-3	元数据项数据类型、格式检测	检测元数据项数据类型、格式是否符合要求	归档电子文件元数据	依据DA/T 46-2009中的元数据项或自定义的元数据项进行检测：a)对数据库中电子文件元数据项进行数据类型和格式的检测；b)对归档信息包中元数据项进行数据类型和格式的检测。	通过	检测通过:所有元数据数据类型、格式满足要求。	复检 详情
4	真实性检测(13)	GD-1-4	设定值域的元数据项值域符合度检测	检测设定值域的元数据项的数据是否符合值域要求	归档电子文件元数据	依据DA/T 46-2009中的元数据项或自定义的元数据项进行检测：a)对数据库中电子文件元数据项进行值域范围的检测；b)对归档信息包中元数据项进行值域范围的检测。	不通过	检测不通过:值域校验:元数据{mj}值为空值域校验:元数据{bgqx}值为空	复检 详情

第 1 页 共 1 页 每页 100 条 共 36 条　[首页] [上页] [下页] [末页] 转 1 页 go

图 7　四性检测结果展示

2. 电子文件组卷方式

业务系统内需归档的电子文件会根据设定的整理规则进行自动组件操作，件内各电子文件可按照规则自动排序。

组件规则：正文、附件为一件；文件正文与定稿为一件；转发文与被转发文为一件；原件与复制件为一件；正本与翻译本为一件；中文本与外文本为一件；报表、名册、图册等一册（本）为一件（作为文件附件时除外）；简报、周报等材料一期为一件；会议纪要、会议记录一次会议为一件；来文与复文（请示与批复、报告与批示、函与复函等）为一件。有文件处理单或发文稿纸的，文件处理单或发文稿纸与相关文件为一件。

业务系统内的电子档案同步至数字档案馆系统后，各个文件之间会根据分类号、保管期限等档号字段和卷盒规格字段进行自动的组卷操作，或是人工进行组卷操作。

不同档案类型、年度、卷盒之内的文件也可以根据互见号字段进行组卷关联操作。

操作	电子文件名	文件大小	类型代码	创建时间	状态
下载 浏览 修改	D3F29384046B5C0948258390002B93DD1.wps	53.63KB	正文	2019-12-18	
下载 浏览 修改	国家电网党〔2019〕21号.ceb	29.27KB	正文	2019-12-18	
下载 浏览 修改	国家电网党〔2019〕21号(盖章).ceb	43.97KB	正文	2019-12-18	
下载 浏览 修改	流程记录.html	12.0B	流程记录	2019-12-18	
下载 浏览 修改	阅办单.html	10.03KB	阅办单	2019-12-18	
下载 浏览 修改	意见.html	4.48KB	意见	2019-12-18	
下载 浏览 修改	D3F29384046B5C0948258390002B93DD1_draft.wps	50.5KB	原稿	2019-12-18	

图 8　电子文件排序图

3. 电子文件元数据方案

结合基建管控系统与档案管理系统的调研情况，梳理出“系統默认元数据模版”、“基建工程元数据模版”两个元数据标准模版，通过在系统内进行模版定义，把业务元数据校验规则在系统中进行固化。模版定义界面如下图所示：

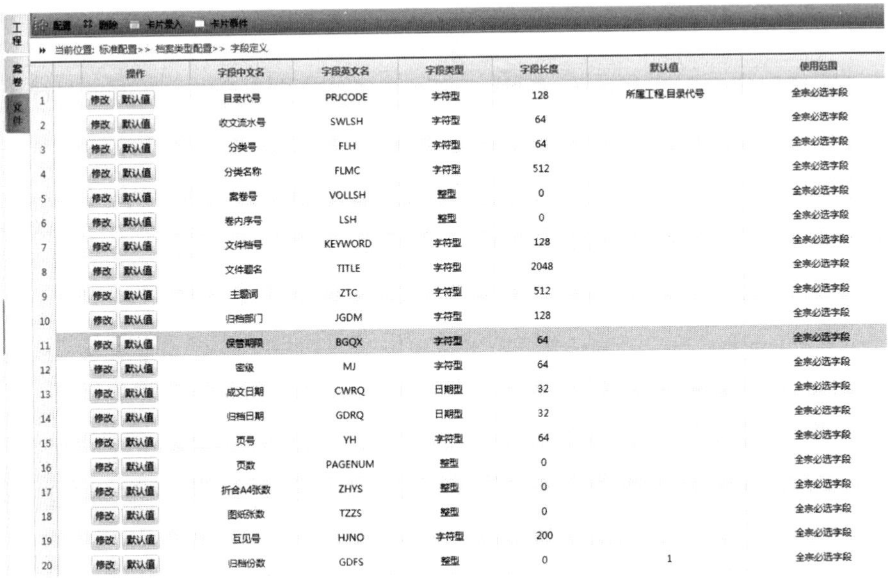

	操作	字段中文名	字段英文名	字段类型	字段长度	默认值	使用范围
1	修改 默认值	目录代号	PRJCODE	字符型	128	所属工程.目录代号	全宗必选字段
2	修改 默认值	收文流水号	SWLSH	字符型	64		全宗必选字段
3	修改 默认值	分类号	FLH	字符型	64		全宗必选字段
4	修改 默认值	分类名称	FLMC	字符型	512		全宗必选字段
5	修改 默认值	案卷号	VOLLSH	整型	0		全宗必选字段
6	修改 默认值	卷内序号	LSH	整型	0		全宗必选字段
7	修改 默认值	文件档号	KEYWORD	字符型	128		全宗必选字段
8	修改 默认值	文件题名	TITLE	字符型	2048		全宗必选字段
9	修改 默认值	主题词	ZTC	字符型	512		全宗必选字段
10	修改 默认值	归档部门	JGDM	字符型	128		全宗必选字段
11	修改 默认值	保管期限	BGQX	字符型	64		全宗必选字段
12	修改 默认值	密级	MJ	字符型	64		全宗必选字段
13	修改 默认值	成文日期	CWRQ	日期型	32		全宗必选字段
14	修改 默认值	归档日期	GDRQ	日期型	32		全宗必选字段
15	修改 默认值	页号	YH	字符型	64		全宗必选字段
16	修改 默认值	页数	PAGENUM	整型	0		全宗必选字段
17	修改 默认值	折合A4张数	ZHYS	整型	0		全宗必选字段
18	修改 默认值	图纸张数	TZZS	整型	0		全宗必选字段
19	修改 默认值	互见号	HJNO	字符型	200		全宗必选字段
20	修改 默认值	归档份数	GDFS	整型	0	1	全宗必选字段

图 9　模版元数据定义界面

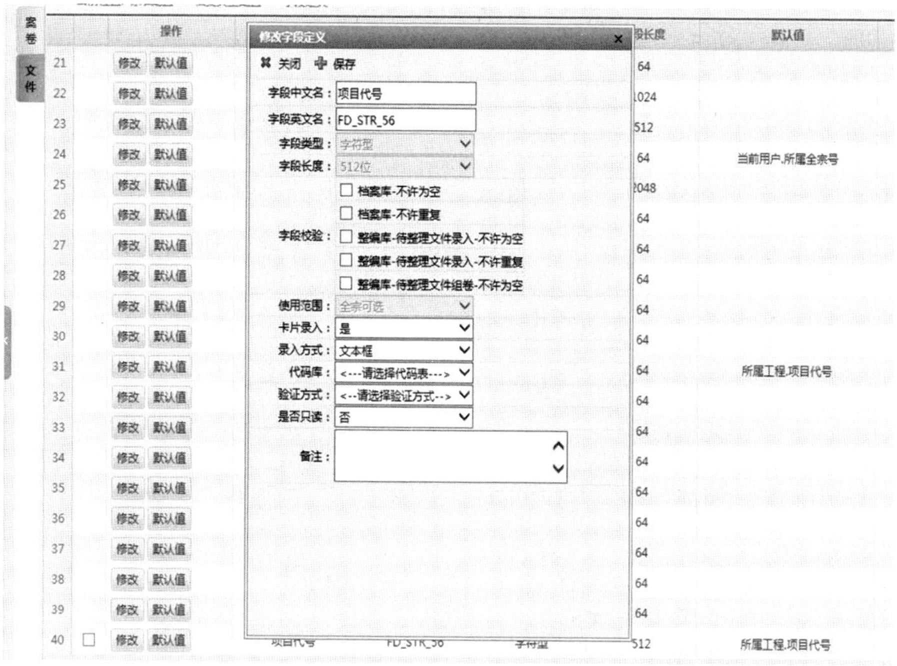

图 10　模版定义界面

通过元数据模版的定义可以满足以下几方面需求：

（1）提升元数据标准化程度。

基建管控系统涉及的 49 类电子文件，可以使用“基建工程元数据模版”快速定义出来，保持了基建类文件类型元数据字段的标准统一，提升了相同业务领域内元数据的标准化程度，提升了共享融合水平；

（2）前端校验机制统一标准。

按照文件归档的数据质量要求，对业务元数据从类型、长度、必填等属性进行重新梳理定义，从而加强前端数据统一校验机制；

（3）提升数据存储独立性。

每个文件类型独立一张数据表进行存储，与原先电子文件的大数据表（8 个亿）剥离开来，提升独立响应能力，并能够做到业务数据之间性能不互相干扰；

表 3　系统默认元数据模版

元数据类型	中文名	英文名	数据类型	长度	是否必填
系统字段	系统码	SYSCODE	字符型	32	是
系统字段	单位编码	UNISYS	字符型	32	是
系统字段	省公司编码	M_ UNITSYS	字符型	32	是
系统字段	创建者	CREATOR	字符型	32	否
系统字段	创建时间	CREATE_ TIME	日期型		是
系统字段	修改时间	UPDATE_ TIME	日期型		否
系统字段	删除时间	DELETE_ TIME	日期型		否
系统字段	数据状态	STATUS	数字型	2	是
系统字段	业务系统文件 ID	BUSINESSID	字符型	128	是
系统字段	文档数量	DOCUMENT_ NUM	数字型	2	否
系统字段	页数	PAGENUM	数字型	2	否
系统字段	归档状态	ARC_ TYPE	数字型	2	是
系统字段	归档时间	ARC_ TIME	日期型		否
系统字段	档案系统文件 ID	ARC_ FILEID	数字型	2	否

表 4　基建工程元数据模版

元数据类型	中文名	英文名	数据类型	长度	是否必填
基础字段	题名	TITLE	字符型	128	是
基础字段	成文日期	CWRQ	日期型		否
基础字段	责任者	ZRZ	字符型	32	是
基础字段	保管期限	BGQX	字符型	32	是

续表

元数据类型	中文名	英文名	数据类型	长度	是否必填
基础字段	密级	MJ	字符型	32	否
基础字段	备注	REMARK	字符型	512	否
基础字段	分类号	FLH	字符型	32	是
基础字段	分类名称	FLMC	字符型	128	是
业务字段	项目编码	GCXMBM	字符型	32	是
业务字段	项目名称	GCXMMC	字符型	128	是
业务字段	项目类别	GCXMLX	字符型	32	是
业务字段	电压等级	GCDYDJ	字符型	32	是
业务字段	建设管理单位	JSGLDW	字符型	128	是
业务字段	编制单位	BZDW	字符型	128	是
业务字段	编制单位编码	BZDWCODE	字符型	32	是
业务字段	立项时间	LXRQ	日期型		否
业务字段	开工时间	KGRQ	日期型		否
业务字段	主管单位	WSGS	字符型	128	否

4. 电子文件归档流程

基建管控系统的电子文件归档流程为文件收集、组卷、整理编目、归档。

文件收集流程为电子文件自动归档流程，通过接口方式从业务系统经电子文件系统自动归档至数字档案馆系统中，并生成相应的条目信息，档案管理员对条目信息补充所属的分类号并划定相应的保管期限信息。

组卷环节，系统根据分类号、保管期限等档号字段及卷盒规格设定对文件进行自动组卷。

整编编目环节，会根据系统中已设定的档号规则，对文件进行自动编目，并按照流水顺序生成相应的档号，案卷档号为年度项目大流水、文件档号为卷盒内小流水。

档案管理员对案卷、文件检查无误后，打印相关报表信息后进行归档入库操作。

5. 电子档案整理方式

对归档到数字档案馆系统的电子文件进行整理，使之成为符合归档要求的数据。包括两种整理方式，本部分工作如果由档案管理员完成，则是集中整理方式；如果由各部门兼职档案管理员来完成，则为分散整理方式。

数据整理包括：收集整编和移交管理两部份内容。

系统可以通过“年度项目管理”控制归档责任和流程，实现分散整理、集中整理、混合整理三种整理模式，实现按年度归档、按项目归档、按阶段归档和随办随归，通过整理规则实现自动排序、自动组卷、自动编号等自动化整理工作。这些设置最终都会体现在“收集整编”功能中，并实现整理后的各项调整功能（拆卷、并卷、打散、卷内调整、案卷调整），可自动根据案卷或卷内文件计算调整案卷的总页数、份数、件数、起止件号、起止日期、保管期限等。

收集整编中的各项分类方法、目录设置方法、档号等整理规则都在标准设置中完成，并在年度项目管理中进行选择修改。同时需要辅助实体管理打印的各种目录表单可以通过 WEB 报表系统打印输出。

档案的移交管理可实现单位内归档部门向档案部门移交接收的业务流程，同时也可以实现全宗单位之间档案移交的流程。通过“移交申请-审核-接收/打回”流程实现归档文件或档案的移交、审核和接收工作。

接收后的文件可以在收集整编中进行归档，系统会自动审核是否符合归档要求，例如：元数据著录是否完整、是否经过整理编号、是否分类和鉴定了保管期限、是否符合归档顺序等。

收集整编中和移交接收的日志、电子文件规范化转换和版本控制的功能系统会通过内容管理平台在后台自动实现，不需要使用者再操作。日志记录具有凭证性，可随时检索打印。

系统能根据用户管理策略，制定针对不同档案、不同保管期限的档案存储的优化方案，协助用户对档案进行信息生命周期管理。

系统提供归档实时格式转换功能，也可以在归档后制定策略进行批量格式转换，同时也支持在档案利用过程中临时进行格式转换。

责任分工。按照“谁主管、谁负责”“谁形成、谁整理”的原则开展档案工作。档案归口管理部门负责文件材料的归档管理工作，指导、监督和检查各部门档案工作。各业务部门负责本部门应归档文件材料的分类、组件（卷）及排序，确保真实准确、齐全完整、系统规范。文件进行整理时，应遵循按件整理或按卷整理。

分类方式。工程档案应进行科学分类，同一全宗下的工程项目档案应保持分类的一致性和稳定性。工程项目档案以项目为单位，对属于归档范围的工程文件进行分类。

组卷规则。组卷应遵循文件形成规律和成套性特点，保持文件之间的有机联系。根据卷内文件的内容和数量组成一卷或多卷，卷内文件内容应相对独立完整。案卷、卷内文件不重份。案卷厚度宜参照 GB/T 11822 对卷盒的规定，按实际情况合理确定。独立成册、成套的竣工图、设备材料等项目文件，应保持其原貌，不宜拆散重新组卷。

（六）电子档案保管方案

1. 电子档案转版与检测

基建管控系统电子档案在自动归档至数字档案馆过程中将自动转换成 PDF 等版式文件进行保存，并进行四性检测，档案管理员在数字档案馆系统中对四项检测结果进行查阅并进行相应需人工检测项的核对工作。

2. 电子档案备份

数字档案馆系统的电子档案数据保存在公司非结构化数据管理平台，元数据等相关结构化数据保存在 Oracle 数据库集群，均采用全网集中的方式进行保管。目前，公司数字档案馆系统已经接入公司自建三地容灾系统，借助公司已经建成的上海、北京、西安三地容灾中心，实现档案数据的异地备份；对部分重要档案采用蓝光光盘、DVD 光盘、移动硬盘等实现异质备份。

3. 智能库房管理

数字档案馆系统内置智能库房模块，通过定义实体库房信息，将库房所有档案密集架进行集成管理，利用 RFID 标签、库位标签等，将实体档案存放位置、电子档案存放位置等进行一体化管理，实现档案保管的智能化管理。

电子档案归档后，可以在数据管理中选择相应电子档案进行上架，利用已经定义的库房信息，选择对应排架后可以完成电子上架。

电子上架完成后，可以对实体档案粘贴 RFID 标签，利用扫描器扫描库位标签和卷盒标签，一一对应后完成实体档案的上架。

档案存储设备智能管理系统将库房所有档案密集架智能化、一体化管理，集手动、电动、计算机集成管理系统、移动终端、网络远程控制五种控制方式于一体，实现档案库房智能一体化管理。

4. 电子档案长期保存

数字档案馆系统接受和保存基建管控系统同步归档的电子文件，依托于国网公司建成的统一大数据平台进行电子文件的长期保存和三地容灾备份（北京、上海、西安）；同时对重要的档案电子文件、案卷级和文件级目录清单进行离线导出和光盘导出后离线备份。

（七）利用方案

1. 借阅管理

包括电子借阅和实体借阅。部门职工借阅档案，一般采用电子借阅的方式，通过数字档案馆系统申请借阅。因工作、考证及学术研究等需要需借阅实体档案的，到公司档案室申请借阅，须出示工作证并填写《档案借阅审批表》。

部门职工借阅本部门档案，由借阅人所在部门负责人审批同意后方可借阅；借阅其他部门档案，需借阅人所在部门负责人及档案形成部门负责人审批同意后方可借阅。

非本公司职工借阅档案，须出示单位介绍信及本人身份证并填写《档案借阅审批表》，经档案形成部门负责人、办公室主任及分管领导审批同意后方可借阅。

2. 电子借阅

待审核：等待上级审核的借阅申请单。

未通过：未通过上级审核的借阅申请单。

已通过：已通过上级审核的借阅申请单。

已完成：已归还的借阅申请单。

3. 实体借阅

已提交：已提交实体借阅的申请单。

已归还：已归还的实体借阅申请单。

4. 档案专题

主要实现创建档案专题、检索文件、对检索结果文件进行加入专题等功能操作。

（1）添加档案专题

进入【开发利用】》【档案专题】模块，点击档案专题目录树下“档案专题”一栏中的“添加”按钮，填写专题信息。

（2）编研

点击档案专题目录树下的某一专题，再点击“编研”按钮，进入“档案检索”页面。在“档案检索”页面，通过普通检索或者高级检索的方式，查找符合编研专题的文件信息。系统自动检索出符合检索条件的文件信息，左侧是档案检索结果，右侧是文件电子文件列表，勾选需要编研的文件加入专题。

5. 我的消息

我的消息模块是所有关于档案整理、开发利用、鉴定统计的消息汇总。包含以下几个小模块：

待办待阅：各种形式的待办或待阅的消息汇总。

整编处理：有关档案整编处理的消息汇总。

移交信息：在档案整理过程中档案移交的消息汇总。

借阅消息：有关档案借阅的借阅申请单汇总。

鉴定处理：有关档案鉴定处理的消息汇总。

下发统计：有关档案统计报表的消息汇总。

所有信息：所有有关档案整理或运用的消息汇总。

进入【开发利用】》【我的消息】模块，在页面左侧目录树中展示各种消息汇总。

6. 统计报表

统计报表模块是所有关于档案统计的报表消息汇总。

包含以下几个模块：

归档文件汇总统计：所有各年度归档文件的统计汇总。

档案整编率统计：各档案类型有进行档案整编的整编率汇总。

归档情况统计：各类型档案的统计汇总。

归档卷盒详情统计：各立卷单位归档卷盒的统计汇总。

归档文件详情统计：各立卷单位归档文件的统计汇总。

利用统计：各类型档案的开发利用统计汇总。

协同办公归档情况统计：有关协同办公系统文件归档到档案系统的统计汇总。

（八）四性检测方案

根据国家档案局关于四性检测的相关要求，结合国家电网公司档案信息化的相关工作实际，通过对非结构化数据管理平台、电子文件管理系统、数字档案馆的相关改造优化升级，完成了针对四性检测的系统改造，具体如下：

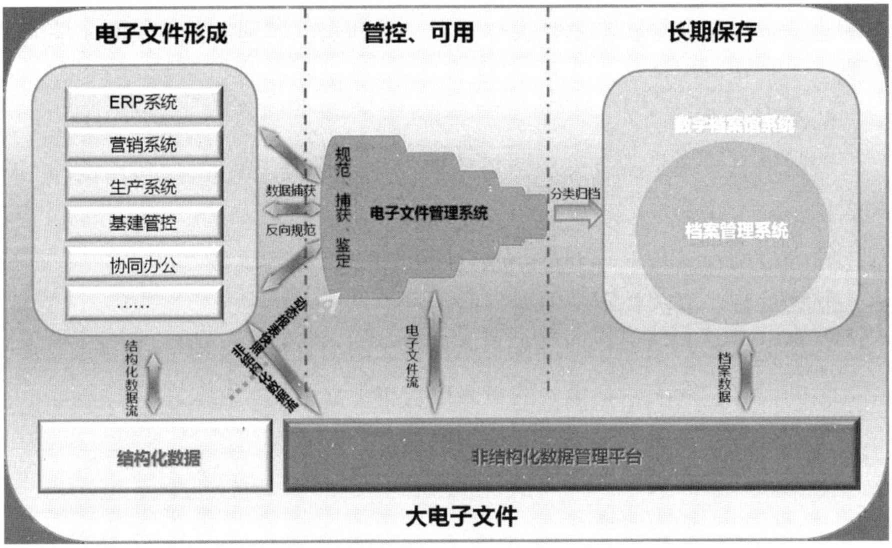

图 11　四性整体流程

1. 非结构化管理平台改造

数字档案馆系统的所有的电子文件全部保存在非结构化数据管理平台中，非结构化管理平台主要针对已保存电子文件的完整性、可用性、真实性进行保障，由数字档案馆系统根据选择数据范围进行调用，并返回相关四性检测结果。

平台增加身份 ID 认证等功能，系统利用摘要算法为每个电子档案生成唯一的身份认证 ID，并利用非对称加密算法对数据进行加密存储，再对电子文件操作时系统自动进行身份 ID 验证，确保电子档案与身份认证 ID 的一致，从而保证了电子档案的安全与完整。

2. 电子文件管理系统改造

对于电子文件归档过程中的完整性、真实性进行保障，负责校验业务系统归档时的电子文件是否真实和完整，确认无误之后推送到数字档案馆系统。

系统增加了归档数据打包与数据摘要等功能，按照数字档案馆归档打包要求生成归档数据包，并在生成数据包的同时利用摘要算法进行归档数据摘要。

3. 数字档案馆系统改造

提供人工和系统两种检测方式，其中人工方式为档案管理员手工触发，对相关数据范围内的文件进行四性检测，并填写检测结果；系统检测为调用非结构化平台相关结果，对选定数据范围进行校核，并保存相应的检测结果。

系统增加归档数据包接收接口，数据摘要校验功能，安全传输加解密功能，元数据字段类型、长度、内容等验证功能，并完善归档日志内容。

（1）档案归档环节

档案归档环节，共检测真实性 13 项，完整性 10 项，可用性检测 6 项，安全性检测 7 项，共计 36 项。

表 5 四性档案归档环节

分类	检测大项	检测项目	检测目的	检测对象	检测依据和方法	检测方案
真实性检测（13）	电子文件来源真实性	固化信息有效性检测	保证电子文件的来源真实	归档电子文件	对归档电子文件中包含的数字摘要、电子签名、电子印章、时间戳等技术措施的固化信息的有效性进行验证。	目前公文采用国密算法，采用 UKEY 的方式进行校验，没插入 key 显示无效章。

续表

分类	检测大项	检测项目	检测目的	检测对象	检测依据和方法	检测方案
真实性检测（13）	电子档案元数据准确性检测	元数据项数据长度检测	检测元数据项数据长度是否符合要求	归档电子文件元数据	依据 DA/T 46—2009 中的元数据项或自定义的元数据项进行检测： a）对数据库中电子文件元数据项进行数据项长度检测； b）对归档信息包中元数据项进行长度检测。	在电子文件与档案的元数据定义中都可设置数字的校验方式。并在电子文件与档案的接口中进行校验。
		元数据项数据类型、格式检测	检测元数据项数据类型、格式是否符合要求		依据 DA/T 46—2009 中的元数据项或自定义的元数据项进行检测： a）对数据库中电子文件元数据项进行数据类型和格式的检测； b）对归档信息包中元数据项进行数据类型和格式的检测。	对归档数据包中的数据类型和数据格式进行检测。非结构化平台有对相关格式进行认证，主要平台中允许的格式才提供存储。
		设定值域的元数据项值域符合度检测	检测设定值域的元数据项的数据是否符合值域要求		依据 DA/T 46—2009 中的元数据项或自定义的元数据项进行检测： a）对数据库中电子文件元数据项进行值域范围的检测； b）对归档信息包中元数据项进行值域范围的检测。	电子文件系统归档接口与数字档案馆系统的接口对接收的归档数据进行值域的校验。

续表

分类	检测大项	检测项目	检测目的	检测对象	检测依据和方法	检测方案
真实性检测(13)	电子档案元数据准确性检测	元数据项数据值合理性检测	检测元数据项数据值是否在合理范围内		依据DA/T 18—1999中的著录项目、DA/T 46—2009中的元数据项或自定义的元数据项进行检测： a）对数据库中电子文件元数据项进行数据值是否在合理范围内的检测； b）对归档信息包中元数据项进行数据值是否在合理范围内的检测。	电子文件系统归档接口与数字档案馆系统的接口对归档数据包中数据字段的合理性，如性别，年龄等字段进行合理性检测。
		元数据项数据包含特殊字符检测	检测元数据项数据中是否包含特殊字符		依据GB 18030—2005中的双字节非汉字符号或自定义的特殊字符进行检测： a）对数据库中电子文件元数据项进行数据值是否包含特殊字符的检测； b）对归档信息包中元数据项进行数据值是否包含特殊字符的检测。	电子文件系统归档接口与数字档案馆系统的接口对归档数据包中，特殊字符进行检测和校验。

续表

分类	检测大项	检测项目	检测目的	检测对象	检测依据和方法	检测方案
真实性检测（13）	电子档案元数据准确性检测	档号规范性检测	检测归档电子文件编制的档号是否符合规范	档号	依据 DA/T 13—1994 和用户自定义的归档号/档号编制规则进行检测： a）对数据库中的归档号/档号进行检测； b）对归档信息包中的归档号/档号进行检测。	检测档号是否满足整理入库的要求，目前国网已完成各单位档案门类与整理方式的统一。
		元数据项数据重复性检测	避免业务部门重复归档电子文件	用户自定义重复性检测元数据项	依据用户自定义的元数据项（如：档号、文号、题名）进行数据库记录和归档信息包的数据重复性检测。	对于不允许重复的字段，进行非重复验证，归档、移交的电子档案根据业务 ID 进行数据判重。
	电子文件内容真实性	内容数据的电子属性一致性检测	保证电子文件内容数据电子属性的一致性	归档电子文件内容数据	捕获电子文件内容数据的电子属性信息（计算机文件名、文件大小、文件格式、创建时间等），与电子属性信息中记录的数据进行比对。	数字档案馆系统非结构化文件存储于非结构化平台，由非结构平台和电子文件、档案系统存储电子文件相关元数据信息。
	元数据与内容关联一致性	元数据是否关联内容数据检测	保证电子文件元数据与内容数据的关联	元数据关联的电子文件内容数据	依据元数据中记录的文件存储路径检测电子文件内容数据是否存在。	元数据中记录文件存储的路径，可通过调用非结构化平台下载文件测试。

续表

分类	检测大项	检测项目	检测目的	检测对象	检测依据和方法	检测方案
真实性检测（13）	归档信息包真实性	说明文件和目录文件规范性检测	保证归档信息包信息组织结构和内容符合归档要求	说明文件目录文件	依据国家有关规定，检测说明文件和目录文件信息组织是否符合规范。	国家电网公司各档案门类采用元数据管理，已符合公司相关管理要求。
		信息包目录结构规范性检测		电子文件文件夹名称归档信息包目录结构	依据国家有关规定，检测归档信息包内的文件夹结构是否符合规范。	在线归档接口采用JSON串和XML进行封装，接口进行验证。
		信息包一致性检测	保证信息包在归档前后完全一致	归档信息包	采用数字摘要比对等方式对归档信息包的一致性进行检测。归档前计算归档信息包的数字摘要，接收时重新计算数字摘要并和归档前的数字摘要进行比对。	通过JSON和XML进行研制，电子文件都存储在非结构化平台，无须重复验证。
完整性检测（10）	电子文件数据总量	总件数相符性检测	保证归档电子文件数量和实际接收数量相符	电子文件总件数	统计电子文件总件数，并和GB/T 18894—2016 表A.1《电子文件归档登记表》中登记的归档电子文件数量比对。	主要通过电子文件系统统计归档的数据量与数字档案馆系统中统计的数据归档量结合进行判断。

续表

分类	检测大项	检测项目	检测目的	检测对象	检测依据和方法	检测方案
完整性检测（10）	电子文件数据总量	总字节数相符性检测	保证归档电子文件字节数和实际接收字节数相符	电子文件总字节数	统计电子文件总字节数，并和GB/T 18894—2016 表A.1《电子文件归档登记表》中登记的归档电子文件总字节数比对。	主要通过电子文件系统统计归档的数据量与数字档案馆系统中统计的数据归档量结合进行判断。
	电子文件元数据完整性	元数据项完整性检测	保证电子文件元数据项的完整性	电子文件元数据	依据DA/T 46—2009中的元数据项或自定义的元数据项进行检测，判断电子文件元数据项是否存在缺项情况。	接口通过JSON和XML进行校验，不满足不予接收。
		元数据必填著录项目检测	保证电子文件元数据必填项的完整性		依据DA/T46—2009中的元数据项或自定义的元数据项进行检测，判断元数据必填项是否为空。	接口通过JSON和XML进行校验，不满足不予接收。
		过程信息完整性检测	保证电子文件过程信息的完整性	电子文件元数据中的处理过程信息	逐一检查归档电子文件元数据中包含的处理过程信息是否完整。	对于反映重要问题的归档电子文件根据归档说明文件检测是否包括主要修改过程和办理情况记录。
		连续性元数据项检测	保证电子文件元数据的连续性	具有连续编号性质的元数据项	依据DA/T 22—2015以及用户自定义的具有连续编号性质的元数据项（归档号、件内顺序号等）和起始号规则进行检测。	对于需要连续性归档的元数据项进行元数据顺序号和归档档号按照当前年度的流水号规则检测数据的重复和漏号情况。

续表

分类	检测大项	检测项目	检测目的	检测对象	检测依据和方法	检测方案
完整性检测（10）					具有连续编号性质的元数据项是否按顺序编号，是否从指定的起始号开始编号。	
	电子文件内容完整性	内容数据完整性检测	保证电子文件内容数据完整	电子文件内容数据	打开电子文件内容数据进行人工检测。	系统检索原文后，电子原文可以打开和浏览，电子原文能无误浏览到最后一页，并且无缺页，遗漏现象。
		附件数据完整性检测	保证电子文件内容数据中附件内容不丢失、不遗漏	电子文件内容数据中的附件部分	打开电子文件附件数据进行人工检测。	系统检索原文后，电子原文可以打开和浏览，电子原文能无误浏览到最后一页，并且无缺页，遗漏现象。
	归档信息包完整性	归档范围检测	保证归档信息包符合归档范围的要求	归档信息包	依据单位归档范围和保管期限表对归档信息包中的元数据和内容数据进行检测，判断其是否存在遗漏或错误情况。	根据归档信息包内的元数据信息，逐项检测信息包的内容数据和元数据是否在单位归档的数据范围内。
		信息包内容数据完整性检测	保证归档信息包中内容数据齐全、完整		依据归档信息包元数据中记录的文件数量检测归档信息包中实际包含的电子文件数量，比对两者是否相符。	通过归档信息包里归档说明文件中列举的归档原文数量信息，元数据字段类型信息和字段数量信息，核对归档原文数量是否一致，字段数量是否一致。

续表

分类	检测大项	检测项目	检测目的	检测对象	检测依据和方法	检测方案
可用性检测（6）	电子文件元数据可用性	信息包中元数据的可读性检测	保证电子文件元数据可正常读取	归档信息包中的元数据	检测归档信息包中存放元数据的XML文件是否可以正常解析、读取数据。	检测归档信息包中的xml数据可以正常解析，无错误节点信息。
		目标数据库中的元数据可访问性检测	保证电子文件元数据可正常访问	数据库中的元数据	检测是否可以正常连接数据库，是否可以正常访问元数据表中的记录。	检测目标数据库可以正常链接，数据库中的元数据可以在线访问。
	电子文件内容可用性	内容数据格式检测	保证电子文件内容数据格式符合归档要求	电子文件内容数据	依据电子文件归档要求对电子文件内容数据格式进行检测，判断其是否符合GB/T 18894-2016、GB/T 33190—2016等标准要求。	按照指定国标要求按格式检测电子文件内容是否满足标准。
		内容数据的可读性检测	保证特定格式的电子文件内容数据可读		人工打开文件进行检测。	人工辨别文件内容是否可以直接浏览，有无模糊，不可读等现象。
	电子文件软硬件环境	软硬件环境合规性检测	保证电子文件环境信息符合归档要求	电子文件元数据中的电子属性信息	对电子属性信息中记录的软硬件环境信息进行检测，判断其是否符合归档要求。	对电子元数据中的稿本类型、使用系统进行软件检测，是否满足归档要求。

续表

分类	检测大项	检测项目	检测目的	检测对象	检测依据和方法	检测方案
可用性检测（6）	归档信息包可用性	信息包中包含的内容数据格式合规性检测	确保归档信息包中的电子文件可读、可用	归档信息包中的电子文件内容数据	对归档信息包是否包含非公开压缩算法、是否加密、是否包含不符合归档要求的文件格式等进行检测。	数字档案馆系统不支持直接归档压缩包，压缩包需进行解压后再归档。
安全性检测（7）	归档信息包病毒检测	系统环境中是否安装杀毒软件检测	检测系统环境是否安装杀毒软件	系统环境	检测操作系统是否安装国内通用杀毒软件。	由国网信息公司根据安全防护要求进行统计运维。
		病毒感染检测	保证归档信息包没有感染病毒	归档信息包	调用国内通用杀毒软件接口，检测归档信息包是否感染病毒。	由国网信息公司根据安全防护要求进行统计运维。
	归档载体安全性	载体中多余文件检测	检测载体中是否包含多余文件	归档载体	对载体进行读取操作，判断载体内是否含有非归档文件。	根据归档的目录信息检测归档载体内是否存放非归档文件信息。
		载体读取速度检测	检测载体读取速度是否正常		对载体进行读取操作，和常规的读取速度进行比对判断载体是否安全可靠。	通过人工对指定的文件，进行读取。判断读取速度是否稳定一致。
		载体外观检测	判断载体外观是否正常		人工判断载体外观是否正常。	人工肉眼观察，载体外观是否有损伤和磕碰等明显异常情况。

续表

分类	检测大项	检测项目	检测目的	检测对象	检测依据和方法	检测方案
安全性检测（7）	归档载体安全性	光盘合格性检测	检测归档光盘是否合格	归档光盘	依据 DA/T 38—2008 的要求对光盘的 PIE、POF、BLER 等指标进行检测，判断光盘是否合格。	根据国家行业标准对光盘进行检测，判断光盘是否合格。
	归档过程安全性	操作过程安全性检测	判断归档过程是否安全、可控	系统环境	按照国家安全保密要求从技术和管理等方面采取措施，确保归档信息包在归档和保存过程安全、可控。	基于国网内网环境的安全控制来保证。

（2）移交接收环节

移交接收环节，共检测真实性 14 项，完整性 9 项，可用性检测 6 项，安全性检测 6 项，共计 35 项。

表 6　四性移交接收环节

分类	检测大项	检测项目	检测目的	检测对象	检测依据和方法	检测方案
真实性检测（14）	电子文件来源真实性	固化信息有效性检测	保证电子档案的来源真实	电子档案	对移交电子档案中包含的数字摘要、电子签名、电子印章、时间戳等技术措施的固化信息的有效性进行验证。	目前公文采用国密算法，采用 UKEY 的方式进行校验，没插入 key 显示无效章。
	电子档案元数据准确性	元数据项数据长度检测	检测元数据项数据长度是否符合要求	电子档案元数据	依据 DA/T 46—2009 中的元数据项或自定义的元数据项进行检测： a）对数据库中电子档案元数据项进行数据项长度检测；	由数字档案馆系统归档接口进行统一的校验。

续表

分类	检测大项	检测项目	检测目的	检测对象	检测依据和方法	检测方案
真实性检测（14）	电子档案元数据准确性			电子档案元数据	b）对移交信息包中元数据项进行长度检测。	
		元数据项数据类型、格式检测	检测元数据项数据类型、格式是否符合要求		依据DA/T 46—2009中的元数据项或自定义的元数据项进行检测： a）对数据库中电子档案元数据项进行数据类型和格式的检测； b）对移交信息包中元数据项进行数据类型和格式的检测。	由数字档案馆系统归档接口对移交数据包中的数据类型和数据格式进行检测。
		设定值域的元数据项值域符合度检测	检测设定值域的元数据项的数据是否符合值域要求		依据DA/T 46—2009中的元数据项或自定义的元数据项进行检测： a）对数据库中电子档案元数据项进行值域范围的检测； b）对移交信息包中数据项进行值域范围的检测。	由数字档案馆系统归档接口对移交数据包的数据范围，按照数据字典进行检测。
		元数据项数据值合理性检测	检测元数据项数据值是否在合理范围内		依据DA/T 18—1999中的著录项目、DA/T 46—2009中的元数据项或自定义的元数据项进行检测： c）对数据库中电子档案元数据项进行数据值是否在合理	由数字档案馆系统归档接口对移交数据包中数据字段的合理性，如性别，年龄等字段进行合理性检测。

续表

分类	检测大项	检测项目	检测目的	检测对象	检测依据和方法	检测方案
真实性检测（14）	电子档案元数据准确性			电子档案元数据	范围内的检测； d）对移交信息包中元数据项进行值是否在合理范围内的检测。	
		元数据项数据包含特殊字符检测	检测元数据项数据中是否包含特殊字符		依据 GB 18030—2005 中的双字节非汉字符号或自定义的特殊字符进行检测： a）对数据库中电子档案元数据项进行数据值是否包含特殊字符的检测； b）对移交信息包中元数据项进行值是否包含特殊字符的检测。	由数字档案馆系统归档接口和界面对归档数据包中特殊字符进行检测和校验。
		档号规范性检测	检测电子档案编制的档号是否符合规范	档号	依据 A/T 13—1994 和用户自定义的档号编制规则进行检测： a）对数据库中的档号进行检测； b）对移交信息包中的档号进行检测。	由数字档案馆系统归档接口对具有档案意义的档号，检测是否满足移交接收和入库的档号要求。
		元数据项数据重复性检测	避免立档单位重复移交电子档案	用户自定义重复性检测元数据项，比如档号、文号、题名等	依据用户自定义的元数据项（如：档号、文号、题名）进行数据库记录和移交信息包的数据重复性检测。	由数字档案馆系统归档接口对不允许重复的字段进行非重复验证，如档号、文号、题名等信息。

续表

分类	检测大项	检测项目	检测目的	检测对象	检测依据和方法	检测方案
真实性检测(14)	电子档案元数据准确性	元数据项(全宗号、目录号、分类号)与档案馆要求的一致性检测	保证移交单位和接收单位元数据项规则的一致性	全宗号目录号分类号	依据DA/T 13—1994和用户自定义的全宗号、目录号、分类号编制规则进行检测: a)对数据库中全宗号、目录号、分类号的编制规范性进行检测; b)对移交信息包中全宗号、目录号、分类号的编制规范性进行检测。	1.由数字档案馆系统归档接口检测移交数据中的全宗号、目录号、分类号是否为空,是否重复。 2.由数字档案馆系统归档接口检测移交信息包中的全宗号,目录号,分类号,是否符合当前接收单位的移交要求,是否和接收单位当前年度整理规则中的全宗规范、目录号归档、分类号规范一致。
	电子档案内容真实性	内容数据的电子属性一致性检测	保证电子档案内容数据电子属性的一致性	电子档案内容数据	捕获电子档案内容数据的电子属性信息(计算机文件名、文件大小、文件格式、创建时间等),与电子属性信息中记录的数据进行比对。	比对现有电子档案内容的字节大小,文件名,文件格式和电子文件元数据中记录的原文字节大小,文件名,文件格式的一致性来鉴别电子文件内容的真实性。
	元数据与内容关联一致性	元数据是否关联内容数据检测	保证电子档案元数据与内容数据的关联	元数据关联的电子档案内容数据	依据元数据中记录的文件存储路径检测电子档案内容数据是否存在。	元数据中记录的电子文件的相对存储路径下,电子原文是否存在,电子原文名称是否正确。

续表

分类	检测大项	检测项目	检测目的	检测对象	检测依据和方法	检测方案
真实性检测（14）	移交信息包真实性	说明文件和目录文件规范性检测	保证移交信息包信息组织结构和内容符合移交要求	说明文件目录文件	依据《电子档案移交与接收办法》附件2的规定，检测说明文件和目录文件信息组织是否符合规范。	根据移交接收办法，检测说明文件和目录是否符合标准。
		信息包目录结构规范性检测		电子档案文件夹名称移交信息包目录结构	依据《电子档案移交与接收办法》附件2的规定，检测移交信息包内的文件夹结构是否符合规范。	依据《电子档案移交与接收办法》附件2。包中主要包含，说明文件.txt，目录文件.xml，其他文件夹，电子档案文件夹（包含年度文件夹-类别文件夹-案卷文件-文件信息）。
		信息包一致性检测	保证信息包在移交前后完全一致	移交信息包	采用数字摘要比对的方式对移交信息包的一致性进行检测。 移交前计算移交信息包的数字摘要，接收时重新计算数字摘要并和移交前的数字摘要进行比对。	接口基于JSON和XML进行一致性校验。

续表

分类	检测大项	检测项目	检测目的	检测对象	检测依据和方法	检测方案
完整性检测(9)	电子档案数据总量	总件数相符性检测	保证电子档案总数和实际移交数量相符	电子档案总件数	依据《电子档案移交与接收办法》： a)采用在线移交方式时，由计算机系统自动检测； b)采用离线移交方式时，计算机系统自动统计总件数，由人工与附件3《电子档案移交接收登记表》中登记的数量进行比对。	1. 对于在线方式，主要由计算机比对元数据中总件数和实际接收到的总件数是否相符，元数据中总字节数和实际接收到的是否相符。如果总件数一致，总字节数一致，则标明电子文件总量完整，无电子文件缺失现象，归档前后数据一致。 2. 对于离线方式，计算机比对实际接收到的总件数和《电子档案移交接收登记表》的总件数是否相符。实际接收到的总字节数和《电子档案移交接收登记表》的总字节数是否相符。
		总字节数相符性检测	保证电子档案总字节数和实际移交字节数相符	电子档案总字节数	依据《电子档案移交与接收办法》： a)采用在线移交方式时，由计算机系统自动检测； b)采用离线移交方式时，计算机系统自动统计总字节数，由人工与附件3《电子档案移交接收登记表》中登记的字节数进行比对。	
	电子档案元数据完整性	元数据项完整性检测	保证电子档案元数据项的完整性	电子档案元数据	依据DA/T 46—2009中的元数据项或自定义的元数据项进行检测，判断电子档案元数据项是否存在缺项情况。	主要依据《DA/T 46—2009》检测电子文件元数据，字段数量是否和约定一致，是否存在字段缺失情况。

续表

分类	检测大项	检测项目	检测目的	检测对象	检测依据和方法	检测方案
完整性检测（9）	电子档案元数据完整性	元数据必填著录项目检测	保证电子档案元数据必填项的完整性		依据DA/T 46—2009中的元数据项或自定义的元数据项进行检测，判断元数据必填项是否为空。	主要依据《DA/T 46—2009》检测电子文件的重要字段数据是否存在为空的项，如题名，文号，责任部门等重要字段。
		过程信息完整性检测	保证电子档案过程信息的完整性	电子档案元数据中的处理过程信息	逐一检查电子档案元数据中包含的处理过程信息是否完整。	对于反映重要问题的归档电子文件根据归档说明文件检测是否包括主要修改过程和办理情况记录。
		连续性元数据项检测	保证电子档案元数据的连续性	具有连续编号性质的元数据项	依据DA/T 22—2015以及用户自定义的具有连续编号性质的元数据项（档号、件内顺序号等）和起始号规则进行检测。 具有连续编号性质的元数据项是否按顺序编号，是否从指定的起始号开始编号。	对于需要连续性归档的元数据项进行元数据顺序号和归档档号按照当前年度的流水号规则检测数据的重复和漏号情况。
	电子档案内容完整性	内容数据完整性检测	保证电子档案内容数据完整	电子档案内容数据	打开电子档案内容数据进行人工检测。	系统检索原文后，电子原文可以正常打开，内容完整。

续表

分类	检测大项	检测项目	检测目的	检测对象	检测依据和方法	检测方案
完整性检测(9)	电子档案内容完整性	附件数据完整性检测	保证电子档案内容数据中附件内容不丢失、不遗漏	电子档案内容数据中的附件部分	打开电子档案附件数据进行人工检测。	系统检索原文后，电子原文可以打开和浏览，电子原文能无误浏览到最后一页，并且无缺页，遗漏现象。
	移交信息包完整性	信息包内容数据完整性检测	保证移交信息包中内容数据齐全、完整	移交信息包	依据移交信息包元数据中记录的文件数量检测移交信息包中实际包含的电子文件数量，比对两者是否相符。	根据元数据包中的文件数量信息，文件类型，文件名称等文件详细清单，对比实际包含的电子文件的数量，大小，类型是否一致。
可用性检测(6)	电子档案元数据可用性	数据包中元数据的可读性检测	保证电子档案元数据可正常读取	移交信息包中的元数据	检测移交信息包中存放元数据的XML文件是否可以正常解析、读取数据。	检测归档信息包中的xml数据可以正常解析，无错误节点信息。
		目标数据库中的元数据可访问性检测	保证电子档案元数据可正常访问	数据库中的元数据	检测是否可以正常连接数据库，是否可以正常访问元数据表中的记录。	检测目标数据库可以正常链接，数据库中的元数据可以在线访问。
	电子档案内容可用性	内容数据格式检测	保证电子档案内容格式符合移交要求	电子档案内容数据	依据GB/T 18894—2016、GB/T 33190—2016等标准对电子档案内容数据格式进行检测，判断其是否符合移交要求。	按照指定国标要求按格式检测电子文件内容是否满足标准。

续表

分类	检测大项	检测项目	检测目的	检测对象	检测依据和方法	检测方案
可用性检测（6）	电子档案内容可用性	内容数据的可读性检测	保证特定格式的电子档案内容数据可读		人工打开文件进行检测。	人工辨别内容是否可以直接浏览，无模糊，不可读等现象。
	电子档案软硬件环境	软硬件环境合规性检测	保证电子档案环境信息符合移交要求	电子档案元数据中的电子属性信息	对电子属性信息中记录的软硬件环境信息进行检测，判断其是否符合移交要求。	对电子元数据中，稿本类型，使用系统，打开使用软件等信息检测，是否满足归档要求。
	移交信息包可用性	信息包中包含的内容数据格式合规性检测	确保移交信息包中的电子档案　可读、可用	移交信息包中的电子档案内容数据	对移交信息包是否包含非公开压缩算法、是否加密、是否包含不符合移交要求的文件格式等进行检测。	检测移交信息包解压算法和压缩算法是否一致，是否存在加密数据包，是否满足移交的电子文件格式要求。
安全性检测（6）	移交信息包病毒检测	系统环境中是否安装杀毒软件检测	检测系统环境是否安装杀毒软件	系统环境	检测操作系统是否安装国内通用杀毒软件。	系统通过定时定期对服务器上的杀毒环境进行检测，检测是否安装杀毒软件，重要系统目录是否病毒感染，防火墙信息是否合规等。
		病毒感染检测	保证移交信息包中电子档案数据没有感染病毒	电子档案移交数据包	调用国内通用杀毒软件接口，检测电子档案是否感染病毒。	系统在移交接收时，会根据服务器上的病毒特征数据库，检测信息包是否包含恶意代码，检测归档内容中是否有病毒信息。

续表

分类	检测大项	检测项目	检测目的	检测对象	检测依据和方法	检测方案
安全性检测(6)	移交信息包病毒检测					是否存在特洛伊木马等病毒信息，对于含病毒的移交内容进行直接删除，对于疑似病毒的数据包进行隔离和邮件通知。
	移交载体安全性	载体中多余文件检测	检测载体中是否包含多余文件	移交载体	对载体进行读取操作，判断载体内是否含有非移交文件。	根据移交的目录信息检测移交载体内是否存放非移交文件信息。
		载体读取速度检测	检测载体读取速度是否正常	移交载体	对载体进行读取操作，和常规的读取速度进行比对判断载体是否安全可靠。	通过人工对载体按照指定的文件，进行读取。判断读取速度是否稳定一致。
		载体外观检测	判断载体外观是否正常。	移交载体	人工判断载体外观是否正常。	人工肉眼观察，载体外观是否有损伤和磕碰等明显异常情况。
	移交过程安全性	操作过程安全性检测	判断移交和接收过程是否安全、可控	系统环境	按照国家安全保密要求从技术和管理等方面采取措施，确保移交信息包在移交和接收过程安全、可控。	(1)对于技术层面，系统移交接口统一都采用HTTPS来保证数据传输时不被人恶意窃取。系统给指定采用国密SM4算法加密电子文件移交信息传输保密性。同时系统不定期给更换移交单位的国密。

续表

分类	检测大项	检测项目	检测目的	检测对象	检测依据和方法	检测方案
安全性检测（6）	移交过程安全性					SM4 加密的密钥信息，来保证归档数据安全传输。 （2）对于管理层面，系统需按照国家安全保密要求，对移交人员进行保密安全教育和考试，对于考试通过的人员可以授予安全移交资格。

（3）长期保存环节

长期保存环节，供需检测真实性 12 项，完整性 8 项，可用性检测 6 项，安全性检测 6 项，共计 32 项。

表 7　四性长期保存环节

分类	检测大项	检测项目	检测目的	检测对象	检测依据和方法	检测方案
真实性检测（12）	电子文件来源真实性	固化信息有效性检测	保证电子档案长期保存过程中的真实性	电子档案	对长期保存电子档案中包含的数字摘要、电子签名、电子印章、时间戳等技术措施的固化信息的有效性进行验证。	使用国密算法对电子文件进行数字签名。
	电子档案元数据准确性	元数据项数据长度检测	检测元数据项数据长度是否符合要求	电子档案元数据	依据 DA/T 46—2009 中的元数据项或自定义的元数据项进行检测： a）对数据库中电子档案元数据项进行数据项长度检测；	根据著录字段信息检测对电子档案元数据进行数据长度检测。

续表

分类	检测大项	检测项目	检测目的	检测对象	检测依据和方法	检测方案
					b)对保存信息包中元数据项进行长度检测。	
		元数据项数据类型、格式检测	检测元数据项数据类型、格式是否符合要求		依据DA/T 46—2009中的元数据项或自定义的元数据项进行检测： a)对数据库中电子档案元数据项进行数据类型和格式检测； b)对保存信息包中元数据项进行数据类型和格式检测。	对元数据项中的数据类型和数据格式进行检测。
真实性检测(12)	电子文件来源真实性	设定值域的元数据项值域符合度检测	检测设定值域的元数据项的数据是否符合值域要求		依据DA/T 46—2009中的元数据项或自定义的元数据项进行检测： a)对数据库中电子档案元数据项进行值域范围检测； b)对保存信息包中数据项进行值域范围检测。	对元数据项的数据范围，按照数据字典进行检测。
		元数据项数据值合理性检测	检测元数据项数据值是否在合理范围内		依据DA/T 18—1999中的著录项目、DA/T 46—2009中的元数据项或自定义的元数据项进行检测：	对数据包中数据字段的合理性，如性别、年龄等字段进行合理性检测。

续表

分类	检测大项	检测项目	检测目的	检测对象	检测依据和方法	检测方案
真实性检测(12)	电子文件来源真实性				a)对数据库中电子档案元数据项进行数据值是否在合理范围内检测； b)对保存信息包中元数据项进行值是否在合理范围内检测。	
		元数据项数据包含特殊字符检测	检测元数据项数据中是否包含特殊字符	电子档案元数据	依据GB 18030—2005中的双字节非汉字符号或自定义的特殊字符进行检测： a)对数据库中电子档案元数据项进行数据值是否包含特殊字符检测； b)对保存信息包中元数据项进行值是否包含特殊字符检测。	对元数据项中，特殊字符进行检测和校验。
		档号规范性检测	检测电子档案编制的档号是否符合规范	档号	依据DA/T 13—1994和用户自定义的档号编制规则进行检测： a)对数据库中的档号进行检测； b)对保存信息包中的档号进行检测。	对于具有档案意义的档号，检测是否满足档案入库和长期保存的档号要求。

续表

分类	检测大项	检测项目	检测目的	检测对象	检测依据和方法	检测方案
真实性检测(12)	电子档案内容真实性	内容数据的电子属性一致性检测	保证电子档案内容数据电子属性的一致性	电子档案内容数据	捕获电子档案内容数据的电子属性信息(计算机文件名、文件大小、文件格式、创建时间等),与电子属性信息中记录的数据进行比对。	比对现有电子档案内容的字节大小,文件名,文件格式和电子文件元数据中记录的原文字节大小,文件名,文件格式的一致性来鉴别电子文件内容的真实性。
	元数据与内容关联一致性	元数据是否关联内容数据检测	保证电子档案元数据与内容数据的关联	元数据关联的电子档案内容数据	依据元数据中记录的文件存储路径检测电子档案内容数据是否存在。	元数据中记录的电子文件的相对存储路径下,电子原文是否存在,电子原文名称是否对应。
		信息包一致性检测	保证信息包在两次检测期间完全一致	保存信息包	采用数字摘要比对的方式对保存信息包的一致性进行检测。 入库时计算并记录保存信息包的数字摘要,检测时重新计算数字摘要并和入库时生成的数字摘要进行比对。	主要对比数据包的数据摘要(采用国密SM3摘要算法)和接收完成后,重新计算的数据摘要是否一致,如果一致则代表信息包在归档前后一致。
		电子档案封装包规范性检测	保证电子档案封装包符合DA/T 48—2009要求	电子档案封装包的结构	检测依据DA/T 48—2009附录。	依据《DA/T 48—2009》检测电子档案的数据包是否符合要求。

续表

分类	检测大项	检测项目	检测目的	检测对象	检测依据和方法	检测方案
真实性检测（12）	元数据与内容关联一致性	电子档案封装包电子签名有效性检测		电子档案封装包的电子签名信息	读取封装包中的电子签名信息验证其有效性。	读取电子档案元数据内的电子签名（如采用SM2国密电子签名）来验证电子签名是否由变动。
完整性检测（8）	电子档案数据总量	总件数相符性检测	保证电子档案元数据中记录的数量和实际保存数量一致	电子档案总件数	统计某一批次的电子档案总件数，并和元数据中记录的数量比对。	主要统计某一批次的数据是否相符。包括总件数是否相符，总字节数是否相符。如果总件数一致，总字节数一致，则标明电子文件总量完整，无电子文件缺失现象，归档前后数据一致。
		总字节数相符性检测	保证电子档案元数据中记录的字节数和实际保存字节数一致	电子档案总字节数	统计某一批次的电子档案总字节数，并和元数据中记录的字节数比对。	
	电子档案元数据完整性	元数据必填著录项目检测	保证电子档案元数据必填项的完整性	电子档案元数据	依据DA/T 46—2009中的元数据项或自定义的元数据项进行必填项的检测。	依据DA/T 46—2009，检测电子文件的重要字段数据是否存在为空项，如题名、文号、责任部门等重要字段。

续表

分类	检测大项	检测项目	检测目的	检测对象	检测依据和方法	检测方案
完整性检测(8)	电子档案元数据完整性	连续性元数据项检测	保证电子档案元数据的连续性	具有连续编号性质的元数据项	依据 DA/T 22—2015 以及用户自定义的具有连续编号性质的元数据项(档号、件内顺序号等)和起始号规则进行检测。具有连续编号性质的元数据项是否按顺序编号,是否从指定的起始号开始编号。	依据 DA/T 22—2015,对于需要连续性归档的元数据项进行元数据顺序号和归档档号按照当前年度的流水号规则检测数据是否存在重复和漏号情况。
	电子档案内容完整性	内容数据完整性检测	保证电子档案内容数据完整	电子档案内容数据	打开电子档案内容数据进行人工检测。	系统检索原文后,电子原文可以打开和浏览,电子原文能无误浏览到最后一页,并且无缺页,遗漏现象。
		附件数据完整性检测	保证电子档案内容数据中附件内容不 丢失、不遗漏	电子档案内容数据中的附件部分	打开电子档案附件数据进行人工检测。	系统检索原文后,电子原文可以打开和浏览,电子原文能无误浏览到最后一页,并且无缺页,遗漏现象。
	保存信息包完整性	信息包元数据完整性检测	保证保存信息包中元数据项的完整性	保存信息包中的元数据	a) 对于普通格式的信息包,依据 DA/T 46—2009 中的元数据项或自定义的元数据项进行检测,判断其是否存在缺项情况;	1. 普通格式依据《DA/T 46—2009》,对其中的元数据项检测,是否存在类型和数量对不上的数据项信息。 2. EEP 封装包,依据

续表

分类	检测大项	检测项目	检测目的	检测对象	检测依据和方法	检测方案
完整性检测（8）	保存信息包完整性				b）对于EEP封装包，还需依据DA/T 48—2009附录C《封装元数据表》对封装元数据项进行检测。	DA/T 48—2009附录C《封装元数据表》对封装的xml数据项进行封装包内的重要元数据，机构信息，版本信息，签名信息，文件实体信息进行规范性校验。
		信息包内容数据完整性检测	保证保存信息包中内容数据齐全、完整	保存信息包	依据保存信息包元数据中记录的文件数量检测保存信息包中实际包含的电子文件数量，比对两者是否相符。	根据元数据包中的文件数量信息、文件类型、文件名称等详细清单，对比实际包含的电子文件的数量、大小、类型是否一致。
可用性检测（6）	电子档案元数据可用性	信息包中元数据的可读性检测	保证电子档案元数据可正常读取	保存信息包中的元数据	检测保存信息包中存放元数据的XML文件是否可以正常解析、读取数据。	检测归档信息包中的xml数据可以正常解析，无错误节点信息。
		目标数据库中的元数据可访问性检测	保证电子档案元数据可正常访问	数据库中的元数据	检测是否可以正常连接数据库，是否可以正常访问元数据表中的记录。	检测目标数据库可以正常链接，数据库中的元数据可以在线访问。

续表

分类	检测大项	检测项目	检测目的	检测对象	检测依据和方法	检测方案
可用性检测（6）	电子档案内容可用性	内容数据的可读性检测	保证特定格式的电子档案内容数据可读	电子档案内容数据(包括原始格式和转换格式)	人工打开文件进行检测。	通过打开后,人工辨别内容是否可以直接浏览,无模糊,不可读等现象。
		内容数据格式长期可用性检测	保证电子档案内容格式符合长期保存要求		a）依据 GB/T 18894—2016、GB/T 33190—2016、DA/T 47—2009 的要求进行检测; b)依据用户定义的长期保存格式策略进行检测。	采取软硬件载体转换，实体数字化,文件实体和电子备份,文件统一格式等多种方式保证长期可用。
	电子档案软硬件环境	保存环境变化情况检测	跟踪电子档案长期保存环境变化情况	电子档案长期保存环境	依据电子档案属性信息中记录的系统环境信息对长期保存的软硬件环境信息进行检测,判断长期保存环境的变化情况。	1.对于硬件环境中的电子档案,实时采集室内温湿度环境,记录文件长期保存硬件环境情况信息; 2.对于软件环境中的电子档案,实施监控软件环境状态，软件使用情况,软件环境是否稳定等。
	备份数据可恢复性	备份数据可恢复性检测	保证备份数据可以恢复	备份数据	采用专业的备份数据恢复工具检测备份数据是否完好，是否可恢复。	1.首先通过摘要算法(SM3 国密摘要算法)比对备份文件的摘要信息是否一致,是否存在文件损坏情况。

续表

分类	检测大项	检测项目	检测目的	检测对象	检测依据和方法	检测方案
安全性检测（6）	备份数据可恢复性					2.其次通过专业备份数据恢复工具，恢复测试，测试数据是否完好，是否可以恢复完整数据信息。
可用性检测（6）	保存信息包病毒检测	系统环境中是否安装杀毒软件检测	检测系统环境是否安装杀毒软件	系统环境	检测操作系统是否安装国内通用杀毒软件。	系统通过定时、定期对服务器上的杀毒环境进行检测，检测是否安装杀毒软件，重要系统目录是否病毒感染，防火墙信息是否合规等。
		病毒感染检测	保证保存信息包电子档案数据没有感染病毒	电子档案保存信息包	调用国内通用杀毒软件接口，检测电子档案是否感染病毒。	系统在数据接收时，会根据服务器上的病毒特征数据库，检测信息包是否包含恶意代码，检测归档内容中是否有病毒信息，是否存在特洛伊木马等病毒信息，对于含病毒的接收内容直接删除，对于疑似病毒的数据包进行隔离和邮件通知。

续表

分类	检测大项	检测项目	检测目的	检测对象	检测依据和方法	检测方案
可用性检测(6)	保存载体安全性	载体外观检测	判断载体外观是否正常	保存载体	人工判断载体外观是否正常。	人工肉眼观察,载体外观是否有损伤和磕碰等明显异常情况。
		载体读取速度检测	检测载体读取速度是否正常	保存载体	对载体进行读取操作,和常规的读取速度进行比对判断载体是否安全可靠。	人工对载体按照指定的文件进行读取,判断读取速度是否稳定一致。
	软件系统安全性	软件系统安全漏洞检测	检测软件系统是否存在安全漏洞,杜绝安全隐患	系统环境	采用专业的漏洞扫描工具检测参与电子档案长期保存的计算机系统是否存在安全漏洞。	系统通过定时、定期对服务器上的系统环境进行检测,检测系统是否存在安全漏洞,是否已安装最新的补丁库。
	载体保管环境安全性	载体保管环境安全性检测	判断载体保管环境是否符合长期保存要求	保管环境	人工对照国家有关规定,判断磁盘、磁带、光盘等各类载体的保管环境是否符合要求。	依据国家有关载体长期保存要求,核对当前保管环境是否满足磁盘、磁带、光盘等载体的储存要求。

(九) 系统建设

1. 系统架构及详细功能

(1) 业务架构

数字档案馆系统包括档案基础管理、档案信息资源管理、实体档案安全保管、档案开发利用、档案标准业务定制五个方面，本期新增企业数字档案馆对标、文档队伍数据库、声像档案数据挖掘、档案考核功能。

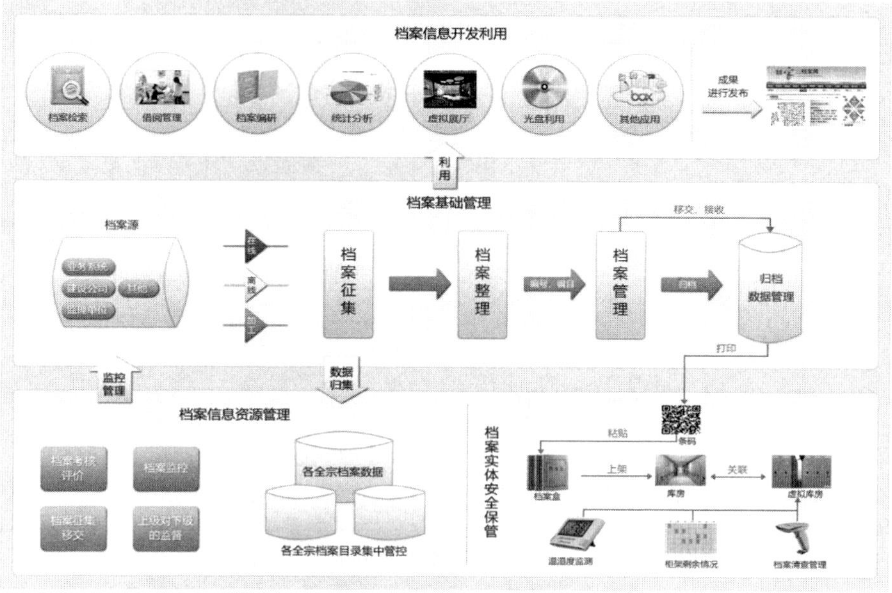

图 12 业务架构图

（2）应用架构

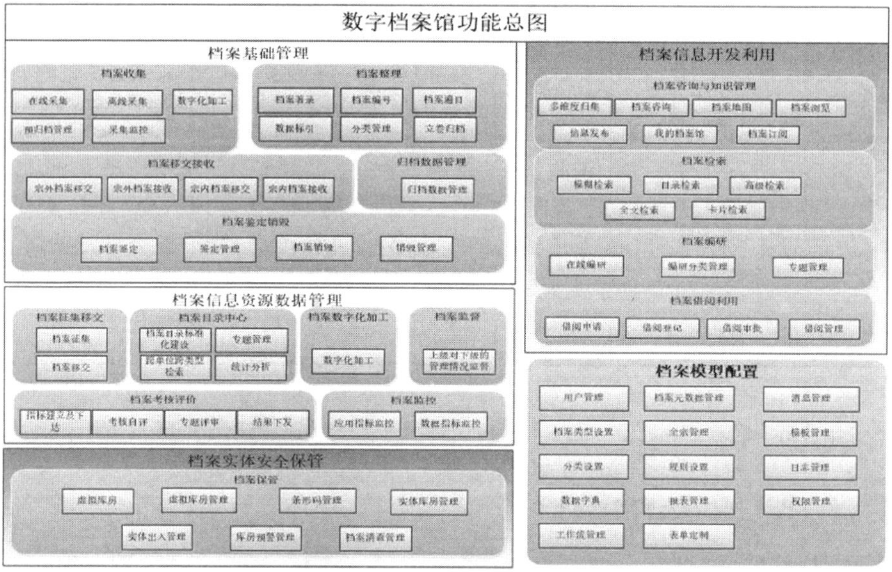

图 13 应用架构图

数字档案馆系统整体应用架构主要分为档案基础管理（档案收集、档案整理、档案移交接收、归档数据管理、档案鉴定销毁）、档案信息开发利用（档案咨询与知识管理、档案检索、档案编研、档案借阅利用）、档案信息资源数据库管理（档案征集移交、档案目录中心、档案数字化加工、档案监督、档案考核评价、档案监控）、档案实体安全保管、档案模型配置五部分。

（3）数据架构

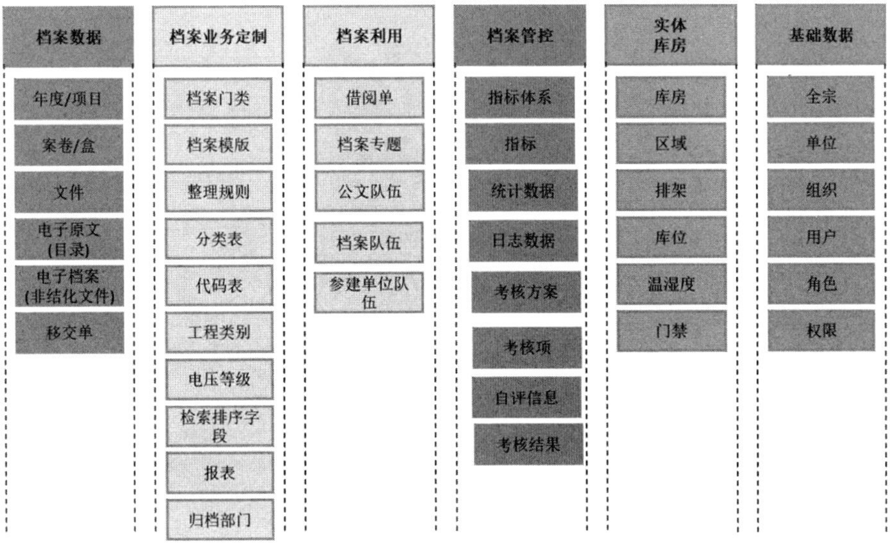

图 14　数据架构图

数字档案馆系统根据数据所属情况分为6个主题域：档案数据、档案业务定制、档案利用、档案管控、实体库房、基础数据。其中档案数据包括年度/项目、案卷/盒、文件、电子原文、电子档案（非结构化文件）、移交单、归档部门；档案业务定制包括档案门类、档案模版、整理规则、分类表、代码表、工程类别、电压等级、检索排序字段、报表；档案利用包括借阅单、档案专题、公文队伍、档案队伍、参建单位队伍；档案管控包括指标体系、指标、指标数据、统计数据、日志数据、考核方案、考核项、自评信息、考核结果；实体库房包括库房、区、排架、库位、温湿度、门禁；基础数据包括全宗、单位、组织、用户、角色。

（4）技术架构

数字档案馆系统采用J2EE平台开发，技术架构按照组件化、动态化的软件技术，利用一致的可共享的数据模型，实现接入层、展现层、应用层、服务层、数据层、基础设施层多层技术体系设计。

图 15　技术架构图

接入层：通过集成门户、统一权限进行集中登录。

展现层：采用 J2EE 架构的 MVC 应用框架，由界面控制器组件、界面操作组件、JSP 页面组件和服务代理单元组成，通过统一资源展现档案一体化业务管理。

应用层：提供数字档案管理系统应用功能，主要包括档案基础管理、档案信息资源、档案实体保管、档案可开发利用。

服务层：提供数字档案馆系统的公共服务主要包括文件转版服务、报表服务、统一检索服务、安全服务、日志服务、缓存服务等。

数据层：提供数据访问和存储等相关服务，数字档案馆系统结构化数据存储于关系型数据库中，非结构化数据存储于大数据平台非结构化文件存储服务，系统日志数据存储于 NoSql 中。

基础设施层：支持系统运行的网络环境、软件环境及硬件资源，通过虚拟化实现对主机、网络、存储的高效利用，包括网络、平台、数据库、存储、备份。

（5）功能列表

表 8　功能列表

序号	一级功能	二级功能	三级功能	功能点说明	涉及用户
1	档案管理	档案收集	添加	添加年度项目信息、文件信息、案卷信息	兼职档案管理员
			修改	修改年度项目信息、文件信息、案卷信息	兼职档案管理员
			删除	删除年度项目信息、文件信息、案卷信息	兼职档案管理员
			批量修改	批量修改文件信息、案卷信息、文件信息	兼职档案管理员
			批量录入	离线导入文件信息	兼职档案管理员
			原文管理	添加文件、删除文件、详细录入，计算并累加页数、下载、浏览	兼职档案管理员
		档案整理	转不归档	把文件转到不归档库	档案管理员
			转门类	档案转换到别的档案门类	档案管理员
			转部门	档案转换部门	档案管理员
			转已/待整理	待整理状态和已整理状态转换	档案管理员
			复制	复制到本地、到别的年度项目	档案管理员
			排序	整理排序、固定排序	档案管理员
			合并	多份档案合并	档案管理员
			列空	找出空的案卷和没有电子文件的数据	档案管理员
			检索	在档案整理模块下检索数据	档案管理员
			编目	对档案进行编目	档案管理员
			打印	打印档案目录	档案管理员
			生成页号	生成档案页号	档案管理员
			位置调整	对已经生成档号的数据进行位置调整，同时调整档号	档案管理员
			断号检查	对档号不连续的查找出来	档案管理员

续表

序号	一级功能	二级功能	三级功能	功能点说明	涉及用户
1	档案管理	档案整理	打回	对整理有问题的打回	档案管理员
			补录	对未归档的档案进行补录档案	档案管理员
		档案保管	库房定义	对档案库房进行定义	档案管理员
			库房展示	对库房进行展示，可以按门类，按库房进行展示	档案管理员
			库房统计	对库房馆藏量统计	档案管理员
			温湿度管理	对温湿度进行采集、统计、预警等	档案管理员
			门禁管理	对门禁数据进行采集和统计	档案管理员
			空调管理	对空调数据进行采集和管理	档案管理员
		档案检索	普通检索	输入关键字检索，可选择全部档案门类和选择具体的档案门类，可以选择档案层级、数据状态进行检索	所有用户
			跨全宗检索	上级企业全宗可以选择检索下级企业全宗的数据	所有用户
			高级检索	可以选择具体的元数据进行检索	所有用户
			检索结果统计	对检索结果按全宗和档案门类进行统计	所有用户
			检索结果展示	检索结果列表展示	所有用户
			检索结果利用	对检索结果通过或运用 Excel、XML 导出	所有用户
			电子文件利用	对电子文件进行浏览和下载	所有用户
		档案借阅	实体借阅	对检索到的数据发起实体借阅、填写实体借阅单	所有用户
			电子借阅	对检索到没有浏览权限的档案发起电子借阅	所有用户

续表

序号	一级功能	二级功能	三级功能	功能点说明	涉及用户
1	档案管理	档案借阅	借阅审批	档案管理员对借阅审批单通过或者不通过进行审批	所有用户
			借阅归还	包括自动归还和手动归还	所有用户
		档案编研	添加编研专题	添加编研专题	档案管理员
			修改编研专题	修改编研专题	档案管理员
			删除编研专题	删除编研专题	档案管理员
			发布编研专题	发布编研专题,发布完后可提供利用者进行查询利用	档案管理员
			编研内容	编研内容,发起档案检索查询,把查询到的档案内容加入编研专题中	档案管理员
		档案统计	统计报表	归档文件汇总统计、档案整编率统计、归档卷盒统计、档案利用统计、档案总数统计等各种报表统计,同时可对各种报表进行导出 Excel、图形展示等操作	档案管理员
			年报管理	年报下发、填写、上报、审核、导出等操作	档案管理员
2	工作桌面	办公快车道		各模块快速入口	档案管理员、兼职档案管理员、普通用户
		待办待阅		当前用户的待办和待阅消息	档案管理员、兼职档案管理员、普通用户
3	开发利用	档案检索	检索	档案条目检索查询功能	档案管理员、兼职档案管理员、普通用户
				对检索到的电子档案进行浏览	档案管理员、兼职档案管理员、普通用户
				对检索到的条目导出 EXCEL	档案管理员、兼职档案管理员、普通用户

续表

序号	一级功能	二级功能	三级功能	功能点说明	涉及用户
3	开发利用	档案检索	高级检索	对档案条目可通过选择字段、层级和门类等进行检索	档案管理员、兼职档案管理员、普通用户
			历史检索	当前登录用户检索历史	档案管理员、兼职档案管理员、普通用户
			历史检索查看	点击历史关键字，可再次检索	档案管理员、兼职档案管理员、普通用户
			热门检索	对比较热门的关键字进行统计展示	档案管理员、兼职档案管理员、普通用户
			热门检索查看	点击热门检索关键字进行再次检索	档案管理员、兼职档案管理员、普通用户
			档案利用	对电子档案进行浏览	所有浏览电子档案用户
				对电子档案进行下载	所有浏览电子档案用户
				对电子档案浏览次数进行统计	所有浏览电子档案用户
				对当前电子档案下载次数进行统计	所有浏览电子档案用户
				对当前电子档案目录进行查看	所有浏览电子档案用户
			检索字段配置	增加需要纳入检索的字段	系统管理员
				删除需要纳入检索的字段	系统管理员
			检索显示字段配置	增加检索结果需要显示的字段	系统管理员
				删除检索结果需要显示的字段	系统管理员
				设置检索结果显示字段的先后顺序	系统管理员
				设置检索结果显示字段的宽度	系统管理员

续表

序号	一级功能	二级功能	三级功能	功能点说明	涉及用户
3	开发利用	借阅管理	借阅申请	检索到的档案加入到借阅单中	兼职档案管理员、普通用户以及无权限用户
				对利用方式、利用目的、借阅说明、利用期限等内容进行修改	兼职档案管理员、普通用户以及无权限用户
				废止借阅单	兼职档案管理员、普通用户以及无权限用户
				发送借阅单请求审批	兼职档案管理员、普通用户以及无权限用户
			借阅审批	对借阅单进行审批	档案馆馆长、开发利用处、资源建设处、档案管理员
				对借阅单中的一份档案进行审批	档案馆馆长、开发利用处、资源建设处、档案管理员
			借阅单查看	列出借阅单清单	档案馆馆长、开发利用处、资源建设处、档案管理员
				对借阅单进行检索	档案馆馆长、开发利用处、资源建设处、档案管理员
		档案编研	大事记	添加档案编研大事记	开发利用处、档案管理员
				删除档案编研大事记	开发利用处、档案管理员

续表

序号	一级功能	二级功能	三级功能	功能点说明	涉及用户
3	开发利用	档案编研	大事记	检索档案编研大事记	开发利用处、档案管理员
				对档案编研大事记的内容进行预览	开发利用处、档案管理员
			馆藏荣誉	添加档案编研馆藏荣誉	开发利用处、档案管理员
				删除档案编研馆藏荣誉	开发利用处、档案管理员
				检索档案编研馆藏荣誉	开发利用处、档案管理员
			档案馆内容发布	档案馆发布介绍内容	开发利用处、档案管理员
			专题管理	增加档案专题信息	开发利用处、档案管理员
				修改档案专题信息	开发利用处、档案管理员
				删除档案专题信息	开发利用处、档案管理员
				把检索到的档案加入到专题中	开发利用处、档案管理员
				把加入到专题中的档案移出专题	开发利用处、档案管理员
		利用统计	档案检索统计	对检索的日志按档案门类进行统计	档案馆馆长、开发利用处、档案管理员
				将检索的日志统计导出 EXCEL	档案馆馆长、开发利用处、档案管理员
			档案借阅统计	将借阅档案的相关信息进行统计	档案馆馆长、开发利用处、档案管理员

续表

序号	一级功能	二级功能	三级功能	功能点说明	涉及用户
3	开发利用	利用统计	档案检索统计	将借阅档案的相关信息通过EXCEL导出	档案馆馆长、开发利用处、档案管理员
			档案利用统计	对档案浏览、下载数量进行统计	档案馆馆长、开发利用处、档案管理员
				将档案电子文件浏览、下载统计通过或使用EXCEL导出	档案馆馆长、开发利用处、档案管理员
			开卡情况统计	对档案馆开卡数进行统计	档案馆馆长、开发利用处、档案管理员
				对档案馆开卡数通过EXCEL导出	档案馆馆长、开发利用处、档案管理员
			上报统计	对各单位上报的信息进行统计	档案馆馆长、开发利用处、档案管理员
				将各单位上报的信息通过EXCEL导出	档案馆馆长、开发利用处、档案管理员
			用户统计	来馆参观用户数量统计	档案馆馆长、开发利用处、档案管理员
				来馆参观用户数量通过EXCEL导出	档案馆馆长、开发利用处、档案管理员
		日常办公	档案检查	档案检查日志添加	资源建设处
				档案检查日志删除	资源建设处
				档案检查日志修改	资源建设处
				档案检查日志检索	资源建设处

续表

序号	一级功能	二级功能	三级功能	功能点说明	涉及用户
3	开发利用	日常办公	档案修复	档案修复日志添加	资源建设处
				档案修复日志删除	资源建设处
				档案修复日志修改	资源建设处
				档案修复日志检索	资源建设处
			日常参观	档案馆日常参观日志添加	资源建设处
				档案馆日常参观日志删除	资源建设处
				档案馆日常参观日志修改	资源建设处
				档案馆日常参观日志检索	资源建设处
			出入库记录	实体档案出入库记录添加	资源建设处
				实体档案出入库记录修改	资源建设处
				实体档案出入库记录删除	资源建设处
				实体档案出入库记录检索	资源建设处
			移交接收记录	移交接收记录添加	资源建设处
				移交接收记录修改	资源建设处
				移交接收记录删除	资源建设处
				移交接收记录检索	资源建设处
			档案征集考核记录	档案征集考核记录添加	资源建设处
				档案征集考核记录修改	资源建设处
				档案征集考核记录删除	资源建设处
				档案征集考核记录检索	资源建设处
4	全网目录	目录检索	检索	对全网档案目录数据进行检索	档案管理员、兼职档案管理员、普通用户
			高级检索	对全网档案目录数据可进行按门类、字段进行检索	档案管理员、兼职档案管理员、普通用户

续表

序号	一级功能	二级功能	三级功能	功能点说明	涉及用户
4	全网目录	目录检索	结果中检索	在检索结果中再次检索	档案管理员、兼职档案管理员、普通用户
			浏览	对检索结果中的电子档案进行检索	档案管理员、兼职档案管理员、普通用户
			借阅申请	对检索结果没有权限浏览的电子档案发起借阅申请	档案管理员、兼职档案管理员、普通用户
		目录概况	全网档案类型展示	全网档案展示	档案管理员、兼职档案管理员、普通用户
			全网档案案卷数量展示	全网档案案卷数量统计展示	档案管理员、兼职档案管理员、普通用户
			全网档案文件数量展示	全网档案文件数量统计展示	档案管理员、兼职档案管理员、普通用户
			全网电子档案展示	全网电子档案统计展示	档案管理员、兼职档案管理员、普通用户
		各单位目录树	各单位目录树展示	展示全网各单位	档案管理员、兼职档案管理员、普通用户
			各单位目录树检索	通过点击全网全宗机构查询档案	档案管理员、兼职档案管理员、普通用户
		地图检索	地图检索	在地图上统计各单位的档案数量、点击可查看该单位的档案	档案管理员、兼职档案管理员、普通用户

续表

序号	一级功能	二级功能	三级功能	功能点说明	涉及用户
4	全网目录	地图检索	检索结果地图展示	检索结果在地图上进行展示	档案管理员、兼职档案管理员、普通用户
		工程专题	工程专题展示	工程专题进行列表展示	档案管理员、兼职档案管理员、普通用户
			工程专题地图展示	工程专题在地图上进行展示	档案管理员、兼职档案管理员、普通用户
			工程专题变电站查看	点击工程专题可以查看变电站的信息	档案管理员、兼职档案管理员、普通用户
			工程专题档案展示	点击工程专题线路可以查看档案	档案管理员、兼职档案管理员、普通用户
			工程专题档案浏览	浏览工程专题档案	档案管理员、兼职档案管理员、普通用户
		目录统计	目录统计	对全网目录进行统计	档案管理员、兼职档案管理员、普通用户
			统计结果导出	导出全网目录统计结果	档案管理员、兼职档案管理员、普通用户
			环比增长率统计	统计每月全网目录环比增长率	档案馆各处室、档案管理员、兼职档案管理员、普通用户

续表

序号	一级功能	二级功能	三级功能	功能点说明	涉及用户
5	智能库房	库房展示	库房定义	对档案库房进行定义	资源建设处、档案管理员
5	智能库房	库房展示	库房定义	对每个库房的区域进行定义	资源建设处、档案管理员
5	智能库房	库房展示	库房定义	对库房区域的排进行定义	资源建设处、档案管理员
5	智能库房	库房展示	库房定义	对库房区域的列进行定义	资源建设处、档案管理员
5	智能库房	库房展示	库房展示	对库房在地图上进行展示	资源建设处、档案管理员
5	智能库房	库房展示	库房区域展示	对库房区域进行展示	资源建设处、档案管理员
5	智能库房	库房展示	库房排展示	对库房排进行展示	资源建设处、档案管理员
5	智能库房	库房展示	库房排架展示	对库房的排架进行展示	资源建设处、档案管理员
5	智能库房	库房展示	档案盒展示	对库房排架上面的档案盒进行展示	资源建设处、档案管理员
5	智能库房	库房展示	档案文件浏览	点击档案盒对档案盒中的文件进行展示	资源建设处、档案管理员
5	智能库房	档案库房	档案类型展示	本单位档案类型展示	资源建设处、档案管理员
5	智能库房	档案库房	档案类型包含库房展示	本单位不同档案类型存储的库房展示	资源建设处、档案管理员
5	智能库房	档案库房	档案类型区域展示	不同档案类型存储的库房区域进行展示	资源建设处、档案管理员
5	智能库房	档案库房	档案类型库房排展示	不同档案类型存储的库房排进行展示	资源建设处、档案管理员
5	智能库房	档案库房	档案类型库列展示	不同档案类型存储的库房列进行展示	资源建设处、档案管理员

续表

序号	一级功能	二级功能	三级功能	功能点说明	涉及用户
5	智能库房	3D库房展示		对档案库房进行3D展示	资源建设处、档案管理员
		温湿度管理	温湿度采集	对库房温湿度数据进行采集	资源建设处、档案管理员
			温湿度添加	手动添加温湿度数据	资源建设处、档案管理员
			温湿度删除	手动删除温湿度数据	资源建设处、档案管理员
			温湿度统计	对温湿度在一段时间内的数据进行统计	资源建设处、档案管理员
			温湿度预警	温湿度超过制定的指标进行预警，发送消息给库房管理人员	资源建设处、档案管理员
			温湿度曲线图展示	生产温湿度数据曲线图	资源建设处、档案管理员
			导出EXCEL	导出温湿度数据和统计数据	资源建设处、档案管理员
		空调管理	新增	新增空调数据	资源建设处、档案管理员
			修改	修改空调数据	资源建设处、档案管理员
			删除	删除空调数据	资源建设处、档案管理员
		门禁管理	门禁数据采集	门禁数据采集	资源建设处、档案管理员
			门禁数据统计	门禁数据统计	资源建设处、档案管理员
			考勤数据展示	按档案中考勤数据进行展示	资源建设处、档案管理员
			考勤数据导出	对档案中考勤数据进行导出	资源建设处、档案管理员

续表

序号	一级功能	二级功能	三级功能	功能点说明	涉及用户
5	智能库房	库房统计	馆藏量统计	馆藏量统计	资源建设处、档案管理员
			新进馆量统计	新进的馆藏档案量进行统计	资源建设处、档案管理员
			导出EXCEL	导出库房统计结果	资源建设处、档案管理员
6	利用服务	档案检索	检索	对档案目录进行检索	普通用户、来馆参观用户
			高级检索	对档案目录进行按门类、层级、字段、条件等多种方式进行检索	普通用户、来馆参观用户
			检索结果统计	对检索结果进行数量统计	普通用户、来馆参观用户
			检索结果过滤展示	对检索结果进行过滤展示	普通用户、来馆参观用户
			目录浏览	对检索结果的目录进行浏览	普通用户、来馆参观用户
			文件浏览	对检索结果电子文件进行浏览	普通用户、来馆参观用户
			借阅申请	对检索结果发起借阅申请	普通用户、来馆参观用户
			历史检索	当前用户历史检索	普通用户、来馆参观用户
			热门检索	热门检索关键词统计展示	普通用户、来馆参观用户
		全文检索	全文检索	对档案进行检索	普通用户、来馆参观用户
			检索展示	对全文检索关键词高亮和摘要展示	普通用户、来馆参观用户
			文件浏览	对检索结果电子文件进行浏览	普通用户、来馆参观用户

续表

序号	一级功能	二级功能	三级功能	功能点说明	涉及用户
6	利用服务	全文检索	检索结果统计	对检索结果进行统计	普通用户、来馆参观用户
		我的阅览室	我的借阅单	查看当前用户的借阅单	普通用户、来馆参观用户
				对借阅单内所借的档案进行浏览查看	普通用户、来馆参观用户
			我的收藏夹	对收藏的档案进行展示	普通用户、来馆参观用户
				对收藏的档案进行浏览	普通用户、来馆参观用户
				删除收藏的档案	普通用户、来馆参观用户
		公开档案	公开档案检索	对公开的照片、音视频档案进行检索	普通用户、来馆参观用户
			公开档案浏览	对公开的照片、音视频等档案进行浏览	普通用户、来馆参观用户
		档案专题	大事记展示	对大事记进行浏览	普通用户、来馆参观用户
			馆藏荣誉展示	对馆藏荣誉进行浏览	普通用户、来馆参观用户
		虚拟展厅	虚拟展厅漫游	漫游展示虚拟展厅	普通用户、来馆参观用户
			虚拟展厅内容展示	浏览虚拟展厅中的内容	普通用户、来馆参观用户
			专题展厅展示	按专题展示虚拟展厅	普通用户、来馆参观用户
		编研成果	编研成果展示	对编研成果进行浏览	普通用户、来馆参观用户

续表

序号	一级功能	二级功能	三级功能	功能点说明	涉及用户
7	档案网站	网站展示	网站内容展示	对网站内容进行展示和查看	档案馆各处室用户、档案管理员、兼职档案管理员、普通用户
		内容发布	栏目添加	对网站栏目进行添加	开发利用处
			栏目修改	对网站栏目进行修改	开发利用处
			栏目删除	对网站栏目进行删除	开发利用处
			栏目展示	对网站栏目进行展示	开发利用处
			添加内容	添加网站内容	开发利用处
			修改内容	修改网站内容	开发利用处
			删除内容	删除网站内容	开发利用处
			发布内容	发布内容到网站前台进行展示	开发利用处
7	系统管理	机构管理	机构树展示	对机构树进行展示	系统管理员
			添加机构	添加机构	系统管理员
			删除机构	删除机构	系统管理员
			修改机构	修改机构	系统管理员
			同步机构	同步协同办公机构	系统管理员
			机构检索	检索机构	系统管理员
		用户管理	用户展示	对用户进行列表展示	系统管理员
			用户增加	添加用户	系统管理员
			用户同步	同步协同办公用户	系统管理员
			用户删除	删除用户信息	系统管理员
			用户修改	修改用户信息	系统管理员
			用户解锁	对用户进行解锁	系统管理员
			密码重置	对用户密码进行重置	系统管理员
			用户检索	对用户进行检索	系统管理员

续表

序号	一级功能	二级功能	三级功能	功能点说明	涉及用户
7	系统管理	角色管理	角色展示	对用户角色进行展示	系统管理员
			角色维护	对用户角色进行维护	系统管理员
		权限管理	用户组设置	添加用户组信息	系统管理员
				修改用户组信息	系统管理员
				删除用户组信息	系统管理员
				对用户组配置用户信息	系统管理员
			电子原文权限	用户权限设置	系统管理员
				对用户组权限进行设置	系统管理员
				对角色权限进行设置	系统管理员
		流程定义	流程信息导入	初始化流程信息导入	系统管理员
			流程配置	添加流程步骤信息	系统管理员
				修改流程步骤信息	系统管理员
				删除流程步骤信息	系统管理员
				配置流程步骤信息	系统管理员
		日志管理	日志检索	对系统各种日志进行检索	系统管理员
			日志统计	对系统各种日志进行统计	系统管理员
			日志分析	对系统各种日志进行分析，生成各种曲线图	系统管理员
			日志导出	对系统日志进行EXCEL导出	系统管理员
		目录中心配置	目录中心参数配置	配置目录中心参数	系统管理员
			目录中心初始配置	对目录中心进行初始配置	系统管理员
			全宗地图配置	对目录中心各全宗地图进行配置	系统管理员
			档案类型个性化配置	对目录中心各单位个性档案门类进行配置	系统管理员

续表

序号	一级功能	二级功能	三级功能	功能点说明	涉及用户
7	系统管理	系统配置	消息配置	系统消息发送人配置	系统管理员
			系统参数配置	清除系统缓存信息	系统管理员
				清除系统权限缓存信息	系统管理员
				系统参数设置	系统管理员
				对系统参数进行重置	系统管理员
			系统数据字典维护	添加数据字典信息	系统管理员
				修改数据字典信息	系统管理员
				删除数据字典信息	系统管理员

2. 实现的主要功能

（1）数字档案馆系统的总体业务能力包括档案基础管理、档案信息资源管理、实体档案安全保管、档案开发利用、档案标准业务定制五个方面，本期新增企业数字档案馆对标、文档队伍数据库、声像档案数据挖掘、档案考核功能。

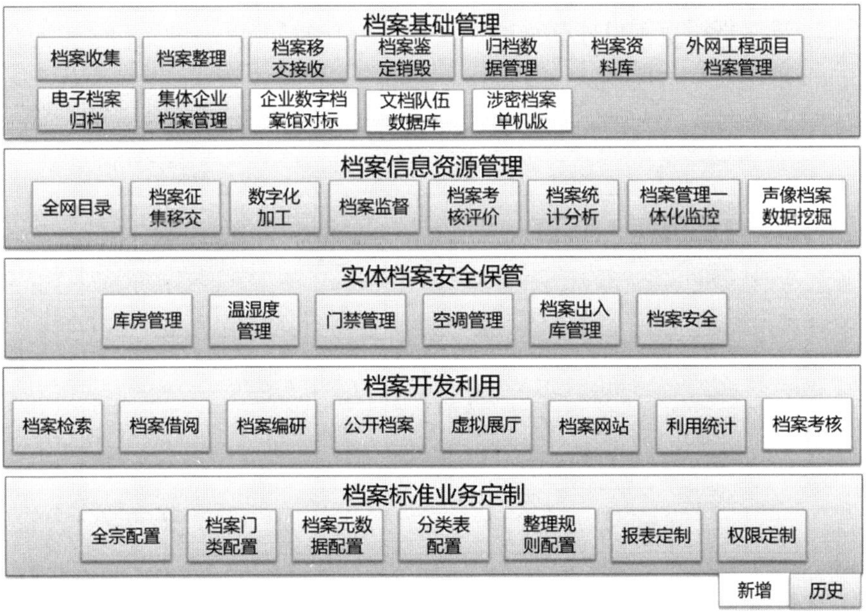

图 16　系统主要功能

（2）档案基础管理涵盖了档案整理到档案保管的全业务流程。文件来源于业务部门、建设公司、监理单位等，经过在线、离线、数字化加工等方式进入数字档案馆系统中，档案操作人员对其分类整理、编号、编目等最终形成档案。

（3）实体档案安全保管对于实体档案的管理。档案产品支撑采用条码的方式，将电子档案与实体档案进行关联，辅助实体档案的整理和管理，对于实体库房采用虚拟化方式建模形成虚拟库房，每个库房中的温湿度情况、饱和度情况均采用信息化的手段进行监控。

（4）档案开发利用为用户提供了多种的利用方式，包括了档案检索、编研、光盘利用、统计分析、其它应用等。档案门户是数字档案馆对外的窗口，为使用者提供方便的、统一的信息检索和服务入口，在门户中可以浏览到档案的工作成果，了解到档案相关信息。

（5）档案标准业务定制为公司开展档案标准业务工作提供支撑，提供公司总部、分部、省市公司、直属单位等各级单位档案管理的标准业务定制。

（十）其他关键技术解决方案

1. 安全保密方案设计及实现

（1）总体安全视图

数字档案馆系统安全防护总体技术架构如下图所示：

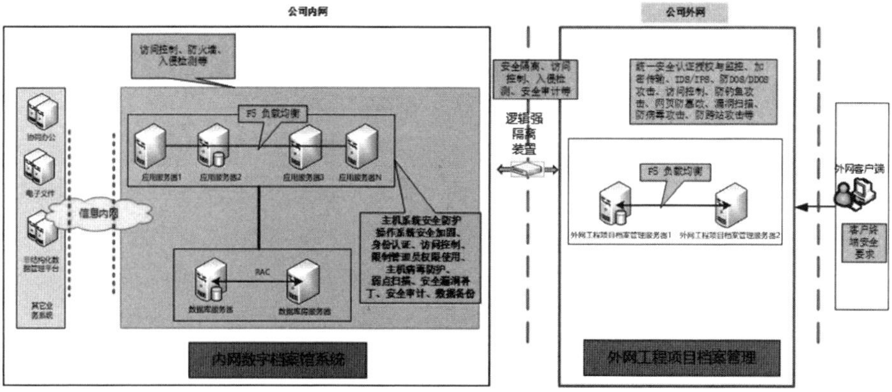

图 17　总体安全视图

防护目标：

①保障数字档案馆系统用户身份真实可信，防止恶意用户、非授权用户访问；

②保障用户传输及交互数据的完整性、保密性；防范外网用户访问信息外网应用服务器时数据被窃听、篡改。防范敏感信息如用户口令密码、业务数据泄露；

③保障数字档案馆应用系统的安全性，防止对应用系统资源的非授权访问、敏感数据泄漏以及对系统非法攻击等。

（2）应用安全

表9　应用安全实现清单

控制点	防护策略设计
身份鉴别	基于统一权限平台进行身份标识和鉴别。 外网工程项目档案管理在登录时采用图形验证码增强身份认证安全。图形验证码是随机生成的，长度不小于4位字符，且包含字母与数字。
授　　权	验证、过滤用户访问菜单和功能的权限及访问控制资源的权限； 系统管理员可以设置每个用户对应的资源访问级别，通过不同的方案配置进行授权；采用分级管理机制，不同级别的管理员只能管理相应级别的数据。
输入输出验证	表单输入数据通过 jsfw. Validate 进行验证，包括整数、用户 ID、日期、时间、数据的范围、文件路径、URL 地址等。
配置管理	系统配置文件保存在服务器磁盘和数据库中，服务器有安全防范措施对系统文件进行保护； 系统中只有一个系统管理员，能够对系统中所有管理功能进行操作；分级管理员只能管理相应权限范围的功能； 对于不同角色的管理员分配不同角色权限。如对于用户管理员，则对其分配用户管理权限，用户管理权限以外的权限则不分配。

续表

控制点	防护策略设计
会话管理	当用户登录成功后，会将浏览器原先会话注销，并新建当前用户的一个会话； 用户登录系统时可以选择将用户名保存到 Cookie 中，但不包括用户密码； 保证会话数据的传输安全； 当用户点击系统退出按钮时，即将该用户会话安全终止； 系统管理员可以动态设置会话留存时间。
加密技术	系统采用最新加密算法对密码进行加密，传输过程采用 SSL 进行传输加密。
参数操作	通过 Token 技术解决客户端的重复提交； 在服务端对表单录入数据进行完整性和合法性验证。
异常管理	使用统一的错误信息格式与提示页面，应用的异常信息应给出尽可能少的提示，最好使用自定义的错误信息对原始错误信息进行包装； 程序发生异常时，系统在日志中记录详细的错误消息。
审核和日志	系统提供用户的登录日志； 对功能操作提供操作日志； 对项目数据的操作提供操作日志； 对部分重要功能提供可逆的日志控制； 系统采用 Log4j 进行日志管理，可提供按不同级别不同格式的日志输出。主要包括（应用系统启动和关闭、配置变化、访问控制、用户对数据的导常操作等）。
应用交互安全	对系统关键业务数据在系统间的传输，采用加密及 HTTPS 的传输方式，通过企业服务总线对接口服务进行管理注册；

（3）数据安全

表 10　数据安全实现清单

<table>
<tr><td colspan="6">数据安全属性分析</td></tr>
<tr><td>数据类别</td><td>结构化数据、非结构化数据</td><td>使用者说明</td><td colspan="3">档案管理人员、兼职档案管理员、利用者、参加单位档案管理员</td></tr>
<tr><td>机密性赋值</td><td>中</td><td>完整性赋值</td><td>中</td><td>可用性赋值</td><td>中</td></tr>
<tr><td colspan="6">数据流转分析</td></tr>
<tr><td>数据流转过程简要说明</td><td colspan="5">电子档案操作权限管控:在客户端向数字档案馆系统申请获取文件时,服务端在对文件加密的同时写入文件的安全策略信息,包括允许查看时间、允许查看次数、是否允许编辑、是否允许复制、是否允许打印、是否允许删除、是否加水印等供客户端安全控制模块进行控制。
电子档案水印保护:通过电子文件安全防护服务的文件水印功能控制电子文件的使用,跟踪文件的使用情况:(1)在阅读文件时显示屏幕水印(显性水印);(2)在打印纸质时显示打印水印(显性水印);(3)所有电子文件中均包含隐性的文件水印,记录文件标识、用户、单位、部门、密级等属性,记录属性可扩展、可定制。文件水印使用透明技术,不影响文件的正常阅读。
电子档案格式控制:对文件的浏览和下载只允许操作转版文件,防止用户对电子文件的修改操作。
电子档案操作审计:服务器制定对终端操作的审计策略并下发给用户终端;终端按照审计策略定期将日志数据发送到服务端,服务端对审计记录数据进行统计、排序、分类、搜索以及分析生成报表,对终端电子文件的访问和操作情况进行跟踪。
内外网数据传输:外网工程项目档案管理系统中将档案目录数据和档案电子原文数据传输到内网数字档案馆系统。</td></tr>
<tr><td>是否在用户端呈现</td><td>是</td><td>是否用户端保存</td><td>否</td><td>是否在网络中传输</td><td>是</td></tr>
<tr><td>是否经过可信与不可信边界传输</td><td>是</td><td>是否通过无线网络传输</td><td>否</td><td>是否在应用系统间传输</td><td>是</td></tr>
<tr><td>是否保存在应用系统中</td><td>是</td><td></td><td></td><td></td><td></td></tr>
</table>

（4）主机安全

表 11　主机安全实现清单

系统主机描述
对标准 Windows 和远程访问服务器安全性进行补充身份设备验证，该设备验证是否授权来自远程客户端的呼叫者连接到远程访问服务器。主机安全包括主机操作系统安全和主机数据库安全。
主机安全实现
主机系统安全防护-操作系统 操作系统安全加固：依据工具扫描或人工评估出的配置问题进行安全加固；依据操作系统厂商或专业安全组织提供的加固列表对操作系统进行安全加固；加固应在非高峰业务时间进行，并制定详尽的回退计划；完成加固后应当采用弱点扫描系统进行二次扫描以确定加固结果。 身份认证措施：操作系统管理用户身份鉴别信息应不易被冒用，口令复杂度应满足要求并定期更换，口令长度不得小于 8 位，且为字母、数字或特殊字符的混合组合，用户名和口令禁止相同；应对登录操作系统的用户身份进行身份识别和鉴别，并启用登录设备处理功能，采用结束会话、限制非法登录次数和自动退出等措施，并限制同一用户连续失败登录次数；为操作系统的不同用户分配不同的用户名，确保用户名具有唯一性。 访问控制：应当制定安全策略实现帐号及权限申请、审批、变更、撤销流程，定义用户口令管理策略以限定用户口令的长度、复杂度、生存周期等规则；应启用访问控制功能，依据安全策略控制用户对资源的访问；应实现操作系统和数据库特权用户的权限分离；应严格限定默认帐号的访问权限，重命名系统默认帐号，修改帐号的初始口令，及时删除不用的、过期的帐号。 限制管理员权限使用：尽量减少限制管理员权限使用，一般操作中尽量采用一般权限用户，仅在必要时切换至管理员帐号进行操作，并启用对管理员权限的日志审计。 第三方安全组件：应当采用第三方安全组件加强主站系统主机安全防护，可采用以下措施：（1）主机防火墙系统；（2）主机入侵检测/防护系统；（3）操作系统核心文件签名检查。 主机病毒防护：应当在 Windows 服务器上部署网络版防病毒软件客户端或服务器版专用防病毒系统。 弱点扫描：应当使用弱点扫描工具定期对系统漏洞进行扫描，漏洞库应当及时更新，对于扫描出的漏洞应及时进行处理。 更新安全补丁：应当及时更新厂商发布的核心安全补丁，更新补丁之前应当在测试系统中进行测试，并制定详细的回退方案。

续表

主机安全实现
资源控制：进行操作系统远程管理维护时，应以终端接入方式（如 RDP、SSH、Pcanywhere）、网络地址范围等条件限制终端登录；根据安全策略设置登录终端的操作超时锁定；应采用磁盘限额等方式限制单个用户对系统资源的最大使用限度。 数据备份：应当定期对操作系统及运行于操作系统之上的主站应用系统、数据库系统数据进行备份，并定期或在操作环境发生变更时进行备份恢复测试。 安全审计：应当以系统日志方式对用户行为、系统资源异常访问等重要安全事件进行审计；应加强对日志记录的保护，避免被意外删除、修改或覆盖等；审计范围应当覆盖到服务器及用以访问主站系统的每个操作系统用户和数据库用户；审计记录应包括事件的日期、时间、类型、用户、被访问的资源和操作结果等。 主机系统安全防护-数据库 用户认证：数据库管理用户身份鉴别信息应不易被冒用，口令复杂度应满足要求并定期更换，口令长度不得小于 8 位，且为字母、数字或特殊字符的混合组合，用户名和口令禁止相同；为数据库的不同用户分配不同的用户名，确保用户名具有唯一性。 制定用户安全策略：制定包括用户管理、口令管理的相关安全策略；针对用户访问需求，合理分配数据库用户权限。 弱点扫描：采用专用扫描器对数据库系统进行弱点扫描；扫描应在非业务时段进行并制定详细的回退计划；对于扫描发现的弱点应及时进行相应处理。 安全审计：采用数据库内部审计机制或第三方数据库审计系统进行安全审计，并定期对审计结果进行分析处理。 数据传输加密：采用组件模块对应用程序与数据库间跨网络传输的数据进行加密；对于包含加密功能的数据库系统通过修改配置等方式启用加密功能；也可采用 VPN 方式对跨网络的数据库查询进行加密。 更新补丁：经过安全测试后加载数据库系统补丁。 数据备份：应当定期对存储于数据库中的业务数据进行备份，并定期或在系统环境发生变化时进行备份恢复测试。

（5）网络安全

表 12　网络安全实现清单

系统网络环境描述
对数字档案馆系统网络基础设施，如路由器、交换机及防火墙、入侵检测等网络及安全设备，按照等级保护三级要求采取接入控制、设备安全加固、弱点扫描等安全措施。
网络安全实现
安全接入控制：采用 802.1X 等网络准入控制手段实行准入控制，同时采用 IP 与 MAC 地址绑定等手段以防止网络地址欺骗；应当制定相应的申请审批流程以配合实现主机接入控制。可采用接入设备 MAC 与网络设备端口绑定等物理层控制措施。 设备安全管理：本地或远程进行设备管理必须进行身份认证；制定设备管理策略，包括限定管理 IP 地址、制定登录超时及帐号锁定策略；采用较为安全的 SSH、HTTPS 进行远程管理；如基于 SNMP 协议进行网络监控及管理，建议使用 SNMP V3 版本，Community 不应使用 Public、Private 等默认字段。 设备安全加固：依据设备厂商或专业安全机构提供的安全配置列表进行网络设备安全加固；及时升级设备系统或安装安全更新补丁。 安全弱点扫描：定期使用专用弱点扫描系统对网络及安全设备进行扫描；进行扫描之前需将弱点扫描系统特征代码进行更新；选择非业务高峰时段进行扫描，并制定系统回退计划；对扫描出的弱点及时进行处理。 配置文件备份：应当定期或当配置发生变更时进行配置文件备份。 设备安全审计：应当建立集中审计系统对网络及安全设备日志进行集中收集存储；审计记录应包括事件的日期和时间、用户、事件类型、事件是否成功及其他与审计相关的信息；定期对所收集的日志进行事件审计分析，也可采用自动审计系统或事件分析系统进行安全事件审计分析。 网络设备处理能力保证：应保证关键网络设备的业务处理能力具备冗余空间，保证网络带宽满足业务高峰期需要，应采用网管系统等方式对关键网络设备的处理能力、网络带宽进行监测；应按照业务服务的重要次序来指定带宽分配优先级别，采用 QoS 或专用流量整形设备等手段保证在网络发生拥堵的时候优先保护重要业务信息流传输畅通。 设备链路冗余：应当采用硬件双机等方式保证关键网络及安全设备、传输线路在发生故障或安全事件时的冗余可用。

（6）终端安全

表 13　终端安全实现清单

系统终端类型描述
数字档案馆系统对电子档案终端安全防护，当用户通过终端访问数字档案馆系统时，由终端对用户的操作行为进行管理
终端安全实现
电子水印控制：终端安全服务读取电子文件头部信息，获取文件的水印信息。用户下载的电子文件数据包含了用户个人身份标记和企业信息标记的水印信息，保护数据在下载后的使用安全和使用的可追溯性。

六、取得的效益

（一）经济效益

通过本次试点，实现了基建系统中电子文件的在线归档，减轻了基建档案收集的工作量，提高了工作效率。不但统一了档案收集与整理规范，提升了国网档案工作的标准化、信息化水平，而且公司也进一步学习了国家在档案管理和电子文件归档与电子档案管理方面的政策，和兄弟单位进行了交流，对公司档案工作进行了一次全面梳理分析，对于公司档案工作的后续发展，具有重要的推动作用。

如按照纸质档案的方式进行保管和利用，由于公司需要归档的纸质文件过多，如果整个国家电网公司系统内每天需要打印 200 页的 A4 纸用于归档，以所属省公司及直属单位数据计算，一年约有 200 万张纸需要被打印出来用于归档，采用电子文件归档后将大大减少纸质归档方式的数量，预计每年可节省的打印机及墨盒数量、档案柜数量以及纸张数量的总费用约达 200 万元。

（二）社会效益

随着信息化建设的深入，信息资源的核心地位得到越来越广泛的认同。文件是重要的信息资源，这种信息资源的电子化程度正在快速提高，管理好电子文件，有助于提高效率，为科学决策提供依据。国家电网公司作为关乎国计民生的能源企业，其组织机构复杂，业务种类繁多，具有较强的代表性。本次企业电子文件归档试点，可为全国的企业电子文件归档提供示范，从而减少各企业的低水平重复投资，节约大量的人力、物力、财力。

七、后续打算

国家电网企业电子文件归档与电子档案管理试点工作验收后，公司将统筹策划，精心组织，重点围绕试点成果推广、推进深化应用、策划十四五档案规划方面加快推进公司档案工作。

（一）试点成果推广应用

加快试点成果推广应用，确保2020年实现所属单位全覆盖的目标。按照工作安排，国家电网下属6个分部、27家单位、39家直属单位全面开展企业电子文件归档应用推广实施工作，持续推进深化应用，进一步探索新技术、形成新机制、增强影响力，在电子文件归档与电子档案管理领域发挥示范和引领作用。

（二）推进深化应用

借助本次电子文件归档试点，公司将从三个方面推动电子文件归档和数字档案馆的深化应用：

一是拓展在线归档范围，通过本次试点，国网办公室总结了相关集成经验，拟与研究室、科技部、审计部等进一步沟通，逐步开展与科技项目管理系统、审计管理系统、研究决策支撑系统等的在线归档集成，进一步充实公司档案数字资源。

二是开展档案深化应用，通过对已有档案的鉴定，进一步开放已有数字档案的在线和跨单位利用；优化完善档案统一搜索与专题检索功能，提供全方位、多维度的检索利用服务，提升信息利用价值；通过完善所属各单位相关设备，支撑智能库房的推广应用。

三是开展档案专业化应用，联合多个业务部门进行探索和研究，重点从工程档案一体化、专业化应用，合同执行全过程应用（合同协议与会计凭证的关联应用）等开展。

（三）试点智慧档案建设

按照公司档案工作规划相关要求，开展智慧档案试点应用，在国网四川电力档案智能辅助整理子系统、国网江苏电力智能档案库房等的应用基础上，深入研究档案编研机器人、库房机器人的开发，对有条件的单位开展智能库房建设应用；开展基于大数据的档案挖掘利用分析，试点开展档案智能编研工作。

中南电力设计院有限公司
电子文件归档和电子档案管理试点案例

一、背景

（一）企业战略发展需要

中南电力设计院有限公司（简称中南院）是国内知名的、实力雄厚的工程公司，以成为“集投融资、设计、建设、运营一体化的国际知名工程公司为目标。企业的战略发展要求中南院具备一体化能力，具备国际化特征，具备工程公司实力。

作为知识密集型企业，中南院通过信息化与企业战略融合，推进企业转型升级和创新发展。努力以工程项目为基点，数据仓库为基础，网络为依托，数字化工程信息模型（EIM）为载体，围绕电力工程勘测设计、采购、施工全过程，建成信息化能力平台，实现电力工程全过程精细设计、精益管理、精确建造和工程数据移交，达到国际工程公司信息化应用先进水平。数字档案馆建设是中南院信息化建设的重要内容，利用先进的信息技术手段，建立集成电子文件信息收集、交换与共享平台，实现信息资源的合理配置、高效利用，以此促进电子文件管理的变革，推动数字档案馆建设，促进档案信息化发展，提高中南院核心竞争力，促进中南院全面、协调、可持续、高质量发展，实现国有资产保值增值、国有资本做强做优做大，不断提升中南院的活力、竞争力和品牌影响力，满足建设具有国际竞争力工程公司的战略发展需要。

（二）企业业务发展需要

中南院是一家以电力勘测设计为主的工程公司，工程文件是企业的直接产品，也是企业的重要核心资产。公司很早就开始 CAD 电子文件的收集，并一直在探索电子文件的有效管理。通过对生产流程的梳理、优化，从生产流程的全过程来对电子文件和电子档案进行管控，对电子文件流转的每个环节进行监控，实现电子文件从产生、流转到归档、出版等生产全过程的一体化管理、精细化管理，能极大提高生产效率和管理效率，节约人力、物力成本，提升档案信息服务水平，为公司持续健康发展提供有力支撑。

（三）档案工作发展需要

企业档案工作正在经历一个从接收保管纸质档案到接收保管电子档案，从管档案实体到管档案数据，从手工操作到信息化智能化操作，从档案资源分散利用到联网共享的变革过程。企业档案工作必须应势而动、乘势而为，加快推进档案工作转型升级，逐步实现以信息化为核心的企业档案管理现代化。

通过信息技术的应用，使图纸的管理和利用从传统的手工方式转变为信息化管理方式，实现电子文件的实时在线收集和归档、网络查询和利用、档案信息资源整合开发，做到电子文件全生命周期管理，使电子文件与电子档案成为企业最重要的信息资源，真正实现了数据共享、资源共享，从而提高档案管理水平和档案信息服务水平，满足公司向国际先进的工程公司转型发展的需要。

中南院的档案工作必须时刻紧跟行业步伐，通过推进数字档案馆的建设，提高档案管理现代化水平和档案信息服务水平，增强公司核心竞争力，为公司持续健康发展提供有力支撑。

（四）存在的问题

通过调研和分析，中南院电子文件管理中还存在以下问题：

a）电子文件归档不全。

公司研发、生产、经营活动的核心业务系统——勘测设计管理系统产生了大量的数据和电子文件，其中有大量的设计过程文件，并未实现在线收集和自动归档。设计过程文件在前端应用系统数据库中仅存储关键数据，以网页表单的形式存在，未能输出独立、完整的电子文件。随着时间的推移，前端系统可能发生升级或者崩溃的情况，系统环境存在不稳定因素，电子文件的打开和利用都无法得到保障。这些电子文件流转于多个系统，收集和整理存在较大困难，有的电子文件格式多样不便进行转化和处理，有的没有完整的归档接口。每年数千件电子文件只能由归档责任人手动归档，存在很多漏归、不归的情况，电子文件和电子档案普遍存在流失的可能。

b）电子档案利用效率不高。

公司将收集的电子文件整理归档之后，未能提供优质高效的利用服务，借阅图纸时大多数还是半手工的操作方式，传统的查询方法已经不能满足电子文件的利用需求；数字档案馆系统中保存了大量的工程档案和档案目录信息，尚未对这些档案资源进行有效的加工；公司的移动办公平台已经比较成熟，但是未能利用企业云平台、移动办公 APP 等提供电子档案的利用服务。

c）电子文件、电子档案管理标准不完善。

公司制定了一系列的档案管理标准，每个标准中只有少量适用于电子文件、电子档案管理的内容，没有对电子文件及电子档案管理形成专门的标准，实际利用电子文件和电子档案时，不同的操作环节需要参考不同的标准，而且各个标准描述上前后不统一。

二、目标

公司试点的内容为：由勘测设计管理系统产生的工程成品电子文件、工程原始电子文件的全过程管理。

（一）总目标

以档案信息资源最大化共享为根本目标，通过数字档案馆建设，依靠先进的信息技术、网络技术，集成各类信息系统和业务平台，建设适应公司数字资源管理的数字档案馆系统，实现公司电子文件的在线收集、自动归档，构建起具有公司特色的档案信息资源体系、档案信息服务体系和档案信息安全保障体系。

（二）具体目标

具体目标为：

目标 1：实现电子文件自动归档。

通过分布式多节点信息采集系统，实现工程电子文件在线收集、自动归档，保证电子文件归档率达到 100%，元数据同时归档。

目标2：实现电子文件全过程管理。

实现工程电子文件产生、流转、归档的全过程控制与管理，保证电子文件和电子档案的真实性、完整性、可用性、安全性。

目标3：引入互联网思维，提升档案管理与服务水平。

a）将企业级搜索引擎运用到电子档案借阅中，保证百万级电子档案检索的平均响应时间在100ms以内，查询结果准确率达到95%；

b）将互联网技术应用到档案编研中，实现工程信息资源整合，开发工程信息数据系统；

c）利用移动互联技术，通过云平台、企业APP等手段，实现工程电子档案的查询和借阅.

目标4：形成相关企业标准与规范。

通过电子文件全过程管理体系建设，制定有关电子文件和电子档案管理的标准、规范，形成《归档接口开发说明》、《元数据方案》等技术规范；形成《工程原始文件归档范围》、《电子文件归档和电子档案管理办法》等企业标准，使电子文件的全过程管理标准化、规范化。

三、系统介绍

参与此次电子文件归档试点的业务系统为勘测设计管理系统。

（一）功能

勘测设计管理系统是公司的生产管理系统，对工程设计项目进行全过程管理。工程设计项目从前期项目合同签订开始，到后续项目完工、成品交付全在该系统中运行。实现对设计成品文件、设计依据文件等电子文件从创建到出版、归档及利用全过程的动态管理。可以按需要形成项目的设计文档数据库，与设计系统形成的三维数字模型和工程数据库一起，构成面向工程审查、工程采购、工程建设以及业主移交数字化工程产品的基本数据。

a）实现设计过程中的阶段控制（控制投标、初可研、可研、初设、施工图设计、施工图配合、竣工图绘制等不同阶段中的一个或几个阶段）；

b）实现设计过程中的项目设计流程、审批及校审流程、提资流程、接口管理流程等管理；

c）实现设计过程中产生的文档、模型及设计项目完成后形成文档、模型的管理，包括版本、编码、分类、存储归档、归纳提炼、重用、查阅管理等；

d）实现设计过程中产生的数据及设计项目完成后形成数据的管理，包括数据存储、数据接口、重用、数字化移交管理等内容，根据设计过程的特点，规范工作过程，完善工作制度，制定工作标准。

e）通过系统平台，支撑卷册质量计划的策划和应用流程。结合已经开发完成的 WBS 任务分解流程，互提资料管理流程，实现针对卷册质量计划校审要点的成品校审流程。

勘测设计管理系统主要包含四个大的功能模块：项目管理、过程管理、内容管理和数据管理，系统的业务架构由 190 张数据库表来描述，支撑业务的交互。

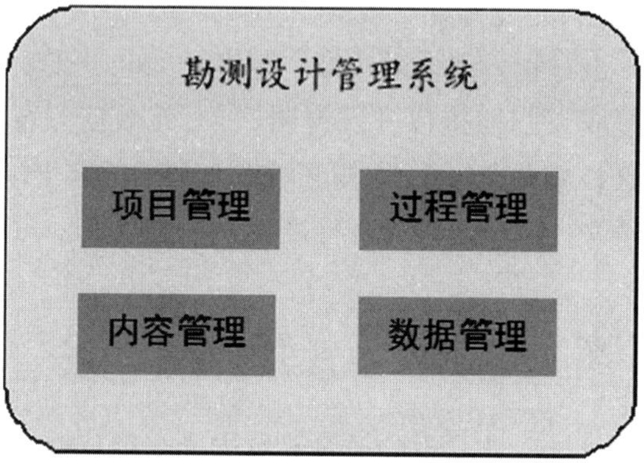

图 1　勘测设计管理系统的主要模块

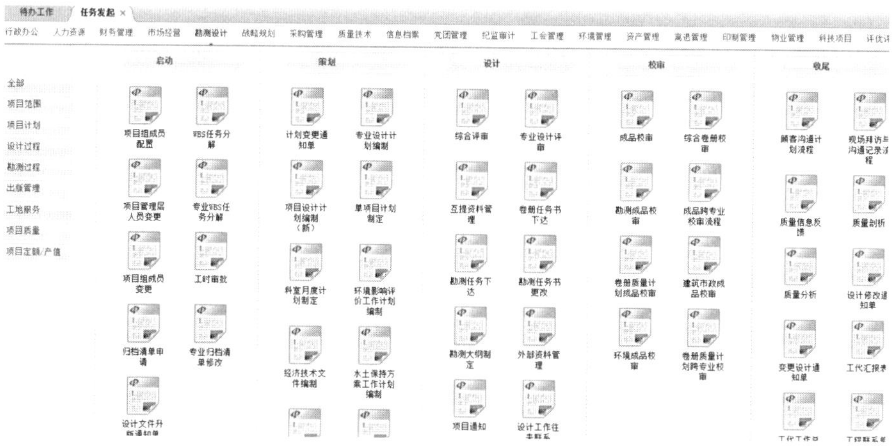

图 2　勘测设计管理系统页面

图3　工程项目台账页面

图4　项目门户

（二）数据量

勘测设计管理系统上线使用以来，形成的文件达2321292个，数据总容量1.54TB。

（三）文件类型

勘测设计管理系统主要产生和输出工程成品文件和工程原始文件。

工程成品文件，即设计成品，如图纸、说明书、清册等，主要是CAD文件。

工程原始文件，即设计过程文件，是设计的基础和依据，如设计依据性文件、设计基础材料、校审单、交接单、计算书、往来文件等。

图5　工程成品文件

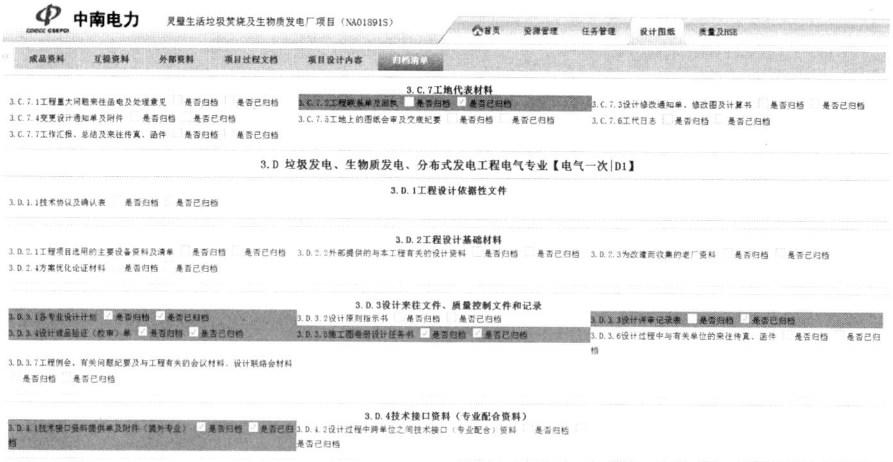

图6　工程原始文件

四、工作步骤

（一）成立试点建设项目组

为了更好实施试点工作，公司专门成立了电子文件归档与电子档案管理试点建设项目组。项目组成员如下：

表1 试点项目组成员

姓 名	文化程度	职务/职称	在项目中承担的任务
段鹏翔	硕士	副主任/研究馆员	项目负责人：方案制定、标准审定、报告审核、组织实施
王 辉	本科	副总工程师/教授级高工	指导、审核
朱汉卫	硕士	主任/教授级高工	指导、审核、组织实施
陈 立	硕士	科长/高级工程师	项目总体方案制定，技术指导、撰写报告
田 燕	专科	科长/副研究馆员	制定方案，标准制定、撰写报告、运行实施
陈 炜	本科	科长/副研究馆员	标准制定、撰写报告、运行实施
喻 越	硕士	馆员	制定项目方案，协调系统开发，标准制定、撰写报告、运行实施
罗壮强	硕士	工程师	制定方案，系统开发与支持，标准制定、撰写报告
曾 诚	硕士	工程师	制定方案，标准制定、系统开发与支持
刘 艳	本科	副研究馆员	标准制定，撰写报告、运行实施
易世玉	硕士	馆员	制定方案，标准制定、撰写报告、运行实施

续表

姓　名	文化程度	职务/职称	在项目中承担的任务
苏　娟	硕士	馆员	制定方案，标准制定，撰写报告、运行实施
陈文革	本科	馆员	标准制定，撰写报告、运行实施
张籍月	本科	馆员	撰写报告、运行实施、材料收集

（二）制定实施计划

为了让试点工作有序开展，项目组制定了试点工作实施计划，按时间节点开展试点工作。

表2　试点进度安排

时间	工作内容	对应试点具体目标项
2017年一季度	成立试点工作项目组，完成试点申请立项。	立项
2017年二季度	1.实现工程成品电子文件的在线收集、自动归档。	目标1、2
	2.联合各专业划定原始文件归档范围，形成《工程原始文件归档范围和保管期限表》。	目标1、2、4
	3.编写《工程电子文件元数据方案》。	目标4
2017年三季度	1.实现工程原始电子文件的在线收集、自动归档。	目标1、2
	2.将企业级搜索引擎与工程电子档案查询结合，开发新的电子档案查询模块。	目标3
2017年四季度	1.开发完成工程信息数据地图模块。	目标3
	2.编制公司《电子文件归档和电子档案管理办法》，并通过评审。	目标4

续表

时间	工作内容	对应试点具体目标项
2018年一季度	通过企业云平台等手段,在移动端实现档案检索、预览、流程审批等功能。	目标3
2018年二季度	完成电子文件四性保障方案。	目标2
2018年三季度	完成试点工作报告,申请试点验收。	

（三）组织开展试点工作

1. 公司领导组织、协调试点工作

电子文件的全过程管理，包括电子文件的形成、处理、收集、整理、出版、归档、保管、利用等诸多环节，涉及公司各主要生产环节及各部门，如果没有公司及公司领导的支持、协调，光靠项目组的推动，许多工作是难以开展的。

试点工作得到公司及公司分管领导的大力支持，试点工作被纳入公司2017—2018年的重点工作，列入分管领导2018年重点工作分解计划，做到任务有目标、有责任人、有措施。

公司分管领导亲自协调、参与试点工作。在试点项目开始时，公司分管领导亲自审定实施方案；在制定《工程原始文件归档范围和保管期限表》、《工程信息模板》过程中，公司分管领导协调各专业副总工、各生产部门参与归档范围、工程信息模板的讨论、制定，对归档范围和工程信息模板提出很多建设性意见，并主持《工程原始文件归档范围和保管期限表》、《工程信息模板》的评审；在制定《电子文件归档和电子档案管理办法》的过程中，公司分管领导亲自参与讨论，并拍板一些创新做法，极大鼓舞了项目组的信心；在工程信息平台软件开发过程，公司分管领导对开发方向、各项功能都提出了前瞻性建议和具体要求。在公司领导的大力支持下，试点工作得以顺利开展。

2. 各部门配合开展试点工作

试点工作涉及公司各生产和职能部门，必须有各部门的大力支持和配合才能完成。档案归档范围的划定，涉及公司几十个专业和各部门职能，没有各专业人员和职能部门的配合和参与，是无法完成的。在制定《工程原始文件归档范围和保管期限表》过程中，各部门积极配合，参与相关专业文件材料归档范围的制定、讨论、审定，最终形成符合公司归档需求的各类档案归档范围和保管期限表，为试点工作的开展打下了坚实的基础。

3. 项目组成员分工、协作开展试点工作

项目组成员围绕试点目标，按照分工开展工作，一方面，项目组通过讨论、评审形成各种方案，为成员开展工作提供方向和指南。另一方面，项目组成员按照方案各自开展工作，在工作开展过程中，发现方案有不合理的地方，再经项目组讨论、修改。完成工作后，成果提交项目组评审、通过。通过分工、协作的工作方式，项目组完成了试点工作方案、文件归档范围、电子文件归档与电子档案管理制度、电子文件元数据方案、电子文件四性保障方案的制定；完成了原始文件归档管理模块、档案查询模块、工程信息平台软件的开发等工作，实现了公司主要电子文件的全过程控制，完成了试点内容。

4. 定期总结、汇报试点工作

根据试点工作开展的需要，项目组随时召开项目组会议，讨论方案、总结工作、分享经验，协调沟通。根据国家档案局要求，每季度进行试点工作总结，制定下季度工作计划，报送《试点工作进度报告》，试点工作有计划开展。

五、解决方案

（一）管理流程

此次试点主要的管理流程，就是业务系统产生的电子文件归档、整理、存储及利用的过程。

1. 工程成品电子文件的管理流程

工程成品文件是工程设计的最终产品，是公司最重要的核心资产，做好工程成品文件的收集与归档，是档案工作的重点，也是本试点工作的重点。

工程成品电子文件主要是CAD电子文件。

勘测设计管理系统是公司的生产平台，所有的生产设计流程都在该系统中进行。工程成品电子文件在勘测设计管理系统中产生和流转。

工程项目是生产流程的基本单元集合。一个项目从立项开始形成，在勘测设计管理系统中产生该项目的项目门户，然后由项目经理配置项目成员，进行WBS任务分解，确定项目进度安排。在生产设计过程中，经过卷册任务书下达、提资、成品校审等环节后，成品电子文件就正式形成了。通过出版流程将成品电子文件提交正式出版时，勘测设计管理系统同时将成品电子文件收集并归档，出版后的纸质成品文件归档后，通过扫描图纸上的条码，就可以将纸质成品文件与成品电子文件关联起来，做到纸质文件与电子文件的归档，从而实现成品文件从产生到出版、归档的全过程控制。

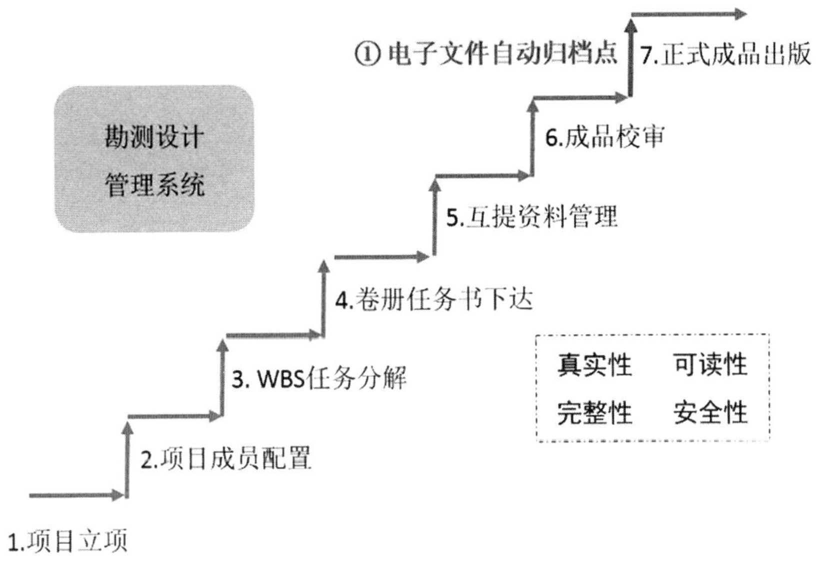

图7 勘测设计管理系统中的电子文件产生和流转过程

(1) 插入签名和条形码

成品校审流程完成后，提交正式出版时，勘测设计管理系统后台会将DWG文件转换成PDF文件，然后在图框签名处插入签名图片，在图框左侧插入带有公司数字签名条形码。

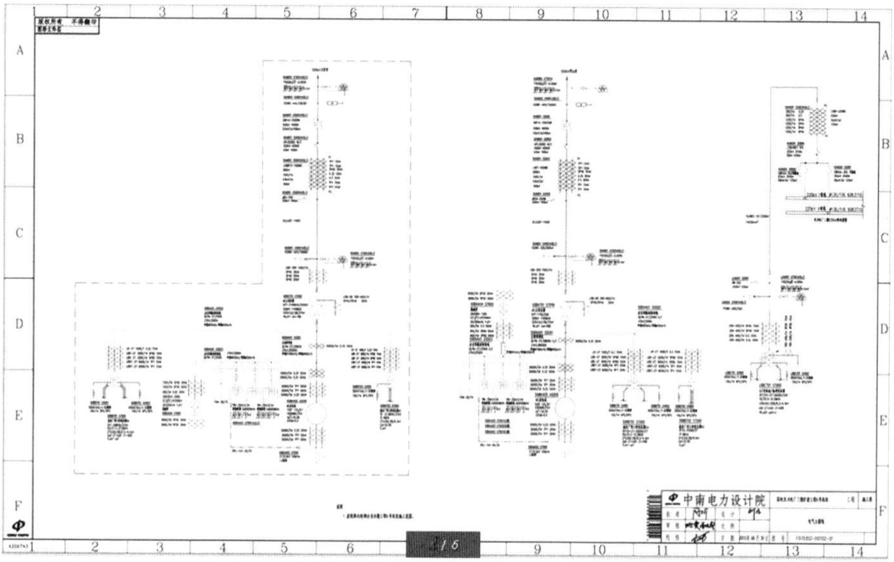

图 8　勘测设计管理系统产生的 DWG 图纸

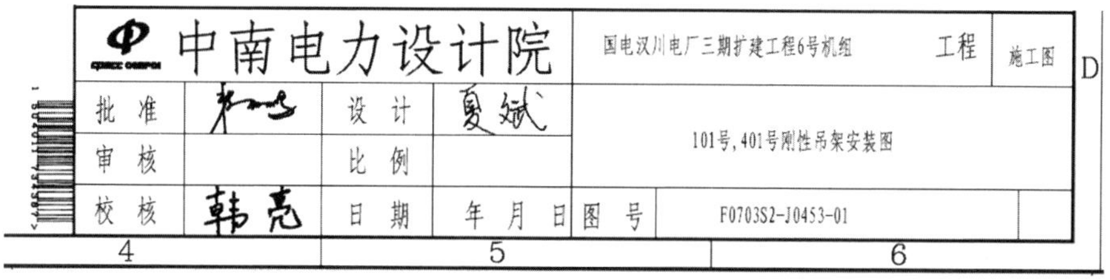

图 9　在图框中插入签名、条码及数字证书

目前公司图纸采用的是后台自动签署签名图片的方式。该系统由公司自主开发，所签署的签名图片由设校审批人员通过中南电力移动工作平台提供。

签名清晰可见，签名图片仅本人有权限查看及修改。

图纸上的条形码由系统根据一套专有算法生成而来，保证条码与图纸一一对应并全公司唯一。条码上附加数字签名，在 PDF 上点击条码即可看到相关签字信息如签字地点、签字时间、数字证书信息等。当 PDF 文件被篡改后，数字签名自动失效，此时 PDF 文件失去合法性。

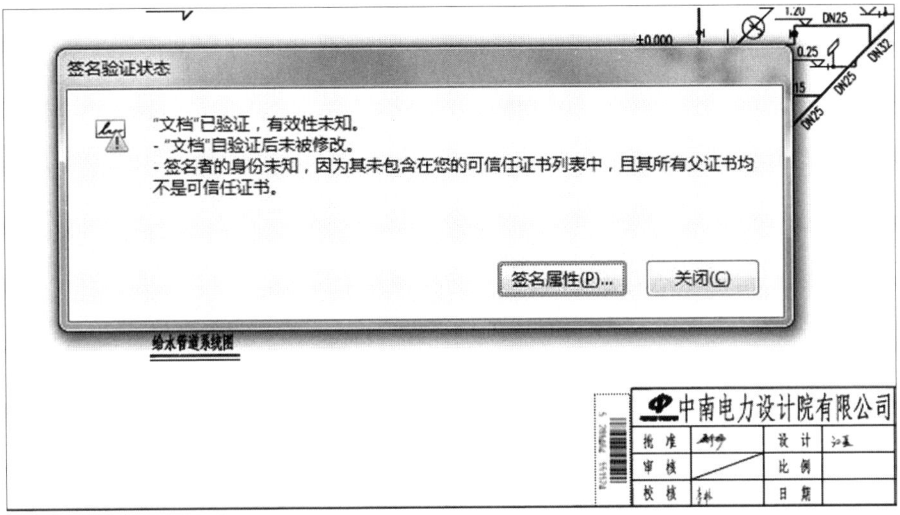

图 10　签名验证状态

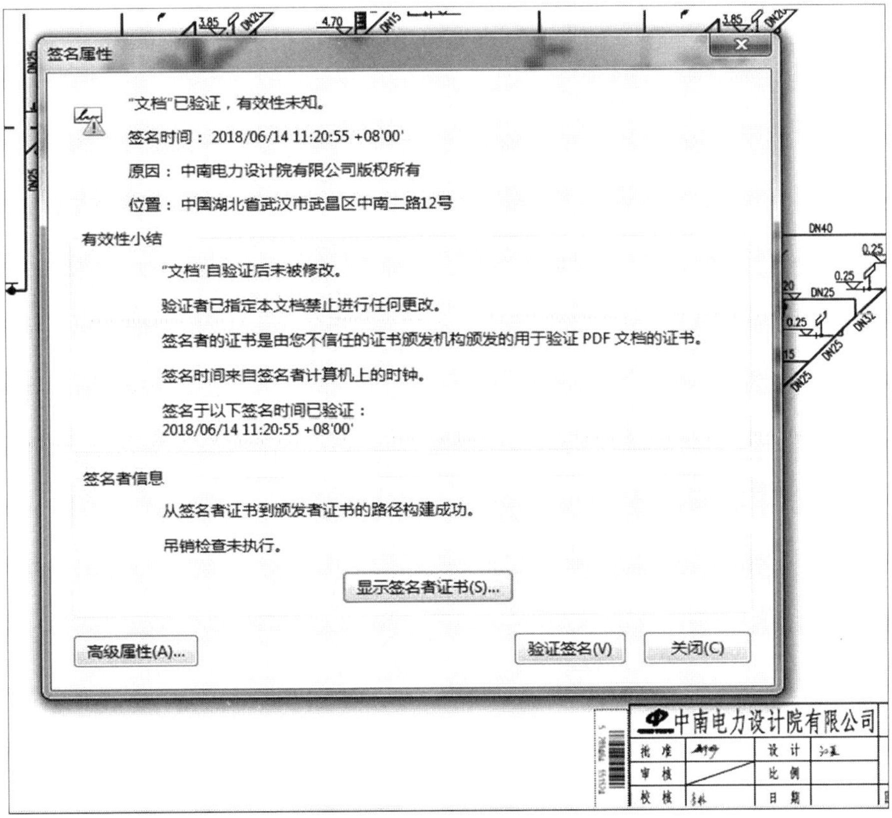

图 11　已验证的签名属性

公司的数字签名证书通过第三方机构 GlobalSign 申请，类型为企业型通配符 SSL 证书。GlobalSign 是专业 SSL 证书、代码签名证书提供商，是 Adobe 认证文档服务（CDS）计划的认证成员，因此，在通过 Adobe 制定的严格政策及标准和通过 WebTrust 审核情况下，授权 GlobalSign 为个人或企业颁发 PDF 文档签名证书，证书持有人可向用户证实签名人的真实身份以及在工作流程电子文档或电子合同的确认签名，默认被 Adobe Reader 6. 0 或更高的版本所信任，不需要安装任何插件或第三方软件。

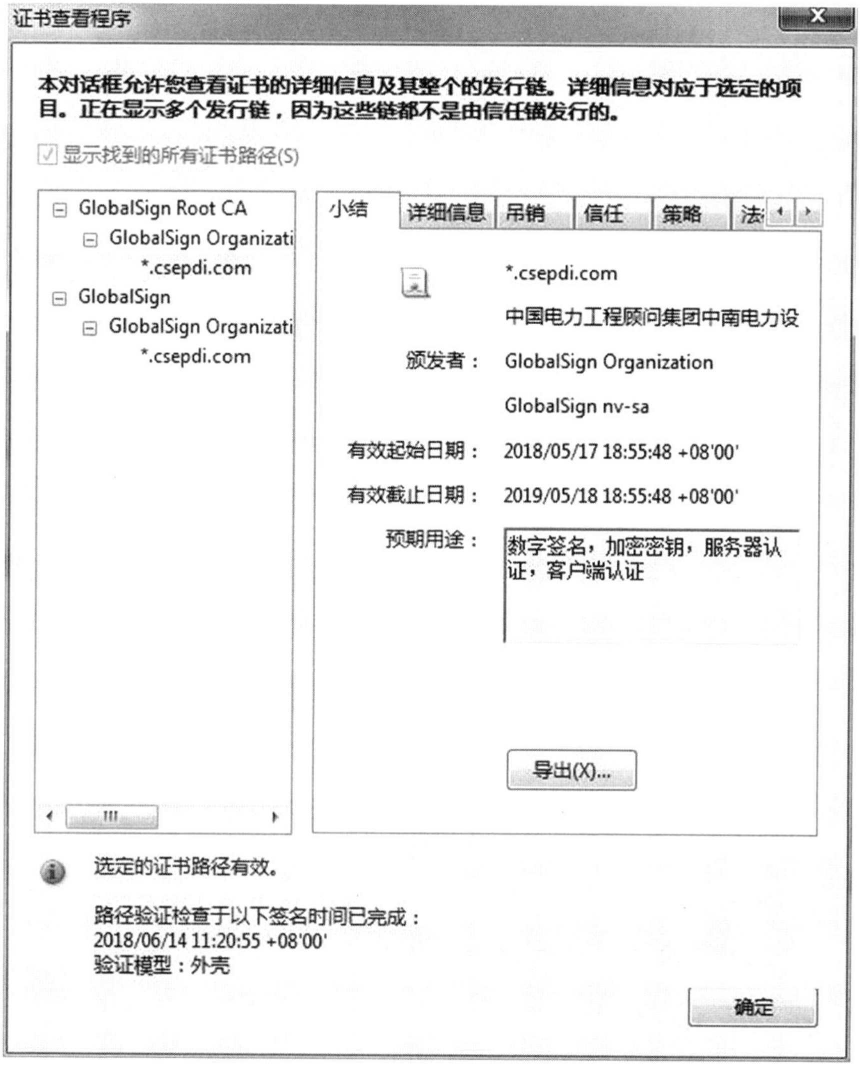

图 12　查看签名证书

（2）成品电子文件标准化检验

公司成品电子文件均通过自主开发的协同校审工具上传。该工具在图纸上传时会做标准化检验，如字形字体字库图框等均需符合公司标准。这样就能确保后期转PDF格式时准确无误。设计人员在上传成品或资料后，后续所有流程均操作同一份文件，并在网上进行，如成品校审、互提资料、打印出版等。文件在出版前服务器会自动进行格式转换的操作，将DWG图纸、图片、OFFICE系列文件等电子格式批量转成PDF文件，并以一定的命名规则存放在特定目录中，随时准备归档。格式转换过程全由分布式系统自动完成，完全对用户透明。系统具有智能性，支持节点热插拔，自动负载均衡，当待处理文档数目增多时，会增加节点数以抗击批转压力。后续归档操作亦不需用户触发，保证文件归档的完整性。

勘测设计管理系统能保证图纸传输至数字档案馆的过程中不被篡改。系统出图过程严格按照公司体系文件相关要求制定，程序尚未发现系统性漏洞。所有图纸的相关资料、计算书、上传及校审过程均可追溯。

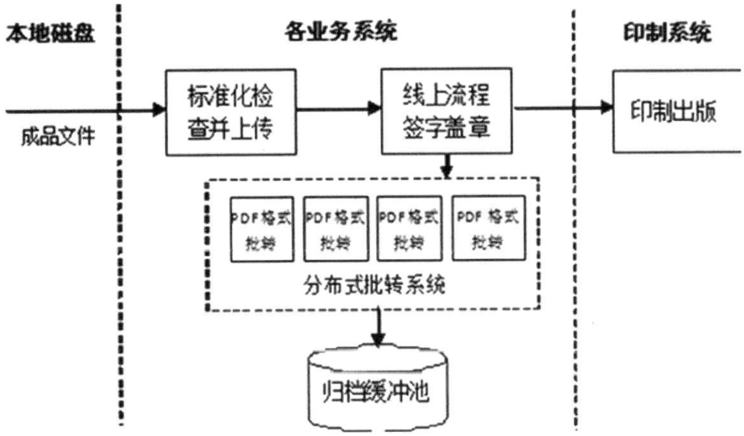

图13 成品电子文件校验、转换过程

（3）收集和归档过程

工程成品电子文件在发起正式出版流程的同时，会提交正式归档。

勘测设计管理系统将成品电子文件、转换出的PDF文件和XML元数据文件一道，存放至数字档案馆归档缓冲池。数字档案馆系统会定期扫描缓冲池，并将验证元数据通过的电子文件提取至数字档案馆成品档案预归档区中，完成成品电子文件的收集与归档。

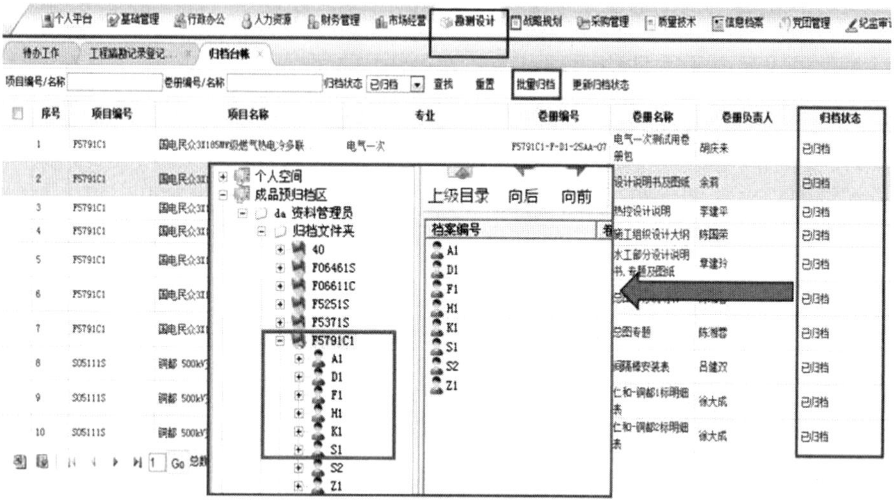

图 14　发起正式出版流程的同时自动归档

2. 工程原始电子文件的产生与收集

工程原始文件是指在工程设计过程中收集、形成的文件材料，包括工程设计依据性文件、工程设计基础性材料、设计往来文件、质量控制文件和记录、技术接口资料、计算书、结合工程设计进行的科研试验材料、工地代表材料、设计回访材料等，它们是工程设计的依据和基础，是工程设计文件的重要组成部分。

工程原始文件的归档是试点工作的最重要的工作之一，也是实现电子文件全过程管理的难点。传统的原始文件通常是一些纸质文件，分散存放在各专业设计人员手中。设计人员应该在工程完工后三个月内将这些工程资料归档到档案部门。现实情况是：设计人员往往不愿意将手中的工程资料进行归档；经档案部门催归后归来的工程资料，档案管理人员很难判断归档全不全，工程原始文件收集的完整性和时效性得不到保障，归档考核流于形式。

为改变这一状况，我们的策略是：请专业人员配合，编制详细的归档文件清单；将归档清单设计在勘测设计管理系统流程中，实现原始文件在线收集和归档，实现系统自动催归和考核。

（1）划定工程原始文件归档范围

首先档案部门联合各生产部门划定工程原始文件归档范围，形成详细的归档范围清单，嵌入到勘测设计管理系统的各个生产流程中。归档范围清单列出了工程项目所有需要归档的原始文件类型。

工程原始文件归档范围及保管期限表

序号	归 档 范 围	保管期限	档案形式	
			电子	纸质
1	咨询工程			
1.1	咨询工程 环保专业			
1.1.1	工程设计依据性文件			
1.1.1.1	委托书	永久	√	√
1.1.1.2	委托书评审记录表	30年	√	√
1.1.1.3	工程审查会议纪要和审查意见	永久	√	√
1.1.1.4	政府和相关行政机构审批文件	永久	√	√
1.1.1.5	环境敏感区协议文件	永久	√	√
1.1.1.6	环境标准和其它标准依据文件	30年	√	√
1.1.1.7	相关规划（地区城乡发展规划，水源保护区、自然保护区、风景名胜区等各类敏感区规划文件及图）	10年	√	√
1.1.1.8	专题报告及其批复（工程涉及的水源保护区、自然保护区、风景名胜区等）	30年	√	√
1.1.1.9	取、弃土协议	永久	√	√
1.1.2	工程设计基础材料			
1.1.2.1	工程搜资提纲及搜资报告	30年	√	
1.1.2.2	顾客资料及资料验证/登记表	30年	√	√
1.1.2.3	工程勘测设计引用资料验证/登记表	30年	√	√
1.1.2.4	工程设计文件（非本公司设计工程）	30年	√	√
1.1.2.5	公众意见调查表	10年		√
1.1.2.6	监（检）测报告	30年	√	√
1.1.2.7	现场测试记录	30年	√	√
1.1.2.8	污染物排放浓度、烟囱选型（口径与高度）计	30年	√	√
	算书			
1.1.2.9	大气评价工作等级及范围计算书	30年	√	√
1.1.2.10	污染地面物浓度预测	30年	√	√
1.1.2.11	安全防护距离	30年	√	√
1.1.3	设计来往文件、质量控制文件和记录			
1.1.3.1	项目计划及计划变更通知单	30年	√	
1.1.3.2	项目 HSE 策划表	30年	√	√
1.1.3.3	成品验证（校审）单	30年	√	
1.1.3.4	设计评审记录表	30年	√	
1.1.3.5	应急预案	10年	√	√
1.1.3.6	外单来往传真、函电	30年	√	√
1.1.3.7	现场踏勘工作联系表	30年	√	√
1.1.4	技术接口资料（专业配合资料）			
1.1.4.1	技术资料提供单及附件（提外专业资料）	30年	√	√
1.1.4.2	勘测资料要求交接单及附件	30年	√	√
1.1.4.3	跨单位之间技术接口资料	30年	√	√
1.1.5	结合工程设计进行的科研试验材料			
1.1.5.1	结合工程设计的新工艺、新设备、新技术、新材料的科研试验数据及成果	30年	√	√
1.1.6	设计回访及其它材料			
1.1.6.1	工程创优报奖材料、报优项目主要参加人员审批表	30年		√
1.2	咨询工程 系统专业			
1.2.1	工程设计依据性文件			

图 15　按工程类型及专业划分的原始文件归档范围及保管期限表

（2）形成项目归档文件清单

项目启动以后，项目经理必须发起一个归档清单流程。项目经理将流程发送到各专业主设人，由专业主设人在归档范围清单上勾选本专业可能产生的原始文件。专业主设人勾选完成后，返回给项目经理确认，形成该专业的归档文件范围。各专业的归档范围汇总之后，即形成该项目总的归档文件清单。在工程项目进行过程中，可以根据实际产生原始文件的情况，对归档文件清单进行修改。

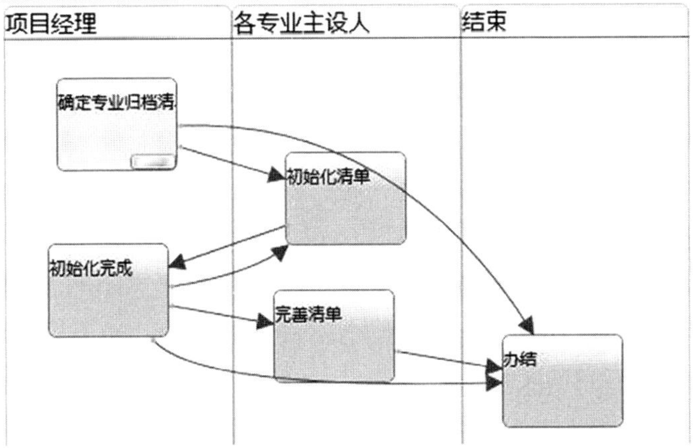

图 16　形成项目归档文件清单的流程图

图 17　专业主设人在归档清单页面勾选应该归档的文件

（3）将原始文件转化成 PDF 文件

原始过程文件基本都由传统的纸质单据形成，在陆续上线各项信息化管理系统后，这些单据形成了虚拟的网页，数据离散存储在数据库的各表中。由于并没有实际的文件，如果只保存一个 URL 显然意义不大。我们将这类数据统称为表单文件。表单归根结底是 HTML 格式文件，只能在浏览器中打开。

我们将原始流程的网页表单进行处理，使其转换为 PDF 文档。具体有以下几个步骤：

首先，智能改变原始流程网页的 CSS 样式表，参照以前的纸质单据格式将数据展示在浏览器上。

然后，调用打印机驱动，将浏览器展示的内容保存为图片格式。

最后，截断图片的空白区域，将图片保存为 PDF 格式并存放在固定的位置。

上述过程在流程结束的步骤由服务器自动完成，用户无感知，保存的 PDF 文件与流程一一对应。生成的 PDF 与传统的纸质文件几乎无异。

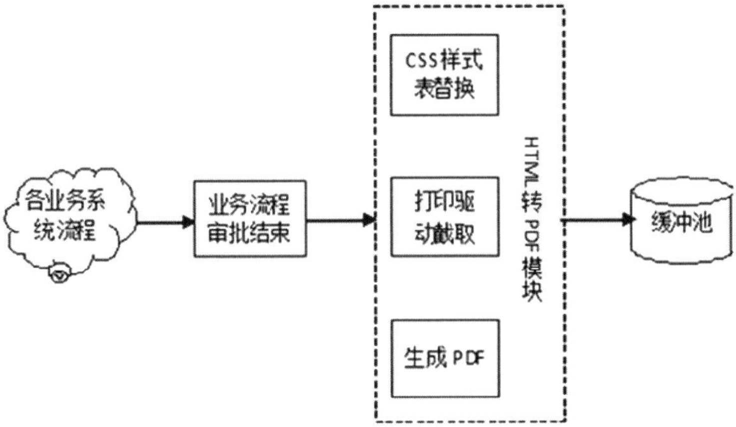

图 18　将原始文件转化成 PDF 文件

（4）原始文件的收集和归档

原始文件的收集和归档分为以下几种情况。

勘测设计管理系统内部产生的文件，在文件产生并流转完成后，系统后台会将转化成 PDF 格式的原始文件元数据一并存放至数字档案馆归档缓冲池。数字档案馆系统会定期扫描缓冲池，并将验证元数据通过的电子文件提取至数字档案馆原始档案预归档区中。

从外部接收的文件，如互提资料等，设计人员在办结流程的同时，必须将纸质单据扫描上传至勘测设计管理系统，由勘测设计管理系统将原始电子文件和元数据一并收集归档。对应的纸质文件由设计人员送到档案部门归档。

除了系统自动归档的收集方式之外，勘测设计管理系统和数字档案馆系统也可提供手动归档模块，来对不方便自动收集和上传的资料进行补充归档。

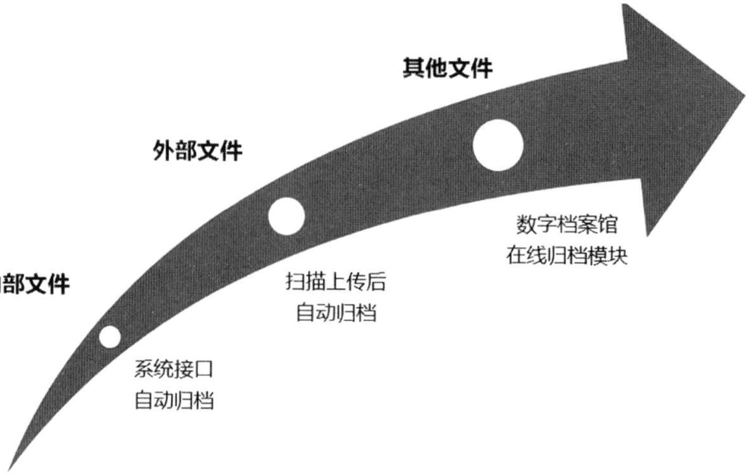

图 19　原始文件收集和归档的几种方式

工程项目进行过程中，原始文件会持续产生并自动归档。已经归档的原始电子文件会自动关联到该项目的归档清单。在清单页面中，已经归档的文件会变成绿色，应归而未归的文件为黄色，设计人员从归档清单页面可以直观的了解到应该归档的文件材料内容。

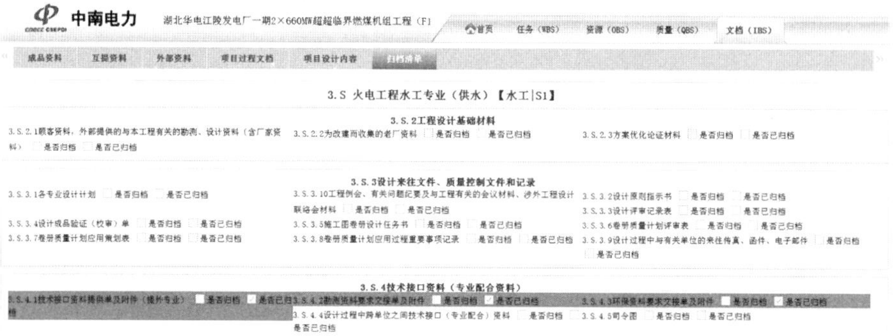

图 20　项目实时归档清单页面

（5）自动催归和归档考核

每个工程项目在勘测设计管理系统中都有一个项目门户。在项目产值完成 99%之后，勘测设计管理系统会认定其项目完工，并实时发送催归通知给项目人员，要求三个月之内完成归档工作。三个月归档期限到期前 10 天，勘测设计管理系统会再次发送催归通知给项目人员，并实时推送到 RTX。

在每季度末，档案管理人员会对上季度完工、本季度应该完成归档的工程进行考核。在归档考核页面，可以直观的看到工程项目应归档案数、实归档案数、归档率、归档时间等数据。未完成归档的，将根据公司相关规定，进行双文明考核扣分，扣分直接与个人奖金挂钩。

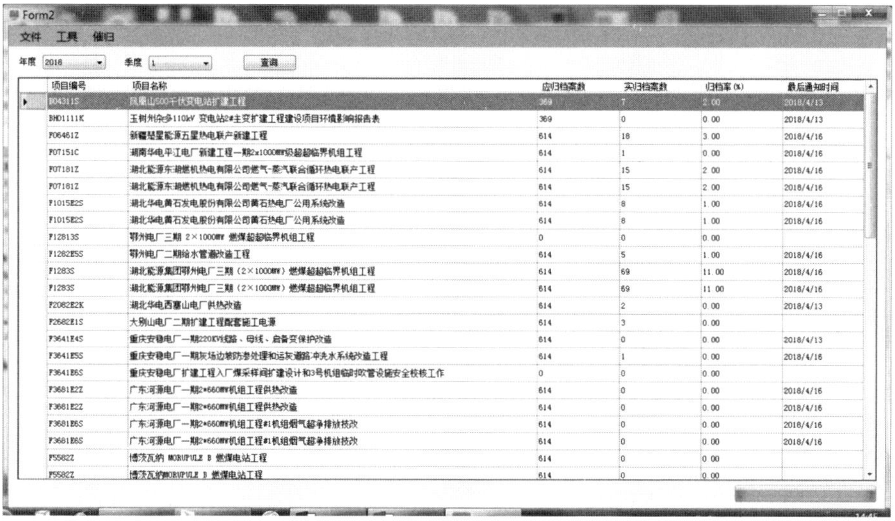

项目编号	项目名称	应归档案数	实归档案数	归档率(%)	最后通知时间
B04311S	凤凰山500千伏变电站扩建工程	369	7	2.00	2018/4/13
BHD1111K	玉树州杂多110kV 变电站2#主变扩建工程建设项目环境影响报告表	369	0	0.00	2018/4/13
F06461Z	新疆楚星能源五星热电联产新建工程	614	18	3.00	2018/4/16
F07151C	湖南华电平江电厂新建工程一期2x1000MW级超超临界机组工程	614	1	0.00	2018/4/16
F07181Z	湖北能源东湖燃机热电有限公司燃气-蒸汽联合循环热电联产工程	614	15	2.00	2018/4/16
F07181Z	湖北能源东湖燃机热电有限公司燃气-蒸汽联合循环热电联产工程	614	15	2.00	2018/4/16
F1015E2S	湖北华电黄石发电股份有限公司黄石热电厂公用系统改造	614	8	1.00	2018/4/16
F1015E2S	湖北华电黄石发电股份有限公司黄石热电厂公用系统改造	614	8	1.00	2018/4/16
F12813S	鄂州电厂三期 2×1000MW 燃煤超超临界机组工程	0	0	0.00	
F1282E5S	鄂州电厂二期给水管道改造工程	614	5	1.00	2018/4/16
F1283S	湖北能源集团鄂州电厂三期（2×1000MW）燃煤超超临界机组工程	614	69	11.00	2018/4/16
F1283S	湖北能源集团鄂州电厂三期（2×1000MW）燃煤超超临界机组工程	614	69	11.00	2018/4/16
F2082E2K	湖北华电西塞山电厂供热改造	614	2	0.00	2018/4/13
F2682E1S	大别山电厂二期扩建工程配套施工电源	614	3	0.00	
F3641E4S	重庆安稳电厂一期220KV线路、母线、启备变保护改造	614	0	0.00	2018/4/13
F3641E5S	重庆安稳电厂一期灰场边坡防渗处理和运灰道路冲洗水系统改造工程	614	1	0.00	2018/4/16
F3641E6S	重庆安稳电厂扩建工程入厂煤采样间扩建设计和3号机组临时吹管设施安全校核工作	0	0	0.00	
F3681E2Z	广东河源电厂一期2*660MW机组工程供热改造	614	0	0.00	2018/4/16
F3681E2Z	广东河源电厂一期2*660MW机组工程供热改造	614	0	0.00	2018/4/16
F3681E6S	广东河源电厂一期2*660MW机组工程#1机组烟气超净排放技改	614	0	0.00	2018/4/16
F3681E6S	广东河源电厂一期2*660MW机组工程#1机组烟气超净排放技改	614	0	0.00	2018/4/16
F5582Z	博茨瓦纳 MORUPULE B 燃煤电站工程	614	0	0.00	
F5582Z	博茨瓦纳MORUPULE B 燃煤电站工程	614	0	0.00	

. 图 21　归档考核页面

（二）归档范围及存储格式

1. 工程成品档案归档范围及存储格式

保管期限

工程成品档案保管期限（电子、纸质）均为永久。

归档形式

工程成品档案采用的是双套制保存，以电子档案为主，同时保存一份纸质档案。

由于目前电子文件法律效力的不确定性，以及电力行业长期以来的惯例，业主在接收档案移交时通常只接受蓝图（即纸质档案），不接受白图及单独接收电子文件，因此目前设计图纸等文件仍然采用双套制保存。

存储格式

工程成品档案中，勘测设计图纸为 CAD 文件，归档时存储 DWG、PDF 两种格式；相关文字材料为 OFFICE 格式的，归档时将其转换成 PDF 格式后，两种格式一并存储。

工程成品档案归档范围及存储格式如下。

表 3 工程成品档案归档范围及存储格式

序号	归档范围	归档形式	存储格式	保管期限
1	勘测设计图纸	电子	DWG+PDF	永久
		纸质		永久
2	说明书	电子	DOC/XLS+PDF	永久
		纸质		永久
3	概预算书	电子	DOC/XLS+PDF	永久
		纸质		永久
4	设备材料清册	电子	DOC/XLS+PDF	永久
		纸质		永久
5	工程总结	电子	DOC/XLS+PDF	永久
		纸质		永久
6	报告	电子	DOC/XLS+PDF	永久
		纸质		永久

2. 工程原始档案归档范围及存储格式

保管期限

工程原始档案保管期限分为永久、30 年、10 年三种。

归档形式

工程原始档案，保管期限为永久和 30 年的，采用双套制保存；保管期限为 10 年的，采用单套制保存，只保存电子档案。

存储格式

工程原始档案归档时原格式为 OFFICE 格式的，转换成 PDF 格式后两种格式一并存储。

表 4 工程原始档案归档范围及存储格式

序号	归档范围	归档形式	存储格式	保管期限
1	咨询工程			
1.1	咨询工程 环保专业			

续表

序号	归档范围	归档形式	存储格式	保管期限
1.1.1	工程设计依据性文件			
1.1.1.1	委托书	电子	DOC/XLS+PDF	永久
		纸质		永久
1.1.1.2	委托书评审记录表	电子	DOC/XLS+PDF	30年
		纸质		30年
1.1.1.3	工程审查会议纪要和审查意见	电子	DOC/XLS+PDF	永久
		纸质		永久
1.1.1.4	政府和相关行政机构审批文件	电子	DOC/XLS+PDF	永久
		纸质		永久
1.1.1.5	环境敏感区协议文件	电子	DOC/XLS+PDF	永久
		纸质		永久
1.1.1.6	环境标准和其它标准依据文件	电子	DOC/XLS+PDF	30年
		纸质		30年
1.1.1.7	相关规划(地区城乡发展规划,水源保护区、自然保护区、风景名胜区等各类敏感区规划文件及图)	电子	DOC/XLS+PDF	10年
1.1.1.8	专题报告及其批复(工程涉及的水源保护区、自然保护区、风景名胜区等)	电子	DOC/XLS+PDF	30年
		纸质		30年
1.1.1.9	取、弃土协议	电子	DOC/XLS+PDF	永久
		纸质		永久
1.1.2	工程设计基础材料			
1.1.2.1	工程搜资提纲及搜资报告	电子	DOC/XLS+PDF	30年
		纸质		30年
1.1.2.2	顾客资料及资料验证/登记表	电子	DOC/XLS+PDF	30年
		纸质		30年

续表

序号	归档范围	归档形式	存储格式	保管期限
1.1.2.3	工程勘测设计引用资料验证/登记表	电子	DOC/XLS+PDF	30年
		纸质		30年
1.1.2.4	工程设计文件(非本公司设计工程)	电子	DOC/XLS+PDF	30年
		纸质		30年
1.1.2.5	公众意见调查表	电子	DOC/XLS+PDF	10年

工程原始档案归档范围表共有八十多页、一千多条条目，由于篇幅所限，在此仅列出第一页以供参考。

（三）接口

勘测设计管理系统通过归档接口与数字档案馆系统进行数据和文件的传输。

归档接口可以分为主动触发和被动执行。成品文件采取主动触发的方式，即出版时就归档，用户无法控制。其他类型档案采取被动执行的策略，对有前后逻辑关系的文件一并归档。

文档处理完成后，会统一存放至预归档区。该归档接口具有通用性，并不针对某一特定的档案类型，同时数据库会记录每一步操作以供追溯。

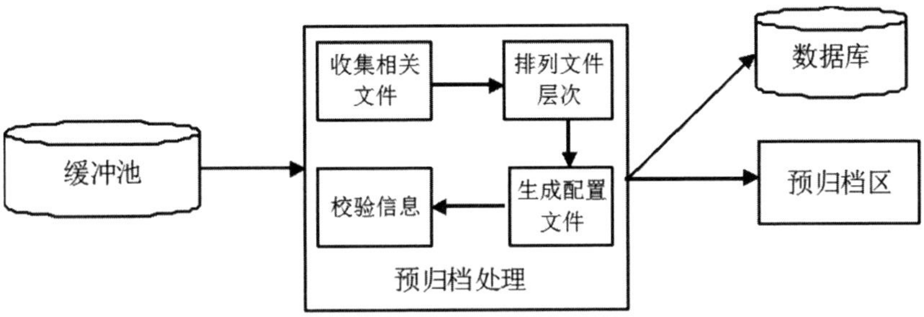

图22　预归档数据结构生成

（四）元数据项及捕获节点

1. 元数据的产生和收集

工程成品电子文件、工程原始电子文件，全部在勘测设计管理系统中产生、流转。流转过程中，业务系统会进行元数据项内容的采集，如记录文件名称、文件类型、人员信息、时间信息等属性，以及流程审批环节的信息记录。电子文件发起归档流程后，会在勘测设计管理系统后台生产元数据文件，包含记录的元数据项内容，同电子文件一并归档至电子档案管理系统。

电子文件在归档后，电子档案管理系统会记录归档时间等属性，档案管理人员在整编过程中会形成档案编号、库管号等属性，整理完成后，这些属性一并保存在元数据文件中。

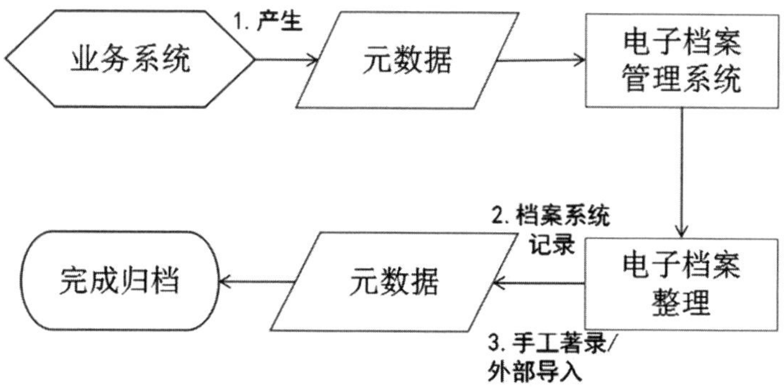

图23　元数据项的产生和收集

2. 元数据项的捕获节点

电子文件元数据项的捕获节点，包括勘测设计管理系统和电子档案管理系统两个系统。

表5　工程成品档案元数据项及捕获节点

1. 项目级					
序号	属性字段	类 型	约束性	允许空值	捕获节点
1	单位名称	字符型	必选	否	勘测设计管理系统
2	单位代码	字符型	必选	否	勘测设计管理系统
3	工程项目编号	字符型	必选	否	勘测设计管理系统
4	工程项目名称	字符型	必选	否	勘测设计管理系统
5	设计阶段	字符型	必选	否	勘测设计管理系统
6	工程负责人	字符型	必选	是	勘测设计管理系统

续表

序号	属性字段	类 型	约束性	允许空值	捕获节点
7	录入人	字符型	必选	否	电子档案管理系统
8	录入时间	字符型	必选	否	电子档案管理系统
9	备注	字符型	必选	是	电子档案管理系统
2. 案卷级					
序号	**属性字段**	**类 型**	**约束性**	**允许空值**	**捕获节点**
1	单位代码	字符型	必选	否	勘测设计管理系统
2	单位名称	字符型	必选	否	勘测设计管理系统
3	工程项目编号	字符型	必选	否	勘测设计管理系统
4	工程项目名称	字符型	必选	否	勘测设计管理系统
5	设计阶段	字符型	必选	否	勘测设计管理系统
6	专业	字符型	必选	否	勘测设计管理系统
7	卷号	字符型	必选	否	勘测设计管理系统
8	册号	字符型	必选	否	勘测设计管理系统
9	卷册检索号	字符型	必选	否	勘测设计管理系统
10	卷册名称	字符型	必选	否	勘测设计管理系统
11	卷册日期	字符型	必选	否	勘测设计管理系统
12	保管期限	字符型	必选	否	勘测设计管理系统
13	密级	字符型	必选	否	勘测设计管理系统
14	主要设计人	字符型	可选	否	勘测设计管理系统
15	卷册负责人	字符型	必选	否	勘测设计管理系统
16	图纸总张数	字符型	必选	否	勘测设计管理系统
17	说明书总本数	字符型	必选	否	勘测设计管理系统
18	说明书总页数	字符型	必选	是	勘测设计管理系统
19	整理人	字符型	可选	否	电子档案管理系统
20	整理日期	字符型	必选	否	电子档案管理系统

续表

序号	属性字段	类 型	约束性	允许空值	捕获节点
21	存放地址	字符型	必选	否	电子档案管理系统
22	备注	字符型	必选	是	电子档案管理系统
3. 文件级					
序号	**属性字段**	**类 型**	**约束性**	**允许空值**	**捕获节点**
1	单位代码	字符型	必选	否	勘测设计管理系统
2	单位名称	字符型	必选	否	勘测设计管理系统
3	工程项目编号	字符型	必选	否	勘测设计管理系统
4	工程项目名称	字符型	必选	否	勘测设计管理系统
5	设计阶段	字符型	必选	否	勘测设计管理系统
6	专业	字符型	可选	否	勘测设计管理系统
7	卷号	字符型	必选	否	勘测设计管理系统
8	册号	字符型	必选	否	勘测设计管理系统
9	卷册检索号	字符型	必选	否	勘测设计管理系统
10	件号	字符型	必选	否	勘测设计管理系统
11	文件编号	字符型	必选	否	勘测设计管理系统
12	文件名称	字符型	必选	否	勘测设计管理系统
13	文件日期	字符型	必选	否	勘测设计管理系统
14	文件类型	字符型	必选	否	勘测设计管理系统
15	图纸张数	字符型	必选	否	勘测设计管理系统
16	说明书本数	字符型	必选	否	勘测设计管理系统
17	说明书页数	字符型	可选	否	勘测设计管理系统
18	套用图号	字符型	必选	否	勘测设计管理系统
19	版次	字符型	可选	否	勘测设计管理系统
20	批准人	字符型	必选	否	勘测设计管理系统
21	校核人	字符型	必选	否	勘测设计管理系统

续表

序号	属性字段	类型	约束性	允许空值	捕获节点
22	审核人	字符型	必选	是	勘测设计管理系统
23	设计人	字符型	必选	否	勘测设计管理系统
24	整理人	字符型	必选	是	电子档案管理系统
25	整理时间	字符型	必选	是	电子档案管理系统
26	备注	字符型	可选	是	电子档案管理系统

表6　工程原始档案元数据项及捕获节点

2.1 项目级					
序号	属性字段	类型	约束性	允许空值	捕获节点
1	全宗号	字符型	必选	否	勘测设计管理系统
2	全宗名称	字符型	必选	否	勘测设计管理系统
3	工程项目编号	字符型	必选	否	勘测设计管理系统
4	工程项目名称	字符型	必选	否	勘测设计管理系统
5	设计阶段	字符型	必选	否	勘测设计管理系统
6	工程负责人	字符型	必选	否	勘测设计管理系统
7	录入人	字符型	必选	否	电子档案管理系统
8	录入时间	字符型	必选	否	电子档案管理系统
9	备注	字符型	可选	是	电子档案管理系统
2.2 文件级					
序号	属性字段	类型	约束性	允许空值	捕获节点
1	全宗号	字符型	必选	否	勘测设计管理系统
2	全宗名称	字符型	必选	否	勘测设计管理系统
3	工程项目编号	字符型	必选	否	勘测设计管理系统
4	工程项目名称	字符型	必选	否	勘测设计管理系统
5	设计阶段	字符型	必选	否	勘测设计管理系统

续表

序号	属性字段	类 型	约束性	允许空值	捕获节点
6	原始档案代码	字符型	必选	否	勘测设计管理系统
7	件号	字符型	必选	否	勘测设计管理系统
8	档号	字符型	必选	否	勘测设计管理系统
9	文件编号	字符型	必选	否	勘测设计管理系统
10	文件名称	字符型	必选	否	勘测设计管理系统
11	文件日期	字符型	必选	否	勘测设计管理系统
12	责任者	字符型	必选	否	勘测设计管理系统
13	保管期限	字符型	必选	否	勘测设计管理系统
14	密级	字符型	必选	否	勘测设计管理系统
15	归档人	字符型	必选	否	勘测设计管理系统
16	归档部门	字符型	必选	否	勘测设计管理系统
17	归档日期	字符型	必选	否	勘测设计管理系统
18	图纸张数	字符型	必选	否	勘测设计管理系统
19	文本页数	字符型	必选	否	勘测设计管理系统
20	整理人	字符型	必选	否	电子档案管理系统
21	整理日期	字符型	必选	否	电子档案管理系统
22	存放地址	字符型	必选	否	电子档案管理系统
23	备注	字符型	可选	是	电子档案管理系统

3. 元数据的移交

勘测设计管理系统的归档模块将电子文件和元数据整理好，如果有多层文件夹则连文件夹一并整理，然后将整理过的文件或文件夹放到归档接口共享目录下。

电子文件和元数据在共享目录中，以“#”号开头和结尾作为标识。元数据包含在每层文件夹下，用于描述当前文件夹的电子档案。四性检测通过后，电子档案管理系统将从该共享目录中抓取归档电子文件和元数据，放入相应文件类型的预归档区，未通过四性检测的部分则予以退回。

（五）整理方案

1. 工程成品档案的接收整理

（1）整理思路

工程成品档案采用的是双套制保存，以电子档案为主，同时保存一份纸质档案。

工程成品档案按卷整理，以卷册条目信息为主件，每个成品案卷卷内以成品图纸电子文件为主件。

整理过程中，分类、组卷、划定保管期限等过程在归档前已经完成，编号、编目等过程在整理过程中由电子档案管理系统自动完成。

（2）接收与整理过程

工程成品档案接收与整理的流程见下图。

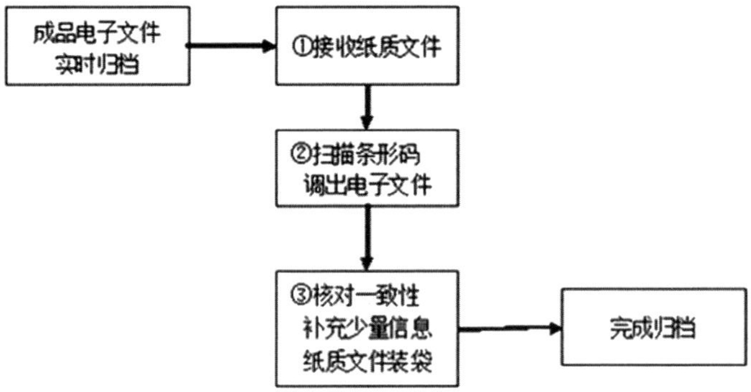

图 24　成品文件的接收和整理过程

由于成品电子文件是实时归档的，电子文件进入预归档区一段时间后，对应的纸质文件才会归档。档案管理人员接收到纸质成品档案后，开始进行文件整理。

档案管理人员主要有三个工作步骤：第一步，接收纸质文件归档；第二步，扫描纸质文件上的条形码，调出对应的电子文件及文件信息；第三步，核对电子文件和纸质文件一致性，补充库房管理号等信息，完成档案信息著录，并将纸质文件装袋，贴上标签。经过这三步之后，电子文件由数字档案馆预归档区进入到正式归档区，纸质文件移交库房管理人员，完成成品文件的正式归档。

在核对纸质文件与电子文件一致性的过程中，文件信息中的工程属性，如工程名称、工程编号、文件名称、文件编号等，已经由业务系统生成并随文件一起流转至预归档区，因此档案人员只需要补充库房管理号等档案属性信息，就完成了档案信息的著录。

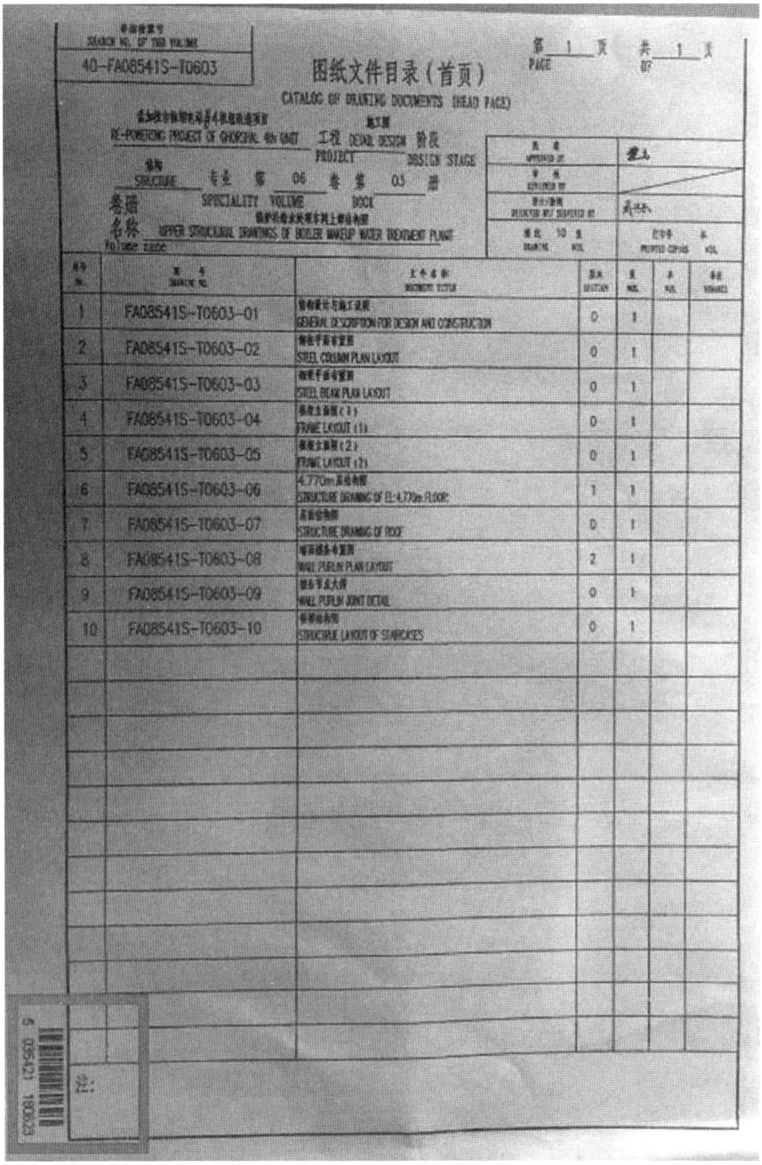

40-FA08541S-T0603

图纸文件目录（首页）

CATALOG OF DRAWING DOCUMENTS (HEAD PAGE)

第 1 页 共 1 页

RE-POWERING PROJECT OF GHORASHAL 4th UNIT 工程 DETAIL DESIGN 阶段

PROJECT DESIGN STAGE

STRUCTURE 专业 第 06 卷 第 03 册

SPECIALITY VOLUME BOOK

卷册名称 UPPER STRUCTURAL DRAWINGS OF BOILER MAKEUP WATER TREATMENT PLANT

1	FA08541S-T0603-01	GENERAL DESCRIPTION FOR DESIGN AND CONSTRUCTION	0	1		
2	FA08541S-T0603-02	STEEL COLUMN PLAN LAYOUT	0	1		
3	FA08541S-T0603-03	STEEL BEAM PLAN LAYOUT	0	1		
4	FA08541S-T0603-04	FRAME LAYOUT (1)	0	1		
5	FA08541S-T0603-05	FRAME LAYOUT (2)	0	1		
6	FA08541S-T0603-06	4.770m 层结构图 STRUCTURE DRAWING OF EL 4.770m FLOOR	1	1		
7	FA08541S-T0603-07	STRUCTURE DRAWING OF ROOF	0	1		
8	FA08541S-T0603-08	WALL PURLIN PLAN LAYOUT	2	1		
9	FA08541S-T0603-09	WALL PURLIN JOINT DETAIL	0	1		
10	FA08541S-T0603-10	STRUCTURE LAYOUT OF STAIRCASES	0	1		

注：

图 25　纸质成品档案（蓝图）上的条形码

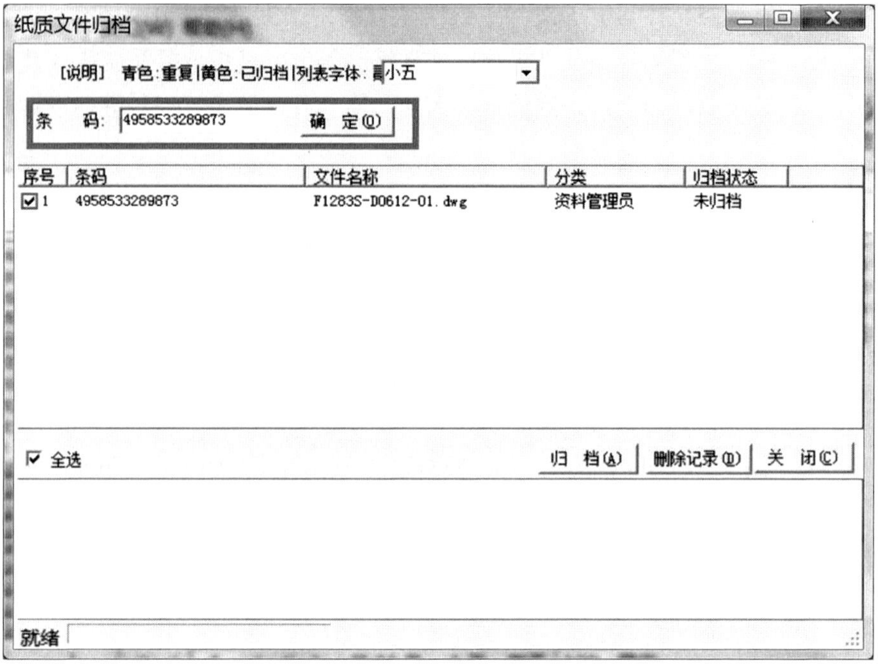

图 26　扫描条形码并确认归档

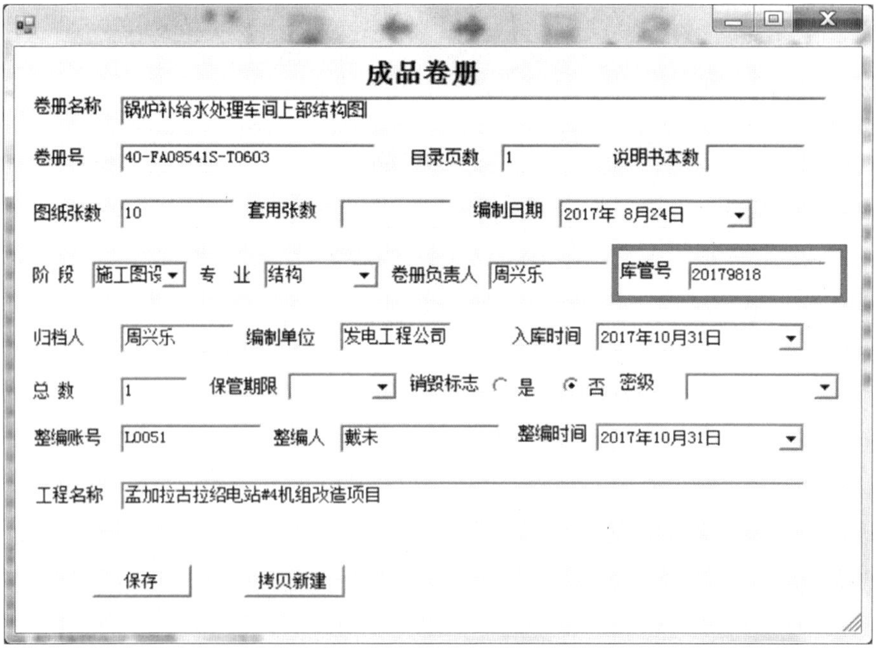

图 27　自动生成库管号，完成档案信息著录

图 28　一键打印报表界面

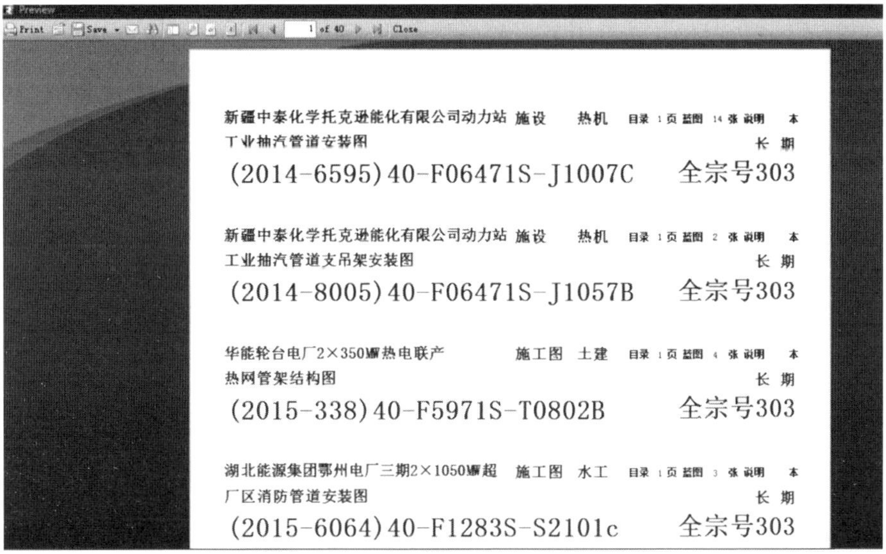

图 29　打印装袋标签

成品档案登记薄

序号	库管号	登记日期	档案编号	工程名称	阶段	技术材料名称	说明书	图纸张数
1	(2018-4220)	2018-06-05	40-BA06724S-T0306	潍坊"临沂"枣庄"菏泽"石家庄特高压交流输变电工程济南1000千伏变电站扩建工程	施工图设计	500kV构架基础图	1	2
2	(2018-4219)	2018-06-05	40-BA06724S-T0111	潍坊"临沂"枣庄"菏泽"石家庄特高压交流输变电工程济南1000千伏变电站扩建工程	施工图设计	110kV设备支架桩位图	1	1
3	(2018-4218)	2018-06-05	40-BA06724S-D0115	济南1000千伏变电站扩建三期工程	施工图设计	消防小室电气图	1	4
4	(2018-4217)	2018-06-05	40-BA06724S-S0204	济南1000千伏变电站扩建三期工程	施工图设计阶段	建筑物及设备灭火器材配置图	1	4
5	(2018-4216)	2018-06-05	40-BA06724S-N0101	济南1000千伏变电站扩建三期工程	施工图设计阶段	建筑物采暖、通风及空调	1	5
6	(2018-4215)	2018-06-05	40-BA06631S-T0703	±1100kV古泉换流站	施工图设计阶段	围墙上隔声屏障结构图	1	5
7	(2018-4214)	2018-06-05	40-BA06631S-T0702	±1100kV古泉换流站	施工图设计阶段	低端换流变压器降噪设施结构图	1	16
8	(2018-4213)	2018-06-05	40-BA06631S-T0701	±1100kV古泉换流站	施工图设计阶段	高端换流变压器降噪设施结构图	1	21
9	(2018-4212)	2018-06-05	40-BA06631S-D0112	±1100kV古泉换流站	施工图设计阶段	换流变压器box-in电气图	1	8
10	(2018-4211)	2018-06-05	40-BA07242S-D0107	光谷500kV 变电站间隔扩建工程	施工图设计阶段	电缆清册	1	

图 30　打印登记簿

2. 工程原始档案的接收与整理

（1）整理思路

工程原始档案，保管期限为永久和 30 年的，采用双套制保存；保管期限为 10 年的，采用单套制保存，只保存电子档案。

工程原始档案按件整理，以原始电子文件为主件。

整理过程中，分类、组卷、划定保管期限等过程在归档前已经完成，编号、编目等过程中由电子档案管理系统自动完成。

（2）接收与整理过程

工程原始档案的接收与整理流程见下图。

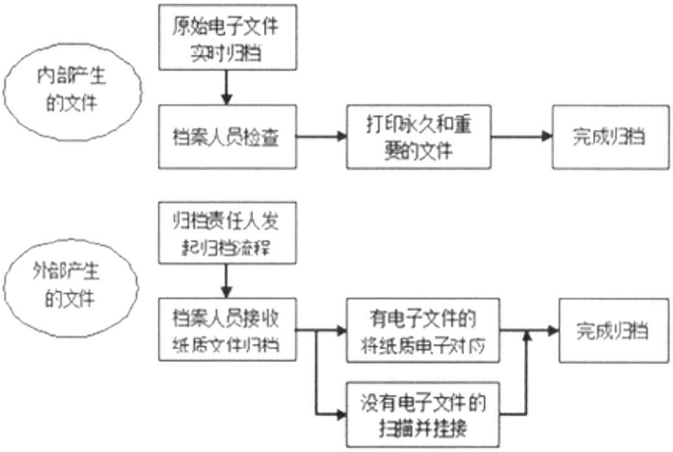

图 31　原始文件的整理过程

原始文件的整理分为内部产生的文件和外部产生的文件两种情况。

内部产生的文件，电子文件从生产系统流转至预归档区后，由档案人员检查。对于永久和重要的电子文件，由档案人员打印一份纸质文件，将纸质文件和电子文件对应后完成归档。

外部接收的文件，由归档责任人提交归档流程，档案管理人员在接收纸质文件归档后，直接在原始档案预归档区提取对应的条目信息。有电子文件的，将纸质文件和电子文件对应；没有电子文件的，档案人员将纸质文件扫描并挂接到对应的条目信息下，完成文件的归档。

（六）电子档案保管方案

1. 电子档案存储格式转换

电子档案管理系统支持电子档案存储格式的转换，将工程成品、原始档案转换中的CAD文件、OFFICE文件，转换为PDF格式等符合长期保存要求的文件，两种格式一并保存。

2. 电子档案长期保存

电子档案管理系统中，设置了长期保存档案管理模块，能够定时导出AIP文件，对符合条件的案卷、文件级数据进行封装；

3. 电子档案备份

电子档案管理系统对条目信息、电子档案、元数据都进行了备份，每小时扫描新增数据进行增量备份，每周对整个数据库进行全备份。

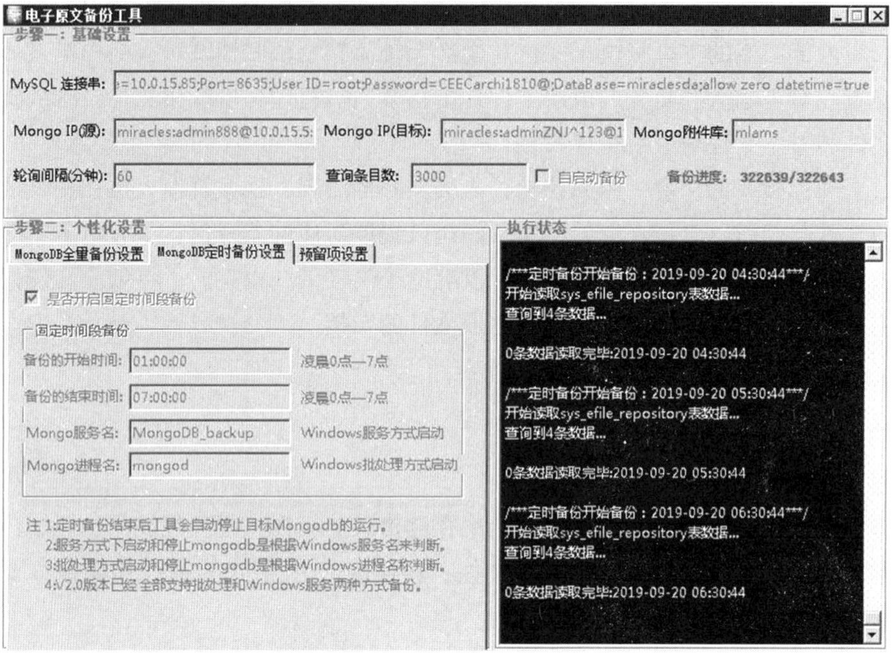

存储方案上，系统选择安全、稳定的存储设备，配备了数据库服务器、NAS 文件存储器，磁带机、备份服务器、自动备份软件，形成应用和存储服务平台。利用大容量硬盘对数据库文件进行的定期备份，每周对服务器中的数据进行完全备份和增量备份，定期对重要文件夹进行备份。并充分利用公司 C 楼机房建设异地容灾中心，采用异步传输方式的数据库容灾技术，将公司核心数据库数据和关键的业务数据定期异地备份到容灾中心，保障数据安全。

（七）利用方案

工程成品档案和工程原始档案，主要以工程项目利用为主，在公司范围内，面向全体员工依据个人权限全部开放。

目前，这两类暂未在电子档案管理系统中形成专题库。为方便利用，公司开发了其他三个利用小模块，并嵌入电子档案管理系统中。

1. 开发新的成品档案检索模块

（1）开发企业级搜索引擎

信息档案部门已经自主研发完成了企业级的搜索引擎——“小觅”，并在过去的一年中成功地应用到公司企业门户系统、勘测设计管理系统、质量管理体系文件等多个公司内部信息系统的数据检索。

“小觅”搜索引擎是一个类似于百度的综合性搜索引擎，能够对公司门户网站和工作平台上的所有信息系统进行检索，由于对后台数据库进行了足够充分的索引，大大缩短了检索用时。通常搜索网页、新闻等用时控制在 0.02s 以内，搜索图纸用时控制在 0.1s 以内。

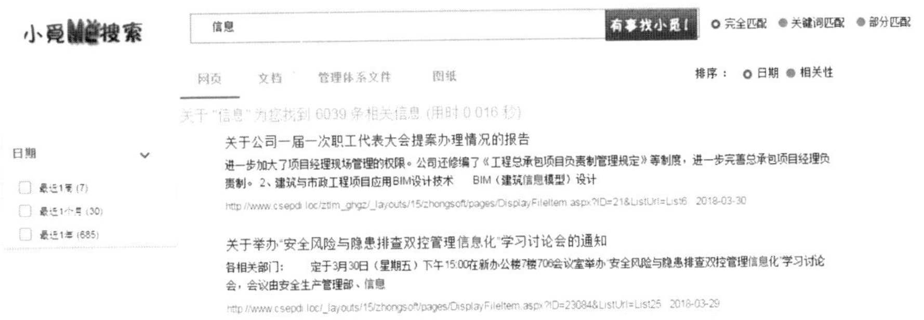

图 34　“小觅”搜索引擎入口

（2）企业级搜索引擎的应用

项目组基于”小觅搜索”引擎，开发了新的档案检索模块。新的检索模块能够对海量数据进行数据提取、分析、检索和排序，能够对各种类型的电子文档（WORD 文档、EXCEL 文档、POWERPOINT 文档、PDF 文档等）进行全文检索，支持工程 CAD 图纸的分类检索、在线预览、下载及借阅。

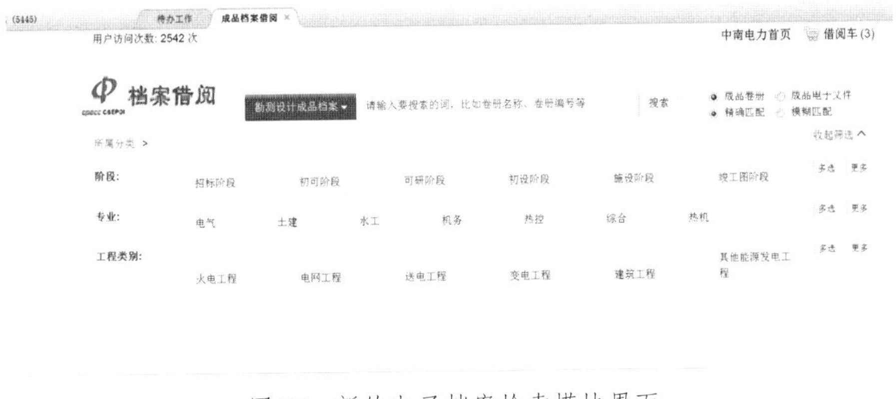

图 35　新的电子档案检索模块界面

检索操作直观简单，百万级数据全文检索用时控制在 0.2 秒以内。

图 36 查询结果页面

新版的档案借阅采用借阅车模式。设计人员通过搜索页面的添加至借阅车按钮将需要借阅的工程成品卷册和成品电子文件添加到个人的借阅车当中。通过借阅车的编辑界面，不仅可以勾选所需要的成品档案发起借阅流程，也可以从借阅车中删除已经添加的成品卷册和成品电子文件。

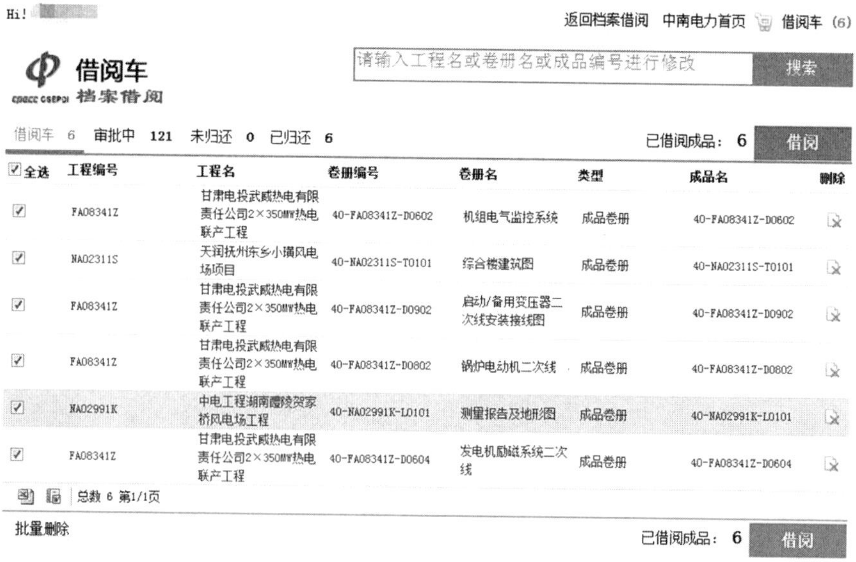

图 37 借阅车页面

设计人员选择好需要借阅和下载的图纸之后，在借阅车里发起借阅或下载操作。流程会按照公司规定进行流转，提交至部门负责人和档案管理人员审批。

借阅流程流转完成之后，会返回审批结果至借阅发起人。发起人即可前往档案室拿取借阅的纸质档案，或者在审批结果页面直接批量下载工程成品电子文件。

2. 开发工程项目信息系统

公司数字档案馆系统已保存大量的工程档案和档案目录信息，但是尚未对这些档案资源进行有效的二次利用。在对这些档案资源进行提炼、加工、分类的基础上，项目组根据实际需求开发了工程项目信息系统。

工程项目信息系统以搜索引擎技术和爬虫技术为核心，将基础信息和数据进行整合，在互联网环境下进行档案编研工作。系统能自动提取工程项目数据库里的每个工程项目的属性字段信息，并相应的设置标签信息，再根据标签信息的特性构建工程项目信息分类模型。在此基础上，通过人工干预提高工程项目信息标签服务和自动分类的精确度。

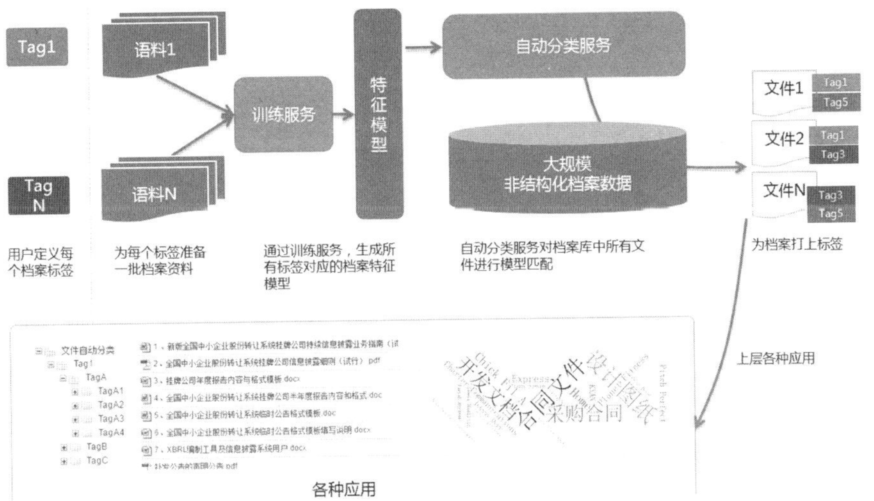

图 38　标签和智能识别示意图

工程项目信息系统以项目为基本元素，将公司承担的发电、电网、新能源等工程项目，按照所在地理位置在地图上进行可视化展示。该模块能够在线查看工程项目的基本信息和电压等级、机组容量、获奖情况等档案编研二次信息，能够实现按区域、按工程类别、按工程详细信息等，进行分类浏览、坐标展示、工程项目数量展示，并利用小觅搜索引擎实现工程项目信息的全文检索。

目前该系统已经能对600个工程项目的基础信息进行查询和浏览。

图39 工程项目信息系统页面

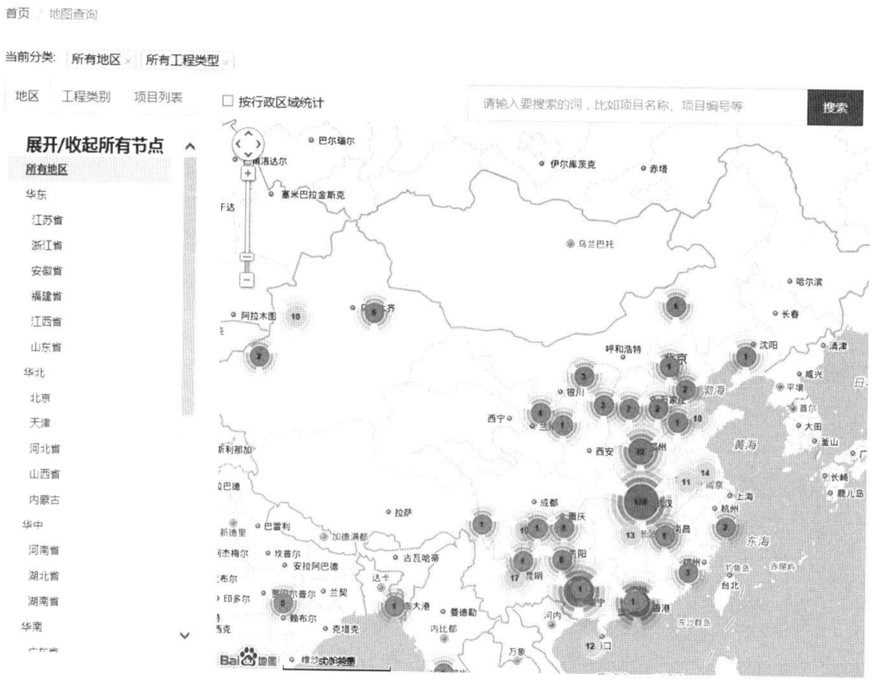

图40 项目地图查询

图 41　查询工程项目列表

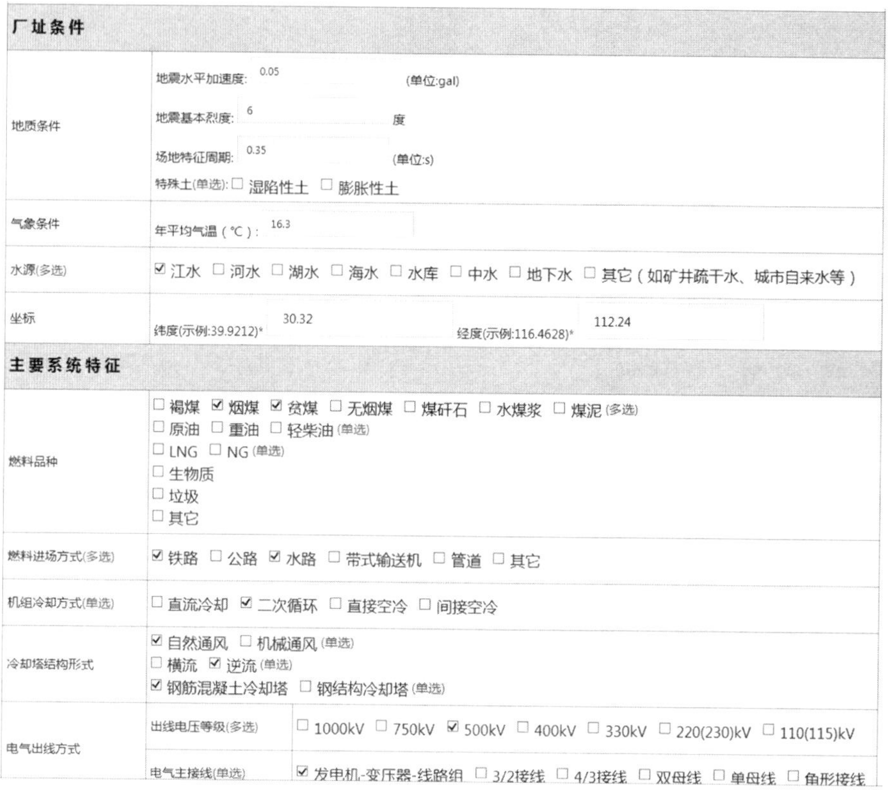

图 42　编辑工程详细信息

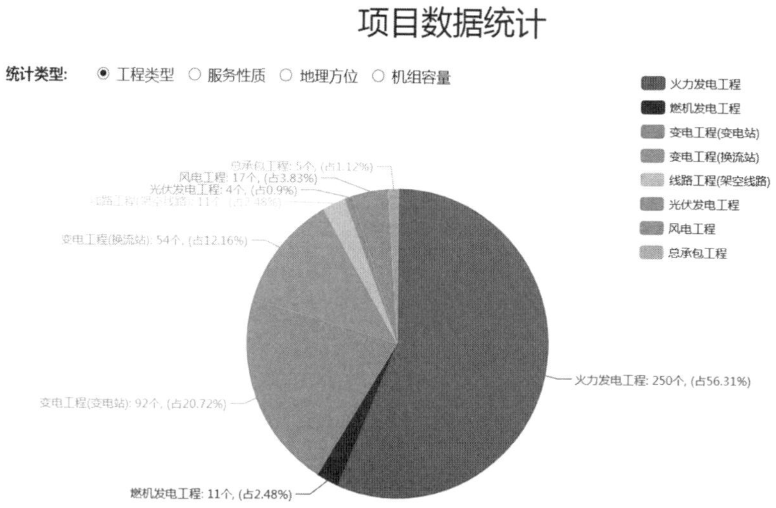

图 43　工程信息统计

3. 在移动端实现档案利用功能

基于云平台和企业办公 APP，在移动端实现档案检索、借阅、流程审批等功能。即在企业办公 APP 中，开发档案查询、借阅和流程审批模块，通过企业云平台和企业微信连接到公司业务系统和后台数据库，在移动端实现档案利用的相关操作。

企业云平台中的业务交换平台是移动端档案利用模块的核心技术部分，也是实现的难点之一。业务交换又可分为数据交换和逻辑交换。其原理如下图：

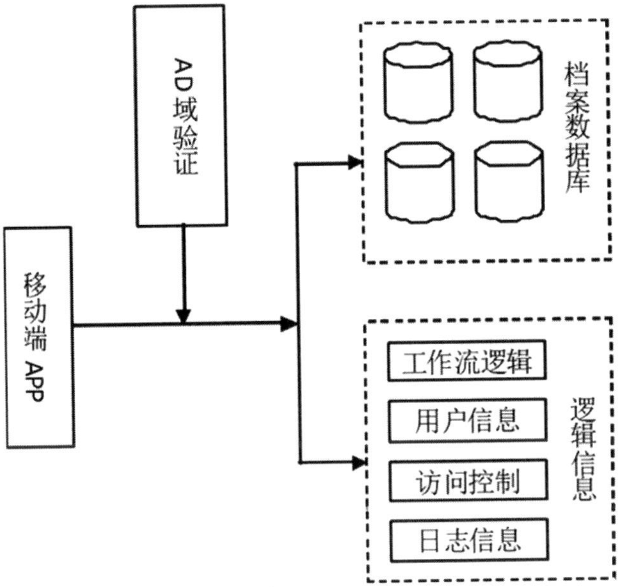

图 44　业务交换框架

本业务交换平台采用 WebService 实现，采用 C#开发。WebService 提供良好的访问接口，且兼容个操作系统，是一套标准的接口规范。WebService 服务器部署在内网在防火墙后端。业务交换平台通过移动平台传过来的用户信息，判断此用户是否为合法的域用户。如果合法，将返回给远端用户一个动态 token。此后远端每次与业务交换平台进行交互时，系统都会自动把 token 加入到 soap 头中。只有当 token 验证通过并未过时，才能访问到档案数据库和业务逻辑信息。当需要在线预览所借档案时，亦需要通过此交换平台。当预览档案传输至移动端后，采取阅后即焚的模式，保证数据的安全。

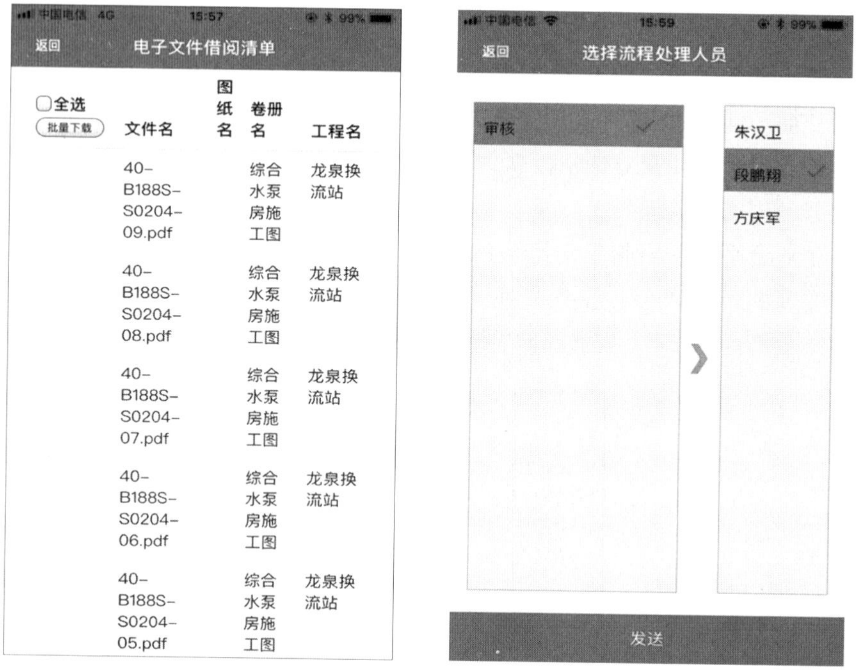

图 45　手机端进行借阅操作

图 46　手机端进行流程审批

（八）四性检测方案

1. 签名认证方案

数字证书就是互联网通讯中标志通讯各方身份信息的一串数字，提供了一种在互联网上验证通信实体身份的方式，数字证书不是数字身份证，而是身份认证机构盖在数字身份证上的一个章或印，也是加在数字身份证上的一个签名。它是由权威机构——CA 机构中心发行的，可用来识别对方的身份。

项目组采用公司已购买的 PDF 文档签名证书，对所有从勘测设计管理系统归档到数字档案馆系统的 PDF 文件，设计了一套采用 PDF 签名认证的方案。

所有业务系统产生的 PDF 文件，在流转过程中可以使用 PDF 文档签名证书进行身份签名或确认签名，签名后的文档则可以向用户证实 PDF 文档签署人的真实身份。签署人的真实身份是通过权威的第三方进行审核并确认，同时也保护了 PDF 文档在传输的过程中没有被非法篡改，从而使得签名后的 PDF 文档可以安全可靠的应用到电子文件归档过程中。

2. 四性检测措施

四性检测以电子档案的全生命周期管理过程为基础，并从检测环节、检测对象和检测内容等方面入手。根据文件生命周期理论，电子文件从其形成到最终销毁或永久保存，主要经过电子文件创建、电子文件办理、电子文件归档和电子档案管理、移交进馆（电子档案接收与长期保存）四个阶段，其中与档案部门密切相关的就是电子文件归档、电子档案移交接收和电子档案长期保存三大环节。

电子文件归档环节。由于电子文件在归档过程中存在业务部门和档案部门之间的权属交接以及从电子文件到电子档案的转变，因此，在此环节中需通过四性检测手段对归档电子文件质量进行严格把关，将符合归档要求的电子文件归档并统一管理，把不符合要求的电子文件退回业务部门重新进行整理。

电子档案移交接收环节。立档单位按照档案馆要求，将需要移交进馆的电子档案移交至档案馆进行长期保存。由于电子档案从立档单位档案室移交至档案馆的过程中存在档案权属的转移，且电子档案在移交过程中必须符合档案馆接收的相关规定与要求。因此在电子档案移交接收过程中，档案室移交人员应对移交的电子档案进行四性检测，检测通过后方可正式移交；同样，档案馆接收人员需对接收的电子档案进行四性检测，检测通过后才能正式接收。

电子档案长期保存环节。在电子档案进入长期保存库之前，需要对其四性进行全面检测，严防不合要求的电子档案进入长期保存库。在电子档案长期保存的过程中，由于技术更新换代或存储介质损坏等原因，可能导致电子档案损毁或无法读取，因此需要设置检测策略，对长期保存的电子档案进行定期或者不定期的四性检测，确保电子档案长期可用。

结合以上需求，勘测设计管理系统等业务系统，会自动记录所形成电子文件的元数据和关键信息，由前段系统控制各信息的完整性。然后，再将这些元数据和关键信息一同发给数字档案馆，然后数字档案馆验证完 PDF 文件的数字签名信息无误后，再利用元数据和关键信息对电子文件进行验证，确保电子文件在归档过程中不被篡改，保证电子档案的真实性、可读性、完整性和安全性。

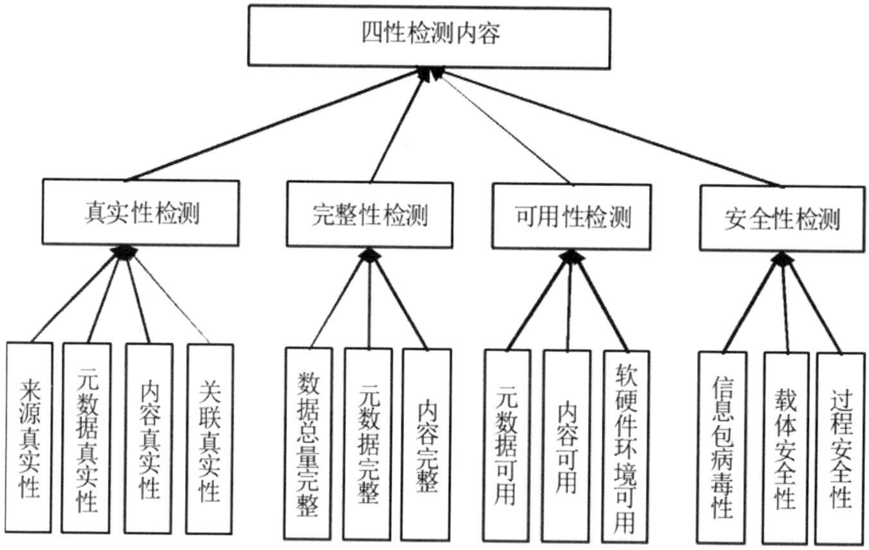

图 47　四性检测的内容

（1）真实性检测

真实性检测包含以下内容：

a）电子文件元数据真实性检测：检测归档电子文件元数据是否符合要求，包括数据类型、长度、格式、值域以及元数据项著录是否合理等；

b）电子文件内容真实性检测：检测电子文件内容数据中包含的电子属

性信息与电子文件元数据中记录的信息是否一致；

c）元数据与内容关联真实性检测：检测电子文件元数据与内容数据是否关联，检测元数据中记录的文件存储位置与电子文件内容数据的实际存储位置是否一致；

d）归档信息包真实性检测：检测电子文件归档信息包的信息组织结构和内容是否符合国家有关规定，检测归档的信息包与业务部门发送的信息包是否一致。

我们主要通过电子签名的方式来实现真实性检测。电子档案所携带的元数据能反映档案产生的全过程。电子档案进入数字档案馆后，系统会自动识别元数据中的过程记录信息，再通过和电子档案实际内容作对比，保证档案的真实性。同时，验证PDF文件是否已经被更改。此项验证可以通过数字签名所记录的信息进行比对，当PDF文件在数字签名完成后又发生了更改时，数字签名会做出提示，此时电子档案真实性失效。更改过的PDF数字签名提示如下图所示：

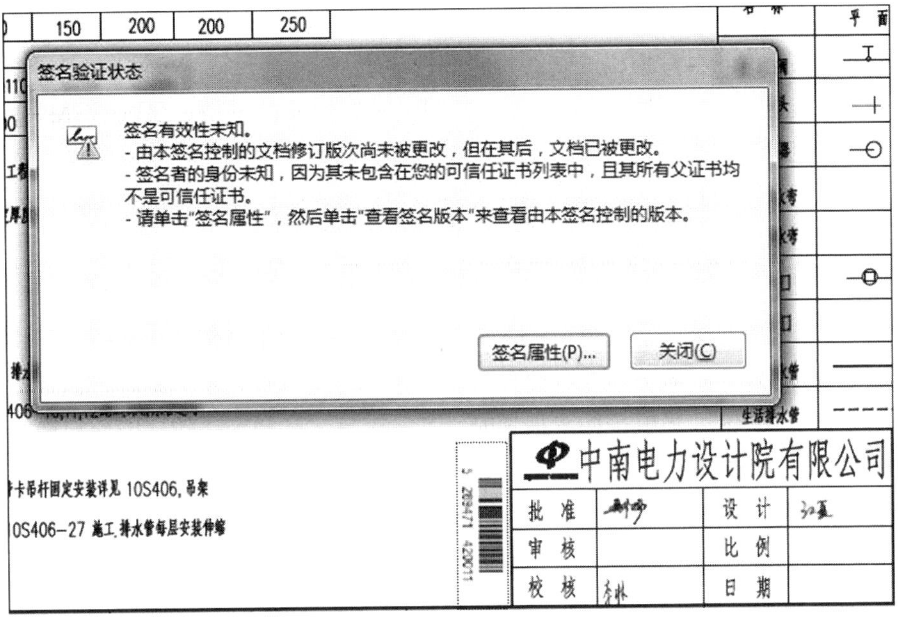

图48　签名验证验证未通过

（2）完整性检测

完整性检测包含以下内容：

a）电子文件元数据完整性检测：对照元数据项是否齐全完整，具有连续编号的元数据项（比如归档号、件内顺序号等）是否有漏号现象，反映重要问题的归档电子文件是否包括主要修改过程和办理情况记录等；

b）电子文件内容完整性检测：检测归档电子文件是否有对应的内容数据，内容数据是否齐全完整；

c）归档信息包完整性检测：对照归档信息包的组织方式以及单位的归档范围，逐项检测信息包的内容数据和元数据是否齐全完整。

电子档案进入数字档案馆后，首先需要验证档案数字签名证书的有效性。只有当签名证书在有效时间范围之内，并且是公司所申请的证书时，才会通过验证。再需要经过一系列的完整性验证，如卷册编号、图纸编号、档案份数等是否与元数据中所记录的保持一致。如不一致，则不接受此档案。

（3）可用性检测

可用性检测包含以下内容：

a）电子文件元数据可用性检测：检测电子文件元数据是否可以被正常访问；

b）电子文件内容可用性检测：检测电子文件内容数据是否可以被正常打开和浏览，内容数据格式是否符合归档要求；

c）电子文件软硬件环境检测：检测电子属性元数据中记录的软硬件环境信息是否符合归档要求；

d）归档信息包可用性检测：检测归档信息包是否包含影响其可用性的因素，如使用非公开压缩算法、加密等。

电子文件由各业务系统经过传输通道进入数字档案馆后，会给数字档案馆开通专门的验证通道。数字档案馆会分析电子档案所携带的元数据，再将元数据作为验证参数传回至各业务系统，当验证通过时，才表示电子档案能通过可用性验证。当电子档案损坏时，其数字签名同样会失效。因此定期检查电子档案的数字签名状态，也是我们可用性检测的手段之一。

（4）安全性检测

安全性检测包含以下内容：

a）归档信息包病毒检测：检测归档信息包是否包含恶意代码；

b）归档载体安全性检测：检测载体内是否含有非归档文件，通过外观、读取情况等判定载体是否安全可靠，检测光盘是否符合有关要求；

c）归档过程安全性检测：检测归档信息包在归档和保存过程中是否安全、可控。

公司运行维护部门有一套完整的电子文件安全性保障方案。

电子档案保存在数字档案馆后，应定期抽查档案是否可用，以及存放档案的存储介质或服务器是否有软件病毒入侵的迹象。公司为存放电子档案的物理存储介质制定备份计划，实现异质、异地备份，符合国家档案局对电子文件保存的相关规定。

（九）系统建设

通过建设数字档案馆系统，实现档案的各项管理工作，包括档案收集、整理、利用、保存、统计、鉴定、系统管理、权限管理等。数字档案馆系统的收集、整理、利用和保存等功能前面章节已作详细介绍，此节介绍统计、鉴定销毁、系统管理等功能。

1. 档案统计

能按照档案类型、档案数量、时间段等设定进行馆藏量统计，并生产报表。如按工程统计、档案类型统计、数据类型统计等。

按分类/类型统计文件数量

分类/类型	勘测设计成品档案	勘测设计原始档案	成品底图	采购库	图书标准	测绘资料	技术资料	期刊	项目建设档案	资料库	科标信档案	文书档案	会计档案	实物档案	声像档案	设备档案	标准设计档案	档案销毁库	总计
分类	1	1	1	1	1	1	1	1	1	1	1	1	1	1	1	1	1	1	18
文件夹	38	18	35	0	45	31	1	0	0	0	1	0	7	1	3	8	3	0	191
文件	0	35	0	10	2	0	1	0	0	0	0	0	0	0	0	0	3	0	51
成品电子文件	1909496	0	5	0	0	0	0	0	0	0	0	0	0	0	0	0	0	0	1909501
文书电子文件	0	0	0	0	0	0	0	0	0	0	0	9019	0	0	0	0	0	0	9019
原始档案电子文件	0	45350	0	0	0	0	0	0	0	0	0	0	0	0	0	0	0	0	45350
工程项目	9123	4561	7102	0	0	0	0	0	115	30	0	0	0	0	1	0	1	0	20933
档案电子文件	0	0	0	0	0	0	0	0	0	0	0	0	0	0	0	0	0	0	0
专业	27242	6090	17149	0	0	0	0	0	0	0	0	0	0	0	0	0	1	0	50402
科研档案卷册	0	0	0	0	0	0	0	0	0	0	239	0	0	0	0	0	0	0	239
文书档案	0	0	0	0	0	0	0	0	0	0	0	13614	0	0	0	0	0	0	13614
会计档案	0	0	0	0	0	0	0	0	0	0	0	0	888	0	0	0	0	0	888
图书	0	0	0	0	8363	0	0	0	0	0	0	0	0	0	0	0	0	2312	10675
设备	0	0	0	0	0	0	0	0	0	0	0	0	0	0	0	81	0	0	81
设备档案文件	0	0	0	0	0	0	0	0	0	0	0	0	0	0	0	1153	0	0	1153
声像载体	0	0	0	0	0	0	0	0	0	0	0	0	0	0	2051	0	0	1	2052
成品卷册	278574	107	118865	0	0	0	0	0	0	0	0	0	0	0	0	0	1	0	397547
科研档案文件	0	0	0	0	0	0	0	0	0	0	934	0	0	0	0	0	0	0	934
实物档案	0	0	0	0	0	0	0	0	0	0	0	0	0	2739	0	0	0	0	2739
技术资料	0	0	0	0	0	0	12594	0	0	0	0	0	0	0	0	0	0	179	12773

图 49　馆藏量统计

能够按时间、档案类型等不同条件对档案人员的工作量进行统计。

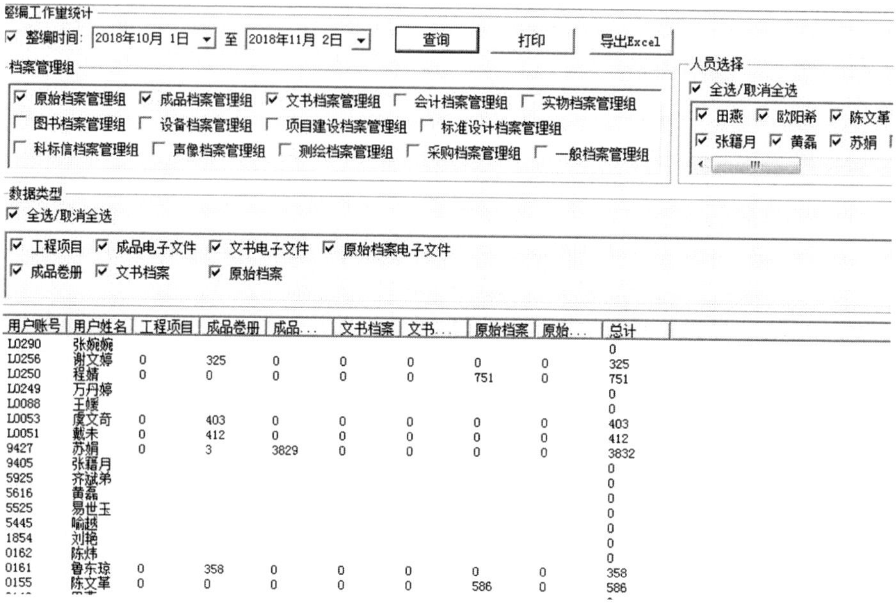

图 50　工作量统计

能够对档案的利用情况进行实时统计。

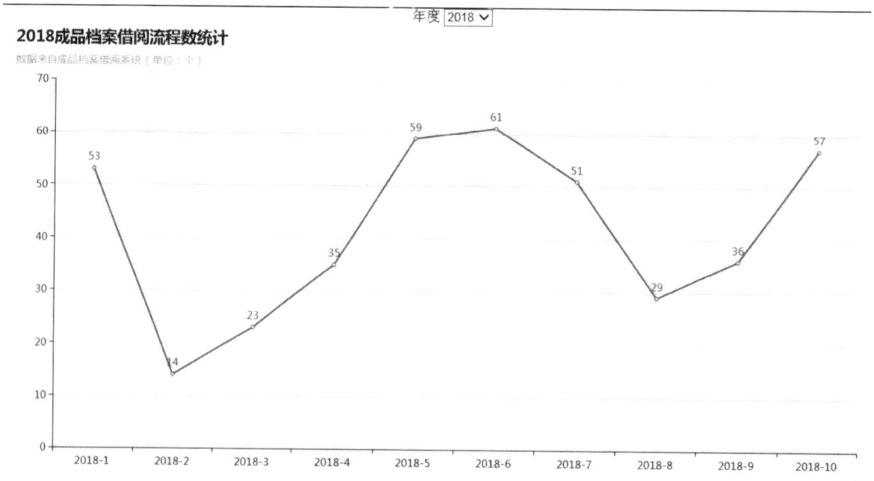

图 51　档案利用统计

2. 鉴定与销毁

能够辅助档案管理人员对档案内容进行鉴定、审核。根据不同类型档案的保管期限，按批次生成鉴定清单。鉴定委员会线下确认通过鉴定之后，即可在系统内进行销毁。

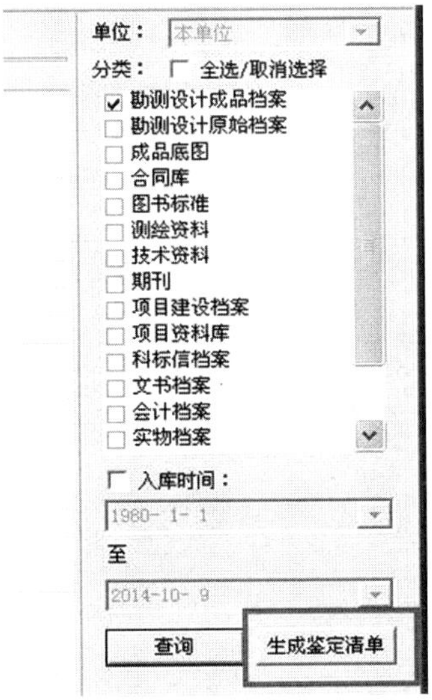

图 52 档案鉴定

3. 系统管理

建立文件分类和编码规则；实现对数据分类、目录和全文挂接、存储、著录、检索，具备日志审计跟踪功能；按流程化管理，支持代码的设置与维护；数据和档案内容导入、导出功能。

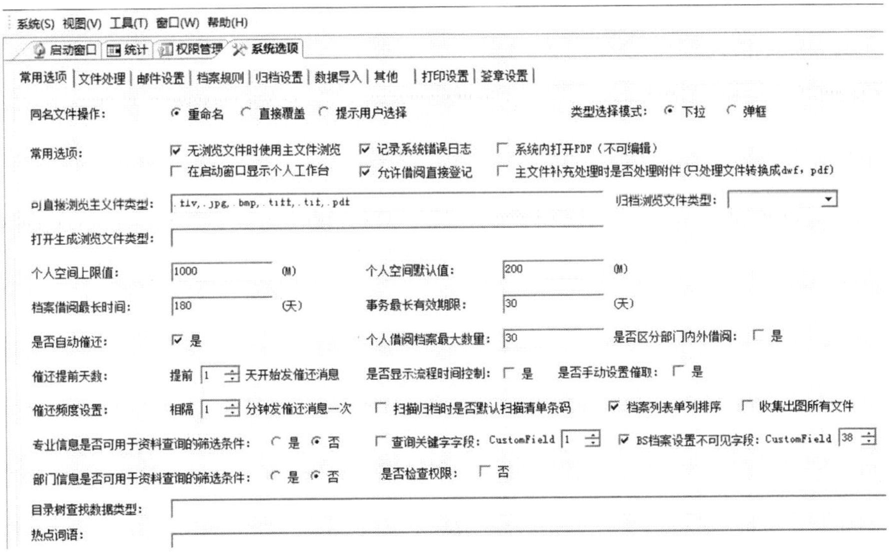

图 53 系统选项设置

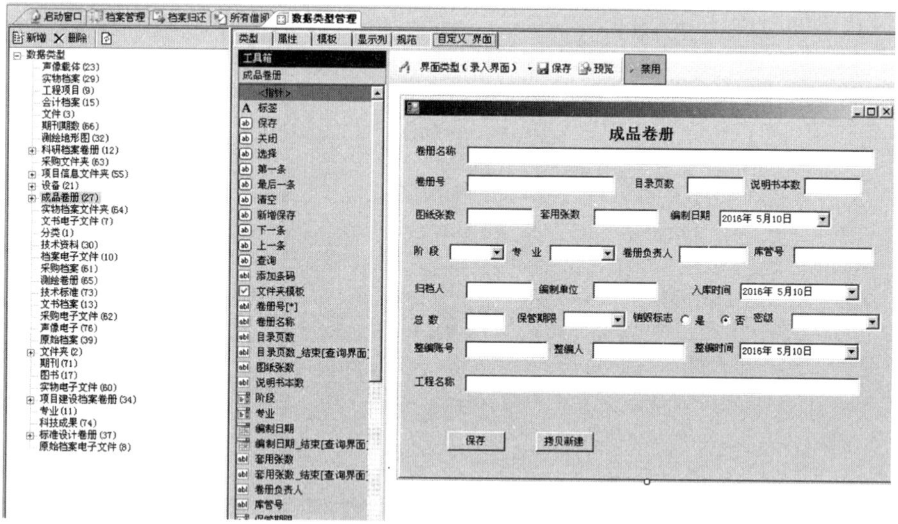

图 54　数据类型管理

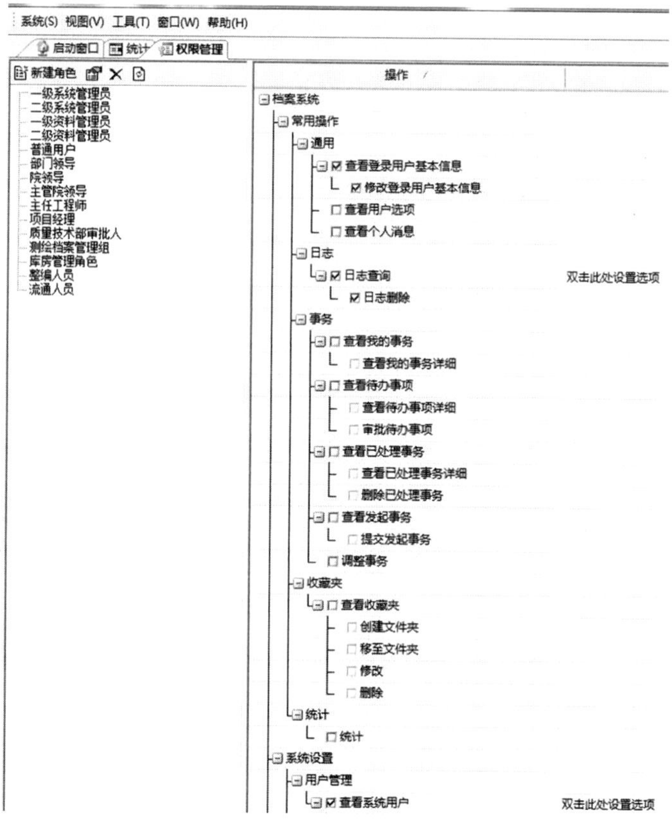

图 55　权限设置

（十）其他关键技术解决方案

新时代的档案工作要结合新时代的信息技术。为了让电子文件归档和电子档案管理流程化、自动化、智能化，实际工作中使用了大量的互联网技术，如：移动互联网、搜索引擎技术、爬虫技术、云计算技术、签名技术、格式转换技术等，使得电子文件的控制、收集、归档的得以自动实现，电子档案的利用更加快速便捷，档案管理更加规范科学。

1. 互联网思维和技术在文件控制、归档中的应用

在业务系统中，充分利用签名技术、格式转换技术，检测技术、元数据等技术，实现电子文件的流转控制、标准检测、电子签名、批签批转、元数据搜集等功能，保证电子文件的“四性”。

2. 互联网思维和技术在档案管理中的应用

在开发和构建档案管理、档案利用模块的过程中，项目组充分引入互联网思维和技术，应用企业级搜索引擎、淘宝元素、图纸预览功能、移动借阅功能等技术，使得用户体验得到了跨越式的提升。

开发新的档案检索模块时，项目组采用了淘宝式的查询和借阅车的用户界面。通过分析淘宝的用户界面设计，总结出了合理分类、合理排序、标签式浏览的三大特点，并将这三大淘宝元素融入到新的检索模块用户界面设计当中。

图 5-56　淘宝元素和标签页面

通过分类标签对搜索结果进行过滤，并能够通过属性的多选实现多种组合搜索。通过点击已经选择过的分类标签，取消分类标签的筛选功能。尽量减少用户在搜索过程中的繁琐操作，使整个检索操作简单、直观。

3. 互联网技术与档案编研的结合

传统的档案编研，是通过手工操作，从海量档案资料中提取主题相关的系列内容。编研对象和编研成果都是文档。我们将互联网技术和档案编研相结合，以交互式信息系统的形式开展档案编研，使编研工作成为一项可持续性的工作，可以作为今后档案编研工作的范本。

另一方面，由于编研成果以信息系统的形式呈现，该系统既是公司信息系统平台的一部分，在权限允许范围内也开放给公司全体用户查看。因此，工程项目信息系统作为档案信息系统平台的关键核心系统，还可以作为知识管理系统、数字档案系统等平台的入口和门户，不断地发展和延伸下去。

六、存在的问题及解决方法

（一）试点中碰到的问题

1. 成品电子文件缺乏四性保障措施

成品电子文件自动归档功能在 2015 年已经完成，成品电子文件流转完成后，经过在线收集，自动归档进入数字档案馆系统预归档区。但是，归档模块并未设置四性检测功能，也没有相关的四性保障措施。

当时，国家并未出台统一的电子档案四性检测标准，《文书类电子档案检测一般要求》（DA/T 70—2018）也未发布，各单位电子文件与电子档案的四性保障措施都处在摸索之中。

2. 原始电子文件未实现自动收集

传统的原始文件通常是一些纸质文件，分散存放在各专业设计人员手中。设计人员应该在工程完工后三个月内将这些工程资料归档到档案部门。现实情况是：设计人员往往不愿意将手中的工程资料进行归档；经档案部门催归的工程资料，档案管理人员很难判断归档是否齐全，工程原始文件收集的完整性和时效性得不到保障，归档考核流于形式。

前端系统中产生的一些工程过程文件，数据散落在各个数据库中，以网页表单的形式展现，无法脱离原有管理信息系统独立存在，也未能输出独立、完整的电子文件。随着时间的推移，前端系统可能出现升级或者废弃的情况，电子文件的安全无法得到保障。

（二）解决方法

1. 成品电子文件增加四性保障措施

经过广泛讨论和调研，我单位形成了“全过程控制+文件检测+签名认证+传输加密+元数据管理”的四性保障方案。

项目立项后，在勘测设计管理系统中自动生成项目门户，通过项目成员配置、WBS 任务分解、卷册任务书下达、提资收资、成品校审等流程环节控制，形成成品电子文件。成品电子文件提交正式出版时，系统同时将成品电子文件生成一定的数据结构并生成元数据，然后加密传输进行归档。数字档案系统自动接收成品电子文件，进行检测后，放入正式归档区，这样就实现电子文件的全过程控制。

在设校审环节，通过协同校审工具，对电子文件进行标准化校验和检测，经过检测的电子文件由系统自动批量转换成 PDF 文件，保证提交归档的电子文件的完整、准确。

系统将电子文件自动批量转换 PDF 文件时，会在电子文件内插入全球认证的数字证书，识别 PDF 文件在归档过程和保存过程中是否被篡改，从而保障电子档案的真实性。

在电子文件形成过程中，系统会自动记录电子文件元数据，形成 XML 元数据文件。系统自动归档时，会将电子文件、转换的 PDF 文件和 XML 元数据文件一道按一定的数据格式，加密传输至数字档案馆归档缓冲池。数字档案馆系统会定期扫描缓冲池，验证元数据和电子文件，通过后提取至数字档案馆成品档案预归档区中，完成成品电子文件的归档。通过以上环节和措施，保障了电子文件的真实性、完整性、可用性、安全性。

2. 原始电子文件实现自动收集

针对原始文件归档不完整和不及时、电子文件无法自动收集的问题，我们与设计人员充分交流后，决定彻底改变原始文件手工归档方式，转变成为以电子文件收集为主、手工上传为辅的方式：公司内部产生的文件，其流程在勘测设计管理系统中流转，最终结果转换成 PDF 文件自动实时归档；外部文件手工上传归档。同时将归档记录写入文件归档清单自动进行归档统计和考核。

试点过程中，由于原始文件收集方式的改变，会导致设计工作流程发生较大调整。

在公司分管领导组织下，各专业总工、专业人员参与编制形成了详细的《工程原始文件归档范围清单》，并将此设计在勘测设计管理系统中；将勘测设计管理系统中相关流程完结后形成的流程表单由系统自动转换成 PDF 文件，通过接口自动归档；设计了上传文件归档的模块。同时让系统自动将归档记录写入文件归档清单。项目启动后，要求项目经理发起归档清单启动流程，形成本项目文件归档清单。电子文件归档后，系统会自动将归档记录与文件归档清单进行核对，形成归档情况表，并按设定时限自动发出催归通知到相关责任人。

通过以上方法，实现了公司系统产生的原始文件全部在线上生成、流转、归档，未归档的原始文件能由系统自动催归和考核。

七、取得的效益

（一）经济效益

试点工作开展以来，经济效益体现在以下三个方面：

一是工程档案纸质打印量减少。工程成品档案不再出版底图，每年节省打印底图以 A1 图纸计算约 10 万张，节省出图费用 60 万元；每年减少打印原始档案以 A4 纸计算约 15000 页，节省打印费用 1.5 万元。此项共节省成本 61.5 万元。

二是占用库房面积减少。每年节省新增底图库房面积约 80 平方米，以每平方米 3 万元计算，节省新增库房费用 240 万元；每年减少原始档案新增档案盒约 100 盒，占用档案排架 5 平方米，节省库房费用 15 万元。此项共节省成本 255 万元。

三是人工成本降低。试点开展以来，取消底图打印使成品出版环节减少 2 名操作人员，底图管理减少 3 名档案管理人员，以每人每年用工成本 30 万元计算，共节省人工成本 150 万元。

以上三项合计，试点开展以来，通过各种方式节省成本产生直接经济效益约每年 466.5 万元。

（二）综合效益

本次试点对勘察设计行业具有良好的示范作用和推广价值。

从提高电子文件归档和电子档案管理水平的角度而言，本试点的实施使勘察设计图纸和设计过程文件的管控从传统的半手工方式转变为全过程信息化管理方式，规范了电子文件归档过程，提高电子文件归档率；通过互联网技术的应用显著提高电子档案的利用效率，实现移动端查询和利用，实现档案编研的可持续发展，用户体验得到了极大改善。

从优化勘察设计企业生产和管理流程的角度而言，本试点从勘察设计企业组织流程的顶层进行设计，实现了电子文件的全过程管理和全生命周期覆盖，搭建了电子文件全过程管理体系平台，降低了企业生产与管理运营成本，适应互联网环境下企业发展的需要。

目前，有将近 20 家企业和高校调研中南院电子文件全过程管理经验和做法。

八、后续打算

（一）深入搜索引擎应用

目前小觅搜索引擎只应用在成品档案查询和借阅流程中。项目组打算在未来 1-2 年内，进行二次开发和升级，将小觅搜索引擎推广至所有档案类型的查询和借阅流程中。

另一方面，该搜索引擎还不能对 OFFICE 文档进行全文搜索，PDF 文件查准率也不高，这也是今后努力改进的重点方向。

（二）深入展开知识服务和档案情报相关工作

基于数字档案馆信息资源的累积，紧扣档案行业发展趋势，我们将继续深入展开知识服务和档案情报方面的工作。

1. 项目组将在现阶段展示性系统的基础上，对工程项目信息系统逐步进行二次开发和升级，以后将其作为整个档案信息系统平台的门户，作为知识管理系统、数字档案馆系统等入口，作为打通档案资源上下游数据的连接平台。

2. 进一步优化知识管理平台，扩展建设覆盖全公司各环节的知识库，实现项目过程中各类文档知识的动态管理，实现全公司知识资源的统一整合。

3. 继续深入挖掘公司内部已有的档案信息资源，收集编研与公司相关的外部资源，进行多维度分类梳理，形成公司的竞争情报平台。

华建集团电子文件归档和电子档案管理试点案例

一、背景

（一）集团战略发展中提出了明确的信息化发展目标

集团“十三五”发展规划提出要进一步提升集团信息化发展水平，保持在行业内的信息化建设与应用领头羊地位。以“互联网+”为主线，融合集团技术创新、组织创新和商业模式创新，打造全过程数字化管理平台，全面实现以工程项目为核心的扁平化的在线管理模式。

（二）集团业务发展需要推进核心技术与信息化技术的高度融合

依托信息技术在企业发展中的深度运用，发挥 POC、EBM、协同设计平台和数字档案馆在企业降本增效、资源集成配置中的重要作用。依托数字档案馆资源探索开展建筑大数据挖掘，建立建筑大数据平台，为集团各项业务发展提供高价值服务。

（三）档案工作本身的发展需要

1. 提升档案管理质量

城市建设规划与发展需要对大量建筑详细技术信息进行收集与整合，以供城市规划等相关部门及广大业主进行检索使用。而随着信息技术近年来的蓬勃发展以及国内大型勘察设计企业知识管理工作的推进，基于完工项目的工程设计档案管理与数据库建设已成为现代化档案管理的新课题和必然趋势。

当前集团各项生产、经营、管理等业务活动依托 EBM、DPS、NPAS 等信息平台，产生大量具有凭证性电子文件，这些电子文件一定程度上已替代了部分纸质文件的功能。及时、准确、完整的收集、管理各信息化平台产生的电子文件，能够作为工作追溯与查考的依据，为知识管理提供最原始的数据材料，提高设计人员的工作效率。

2. 提升档案管理能力

勘察设计行业是依赖知识积累和知识创新创造价值的行业，知识管理是勘察设计企业的生命。一直以来，集团非常重视档案工作的开展，档案室长期完整保存的档案资源，多年信息化系统运行积累的海量数据资源，是集团进行知识管理的基石，当前集团各项生产、经营、管理等业务活动依托生产业务平台，产生大量具有凭证性电子文件，收集、管理各信息化平台产生的电子文件，进行有效的加工和利用，能够更好地保证和促进知识管理的科学合理和可持续发展。

（四）建筑设计档案管理存在的问题

建筑设计档案作为科技档案的一种，较一般行政管理类档案具有成套性、多样性、现实性等特点，同时又表现出独特的行业特征。建筑设计文件成套性要求高，以项目为单位，文件之间联系紧密，互相印证；呈现设计全过程业务实践活动的全貌，数量多、涉及面广、价值高、利用频繁；建筑工程项目周期长，项目档案时间跨度大，阶段性特征明显；档案文件时效性强，文件修改与补充频繁，版本管理要求高。鉴于这些特征，建筑设计文件归档时主要存在及时性、完整性、一致性问题。

1. 归档完整性

在建筑设计档案管理中，档案人员根据质量管理文件要求的归档范围对设计文件进行归档验证，经常发现由于各种原因造成项目归档不完整的情况。

（1）人员流动造成的档案不完整。

市场经济环境下，人才流动在所难免，当没有一个良性的文件积累与管理机制，项目的设计团队发生人员变动时，常常出现设计资料随人员的离职或岗位变动而遗失，最终导致该项目的设计档案不完整。

（2）归档范围界定不清晰导致的档案不完整。

通常在质量管理体系文件中规定了一个工程项目的归档文件范围，但因文件种类多，而工程项目情况多变与复杂，哪些文件必须有、哪些文件可以有等并不明确，当对一份文件的界定不明确，归档环节变得可有可无时，最终的档案完整性就无从保证。

（3）归档延迟导致的档案不完整。

在实际项目归档过程中，一般归档发生时间已经到了项目设计完工之后，此时距离项目立项之初可能已经过去了一段时间，许多文件散落在设计团队每个人手里，甚至有部分文件在建设单位或其他外单位。这时要求设计人员要从方方面面去收集这些时间跨度较长的文件，难度较高。

（4）合作设计中出现的档案不完整。

在合作设计任务开始之初，没有确定好合作双方文件归档的责任，最后可能造成双方对设计文件都没有归档义务甚至多家单位合作一个项目，其设计档案就可能会散落在几家单位，归档时的完整性就无从保证。

2. 归档及时性

归档不及时是造成档案不完整的重要因素之一，实际工作过程中，一般归档时间较项目的进展滞后，且归档时间随机性大，归档不及时。

（1）归档时间节点设置不明确，引起归档不及时。

质量管理文件的程序文件规定了每个流程环节产生的文件及归档时间，但项目进展过程中，规定的时间节点缺乏标志性，无法区分该阶段工作是否结束，因此对应的归档时间就变得模糊，归档及时不具备可操作性。

（2）缺乏具有可操作性的归档时间节点控制措施，出现归档不及时。

当质量管理文件规定了归档的时间节点时，常常因为缺乏相应的节点控制措施，致使归档行为缺乏监督，延迟归档或不归档得不到管控。

（3）项目进度信息流转不畅，管理部门无法提前介入管理。

因项目进度信息掌握在设计团队中，相关的生产管理部门不一定能及时准确获取这方面信息，因此也就无法介入管理，导致许多项目可能已经竣工，但设计文件仍游离在外。

3. 归档一致性

建筑设计文件修改变更频繁，时效性强，对版本管理要求高。在实际工作中经常出现施工使用蓝图与底图的版本不符，导致质量事故等。

（1）设计图纸源文件与底图不一致。

这种情况通常由于底图的刮改引起。设计过程中变更、修改在所难免，而某些修改是因设计人员疏忽、遗漏、误操作等引起。表面上看只是图纸中改掉一个数字、加一根线等等，轻轻一刮解决问题，省去了重新出图、校审、签字等流程。在当下工期紧、任务重的情况下，这种现象广泛存在，而带来的问题是设计人员常常改了底图后忘记修改 DWG 源文件，当下次重大设计变更，图纸需要升版时，使用的还是老图纸，造成了电子文件与底图的不一致。

（2）底图与施工用蓝图不一致。

这种情况通常由于归档不及时造成，由于种种原因，设计人员将新出图的图纸、升版图纸放在身边，或来不及归档，或马上要应付施工现场随时的调晒。这种情况下，当施工方或对出图进度不了解的其他设计人员直接来档案室调晒图纸，而档案室也不知道已经有更新版图纸出图但还未归档，那么就造成了施工现场使用的蓝图与底图的不一致。

二、目标

本次试点工作主要以生产系统产生的工程设计文件的电子化管理为对象，研究工程设计文件从生产平台产生到归档，两个系统接口问题、全过程电子化管理的文件归档范围、保管期限及工程设计文件归档元数据管理、电子文件归档全流程管控及四性保障方案等。试点期间，通过不断完善管理思路、升级系统，使得工程设计文件全过程电子化管理日趋健全，电子文件元数据项采集和四性保障日趋完善。

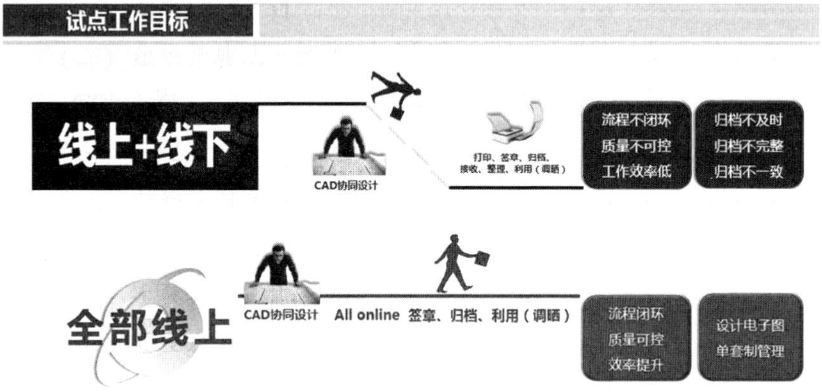

图 1　试点工作目标

（一）完善档案工作机制

以全生命周期管理视角看待建筑设计文件的管理，从文件的生成、到归档、到档案管理、到档案处置全程跟踪管控。对档案数据实施源头采集，档案管理要求前置到文件生成的各个环节。即将档案工作前移，主动在档案产生的源头实施采集和控制。

（二）规范档案业务操作

基于生产设计流程，完善档案质量标准，明确档案业务工作内容，建立管理制度，规范各类文件归档方式、时限，加强对各建筑设计文件全过程流转的管控。

（三）建立完整项目档案库

在收集生产设计全过程中形成的各类依据性文件及过程文件的基础上，合理整合集团已有的各类数据资源，形成完整的、可供利用的档案信息库。使工程档案充分发挥凭证作用，化解企业法律风险。

（四）实现信息系统整合利用

建设基于生产设计全过程的档案管理系统，充分整合集团现有生产平台的信息资源，实现各类档案数据及时、完整地归档。

（五）发挥档案再利用价值

对各类档案信息及实物档案进行有效地规范化的整理、编目、著录，以供后期高效的检索、统计、考核等利用需要。实现档案在线查阅，为集团各项工作需求提供高效服务。

三、系统介绍

（一）生产平台（DPS）

1. 生产平台的功能

华建生产平台的建设以生产业务数据管理为核心，打造互联互通的生产工作环境，提供一个基于云计算架构的全生命周期业务应用与管理平台，让设计人员在一个统一的数据环境下，高效的开展生产管理工作；同时实现工程建设行业业务链的横向整合、纵向连通，资源整合、规范流程、统一标准，打造面向工程建设行业的一体化平台。

2. 生产平台的建设特点

（1）以数据管理、大数据云计算为核心，为设计咨询业的知识管理、知识挖掘、知识推送、人工智能提供基础的驱动保障。

（2）以社交连接层，数据连接层和网络连接层为纽带，通过平台建设，实现企业生产业务和管理的互联互通，最终优化管理、优化生产、助力创新，为知识产生、加工、归集提供社交界面。

图 2　华建生产业务平台建设愿景

3. 生产平台的整体架构

生产平台分为平台门户、全过程数字化生产管理、数据管理和大数据支撑。

（1）生产系统门户，为企业员工和业主方，外委单位等其他参与方，提供一个生产平台的统一入口，包含信息安全认证管理，建立一个统一的工作环境；

（2）全过程数字化生产管理，包含项目实施策划、项目工作流程和工作内容策划、协同设计、设计过程的组织与管理、项目标准、设计交付、设校审流程、电子签名、图纸归档、在线质量检查、企业社交、内容管理、数据统计、BIM 协同、文件共享、移动端支持、数据接口等，实现管理协同，团队协同与文件协同。

（3）数据管理层，提供各类型生产业务和管理数据的统一存储和管理，通过数据字典、共享数据总线进行系统之间的数据传递与交互；确保生产平台与已有的其它系统有机的整合协作。

(4) 生产业务和管理数据经过沉淀，经数据总线流转到大数据平台进行数据分析及可视化支持，为知识管理系统、人工智能系统、领导驾驶舱提供支撑。

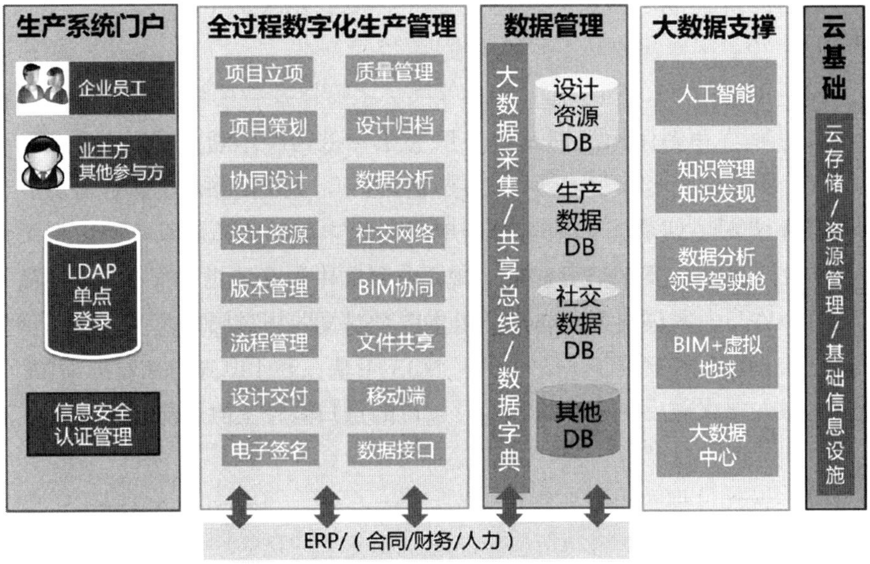

图3　集团数据管理布局

4. 生产平台的技术特点

(1) 采用企业云架构（Iaas/Paas/Saas）：集团/分院/异地多级/混合架构，协同设计数据和操作均在云上进行，满足数据可控、异地协同的需求。

(2) 各核心服务部署在PaaS层，采用服务治理和微服务框架集成工作；适合大规模分布式部署，满足集团大规模应用，并显著地提高了校审和签章效率。

(3) 突出数据管理的核心作用，设计生产数据库，数据库资源池，通过web服务和数据库中间件，实现数据共享和整合，并兼顾遗留系统数据交换。

(4) 采用高可用部署和负载均衡等技术框架，提高系统的大规模应用稳定性，可扩展性。

(5) 系统框架与大数据平台有较好的兼容与互通能力，可以方便的集成与扩展。

(6) 系统具有较强的数据分析与可视化能力，使数据驱动的生产设计理念得到良好的体现。

5. 生产平台的具体功能

（1）项目实施策划

在项目实施之前进行线上项目实施策划，包括项目基本策划、项目子项总体策划、项目子项详细策划、图纸策划以及发起审批，另外还包括了项目文件归档策划，明确本项目在实施过程中需要归档的文件范围。

（2）项目工作流程和工作内容策划

在项目过程中，按照集团2018版项目手册以及相关设计管控要求，整理出扩初阶段、施工图设计阶段、施工配合阶段的详细管控流程，并明确流程中各个节点的交付物和责任人。生产流程与ISO质量管理结合，明确整个阶段的流程节点，每个节点的交付物、责任人、投入资源（工时）和交付日期；针对每个小节点的交付物，规定责任人和交付时间，特别是专业负责人的工作包，强调过程管理，方便技术部/质量部随时监控。

（3）协同设计

项目立项成功后，可以根据项目策划的项目类型、项目阶段、项目规模等选择相应的项目模板，并自动创建项目目录文件。

（4）设计过程的组织与管理

平台通过项目浏览器和项目导航器，在整个项目的层面上组织和管理图纸，并结合ACA软件的智能建筑对象使得维护项目图形的信息一致性、标准化、外部参照管理的自动化程度均得到大幅度的提高。项目浏览器和项目导航器在生产平台层面和CAD工具层面完全对应并保持一致，给设计师提供方便高效的设计环境。

（5）设计交付

设计成果对外（业主）进行交付时，支持将dwg图纸批量进行套图框（项目信息、图纸信息、人员信息从图纸策划自动获取），dwg绑定（参照绑定）并自动在系统上生成对应的PDF文件。通过在系统上直接打开dwg文件进行套图框，再（自动）上传套完图框后的文件（此处应支持多种数据类型，dwg、dwf、pdf等）。

（6）设校审流程

在完成图框设定后，设计师可以发起校审流程。同时，相关设计文件（dwg数据）应该进行锁定，并在流程结束后（电子签名完成后）一并归档，保证过程内容可追溯。

(7) 电子签名 & 图纸归档

校审流程通过后，将 PDF 文件发送至签章服务器，进行批量电子签名，并同步将签章完备的文件归档。

(8) 在线质量检查

在生产平台上，直接抽取项目文件，进行质量检查工作；施工图设计过程中设定若干个控制点或根据合同要求设置控制点，进行过程质量把控。其中专业技术质量由专业总师管控；贯标合规由技术管理部门管控。

(9) 企业社交

支持设计师之间、企业内部以及与业主或其他人员的通讯，提供协同设计过程中的文字、语音、视频沟通，屏幕分享等功能，根据 AD 域的结构，查询人员对象，添加/删除群成员；在群文件空间内上传文件资料；将聊天内容添加至知识库；解决设计师之间的协同工作沟通交流，提供扁平化管理。

(10) 社交与生产的信息融合

将设计师、业主、项目组或其他相关人员之间的通讯数据，与相对应的项目、项目阶段、项目节点进行关联存储，做到事后查询。为未来集成化的数据分析、知识挖掘提供基础。

(11) 内容管理

对生产平台所有内容的统一存储与管理，包括各阶段、各专业的各类文件，涵盖交付文件和过程文件，覆盖各种数据类型。通过数据的积累，打造内容管理模块，实现标签云生成与查询。进而实现痕迹管理，可以精确到每一项工作成果的负责人、参与人、工作量等信息，将工作成果与工时挂钩，并周期性的提供报告，日报告、周报告、月报告、季度报告等。

(12) BIM 协同、海量数据管理及应用

BIM 协同设计：直接在云端打开 revit 等三维工具进行三维 BIM 建模，不同专业间能在云端进行相互参考和引用；同一专业内能基于特定构件对象或视窗进行群组分享、快速沟通交流；BIM 大数据：基于分布式可扩展云架构，管理云端海量 BIM 数据的能力。BIM 查询及发布：具备交互式查询、按不同应用需求进行数据查询、子模型抽取与交换，多层 LOD 的可控 BIM 数据发布的能力；BIM 可视化操作：基于 web 的模型 3d 浏览与可视化互操作能力，包含旋转、平移、缩放、切分、透明、隐藏、第一视角浏览等功能；BIM 标注、着色：支持对构件对象加标记、着色等，关联挂接工程施工

和运维过程中的资料、图纸、现场照片，进行施工进度模拟等，可对接各种物联网传感器流数据并进行仿真、分析展示等。

（13）数据融合与可视化

与财务、经营系统、人力资源等数据融合，为生产大数据综合分析和企业决策支持等提供可视化技术支持与保障。

（14）生产数据库

针对生产设计业务特性，以成熟的关系数据库理论和技术为基础，结合新的 NoSQL，内存数据库技术，开发生产平台数据库资源池，提高系统数据处理和数据分析查询的能力。为了保证生产系统高效、稳定和可靠，建设方案采用多数据库主从备份，负载平衡，优化事务等技术，通过微服务和数据库中间件，数据总线等管理各类生产数据库表并与企业内其他业务数据库联通。

建设生产数据库资源池和数据库管理系统，包括设计资源 DB、生产数据 DB、社交数据 DB 等，提供数据管理功能：增/删/改/查/索引/视图/整理操作等，提升生产业务数据管理能力，提供高速的数据查询、分析能力。多类型数据库并用，表/视图/数据集市，跨库管理查询/分析。

（15）用户类型和权限管理

项目新建完成后，系统会自动创建项目对应的角色以及权限，并将相应的人员赋权到对应的权限及角色，完成默认权限设置。包括领导、生产系统管理员、项目负责人、专业负责人、设计人员等角色授权。

（16）我的文档

提供基于云的个人存储空间，可上传文件；文档共享功能，即发送链接供他人下载。提供文档名称查询，文档语义标签管理，按标签检索，文档预览，文档在线批注等功能。

（17）生产软件正版化管理

对生产过程中使用的软件进行管控，在生产系统中通过技术手段禁止设计师使用盗版软件，并在过程中统计设计师软件使用时长。

（二）试点工作相关数据量

本次试点，主要将生产平台（DPS）自 2018 年 1 月至 2019 年 11 月间工程项目 266 项、331825 张带电子签名 PDF 电子图进行电子化归档，电子文件存储容量约 495GB。

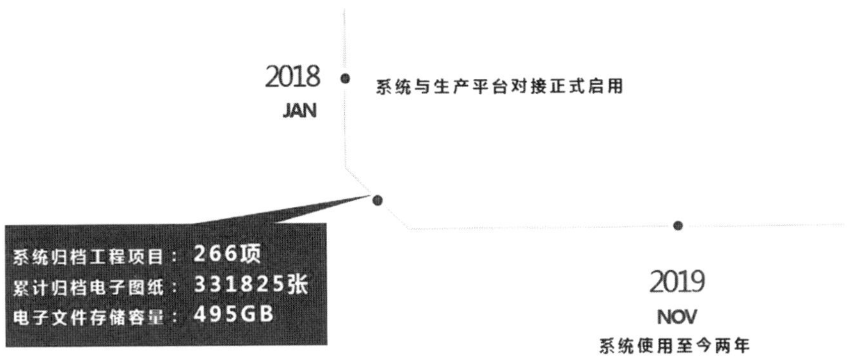

图 4　试点期归档量

四、工作步骤

第一阶段（2011—2013）：启动工程设计文件全过程电子化管理转型。主要开展与设计图纸电子化交付等相关的政策分析与政策攻关，打破政策瓶颈，推动了相关国标规范的修订。

第二阶段（2013—2017）：工程设计文件全过程电子化管理流程再造。以数据源头采集为指导思想，梳理归档范围；基于管理前置的管理思路设计文件归档流程；研究归档接口方案实现生产系统与档案系统的无缝对接。

第三阶段（2017—2019）：2016 年 12 月获得试点资格，参与国家电子文件归档和电子档案管理试点。根据试点工作要求，从多维管理视角细分归档文件，形成归档范围表；以文件全生命周期管理为依据，优化归档流程；归档接口方案完善了元数据信息归档接收要求；梳理工程及设计电子文件归档信息、形成元数据采集方案；电子文件四性检测结合建筑设计业务特征，实现差异性、定制型检测机制。

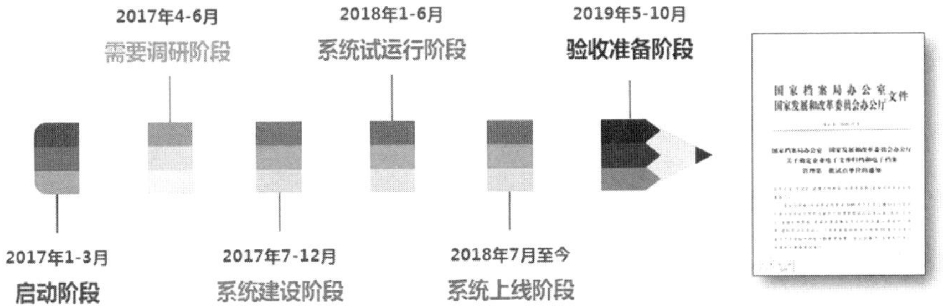

图 5　试点过程

五、解决方案

（一）管理流程方案

在生产平台（DPS）中建筑设计电子图纸经过线上设计、校对、审核、审定等一系列工作环节，最后形成了带有电子签名、电子签章的PDF设计电子图，PDF文件携带归档要求的元数据项传输到数字档案馆（DAS）的预归档区，进行归档阶段的四性检测，通过检测后正式归档到DAS的工程档案库。归档后的文件会按要求做保管阶段和移交阶段的四性检测，以及提供电子文件的利用、统计。

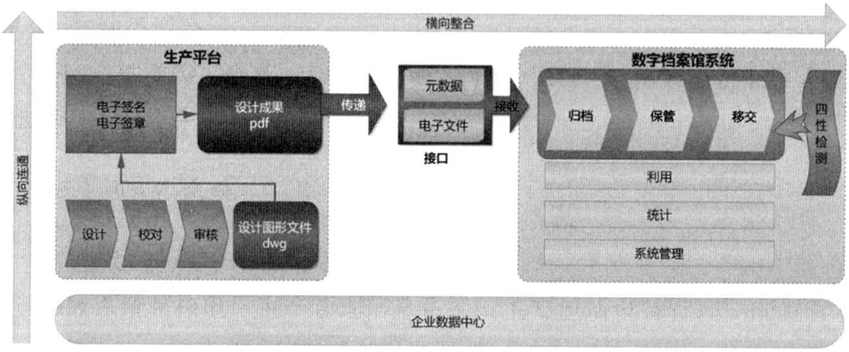

图6　设计电子图在线归档图示

（二）归档范围及存储格式

1. 归档范围的确定

工程设计档案是在工程设计过程中直接形成的，具有保存价值的文字、表格、图纸、声像等各种形式的历史记录。建筑设计文件归档范围的确定主要满足流程管理、介质管理、内容管理的诉求，充分体现建筑设计档案的根本价值，即凭证性价值和情报价值。

由此，依据《电子文件归档与电子档案管理规范》（GBT 18894—2016）和《建设工程文件归档整理规范》，结合公司ISO质量管理体系文件，确定了归档单位和相应的保管期限，形成了表1：《建筑设计文件归档范围和保管期限表》示例。

表 1　建筑设计文件归档范围和保管期限表

建筑设计文件归档范围								
大类	细类	列举文件名称	阶段	文件类别	归档方式			归档格式
					电子	纸质	扫描	
设计依据性文件	立项批准文件	行政主管部门批准文件	设计策划	W	/	▲	○	PDF
		城市规划部门批文/建设工程规划许可证/红线图/地形图	设计策划	W	/	▲	○	PDF
	工程勘察报告	工程地质勘察报告（初勘、详勘、补勘）	设计输入	K	/	▲	○	PDF
	合同/协议	设计合同/工程设计委托协议	设计立项	W	/	▲	○	PDF
	中标通知书	中标通知书	设计策划	W	/	▲	○	PDF
	批复文件	方案/初步/总体设计批复文件	设计输入	W	/	▲	○	PDF
		可研报告及批复	设计输入	W	/	▲	○	PDF
	顾客提交的其他资料	工程设计任务书/委托书	设计策划	W	/	▲	○	PDF
		确认函、洽商记录、会议纪要等	设计输入	W	/	▲	○	PDF
	施工图审查报告和记录	施工图审查合格证书	设计确认	W	/	▲	○	PDF
		施工图图审意见及答复	设计确认	W	/	▲	○	PDF
设计质量文件	立项申请	立项申请	设立立项	S	★	/	/	PDF
	项目策划	重要日期记录	设计策划	S	★	/	/	PDF
		子项策划	设计策划	S	★	/	/	PDF
		初步设计项目策划记录表	设计策划	S	★	/	/	PDF
		施工图设计项目策划记录表	设计策划	S	★	/	/	PDF
		项目主要设计原则、技术和质量要求、技术措施	设计策划	S	★	/	/	PDF
	风险识别	项目风险识别表	设计策划	S	★	/	/	PDF
	人员、进度策划	人员、进度策划	设计策划	S	★	/	/	PDF
	设计评审记录表	设计评审记录表	设计验证	S	★	/	/	PDF
	设计大纲	设计输入大纲	设计输入	S	★	/	/	PDF
	设计输入表	各专业设计输入表	设计输入	S	★	/	/	PDF
	责任登记表	法定代表人授权书	设计确认	S	★	/	/	PDF
		工程质量终身责任承诺书	设计确认	S	★	/	/	PDF
		工程质量责任人登记表	设计确认	S	★	/	/	PDF
	互提资料记	互提资料记录	设计接口	S	★	/	/	PDF

流程管理	按阶段纵向梳理，设计立项→竣工验收，13个设计阶段，58类文档	档案管理前置 数据源头采集
介质管理	按文件形成主体分三类，内部形成文件、外部接收文件、多方共同形成文件（合同、竣工备案表等）	内部文件电子化 外部文件数字化
内容管理	按文件内容横向梳理，分为项目手册、设计图纸、设计文本、计算文件等4大类	文件查询 数据管理 以内容为导向

图 7　从三个管理维度确定建筑设计文件归档范围

2. 存储格式的确定

设计电子图纸是指由 CAD 等软件制作，导出成 PDF 格式（含图层信息），包含相关设计单位、项目负责人、审查审批部门数字签名的设计电子图纸文件。

按照《上海市进一步深化社会投资项目行政审批改革实施办法》以及《上海市工程建设项目审批制度改革试点实施方案》的要求，保证“上海市工程建设项目审批管理系统（建设工程联审共享平台）”（以下简称联审平台）电子图纸、资料等文件的上传、浏览、批注和共享。电子图纸交付格式应为PDF格式，考虑目前计算机辅助设计等软件的实际，宜采用ISO 32000—1：2008（PDF 1.7）格式，在确保导出的PDF电子图纸无信息丢失、无内容不一致等情况下，可使用PDF 1.4及以上版本格式的电子图纸。

因此，作为建筑设计企业，在设计输出电子图时，由设计人员在CAD软件中绘制完后，转换成PDF格式的文件，在生产平台中进行图纸校审、签章，最后形成带有电子签名、签章的PDF电子图。故而，对设计电子图纸归档的格式，前端生产平台产生PDF格式文件，我们则接收此格式的文件归档。

类　别	接收文件类型	产生环境
设计电子图	PDF 1.4及以上版本格式	生产平台设计输出

（三）接口

档案管理系统与生产平台的接口需实现工程项目信息、设计图纸信息以及实体文件传递等。工程项目信息及项目下图纸信息由生产平台依据平台归档要求，传递到中间表。在信息传递的同时将图纸对应的实体文件上载到FTP服务器中。

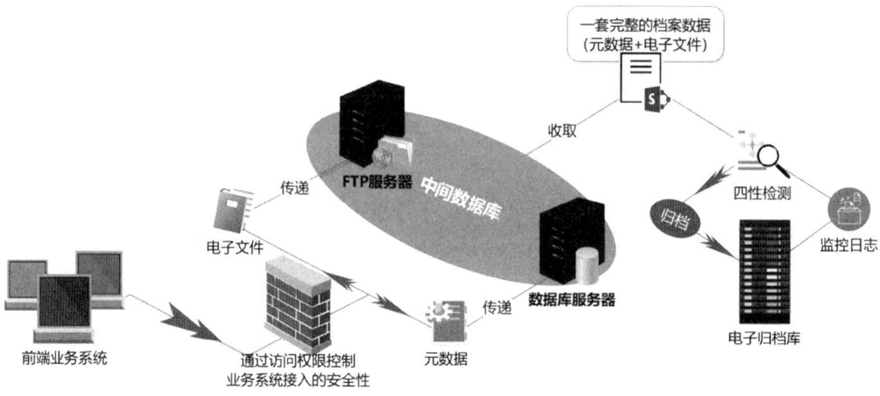

图8　生产平台与档案管理系统接口方案图示

档案管理系统对中间表数据进行扫描，并将相关信息自动归档到数字档案馆系统中进行归档，在归档信息的同时自动获取图纸的实体文件进行归档。接口调用电子文件四性检查程序，判定电子文件四性检查是否通过，如果通过则直接归档，如果不通过则通知生产平台并告知原因，让其整改之后重新归档。

（四）元数据项及捕获节点

从建筑设计工程电子文件归档的视角出发，并结合华东建筑集团股份有限公司生产业务流程特点和 ISO 质量要求，以合同项目为单位进行元数据管理架构设计，采用矩阵式结构，纵向有：项目级元数据、图纸（文件）级元数据。横向有：基本信息元数据、归档信息元数据、业务信息元数据（图签、项目团队）、数字签字（章）信息元数据。根据纵向生产业务需求配置选择横向元数据，采用多个实体融合的模式设计元数据数据项。

1. 工程设计项目信息元数据结构

项目基本信息元数据、项目业务（项目团队）信息元数据、项目归档信息元数据在设计立项、项目策划和项目归档阶段分别捕获。

2. 工程设计图纸信息元数据结构

图纸基本信息元数据，图纸业务信息元数据，图纸专业信息元数据、图纸归档信息元数据、图纸图签信息元数据、图纸电子签字（章）元数据在项目策划、图纸盖章、项目归档阶段分别捕获。

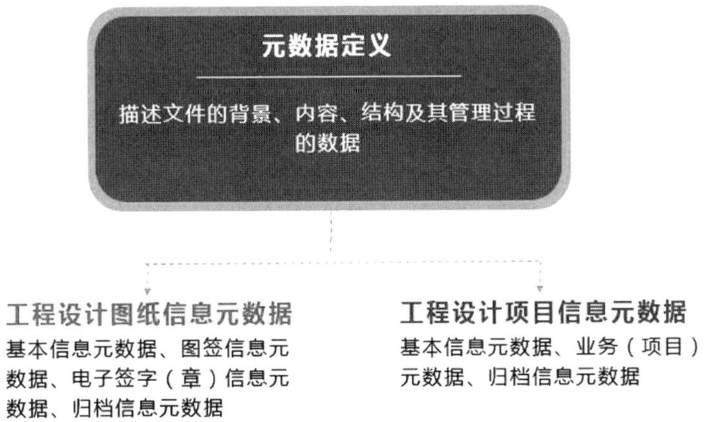

图 9　归档元数据项的范畴

（五）整理方案

1. 整理的原则

（1）保持一个工程项目设计文件的有机联系。与文书档案、财务档案不同，建筑设计文件具有成套性要求高，以项目为单位，文件之间联系紧密，互相印证。项目周期长，项目文件时间跨度大，阶段性特征明显。建筑设计文件以工程（项目）为单位进行归档、整理与组件，保持文件完整、成套，使用同一个设计编号的视为一个工程（项目）。

（2）便于管理与利用。建筑设计文件时效性强，文件修改与补充频繁，版本管理要求高。因此，尤其对设计图纸来说，在接收归档后，对历次升版的图纸要进行归集，并按版次排列。

（3）体现电子化管理优势。设计图纸电子归档后，图签携带的信息即成为可精细化查询利用的数据，即从过去硫酸纸图纸整理转向了电子文件及数据的管理。因此，图纸整理对其携带的数据信息准确性有较高的依赖性。

2. 电子设计图纸归档的整理

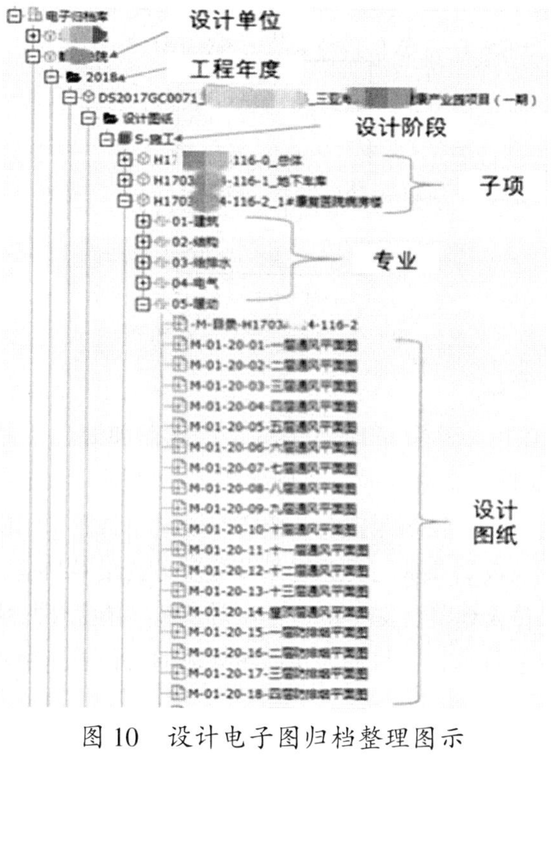

图 10　设计电子图归档整理图示

电子归档的设计图纸以件为单位进行整理，根据每张电子图纸的设计单位、工程年度、工程编号、工程名称、设计阶段、子项、专业、图号、图名等信息，将这份通过四性检测的电子图纸根据图档目录树结构挂接到相应位置，如图 10 所示。

在工程档案的目录树上，一个项目的标识描述是这样组成的：“工程档号_ 设计编号_ 项目名称”。如图 11 所示：

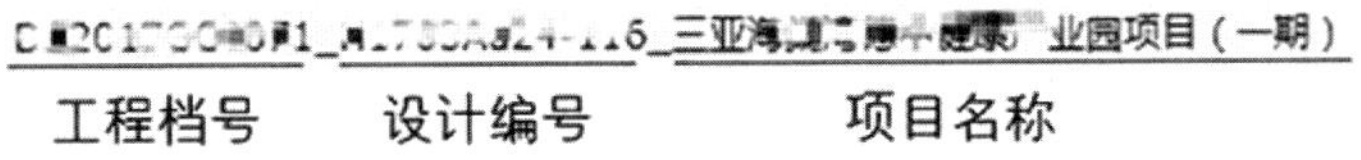

图 11　项目标识的构成

上述三要素中的工程档号编制规则是：“公司代码+工程年度+档案类别+流水号”。

设计图纸在专业下的排列按照：“图号_ 图名”。如图 12 所示：

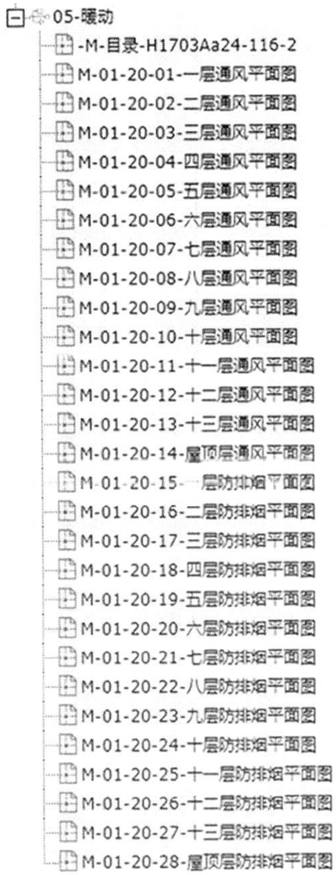

图 12　设计电子图在档案系统目录树上的排列

（六）电子档案保管方案

1. 保管利用

在归档电子文件的保管阶段，依靠权限管控技术，在数字档案管理系统实行系统管理员、安全管理员、审计管理员“三员”分立，设置规范的利用流程、操作记录和日志管理，定期进行保管阶段四性检测。

2. 存储与备份

数字档案馆系统服务器和存储设备集中放置在信息中心机房，配置专人管理。归档电子文件采用网络服务器存储和离线硬盘存储双套保存，应用系统、数据库和文件存储采用双机热备，存储服务器上的归档电子文件按每月增量备份策略备份。

对存放电子档案的服务器统一管理，具有介质预警功能。

如图 13 所示：

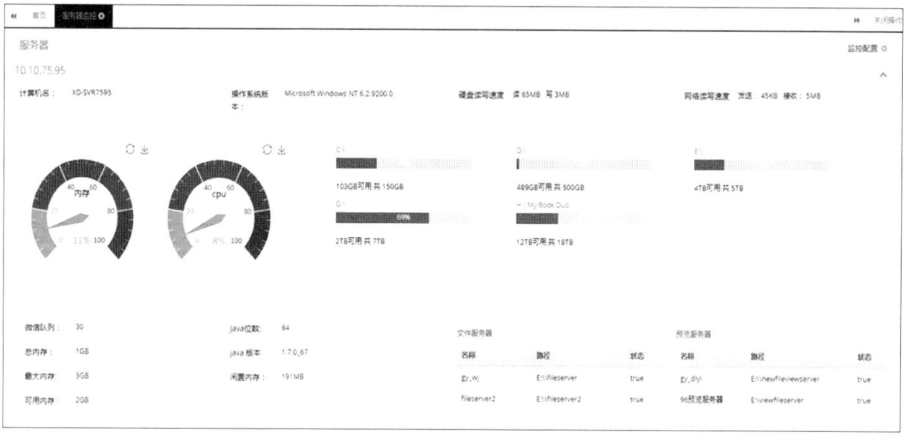

图 13　档案服务器使用情况实时展示

3. 长期保存

因工程项目周期长，且每个项目因地域、规模、建筑类型等不同，短则数月，长则数年。因此以项目竣工验收为节点，对已竣工项目进行四性检测，监测电子文件状态是否正常。

如下图 14、图 15 所示：

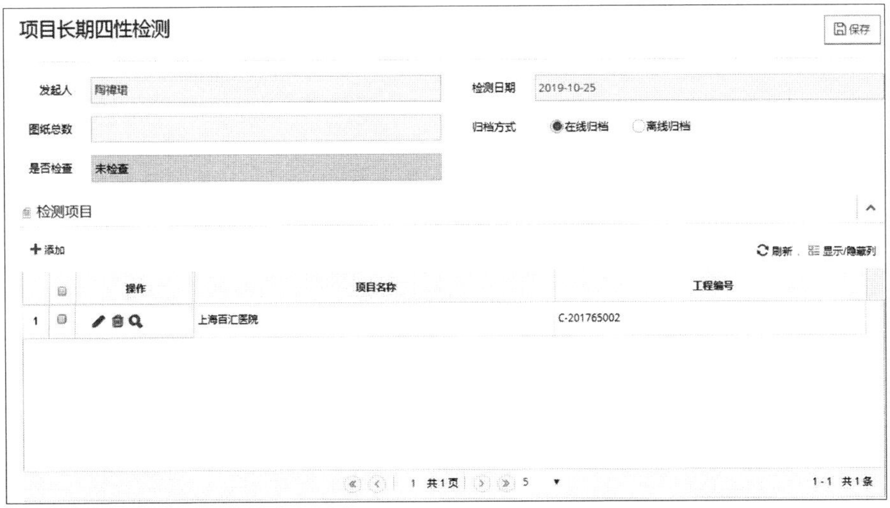

图 14 项目长期四性检测图示

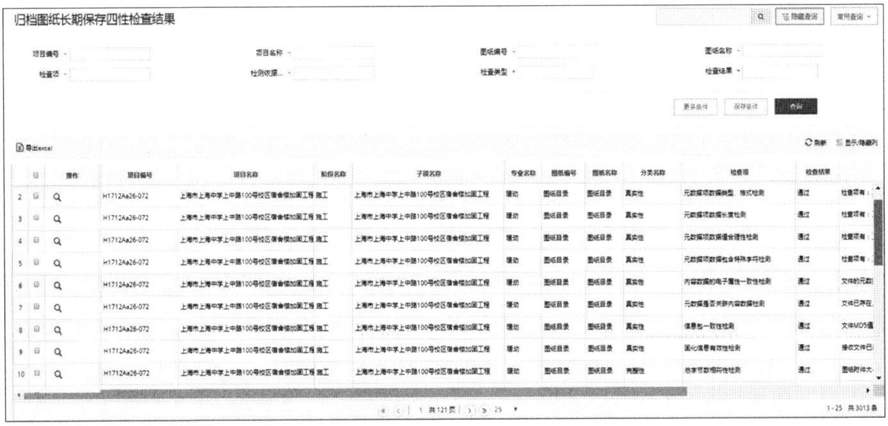

图 15 归档图纸长期保存四性检测结果图示

（七）利用方案

1. 授权利用

档案管理系统对归档电子文件的利用授权主要依据各分子公司的实际需求，以可控范围内充分资源共享为出发点，院内开放浏览权限，下载与跨院调用需经特定的线上或线下审批流程。

2. 检索方式

档案管理系统提供多元的档案信息检索方式，包括字段信息的精确/模糊与单一/组合方式的结合查询；通过工程地理位置信息，以地图视图方式检索项目；通过以业务形态及管理习惯建立的目录树，进行层级式筛选查询；通过年鉴项目库的描述信息与归档信息相结合，通过项目信息标签分类检索。

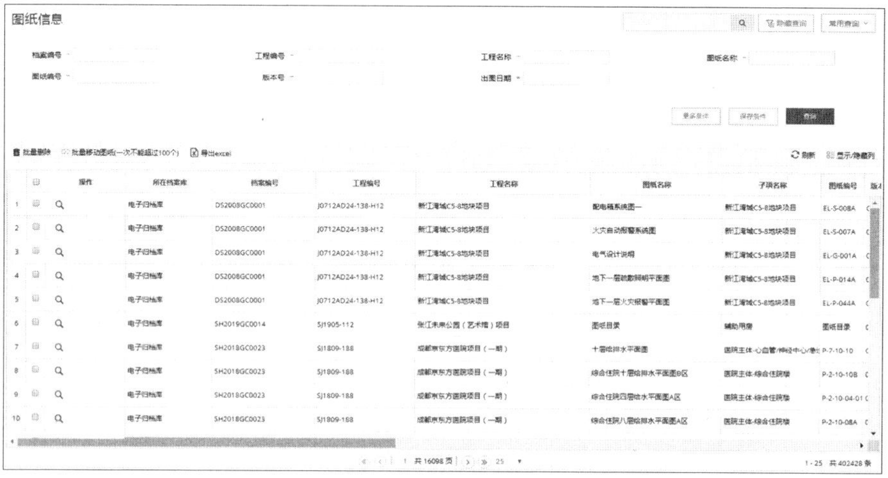

图16　设计电子图系统内检索图示

如一个工程项目，可以通过工程名称、工程编号等基础信息进行精确查询；或可通过工程项目的地理位置信息查询到关联的项目档案；或是通过与管理层级、档案内容相匹配的目录树直接查档。

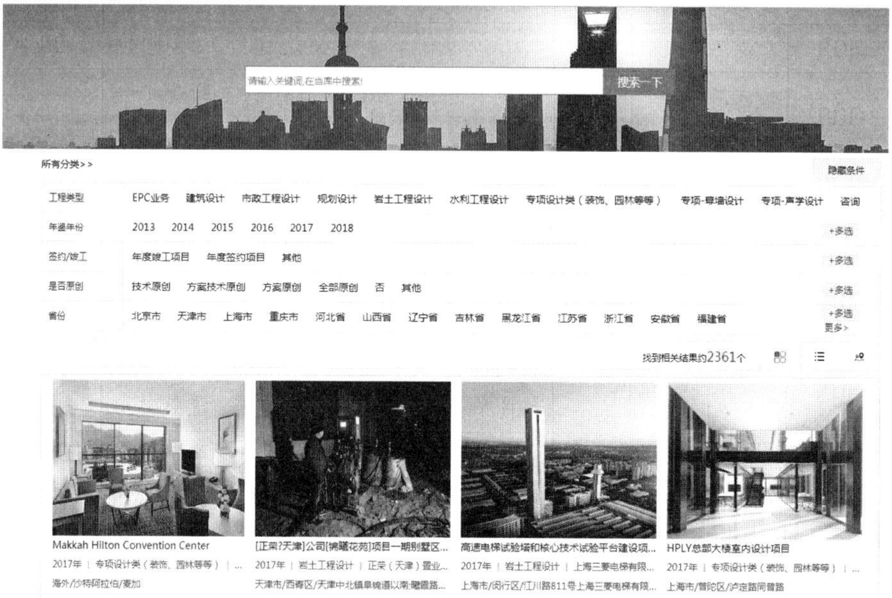

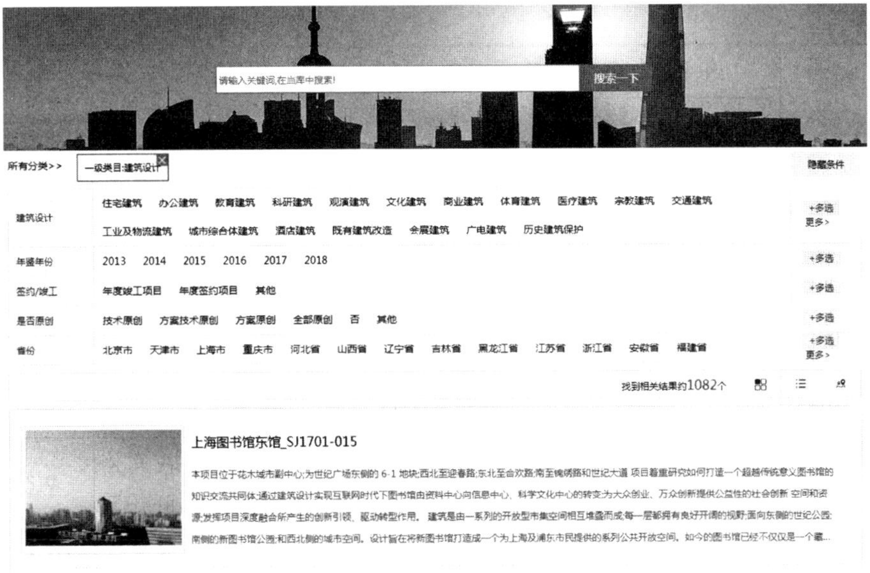

图 17 归档项目查询界面图示

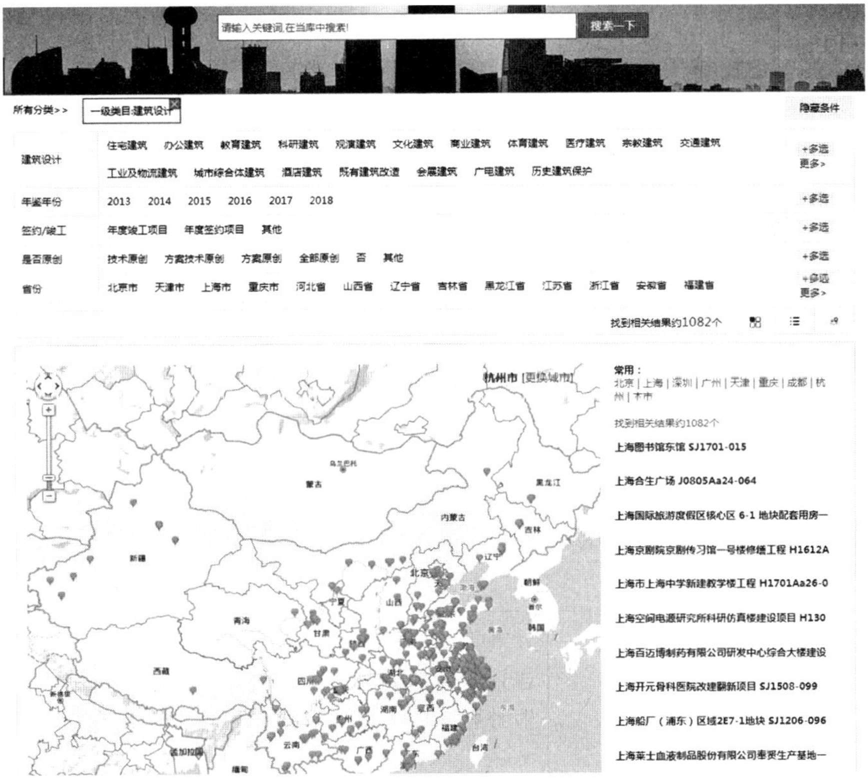

图 18 归档项目地图检索图示

（八）四性检测方案

根据生产系统建筑设计电子文件归档要求和电子档案全过程管理需要，我们参照《文书类电子档案检测一般要求》DA/T 70—2018，按照电子文件管理环节，规范制定归档阶段、保管阶段和移交阶段检测方案，保证电子文件和电子档案的真实性、完整性、安全性、可用性。

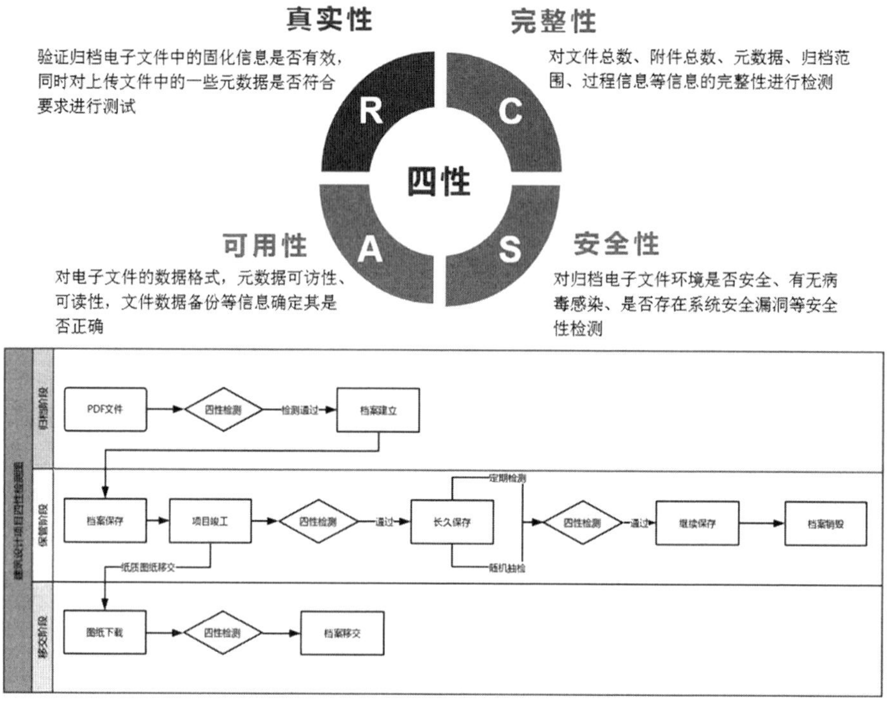

图 19　归档文件四性检测项图示

1. 归档阶段

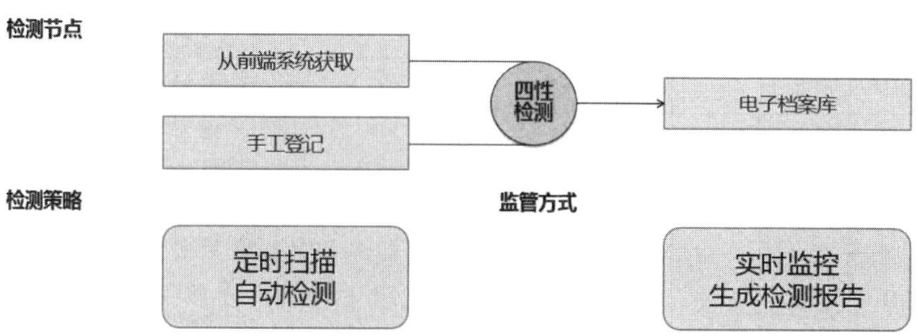

2. 移交阶段

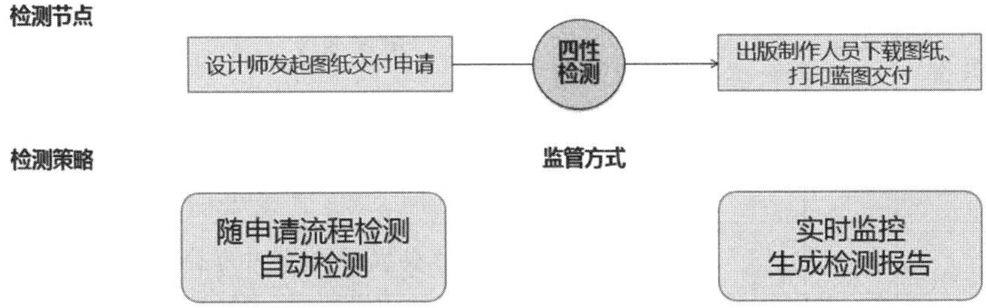

3. 保管阶段

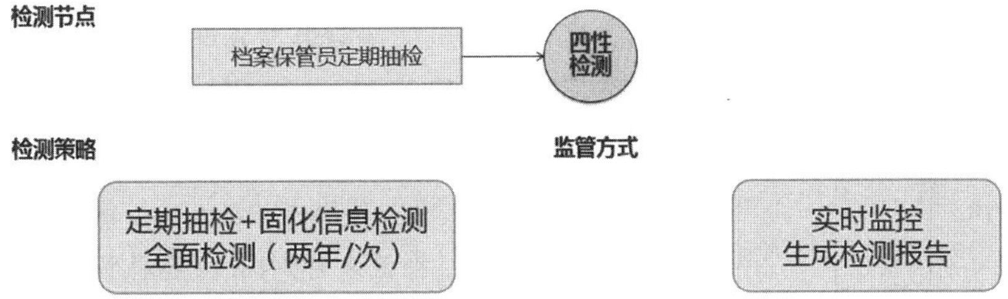

图 20　归档文件四性检测流程图示

（九）系统建设

数字档案馆系统主要包括了档案收集、档案整理、档案保管、档案利用、系统管理等几大功能板块。具体详见下图：

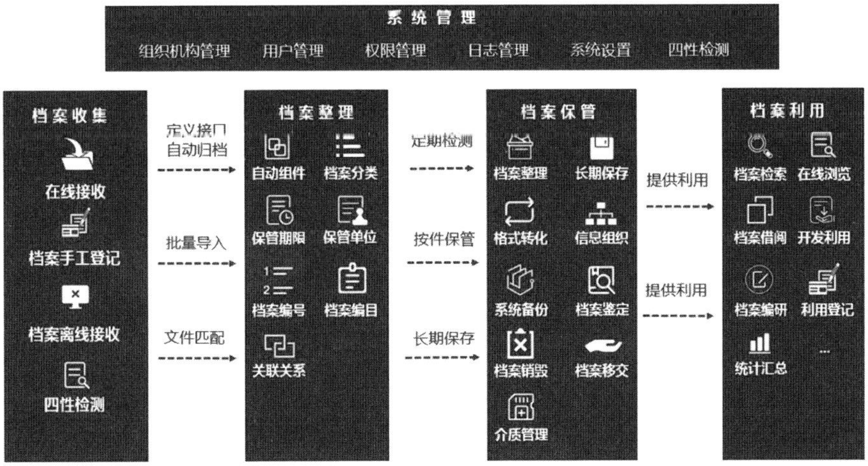

图 21　数字档案馆系统功能布局图

六、存在的问题及解决方法

（一）企业生产与管理人员对电子文件归档相关要求的认识差异

1. 问题描述

试点之初，与试点工作相关的技术质量管理人员与设计人员对设计文件电子化归档理解不一，简单地理解为将一份电子文件，不论是否带有电子签章，以移动存储或邮件、微信、QQ等通讯工具传输即完成了电子文件的归档。这与国家的要求相去甚远，这种情况下产生的电子文件四性无法得到保障，元数据信息缺失，是不能保证未来长期、安全、可用。

2. 解决方案

组织试点工作组成员学习国家发展和改革委员会办公厅〈关于组织开展企业电子文件归档和电子档案管理试点工作的通知〉》《国家发展改革委员会办公厅〈关于确定企业电子文件归档和电子档案管理第一批试点单位的通知〉》两份文件，掌握了解了国家档案局、发改委组织本次试点工作的背景，以及提出的试点工作内容与要求；学习了《企业电子文件归档和电子档案管理指南》，了解掌握了指南中总结的电子档案管理总则、管理体制、保管期限、电子文件归档管理的前端控制、电子文件收集、鉴定与整理，电子档案存储、保管、利用、处置，电子档案管理过程中真实性和长期可用性保障，元数据管理，电子档案管理过程中的安全和保密；学习了《国家发改委和改革委员会〈建设项目电子文件归档和电子档案管理暂行办法〉》，按照要求致力于建设规范的电子文件归档和电子档案管理，维护电子文件和电子档案的真实、完整、可用和安全，提高管理效率，便于长期保存，更好地指导本次试点工作的开展，为试点工作的进行打下坚实的理论基础。从而提升企业生产和管理人员对电子文件归档的认识程度。

（二）生产平台的改造升级给档案系统带来诸多不确定性

1. 问题描述

本次试点主要涉及的业务系统是集团主营业务建筑设计使用的协同设计一体化平台，电子文件归档对象即由该平台产生的建筑设计电子图。因设计生产流程复杂，且易受到建设单位、施工单位、政府相关部门等因素的影响发生变更。因此系统平台会根据生产需求不断进行调整、完善和优化，由此会带来数据标准、数据格式、数据形成流程等一系列的变化和调整。档案系统将需要根据前端系统及时调整对接方案，并对工程档案管理模块数据规则做相应调整。

2. 解决方案

（1）梳理工程项目归档数据，并进行分类，针对一部分基础数据，做好数据规则后，在数据对接中使用一对多或多对一关系，不因数据描述不同而反复进行修改，尽可能使档案系统中的数据描述具有唯一性和稳定性。

（2）系统对接过程形成联动机制，数据接收发生问题及时反馈前端系统，及时查明是数据传输有误还是因为系统需求调整导致数据标准发生变化。

（3）档案信息化管理人员参加协同设计平台的开发，对业务系统的变化做到预测预知以及预先介入，为后端档案数据的质量管控做好前置管理。

七、取得的效益

工程设计文件的电子化归档将是勘察设计行业继“甩图板”后的又一次历史变革。

（一）被动式档案接收到主动式档案管理

通过试点，原本处于业务流末端的档案管理，变被动接收为主动管理，真正纳入企业生产流，有效解决行业档案管理的突出问题，保证归档及时性、完整性、一致性。

（二）纸质静态管理到电子化动态管理

以“电子化”归档和保存替代纸质载体的归档，并依托电子载体天然的优势从纸质载体的静态管理迈向了全过程电子化的动态管控。

（三）电子文件归档四性保障

通过元数据、四性保障与检测方案的实施，丰满的归档电子文件的属性与信息，并使电子文件的真实性、完整性、安全性、可用性得到有效保障。

（四）档案文件从实体管理走向内容管理

档案管理对象的载体变化，触发了对电子文件的数据化管理，从实体文件的在载体形式转向了重点关注档案数据的结构化与标准化。

（五）解决蓝晒图带来的环保与健康问题

以归档电子图打印和复印代替晒图的图纸出版方式，一改蓝晒图带来的环保与健康问题。

八、后续打算

通过本次试点中积累的实践经验，继续研究集团其他工程建设新兴业态方面的电子文件形成、归档、档案管理的全过程管理；研究建筑三维设计（BIM）形成的设计成果电子化归档与档案管理要求；促进建筑设计电子文件上下游交付要求的转型与改变。